中华现代学术名著丛书

从诗到曲

上册

郑骞 著

曾永义 编

2015年·北京

图书在版编目(CIP)数据

从诗到曲/郑骞著；曾永义编. —北京：商务印书馆，2015
（中华现代学术名著丛书）
ISBN 978-7-100-10057-1

Ⅰ.①从… Ⅱ.①郑… ②曾… Ⅲ.①古典诗歌—诗歌评论—中国—文集 ②戏曲评论—中国—文集 Ⅳ.①I207.22-53 ②J826-53

中国版本图书馆 CIP 数据核字(2013)第 141812 号

本书上、中编据台湾中华书局1972年版《景午丛编》，下编据台北大安出版社1992年版《龙渊述学》选编排印

中华现代学术名著丛书

从 诗 到 曲

（上、下册）

郑 骞 著
曾永义 编

商 务 印 书 馆 出 版
（北京王府井大街36号 邮政编码 100710）
商 务 印 书 馆 发 行
北 京 冠 中 印 刷 厂 印 刷
ISBN 978-7-100-10057-1

2015年7月第1版　　开本 880×1240　1/32
2015年7月北京第1次印刷　印张 33½　插页 2

定价：99.00 元

郑 鄂

(1906—1991)

青年时代

在温州街公园

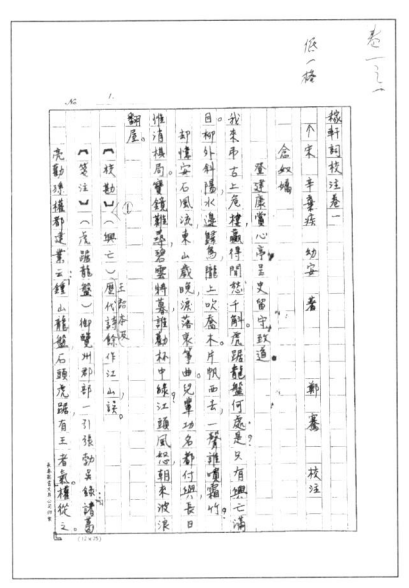

作者手迹一

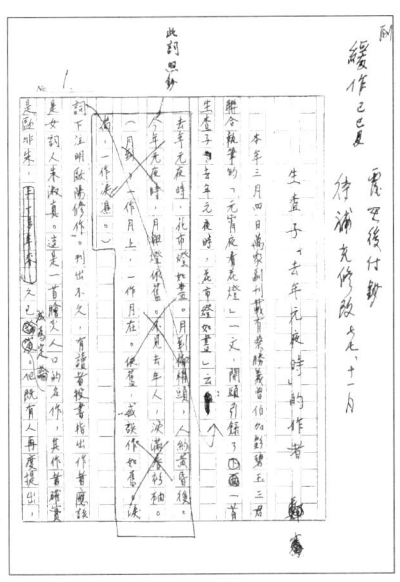

作者手迹二

（以上图片均由台湾大学图书馆提供并授权使用）

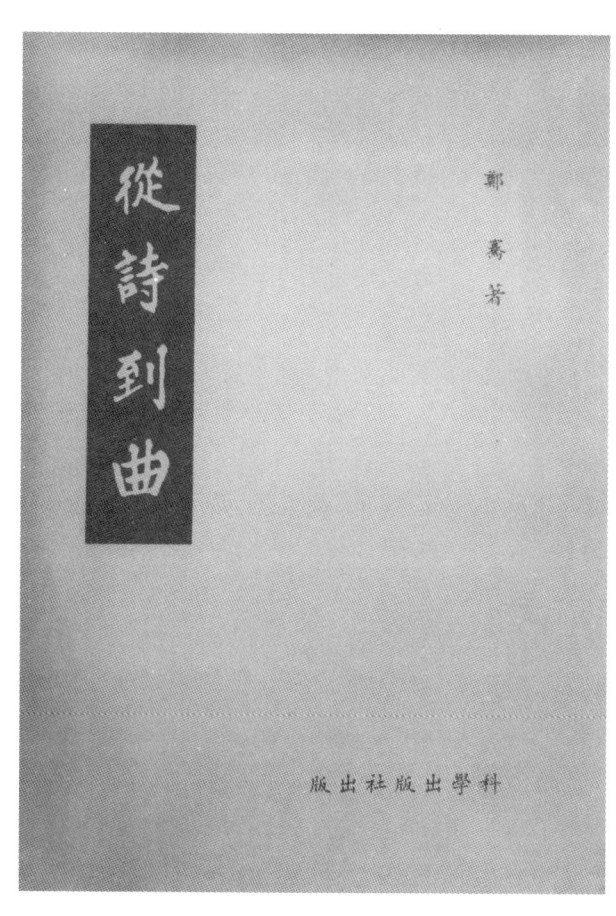

1961年版《从诗到曲》书影

出版说明

百年前,张之洞尝劝学曰:"世运之明晦,人才之盛衰,其表在政,其里在学。"是时,国势颇危,列强环伺,传统频遭质疑,西学新知亟亟而入。一时间,中西学并立,文史哲分家,经济、政治、社会等新学科勃兴,令国人乱花迷眼。然而,淆乱之中,自有元气淋漓之象。中华现代学术之转型正是完成于这一混沌时期,于切磋琢磨、交锋碰撞中不断前行,涌现了一大批学术名家与经典之作。而学术与思想之新变,亦带动了社会各领域的全面转型,为中华复兴奠定了坚实基础。

时至今日,中华现代学术已走过百余年,其间百家林立、论辩蜂起,沉浮消长瞬息万变,情势之复杂自不待言。温故而知新,述往事而思来者。"中华现代学术名著丛书"之编纂,其意正在于此,冀辨章学术,考镜源流,收纳各学科学派名家名作,以展现中华传统文化之新变,探求中华现代学术之根基。

"中华现代学术名著丛书"收录上自晚清下至20世纪80年代末中国大陆及港澳台地区、海外华人学者的原创学术名著(包括外文著作),以人文社会科学为主体兼及其他,涵盖文学、历史、哲学、政治、经济、法律和社会学等众多学科。

出版说明

出版"中华现代学术名著丛书",为本馆一大夙愿。自1897年始创起,本馆以"昌明教育,开启民智"为己任,有幸首刊了中华现代学术史上诸多开山之著、扛鼎之作;于中华现代学术之建立与变迁而言,既为参与者,也是见证者。作为对前人出版成绩与文化理念的承续,本馆倾力谋划,经学界通人擘画,并得国家出版基金支持,终以此丛书呈现于读者面前。唯望无论多少年,皆能傲立于书架,并希冀其能与"汉译世界学术名著丛书"共相辉映。如此宏愿,难免汲深绠短之忧,诚盼专家学者和广大读者共襄助之。

商务印书馆编辑部

2010年12月

凡 例

一、"中华现代学术名著丛书"收录晚清以迄20世纪80年代末,为中华学人所著,成就斐然、泽被学林之学术著作。入选著作以名著为主,酌量选录名篇合集。

二、入选著作内容、编次一仍其旧,唯各书卷首冠以作者照片、手迹等。卷末附作者学术年表和题解文章,诚邀专家学者撰写而成,意在介绍作者学术成就、著作成书背景、学术价值及版本流变等情况。

三、入选著作率以原刊或作者修订、校阅本为底本,参校他本,正其讹误。前人引书,时有省略更改,倘不失原意,则不以原书文字改动引文;如确需校改,则出脚注说明版本依据,以"编者注"或"校者注"形式说明。

四、作者自有其文字风格,各时代均有其语言习惯,故不按现行用法、写法及表现手法改动原文;原书专名(人名、地名、术语)及译名与今不统一者,亦不作改动。如确系作者笔误、排印舛误、数据计算与外文拼写错误等,则予径改。

五、原书为直(横)排繁体者,除个别特殊情况,均改作横排简体。其中原书无标点或仅有简单断句者,一律改为新式标点,专名号从略。

六、除特殊情况外,原书篇后注移作脚注,双行夹注改为单行夹注。文献著录则从其原貌,稍加统一。

七、原书因年代久远而字迹模糊或纸页残缺者,据所缺字数用"□"表示;字数难以确定者,则用"(下缺)"表示。

上册目录

上编

词曲的特质	3
词曲概说示例	11
再论词调	43
温庭筠韦庄与词的创始	51
论冯延巳词	59
小山词中的红与绿	62
柳永苏轼与词的发展	67
朱敦儒的樵歌	77
杜著辛弃疾评传序	82
辛稼轩与陶渊明	85
辛稼轩与韩侂胄	90
辛稼轩的一首菩萨蛮	101
刘秉忠的藏春乐府	106
论词衰于明曲衰于清	113
三十家词选序目	122
从元曲四弊说到张养浩的云庄乐府	124
元杂剧的纪录	135

元杂剧的结构	142
论元杂剧散场	151
吉川著元杂剧研究中译本序	158
冯惟敏与散曲的将来	162
王九思碧山乐府守律举例	167
跋碧山乐府	171
玉茗新词	174
成府谈词	180
漫谈苏辛异同	199
跋雍正钞本赵南星散曲	212
吴梅的羽调四季花	216
关汉卿的杂剧	221
关汉卿杂剧总目	229
元剧作者质疑	245
元人杂剧的逸文及异文	255
太和正音北词广正二谱引剧校录	276
孤本元明杂剧读后记	322
从元曲选说到元刊杂剧三十种	332
臧懋循改订元杂剧平议	341
元明钞刻本元人杂剧九种提要	356
关汉卿窦娥冤杂剧异本比较	368
李师师流落湖湘道杂剧	381
评唐编全宋词	469
评陈辑元人小令集	478
评王笺小山词	482

评介世界书局本词学丛书	485
红蕖记、南词韵选及三沈年谱合印本跋	492
天乐正音谱跋	498
罗著南北曲小令谱序	500
罗著中国戏曲总目汇编序	502

上 编

词曲的特质

词曲是同类别的文学作品而同中有异。同在形式规律,异在内容风格。正和许多同胞兄弟一样,面貌神态尽管相似,而性情行为并不相同。

先说相同之点。词曲都是配合音乐能够歌唱的诗,其组织成分当然是文字与音乐。他们所使用的文字,是唐以来一般文学作品所使用的文字。《国风》、《楚辞》以及汉魏六朝诗赋、骈文所使用的文字,在词曲里固然少见;宋元时代的语体文及方言俗语,也不像一般所想象的那样普遍使用。他们所配合的音乐,则是隋唐以来,中国音乐受了外国特别是印度的影响,演变而成的一种新乐。这种新乐虽然自宋以后还在不断演变,随时有新的成分加入,如金元胡乐及明清的民间音乐,但总是未离其宗。它和六朝以前的中国古乐,现在流行的西洋音乐,都不一样。因为要配乐,词曲都有固定的格式,即所谓词调、曲调,或称词牌、曲牌,如〔西江月〕、〔采桑子〕、〔粉蝶儿〕、〔混江龙〕之类。这些也就是乐谱。既是乐谱,句法当然是长短不齐的居大多数,所以词曲都是长短句,而不再是通篇五言或七言。如〔生查子〕之五言八句,〔玉楼春〕之七言八句,只占极少数,而且都是初期的调子。以前虽有杂言诗,作品毕竟不多;而且杂言诗是纵横变化,随意长短的,词曲句法的长短,则要配合乐谱,看起来似较通篇五或七言为有弹性,实在并非伸缩自如。作诗只调平仄,填词制曲还要细分四声。词及南曲,每个调子中都有若干字的四声是固定的,该用平声或上或去或入,不能移易,名篇佳作,莫不如此。北曲虽只有平上去三声,其分配组织之严格,也是一样。四声或三声之外,字的阴阳清浊,也有相当精细的考究。以上种种,组成词曲本身相同而与诗相异的特点。这个特点,使喜欢谐婉的人,认词曲为铿锵曼妙的诗歌,使喜欢古拙的人,认为这玩艺儿的音节有点轻飘。对于天才宜于收敛曲折的人,词曲是足以见其利器的盘根错节,对于天才放旷不受羁勒的人,词曲几乎是荆天棘地。所谓"知我者其惟春秋乎!罪我者其惟春秋乎!"毕竟是知我者多,罪我者少,所以词曲虽只是诗之一体,而能与诗鼎立,附庸蔚为大国。

以上是说词曲在形式规律方面的同点。当然同中不免有异,详见下文。但那些异点,都是后天环境,人为的歧异,不碍于此同胞兄弟之面貌相似。

在性行也就是内容风格方面,词曲虽云相异,却也是异中有同。这弟兄两个的性行都是偏于潇洒、轻俊、美秀、疏放,而缺少庄严、厚重、雄峻,他们都只能作少爷而不能作老爷。所不同者:词是翩翩佳公子,曲则多少有点恶少气味。词所表现的是中国文化的阴柔美,曲所表现的则是中国文化衰落时期一般文人对于现实的反应。以下分开来说。

先从词调的组成上看词的风格。绝大多数的词调,都是由单式、三五七言。双式,二四六言。两种句法合组而成。完全单式句的词调像〔玉楼春〕,完全双式句的像〔十二时〕,占极少数,而且都只是小令。这样单双句式相配合的组织,造成了音律的和谐。尤其要注意的是:多数词调的组成,都是双式句比较多,单式比较少。越是讲究音律的词家所常用的调子越是如此,音乐性越高的调子越是如此。这种双多单少的配合方式,使词的音律舒徐和缓,不近于立体而近于平面。这是构成阴柔美的条件之一。自然,词调的音律也有纵横跌宕,近于立体不近于平面的,如〔水调歌头〕、〔归朝欢〕这两个调子。他们之所以纵横跌宕,正因为其中句式单多双少。但像这样的调子,不仅在词调里占少数,而且只有称为豪放派,不甚拘音律的词人才用。苏东坡、辛稼轩两个人合计起来,有四十首〔水调歌头〕,五首〔归朝欢〕。柳耆卿、秦少游、贺方回、周美成、姜白石、史梅溪、吴梦窗、张玉田、王碧山、周草窗十个人合计起来,两调不及十首。柳、秦以下十人,都是讲究音律的,他们是词史上的正统作家,中坚分子。苏辛词则是变调,是词史上的彗星。尽管许多人喜欢苏辛词,我也是其中之一,我们仍要承认上述正统变调,多数少数的事实。主观的欣赏不管什么正变多少,客观的批评论析则不能不就多数的正统方面立论。所以我说:从词调的组成上,也就是从音律上看,词所表现的风格是阴柔之美。

　　再从作词所用语汇及表现方法来看。词中字面都是轻灵曼妙的,古朴典重的字面简直不用。表现方法则华饰多于素描,优美多于壮美,很少痛快淋漓、奔放显豁之作,多是隐约含蓄,托兴深微,一唱三叹。"画屏金鹧鸪","柳丝袅娜春无力",正好入词;"鄠杜秋天失雕鹗","芭蕉叶大栀子肥",便只好入诗。"碧云天,黄花地,秋色连波,波上寒烟翠",是词;"无边落木萧萧下,不尽长江滚滚来",便只是诗。"今宵剩把银釭照,犹恐相逢是梦中",入诗即嫌其轻;"夜阑更秉烛,相对如梦寐",入词即嫌其直。"三十功名尘与土,八千里路云和月"与"壮志饥餐胡虏肉,笑谈渴饮匈奴血"虽同在一首词里,前两句像词,后两句就不大像。如上所述,已可知词的性质是怎样的。宋人论词,虽说有婉约、豪放两派,但我们衡量词史上的名家,究竟有多少可属于婉约派?有多少可属于豪放派呢?一般公认的比例数,大致是五比一。所谓正变多少之分,不只在音律方面如此,在语汇及表现方法上也是如此;诚然,词所用的语汇及表现方法未免稍为狭窄,但这正是词的本质。词本来就不是雄阔壮伟的东西;前人甚至目之为小道末技,固然碍难承认,若称之为精金美玉,却是颇为恰当。精金美玉不是山上的石头,那有大块儿的?"山石荦确"也很美,但是另外一种。比之于光:词中的景物情调都是在月光之下的,无论怎样皎洁如昼,也是月光,并非日光;即使是日光,也只是无限好的夕阳。比之于水:词是一道清溪,是一片澄湖,只能泛起些涟漪,至大是烟波浩渺;有时却会波涛汹涌起来,那就是苏东坡的"大江东去",辛稼轩的"千古江山"。但要注意:至此为止,不能再过,文各有体,勉强不得。

总而言之:词之代表阴柔之美,是无可置疑的,有时也作阳刚的表现,则是因为"两仪虽分,同出太极"。词之所以有此性分,则因为他的全盛时代在南北两宋。宋朝的一切,都足以代表中国文化的阴柔方面,不只词之一端。最后我们要注意,柔并不是一味的软绵绵,而要有一种韧性。所以,粗犷叫嚣固然是词之异端,纤艳儇薄的靡靡之音也同为魔道。词有韧性,才能成为文学之一体。中华民族也仗着历代相传的一股韧劲儿,才能屹然立国,从古至今。

除了极少数的纤艳儇薄之作,我们在词里找不出毛病来;那样的作品,也只有没出息的不成其为词人的作者去作,正经词家,决不肯为此。词的气质既是如此纯良,所以我说他是翩翩佳公子。曲则也有好处,也有毛病,虽与词同是善良人家的孩子,气质却有点驳杂,所以我说他多少有点恶少气味。现在先说说曲的好处。

曲与词一样是配合音乐能够歌唱的诗,形式规律都差不多;只有几点比词进步,至少是换了个样儿。

第一,词较诗进步的地方,就是句法长短各异。但是词的格式还是死的,虽然不像五七言诗的平板堆积,而句法字数仍有一定,不能随便增减摊破。到了曲,特别是北曲,因为许加衬字,他的弹性比词更大,更易于伸缩变化,也就更能充分发挥其作用。

第二,曲韵比词韵更为合理,更为活泼适用。韵部的分合既与近代口语相近,又有四声通押之例,入声分派于平上去三声之例,凡此种种,都使作者对于韵的运用更能周转自如,更能发挥音律的妙用。词韵则既不如诗韵之古,又不似曲韵之新。押韵之外,曲在句子里边的平仄配合,即所谓调律方面,也因入声之分派于平上去三声,而增加不少方便。南曲入声虽仍独立,有时亦可代用为平或上去声。

第三,词所用的文字,大部是典雅的;曲则加入若干后起的新字及方言俗语,或者单用,或者很巧妙的与典雅的文字调和在一起。这样,语汇就宽广了很多。

第四,词只是一首一首的单位。最长不过二百余字,而且这样长的调子占极少数,普通所谓长调总是在百字左右,小令更不必说。篇幅既小,自然施展不开。曲则小令之外又有套数;更可以扩大起来,与另一种文体,即作为宾白用的散文合起来,写成剧本,波澜气势当然比词大得多。词也有合若干首以咏一事的。或只有词,前附骈文致语,如欧阳修的〔采桑子〕《咏颍州西湖》;或与散文间隔使用,如赵德麟的〔商调·蝶恋花〕《咏崔张事》。前者近于散套,后者近于剧套。还有以若干首分咏若干事而合为一篇的,如秦观的〔调笑转踏〕。但他们都是用同一词牌,重复呆板,不如散套剧套,联用不同曲牌,长短快慢,抑扬顿挫,可有不少的变化。

曲比词有这几种方便，所以能尽量发挥。无论抒情纪事，写景状物，都能酣畅淋漓，尽态极妍。而且所采用的题材，比词也要广泛。这不能不说是中国文学一种进步。对于以前各种文体，曲确有点汇集众流的意思。所可惜者，他只是把众流汇集在一个狭窄固定的河床。这就是说：他不但受了音律的限制，同时也受了时代的不良影响，使他不能生出真正浩瀚流转，光华灿烂的势派。

曲虽许用衬字，毕竟不能离了本格，又有四声阴阳等考究，其所受音律上的限制，自不必说。若夫时代的不良影响，则因为曲是元明两朝的产物。凡是读过历史的人，都知道这两朝的政治社会不怎么清明健全，是中国文化的衰落时期。其情形大致有如下述：在上者的施为是凶暴昏虐，在下者的风气是颓废淫靡。政治的黑暗情形，社会的畸形状态，暴君之昏虐，特权阶级如元之蒙古人，明之藩王及豪绅，与一部分疆臣吏胥之贪纵不法，使有心之士，对于现实生出一种厌恶恐怖与悲悯交织而成的苦闷。他们受不了这种苦闷，而又打不开它，于是颓废下去。颓废的结果便是淫靡。同时又有一般人，很热中而又不得志。于是或者假撇清，满心功名富贵，满口山林泉石；或者怨天尤人，大发牢骚。旁人看去，则只见其鄙陋无聊。我以为曲有四弊：颓废、鄙陋、荒唐、纤佻。颓废与鄙陋如上所述。荒唐是由颓废生出来的。人一颓废了，就把是非真伪都不当回事，胡天胡帝，信口雌黄。这种情形，在散曲里较少，在剧曲里颇多。试把元人杂剧及有名的几种南戏传奇翻阅一过，就可以发现许多荒唐谬悠的地方，如关目结构之无情无理，时代、地理、人物、官爵之颠倒错乱。这不完全是作者的知识不够，而是他们根本不想去注意这些事。纤佻则是淫靡风气的反映，是从抒写男女之情上生出来的毛病。古今中外的文学，没有不写男女之情的，这是正当而优美的人类情感,无可非议。但在写出来的时候,要写得蕴藉深厚,若写得太露太尽而流于纤佻轻薄,那就失去其正当优美。元明曲里边,每涉到男女之情,常是容易犯这种毛病,于是连累到整个的曲。近代戏曲小说专家马隅卿先生,就曾自名其藏书室为"不登大雅之堂"。这四弊,尽够说明曲所表现的是中国文化衰落时期一般文人对于现实的反应。这四弊使曲的气质驳杂,而不免成为一个恶少。

中国文化的本质是优良的,自有其从古以来一贯相仍的传统。暂时的衰落,只是如日月之蚀的君子之过。日月虽蚀,不会天昏地暗;健壮的人偶然得病,也不一定卧床不起。曲也是这样,虽有四弊,恶根并不深,不中四弊之毒的作品,也颇有些个。问题在我们能不能认清曲的本质,去抉择洗伐,隐恶扬善。所以,读曲选曲,最怕的是以冶艳为飘逸清丽,以鄙俚为本色自然。须知,一涉纤俗,无药可医;而误认纤俗为曲的本质又从而欣赏之者,则大有人在。因此,我们要拿准眼光,从散曲、剧曲的全集里,自己去找庄重醇雅之作,不要为陈陈相因的选本所误。

本文主旨在说明词曲与中国文化之关系,此外作法技巧、沿革演变、作家评介等项,都不在本文范围之内。前文既已说明,词所表现的是中国文化的阴柔美,曲所表现的是中国文化衰落时期一般文人对于现实的反应,全文自可就此结束。现在只有一点意见要附带提出,就是词曲的前途问题。

在欣赏方面,词曲是有前途的。古人精神性情所寄的作品,"譬如日月,光景常新",这是事实。在创作方面,词曲是没有什么前途的。用敝旧了僵硬了的文体,再想拿来使用,一定不能运用自如;即使偶有天才作家,能使它复兴,也只能昙花一现。这也是事实。词曲当然不能扭转事实而造成奇迹。以上是就进化的通例来说；至于词曲本身，则又有两件事使它们不易复兴。第一，现代诗歌的趋向，是句法长短不齐，纯依天籁的自由诗，这种趋向甚为明显。词曲虽是长短句，却是受音乐谱律支配的长短，而非自然天籁，四声阴阳的限制当然更不必说，这种体制殊不足以应现代诗歌的需要。欲求整齐之美则不如五七言古律绝，欲求参差错落之美又非现代的自由诗。两头落空，岂能长久。第二，我国最近将来的政治社会，将是清明健全的，最近将来的文化，将偏于阳刚之美。复兴后的中国文化，必定是汉唐的灿烂发扬，而不是宋元明的收敛静止。这决不是过为乐观，以自欺当安慰，至多五十年，事实会证明此言不谬。词曲的内容风格，如本文所论，与这种时代精神实不相合。综此二端，已可断定词曲在将来仅供欣赏，难备创作，更不必谈"大象转四时，功成者自去"的通例。最后要声明，以上所说，决不降低词曲本身的价值地位。碧霄万里，云物皎洁，我们赏月的时候，决不理会到他已是一个荒芜的世界，死去的星球。即使在创作方面，个人也不受全体的约束。喜欢的尽可以去喜欢，要作的尽可以去作，不能说将来任何人也作不出好的词曲。陶渊明的四言诗，其文学价值是不逊于《三百篇》的。

1954 年，《中国文化论集》。

词曲概说示例

本讲义共分四部:第一部、词曲的规律,第二部、词曲的类别,第三部、词选及解说,第四部、曲选及解说。

第一部　词曲的规律

词曲都是配合音乐能够歌唱的诗。因为要配乐,他们都有固定的格式,用为写作及歌唱时的依据。这些格式即所谓词调、曲调,或称词牌、曲牌,如〔菩萨蛮〕、〔满江红〕、〔新水令〕、〔驻马听〕之类。离开牌调而自由写作,词曲就不成其为词曲,而只是长短句的诗。在文学价值上说,长短句的诗同词曲是一样的,但不是一类东西;正如鸡鸭蔬笋,营养价值相同,而味道并不一样。到现在,词曲虽不再被之管弦,其音乐性却依然存在。当初就是根据音乐制作出来的,连根铸在一起,怎能分开。所以虽说不唱,还是有人在那里唱曲以至唱词,不过不是宋元明原来的唱法而已。而且,我们虽不唱词曲,却仍读词曲,读时就会感到其铿锵曼妙,怡情悦耳,不一定要唱才能觉到,这当然是音乐性所发生的作用。所以,我们无论读词曲,作词曲,都要十分重视其所藉以表示其音乐性的格式。作成各种格式的方法即是规律。关于词曲的规律,有下列几项须要弄清楚,现在分别说明。

一、断句　词曲因为押韵的关系,断句并不太难。不过,第一要认明句式,第二要知道破法。先说句式。有些句子,其字数虽然相同,而这些字的组织段落并不相同,所谓组织段落,即是句式。例如:"斜阳冉冉,春无极"与"千古事、云飞烟灭",两句同是七字,而句式并不相同,前者是上四下三,后者是上三下四。又如:"双双金鹧鸪"与"过、春风十里",同为五字,而前者上二下三,后者上一下四。这本是最起码的认识,但有些初学作词的人却忽略了他,只管字数而不管句式;这样的作品,读起来谁都觉得不顺口,其毛病就在这里。再说破法。有时十几个字一连直下,因为字数多了,读时不能不破开为两句或三句,而其破开后的形式有时不同,这就是破法的问题。例如:〔水调歌头〕第二三两句,本是十一字一气直下,普通多破为六字与五字两句,如"不知天上宫阙,今夕是何年";但也可以破为四字与七字两句,如"等闲更把,万斛琼粉盖玻璃"。此外,如一连十二个字可以破为三个四字,亦可破为两个六字,有时又只能用上述二者之一。这种例子,在长调,尤其是南宋的长调里更多。我们必须细读名作,认明各种破法,不可乱破,也不必拘于一格。更要注意,破句的时候,如有文义与音节冲突的情形,宁可顾音节而不顾文义。因为所谓句,只是音节上的停顿,并不一定表示语意的完成,句断意连的情形是常见的。

二、分段　每首词或曲都包含有若干句,当然不会一气连接,也不会每句独立,总要分成若干段落,分段才是表示语意的完成。各个牌调,其段落大致是固定的。作者要按照段落去作,读者也要按照段落去读,方能得其宛转曲折之致。小令句数少,组织简单,段落大概都是一望而知,长调则有时不易分清。有一个通用的原则,即每到押韵处即是分段处;但有时接连几句都押韵,又有时接连几句都不押韵,这个通则就行不通了。所以,谈到分段的方法,只能说是"随调而异,无例可循"。读词曲稍多的人,自然能够斟酌各篇作品的文义音节而划分段落。初学者则只有排列同一调子的作品,比较勘对,读多了以后,也就能分开。总之,分段虽关重要,却不太难,所以历来的词律及曲谱都不甚注意这一点。最后要说明,分段有时是活的,两个人所作同一牌调,其分段可能不一样;不过这种情形很少而已。

三、调律 律有两种意义。其一为格律或规律之律,即是各个调子的规矩作法,包括平仄、押韵、句法一切在内。其二,乃是指每句里边平仄声的分配。本段所说的是第二义,调律也就是调平仄。作诗只调平仄而已;词曲还要细分。即分平声为阴平、阳平二者,分仄声为上去入三者,这样就是五声。阴、阳平之分似不甚重要,唱时仍是重要,写作诵读时则是次要。所以普通只说词曲要讲究四声,即平上去入。词曲每调之中总有若干字四声是固定的,不仅平仄不能通融,同属仄声的上去入三声也不能混用。例如〔齐天乐〕末句三字必用"平去上",〔黄钟·醉花阴〕首句末三字必用"去平上",〔琵琶仙〕第二句第五字必用入声。诸如此类,四声都是固定的,若不如此,就叫作"落腔",不仅不能唱,就是读起来也要失去其抑扬抗坠、铿锵曼妙的音乐美。一调之中偶有一两处弄错了,也许还不要紧,假使错误一多,这个调子就全被破坏了。至于平上去入四声,其在声乐上的性质作用如何分别,则非本讲义篇幅所能畅论。读者请参阅万树《词律》发凡第十二、十三、十四等三条,即"平仄固有定律矣"云云以下三条,还有王季烈的《螾庐曲谈》商务出版。论度曲章,即可知其大概。上述四声之说,乃就词及南曲言之,若北曲,则因用元以后北方音之故，只有平上去三声，入声即照北音读法，分别变为平或上或去，而不复存在。在南曲，入声原则上虽仍独立，却常用以"济三声之穷"，但代平声时多，代上去时少。词里也有以入代平或上去之例，但更为少见。总之，入声自宋以后，渐渐名存实亡，在语言及文学写作两方面都是如此。

四、协韵　协韵即普通所谓押韵。作诗的惯例是平声与平声协，仄声与仄声协，词曲则不尽如此。北曲是三声通协的，即平上去三声的字押在一起。词则平声独用，入声独用，上去两声合用独用均可；有时平声也可与上去押在一起，只限于〔西江月〕、〔渡江云〕、〔换巢鸾凤〕等少数调子，又有平仄换协之例，即某几句协平声韵，某几句协仄声韵，平仄声彼此则不必协韵，例如〔虞美人〕。南曲协韵规矩，大致与词相同，而平上去三声通协的情形远较词为多，则又近于北曲了。上边所谓平仄通协或三声通协，并不是平仄声随便押一个字就行，那一句该平声韵，那一句该仄声韵，仍有一定。以上所说，是词曲协韵的大致情形；再进一步要谈到选韵。类如：东钟韵沉雄，江阳韵壮阔，车遮凄咽，寒山悲凉，这要看所用的调子和要抒写的情调来斟酌选用。关于选韵，参阅后边词选李后主〔浪淘沙〕、柳永〔雪梅香〕两词注文。

五、选调　词曲的牌调，有些并无特质，拿来写任何题目都可以；有些则因声调或习惯的关系，而不能普遍应用。例如：〔贺新郎〕本是个悲壮慷慨的调子，写凄婉之情也还可以，并不适于欢娱喜庆之用。但有人因为调名"贺新郎"之故，就填上一首来贺人结婚。这虽没什么不可以，从词的艺术观点来看，便觉不妥。试看宋名家作品，〔贺新郎〕不知多少，有几首是为"贺新郎"而作呢？还有〔寿楼春〕，这是史梅溪创始的调子，不知是否他的自度曲，但以前未见作者，故云创始。因为声调凄婉而梅溪那首词又是悼亡之作，后来便被限定为悼亡专用。即不作悼亡,也只能写悲哀的情调。曾见有人,不问来由,只看调名,填了一首为人作寿;寿星不懂这套,有些贺客则在那里窃窃私议。这种情形,其不妥又甚于〔贺新郎〕了。自然,这种名目与内情相反的调子并不多,我们选调的时候倒不必十分顾虑到这一点,以上不过是举例言之。要紧的是:我们要把若干调子,特别是长调,逐调熟读,记住他们的格律之后,也就能够体会到他们的声响,或为悲壮慷慨,或为欢娱恬适,或为清新深婉,或为凄怆怨慕。遇到写作的时候,按照所要表现的情调,所要写的内容,去找合适的调子,也就行了。

六、衬字　上面五项,叙述举例虽以词为主,却都是词曲通用的。本项则与词无大关系,于曲关系重要。无论词曲,每调各句的字数都有一定;但曲在固定的字数之外,又还可以加上若干字,以补充文义,表示语气。句中固定应有的字叫作正字,外加的字就叫作衬字。衬字多半都是虚字,即形容词、副词、助词、连接词之类,加在句首句中均可。例如:〔仙吕·天下乐〕首句只有七字,金銮作云"见放着十里青山玄度宅","见放着"三字是加在句首的衬字,"十里"以下七字是正字。〔仙吕·赚尾〕第四句亦只有七字,杨果作云"见壁指一似桑榆侵着道旁","指一似……着"四字是加在句中的衬字,其余七字是正字。此外偶然有在句尾加衬字者,非常少见,可以不去管他。在北曲,衬字的数量可多可少,并无限制,南曲则衬字越少越好。这是因为北曲的板即歌唱时的速度。是活动的,多几个字也赶得上板。南曲的板是固定的,衬字多了便赶不上板。以上所说衬字的情形,在词里偶然也有,但极少见,所以我说本项与词无大关系。有人认为词无衬字,则又不然,词不是绝无衬字,不过少见而已。清朝编《钦定词谱》的那些人,就是因为不知词有衬字,更不懂增减摊破的原则,所以有时会把一个调子弄出二三十体来。衬字之外还有所谓增字,如三字句可增为五字句,六字句可增为上三下四之七字句之类,则是曲的特点,作词没有这种办法。曲的增字是个专门问题,增字这个名词也是我所假定的,有许多要讲,非此处所能容纳,请参阅拙作《论北曲句法的变化》一文(见《大陆杂志》一卷七期)。

第二部　词曲的类别

词的类别比较简单,就体裁来说,不过按字数多少,分为小令、中调、长调,或云令词、慢词,这些分别人所共知,不用多讲。就用途来说,词仅供清唱之用,唐宋大曲,也只是在歌唱之外加上舞蹈,而且与词并非一件东西。若曲则体裁上有南曲、北曲之分,用途上有散曲、戏曲之分;而散曲又分小令与套数,戏曲又分杂剧与传奇。其类别比词复杂多了。所以本章可以说是专讲曲的类别。今就上述诸项,分别说明。

一、南曲北曲　南曲是从词演变出来的,与词同出于唐宋燕乐,而又加上些南宋以至明初的民间音乐。北曲也源于唐宋燕乐和词,但加上了民间音乐之外,又有金元胡乐的成分。南曲去词较近,北曲去词较远。南北曲各有他们所用的牌调;规律很多不同。例如:衬字之多少,入声之有无,已见上述;联套的形式,南北也显有歧异。唱法则北曲七音全用,南曲只用五音。七音即宫、商、角、变澂、简称变。澂、羽、变宫,简称闰。亦即西乐的 1-2-3-4-5-6-7。五音即宫、商、角、澂、羽,亦即西乐的 1-2-3-5-6。至于所谓昆曲,那只是明朝嘉靖时,江苏昆山县人所发明的一种唱腔,可以用来唱南曲,也可用来唱北曲,不是与南北曲鼎立的东西。昆曲本名昆腔,这个名字远较昆曲为适合他的本质。关于南北曲的分别,可以写一本书,这里只能简单说明。

二、散曲戏曲　　散曲专为清唱之用,与词相同,同属于诗歌。戏曲则为串演之用,乃是戏剧,要有宾白科介等言词动作,由相当的角色扮出来演唱,曲只是剧中人所唱的词句而已。我们所要讲的以属于诗歌的词与散曲为限,戏剧不在本讲义范围之内,所以杂剧、传奇等项都不去讲,只讲小令与套数。

三、小令套数　　曲的小令与词一样,都是按照牌调作出来的,一调就是一首,自成单位。不过词在小令之外还有中调长调,也就是说,词的牌调有短至一二十字的,有长至一二百字的。曲的小令则仅是小令,每调短者二十字左右,长者五十字左右,很少超过六十字的。比较长的牌调,差不多都是套数用的而不能拿来作小令。因为,曲既有小令套数之别,其牌调也就有小令专用、套数专用及二者通用之分。至于套数,则是把同一宫调的若干曲牌联在一起,宫调即仙吕、中吕等,是表示"调子"高低的,其性质与国乐之工调、乙字调等,西乐之F调、C调等相同。每套首曲之上,冠以宫调名,即所以表示这一套所用"调子"之高低。同协一韵,前面有个固定的首曲,后面有个尾声,这样就算一套。每套短者只有一首一尾,长者可包括二十几个牌调;但这样短的只最初期的作品中有之,这样长的则多用于戏曲。普通常见之套,一首一尾之外,中间的牌调少则两三个,多则七八个。各套所用牌调,孰先孰后,次序都有一定,不只作首曲用的必在第一,尾声必在第末。这是因为各牌调的唱腔高低快慢不同之故。如把牌调的次序弄错,唱起来就忽高忽低,忽快忽慢,而变成乱七八糟的噪音了。举例来说:"〔仙吕·点绛唇〕、〔混江龙〕、〔油葫芦〕、〔天下乐〕、〔那吒令〕、〔鹊踏枝〕、〔寄生草〕、〔尾声〕。"这是一套的固定次序。〔点绛唇〕照例是作首曲用的,与〔尾声〕都不能移动,自不必说;如把〔混江龙〕与〔天下乐〕互易,也是不行。一套中所用牌调,或全属于南曲,或全属于北曲,不能混用,故有南套北套之称。有时用一支北曲,一支南曲,如此循环相间成套,则名为南北合套,简称合套。但只有固定的若干牌调可以如此作,并非所有牌调都可南北相间联成一套。套数的组织法,某调应在前,某调应在后,叫作"套式",如上列〔点绛唇〕至〔尾声〕,即是一种套式。欲知各种套式,可看蔡莹的《元剧联套述例》及周明泰的《元明乐府套数举略》二书。散曲与词最大的分别,即在前者有套数而后者无之。唐宋大曲及宋人赚词,固然都有点像散曲的套数,也可以说是套数的起源,但他们与词并非一事。

以上简单说明词曲的规律及类别,下面是词选与曲选。选录标准以名家作品为限,每家一首,倒不一定是他们的脍炙人口之作。篇幅所关,不能多选,举例而已。欲多读作品,可看拙编《词选》及《曲选》。本讲义所选词曲全数在内,关于典故、字义、作者小传等,请看此二书。本讲义所附解说,多半是借题发挥,以说明欣赏、技巧等问题。凡词曲选注解过的尽量避免重复。最后要声明:词是含蓄的,可说的话多,曲是显露的,可说的话少,而且许多原则理论是词曲通用的,所以词选的解说多,曲选的解说少。

第三部　词选及解说 小令长调各十首,按作者时代排列。

菩萨蛮　　唐·温庭筠飞卿

小山重叠金明灭,鬓云欲度香腮雪。懒起画蛾眉,弄妆梳洗迟。
　照花前后镜,花面交相映。新贴绣罗襦,双双金鹧鸪。

　　秦少游曾作〔水龙吟〕词,首两句云:"小楼连远横空,下窥绣毂雕鞍骤。"苏东坡讥笑他:"十三个字只说得一个人骑马楼前过。"右词四十四字只说得一个人晨起化妆,事之细微同于一个人骑马楼前过,字数则多了三倍有余。但能于寻常事物寻常动作中,写出顾影低徊,孤芳自赏的情致,境界似小而意深神远。故王国维先生《人间词话》云:"境有大小,不以是而分优劣。""落日照大旗,马鸣风萧萧",不必胜于"细雨鱼儿出,微风燕子斜"也。

天仙子　　前蜀·韦　庄端己

蟾彩霜华夜不分,天外鸿声枕上闻,绣衾香冷懒重薰。人寂寂,叶纷纷,才睡依前梦见君。

　　宋人沈伯时《乐府指迷》云:"炼句下语最是紧要。如说桃,不可直说破桃,须用红雨刘郎等字;如咏柳,不可直说破柳,须用章台灞岸等字。"《人间词话》则云:"词忌用替代字,美成〔解语花〕之桂华流瓦,境界极妙,惜以桂华二字代月耳。"二说恰好相反。沈说固嫌其凿,王说亦是矫枉过正。或用代字,或用本色,要看全词风调如何而定,不能拘于一格。即如右词,用"蟾彩"二字代月,字面浓丽,却不伤全词意境之清真;若直用"月色"二字,反觉其不匀称。匀称二字为作词要义,不可不知。而且,词的本质是精金美玉,宁可失之过华,不可失之过朴。若通篇白描的作品,如韦作〔女冠子〕之类,则自成一格,又当别论。

采桑子　　南唐·冯延巳正中

小堂深静无人到,满院春风。惆怅墙东,一树樱桃带雨红。　　愁心似醉兼如病,欲语还慵。日暮疏钟,双燕归栖画阁中。

《人间词话》云:"画屏金鹧鸪,飞卿语也,其词品似之。弦上黄莺语,端己语也,其词品亦似之。正中词品,若欲于其词句中求之,则'和泪试严妆'殆近之欤。"是对于三家词的定评。右词"一树樱桃带雨红",及冯作另一〔采桑子〕之"绿树青苔半夕阳",〔南乡子〕《咏春草》之"细雨湿流光",都可以用来解释"和泪试严妆"五字。

浪淘沙　　南唐后主　李　煜重光

帘外雨潺潺,春意阑珊,罗衾不耐五更寒。梦里不知身是客,一晌贪欢。　　独自莫凭栏,无限江山,别时容易见时难。流水落花春去也,天上人间。

右词之感喟苍凉,与其所用寒山韵有关,试看另外两首同用寒山韵的〔浪淘沙〕，第一首宋人张舜民作，第二首清人朱彝尊作。

　　木叶下君山，空水漫漫，十分斟酒敛芳颜。不是渭城西去客，休唱阳关。　　醉袖抚危栏，天淡云闲，何人此路得生还。回首夕阳红尽处，应是长安。

　　衰柳白门湾，潮打城还，小长干接大长干。歌板酒旗零落尽，剩有渔竿。　　秋草六朝寒，花雨空坛，更无人处一凭栏。燕子斜阳来又去，如此江山。

读者将此三词熟读，便能领会到寒山韵适于表现悲凉的情调，进一步即可悟选韵之法。自然，词的声响不尽关韵，句子里边诸字的配合，也有同样关系。

浣溪沙　　宋·晏　殊同叔

一曲新词酒一杯，去年天气旧亭台，夕阳西下几时回。　　无可奈何花落去，似曾相识燕归来，小园香径独徘徊。

东坡《赤壁赋》云："自其变者而观之，则天地曾不能以一瞬；自其不变者而观之，则物与我皆无尽也。"右词"落花"句即是自其变者而观之，"燕归"句即是自其不变者而观之。同叔有诗句云："静寻啄木藏身处，闲看游丝到地时"，极能写出香径徘徊情味，与花落燕归一联同为名词，惜全诗不存。

踏莎行　　欧阳修永叔

候馆梅残,溪桥柳细,草薰风暖摇征辔。离愁渐远渐无穷,迢迢不断如春水。　　寸寸柔肠,盈盈粉泪,楼高莫近危栏倚。平芜尽处是春山,行人更在春山外。

清人刘熙载《艺概》云:"冯正中词,晏同叔得其俊,欧阳永叔得其深。"俊在气韵,深在情致,读右〔浣溪沙〕、〔踏莎行〕两词,可悟晏俊欧深之语。然欧词有时过于"流连光景,惆怅自怜",我宁喜晏之俊,不喜欧之深。

阮郎归　　晏几道叔原

天边金掌露成霜,云随雁字长。绿杯红袖趁重阳,人情似故乡。　　兰佩紫,菊簪黄,殷勤理旧狂。欲将沉醉换悲凉,清歌莫断肠。

叔原词最喜欢用颜色,也最善于用颜色;尤其红绿两色对举并用,一部小山词中有几十处,都很凄艳动人。其要点是他总把这两种浓重的颜色,加上一层悲凉的气氛,最显著的例子是"绿鬓旧人皆老大,红梁新燕又归来。"〔浣溪沙〕所以我曾以小山自己的词句"露红烟绿",来形容他这种作风。

雪梅香　　柳　永耆卿

景萧索,危楼独立面晴空。动悲秋情绪,当时宋玉应同。渔市孤烟袅寒碧,水村残叶舞愁红。楚天阔,浪浸斜阳,千里溶溶。　　临风,想佳丽,别后愁颜,镇敛眉峰。可惜当年,顿乖雨迹云踪。雅态妍姿正欢洽,落花流水忽西东。无聊恨,相思意,尽分付征鸿。

柳词善写冷落之景,右词"渔市孤烟"以下几句,写景之工,不减于有名的〔八声甘州〕和〔雨霖铃〕。但我选这个调子还是为了他的音节声响。我在拙编《词选》本词注文里说:"此调流利顿挫,甚为美听,不知何以宋人竟无继响。清人始有填之者,郑文焯《梦半塘翁》一首,青胜冰寒矣。"半塘翁是清末名词人王鹏运。现在把郑作钞在下面。

影凄寂,虚梁落月暗惊逢。怅孤鸿天外,哀弦响绝秋空。遗世高情谢猿鹤,过江余泪送蛟龙。叙愁阔,少别千年,犹是匆匆。　　幽踪,旷延伫,薜雨萝烟,夜啸谁同。送客衰兰,漫悲旧曲回风。故国伤心渺天北,暮云何意恋江东。沈沈恨,一枕关山,魂绕青枫。

这词胜于柳作,只在一个雅字。柳词用笔高健,意则浅俗,他的作品大都如此,这是性情襟抱的关系,勉强不来。这个调子属于正宫。燕南芝庵所撰《唱论》上说:"正宫惆怅雄壮。"虽是元人论曲的话,但词曲音理一样。所以柳、郑两作,都用与这种情调最适合的东钟韵。郑作另一首用寒山韵,就颇为逊色,可见选韵是有关系的。

永遇乐彭城夜宿燕子楼,梦盼盼,因作此词。　　苏　轼子瞻

明月如霜,好风如水,清景无限。曲港跳鱼,圆荷泻露,寂寞无人

见。纵如三鼓,铮然一叶,黯黯梦云惊断。夜茫茫,重寻无处,觉来小园行遍。　　天涯倦客,山中归路,望断故园心眼。燕子楼空,佳人何在,空锁楼中燕。古今如梦,何曾梦觉,但有旧欢新怨。异时对,黄楼夜景,为余浩叹。

"古今如梦"三句,与"大江东去,浪淘尽,千古风流人物",异曲同工;彼以气概胜,此以神理胜。我们尤其要注意末句"为余浩叹"的"余"字。东坡此时已有"身经万里头初白,名已千秋心自清"的意味,所以这个"余"字说得特别有力。否则,一个无名下士,谁会为你而浩叹呢?其后数年,谪居黄州,也就是作"大江东去"的时候,经过人世的挫折磨炼,便在"笑我早生华发"之下只说:"人生如梦,一尊还酹江月。"豪情胜概,已收敛起来了。其实在那首词里,东坡何尝不隐然自信,他与周公瑾同为"千古风流人物"之一!

千秋岁　　秦　观少游

水边沙外,城郭春寒退。花影乱,莺声碎。飘零疏酒盏,离别宽衣带。人不见,碧云暮合空相对。　　忆昔西池会,鹓鹭同飞盖。携手处,今谁在。日边清梦断,镜里朱颜改。春去也,飞红万点愁如海。

这首〔千秋岁〕,自来脍炙人口,末两句尤为有名,其神味则全在"去也"、"万点"两组去上声连用字,所谓声情跌宕是也。词曲中两个仄声字相连,或宜去上,或宜上去,或可不拘,随调而异。各种词律曲谱于各调下常有说明,可供参考。

渡江云　　周邦彦美成

晴岚低楚甸,暖回雁翼,阵势起平沙。骤惊春在眼,借问何时,委曲到山家。涂香晕色,盛粉饰,争作妍华。千万丝,陌头杨柳,渐渐可藏鸦。　　堪嗟,清江东注,画舸西流,指长安日下。愁宴阑,风翻旗尾,潮溅乌纱。今宵正对初弦月,傍水驿,深舣蒹葭。沈恨处,时时自剔灯花。

周词写景写情,俱以曲折胜。右词起首三句,写景便有无限曲折。其他如〔大酺〕首数句,〔霜叶飞〕首数句,〔解语花〕首数句,皆是此等手法。写情之曲折,则莫过于〔解连环〕怨怀无托云云,有回肠荡气之致。〔渡江云〕调,声韵悠扬,画龙点睛处,在"长安日"下句用仄声韵。日字本入声,《中原音韵》作去声用,但亦可作平声用,宋词元曲皆然。右词日字即作平声,故后来名家如梦窗、玉田,此处皆用平声。

感皇恩　　朱敦儒希真

曾醉武陵溪,竹深花好,玉佩云鬟共春笑。主人好事,座客雨巾风帽。日斜青凤舞,金尊倒。　　歌断渭城,月沈星晓,海上归来故人少。旧游重到,但有夕阳衰草。恍然真一梦,人空老。

自来论朱希真词,大都注意他的萧散乐易之作,而忽略了他作风的另一面:悲凉凄咽。我特选右词以为介绍。此外如〔减字木兰花〕、〔听琵琶〕两首等,都可代表这种作风。辛稼轩〔感皇恩〕"案上数编书"云云,似受右词影响。

南歌子　　李清照易安

天上星河转，人间帘幕垂。凉生枕簟泪痕滋，起解罗衣，聊问夜何其。　　翠贴莲蓬小，金销藕叶稀。旧时天气旧时衣，只有情怀，不似旧家时。

周济《介存斋论词杂著》云："闺秀词惟清照最优，究苦无骨。"乃是不了解易安的论调。沈曾植《菌阁琐谈》云："堕情者醉其芬馨，飞想者赏其神骏。"则是确评。如〔念奴娇〕、〔浣溪沙〕、〔醉花阴〕，都是芬馨之作；代表其神骏者则为〔渔家傲〕、〔临江仙〕。右词芬馨、神骏兼而有之。

瑞鹤仙赋梅　　辛弃疾幼安

雁霜寒透幙，正护月云轻，嫩冰犹薄。溪奁照梳掠，想含香弄粉，艳妆难。学玉肌瘦弱，更重重、龙绡衬着。倚东风，一笑嫣然，转盼万花羞落。　　寂寞，家山何在，雪后园林，水边楼阁。瑶池旧约，鳞鸿更仗谁托。粉蝶儿只解，寻桃觅柳，开遍南枝未觉。但伤心，冷落黄昏，数声画角。

北宋咏物之词不多，咏物之风盛于南宋。稼轩亦此中能手，其深婉细腻，雕镂精工处，不让宋末诸家，气象则非宋末诸人所及。右词直把梅花人格化了；"倚东风"云云，即是李延年的"北方有佳人，绝世而独立"，杜甫的"天寒翠袖薄，日暮倚修竹"。凡以粗豪论稼轩词者，请看他的咏物诸作。

满江红 原有小序，从略。　　姜　夔尧章

仙姥来时，正一望、千顷翠澜。旌旗共，乱云俱下，依约前山。命驾群龙金作轭，相从诸娣玉为冠。向夜深风定悄无人，闻珮环。　神奇处，君试看，奠淮右，阻江南。遣六丁雷电，别守东关。却笑英雄无好手，一篙春水走曹瞒。又怎知、人在小红楼，帘影间。

〔满江红〕本用仄声韵，尧章创用平声韵，读起来别有风味。后来吴梦窗诸人都有仿作，《词选》129页选梦窗一首，可与姜词合读。"闻珮环"之珮字去声，最好，"帘影间"之影字也应去声。尧章词以瘦硬称，右词即可看出，我最喜欢"却笑英雄"两句。

东风第一枝 咏春雪　　史达祖邦卿

巧沁兰心，偷黏草甲，东风欲障新暖。谩凝碧瓦难留，信知暮寒轻浅。行天入镜，做弄出、轻松纤软。料故园、不卷重帘，误了乍来双燕。　青未了、柳回白眼，红欲断、杏开素面。旧游忆著山阴，厚盟遂妨上苑。寒炉重暖，便放慢、春衫针线。恐风靴、挑菜归来，万一灞桥相见。

"轻松纤软"四字，写春雪神貌俱备；史词风格也可用此四字形容。姜、史自来并称，而姜硬史软，风格并不相同。史词总是缠绵往复，深婉低回；姜则如张炎《词源》所评，"野云孤飞，去留无迹"。

贺新郎 陪履斋先生沧浪看梅。　　吴文英君特

乔木生云气,访中兴,英雄陈迹,暗追前事。战舰东风悭借便,梦断神州故里。旋小筑、吴宫闲地。华表月明归夜鹤,叹当时花竹今如此。枝上露,溅清泪。　　遨头小簇行春队,步苍苔,寻幽别坞,问梅开未。重唱梅边新度曲,催发寒梢冻蕊。此心与、东君同意。后不如今今非昔,两无言相对沧浪水。怀此恨,寄残醉。

　　吴梦窗的身世,无从详考;他常有与当时权贵应酬之作,很容易被误会为江湖名士,甚至清客之流。其实他的气骨很高,也是个伤时忧国的有志之士。右词"后不如今"以下数句,明指宋末国势而言,何等沈痛。他又有〔水龙吟〕词,首两句云"几番时事重论,座中共惜斜阳下",亦是此意。〔八声甘州〕《游灵岩》一首,境界之高,笔势之密,是梦窗代表作;但因其为传诵之作,右词则似被忽略,故我选此遗彼。本选于诸家词去取之际,常有此种情形。

西子妆慢 原有小序,从略。　　张　炎叔夏

白浪摇天,青阴涨地,一片野怀幽意。杨花点点是春心,替风前、万花吹泪。遥岑寸碧,有谁识、朝来清气。自沉吟,甚流光轻掷,繁华如此。　　斜阳外,隐约孤村,隔坞闲门闭。渔舟何似莫归来,想桃源、路通人世。危桥静倚,千年事,都消一醉。谩依依,愁落鹃声万里。

　　〔西子妆慢〕是梦窗自度曲,叔夏称其"声调妍雅";但两人各只

一首,此外仿作者不多。寸碧之碧字是韵,以入代上,此句须作"平平去上",即后半之"危桥静倚"也。右词高华清远,不失玉田本色,似较梦窗原作为胜,原作见《梦窗词甲稿》。一般论之,吴密张疏,各有千秋,但我宁取吴之密。

齐天乐蝉　　王沂孙圣与

一襟余恨宫魂断,年年翠阴庭树。乍咽凉柯,还移暗叶,重把离愁深诉。西窗过雨,怪瑶珮流空,玉筝调柱。镜暗妆残,为谁娇鬓尚如许。　　铜仙铅泪似洗,叹移盘去远,难贮零露。病翼经秋,枯形阅世,消得斜阳几度。余音更苦,甚独抱清商,顿成凄楚。谩想薰风,柳丝千万缕。

咏物词盛于南宋,尤盛于宋末元初。在当时遗民词人中,王圣与最以咏物著称。咏物和咏史相同,都是咏怀。碧山咏物词好处,即在每首都能传神托意,因物寄情,写出一般遗民故国之思、身世之感。当时宋朝已无复兴之望,不像南渡之初,还有半壁江山。所以这两个时期词风不同,前者气壮,后者神伤,从咏物词亦可看出。

女冠子元夕　　蒋　捷胜欲

蕙花香也,云晴池馆如画。春风飞到,宝钗楼上,一片笙箫,琉璃光射。而今灯漫挂;不是暗尘明月,那时元夜。况年来,心懒意怯,羞与蛾儿争耍。　　江城人悄初更打,问繁华谁解,再向天公借。'剔残红炧,但梦里隐隐,钿车罗帕。吴笺银粉砑;待把旧家风景,写成闲话。笑绿鬓邻女,倚窗犹唱,夕阳西下。

  蒋胜欲也是宋末遗民,故国之思,随时流露,而都是直接写出,不大用"托物寄情"之法。其〔贺新郎〕词云:"彩扇红牙今都在,恨无人解听开元曲。"〔瑞鹤仙〕云:"劝清光乍可,幽窗相伴,休照红楼夜笛。怕人间,换谱伊凉,素娥未识。"与右词结尾数语,写法相同。当时,北方胡乐,初到江南,宋遗民对之很有反响。如刘辰翁词云:"有时也解高歌去,但高歌不是番腔底。"番腔即谓胡乐。

第四部 曲选及解说南北小令各十首,南套北套合套各一套。

四块玉以下十首北小令。 元·关汉卿己斋

自送别,心难舍,一点相思几时绝。凭栏袖拂杨花雪。溪又斜,山又遮,人去也。

  汉卿所作杂剧,方面甚广,如《单刀会》、《拜月亭》、《窦娥冤》三剧,几似三人手笔。惟所作散曲,则全为闺怨相思之作,盖以余力为之,非精神所专注也。〔四块玉〕属南吕宫,宫调之说见前。

庆东原 白 朴仁甫

忘忧草,含笑花,劝君闻早冠宜挂。那里也、能言陆贾,那里也、良谋子牙,那里也、豪气张华。千古是非心,一夕渔樵话。

曲中此种颓废情调,几于触目皆是,是为元时一般文人对于当代黑暗社会,尤其不平政治之反响。读者谅其心悲其遇可也。〔庆东原〕属双调。

拨不断　　马致远东篱

菊花开,正归来。伴虎溪僧、鹤林友、龙山客,似杜工部、陶渊明、李太白,有洞庭柑、东阳酒、西湖蟹。哎楚三闾休怪。

　　句下加黑点者为衬字,后仿此。哎字虽是衬字,而传神在此,能写出乱世有心人蹙蹙靡骋之概。东篱所作散曲杂剧,俱为元代第一,涵虚子明宁献王朱权。论曲以朝阳鸣凤喻之,非溢美也。〔拨不断〕属双调。

山坡羊潼关怀古　　张养浩希孟

峰峦如聚,波涛如怒,山河表里潼关路。望西都,意踌躇,伤心秦汉经行处。宫阙万间都做了土。兴,百姓苦,亡,百姓苦。

　　张希孟一代名臣,余事倚声,不能以曲家论,故所作俱为小令,此外不过一二短套。然几无一首不佳,悲天悯人之襟抱,光风霁月之性情,俱见于此。右曲为赴陕西行台中丞时作,可参阅《曲选》259页小传。〔山坡羊〕属中吕宫。

塞鸿秋　　贯云石酸斋

战西风几点宾鸿至,感起我南朝千古伤心事。展花笺欲写几句知心事,空交我停霜毫半晌无才思。往常得兴时,一扫无瑕疵,今日个病厌厌刚写下两个相思字。

　　酸斋此曲在当时甚有名,但周德清《中原音韵》颇讥其衬字太多。依作曲习惯,戏剧用之北曲不妨多加衬字,观元人杂剧可知,散曲则不论南北,衬字愈少愈好。周之讥讦,不为无理。〔塞鸿秋〕属正宫。词曲俱不许重韵,右曲犯规重用"事"字。

梧叶儿　　徐再思甜斋

鸳鸯浦,鹦鹉洲,竹叶小渔舟。烟中树,山外楼,水边鸥。扇面儿、潇湘暮秋。

　　此曲特点在全首无动词,只是若干景物堆列一起,而自然调谐,自有联络。通篇不写情感,情感即在其中。是为文学中最超脱之境;但惟词曲小令及绝句诗能之,字数稍多便无能为力矣。〔梧叶儿〕属商调。

折桂令丙子游越怀古　　乔　吉梦符

蓬莱老树苍云,禾黍高低,狐兔纷纭。半折残碑,空余故址,总是黄尘。东晋亡也再难寻个右军,西施去也绝不见甚佳人。海气长昏,啼鸩声乾,天地无春。

　　元人小令,乔、张并称,其说始于明人李开先之编刻《乔张乐府》。实则乔不逮张远甚,其作品柔者无骨,刚者无致。然所作杂剧则绵丽清婉,自成一格。〔折桂令〕属双调。

水仙子怀古　　张可久小山

秋风远塞皂雕旗,明月高台金凤杯。红妆肯为苍生计,女妖娆能有几?两蛾眉、千古光辉。汉和番、昭君去,越吞吴、西子归,战马空肥。

  张小山不作杂剧,亦不多作套数,专作小令,多至六七百首,以富丽精工胜,惟稍嫌真气不足。其人生活环境颇为狭窄,而作品如彼之多,故读来有千篇一律之感。东篱、希孟诸人,曲外别有事在,小山则曲外无所有矣。然就曲论曲,小山固不失为第一流作家。〔水仙子〕属双调。

清江引　　　明·王九思敬夫

紫阁山人王敬夫,盛世闲人物。懒修《山海经》,怕奏《长杨赋》,病起花间删乐府。

  情致之洒落,声调之谐婉,堪称独步。此曲声调抑扬处,全在几个去声与上声字,阁字入作上,物字乐字入作去。敬字若改上声字便不起调,而作者适字敬夫,所谓文章本天成,妙手偶得之。〔清江引〕属双调。

朝天子解官至舍　　冯惟敏汝行

不着人眼空,不降钱手穷,故意把家缘弄。早年志气藐三公,到底无实用。东海荒村,南山旧垅,说归来、非是哄。买三尺小童,学一世老农,悟往事真如梦。

　　元人杂剧常有本色白描之作,世且以此为元曲佳处。元人散曲则实以工丽胜,白描作品甚少,偶然有之,非谑即俗。欲求谑不伤雅、质不近俚之笔,元明两代惟海浮足以当之。冯自号海浮山人。明人北小令作者不多,王、冯之外,康海、王磐、常伦诸人作品亦有可观。

四块金 以下南小令十首,俱明人作。　　　康　海伯涵

青云致身,奈可长门妒。丹丘跨蹇,险被浮名误。笑荣华似电逐,叹岁矢如弦促。酒满琼壶,兴逾金谷。懒欢娱,恐疏,见西崦、又度落霞孤鹜。

　　此调句法整齐,律涩而稳,与〔中吕·驻云飞〕之跌宕、〔商调·黄莺儿〕之谐婉,各极其工;而作者甚少,读者可试为之。奈可即奈何之意。〔四块金〕属仙吕入双调过曲。

醉罗歌　　张　炼伯纯

夜凉夜凉天街静,云霁云霁月华明。霜砧寒雁送秋声,犹自把栏干凭。砧声凄切,愁怀怕听,雁声嘹唳,离魂乍惊,更长越觉人孤另。风飘叶,花弄影,今宵有梦也难成。

　　此调悠扬驰骤处,全在首两句叠字及中段四个四字句;然亦有因叠字而厌之者,无论声调文字,爱憎之情固各有不同也。此调属仙吕宫,系从〔醉扶归〕、〔皂罗袍〕、〔排歌〕三个牌调中各取数句集成。自首至"栏干凭"四句属〔醉扶归〕,"砧声"至

"孤另"五句属〔皂罗袍〕,末三句属〔排歌〕,故名〔醉罗歌〕,盖于原来调名中各取一字也。此种办法谓之集曲,在南曲中颇为普遍,北曲用此法集成之调极少。北曲中之〔转调货郎儿〕即系集曲性质;然亦有谓北无集曲者,吴瞿安先生即持此说。吾人作曲,只能取古人已集成之牌调用之;因各调之高低快慢俱有一定,若非精通音律而随意自行集凑,则全乱矣。

一江风　　常　伦明卿

雨初晴,一洗山容净,宜写入,冰绡幛。敞云亭,树影当窗,苔色侵帘,花落瑶阶静。银筝入耳清,金壶信手倾,消尽闲中兴。

明卿作曲,每嫌气粗词芜,如右曲之匀净清婉,颇不多见。此君才气纵横,若天假以年,其成就当不止此。明卿卒时,年仅三十四岁。〔一江风〕属南吕宫。

驻马听　　杨　慎用修

客路秋宵,一点渔灯伴寂寥。潮生瓜步,霜冷芜城,月落枫桥。玉人何处教吹箫,愁心怕听凄凉调。一枕无聊,冬冬更鼓,催人行棹。

北曲亦有此调,与此大同小异,今录冯惟敏作一首以为比较。

五岳遨游,山水都归摩诘手。两都驰骤,文章直与马班侔。向来三载客燕州,几番曾忆东山否。尚兀自抱箜篌,花开花落人依旧。

南曲末二句亦可并为七字一句。如杨作另一首云："消除赖有尊中酒"是也。〔驻马听〕南属中吕宫，北属双调。

驻云飞　　陈　铎大声

庭院昏黄，香雾空濛月转廊。月色侵罗帐，灯影摇书幌。嗏！开宴出红妆，痛饮何妨。几夜轻寒、报道花无恙，半醉移灯看海棠。

〔驻云飞〕属中吕宫，为明代流行之"小曲"，其性质几与〔打枣竿〕、〔挂枝儿〕等相同；余颇不喜其声调，以流行之故，选此一首示例。大声作品，北曲多精而雅，南曲多艳而俗。嗏字是格。格为照例应有之字而不必与文义有关者，如北曲〔尾声〕之"唱道"二字，南曲〔水红花〕之"也啰"二字及此嗏字皆是。原无专名，《九宫大成谱》始定名为格。

傍妆台　　李开先伯华

恨匆匆，眼前光景耳边风。疾飞夜月如朝日，春雁即秋鸿。每逢冷节花相似，但入新年人不同。为栖鸟，作卧龙，得从容处且从容。

李作〔傍妆台〕百首，多豪宕矫健之笔，盖以北曲风格写南曲也。王九思曾尽和之，合编为南曲次韵，附于渼陂全集之后。〔傍妆台〕属仙吕宫。

黄莺儿　　沈　仕懋学

花影闭帘栊，䌽流苏，绣帐空。今宵更觉相思重。灯花玉虫，香烟翠龙,愁来却把瑶琴弄。向东风,谁知调里,奏出是离鸿。

〔黄莺儿〕调最谐婉,亦为南小令中常用之调,佳作极多;但只宜写软性情调,不宜硬性,声调使然也。沈作诸曲,多闺怨相思之类,其曲集名"唾窗绒",可以知其作风矣。〔黄莺儿〕属商调。

玉抱肚 铜雀台怀古　　梁辰鱼伯龙

雀台高峻,看西陵,重重暮云。叹一时、霸业何雄,笑千秋、荒址犹存。只今凝望已消魂,况复当时歌舞人。

梁伯龙为人豪俊有奇气,其作品亦然,与沈青门仕之软媚恰为对照。〔玉抱肚〕属仙吕入双调。

桂枝香 九日同友人集雨花台　　陈所闻荩卿

清尊新酿,黄花初放,江峰乱落筵前,罗绮晴骄台上。逐词盟浪游,逐词盟浪游。听白苎人人高唱,把红树山山遥望。弄秋光,避俗寻幽寺,长歌入醉乡。

〔桂枝香〕属仙吕宫,声调极为高朗,今配以江阳韵,所谓愈唱愈高,去天三尺矣。此题而用此调此韵,可悟选调选韵之理。

金落索 马上遣兴　　王骥德伯良

春从别后抛,人在天涯老。满路黄沙,不住的鸺鹠叫。斜阳上树梢,晚风号,搅乱情怀千万条。说什么十年梦断邯郸道,只今日老大愁经豫让桥。情丝套,几时碎却倩并刀。尽着他曲唱红么,泪滴青袍,我啊只自按伊凉调。

豪宕激袤,真有伊凉悲壮之概,惟稍嫌气粗耳。〔金落索〕又名〔金索挂梧桐〕属南吕。此调为集曲:首至"上树梢"四句属〔金梧桐〕,"晚风"二句属〔东瓯令〕,"十年"二句属〔针线箱〕,"情丝"二句属〔索儿序〕,末三句属〔寄生子〕。

大石调青杏子北套　　元·朱庭玉

游宦又驱驰,意徘徊、执手临歧。欲留难恋应无计。昨宵好梦,今朝幽怨,何日归期。

归塞北

肠断处,取次作别离。五里短亭人上马,一声长叹泪沾衣,回首各东西。

初问口

万叠云山,千重烟水,音书纵有凭谁寄。恨萦牵,愁堆积,天天不管人憔悴。

连用天字,呼天之意。

怨别离

感情风物正凄凄,晋山青,汾水碧。谁返扁舟芦花外,归棹急,惊散鸳鸯相背飞。

擂鼓体

一鞭行色苦相催,皆因些子,浮名薄利。萍梗飘流无定迹,好在阳关图画里。

催拍子带赚煞

未饮离杯心如醉,须信道、送君千里。怨怨哀哀,凄凄楚楚,苦苦啼啼。唱道!分破鸾钗,丁宁嘱咐好将息。不枉了男儿堕志气,消得英雄眼中泪。

　　唱道二字是格,解说见前南小令〔驻云飞〕注文。朱庭玉所作北套,俱见《朝野新声太平乐府》,清丽芊绵,篇篇可诵;而名不甚著,余故表而出之。

羽调四季花怀金陵旧知　　南套　　梁辰鱼伯龙

寒气透疏棂,正窗儿破,风儿猛,背却残灯。愁听,高梧露滴秋夜清,南山子规啼一声。月沉西,门暗扃。晓钟何处,当当五更,薰笼坐倚直到明。辗转梦不成,难道便一生孤另,奈香冷篆冷,衾冷枕冷人冷。

集贤宾

六朝旧事心暗评,消磨多少豪英。朱雀乌衣留话柄,记潘妃、莲步轻盈。景阳废井,多半是、佳人薄命。须自省,尽沉没、暮天鸿影。

簇林莺

还怀旧,自幼龄,播蜚声,满上京,长干历遍诸名胜。凤凰台昼登,燕子矶晓行,莫愁湖上春风艇。总无凭,年华已矣,何事负平生。

琥珀猫儿坠

而今憔悴,独对短檠灯。眼见凄凉逢暮景,当初谁道谁道恁伶仃。牵情,羞睹那乌鹊桥边,匹配双星。

水红花

海盟山誓信非轻。数年庚,今成画饼,一生寂寞竟何曾。问儒卿,甘心谁等。挽不住、夕阳西下,遣不去恨难平,这场恩怨不分明也啰!

> 末句明字协韵,其下加也啰二字而与文义无关;此种情形,与《楚辞》之兮、些等字相同。惟兮、些等字非必加者;此二字则定格如此,非加不可。

尾声

叹行藏,频看镜,大都尘世总浮萍,不如净扫花前去学诵经。

〔四季花〕亦作〔四时花〕,本属羽调,羽调曲不多,照例可与仙吕合用,故此套有题羽调者,亦有题仙吕者。〔集贤宾〕以下四曲本属商调,今借入羽调;此种情形,谓之借宫。各宫调曲牌之能否通借,均有一定,不能随意乱借。

北双调新水令吴门春泛　　南北合套　　金　銮在衡

春光二月满姑苏,正弥漫、柳烟花雾。暖风薰醉眼,宝马趁香车。缥缈云裾,邀仙子坐天路。

南二犯江儿水

有绿水青山无数,分明是幻瑶宫嘘洞府。见山明叠翠,水绕平芜。恰初晴江上雨,花软趁蜂须,泥香飞燕雏。漫说西湖,争似东吴,果然的并燕歌兼赵舞。看几处、丹青画图,更一代、风流人物,端的是,俯千秋高万古。

北雁儿落带过得胜令

我则见天连震泽湖,水绕枫桥渡,清风陆羽泉,落日梁鸿墓。　此地是仙都,何处访蓬壶,雨过山偏好,人归鸟自呼。笙竽,正天籁鸣琪树;云衢,渐灵风响玉除。

南夜行船序

怀古,笑杀强吴。叹当年、谁覆一抔黄土。伤情处,剩水残山,空余丘墟。多少春光,来往游人,几番乌兔。风雨,但寻常宫阙,又成禾黍。

北川拨棹

我恰才怨陶朱,载西游,浮子胥。到而今野店荒垆,细柳新蒲,芳草长途,废沼平湖。尚犹自、兰桡画橹,怎教他春作主。

南孝南歌

春犹恋,酒再酤,明日看花花有无。金犊驻游车,玉碗洗行厨。喜相逢、吹箫伴侣,行尽旗亭,和不就阳春句。山气佳,人影疏,楼外楼,渡傍渡。

北清江引

桃源望来何处所,咫尺迷归路。楼船天上回,箫鼓云中度,江头小蟾犹未吐。

南尾声

切莫教莺花渐老春光去,撺断的、芳心无主,把欢娱、怎般孤负。

  南北合套,多以北调作首曲,以南调起者居少数。北曲刚健,南曲谐婉,故后来传奇中所有南北合套,多为生旦递唱,生唱北,旦唱南。金在衡工于北曲,南曲似非所长,然所作合套中之南曲,则几无一首不佳。

1954 年,中华文艺函授学校讲义。

再论词调

词是配合音乐的诗歌,既为音乐,当然要有乐谱。所谓词调或词牌,如〔满江红〕、〔采桑子〕之类,即是乐谱的名字。按照乐谱填入词句,以备歌唱,所以作词又叫作填词。每调共若干句,每句若干字,那些字该用平声,那些字该用仄声,有时还要分上去入。那些字平仄不拘,那些句押韵或不押韵:以上这些组成了所谓牌调。前发讲义已大致谈到,本文乃是补充资料,特别是关于长短调的区别。

词调有短有长,短的叫作令,长的叫作慢,通称则为小令、长调。二者的区别并没有固定的字数,大概七八十字以下即是小令,八九十字以上即是长调。而且令、慢之别并不全在字之多少。明人在小令、长调之外,加入所谓中调,并未对三者的字数作严格区分,其说也还可用。清初有人强分"五十八字以内为小令,五十九字至九十字为中调,九十一字以外为长调",则是穿凿附会,于古无据的说法,不足凭信。

长调较小令更富于音乐性,规矩也就更严。具体撮要而言,即是小令大部只分平仄,长调则要讲四声,一调之中总有数字,平上去入不能错用。例如〔齐天乐〕末句末三字须用平去上,姜夔作云"一声声更苦",王沂孙作云"柳丝千万缕",声更苦、千万缕俱平去上。〔扬州慢〕前后叠倒数第二句末字均须用入声。姜夔作前云"渐黄昏清角",后云"念桥边红药",角、药两字俱入声。这是定律,名手佳作都是如此。也有不守这定律的,在规矩上不算严重的错误,只要平仄不错。在技巧上则有个术语叫作落腔,又叫落调。落者失落之意,意思是说把调子的音乐性丢掉了。句子里边如此,句末的韵也是如此。该押仄声韵的小令,押上去声①或押入韵尚可通融;长调则有的须押上去声,如〔齐天乐〕,有的须押入声,如〔琵琶仙〕,不能错乱。要明白每个长调的四声规定,及应用那种声的韵,可看万树的《词律》,或舒梦兰的《白香词谱》,或林大椿的《词式》。商务印书馆出版。

前发讲义说过分段问题,其要点云:每首词都包含有若干句,当然不会一气连接,也不会每句独立,总要分成若干段落,分段才是表示语意的完成。……小令句数少组织简单,段落大概都是一望即知,长调则有时不易分清。小令每调多者十句左右,少者四五句,通常都是两句一段,偶有三句一段的,前者如〔菩萨蛮〕、〔虞美人〕,后者如〔临江仙〕、〔鹧鸪天〕。但无论两句或三句一段,总是整齐匀称的;长调则错综变化,几乎每调各是一样组织。可以说:小令不脱诗的形式,如〔玉楼春〕、〔虞美人〕同样等于一首七律,不过前者与诗一样是七言八句,后者则变为"七五七九七五七九"而已。长调则段落不齐,句法不一,全是词的形式。也可以说长调才是词的本格,小令只是句法变,长调则整个组织也变了。

因此,长调中有所谓领调字,是小令所没有的。领调字即是数句合为一段,用一个虚字冠于其上,把他们统摄起来,这个字就叫作领调字。例如:周邦彦〔解连环〕"想移根换叶,犹是旧时,手种红药"的想字,辛弃疾〔水龙吟〕"把吴钩看了,栏干拍遍,无人会,登临意"的把字,王沂孙〔眉妩〕"渐新痕悬柳,淡影穿花,依约破初

---

① 填词去上两声可以通押,入声则须独用。

暝"的渐字。这些都是领调字。凡领调字有两种条件,第一必为虚字,第二必为仄声,去声更好。长调的转折摇曳,传神达意,大部要借重领调字,如老子所谓"当其无有车之用"是也。

关于令、慢这两个名词的解释,其说不一,比较合理的说法是这样的。令这个名词出于唐人打令。打令是唐人宴会时的一种游戏,大致类似所谓酒令,或近代开会后的余兴。打令输了的人,或为被指派的人,或者贡献其他节目,或者唱一首"曲子",词在唐宋时,也叫作曲子。这当然不必也不能唱长的①,只唱一首短的也就行了。所以短词就叫作令,意为可供行令之用。长调叫作慢,则取调长声缓之意。本来是从小令演变出来的,如小令有〔西江月〕,长调有〔西江月慢〕,小令有〔卜算子〕,长调有〔卜算子慢〕之类;但其后完全自创非由小令演变出来的长调,也都叫作慢词了。自然调名不一定有慢字,而且多数是没有的。

但同是长调又有快慢之分,这要看句式之单双,而不在字数之多少。三五七言的谓之单式句,二四六言的谓之双式句。一个调子,单式句多了就快,双式句多了就慢。试看这两首词:

归　朝　欢　　苏　轼

我梦扁舟浮震泽,雪浪摇空千顷白;觉来满眼是庐山,倚

---

① 旧说多以为唐代只有小令,并无长调,实不尽然,其证有二。第一,敦煌石室所出《云谣集》,一般认为唐人作品,其中即有八九十字以上的长调,如〔凤归云〕、〔倾杯乐〕、〔内家娇〕之类。第二,唐崔令钦《教坊记》所载当时词调,如〔破阵乐〕、〔还京乐〕、〔夜半乐〕之类,在宋词都是长调,我们没有理由说这些都是在唐为小令,在宋为长调的同名异实之作。不过,唐代长调有些是有声无辞,即只有乐谱而没有文人填制歌词,有些则是虽有歌词而非出文人之手,其词鄙俚,流行不广,遂致失传,因此后人遂认为唐无长调。

天无数开青壁。此生长接浙,与君同是江南客。梦中游觉来清赏,同作飞梭掷。　　明日西风还挂席,唱我新词泪沾臆。灵均去后楚山空,澧阳兰芷无颜色。君才如梦得,武陵更在西南极。竹枝词,莫徭新唱,谁谓古今隔。

高　阳　台　　吴文英

修竹凝妆,垂杨驻马,凭栏浅画成图。山色谁题,楼前有雁斜书。东风紧送斜阳下,弄旧寒,晚酒醒余。自销凝,能几花前,顿老相如。　　伤春不在高楼上,在灯前敧枕,雨外熏炉。怕舣游船,临流可奈清臞。飞红若到西湖底,搅翠澜、总是愁鱼。莫重来,吹尽香棉,泪满平芜。

〔高阳台〕一百字,〔归朝欢〕一百零四字,但读起来便觉得〔高阳台〕慢,〔归朝欢〕快,不像只差四个字。这就是因为〔高阳台〕几乎全是双式句,〔归朝欢〕几乎全是单式句。尤其是每段末一句之为单为双,更有关系,试看另外两首词:

水调歌头　　苏　轼

明月几时有,把酒问青天。不知天上宫阙,今夕是何年。我欲乘风归去,惟恐琼楼玉宇,高处不胜寒。起舞弄清影,何似在人间。　　转朱阁,低绮户,照无眠。不应有恨,何事长向别时圆。人有悲欢离合,月有阴晴圆缺,此事古难全。但愿人长久,千里共婵娟。

念　奴　娇　　苏　轼

大江东去,浪淘尽、千古风流人物。故垒西边人道是,三国周郎赤壁。乱石崩云,惊涛裂岸,卷起千堆雪。江山如画,一时多少豪杰。　　遥想公瑾当年,小乔初嫁了,雄姿英发。羽扇纶巾谈笑间,强虏灰飞烟灭。故国神游,多情应笑我,早生华发。人生如梦,一尊还酹江月。

〔水调歌头〕九十五字,〔念奴娇〕一百字,但前者快的多,因为〔水调〕每段末句都是单式,〔念奴娇〕则只有"卷起千堆雪"一句单式。这种情形,在小令也是一样,如〔生查子〕和〔醉太平〕:

生　查　子　　辛弃疾

悠悠万世功,矻矻当年苦。鱼自入深渊,人自居平土。
红日又西沉,白浪长东去。不是望金山,我自思量禹。

醉　太　平　　刘过

情高意真,眉长鬓青。小楼明月调筝,写春风数声。
思君忆君,魂牵梦萦。翠绡香暖云屏,更那堪酒醒。

〔生查子〕是快调,〔醉太平〕是慢调,而前者比后者尚多二字,这就因为〔生查子〕全是单式句,〔醉太平〕全是双式句。〔醉太平〕前后两个五字句,都是上一下四,照例作双式句看。明乎此,便可知词的快慢全在音节声响,与字数多寡不一定有关。以上所说快慢,是在歌唱或诵读时的快慢,长调之称慢词,则已成专门名词,乃是另一回事。

词调无论长短,大多数分为前后两叠。有些调子前后完全相同,小令如〔玉楼春〕、〔虞美人〕等,极为常见。有些调子前后小异,长调差不多都是如此,小令则部分如此;其异处常是后叠开头几句与前叠不同,这种情形叫作换头。前后叠相差很多的,只有长调如此,小令都是前后一致,或大同小异的。此外又有不分叠的,如十六字令，这种不分的情形，当然只有小令如此。若长调则分两叠之外，又有分三叠、四叠的，前者如〔兰陵王〕，后者则〔莺啼序〕之外未见他调。还有，一首长调前两叠完全相同，第三叠与之大异，这叫"双拽头"，如〔瑞龙吟〕。现在把上述诸体，各举一例，附在后边。

十六字令不分前后叠　蔡　伸
天，休使圆蟾照客眠。人何在，桂影自婵娟。

虞　美　人前后叠相同　李　煜
春花秋月何时了，往事知多少。小楼昨夜又东风，故国不堪回首月明中。　　雕栏玉砌应犹在，只是朱颜改。问君能有几多愁，恰似一江春水向东流。

鹧　鸪　天前后小异　小令　辛弃疾
壮岁旌旗拥万夫，锦襜突骑渡江初。燕兵夜娖银胡䩮，汉箭朝飞金仆姑。　　追往事，叹今吾，春风不染白髭须。却将万字平戎策，换得东家种树书。

念　奴　娇前后小异　长调　苏　轼
词见前。

天　香前后不同　王沂孙
孤峤蟠烟，层涛蜕月，骊宫夜采铅水。讯远槎风，梦深薇露，化作断魂心字。红磁候火，还乍识、冰环玉指。一缕萦帘翠影，依稀海天云气。　　几回殢娇半醉，剪春灯、夜寒花碎。更好故溪飞雪，小窗深闭。荀令如今顿老，总忘却尊前旧风味。谩惜余熏，空篝素被。

兰　陵　王三叠　　周邦彦

柳阴道,烟里丝丝弄碧。隋堤上,曾见几番,拂水飘棉送行色。登临望故国,谁识京华倦客。长亭路,年去岁来,应折柔条过千尺。　　闲寻旧踪迹,又酒趁哀弦,灯照离席。梨花榆火催寒食。愁一箭风快,半篙波暖,回头迢递便数驿,望人在天北。　　凄恻,恨堆积。渐别浦萦回,津堠岑寂,斜阳冉冉春无极。念月榭携手,露桥闻笛。沉思前事,似梦里、泪暗滴。

莺　啼　序四叠　　吴文英

残寒正欺病酒,掩沈香绣户。燕来晚,飞入西城,似说春事迟暮。画船载、清明过却,晴烟冉冉吴宫树。念羁情,游荡随风,化为轻絮。　　十载西湖,傍柳系马,趁娇尘软雾。溯红渐、招入仙溪,锦儿偷寄幽素。倚银屏,春宽梦窄,断红湿。歌纨金缕。暝堤空,轻把斜阳,总还鸥鹭。　　幽兰旋老,杜若还生,水乡尚寄旅。别后访,六桥无信,事往花萎,瘗玉埋香,几番风雨。长波妒盼,遥山羞黛,渔灯分影春江宿,记当时短楫桃根渡。青楼仿佛,临分败壁题诗,泪墨惨淡尘土。　　危亭望极,草色天涯,叹鬓侵半苎。暗点检,离痕欢唾,尚染鲛绡,𪇔凤迷归,破鸾慵舞。殷勤待写,书中长恨,蓝霞辽海沈过雁,漫相思弹入哀筝柱。伤心千里江南,怨曲重招,断魂在否。

瑞　龙　吟双拽头　　周邦彦

章台路,还见褪粉梅梢,试花桃树。愔愔坊陌人家,定巢燕子,归来旧处。　　黯凝伫,因念个人痴小,乍窥门户。侵晨浅约宫黄,障风映袖,盈盈笑语。　　前度刘郎重到,访邻寻里,同时歌舞。惟有旧家秋娘,声价如故。吟笺赋笔,犹记燕台句。知谁伴,名园露饮,东城闲步。事与孤鸿去,探春尽是,伤离意绪。宫柳低金缕,归骑晚,纤纤池塘飞雨。断肠院落,一帘风絮。

关于长调小令的一切,大致如上所述,词的重要规矩,已有一个轮廓,还有些细微的问题,则是专门性质,只好从略了。

1954年,中华文艺函授学校讲义。

温庭筠韦庄与词的创始

我曾写过一篇《柳永苏轼与词的发展》，现在谈一谈柳、苏以前与他们在词史上有同等地位的两个作家：温庭筠与韦庄。这两个人年岁虽不相及，差约半世纪。在词史上他们却是同期的人物。柳、苏的贡献在词的发展，温、韦的贡献则在词的创始。自然，词并不始于温、韦，温是晚唐人，韦则已入五代，而在中唐之世，词已经兴起了。但是中唐的词实在还未脱诗的形式。当时有限的若干词调，大部分是七言或五言或六言绝句式的，或全同绝句，或稍为增减变化；像〔忆江南〕初期词调之一。那样三五七言句子并用的词调很少。调子既是这样简单而稀少，每个作家的作品也都不多。刘禹锡和白居易是当时两个作词比较多的人。刘禹锡有四十一首词，据林大椿辑《唐五代词》。其中有《杨柳枝》十三首，《竹枝》十一首，《浪淘沙》九首，共三十三首，占全数四分之三，这些都是七言绝句式的，究竟算词算诗，还是问题。即使因为这些在当时都是供歌唱的而算它们为词，刘禹锡所用的调子也只有〔纥那曲〕、〔忆江南〕、〔潇湘神〕、〔杨柳枝〕、〔竹枝〕、〔浪淘沙〕、〔抛球乐〕等七个。白居易的词大致与此情形相同。此外几个作者，更不过是每人几首而已。所以，从作品的形式及数量上说，中唐不过是从诗到词的过渡时期，所有作品都是介乎词与诗之间的东西，这时的词，还不能确定的叫它作词，正如巴颜喀喇山南那一条仅可滥觞的清溪，虽可承认它是长江的发源,却不能说它就是长江。

到了温、韦的时候,上距刘、白虽只数十年,词的面目已经与前大不相同。温、韦所用的词调,不仅数量较前人为多,而且大部分是长短句并用、句数也较多的真正词调,不再是绝句式的非诗非词亦诗亦词的东西。据《花间集》所载,温词共有十八调六十六首,韦词有二十调四十七首。林大椿辑《唐五代词》所收尚不止此数:温词二十调七十首,韦词二十二调五十四首。但林辑有几首也许不可靠;《花间》所载则是完全可信的。这种数量,是温、韦以前的作家所没有的。以上是就形式、数量上说;若夫风格情调,在中唐之时更谈不到。刘禹锡、白居易,都是大诗家,他们的词则是偶然寄情遣兴的小玩艺,内容与形式一样简单狭小,那里谈得到风格情调。温、韦就不如此了。他们的词,各有各的格调,面目不同,一望而知,温一定是温,韦一定是韦。词到温、韦,方在形式、数量以及内容上,完全脱离诗的范围而独立,到此时词才成其为词,到此时才有所谓词家。附庸蔚为大国,是从此时开始的;以前恐怕连附庸都够不上。

温、韦两家,面目各殊,到底都是什么样的面目呢?《花间集》所收晚唐五代词人十八家,我何以单举温、韦两家作为创始时期的代表?因为一部词史始终是婉约与豪放两派并流对峙的局面,而温、韦两人的作风,正好分别代表这两派。这是他们面目各殊的情形,也就是我单举出他们的缘故。我旧作《三十家词选序论》上有一段说:

> 飞卿温字。托物寄情,端己韦字。直抒胸臆;飞卿词深美,端己词清俊。后世所谓婉约派,多自温出;豪放派多自韦出。

虽发扬光大,后来居上;而探本寻源,莫能或易。此所以温、韦并称,为词家开山祖也。《燕京大学文学年报》第六期。

我写本篇,就是要发挥这段话的主旨。欲明此旨,当然,先要说明什么叫婉约派,什么叫豪放派。至于最初使用这两个名词以分词家宗派的,则是宋朝的女词人李易安。

文学的作用当然不只抒情,词这种文体,却是只供抒情之用。王国维《人间词话》上说:"词之为体,要眇宜修,能言诗之所不能言,而不能尽言诗之所能言。"即是词之作用专在抒情的意思。抒情之外,写景咏物,只是象征寄托,实在还是抒情;咏写景物的作品,若无情感在内充实活跃,则是雕木为龙,剪彩为花,无论如何形似,也是毫无生气。若用词来纪事说理,恐怕只有失败。词的作用既是抒情,所谓婉约与豪放也就是抒情时两种不同的方法态度。有人表现情感并不直截了当的痛快说出,而是含蓄委婉,指东说西,借题取喻,使听者读者深思顿悟,自行领会。这就是所谓婉约。与此相反,有什么话说什么话,痛快淋漓,明白显豁,使人当下了然,感觉爽利。这就是所谓豪放。婉约派的词藻多偏于浓丽,因为他们表现时唱叹回旋,绰有余地,可以容纳涂饰雕琢,而且欲求寄托,常是需要如此。豪放派的词藻多偏于疏淡,因为他们满怀奔放的热情,急于痛快说出,不暇也无须在字句词藻上多下工夫。自然,婉约浓丽不可流于晦涩臃肿,豪放疏淡不可流于轻滑浅率。两派虽似相反,实则相成。即如周邦彦与辛疾弃两家,周宗婉约,辛主豪放,其实周词何尝不自然流利,辛词何尝不整炼精深,只是大体上有所偏至而已。若在词藻之外,再论音节,则婉约派常用舒缓和畅的调子,豪放派常用健捷激袅的调子。健捷激袅四字本是唱曲专用语,见元人燕南芝庵撰《唱论》,我借用在这里;词曲一家,总没什么不妥吧。这种音节上的不同当然是随着风格的不同来的;婉约与舒缓,豪放与健捷,还不都是一回事么。试看柳永、周邦彦、姜夔、吴文英诸人所用的词调,与苏轼、张孝祥、辛疾弃、刘克庄诸人所用词调,大半不同,即可看出这两派在音节上亦有显著的差别。既明白了婉约与豪放的不同,再去遍读历代名家作品,便可知道一部文学史始终是这两派并流对峙。婉约属于阴柔的美,豪放属于阳刚的美,文艺的美总难出这两个范围,历代各体文学的风格宗派,也就不出这两样。只是词史局面较小,两派并流对峙的情形更易看出而已。有人以为还有一种中性的美,这种说法我现在对之有点了解,但还不太明白。

一大段泛论过去,该提到温韦本身了,怎见得婉约派多自温出,豪放派多自韦出呢?有词为证:

玉楼明月长相忆,柳丝袅娜春无力。门外草萋萋,送君闻马嘶。　画罗金翡翠,香烛销成泪。花落子规啼,绿窗残梦迷。〔菩萨蛮〕。

宝函钿雀金鸂𪆟,沈香阁上吴山碧。杨柳又如丝,驿桥春雨时。　画楼音信断,芳草江南岸。鸾镜与花枝,此情谁得知。〔菩萨蛮〕。

凭绣槛,解罗帏;未得君书,断肠潇湘春雁飞。不知征马几时归;海棠花谢也,雨霏霏。〔遐方怨〕。

花半拆,雨初晴;未卷珠帘,梦残惆怅闻晓莺。宿妆眉浅粉山横,约鬟鸾镜里,绣罗轻。〔遐方怨〕。以上四首温词。

人人尽说江南好,游人只合江南老。春水碧于天,画船听雨眠。　垆边人似月,皓腕凝霜雪。未老莫还乡,还乡须断肠。〔菩萨蛮〕。

如今却忆江南乐,当时年少春衫薄。骑马倚斜桥,满楼红袖招。　翠屏金屈曲,醉入花丛宿。此度见花枝,白头誓不归。〔菩萨蛮〕。

四月十七,正是去年今日,别君时。忍泪佯低面,含羞半敛眉。　不知魂已断,空有梦相随。除却天边月,没人知。〔女冠子〕。

昨夜夜半,枕上分明梦见,语多时。依旧桃花面,频低柳叶眉。　半羞还半喜,欲去又依依。觉来知是梦,不胜悲。〔女冠子〕。以上四首韦词。

读过以上诸词,可以看出温词浓丽,韦词疏淡,温词含蓄,韦词痛快。温词所写是人类对于宇宙人生所同具的感觉与印象,韦词所写则是他个人的离合悲欢。用《人间词话》的说法来讲:温词是造境,韦词是写境;温词是无我之境,韦词是有我之境。用普通话来解释:温词是客观的描摹,韦词是主观的抒写。从各方面来看,温、韦的作风都是对立的。温词各种特质是婉约派的出发点,因为这些特质所表现出来的风格是深厚、茂密、精美、静穆,这都是婉约派的好处。韦词各种特质则是豪放派的出发点,因为这些特质所表现出来的风格是显豁、清利、朴素、生动,这都是豪放派的好处。后来婉约、豪放两派作家,其规模气象自然非温、韦所能笼罩,而温、韦词为此两种作风之始,则是可以断言的。

总起来说:温、韦两家的词,作品数量比以前多,形式比以前开始像词,作风则是开后来两大派之先河,所以我说他们的贡献在词的创始。附带有一点要说明:他们的表现方法虽有不同,中心情调则是一样。除去晚景不同之外,温、韦两人的生活方式,身世经验,很多相同的地方,特别是在初期词描写最多的两性生活上,两人更多相同之点。韦在〔菩萨蛮〕、〔女冠子〕里所表现的生活情调,温不是没有,也不是不写,只是他不用韦那样的方法去写而已。总论已毕,现在再就温、韦两家风格异同,分别评论。

张惠言《词选序》说:"飞卿之词深美闳约。"周济《介存斋论词杂著》说:"飞卿酝酿最深。"所谓酝酿,即是对于宇宙人生的观察体验。想把观察体验所得的感觉与印象写出来,常是要以外界景物为寄托,当然词藻也就易于浓丽。有寄托,所以深;浓丽,所以美;背景是整个宇宙人生,所以闳;写出来的则是其中精粹,即上文所谓,感觉与印象。所以约。若照文艺理论说,这种"深美闳约"的风格,是最高的风格,此境至不易到。俞平伯《读词偶得》上说:

> 飞卿之词,每节取可以调和的诸印象而杂置一处,听其自然融合;在读者心眼中仁者见仁,知者见知。不必问其脉络神理如何如何,而脉络神理按之俨然自在。譬之双美,异地相逢,一朝绾合,柔情美景,并入毫端,固未易以迹象求也。

这一段话,说尽温词的真价值,也就是《人间词话》所说:"无我之境,以物观物,故不知何者为我,何者为物。"文学的主要条件是美,这种作风的特点也就是美。若仅是声音形色的美,那是浮浅的,缺少生命力的,所以必须要深美。深者,不仅是浅近的欣赏,还要有透澈的观察;不是一时的激动,而是长时期的酝酿。明了此点,然后可读温词。

在文艺理论上说,韦词的境界或不及温词之深美,但在引人入胜的效果上,韦词却又似胜于温词。很有些人,读了温词不是不觉得它美,但总是捉摸不着,所谓"七宝楼台,眩人眼目"。又如"水光云影,摇荡绿波,抚玩无极,追寻已远"。这些虽是前人论吴梦窗词的话,也可借来批评温词。温词有点像云裳霞帔的天际神仙,可望而不可即;韦词则是具有气血骨肉的人,荆钗布裙,有时也许珠光宝气,但总是具体的站在人们面前。温词又像是罩着彩绘纱罩的灯,美而朦胧;韦词则只有白磁灯伞,美或不及,亮则过之。"人人尽说江南好,游人只合江南老。""如今却忆江南乐,当时年少春衫薄。"虽极简朴,而其给予人的印象,则似比"玉楼明月长相忆,柳丝袅娜春无力。""宝函钿雀金鸂鶒,沈香阁上吴山碧。"更为真切。这就是因为有作者个人的情感在里边活跃。温词当然不是没有情感,而是把他个人的情感融冶在人类的共同感觉之中。多费了这么一道手,人们对于他的了解也就要多费一回事。韦词那么疏淡而能与金碧辉煌的温词并美,且更易动人,全在"直接"二字;他直接的把情感表现给人们,人们也就容易直接领受。豪放派的长处就在这里,不独韦词为然。

　　以上所说,只是温韦两家互相比较批评;若就全部词史来说,韦词又不如李后主及两宋诸大家之更能动人。因为韦词毕竟是词史初期的作品,堂庑气象还差得多,眼界之大,感慨之深,当然不能不让后贤。韦的〔菩萨蛮〕五首,与李后主的〔浪淘沙〕、〔虞美人〕诸词,都是感旧之作,韦词那像后主那样寓沉着于豪放,寄俊逸于悲凉呢。倒是温词的"深美闳约",精丽而又简古,后来词人很少能够做到。纳兰成德在他的《渌水亭杂识》上说:"《花间》之词,如古玉器,贵重而不适用。"他所谓不适用,即不是直接抒写,不易为人所了解的意思。此意上文已说明,不必再说;以贵重的古玉器评

《花间》词,则的是确论。温词居《花间》之首,他也正好能代表《花间》作家的风格;韦词在简古方面也足以代表《花间》。后来两宋的词,能精丽,能淡雅,而不能简古;如同仿古制作的铜器玉器,形状花纹色泽都能酷肖,所做不出者,只是那种古朴的气韵。两宋的词,规模阔大了,气象开朗了,而温、韦以次《花间》、各家所共具的简古之致也就大部失掉了。"简古"是陆游用以评《花间》词的,不要看轻了这两字,《国风》这一部古代民谣,所以能与汉魏六朝唐宋辉煌灿烂的诗并传不朽,就是因为简古。《花间集》在词里的地位,正如同《国风》在《诗》里的地位,惟其简古,始能浑涵包举,历久长新。温、韦两家作风虽异,其简古则无二致,这也是创始作家的特征。

1944年初稿,1958年改定;《文学杂志》四卷一期。

论冯延巳词

王国维先生在《人间词话》上说:"'画屏金鹧鸪',飞卿温庭筠。语也,其词品似之。'弦上黄莺语',端己韦庄。语也,其词品亦似之。正中冯延巳。词品,若欲于其词句中求之,则'和泪试严妆',殆近之欤。"这段批评非常恰当。作品既然是作者襟怀情调的表现,当然可以从其中挑选出适当的句子来形容作者的词品。现在根据王先生的意见,加以发挥,把温、韦、冯三人词的风格,分着来说一说。

温词全是客观的描摹,他所写的景是人人目中所见之景,他所写的情是人人心中所具之情。换句话说,即是把人类共同的感觉印象,用象征的手法表现出来。他并不曾抒写他个人的身世生活,悲欢哀乐。所以他的词正像画屏上的金鹧鸪:精丽华美,具有普天之下的鹧鸪所共有的美丽,而没有任何一只鹧鸪所独有的生命。但是,温词虽不曾表现出任何个体所独有的生命,却是普天之下所有生命的结晶。这样的词,浅而观之,好像不够生动活跃,若在文学素养深厚,天机灵敏的人看来,则自有一种浑融静穆的意味。无论是雕塑或绘画的花鸟人物,做到好处,常要被赞美为"栩栩欲活",所谓欲活的有时好像比真活的还要优美动人,就是上述的道理。像温词这样,才真是为艺术而艺术的作品。

至于韦词,则是主观的抒写。他所写的情与景自然也是人人心目中所共有,却是以他自己为中心。如〔菩萨蛮〕"红楼别夜"等五首,〔女冠子〕"四月十七"等二首,都是只限于他个人而不能移易到旁人身上去。不像温词,无论淡如"夜来皓月才当午,重帘悄悄无人语",或浓如"宝函钿雀金䴉䴉,沉香阁上吴山碧",都是客观的描摹而非主观的抒写。所以王先生以"弦上黄莺语"来形容韦的词。黄莺与金䴉鸪都是很美丽的鸟,不过这只鸟是有生命的,因为它会叫了。韦端己以词来抒写情怀,流连光景,正如同"春日迟迟"而"仓庚载鸣"。

冯延巳是个热中功利的人,又生在五代那样丧乱相寻的时代。他在南唐作宰相,屡次遇到失意的事,他的政敌又多,彼此倾压排挤无所不用其极。这样的政治生涯使他的心情空虚、不安;而当时社会的普遍现象又是从来乱世所共有的现象,一面是黑暗与恐怖,一面是沉湎与放纵。政治的遭遇与社会的气氛合并起来,使冯延巳总是抱着满腔空虚苦闷,去过看花饮酒奢佚的生活。这与谢灵运的纵情山水是同样的心情。所以冯词的风格与谢诗一样,在高华浓丽的底面蕴藏着无限悲凉。如他的〔蝶恋花〕云:

谁道闲情抛弃久,每到春来、惆怅还依旧。日日花前常病酒,不辞镜里朱颜瘦。　河畔青芜堤上柳,为问新愁、何事年年有。独立小桥风满袖,平林新月人归后。

〔采桑子〕云:

花前失却游春侣,独自寻芳。满目悲凉,纵有笙歌亦断肠。　林间戏蝶帘间燕,各自双双。忍更思量,绿树青苔半夕阳。

都是这种寓悲凉于浓丽的风格,亦即王先生所谓"和泪试严妆"。但这句话似嫌过于抽象,不如"画屏金鹧鸪","弦上黄莺语"那样具体而显豁。在冯的词集里又找不到什么鸟儿来形容他的词;结果我想起一句"一树樱桃带雨红"。这句见于冯的一首〔采桑子〕,全词如下:

> 小堂深静无人到,满院春风。惆怅墙东,一树樱桃带雨红。　愁心似醉兼如病,欲语还慵。日暮疏钟,双燕归栖画阁中。

一树盈盈,朱实绿叶,诚然可称得起严妆,"带雨红",则是和泪了。白居易在《长恨歌》里说杨太真"玉容寂寞泪阑干,梨花一枝春带雨",那是形容"云鬟半偏新睡觉,花冠不整下堂来"的寂寞玉容,只好借喻于梨花;若夫"和泪试严妆",自然要说朱樱带雨。还有前面所引"绿树青苔半夕阳"那一句也很可用来形容冯词。夕阳是红的,是光明温暖的,但与绿树青苔相映,则增加了萧森凄恻之感;尤其是半字,写出阳光与阴影的对照。学者能体味这两句词,则于冯词风格思过半矣。

1946 年。

小山词中的红与绿

在各种颜色里边,红与绿好像最不登大雅之堂。尤其是这两种颜色配合在一起,过于浓重,更容易引起人们的厌恶。"大红大绿",已成了代表俗艳的名词。但有些文人很会适宜地运用红绿二色,使人对之起清雅优美之感。这种例子很多,我想提出晏几道的《小山词》,他好像是最喜欢写红红绿绿的诗人。现在先作一个统计,把小山词里红绿并举的句子,找出钞在下面。碧与翠之于绿,正如朱紫之于红,是类似的颜色,也包括在内。

靓妆眉沁绿,羞脸粉生红。
绿娇红小正堪怜。以上俱〔临江仙〕。
庭院碧苔红叶遍,金菊开时,已近重阳宴。
笑艳秋莲生绿浦,红脸青腰,旧识凌波女。
碧落秋风吹玉树,翠节红旌,晚过银河路。
碧玉高楼临水住,红杏开时,花底曾相遇。以上俱〔蝶恋花〕。
云随碧玉歌声转,雪绕红绡舞袖回。
朱弦曲怨愁春尽,绿酒杯寒记夜来。
罗幌翠,锦筵红,钗头罗胜写宜冬。
碧藕花开水殿凉,万年枝外转红阳。以上〔鹧鸪天〕。
红尘陌上游,碧柳堤边住。

君貌不长红，我鬓无重绿。以上〔生查子〕。

绿水带青潮，水上朱阑小渡桥。〔南乡子〕。

拾蕊人稀红渐少，叶底杏青梅小。

谢客池塘生绿草，一夜红梅先老。

红烛泪前低语，绿笺花里新词。

红楼桂酒新开，曾携翠袖同来。

丹杏墙东当日见，幽会绿窗题遍。

残绿断红香片片，长是西风堪怨。以上〔清平乐〕。

墙头丹杏雨余花，门外绿杨风后絮。

晚红初减谢池花，新绿已遮琼苑路。以上〔木兰花〕。

长亭晚送，都似绿窗前日梦；小字还家，恰应红灯昨夜花。〔减字木兰花〕。

露红烟绿，尽有狂情斗春早。〔泛清波摘遍〕。

长留青鬓住，莫放红颜去。

绿须红杏枝。以上〔菩萨蛮〕。

脸红心绪学梅妆，眉翠工夫如月画。

红窗青镜待妆梅，绿陌高楼催送雁。以上〔玉楼春〕。

绿杯红袖趁重阳。

舞腰浮动绿云秾，樱桃半点红。以上〔阮郎归〕。

绛唇青鬓，渐少花前语。〔归田乐〕。

户外绿杨春系马，床前红烛夜呼庐。

绿笺红豆忆前欢。

腐朱眉翠喜清秋。

翠阁朱阑倚处危，夜凉闲拈彩箫吹。

绿酒细倾斟别恨，红笺小写问归期。

63

绿鬓旧人皆老大,红梁新燕又归来。以上〔浣溪沙〕。

常记东楼夜雪,翠幙遮红烛。〔六么令〕。

遮冈绿,掩羞红,晚来团扇风。

红日淡,绿烟轻,流莺三两声。

红解笑,绿能颦,千般恼乱春。以上〔更漏子〕。

晕残红,匀宿翠,满镜花开。〔于飞乐〕。

时候草绿花红,斜阳外,远水溶溶。〔愁倚栏令〕。

回思十载,朱颜青鬓,枉被浮名误。〔御街行〕。

小绿间长红,露蕊烟丛。

秾蛾叠柳脸红莲。以上〔浪淘沙〕。

御纱新制石榴裙,沉香慢火薰。越罗双带宫样,飞露碧波纹。〔诉衷情〕。

记得青楼当日事,写向红窗夜月前。〔破阵子〕。

又依前误了,红笺香信,翠袖欢期。〔好女儿〕。

绿勾兰畔,黄昏淡月,携手对残红。

西溪丹杏,波前媚脸,珠露与深匀。

南桥翠柳,烟中愁黛,丝雨恼娇颦。以上〔少年游〕。

更谁情浅似春风,一夜满枝新绿替残红。〔虞美人〕。

红窗碧玉新名旧。〔采桑子〕。

斜雁朱弦,孤鸾绿镜。

绿径穿花,红楼压水。以上〔踏莎行〕。

朱阑碧砌皆如旧。〔秋蕊香〕。

绿蕙红兰芳意歇,金蕊正风流。〔武陵春〕。

晚绿寒红,芳意匆匆。〔行香子〕。

莲叶雨,蓼花风,秋恨几枝红。远烟收尽水溶溶,飞雁碧云中。〔燕归来〕。

《小山词》全集二百五十余首,右所举例近六十条,单举红或绿一种颜色,或虽一首之中红绿并见而句意没有直接关系的,还都不曾举出。即此可见晏小山是如何地爱用这两种颜色了。

晏小山是个门祚式微身世飘零的贵公子(附记),又天生是个多情善感的风流才士,所以他的作品在高华朗润的风度之外,显示着无限悲凉情调,在浓艳的色泽之上,笼罩着一层黯淡的气氛。他对于红绿两色的运用正好把上述的情形表现出来。所以我常用"露红烟绿"四字来批评小山词,我认为这与用"一树樱桃带雨红"批评冯延巳的词是一样恰当。读者试行寻绎上引诸例,小山用红绿诸字,多半是形容秋天冬天或者早春,真正的阳春三月,在小山词里倒不曾怎样描写。小山是要用红绿来渲染调剂秋冬早春的萧瑟清寒的。另一方面,又可看出小山越用红绿诸字,他所写的情调越悲凉,如"君貌不长红,我鬓无重绿","绿鬓旧人皆老大,红梁新燕又归来","更谁情浅似春风,一夜满枝新绿替残红"之类,这都是"和泪试严妆"的余风。冯煦在《六十一家词选序例》上说:"小山、淮海皆古之伤心人也。"读者能注意到小山对于颜色的运用,便能知道冯氏之言为不谬了。

1946年。

(附记)小山晚年曾任开封府推官,见《宋会要》,退职之后,还有他父亲的赐第可以居住,见《碧鸡漫志》,他的哥哥晏知止也曾历守苏州、蔡州、颍州等外郡,见《续资治通鉴长编》。根据这些事实,"门祚式微身世飘零"八个字,应改为"门祚渐趋式微,仕宦未尝显达"。我作此文在二十余年以前,对于小山的身世经历,知道的还不够多,所以这八个字用的不甚妥当。至于此文的主旨,则现在并无改变。1970年冬日记。

柳永苏轼与词的发展

柳永与苏轼,似乎不能相提并论。苏轼是一代文豪,各体文字无不精妙,在政治社会上也有崇高的地位。柳永则填词之外,诗文都无所表现,只是个"落魄江湖载酒行"的名士。柳、苏并称,多少有点拟不于伦。但是,从整个文学造诣以及人品风度上来讲,柳之于苏,固然相去甚远;若单就作词来讲,柳永在词史上的地位,绝不比苏轼低。在词的发展上,柳、苏两家同样重要,无分轩轾。总括地说,就是:柳永在形式方面使词发展,苏轼在内容方面使词发展。

词在初起时,只是一种乐歌,是供歌者们在宾筵别席上唱来遣情助兴的,所以其风格与诗不同。第一要符合歌唱时的环境气氛,第二要适合歌者的身份口气。当时的歌者大都是女性,若在灯红酒绿的华筵上,命十七八女郎执红牙拍而"慷慨悲歌",未免不大调和。所以唐五代的词,差不多千篇一律,触目都是些罗衾雁字,惜别伤春,写景不出园亭,言情惟工绮艳。正因为在这时期,词的功用性质只限于此。到了南唐,冯延巳词的堂庑气象,似比花间诸家弘阔一点,但也不过是感情比较深挚浓厚,个性主观的成分较多而已,根本上还是出不了伤时念远,感旧怀人。李后主词境界之大,感慨之深,当然不是唐五代所能笼罩。但是词中李后主正如诗中陶渊明,都是超时代的人物;他们本人虽能在时代风气之外特立独行,而时代风气却并未马上随着他们转变。

以上是内容问题。形式方面,唐五代词没有长调,通用的都是六七十字以内的小令,与内容同样狭小。而且,形式狭小又影响到内容。因为调子不长,所以即使有更多的话,更大的波澜开阔,也无法容纳,无从施展。词在唐五代所以始终被认为小道末技,而不曾取得与诗文同样的地位,就是因为内容形式俱嫌狭小的缘故。当时究竟是有长调而未曾被利用,或是根本还没什么长调,留待下文讨论。

　　宋代前期作家,如晏殊、欧阳修、张先诸人之词,内容仍不出唐五代范围,形式上虽已试为长调,仍是以小令为主。晏、欧集中,长调不过居全数十之一二;张先作长调稍多,也不过全集十之三四,而且技术并不太高明,他与晏、欧都不是运用长调的成功人物。[①]柳永与晏、欧、张同时,较苏轼早二十多年[②],他是头一个善写长调的词人。他的《乐章集》三卷连同续添曲子《彊村丛书》本。共收词二百零数首,用调一百三十左右,小令只有三十余调,全集十分之八都是长调。其数量之多已是前所未有,而他写长调的技术又很高妙。柳永在词史上的地位,就奠定在他所作长调的量与质上。

　　不要轻看了长调的兴起,这不是件小事,与词的发展完成,大有关系。那么,长调究竟起于何时呢?我从前认为唐五代之时已有长调,但只是些乐谱,并没有人来按谱填词,即使有也只是些俗陋的乐工以及半通的文人,当然谈不到词藻意境,失传是很容易的。[③] 所以流传下来

---

　　① 张先在词史上一直是个毁誉参半的作家,周济《宋四家词选序论》云:"子野(张先字)清出处,生脆处,味极隽永;只是偏才,无大起落。"是最正确的批评。
　　② 柳永是宋仁宗景祐元年(1034)进士,苏轼则生于景祐三年(1036),即使柳是少年科第,也要比苏大二十几岁。
　　③ 敦煌写本《云谣集杂曲子》(收入《彊村丛书》,)中有长调,与本文所说长调是两件事,容另为文详论。

的唐五代词,只是文人学士按照短的乐谱所填的小令;直到北宋初年还是如此。唐崔令钦《教坊记》中所载调名三百余个,其中有不少乐谱与歌词完全失传,或者有些个就是长调。以上是我从前的意见;近来我却另有一种想法。我以为唐五代至宋初不仅在写作上没有人利用长调,恐怕当时的乐谱根本就没有什么长调。否则,何以那样长的时期,那样盛的填词风气,竟没有人试验去填长调?现在流传的长调,其歌词固然都是宋人所作,其乐谱恐怕也都是宋代乐工所制。柳永所作长调,调名见于《教坊记》者只有十二三个,不过全数八分之一,而且很多可能名同实异。唐宋词调名同实异的很多,如〔女冠子〕、〔抛球乐〕,在唐五代词里都是小令,在柳词里便都成了长调。所以我认为,与其说是长调起于中晚唐,不如说是起于宋初。有了长调,词这种文体才得到发展的基础;若是长久因袭唐五代的小令形式,恐怕词的历史在北宋就要终了。那样形式简短、内容狭窄的小玩艺,如何能卓然树立,发扬光大。只有长调兴起,这才挽救了词的危运。词的波澜壮阔,气象弘伟,是长调兴起以后的事;而柳永则是第一个写长调又多又好的人。所以我说:柳永在词史上的地位,奠定在他所作长调的量与质上。欲知其详,先看前人对于柳词的批评。

> 柳耆卿《乐章集》,世多爱赏。□□原缺二字。该洽,序事闲暇,有首有尾;亦间出佳语;又能择声律谐美者用之。惟是浅近卑俗,自成一体,不知书者尤好之。王灼《碧鸡漫志》。

> 柳词格固不高,而音律谐婉,语意妥帖,承平气象,形容曲尽;尤工于羁旅行役。陈振孙《直斋书录解题》。

> 耆卿铺叙委宛,言近意远,森秀幽淡之趣在骨。周济《介存斋

论词杂著》。

耆卿词细密而妥溜,明白而家常,善于叙事,有过前人。惟绮罗芗泽之态,所在多有,故觉风期未上耳。刘熙载《艺概》。

耆卿词曲处能直,密处能疏,鼍处能平。状难状之景,达难达之情,而出之以自然。自是北宋巨手。冯煦《蒿庵论词》。

前人批评柳词的很多,为了节省篇幅,只采录了宋人两条,清人三条,都是很精当的评语。他们所说柳词的好处,全在铺叙形容,当然非用长调不可。柳词名作如〔雨霖铃〕、〔八声甘州〕,脍炙人口,不必钞出,现在另钞几首例子在下面。

冻云黯淡天气,扁舟一叶,乘兴离江渚。渡万壑千岩,越溪深处。怒涛渐息,樵风乍起,更闻商旅相呼,片帆高举;泛画鹢,翩翩过南浦。　望中酒旆闪闪,一簇烟村,数行霜树。残日下,渔人鸣榔归去。败荷零落,衰杨掩映,岸边两两三三,浣纱游女;避行客、含羞笑相语。　到此因念,绣阁轻抛,浪萍难驻。叹后约丁宁竟何据。惨离怀、空恨岁晚归期阻。凝泪眼、杳杳神京路;断鸿声远长天暮。〔夜半乐〕。凡押韵处皆用句号,押韵而语意与下句相连者用分号。

登孤垒荒凉,危亭旷望,静临烟渚。对雌霓挂雨,雄风拂槛,微收烦暑。渐觉一叶惊秋,残蝉噪晚,素商时序。览景想前欢,指神京、非雾非烟深处。　向此成追感,新愁易积,故人难聚。凭高尽日凝伫;赢得消魂无语。极目霁霭霏微,暝鸦零乱,萧索江城暮。南楼画角,又送残阳去。〔竹马子〕。

向深秋,雨余爽气肃西郊。陌上夜阑,襟袖起凉飙。天末残星流电未灭,闪闪隔林梢。又是晓鸡声断,阳乌光动,渐分山路迢迢。　　驱驱行役,苒苒光阴,蝇头利禄,蜗角功名,毕竟成何事,漫相高。抛掷云泉,狎玩尘土,壮节等闲消。幸有五湖烟浪,一船风月,会须归去老渔樵。〔凤归云〕。

　　远岸收残雨,雨残稍觉江天暮。拾翠汀洲人寂静,立双双鸥鹭。望几点渔灯,掩映蒹葭浦。停画桡、两两舟人语。道去程今夜,遥指前村烟树。　　游宦成羁旅;短樯吟倚闲凝伫。万水千山迷远近,想乡关何处。自别后,风亭月榭孤欢聚。刚断肠,惹得离情苦。听杜宇声声,劝人不如归去。〔安公子〕。

以上这些词,还有〔雨霖铃〕、〔八声甘州〕诸名篇,都是所谓"音律谐婉","细密妥溜","曲处能直,密处能疏"之作。如此种种佳处,若非长调,何从施展?那真是英雄无用武之地了。

总起来说:长调兴起之后,词的形式开始得到伸展扩充;柳永能把这种唐五代人所未曾用过的形式运用自如,这样才能在所谓伤春惜别,室内身边之外,写出更深曲的情感,更阔大的境界。就像柳词所写的登山临水,望远兴怀,其凄清高旷,在唐五代词里是不容易找到的。从此以后,词的精神面目,为之一变,词的生命才能延续下去。所以我说长调的兴起是词史上一件大事,而柳永便是这件大事的首先推动者。

但是,柳词意境虽比前人弘阔,本质却无大异,总脱不掉绮罗芗泽之态,儿女之情;词在内容上更进一步的发展,还是在苏轼词出来之后。

前人词话提到苏轼,常是与柳永并论。但他们多半是扬苏抑柳而不曾理会到柳与苏在词史上有同样的地位。即如以下数条:

>   长短句虽至本朝始盛,而前人自立与真情衰矣。东坡先生非醉心于音律者,偶尔作歌,指出向上一路,新天下耳目,弄笔者始知自振。今少年妄谓东坡移诗律作长短句,十有八九不学柳耆卿则学曹元宠,虽可笑亦毋用笑也。王灼《碧鸡漫志》。
>
>   眉山苏氏,一洗绮罗芗泽之态,摆脱绸缪宛转之度。使人登高望远,举首高歌,而逸怀浩气,超然乎尘垢之外。于是花间为皂隶而柳氏为舆台矣。胡寅《酒边词序》。
>
>   名家当行,固有二派。苏公自云:"吾醉后作草书,觉酒气拂拂从十指间出。"黄鲁直亦云:"东坡书挟海上风涛之气。"读坡词当作如是观;琐琐与柳七较锱铢,无乃为髯公所笑。王士禛《花草蒙拾》。
>
>   北宋人词,惟苏文忠之清雄,敻乎轶尘绝迹,令人无从步趋。盖霄壤相悬,宁止才华而已;其性情,其学问,其襟抱,举非恒流所能梦见。王鹏运语,龙沐勋《唐宋名家词选》引。

前三者说苏比柳高,其所以然的缘故,则如王鹏运所说,苏的才华性情,学问襟抱,举非恒流所能梦见。柳永比起苏轼,当然只是一个"恒流"。苏如天马行空,柳虽不致局促如辕下驹,也不过是个"寻常行路人"。他词中所写,只是些落拓放浪的踪迹,江湖羁旅的愁思;苏的逸怀浩气,天风海雨,在柳词里找不出来。柳更有一个毛病,他常以颓靡尘下的情调,俳谐质俚的词句,应市井歌唱的需求,有些下笔无择。所以王灼说他"浅近卑俗",陈振孙说他"词格不高",刘熙载说他"风期未上"。词格与人格当然有密切的关系,柳词的风格,正是他个人性情生活的反映。他的性情并不一定是轻佻儇薄，他的生活则完全是放浪颓靡。抱着流落不偶的沉哀，整年的看舞听歌，浅斟低唱，即便有些逸怀浩气也消磨净尽了。苏则无论江湖廊庙，到处受人尊敬，无形中养成卓荦不群的自尊心，与高雅的品格风度，再加上天资学问，当然与柳不能同日而语。这种差别，表现到他们的作品上就形成了苏词柳词的异点；而后人给予柳词的评价也就低于苏词。这种评价是公道的。因为苏词一出，才把词的领域扩大，地位提高，词到此时，才完全脱离了小道末技，进而与诗文占有同样的地位。王灼所谓"向上一路"，即是此意。柳对于词，则只是拓宽，并未向上。

提起苏词，总会想到他的《赤壁怀古》"大江东去"，这是传诵之作，不必抄写全文。这首词完全表露出所谓逸怀浩气，而最大特点，就是有作者自己，即所谓"人格与学问的结晶"①，苏轼所以能把词扩大提高，全在于此。怀古的词，五代人也有，像欧阳炯的〔江城子〕：

晚日金陵岸草平；落霞明；水无情；六代豪华、暗逐逝波声。惟有姑苏台畔月，如西子镜、照江城。《花间集》。

若就文艺技巧而论，似乎比"大江东去"更为高浑，读了此词便觉得"大江东去"有点费劲。但是，欧阳此词，有如天际真人，不管怎么高浑超妙，总是离我们稍远。苏的"大江东去"则须眉毕现，是人而不是神，所以更为生动，更为实际。欧阳那样的词正如《花间集》中多数作品，非具有相当的文艺天才，文学素养，不易十分了解欣赏。

---

① 此语见胡适《词选·苏轼小传》。

苏词则任何人读了也要感到酣畅生动。这就是因为苏词完全是自我表现。公瑾当年,东坡此日,遥遥相契,莫逆于心。"此中有人,呼之欲出",是主观的,具体的;不像《花间》诸作,全是客观的,想象的,超妙有余,切实不足。纳兰成德《渌水亭杂志》说:"《花间》之词如古玉器,贵重而不适用。"即是此意。

"大江东去"固然被公认为苏词的代表作品,但还有一首〔永遇乐〕,似更能代表苏词,却不如"大江东去"那样普遍传诵,现在钞在下面:

> 明月如霜,好风如水,清景无限。曲港跳鱼,圆荷泻露,寂寞无人见。纷如三鼓,铿然一叶,黯黯梦云惊断。夜茫茫,重寻无处,觉来小园行遍。　　天涯倦客,山中归路,望断故园心眼。燕子楼空,佳人何在,空锁楼中燕。古今如梦,何曾梦觉,但有旧欢新怨。异时对,黄楼夜景,为予浩叹。

张炎《词源》曾以"清丽舒徐"四字评苏词;周济《介存斋论词杂著》云,"吾赏东坡韶秀"。所谓"清丽舒徐",所谓"韶秀",是苏词在豪放之外另一面的佳处。一般人好像只注意苏词的豪放而忽略了这六个字。这首〔永遇乐〕的前半,正好将这六字代表出来。这种笔墨,柳永或能做到;后半"古今如梦"以下,则绝非柳永所能说得出。"古今如梦,何曾梦觉,惟有旧欢新怨。"柳永没有那样深刻而超妙的思力。"异时对,黄楼夜景,为予浩叹。"柳永没有那样高朗豪俊的胸襟气概。这首〔永遇乐〕是苏轼作徐州彭城。太守时作的,题目是"彭城夜宿燕子楼,梦盼盼,因作此词"。黄楼也是他在徐州时盖的。他自信可以和徐州以往的英雄、名士、美人并传千古,所以才说"为予

浩叹",一个"予"字,岂是轻易说出。关于黄楼,他有一首诗:

> 吾州下邑生刘季,谁数区区张与李。重瞳遗迹已尘埃,惟有黄楼临泗水。而今太守老且寒,侠气不洗儒生酸;犹胜白门穷吕布,欲将鞍马事曹瞒。《答范淳甫》。

他自注云:"郡有厅事,俗谓之霸王厅,相传不可坐;仆拆之以盖黄楼。"霸王身后余威,厅不可坐,干脆拆了它盖我的;吕布、张、李光弼。之流,更不在话下。即此诗可以想见此公的豪情胜概,柳永那有这个。苏词特点是处处有他自己,柳永词里也有他自己,他们同样比唐五代词更为主观,更趋实际。但苏所表现的自我是高雅磊落的,柳所表现的自我则是平凡局促的。人品学问,性情思想的不同,造成苏、柳两家的差异。

不过,苏词长调不多,所用只是有限二十来个长调,不像柳词所用长调有百十来个之多;苏词对于音律也不甚讲求。柳的笔墨,细腻妥溜,而又非常高健,这与苏词已可称是"异曲同工";其音律则于生涩之中反倒见出谐婉,尤为苏所不及。苏只是从胸襟气势方面开后来张孝祥、陆游、辛弃疾一派,而不曾从工力技巧方面开后来周邦彦、姜夔、吴文英一派。尤其是音律。现在词虽不能再歌唱了,可是仅凭讽诵,我们已能感到,柳、周一派确是很谐婉优美的乐歌,苏、辛一派则不免成为长短句的诗。词的内容,当然可以与诗相同,但总该有它自己的格调体制;所以我们只好承认以前一般论词者的说法,以柳、周为正宗,苏、辛为变调。变调并非不如正宗,有时也许变调会比正宗容易被人欣赏。所谓正变,只是为了分析叙述的方便而起的名词,并没有什么轩轾轻重。苏轼以诗为词,固然使词的领域扩大了,地位提高了；但词并没从苏得到本体的发展，词的本体发展，还是在柳、周一派。苏轼虽为名家，却不见得就是内行；柳永则是地道内行；他曾在音律及格式上尽莫大努力，运用新声新调，以奠定后来本体发展的基础。这个"寻常行路人"，能与"行空天马"并立，就在乎此。后来周邦彦继承柳的形式而襟抱胜于柳，辛弃疾继承苏的内容而音律严于苏，遂成为词中二圣。以周为词圣，前人曾说过，以辛为词圣则是新的说法，圣人本来可以有多数。词到了周、辛两家，才发展到登峰造极，如日中天；而承先启后，则是柳、苏两家的事业。所以我说：柳永在形式方面使词发展，苏轼在内容方面使词发展。

    1944年写，1957年改定；《文学杂志》三卷一期。

朱敦儒的樵歌

朱敦儒的《樵歌》，是我很喜欢的一部词集，但我不喜欢那些过度白描以致枯干浅率的作品。本来，白描只是文学技巧风格之一端，并非不二法门。过度白描以致枯干浅率，与过度涂饰以致臃肿板滞，正所谓其失维均。说白描胜于涂饰，内容重于外表，那是从前矫枉过正的论调。近年来，文学理论已渐渐步入正轨，承认白描并不见得胜于涂饰，外表要与内容并重。这是极可欣喜的事。

话虽如此说，白描总是《樵歌》胜处之一。集中白描作品，如下面几首：

世事短如春梦，人情薄似秋云。不须计较苦劳心，万事原来有命。　幸遇三杯酒美，况逢一朵花新。片时欢笑且相亲，明日阴晴未定。

日日深杯酒满，朝朝小圃花开。自歌自舞自开怀，且喜无拘无碍。　青史几番春梦，红尘多少奇才。不须计较更安排，领取而今现在。以上二首〔西江月〕。

堪笑一场颠倒梦，元来恰似浮云。尘劳何事最相亲？今朝忙到夜，过腊又逢春。　流水滔滔无住处，飞光忽忽西沉。世间谁是百年人！个中须着眼，认取自家身。

生长西都逢化日，行歌不记流年。花间相过酒家眠。乘风

>   游二室,弄雪过三川。　莫笑衰容双鬓改,自家风味依然。碧潭明月水中天。谁知闲老子,不肯作神仙。以上二首〔临江仙〕。

这都是恰到好处的白描佳作。正如韦庄的〔女冠子〕四月十七二首。顾敻的〔诉衷情〕永夜抛人何处去。放在《花间集》及韦、顾本人其他浓丽作品中间,的确如华筵珍席搀上些山肴野蔌,点缀映衬,佳趣天成。其他诸大家集中,多少都有几首这样作品。但旁人不过是偶尔为之,《樵歌》里边这样作品却有很多。其实这只是《樵歌》的一体,也可以说是他与其他词人不同之处;若以为《樵歌》佳处全在于此,那就错了。《桃花扇》中〔哀江南〕套〔新水令〕曲首句云,"山松野草带花挑",大可借来形容《樵歌》的作风;虽是山松野草,却要带花挑。朱敦儒绝不是只砍一些干柴棒子,回家对付着生火的樵夫。

所谓干柴棒子也者,《樵歌》里不是没有,例如:

>   元来老子曾垂教,挫锐和光为妙。因甚不听他,强要争机巧。只为忒惺惺,惹尽闲烦恼。　你但莫、多愁早老,你但且、不分不晓。第一随风便使舵,第二君言亦大好。管取没人嫌,便总道先生俏。〔忆帝京〕。

>   虚空无碍,你自痴迷不自在。撒手游行,到处笙歌拥路迎。　天然美满,不用些儿心计算。莫听先生,引入深山百丈坑。〔减字木兰花〕。

这也就是我所谓枯干浅率的作品。如有人推许此种恶札,那当然是误解了白描的意义,同时也不认识词是怎一种文体。十几年前的确有人持此看法;在词上,乃是对于清末民初推尊周清真、吴梦窗一派的反动。凡是反动初起,没有不矫枉过正的。以今观之,《樵歌》中这类词与《梦窗集》中一部分作品之堆砌晦涩,一样不成东西。峨冠博带,"红绿缠身",此语见《王湘绮日记》,是讥笑民国初年某武官制服的。固然有些讨厌像;但不衫不履,裼裘而来,也就行了,何必袒裼裸裎。实在说,以上这种词连干柴棒子都不是;干柴棒子总还有些火苗,能燃烧一些时候,这些词读过索然,了无余味,烟多焰少,一团茅草而已。汪叔耕序《樵歌》说:"多尘外之想,虽杂以微尘,而其清气自不可没"。所谓微尘者,上引诸词是也。

至于清气往来,使人兴尘外之想的作品,则有下边这样的词:

  老后人间无处去,多谢碧桃留我住。红尘回步旧烟霞,清境开扉新院宇。 隐儿日长香一缕,风散飞花红不聚。眼前寻得自家春,罢问玉霄云海路。〔木兰花〕。

  摇首出红尘,醒醉更无时节。活计绿蓑青笠,惯披霜冲雪。 晚来风定钓丝闲,上下是新月。千里水天一色,看孤鸿明灭。〔好事近〕。

其实这里所表现的情调和上面所引〔忆帝京〕、〔减字木兰花〕原来相同。只因其技巧高妙,清丽蕴藉,遂觉此胜于彼。即此可知形式技巧的重要性一点也不次于内容。

《樵歌》擅场之处,还是在朱氏中年渡江以后的伤时感旧之作。这些词里边充满了适合于词这种文体的情调。词之为体,婉约曲折,最好用来抒情,尤其是伤感之情。韦庄、李煜、晏儿道、秦观这些人所以卓然名家,还不全是由于以清丽之笔写伤感之情?《宋史》四四五朱氏本传称他"素工诗及乐府,婉丽清畅"。这才是《樵

歌》的真正好处。其所以能如此者,悲凉壮慨的情调之外,当然还要有清丽芊绵的笔墨,才能表里如一,情景浑融。如下边这几首词:

曾为梅花醉不归,佳人挽袖乞新词。轻红遍写鸳鸯带,浓碧争斟翡翠卮。　人已老,事皆非,花前不饮泪沾衣。如今但欲关门睡,一任梅花作雪飞。〔鹧鸪天〕。

刘郎已老,不管桃花依旧笑。要听琵琶,重院莺啼觅谢家。　曲终人醉,多似浔阳江上泪。万里东风,国破山河落照红。

慵歌怕酒,今日春衫惊着瘦。双燕帘栊,金鸭香沉客泪中。　琵琶重听,谁信人间多少恨。落日东风,吹得桃花满院红。以上二首〔减字木兰花〕。

登临何处自消忧,直北看扬州。朱雀桥边晚市,石头城下新秋。　昔人何在?悲凉故国,寂寞潮头。个是一场春梦,长江不住东流。〔朝中措〕。

欲读《樵歌》,须于此中求之。当然也要领略他那些高级的白描作品及其晚年游行自在的襟怀。樱桃与鲜笋拌食,味则甘芳与苦涩相兼,色则鲜红与嫩黄并美:《樵歌》风味就是这样的。

　　　　　　　　　　　　　1943年。

此文是将近二十年前作的,到了现在,我对于《樵歌》的根本看法虽然无甚改变,但对于其中各首词的爱憎取舍,却已有些不同。第一,我现在更喜欢他那些游行自在的白描作品,例如:

有何不可？依旧一枚闲底我。饭饱茶香,瞌睡之时便上床。百般经过,且喜青鞋踏不破。小院低窗,桃李花开春昼长。〔减字木兰花〕。

　　老来可喜,是历遍人间,谙知物外。看透虚空,将恨海愁山,一时按碎。免被花迷,不为酒困,到处惺惺地。饱来觅睡,睡起逢场作戏。

　　休说古往今来,乃翁心里,没许多般事。也不蕲仙,不佞佛,不学栖栖孔子。懒共贤争,从教他笑,如此只如此。杂剧打了,戏衫脱与呆底。〔念奴娇〕。

这样的词,我从前并不喜欢他们;〔减字木兰花〕只知道欣赏最后两句,〔念奴娇〕几乎视之为"干柴棒子"。现在则觉得他们很有意趣,主要的缘故是我已有了其中所写的心境。第二,前引〔朝中措〕词,如果现在叫我举例,我会代之以这一首〔感皇恩〕。

　　曾醉武陵溪,竹深花好,玉佩云鬟共春笑。主人好事,坐客雨巾风帽。日斜青凤舞,金尊倒。　　歌断渭城,月沉星晓,海上归来故人少。旧游重到,但有夕阳衰草。恍然真一梦,人空老。

我现在认为〔朝中措〕虽是慷慨悲歌,却有点浮浅,〔感皇恩〕不是慷慨而是凄婉,所以意味更为深厚。以前我所欣赏的伤时感旧之作都是悲壮的,现在则是悲而不壮的了。从以上这些改变,可以看出年龄上的差别。本想把前文删掉或重作,但为了保存旧日思想情趣的痕迹,所以仍旧收入集中。

1950 年暮春附记。

杜著辛弃疾评传序

辛稼轩不仅是宋词大家之一，同时也是个忠义奋发、功名慷慨之士，受了时与地的限制，壮志未伸，宏图莫展，只留下六百多首词。这些词的根源，是他一生动荡的身世，郁勃的怀抱，所以能够深厚雄阔，苍浑沉郁，"于剪红刻翠之外，屹然别立一宗，迄今不废。"《四库提要》。他的成就不尽由于他的才气、性情、学问，更重要的是他所处的时与地。我常想：辛稼轩若早生五十年，遭逢时会，很可能成为出将入相的重臣之一，其所表现总该比张魏公强一点；但始则军书旁午，继则功成名遂，也就写不出词来了。若晚生五十年，悲壮伟大的场面已经过去，宋朝在南方偏安，金朝在北方苟安；像稼轩这样的人，不但才略无处施展，忠愤不平之气也无从郁积，恐怕只能成为一个普通词人，寻常疆吏。偏偏他生于南渡后不久的绍兴十年，甫经沦陷的山东，北方的情形既能启发激厉，使他想有所作为，而南方的气氛又足以压抑摧折，使他"欲飞还敛"，稼轩〔水龙吟〕词句。二者互相荡摩，这才产生出那样的身世、怀抱，那样的作品。王国维先生在《人间词话》里曾说："有有我之境，有无我之境。"词人也可以照此分为两派。温飞卿以及二晏、欧阳的词是无我的，他们所写的是人类共同具有的情调；苏、辛词是有我的，他们的词里处处有他们自己。有我、无我，都可成为上乘作品，但对于他们研究欣赏的方法，则因之有所不同，这是自然之理。所以我们要想认识辛稼轩，不但要认识他的词,更要认识他这个人,包括他所处的时代与环境。

基于上文所述,我们多年以来,一直期待着有一部好的辛稼轩评传;现在,杜呈祥先生满足了我们这种愿望。杜先生这本书,以深入浅出的文笔,运用翔实的资料,把稼轩一生报国的壮志,立身的大节,忠义奋发之气,经文纬武之才,历任疆圻、退居林壑的各种生活,一齐写得跃然纸上。使我们在千载之下,如见其人;而于稼轩的身世怀抱对于他的作品的关系,尤能曲为传出。学者读了这本评传之后,再去读稼轩词,自然心领神会,倍觉亲切,有晤言一室之乐了。而且,稼轩虽然以词传世,我们却准知道他志不在此。他一生的志愿,就是他给陈同甫所写壮词〔破阵子〕里面说的,"了却君王天下事,赢得生前身后名",区区词人二字的头衔,恐怕他不大愿意接受。现在杜先生这本评传,替他表彰出来,使一般人知道他不仅是个词人,而且是一个"壮岁旌旗拥万夫","突骑渡江",写过"万字平戎策",练过"飞虎军"的豪杰之士。这对于稼轩自己,似乎比评介他的词更为重要。这本书对于一般读者以及稼轩本人的贡献之大,也就可想而知。

然而,稼轩毕竟是以词传世的,他的谋猷勋业,已是事过境迁,无从得见。他留给我们的仅是词林里这一株奇树。稼轩词风格如何,前人已有定评,不用多讲。我只想提出以下三点:一、稼轩是忠义之士,但他的词里却很少缠绵忠爱之作,很少直接说到国家。他所写的都是他个人的壮慨之怀,郁勃之气,与夫退居时的闲而不适之情。要想知道稼轩谋国的忠荩,不肯偏安事敌的志节,须从他的言论如《九议》、《十论》和他历官中外时一切实际设施上去看,在词里是找不到的。二、有些人每评稼轩词为粗豪,实际则是豪而不粗。稼轩词"慷慨纵横,有不可一世之概",《四库提要》。诚然是豪;但是坚实沉着,绝无浮嚣之弊,自然不能说是粗。若夫形式方面,则其规律之精严,针线之细密,简直可与清真、梦窗一较长短,试取他的长调,细读自知。苏、辛并称,而同中有异,异点之一即在规律。晁无咎曾评苏词为"横放杰出,自是曲子中缚不住者",辛词则是缚在曲子中而仍能"龙腾虎掷"刘熙载《艺概》。运转自如,此其所以为奇才绝调。三、尽管其为第一流作品,但就词这种文体的本质而论,稼轩词确是变调,并非正宗。周济《宋四家词选序论》说:"稼轩敛雄心,抗高调,变温婉,成悲凉。"这十二个字是辛词确评。本来,"词之为体,要眇宜修",王国维《人间词话》。确是适于软性而不适于硬性;所以苏之清旷,辛之豪纵,都只能算是变调。正变与优劣自无关系,但正者顺流,变者逆挽,写作时的难易,也就相差很多。试看自宋迄清的词家,属于婉约派的有多少? 属于豪放派的,苏辛之外又有几人? 所以稼轩词只宜欣赏,不宜学步,这是学不好的,几乎是"学我者病,似我者死"。其缘故不只是一般人没有稼轩的才气、性情、学问,主要的还是他们没有那样风云动荡的身世。下面两段词话说得很好。谢章铤《赌棋山庄词话》:"学稼轩要于豪迈中见精致,近人学稼轩,只学得莽字、粗字。稼轩是极有性情人,学稼轩者,胸中须先具一段真气奇气,否则虽纸上奔腾,其中俄空焉,亦萧萧索索如牖下风耳。"陈廷焯《白雨斋词话》:"稼轩一体,后人不易学步;无稼轩才力,无稼轩胸襟,又不处稼轩境地,欲于粗莽中见沉郁,其可得乎?"

杜先生因为我编过《稼轩年谱》,注过稼轩词,嘱我给他这本书作序,并写一点对于稼轩词的意见。盛意难却,只得遵命写了。结果平凡杂乱,实在不像篇序文,这一点要请杜先生及本书读者宽宥;读者们还是仔细阅读杜先生这本评传吧!

1954 年。

辛稼轩与陶渊明

辛稼轩与陶渊明,相去千年,性情身世既不相同,作品风格亦不类似,好像不能相提并论。但稼轩词中,关涉到陶的地方,确实很多,这当然有他的原故,也就是说他们在不同之中,总有相同的地方。

稼轩词中,与渊明有关的全词及断句,共有三十多处,从这些词句,可以看出辛之于陶,遥遥相契,莫逆于心。他已从性情生活中,深切领会到陶诗的风味。他一方面说"须信此翁未死,到如今凛然生气";一方面又说,"空怅望,风流已矣,江山特地愁余"。这样反复咏叹,若有不能已于言者,与杜甫所谓"怅望千秋一洒泪,萧条异代不同时",望古遥集,实有同感。

欲明辛之于陶所以如此融洽契合,当然先要明了陶渊明是怎样一个人。如果陶渊明仅是一个饮酒赋诗的田园隐士,他决写不出那样一部诗集,辛稼轩也不会那样欣赏他的作品。

陶渊明是一个有性情,有思想,热诚真挚的人物,他是个典型的儒家者流。儒家者流照例是想对于社会国家有所贡献,有所作为的。不幸陶渊明生在晋宋之间那样一个时代,政治社会黑暗而混乱;有才具魄力的人都未必能旋乾转坤,陶渊明那里行,"性刚才拙,与世多忤",抱着一腔经世济民的弘愿而归去来兮,是他唯一的退路,也就是唯一的出路。这是无可奈何的。朱熹说:"陶欲有为而不能者也。"若以为他一直是超然出世的人物,那就错了。

元人刘秉忠〔南乡子〕词云:"凤鸟不来人渐老,谋生,二顷田园也易成。"陶渊明却不会这样潇洒。他没有二顷田园,只有十几亩地。"种豆南山下,草盛豆苗稀,晨兴理荒秽,带月荷锄归,道狭草木长,夕露沾我衣。"已是够困苦的了。再赶上荒年,有时竟要挨饿。他当然不欢迎饥寒交迫的痛苦,更忍受不了有志未骋,离群索居的寂寞。想起少年时的壮志,眼前的荒凉,自己也不知道这叫干什么。于是有这样一首诗:

> 少年罕人事,游好在六经;行行向不惑,淹留遂无成。竟抱固穷节,饥寒饱所更。敝庐交悲风,荒草没前庭,披褐守长夜,晨鸡不肯鸣。孟公不在兹,终以翳吾情。《饮酒》第十六首。

陶诗一百五十余首,以这一首最为悲凉,拿来与《读山海经》的第一首对照,十足的看出此翁的内心矛盾。那一首诗传诵较为普遍,不钞了。

渊明归田以后的心情,始终是这样冲突矛盾,但他能把这个冲突矛盾排遣融化,使之归于悠闲冲淡。这种锻炼修养,需要很强的意志,很强的生命力,所谓坚苦卓绝是也。正如同七色板,若非用大力加速旋转,不会合为白色。所谓白色也者,不就是淡泊宁静的象征么?惟其陶渊明有这样坚卓强固的意志与生命力,他才能在饥寒与寂寞,物质与精神两重压迫下,悠然的活下去,饮酒赋诗,以此终老;而不曾中途变卦,再去折腰五斗,奔走风尘。人生反正只有三条路:向前、退后与站住了不动,都需要很大的力量。若陶渊明者,一卧柴桑,万牛难起,这是辛稼轩之所以称之为"到如今凛然生气"。

稼轩又说:"看渊明风流酷似,卧龙诸葛。""晚岁凄其无诸葛,惟有黄花入手。"陶渊明与诸葛亮,出处进退,虽绝不相同,却是一流人物。如同一棵树上的南北两枝,趋向虽异,而其生长的能力则来自相同的根干,并不是两回事。诸葛亮的"鞠躬尽瘁,死而后已",与陶渊明的安贫守志,不受征聘馈遗,同样是生命力的表现。向前走与开倒车,都用的是那一份机器。诸葛亮早年高卧隆中,晚年六出祁山,倒转过来便是陶渊明,此尚论古今人者所不可不知。首创这种议论的并不是辛稼轩,而是黄山谷,山谷《宿旧彭泽怀陶令》诗云:

> 潜鱼愿深渺,渊明无由逃,彭泽当此时,沈冥一世豪。司马寒如灰,礼乐卯金刀。岁晚以字行,更始号元亮,凄其望诸葛,肮脏犹汉相。时无益州牧,指挥用诸将。平生本朝心,岁月阅江浪,空余诗语工,落笔九天上。向来非无人,此友独可尚。属予刚制酒,无用酌杯盘,欲招千岁魂,斯文或宜当。

这首诗是稼轩词语所本,一望可知。山谷所谓豪,稼轩所谓风流,即是我所谓坚强的生命力。唐人于陶好像不甚了解,宋人则大半对于陶有真切的认识,这也是风会使然。

辛稼轩,谁都知道他是个"慷慨有大略",才兼文武的英雄。但与南宋初年的情势风气,有点不合,所以不见容于朝廷大臣。在历任疆圻,颇有建树之后,以莫须有的罪名,受到落职处分,被迫而归去来兮。这与陶渊明任彭泽县令之自行挂印宵遁,当然不同。他的宦囊颇富,在上饶修了一座弘丽的别墅,即是集中常提到的带湖,所谓稼轩就是这个别墅里的房舍之一。据洪迈《稼轩记》所述,这别墅的气象决非"方宅十余亩,草屋八九间"所能比拟。所以稼轩归田之初,并不曾感到像渊明那样的饥寒困窘,但却比渊明更为寂寞以至悲愤,如他的〔水调歌头〕两个半首:

  笑吾庐,门掩草,径封苔。未应两手无用,要把蟹螯杯。说剑论诗余事,醉舞狂歌欲倒,老子颇堪哀。白发宁有种,一一醒时栽。

  短灯檠,长剑铗,欲生苔。雕弓挂壁无用,照影落清杯。多病关心药里,小摘亲钽菜甲,老子政须哀。夜雨北窗竹,更倩野人栽。

这都是在他初落职后一二年之中作的。这时虽也曾作词提到渊明,但不过寻常用典而已。过了几年以后,情绪缓和下来,渐渐了解《归园田居》的风趣,更进一步了解渊明的心事与生活,于是对此翁亲切起来。这还是受了他在词上的同调前辈苏东坡的影响。辛词云"我愧渊明久矣,犹借此翁湔洗,素壁写归来",全用东坡和陶诗引语意,其原文云:

  然吾于渊明,岂独好其诗也,如其为人,实用感焉。渊明临终疏告俨等:"吾少而穷苦,每以家弊,东西游走。性刚才拙,与物多忤,自量为己,必贻俗患。黾勉辞世,使汝等幼而饥寒。"渊明此语,盖实录也。吾真有此病而不早自知,半生出仕,以犯世患,此所以深愧渊明,欲以晚节师范其万一也。

这篇诗引是苏子由作的,以上一段则是引用东坡自己的话。功名仕宦中人,遭遇挫折而罢职归隐,大概都要有点深愧渊明之感罢。而像《归去来辞》、《归园田居》第一首、《读山海经》诗第一首里所写的那种简素自然,悠闲冲淡的生活心情,又是任何人也要喜悦的。所以他们在愧渊明之余,总会进一步而喜渊明。辛稼轩也未能脱去这个情形。于是他说"渊明似胜卧龙些","自古此山元有,何事当时才见,此意有谁知"。"问北窗高卧,东篱自醉,应别有归来意"。若是仅仅向往于渊明那种悠闲的心情,简素的生活,那又成了寻常文士,或者退休的达官贵人,不足以言了解渊明。稼轩是认识渊明的生命力的,所以他以渊明比诸葛亮,所以他说渊明到如今还是生气凛然。

　　他在二次出仕又被免职归来以后,人生经验更多了,对于陶渊明的认识更为真切。他曾以停云名其居室,檃括渊明《停云》诗,以及写作大部分与陶有关的词,都是二次归田,徙居铅山以后,也就是他六十岁左右的事。因为他的性情毕竟与陶不同,若非年龄增长,人事磨炼,他是不大容易了解陶诗的。他四十岁以前的作品,几无一字提到陶诗,即是证明。

1946 年作,1953 年改定。

辛稼轩与韩侂胄

南宋有三大奸臣：秦桧、韩侂胄、贾似道。贾似道最不足道，贪庸骄妄，只知道在半闲堂斗蟋蟀。秦桧与韩侂胄恰好成为对比，秦主和议，韩主恢复；这里边却有一个相同之点，他们都是想借此固位，以政治上的主张来保持个人的权势。秦桧是看透了当时南北大势，尤其是高宗的心理，所以极力主和，他也就凭借这一点而做了二十年权相。韩侂胄的主张恢复则是为了有人劝他"立盖世功名以自固"。不管他们的主张对与不对，也不管进行的方法与结果如何，动机总是私心，不能公忠谋国，此其所以为奸臣也。

秦与韩还有一个相同之点，一方面诛锄异己，一方面收揽人望，这是古今中外奸臣以至权臣一贯的作风，并不只秦韩如此。不过他们两个在这两方面做得好像更为彻底。像秦桧之杀岳飞，韩侂胄之贬赵汝愚，真有股蛮干劲。当时有许多众望所归的人物也的确曾被他们延揽过去。关于秦缪丑公的事，与本题没大关系，可以不再多说，专说韩侂胄。在他当权后期所进用的人物，的确有些中外属望的英杰耆宿，如薛叔似、陈谦、丘崈、辛弃疾皆是。《宋史》韩传上曾叹息说道："当时固有困于久斥，损晚节以规荣进者矣。"其实这里边也还另有道理。

韩侂胄在当时所以不理于众口，只为了两件事，一是贬赵汝愚，一是禁伪学，这都是他当权前期的事情。后来给他出主意的那

个人,曾经作过右丞相的京镗死了,他的作风也就有所改变。《宋史》韩传上说:

> 一时善类,悉罹党祸,虽本侂胄意,而谋实始京镗。逮镗死,侂胄亦稍压前事。张孝伯以为不弛党禁,后恐不免报复之祸,侂胄以为然。追复汝愚、朱熹职名,留正、周必大亦复秩还政,徐谊等皆先后复官,伪党之禁浸解。

这时韩的地位已相当稳固,又有这样一个转变来收拾人心,于是人心对他也渐渐的向而不背了。正在这时,他就兴起了恢复之议。"恢复",当然是南宋朝野一件大事,无论是想为国家报仇雪耻的,以及想为个人求取功名富贵的,听到这两个字都非常兴奋。恰好在这时候,金朝的国势日非,一天比一天削弱,北有新兴强盛的蒙古,内部则"府仓空匮,赋敛日烦"。一般有志功名之士都在想,趁这机会给国家拾个便宜也倒不错,他们与韩侂胄就这样的沆瀣一气了。

恢复之议起来之后,当时人的态度可以分为三派:一派是根本看不起韩侂胄这个人,"他还配谈什么恢复"!一派对于韩个人倒还不太轻视,却认为本国力量太差,轻举妄动不但不能恢复失地,反而更要招来许多麻烦。这两派都是反对派。与韩一致赞成此议的是第三派,其中又有两派:有些人只是阿谀从顺,跟着瞎起哄,另有些人则认为恢复不是不可行,但在实行的方法步骤上要十分审慎周详,才能够进战退守,有利无害。辛稼轩便是属于第三派中的后一派。我前边所说想为国家报仇雪耻以及想为个人求取功名富贵的有志之士,也多半是这一派。

辛稼轩是以词闻名的,也就有人称他为词人。固然,辛稼轩留给我们的只是一部《稼轩长短句》,但在当时他绝不仅仅是个词人,他在政治以及军事上很有地位,也曾外任封疆,内登卿贰,填词只是他的余事。千年以后,事过境迁,政治军事上的一切早已灰飞烟灭,于是词就成为他一生仅存的事业了。他是个热中功名之士,他一生志愿可以用他自己的两句词来包括:"了却君王天下事,赢得生前身后名。"这是他寄给陈亮同甫的〔破阵子〕里的两句,说的是他们两个人共同的心事。不幸他一生始终没得大用,屡废屡起,疆吏卿贰在旁人已竟是相当高的地位,在辛稼轩的心目中却算不了什么。所以他的词里总含蕴着牢骚悲愤、抑郁不平之气。他的志愿是"打回老家去",他是山东济南人。但连自己的地位都不能长保,还提什么恢复中原呢。他就是这样郁郁的过到六十来岁。

向来热中之士所以不甘闲废有两个缘故:闲不起与闲不住,前者是经济压迫后者是精神苦闷,正如俗话所说"挑水的放下扁担"。当韩侂胄转变作风收揽人望的时候,辛稼轩落职家居已竟很久了,恐怕已是既闲不住又闲不起。他听到韩侂胄提议举兵恢复的消息,很兴奋而又很怀疑,怀疑韩侂胄和他左右的那些庸材们是否能胜此重任。他有一首脍炙人口的〔汉宫春〕,正是这种心情的反映。这首词全文如下:

> 春已归来,看美人头上,袅袅春幡。无端风雨,未肯收尽余寒。年时燕子,料今宵、梦到西园。浑未办,黄柑荐酒,更传青韭堆盘。　　却笑东风从此,便薰梅染柳,更没些闲。闲时又来镜里,转变朱颜。清愁不断,问何人,会解连环。生怕见,花开花落,朝来塞雁先还。

恢复的呼声,消沉了二十多年,一般志切国仇,思欲自效的人士,正像冬天蛰伏一样寂寞苦闷。一旦有在高位者重提此事,还不是像美人头上春幡袅袅,告诉我们春天已到了么。偏有一些人主张持重,这与早春的风雨余寒一样地使人不快。虽然如此,春天总是要来的,久蛰思动的志士们已像燕子般作起青春之梦了。可惜主持春之筵席的人有点不知道好歹,他并没有把色香味俱佳的黄柑拿来荐酒,只堆了一盘子韭菜当做珍馐美味,这比风雨余寒还要可厌可怕。无疑的,这是饥讽韩侂胄的用人不当。的确,韩的左右像陈自强、苏师旦那等样人,也不过等于一根韭菜而已。然而这种情形并非长久如此。韩的作风转变了,他已竟像东风的薰梅染柳而逐渐网罗英俊,而且恐怕不久就要网罗到自己头上。这岂不是求仁得仁?干脆出山好了。事情又不是这样简单。英俊材智之士虽被引用,贪庸诌佞之辈却没有去,黄柑青韭弄在一起,这叫什么味道。南宋偏安积弱,数十年人不知兵,恢复之事本就没有把握,再加上这样一群人物,这样一个局面,如何能作乐观。然则自己就是出去也未必能有什么作为,何苦淌这浑水。想要坚卧不起吧,已竟六十多岁,难道还能再活六十岁?"烈士暮年,壮心未已",谁也不愿意丢掉这个难得而且可能是最后的机会。就是这样翻来覆去,左思右想,怎样也不合适:清愁不断,连环难解,此之谓也。总而言之,恢复中原,决非易事,恐怕只是一种空想而已。在这时候,抬起头来看看,碧空万里,白雁数行,他们倒先回北方去了。这种滋味,真够受的。周介存说,"辛词之怨,未有怨于此者"。当然是如此,稼轩一生家国身世之感,全寄托在这首词上了。

　　铜阳居士解释东坡〔卜算子〕词,说是刺时感遇之作,被王渔洋骂为"村夫子强作解事"。我这样解释稼轩〔汉宫春〕词,曾对一位自称专治纯文学的朋友谈过,他好像也不以为然。我却要坚持我的见解,因为有史实作根据,不像鲖阳居士那样无中生有,全凭臆测。不过我们要知道这是感兴,是寄托,不是灯谜、隐语。在作者写作的时候,内心外境,融为一片,以象征之笔出之,所谓化境是也。讲时无可奈何,只好这样分析开来讲。若以为稼轩作此词时,像作灯谜一样,一句一段的影射出来,当然天下之大无此笨伯。

经过若干时间,考虑若干次,稼轩毕竟出山了。他作了知绍兴府兼浙东安抚使,改知镇江府。镇扬一带在当时是介于后方与前线之间的,过扬州再往北,就是宋金对峙的淮水流域。这时恢复之议已竟准备实行了,镇江大军云集,守臣的地位,当然重要。但在辛稼轩却毫不满足,他不愿意仅作一个看老营的地方官,他想掌握更大的军权。他有一首与〔汉宫春〕同样传诵的〔永遇乐〕,词云:

> 千古江山,英雄无觅,孙仲谋处。舞榭歌台,风流总被,雨打风吹去。斜阳草树,寻常巷陌,人道寄奴曾住。想当年,金戈铁马,气吞万里如虎。　　元嘉草草,封狼居胥,赢得仓皇北顾。四十三年,望中犹记,烽火扬州路。可堪回首,佛狸祠下,一片神鸦社鼓。凭谁问,廉颇老矣,尚能饭否。

这词的题目是《京口北固亭怀古》,京口即是镇江。关于这词的解释,我想抄拙作《稼轩词校注》里的一段。

> 高宗绍兴辛巳壬午间,金主亮大举南侵,稼轩即于此时率义军七八千人渡江归宋。至宁宗嘉泰乙丑知镇江府,前后相

距四十三年。登北固山可望扬州,其地为金亮与宋对峙处,亦即稼轩率兵渡江处,故有"望中犹记,烽火扬州路"之语。京口英雄,仲谋之后,当推宋武,宋武一生事业,自以北伐为首。稼轩亦主恢复之议,且自信有恢复之才,浮沉江左,四十年未得大用,牢骚孤愤,抑郁可知。前章乃专写此二人,望古遥集,声情激越,盖歆羡与感慨两种情调交织于怀也。刘宋文帝元嘉中,听王玄谟诸人之议,出师北伐,国力未集,致遭败衄,魏太武帝遂引兵南下,直抵长江,饮马瓜渡。文帝登石头城,北望敌军甚盛,颇有惧色,始悔北伐之草草。稼轩守镇江时,韩侂胄当国,恢复之议正盛。侂胄用人既不得当,军事之布置,财货之征集,亦欠周密,卤莽出兵,轻举妄动,其后卒致大败,淮甸尽失。稼轩此时已隐忧事之不济,故叙元嘉往事,以刘喻赵,讽谕当局;四十三年以下纯是个人身世之感,而仍与时事有关。此时金邦虽渐趋衰乱,余势尚盛,故有"佛狸祠下,神鸦社鼓"之语。以视宋之主和者泄沓,主战者轻躁,军备财力,外强中干,迥不相侔,稼轩中心郁闷,可以想见。末二句有据鞍顾盼以示可用之意,其所谓'烈士暮年,壮心未已'乎。罗大经《鹤林玉露》云,此词为寄丘宗卿密者。宗卿此时方为重臣,见《宋史》丘传及韩侂胄传,此词果为寄丘,则又有求自试表之意也。

从这首词里,可以看出两点。第一、稼轩对于他当时的地位并不满意,希望更进一步。第二、稼轩于恢复之议虽然赞成却没多少把握,当时的情形叫他失望,他抱着很大的隐忧。嘉靖本的程珌《洺水集》有《丙子轮对劄子》一文,于当时情势和稼轩的韬略有很详细

的叙述,节录于下:

甲子之夏,辛弃疾尝为臣言:"中国之兵,不战自溃者,盖自李显忠符离之役始。百年以来,父以诏子,子以授孙,虽尽僇之,不为衰止。唯当以禁旅列屯江上,以壮国威。至若渡淮迎敌,左右应援,则非沿边土丁断不可用。目今镇江所造红衲万领,且欲先招万人,正为是也。盖沿边之人,幼则走马臂弓,长则骑河为盗,其视虏人,素所狎易。若夫通、泰、真、扬、濡须之人,则手便犁锄,胆惊钲鼓,与吴人一耳,其可例以为边丁哉。招之得其地矣,又当各分其屯,无杂官军。盖一与之杂,则日渐月染,尽成弁甲之人。不幸有警,则彼此相持,莫肯先进;一有微功,则彼此交夺,反戈自戕,岂暇向敌哉。"……又与臣言:"谍者师之耳目也,兵之胜负与夫国之安危悉系焉。而比年来有司以银数两布数匹给之,而欲使之捐躯深入,刺取虏之动息,岂理也哉。"于是出方尺之锦以示臣,其上皆虏人兵骑之数,屯戍之地,与夫将帅之姓名。且指其锦而言曰:"此已费四千缗矣。"又言:"弃疾之遣谍也,必钩之旁证,使不得而欺。如已至幽燕矣,又令至中山,至济南。中山之为州也,或背水或负山,官寺帑廪位置之方,左右之所归,当悉数之。其往济南也亦然。"又曰:"北方之地,皆弃疾少年所经行者,彼皆不得而欺也。"又指其锦而言曰:"虏之士马尚若是,其可易乎。"盖方是时朝廷有其意而未有其事也。明年乙丑,弃疾免归。又明年丙寅始出师,一出涂地不可收拾。百年教养之兵一日而溃,百年茸治之器一日而散,百年公私之盖藏一日而空,百年中原之人心一日而失。邓友龙败,朝以丘崈代之,臣从丘崈至于淮甸,目击横溃,为之推寻其由,无一而非弃疾预言于二年之先者。

像这样的深忧远虑,老成谋国,岂是韩侂胄和他左右那几个庸材所及。而当时官军的腐败情形也未免太可笑,照这样的军队,还要谈什么恢复,无怪乎辛稼轩在那里着急,想把练兵筹饷的大权拿过来,重新整顿一番。推想他的意思,恢复之事,是要经过相当时期的筹备才能有所举动,否则就成了"草草封狼居胥"了。

韩侂胄和他的左右亲信却没有这种耐性。他们急于建功自不必说,而且根本不知道本国有多大能力,只知道金邦是不如以前强盛了,老鸦落在猪身上,只看见人家黑,没看见自己。对于辛稼轩的老谋深算是不大理会的。再加上来往与驻屯在镇江的那些骄兵悍将,与这位素以严峻威猛著称的老太守,总不会宾主融洽,相安无事。所以稼轩在那时所作的〔瑞鹧鸪〕词有句云:"胶胶扰扰几时休,一出山来不自由。"又一首云:"却笑使君那得似,清江万顷白鸥飞。"还有一首律诗题云:"丙寅岁山间竞传诸将有下棘寺者。"开头两句是"去年骑鹤上扬州,意气平吞万户侯。"以下是些满招损谦受益一类的叹词。丙寅的去岁是乙丑,也就是稼轩守镇江的时候,从这些诗句词句,可以看出当时诸将之骄横与稼轩心中之愤懑。因为如此,辛稼轩在镇江也就未能久于其位。先是他所保举的人有了过失,被连累而降两官,由朝议大夫降为朝散大夫。跟着就改知隆兴府,今江西南昌。这倒不算左迁,因为当时知隆兴府例兼江西安抚使,算是封疆大吏。但还没到任就又改为提举冲佑观,这在当时叫做奉祠,比免职稍强一点,总而言之是罢官归家。这是乙丑年夏天的事,在镇江不过一年多点。这时韩侂胄的威权正在极盛时期,他"拜平章军国事,位在宰相百僚上",就在乙丑的七月,辛稼轩却于同时投闲置散了。稼轩当然非常不痛快,他在奉祠回家的路上有一首〔瑞鹧鸪〕,其中有两句云:"郑贾正应求死鼠,叶公岂是好真龙。"这是很露骨的骂韩侂胄不认识好人。

在辛稼轩奉祠回家的第二年也就是丙寅年夏天,韩侂胄命将出师了,结果大败,不必去查《宋史》及《续通鉴》诸书,只看前边所引程珌《洺水集》就可知道当时兵败的情形。叶绍翁《四朝闻见录》戊集有这样一段:

> 韩侂胄用兵既败,为之须发俱白,闷不知所为。优伶因上赐侂胄宴,设樊迟樊哙,旁有一人曰樊恼。又设一人,揖问迟:"谁与你取名?"对以夫子所取。则拜曰:"是圣门之高弟也。"又揖问哙曰:"谁名汝?"对曰:"汉高祖所命。"则拜曰:"真汉家之名将也。"又揖恼曰:"谁名汝?"对以樊恼自取。

韩侂胄比辛稼轩年轻一纪,两个人都是属猴的。此时这位自取烦恼而须发俱白的速成老头想起那个早已须发俱白的真老头来了。马上起用稼轩知绍兴府兼两浙东路安抚使,稼轩辞免_{就是辞职照准}了。跟着进宝文阁待制,又进龙图阁,差知江陵府,还未上任,又令赴行在奏事,试兵部侍郎,稼轩又辞免了。只以"在京宫观"的头衔在临安住了几个月,又回到他的第二故乡——铅山,过了不到两三个月,就在次年_{开禧三年丁卯}的九月病逝。总起来说,辛稼轩最后一二年中与韩侂胄的关系完全是貌合神离,不像起初那两三年还有点合作的意思。所以,辛、韩的关系在辛从京口奉祠归家的时候已竟算结束了。

稼轩病逝之后,仅两个月,临安发生政变,一般主和的人,由史弥远、钱象祖为首,杀了韩侂胄,韩党全部放逐,政府改组,政策也就整个改变,由主战而主和。稼轩生前没赶上这个变化,身后却受到牵累。在他死后第二年,有一个叫倪思的人,奏了一本,说他迎合开边,请追削爵秩,夺从官祀典,朝廷也准如所请。直到恭帝德祐元年,才恢复爵秩,予谥忠敏。我们综观当时情形,稼轩乃是老骥伏枥,哀鸣而思战斗,他也知道与韩侂胄这般人共谋恢复十九是不成功,只是平生志愿,至老未遂,有此机会,不能不试一试。所以,一感到情形不合,就急流勇退,几次任命都辞免了。可见稼轩出处之际,自有其个人的立场;而且,照上文所说,也自有其主张与谋略。这样的人,说不上是韩党,更不是迎合;但是当时却拿他当韩党办了。宋朝的朋党意气之争,从神宗以后,一直是这样,并无足怪。

1948年,《再生月刊》。

这篇文章写于十二年前,现在重阅一遍,觉得有些要补充的地方,写出如下。

第一,韩侂胄这个人的坏处,只是志广才疏,轻举妄动,而且好谀恶直,无知人之明。他的心术行为并不像秦桧那样奸恶。好像是李慈铭也曾说过,"侂胄之奸,视秦贾有间"。我以前写此文对韩的批评,还是未能摆脱《宋史》韩传的影响。《宋史》是推崇道学家的,韩曾禁过道学,名之曰伪,《宋史》对他的记载自然不会有好话。

第二,稼轩与朱晦庵熹。是好朋友,朱是伪学之禁的主要对象;稼轩与韩合作,岂不是背弃了老朋友而跑到他的敌人那边? 关于这一点,我们要知道,稼轩出山是在"追复赵汝愚、朱熹职名,伪党之禁浸解"之后,前已说过了。这也就是说,稼轩与韩合作是在韩开始与正人君子合作之后。《宋史》稼轩传云:"熹殁,伪学禁方严,门生故旧至无送葬者。弃疾为文往哭之云:所不朽者,垂万世名,孰谓公死,凛凛犹生。"他肯冒忌讳去祭奠晦庵,当然不是背友之人。如果说既曾为敌,即使改变政策,也不愿与之合作;则稼轩又不是那样硁硁然的耿介之士。

第三,因为韩的"人望"有问题,后来评论稼轩的人每每避免谈到辛、韩之间这一段关系。稼轩曾有寿韩〔清平乐〕词,集中不收,有人说是刘过作的,有人说是稼轩真笔,有人则仿佛为贤者讳似的,说这词一定是假的。我则以为这首词是谁作的固难确定,但即使真为辛作,也于他无损。辛、韩合作,事实具在,又何在乎一首词;词中对韩特别恭维,则是宋代寿词习惯,更无足怪。总之,韩之为人并非大恶,稼轩与之合作,也自有其立场,后人自然无须为他避讳这件事。

1950 年附记。

辛稼轩的一首菩萨蛮

郁孤台下清江水,中间多少行人泪。西北望长安,可怜无数山。　青山遮不住,毕竟东流去。江晚正愁予,山深闻鹧鸪。

这是辛稼轩的一首〔菩萨蛮〕,题目是"书江西造口壁"。从宋以来,一直脍炙人口,为辛词名作之一。本来写〔菩萨蛮〕这个调子要以飘逸为主,无论是像温派那样秾丽或韦派那样疏淡;稼轩这一首却变为沉着奔放大开大阖的雄肆之笔,所以为世人所叹赏。梁任公在《艺蘅馆词选》里说:"〔菩萨蛮〕如此大声鞺鞳,得未曾有。"这代表一般人的意见。但稼轩写作此词有无背景亦即从前所谓本事呢?如果有,又是什么?这里却有一个与本词差不多同时出现的谬说,而且流传至今,将近千年,好像还没有人指出其错误。

也是宋人而时代比稼轩晚的罗大经,在他的笔记《鹤林玉露》卷一解释此词云:"南渡之初,虏人追隆祐太后御舟,至造口,不及而还。幼安自此起兴;鹧鸪之句,谓恢复行不得也"。这就是上文所谓谬说。照罗氏的说法,此词是感怀国事,忠愤激烈之作了;其实满不是那么回事。忠愤激烈倒是不错,却不是为了隆祐御舟之被金人追赶与中原之不能恢复,而是为了自己的不得大用,所谓"失职不平"的牢骚是也。稼轩一生忠义奋发之气具见于他的若干篇奏议,一部稼轩词则很少涉及国事,绝大部分是写他个人的生活与心情。这一点是读辛词不可不知的。

　　读诗解诗,本来忌讳牵引事实,穿凿附会,像猜灯谜似的乱猜;词是空灵含蓄的东西,尤其不能那样刻舟求剑。但如果确有凭证,很清楚的知道作品的背景,也不妨表而出之,使读者更能了解作者的心情旨趣。我第一次读稼轩这首词同时即看到罗氏的解释,我是在一本词选上看到的。我并不反对他这种以时事解词的态度,也不曾东翻西阅去考订他解释对了没有。我只感到这首词所说的方向没准儿。"青山遮不住,毕竟东流去"显然说的是上文所谓"清江水",行不得也之叹是因江水东流而兴起的也无问题?那么,"西北望长安"与此何关?如说是致慨于西北的长安之不能恢复,何以全首又以赣江东流为主题?忽然而西,忽然而东,到底他的感慨在那一边?这个问题往来心中很久。问题的中心则在:首尾都说赣江东流而中间忽然插入一句"西北望长安"。后来看到双照楼覆刻的宋四卷本稼轩词,得到了初步解决:在这个本子里,此句作"东北是长安",与通行诸本不同。这样,方向是一顺了;是之于望,只是字面深浅不同,意义是一样的。而稼轩的本意,则直到我考查出他作此词的年月才得到具体答案,才知道罗氏的猜测是错误的。现在,先把词中的典实弄清楚,然后根据作词年月和"东北"、"西北"的异文来给本词作一个正确解释。

　　相传鹧鸪的鸣声是"行不得也哥哥",这是人所共知的,赣江附近山中,这种鸟很多。造口在赣州城外,是造水入赣江的口子,造水又名皂水,所以造口又名皂口:见王象之《舆地纪胜》、《清一统志》、《赣州府志》诸书。郁孤台则在造口附近。《舆地纪胜》卷三十二"赣州景物"条云:

> 郁孤台,郁然孤起平地数丈,冠冕一郡之形胜,而襟带千里之山川。
>
> 望阙台在郡治。赵清献公记曰:阳为郁孤,北为望阙。

《赣州府志》卷九云:

> 望阙台在文壁山,其山隆阜郁然孤峙,故旧名郁孤台。唐李勉为州刺史,登台北望,慨然曰:余虽不及子牟,心在魏阙一也。乃易区为望阙。宋绍兴十七年,知军曾愭增剏二台,南曰郁孤,北曰望阙。

《舆地纪胜》是宋朝当时的记载,《赣州府志》虽是清代晚出之书,却较详尽,所以我一并引用。合观两书所记,郁孤望阙实在是一而二二而一,不过望阙之名不如郁孤普遍而已。而稼轩作此词的本意却与望阙两字大有关系,这只要考查一下稼轩作词的年月和他在那一年的事迹,便可明了。

稼轩于宋孝宗淳熙二年六月,"以仓部郎中任江西提刑,节制诸军,讨捕茶寇"。当年十月平寇成功。这年他三十六岁。次年秋冬间,调任京西转运判官,在任一年有零。事详《宋史·孝宗纪》、《稼轩本传》及《宋会要》诸书。江西提刑照例驻赣州;在此以前他没有到过赣州,以后也不曾旧地重游,拙作《辛稼轩年谱》中曾有考定。这一首词当然是在赣一年期中所作。

由赖文政为首的茶寇当时闹得很凶,屡败官军,已成流寇;稼轩到江西后,"亲提死士与之角",方才讨平。他有一首〔水调歌头〕，其中有句云："谁唱黄鸡白酒，犹记红旗清夜，千骑月临关。"就是记这件事。稼轩本是热中功名之士，在江南沉顿下僚已久，自然想借这机会有所进展。宋朝制度是中央集权的，只在南渡初年外官权势稍重，高宗与金人讲和之后，很快又把权势收归朝廷。当时功名之士要想发展，非"在朝为官"不可。稼轩本以朝官出为提刑，事平之后，当然更想回到临安以图进取。但他这个希望并没有实现，只得到一个秘阁修撰的头衔；在赣州过了一年，索兴调到京西，_{今襄阳一带}。越调越远，提刑改任转运判官，也有左迁之嫌。他在赣期间，自然会从临安得到消息，知道内调不大可能；他另有一首〔满江红〕，也是在赣州作，其中有"倦客不知身远近，佳人已卜归消息"两句，可见后来京西之行也在意中。无疑的是朝中当道故意排斥他，这使他非常愤懑悲凉，〔菩萨蛮〕便是这种心情的表现。

"行人泪"的行人是说他自己，他是以朝官外任的。郁孤台近在赣州城外，风景又好，该是他不断登临的地方。这个台又有望阙之名，他这时的心情正好是"身在江湖，心悬魏阙"，所以他"自此起兴"。长安向来被用为京城的代名词，稼轩词中的长安即是借喻临安，并非陕西那个长安，望长安更与恢复西北无关。临安亦即当时的阙下，正在赣州东北，与江流同一方向。无数青山，遮不住东流的江水，却能遮住他东望长安的双眼，所以惹得他泪滴江波，闻鹧鸪而起行不得也之叹。进一步说，"可怜无数山"也是隐喻，即孔子龟山操"吾欲望鲁兮，龟山蔽之"之意，转文解释便是"伤朝士之蔽贤也"。如此一讲，顺理成章，全词本意，完全明了；隆祐太后之被金人追赶，中原之沦陷，与此毫不相干。至于东北之变为西北，不是刻集的人妄改，就是稼轩自己有所忌讳而故意改作迷离惝怳之词。

稼轩何以这样不走运呢？这是南宋政局、派系和稼轩个人出身的关系。当时政府人士,大致可分两派。一派主张整军经武,恢复中原;一派则认为国家元气已伤,应当保境和戎,与民休息。前者为政主严厉奋发,后者则主简易宽缓。后一派中的人物大部是江南人,他们不但为了政治主张,并且为了地域之见,对于北方来的"归正人"特别歧视。而稼轩则是一部分归正人的领袖。所谓归正人,即是中原沦陷后从北方起义渡江的人士,包括作战时阵前起义的兵将。稼轩是山东济南人,他是绍兴末年率领七八千义军南渡的。渡江以后,他的"部曲"解散了。他自己则作了若干年的地方小官。他曾感慨的说:"不念英雄江左老,用之可以尊中国。叹诗书万卷致君人,翻沉陆。"后来渐渐进用,入居部曹,出为宪使,是虞允文和叶衡两个宰相的力量,他们都很器重他,先后帮他的忙。讨平茶寇时,虞允文已先此死去,叶衡又因事去职,他便失去了朝中的支持者;此外当政的人都是些主和派,他们不喜欢北方人,尤其不喜欢稼轩这样对外志切恢复,为政凌厉刚猛的人物,即如周必大,简直故意和稼轩为难。这样的"青山"挡在前头,使他没有机会"了却君王天下事,赢得生前身后名"。这是他的两句〔破阵子〕。

不但在江西如此,稼轩一生始终被压抑在这种环境之下。他后来逐渐发展,外官做到安抚使,内官做到兵部侍郎,贴职加到龙图阁待制;地位不算低,在归正人中尤其是凤毛麟角。但以稼轩的才气和志量而言则是吃了一辈子亏,何况他曾经两度"落职"闲居。平生郁勃之气,完全发之于词,这才有那样"龙腾虎掷"的笔势,刘后村评稼轩词语。所以,想了解稼轩词,必须了解南宋高孝光宁四朝的政局、派系和稼轩的身世际遇;因为稼轩不是一个吟风弄月的江湖词客。

1951 年,《大陆杂志》三卷四期。

刘秉忠的藏春乐府

词到南宋,已经发展成熟,登峰造极,入元以后,便是走下坡路。但是,一架电扇,关上电门,还要继续转动几下,何况曾经风行一时的文体,当然不能一下子就消声匿迹。所以在元朝初年,词还保留着一些余势,到了中叶,大德延祐以后,才真的衰落下去。元初保持着两宋余势的词,可以分为南北两派。著名的词家如张炎、周密、王沂孙以及后来的张翥,都属于南派。属于北派的则有刘秉忠与刘因。南派的作风,是继承柳、周、姜、史的,这一派是词的正宗;也就是说,他们所走的路子,是顺着词的本质发展的路子,所以他们的作品,出色当行,他们的名气也就比北派二刘大得多。

这一派的佳作,固然是细腻妥溜,珠辉玉映,谐婉的音节,藻丽的词句,处处足以引人入胜。却有一种共同的短处,就是缺少豪放的情调与飘逸的气韵。他们作词,讲究唱叹寄托,缠绵深婉,这虽是很优美的风格,而与此俱来的坏处流弊,便是平钝晦涩,若非具有相当高深的文学天才和修养的人,不容易欣赏领会这种作品。青年人读词,十九喜欢豪放一派而不喜欢婉约一派,喜欢北宋而不喜欢南宋,就是这个缘故。也有些青年,读词不久,便喜欢玉田、梦窗,这都是早熟的"出窝老",他们无论在创作上或欣赏批评上,恐怕都不能有多大成就。正如同小孩子们,在童年便循规蹈矩,应对中节,长大多半不是坏人就是废物。青年人读词,喜欢苏、辛,就是喜欢那种冲劲、脆劲、率劲。所谓冲劲、脆劲、率劲,久住北京的人大概都懂得这些土语,文言之,即豪放飘逸是也。所以,元初的南派词,只有修养成熟的专家们能去欣赏,南派词人名气之盛,也正是因为自来论词选词的人多半属于所谓专家。若要找青年初学所喜爱的作品,还是要从北派里找。且抄几首看看:

> 满路红尘飞不去,春风弄我华颠。故园桃李酒尊前,赏心逢美景,此事古难全。 若智若痴人总笑,夕阳空袤吟鞭。马头山色翠相连;不知山下客,何日是归年。〔临江仙〕。
>
> 诗酒休惊误一生;黄尘南北路,几功名。枝头乌鹊梦频惊,西州月,夜夜照人明。 枕上数寒更,西风残漏滴,两三声。客中新感故园情,音书断,天晓雁孤鸣。〔小重山〕。
>
> 杜宇声中去住,蜗牛角上输赢。金瓯名字尽人争;秋鸿影,湖水镜般明。 杨柳烟凝露重,莲花月冷风清。万年枝稳鹊休惊,邻家笛,夜夜故园情。〔江月晃重山〕。
>
> 长安三唱晓鸡声,谁不被,利名惊。揽镜照星星,都老却,当年后生。 山林苍翠,江湖烟景,归去没人争。休望濯尘缨,几时得,沧浪水清。〔太常引〕。

这几首词,都是刘秉忠作,见于他的词集《藏春乐府》。四印斋校刻宋元三十一家词本。当然赶不上苏、辛的豪放雄骏,苏辛词本是无人能及的。却有张、周、王所没有的飘逸清新。不只这几个元初南派作家,就是在南宋其他作家里,也不多见这种作风。这是北宋词的嗣响,与南宋词是并流异源的。宋朝南渡以后,程学行于南,苏学行于北。学术思想上如此,文学上也是如此。苏词一派到了南宋虽也大行于世,而有张孝祥、陆游、辛弃疾、刘克庄诸大家。但其发展情形总不如继承柳、周的一派兴盛。辛弃疾与姜夔是同时而分别代表两派的;但姜以后有史达祖、吴文英及上述的张、周、王诸人,辛以后则只有一个刘克庄勉强支持豪放派的门面。在北方的金朝,则金初的吴蔡体、吴激与蔡松年。金末的元好问遗山词,都走的是豪放一路,正因为苏学盛行,而北人的性格情调又接近豪放一派。刘秉忠是地道北方人,世居邢台,家庭血统,学问渊源,都是从北宋传下来的,所以他的词也完全是北宋遗风,没有南宋的气息。这正如同语言方面,黄河流域早已变了中原音韵,而在闽广一带,还保留着许多唐音,是一样道理。

刘秉忠这个名字,在文学史上好像有点生疏,在政治史上却是个名人,事迹详见《元史》卷一百五十七本传。他的一生,与明初的刘伯温基。很多相同的地方。秉忠佐元世祖,刘基佐明太祖,都是开国元勋,但既非将又非相,只是运筹帷幄,参赞机密,如小说中所谓军师。他们的学问都很渊博,都会阴阳占验之术,都擅长诗词。难得又都姓刘。所不同者,刘基是在家人,刘秉忠则是个和尚,法名叫子聪,虽在元世祖幕下参与文武军国大事二十余年,却始终是个和尚顾问。晚年才奉旨还俗,改用俗家名字,拜官太保参领中书省事,并且赐婚赐第。但他还是斋居蔬食,过僧人的生活。在这一点上,又很像明成祖时的姚广孝。

刘秉忠虽然出家,但并不是个纯粹的佛教徒。他是个儒僧。他的生活方式虽然是佛教式的,他的思想学术则完全是儒家者流。他并不是自幼出家,他是世家子弟,幼读儒书,长为郡吏,到二十多岁才剃度为僧。为僧以后,仍然是诸子百家阴阳术数无所不读。本传说他自幼好学,至老不衰。在他的诗《藏春集》里有这样的句子：

> 照世圣经明似镜，通方古道直如弦。《齐中》。
> 衣冠三代凋零后，礼乐一秦灰烬余。《读书》。
> 仪凤作歌犹有道，感麟绝笔再无经。《秋夜》。
> 三代盛时存此道，六经今日付何人。《接舆狂歌》。

从这些句诗，就可以看出他是一个儒者。所以他始终以儒家的道理法度辅导元世祖。据史传上说，元朝一代的典章制度，全出他手所定。佛家那管这一套？他们也没有这一套。从前人说宋朝的理学是阳儒阴释，刘秉忠则是阳释阴儒。其实若从心地来说，无论儒释，都是与物有情，视民如伤的。刘秉忠佐元开国，在儒家说是平治天下，在佛家说即是普渡众生。恕我把佛教说得太浅。本传说他从元世祖征云南，伐宋，常劝世祖少杀人，所全活者甚众。这是消极的保全民命。至于开陈治道，创立规模，则是积极的求得人民的安居乐业。所以他的诗里常有忧民济世等语。他有一首词，更可看出他的心事。

> 堂上箫韶人不奏，凤凰何处飞鸣。黄尘扰扰马纵横。谁能知乐毅，志不在齐城。　　后辈谩搜前辈错，到头义重功轻。海隅四面尽苍生，东风吹绿草，布谷劝春耕。〔临江仙〕。

他具有民胞物与的胸怀，他希望海隅四面，年年处处看到"东风吹绿草，布谷劝春耕"。但他所生的时代，黑暗而恐怖，实在不是他所理想的时代，所以说"堂上箫韶人不奏，凤凰何处飞鸣"。又有一句词说"凤鸟不来人渐老",可见他对于当世是如何不满。他弃家为僧,未必不是想逃避现实,所谓穷则独善其身。但是由一个偶然的机会,遇见元世祖。他知道这个人是当时唯一可与有为的强有力者。既为他所信任,正好利用这个机会来利民济物,所谓达则兼善天下。而在当时,儒生是最不值钱的,一般蒙古人不大看得起这群书呆子,同时又很疑忌他们;却都非常信佛。佛门弟子参政,既得崇敬,又免猜嫌。于是他又利用和尚的身份来施展儒家的本领。他有两句诗说:"欲著儒冠替僧帽,而今值得几文钱。"可以知道他为什么阴儒而阳释了。至于他的心境,则是圆融通达,了无滞碍,本没什么儒家释教的分别界限。"秋鸿影,湖水镜般明",他的心境正与这句词相同。

我们既已明了刘秉忠的身世思想,自然就可以知道他的词何以能作得那样飘逸洒落。我旧作《三十家词选序论》上有一段说:

> 藏春词佳处在性情深厚,襟抱磊落;悲天悯人之胸怀,深沉之思想,尤为历来词家所无。凄婉苍凉之致,犹为余事。《文学年报》第六期。

这段话或者可以说明刘词的风格。王鹏运《跋藏春乐府》所云:

> 往与碧瀍翁论词,谓雄廓而不失之怆楚,蕴藉而不流于侧媚,周旋于法度之中,而声情识力常若有余于法度之外,庶为填词当行。目论者庶不薄填词为小道。藏春词境,雅与之合。四印斋刻本《藏春乐府》。

虽推崇备至,而所论只是形式技巧问题,未曾探及内心。

方才说到刘词有凄婉苍凉之致,这是什么缘故呢?以他这样圆融通达的人,还有什么不能释然的沉哀隐痛么?的确有。第一,他的本意是要利民济物的,而当时的政治社会却是那样黑暗混乱。他费了很大的心力,仅能使政治略上轨道,一切情形不致太坏而已。离他的理想希望,还差得很远。试翻故籍,看一看那时的世事是什么样子,便可想到这位悲天悯人的仁者,心中不会怎样畅快。请看下边这首词。

> 既天生万物,自随分有安排。看鹭鸶云霄,骅骝道路,斥鹦蒿莱。东君更相料理,著春风吹处百花开。战马频投北望,宾鸿又自南来。　紫垣星月隔尘埃,千载坼中台。叹麟出非时,凤归何日,草满金台。江山阅人多矣,计古来英物总沉埋。镜里不堪看鬓,樽前且好开怀。〔木兰花慢〕。

"麟出非时,凤归何日,草满金台"。这种情调与江南人的故国之思一样沉痛悲凉。第二,他是个喜欢山林静趣的人,乡土观念又很深。而一生从军佐政,南北奔驰,不得一时安闲,曾经受过一次"云南大罪"。如下词云:

> 同是天涯流落客,君还先到襄城。云南关险梦犹惊,记曾明月底,高枕远江声。　年去年来人渐老,不堪苦事功名。倾开怀抱酒多情,几时同一醉,挥手谢公卿。〔临江仙〕。

这是何等凄婉。此外在他的诗里词里,处处流露着思乡的心情,表示着归隐的志愿。"不知山下客,何日是归年"。却始终欲归不得,这也是使他不能释然于中的。第三,他少年时好像还有一段恋爱故事。请再看一首〔木兰花慢〕。

笑平生活计,渺浮海一虚舟。任紫塞风沙,乌蛮瘴雾,即处林丘。天地几番朝暮,问夕阳无语水东流。白首王家年少,梦魂正绕扬州。　　凤城歌舞酒家楼,肯管世间愁?奈麋鹿疏情,烟霞痼疾,难与同游。桃花为春憔悴,念刘郎双鬓也成秋。旧事十年夜雨,不堪重到心头。

一树桃花,十年夜雨,所谓旧事,到底是怎么回事,只有问和尚自己了。因此我神经过敏的想,他的出家,除去逃避世事之外,也许还有旁的缘故吧?这虽只是我妄测高深,总怪子聪大师,藏春不秘,一部藏春诗词,始终不及儿女之情,却在此处露了马脚。总上三点,藏春词境之凄婉苍凉,其故可知矣。

《元史》本传说秉忠有文集十卷,现存的只有《藏春集》六卷,前三卷七律,第四卷七绝,第五卷词,第六卷附录行状碑文等。此书只有《四库全书》的本子,未见刻本,故流传不广。他的诗倒也没有什么出色的地方。词集则有四印斋校印本,流传较为普遍。从前四印斋所刻词也不甚易得,近年有影印本行世,已竟不算难得之书了。

1944年,《读书青年》。

论词衰于明曲衰于清

词衰于明,是文学史上公认的事实。曲衰于清,从歌唱扮演方面说,似不尽然,若从诵读写作方面说,曲在清朝,确是日趋衰落;而且所谓曲者,并不专指戏曲,还有散曲在内。其实,词衰于明,乃是转变,曲衰于清,则是潜伏。所以词能够复盛于清,而曲在今日也仿佛渐渐的抬头。只是从它们的本身上,表面上看来,明词清曲确有衰落的现象而已。这当然各有各的原因,本文主旨是要说明这种种原因,同时把所谓转变潜伏的情势也加以说明。

词之衰落,并不自明朝始,从元朝中叶,词已竟衰落下去。但两宋的流风余韵,尚未尽泯,元朝还有几位词家,若干好词。不必说元初南方的张炎、王沂孙、周密,北方的刘秉忠、刘因,这几个大家。就是后来的张翥、张埜、萨都刺等人,也都不失为中郎虎贲,老成典型。所以我们尚不能说词衰于元。到了明朝,便不然了。明朝享国的年代,比元加倍有余,可是在这期间,能有几个词家?最出名的如刘基、陈铎、陈子龙,在明朝已是凤毛麟角,若放在唐宋词里边,也不过中下而已。《历代诗余》、《明词综》、《明词汇选》、《古今诗余醉》诸书选录的明词,合计起来,去其重复,总有千数百首。用衡量唐宋词的眼光去看,恐怕及格的连五十首都不到。明人填词,都是偶然挥洒,很少专攻此道,所以多不成集,仅有的若干词集,流传也非常少。明词差不多就不能成为文学史上的名词。词在明朝,真是衰到极点。

明词所以如此式微的缘故,简单说来,就是受了文坛上新旧两方的夹攻。所谓旧,是诗文的复古;所谓新,是曲的盛行。明代文坛,流行着两种风气。有一派人提倡复古,极端的就主张文必秦汉,诗必盛唐。虽不是人人如此,但普遍的都是看不起宋以后的作品。只有欧、苏、曾、王受人重视,那是沾了古文家的光,明人重视他们,是在散文方面。至于宋诗,在明朝最不走运,那时读宋诗的人很少,一般人想不起来读宋诗,就是想读也不易找到读本。因为明人不喜欢翻刻宋人的集子,我们现在所能见到的明板集部书,唐以前的很多,宋朝的就很少。宋诗既被明朝复古派这样轻视,词在他们心目中乃是所谓"文运衰微"时期的产物,小道末技,当然更要被弃置不顾。这种重汉唐轻两宋的复古风气主宰了明代文坛的大部,明代文学运动的表面,全为这种风气所笼罩。嘉隆以后三袁、钟、谭出来,复古的风气虽然动摇,但其结果只是诗文方面的比较解放,他们对于词依旧是淡然漠然。明词受了这种风气的影响,已竟不得不衰落了,何况还有另一种风气。

诗文的复古,是明朝文坛上层表面的风气,另一种风气,则是在下层底面活跃的,那就是作曲,曲在明朝,表面上虽似不能与诗古文辞在文坛上占同等的地位,它的潜势力却不比诗文低弱,而且更为活泼普遍,因为它是新兴的有生气的东西。曲与复古的诗文分占了明代文坛的两面,于是把词挤得无地容身。而曲对于词的压迫,似乎更大,因为曲是与词最为相近的文体。按照文学史的惯例,某种文体兴起以后,旧有文体里边与之最相接近的一种,必要首先受到影响以至衰落。词在明朝,正好遇到这种命运。若没有曲,以冯惟敏、王九思、康海、徐渭、汤显祖诸人的才情襟抱,总可写出些好词来,而振起当时词坛的颓势。

新兴文体所以常能压倒与它相近的固有文体,是因为它总比后者更为进步,常是有其长而无其短。曲较之词,最少增加了下列几项技巧上的方便:

第一,词较诗进步的地方,就是句法的长短各异,富有弹性,易于伸缩变化。但是词的格律还是死的。虽然不像诗大都是五七言的句子,而每句句法字数,仍有一定,不能随意增减摊破。到了曲,特别是北曲,因为许加衬字,它的弹性比词更大,更易于伸缩变化,也就更能充分发挥其作用。元人杂剧以及散曲,所以能写难达之情,状难摹之景,酣畅淋漓,尽态极妍,至少有一部分是得力于这种格律上的方便。

第二,曲韵比词韵更为合理,更为活泼适用,韵部的分合,既与口语比较接近,又有平仄通押之例,入声分配平上去三声之例。凡此种种,都使作者于韵的运用上,更能周转自如,更能发展音律的妙用。词的用韵,既不如诗韵之古,又不似曲韵之新,他是介乎中古音韵与近代音韵之间的,在复古与趋新两种空气之下,就成为"两头不着"的情形了。

第三,词只是一首一首的单位,最长之调也不过二百余字,篇幅既小,自然施展不开。曲则可以联贯若干支小令而成为套数,更可以扩大起来写成整本的戏剧。无论抒情纪事,状物写景,都能尽量发挥。波澜气势,当然比词大得多。宋词也有合若干首以咏一事的,如欧阳修的〔采桑子〕《咏颍州西湖》,赵德麟的〔蝶恋花〕《咏崔张事》。但都是用同一词牌,单调重复,不如曲套的换用不同曲牌,多有变化。

曲既比词多了上述几种进步之点,一般人的弃词就曲,当然是意中事。这是词在明朝,于复古之外,所受另一种风气的影响。

总上所述，明代的文人，凝重谨饬之士，都走上复古之途，他们讲的是周秦汉唐，诗赋古文，词在他们眼里，是后起的末技小道，不值注意。放浪不羁与夫佗傺不平的才子们，则发泄其才情怀抱在曲上边。体制与曲相近，而其机能不如曲之活泼，范围不及曲之宽广的词，当然不为他们所采用。就是余事填词，也因为作惯了曲的关系，思致笔路，都固定在曲那一方面，再也写不出好的词来。明代曲家，或者根本不作词，或者虽作词而比起他们的曲来，工拙相去太远。即此可见词与曲之不并立。在这复古趋新两重压迫之下，明词才有那样衰落的现象。

我在本文开头所说，词衰于明，乃是转变，即是词转为曲之意。当时的文人才士们并不是不需要词这类的文体，词的功用在明朝依然存在。不过有了与它相近而又更为进步的曲，于是词的发展就转到曲上去，而其本身则呈现停顿衰敝的现象。到了清朝雍乾以后，曲又衰落下去，而文人们依然需要比诗轻倩缠绵，较富弹性的文体，于是词又复兴起来。可见词衰于明，乃是转变，当时曲的发展，也可说是词的发展。假使词至明朝，气数已尽，那就不会复兴于清了。

以上是就当时文坛情势来说明词衰于明的原因。此外还有两件事，都是在这种情势之下产生出来的。

第一，词籍流传不广。现在所见到的明刻词籍，只有寥寥几部，差不多都是选本，至于单行专集，据我所知道的，只有辛稼轩词同李后主词。宋代汇刻本如典雅词，长沙坊刻百名家词，都未见有明代翻刻。这与当时只刻唐以前书，不多刻宋人集部，自然是一贯的情形。在这种情形之下，学者读词已竟很艰难，他们所见到的，只是选本上那一部分，既未得窥宋人之全，如何能作出好词。毛氏汲古阁印行《宋六十名家词》已在明末清初,当然不算。

　　第二,词律的破坏。明人的词,辞藻意境两无可取,更有一种很普遍的毛病,就是不合格律,长调尤甚。不是字数多寡不合,就是平仄不调,或者句法不对,如上三下四误作上四下三之类。这种现象固然是因为缺少词谱一类的书,作者无所适从。但最大的缘故还是在曲上。从曲兴起以后,词律就渐渐为所混淆破坏。远在金元,已竟如此。现存的两种金人诸宫调《刘知远传》与《董西厢》。里边,所用词调很多,但都变了面目。完全名同实异倒没关系,最影响于词的格律的是大同小异似是而非,这最容易使学者迷惘。元明以后,更变得莫可究诘。读者试把那两种诸宫调里所用的词调,以及元明南北曲里与词调同名的曲牌,逐一比勘,便可知道自金至明,词律是怎样的逐渐混淆破坏。明人填词,既无精确的谱律可以遵循,词的唱法又已失传,他们只习于曲的音节格律,以这种手眼习惯来填词,当然无怪其颠倒错乱。

　　这两件事,第一件是从复古的风气产生出来的,第二件是从作曲的风气产生出来的。所以我说明词之衰,乃是因为处处受到夹攻。

　　论到曲衰于清,有两点先要说明。第一,曲并不是一入清朝,马上就衰落下去。曲在顺治康熙两朝,依然保持着全盛时代的情形。这时期的作品,无论在质或量上,较之万历以来,并不减色,同时还有两部弘伟壮丽的剧本出现。《长生殿》与《桃花扇》。曲之衰落,是雍乾以后的事。第二,所谓曲之衰落,并不在歌唱扮演方面,在这一点上,曲在清朝不但未衰,而且有更盛之势。我们所谓衰,乃是指着曲的写作技巧日益低下,离着文艺欣赏越来越远。我们所谓曲,并不专指场上观听之戏,主要还是案头诵读之书。因为戏曲的生命,一部分在歌唱扮演,一部分却在词藻意境。元人杂剧,歌唱的腔调,扮演的情形,久已失传,我们现在还诵读它,研究它,正是因为在歌唱扮演之外,它还有它的词藻意境,还有文艺欣赏价值。何况戏曲之外还有散曲。散曲本身,是诗的一种别体,它的生命,当然更是完全寄托在词藻意境,写作的技巧上。雍乾以后,虽不断有人写作戏曲,但不是词藻意境俱无可取,就是不合格律。多半是既不便演唱,又不宜诵读。蒋士铨的《藏园九种曲》,黄宪清的《倚晴楼七种曲》,已竟是好的,把它们放在元明作品里,又算得了什么呢。尤其是散曲,清朝的作家竟没一个赶得上元明人的,作者也非常之少。散曲是更接近诗词的,更宜于诵读欣赏的,清人好像更不注意它。这个最好利用的新兴文体,竟没有人继续元明人去发扬光大,这比戏曲作品之低劣,更足以证明清代曲之衰微。

曲衰于清的原因,究竟是什么呢?一言以蔽之曰:与时代精神不合。曲的兴盛时期,是元明两朝,这两朝是中国史上的黑暗时代。所以在元明曲里边,也就充满了黑暗时代的色彩。清朝的政治社会,比较元明两朝、清朝健全多了,这时的文人学士,当然不欢迎,甚至憎恶这种代表黑暗时代的文学作品。明人虽不重词,只是隔膜而已,清人对于曲,则甚至轻鄙憎恶。清代文化,是对于元明文化的一个反动,这种反动的势力,当然会波及到代表元明文学的作品上来。

上文所说黑暗时代的色彩,都是些什么呢?原来在历史上所谓黑暗时代,差不多都是一样情形。在上者的施政是残暴昏虐,在下者的风气是颓废淫靡。因为政治的黑暗情形,社会的畸形状态,暴君之昏虐、权臣猾吏之贪纵不法,使有心之士,对于政治社会生出一种厌恶、恐怖与悲悯交织而成的苦闷。他们受不了这种苦闷而又打不开他,于是颓废下去,颓废的结果便是淫靡。同时又有一般人,很希望进取功名富贵,而功名富贵又轮不到他们头上。于是或者假撇清,满心升官发财,满口山林泉石。或者怨天尤人,大发牢骚,旁人看去,只见其鄙陋无聊而已。元明曲里边,这种空气颇为浓厚,这就是所谓黑暗时代的色彩。所以我常说元明曲有四弊:颓废、鄙陋、荒唐、纤佻。颓废与鄙陋,如上所述。荒唐是由颓废生出来的,因为人一颓废了,就拿真伪是非都不当回事,胡天胡帝,信口雌黄,当然作者的知识程度也有关系。纤佻则是淫靡风气的反映。这四弊都是清代文化所不能容的,曲在清代学术文化界的地位所以至为低下,就是因为这种时代精神的牴牾。

因为政治社会比较清明,清朝人,无论在什么上,他们的态度都是前进的,他们的心情思想都是光明健全的。他们想干政治,仅有机会致君泽民,同时获得自己的功名富贵。想作学问也仅有太平的岁月,优裕的生活,使他们得以从容安适的去用功。这样当然会养成向前向上,实事求是的精神。既不会颓废放纵,也无从生出那种欲求功名富贵而不得,于是怨尤嫉妒,或者满口假不指着的鄙陋气。所谓元明曲的四弊,已竟有两弊与清朝时代精神不合了。至于荒唐,多半出在剧曲里边。我们只要把《元曲选百种》以及有名的几种南戏翻阅一过,就可以发见许多荒唐谬悠的地方。关目结构的无情无理,时代地理、官爵人物的颠倒错乱,到处都是。这与清朝的学术空气,未免大相径庭。清人是讲考据,重实在的。这虽然是学术界的风气,弄纯文学的人当然也要受到影响,何况清朝根本没有几个只弄词章而不讲义理考据的人。他们弄惯正经切实的学问,看到曲子里边的胡说八道,当然要起反感。最后谈到纤佻,这是从抒写男女之情上生出来的毛病。古今中外的文学,没有不写男女之情的,这是正当而优美的人类情感,无可非议。但在写出来的时候,要写得蕴藉深厚。若写得太露太尽而流于纤佻轻薄,那就失去其正当优美。元明曲里边,每涉到男女之情,常是容易堕入纤佻轻薄,甚而至于猥亵。于是连累到整个的曲,或为缙绅难言不登大雅的东西。明人,特别是万历以后,好像不大在乎这个,缙绅先生并不难言之。这是当时社会风气颓废淫靡的缘故。到了清朝,社会风气改变,一般学士大夫都是端雅凝重的,他们不是没有男女之情,但因为风气的关系,当发之于文的时候,更需要蕴藉深厚之致。这并不是假道学,这是由社会风习涵养而成的自然心理。曲里边浮薄浅露的描写,纤佻的气氛,他们如何看得下去写得出来。总起来说,元明曲的四弊,都与清朝的时代精神牴牾,当时的人,既不爱读,又不爱作,只有极少数人从事于此,曲在清朝,就这样的衰落下去。

还有一点要补充说明。清代文学的主要空气是雅正,曲之为物却是既不雅又不正。其内容的不雅不正就是所谓四弊。形式上则多用方言俗语,以及民间传说的俗典,这与清代文人的习惯也不相合。

我在本文开始所说,曲衰于清,乃是潜伏,这话是什么意思,可以分两面来说。第一,清朝戏曲的写作,虽然不振,歌唱扮演,则有更盛之势,我在前边,已然提到。这不限于旧日的昆曲,新兴的花部诸曲,也应算在其内。在明朝,戏曲还仿佛是偏属于诗歌的,只多了一点音乐的成分,并没有完全独立而成为近代文学上所谓戏剧,因为它的条件还不够。经过清朝二百余年的演进变化,这才逐渐具备了戏剧的条件,进而与诗歌并立,成为文学上的一个部门;虽然只是歌舞剧。这种演进变化,始终是潜伏在文化的低层,并不像现在似的,戏剧运动也露出表面,与文学的其他部门分庭抗礼。这是潜伏的第一个意义。第二个意义则是就写作的立场来说。我以为曲这种文体，始终还没有被充分利用，仅有发展的余地而尚未发展。元明的曲，技巧上当然很高明，而内容却欠正当，欠充实。所谓欠正当者，即是上文所说的四弊。所谓欠充实者，是说还有很多题材意境，可以写到曲里边去。换句话说，就是我们需要把代表黑暗时代的曲洗刷扩展，成为代表光明时代的曲。清人虽不曾措意及此，而曲这种文体却依然潜伏在文坛的角落上，等待我们后来者的发扬光大，这是潜伏的第二个意义。

词经过了清代的复兴，已经发展到极点而无可再发展。它本来是一种很小的东西，不过是诗的附庸，曲的前驱，所以词的发展，恐怕是至此而止，曲则尚有发展的余地。近年以来，治曲之风渐起，这是自然要有的现象，文学上的伏流终于要涌现的。若能于搜索材料考订故实之外，再从文学本身的欣赏创作上多用工夫，则曲的前途，实有甚大的希望。

1943 年。

三十家词选序目

倚声填词,肇端李唐,千年以来,作者辈出。其能独具风格,卓然自立者,私见所及,以为有下列之三十家焉。平居诵习,多在于斯,雨屋深灯,高吟自乐。尝取所尤嗜者若干首,抄录成帙,置诸案头;删繁为约,取便诵读而已。非云佳作名篇,即此可尽;亦未思强引他人,共此酸碱。然,选本作用,可分二端:一曰反映选者之时代,二曰表现选者之见解与性情。今夫方趾圆颅,熙来攘往,与予同此时代者多矣,是中岂无奇文共赏,妙契遥符之士。秋虫春鸟,声气应求,足音跫然,可慰空谷;三抚斯编,则又未肯终閟也。刊印行世,既患未能,乃先录其目,藉献赏音。复取古今评语,先得我心者,汇钞成帙,一得之愚,依次附录。去取之旨,略在其中,览者当自得之。民国二十九年初夏,郑骞识于成府村居。

唐五代四家细目从略。

温庭筠　　韦　庄　　冯延巳　　李　煜

宋十八家

晏　殊　　欧阳修　　晏几道　　柳　永　　苏　轼　　黄庭坚
秦　观　　周邦彦　　朱敦儒　　陈与义　　李清照　　陆　游
辛弃疾　　姜　夔　　史达祖　　吴文英　　张　炎　　蒋　捷

金一家

元好问

元一家

刘秉忠

清及近代六家

纳兰成德　蒋春霖　文廷式　沈曾植　朱孝臧　王国维

附改编目录

唐五代六家

温庭筠　韦　庄　顾　敻　孙光宪　冯延巳　李　煜

宋二十四家

晏　殊　欧阳修　晏几道　张　先　柳　永　苏　轼
黄庭坚　秦　观　贺　铸　周邦彦　朱敦儒　陈与义
李清照　张孝祥　陆　游　辛弃疾　刘克庄　姜　夔
史达祖　吴文英　王沂孙　张　炎　周　密　蒋　捷

金二家

蔡松年　元好问

元三家

刘秉忠　刘　因　张　翥

清七家

朱彝尊　陈维崧　纳兰成德　项廷纪　蒋春霖　郑文焯
朱孝臧

此文民国二十九年作,载于同年《燕京大学文学年报》。其后十四年,予在台湾,编注词选及续词选问世。时异境迁,情趣转变,去取遂异于昔。爰附改编之目,用资比较。犹记此文初发表时,张孟劬先生见之,颇咎其别裁失当;在台改编之本,则与先生持论大致符合。然翁墓之木拱矣。近有句云:"余生妄拟营三窟,往事何由起九原。"今昔之感,固不仅学问一端。一九六〇年编集时记。

从元曲四弊说到张养浩的云庄乐府

在元曲里边有两种颇不高明的气氛:颓废与鄙陋。这完全是时代的反映。元朝在异族统治之下,种族待遇的不平,帝王的昏虐,特权阶级的骄横,权臣猾吏的贪纵不法,这一切组成了一个世纪的黑暗政治,畸形社会。当时的文士们,"乱世偷生,蹙蹙靡骋",对于这样的政治社会,具有一种由厌恶、恐怖与悲天悯人之感交织而成的苦闷。他们忍受不了而又解脱不开,于是很容易颓废下去;颓废的结果即不免流于萎靡放浪。或则寄情声色,或则遁迹山林,麻醉身心,逃避现实。同时又有一般人,很希望进取功名富贵,而乱世的功名富贵又轮不到他们这般老实人头上;于是一面"假撇清",满心升官发财,满口山林泉石,一面怨天尤人,大发牢骚。看在旁人眼里,则只见其鄙陋无聊。这样的生活心情表现在作品上,就形成了那两种颇不高明的气氛。个人的鄙陋与风俗人心还没有太大的直接关系;颓废就甚为不妥,说好了是伤心人别有怀抱,而其流弊所及,则几乎成了妨碍健全精神思想的毒素。自清代康乾以来,曲这种文体所以始终未能普遍流行,有形式与内容两种缘故。形式上的缘故是有些方言俚语俗字俗典的难解,与夫谱律之不普及。有些人读曲因为不谙谱律而弄不清句法,作曲更感无所适从。内容上的缘故,则是颓废与鄙陋之外再加上荒唐与纤佻,我常称之为曲中四弊。有了这四弊使人虽有心提倡而不愿提倡,即使提倡也难普遍,因为自清以来,人们的精神思想总是比较元明两朝光明健全,看不惯这种作风。曲这种文学的种种好处也就因此而被湮没了很久。

荒唐纤佻二者,与本文主题《云庄乐府》没有关系,但既已述及,也不妨附带说明。荒唐是由颓废生出来的,人一颓废了就把真伪是非都不当回事,胡天胡帝,信口雌黄。这种毛病多在戏曲方面。我们只要把元人杂剧,以及元末明初几种南戏,如《琵琶记》、《拜月亭》之类翻阅一遍,就可以发见许多荒唐谬悠的地方。关目结构的不合情理,时代、地理、官爵、人物的颠倒错乱,到处都是。读惯了"正经书",写惯了"正经文章"的人,看了当然要起反感。纤佻则是在写男女之情的时候生出来的毛病。古今中外的文学,没有不写男女之情的,这是正当优美的人类情感,无可非议。但在写出来的时候,要写得深厚蕴藉,若写得太露太尽而流于纤佻轻薄,那就失去其正当优美,元曲里边,每涉及男女之情,常会堕入纤佻轻薄,于是连累到整个的曲,成为不登大雅之堂的东西。荒唐之病,入明较轻,纤佻则明甚于元。

综上所述,可知元曲的技巧虽很精湛,风格则相当狭窄低陋。元曲的好处在写景之美,状物之精,描写人生动态、社会情事之能尽态极妍,形容毕肖。至于以作者自己为中心,表现出纯正的思想,真挚的性情,雄阔的胸襟怀抱,也就是说能成为作者人格与学问结晶的作品,那就颇为少见。合于这种条件的有两个人,一个是马致远,一个是张养浩。马致远的曲是元代第一,明宁献王朱权的《涵虚子论曲》推尊他为冠乎群英的朝阳鸣凤,这个批评已成定论。张养浩则未曾作过杂剧,所作散曲数量也较马为少,所以不像马致远那样出名。惟其如此,我们更要特别给他介绍。尤其是张养浩竟曾被某些文学史作家误认为"无病呻吟的颓废派的代表",我们更不能不扫清这种谬论,使人认识张养浩的为人与他的作品的真面目。

张养浩的散曲集全名为《云庄张文忠公休居自适小乐府》,现在简称为《云庄乐府》,全书一卷,共收小令一百五十余首,套数两套。有卢前校刊《饮虹簃丛书》本,商务印书馆出版任讷卢前合辑《散曲集丛》本,北平孔德学校石印本,前两种较为易得。这三种本子都是以明成化刊本为底本,所以大致相同。成化本以前则只知有济南刻小字本,从来没有人见过;成化本也早成古董。

元人散曲的风格,大致可分为清丽与豪放两派。云庄曲的好处是清丽豪放兼而有之;尤其难得的是典雅的词藻,高朗的格调。他对于崎岖艰险的仕途,闲适的隐居生活,都有很生动的描写;对于短促的人生与无穷的今古,有很沉重的感慨。虽都是篇幅很短的小令,虽仅有一百五十几首,气象却有笼罩一切之概。恐怕有些读者对于他的曲还感陌生,先抄几首在下边作例子:

〔庆东原〕鹤立花边玉,莺啼树杪弦,喜沙鸥也解相留恋。一个冲开锦川,一个啼残翠烟,一个飞上青天。诗句欲成时,满地云撩乱。

〔喜春来〕梅花已有飘零意,杨柳将垂袅娜枝,杏桃仿佛露胭脂。残照底,青出的草芽齐。《探春》。

〔殿前欢〕会寻思,过中年便赋去来辞。为甚等闲间不肯来城市,只怕俗却新诗。对着这、落花村,流水隄,柴门闭,柳外山横翠。便有些、斜风细雨,也近不得、这蒲笠蓑衣。《村居》。

〔十二月兼尧民歌〕从跳出功名火坑,来到这花月蓬瀛;守着这良田数顷,看一会雨种烟耕;到大来心头不惊,每日家直睡到天明。　见斜川鸡犬乐升平,绕屋桑麻翠烟生,杖藜无处不堪行,满目云山画难成。泉声、响时仔细听,转觉柴门静。

〔沉醉东风〕蔬圃莲池药栏,石田茅屋柴关。俺这里、花发的疾,溪流的慢,绰然亭、别是人间。对着这、万顷风烟四面山,因此上、功名意懒。

〔沉醉东风〕昨日颜如渥丹,今朝鬓发斑斑。恰才桃李春,又早桑榆晚,断送了古人何限。只为天地无情乐事悭,因此上、功名意懒。

〔朱履曲〕弄世界、机关识破,叩天门、意气消磨,人潦倒、青山慢嵯峨。前面有千古远,后头有万年多,量半炊时成得什么。

〔山坡羊〕天津桥上,凭栏遥望,春陵王气都凋丧。树苍苍,水茫茫,云台不见中兴将。千古转头归灭亡:功、也不久长,名、也不久长。《洛阳怀古》。

〔山坡羊〕峰峦如聚,波涛如怒,山河表里潼关路。望西都,意踌躇,伤心秦汉经行处。宫阙万间都做了土:兴、百姓苦,亡、百姓苦。《潼关怀古》。

〔山坡羊〕三杰当日,俱曾此地,殷勤纳谏论兴废。见遗基,怎不伤悲,山河犹带英雄气。试上最高处闲坐地:东、也在图画里,西、也在图画里。《未央怀古》。

〔天净沙〕昨朝杨柳依依,今朝雨雪霏霏;社燕秋鸿忒疾。若不是、浊醪有味,怎消磨、这日月东西。

〔天净沙〕年时尚觉平安,今年陡怎衰残,更着十年试看:烟消云散,一杯谁共歌欢。

这十二支曲,把我上文所说《云庄乐府》各种风格,各种好处,差不多完全包括在内，只有对于仕途宦味的描写，留待下文再举例。读者至此对于《云庄乐府》总有一个赅括的认识了。

要想彻底明了一个作家，当然要先知道他的事迹，张养浩的事迹见《元史》卷一百七十五本传，为省读者翻检之劳，节抄在下面：

> 张养浩，字希孟，济南人。幼有行义。……山东按察使焦遂闻之，荐为东平学正。游京师，献书于平章不忽木；大奇之，辟为礼部令史，仍荐入御史台。一日病，不忽木亲至其家问疾，四顾壁立，叹曰："此真台掾也。"及为丞相掾，选授堂邑县尹。……去官十年，民犹为立碑颂德。仁宗在东宫，召为司经，未至，改文学，拜监察御史。……疏时政万余言，言皆切直，当国者不能容。遂除翰林待制，复构以罪，罢之，戒省台勿复用。养浩恐及祸，乃变姓名遁去。尚书省罢，始召为右司都事。……迁翰林直学士。……以礼部侍郎知贡举。……拜礼部尚书。英宗即位，命参议中书省事。……后以父老，弃官归养。召为吏部尚书，不拜。……泰定元年，以太子詹事丞兼经筵说书召，又辞。改淮东廉访使，进翰林学士，皆不赴。……
>
> 天历二年，关中大旱，饥民相食；特拜陕西行台中丞。既闻命，即散其家之所有与乡里贫乏者，登车就道。遇饿者则振之，死者则葬之。道经华山，祷雨于狱祠，泣拜不能起；天忽阴翳，一雨二日。及到官，复祷于社坛，大雨如注，水三尺乃止，禾黍自生；秦人大喜。……到官四月，未尝家居，止宿公署，夜则祷于天，昼则出振饥民，终日无少息，每一念至，即抚膺痛哭。遂得疾不起，卒年六十。……追封滨国公，谥文忠。

以上节录的两段传文，第一段是隐居以前的事迹，第二段是被召再起以后的事。要紧的是后边一段，忽略了此段，就无从了解张养浩的为人和《云庄乐府》的风格。

据黄溍《金华文集》卷八张文忠公祠堂碑，知道养浩家在济南城内，他的别墅云庄则在城北十里，华不注山及鹊山之阳，历山之阴。这一带山水风景很优美，他归隐时年纪刚过五十，到六十岁再起，在这个别墅里住了约十年光景。这十年的生活颇为闲适，《云庄乐府》大部作于这段时期。他是在历官中外饱经忧患之后退隐的，所以他的作品中常致慨于世路之崎岖，宦途之艰险，与夫人生之短促，而归结于啸傲烟霞，及时行乐。这种作品，粗心看去，好像就是颓废与鄙陋，尤其像下列诸曲：

〔川拨棹〕他每日笑呵呵，他道渊明不如我。跳出天罗，占断烟波，竹坞松坡，到处婆娑，倒大来清闲快活。更看时节、醉了呵，休怪他。

〔七弟兄〕笑歌、咏歌，似风魔，他把功名富贵皆参破。有花有酒有行窝，无烦无恼无灾祸。

〔梅花酒〕年纪又半百过，壮志也消磨，暮景也蹉跎，鬓发也都皤。想人生有几何，恨日月似撺梭，得磨陀处且磨陀。

〔收江南〕向樽前休惜醉颜酡，古和今都是一南柯，紫罗衫未必胜渔蓑。休只管恋他，急回头，好景已无多。①

---

① 孔德石印本及《饮虹簃丛书》本，以上四曲皆题为《梅花酒兼七弟兄》一曲，盖沿成化原刻之误。此四曲实为〔双调新水令〕套之一部分，全套见《太平乐府》及《雍熙乐府》，《散曲集丛》本据以改正，今从之。

〔胡十八〕正妙年,不觉的老来到,思往常,似昨朝。好光阴流水不相饶。都不如、醉了,睡着,任金乌搬废兴,我只推不知道。

的确有些颓废的嫌疑。于是就有人根据这些曲子,批评张养浩为"出世的无容心的极端的个人主义者"。此语颇嫌累赘,原文如此,未便擅改。假如《云庄乐府》全部都是这种作品,假如他后半生一直就是那样隐居下去,此说还有几分道理;但我们读过《元史》本传,再细读《云庄乐府》全集之后,便知事实绝非如此。诸看下边这三支〔中吕·喜春来〕,一套《南吕·一枝花》:

〔喜春来〕亲登华岳悲哀雨,自舍资财拯救民;满城都道好官人。还自哂,比颜御史费精神。

〔喜春来〕十年不作南柯梦,一旦还为西土臣;空教人道好官人。还自哂,闲杀泺湖春。

〔喜春来〕路逢饿殍须亲问,道遇流民必细询;满城都道好官人。还自哂,只落的、白发满头新。

〔南吕·一枝花〕用尽我、为民为国心,祈下些、值玉值金雨。数年空盼望,一旦遂沾濡。唤省焦枯;喜万象春如故,恨流民尚在途。留不住,都弃业抛家,当不的也、离乡背土。

〔梁州第七〕恨不的、把野草翻腾作菽粟,澄河沙都变化作金珠。直使千门万户家豪富,我也不枉了受天禄。眼觑着灾伤、教我没是处,只落的雪满头颅。

〔尾声〕青天多谢相扶助,赤子从今罢叹吁。只愿的、三日霖霪不停住。便下的、当街上似五湖,都淹了九衢,犹自洗不尽从前受过的苦。

这三支一套曲,在写作技巧上说,似乎不如前面引的那些例子,有点拙而直;但是气象阔大,情感真挚深厚,在元散曲里是别开生面之作,我们要遗貌取神去欣赏它们。曲中说的全是陕西旱灾,自然是再起以后,逝世以前不久的作品,以此数曲与本传所载在陕事迹对照,便可知此君绝非极端个人主义的颓废派。他是个悲天悯人,胞与为怀的仁者;他的隐居闲适之作也绝不是人云亦云的传染病。既不是明人艾俊所作《云庄乐府》引言上所说的"政成归隐",更不是如后人所说的"故意以此鸣高",的确是"伤心人别有怀抱"。

　　就《元史》本传所载张养浩归隐以前的言行来看,他本来是很想有一番作为的,但当时的政治社会满不是那们回事。苟合取容甚至同流合污,在他这样有抱负的人当然是不可能;若是危言危行想作中流砥柱,恐怕很可能把自己牺牲掉而于国于民依然无补。这样还不如回家去过自己的日子,于是他才以养亲而归隐在山间林下。虽然过的是闲散舒适的生活,他的热情血性则依然潜伏,并不因此而湮没。所以虽然屡召不起,而一旦国家有事,人民遇到灾难,政府找他出去救济,他便幡然出仕,并且以全力赴之,"鞠躬尽瘁,死而后已"。如此仁勇兼备,其胸襟气度,岂是当时一般落魄江湖的才人名士所能望其项背。所以我们读了《云庄乐府》只感到真挚悲凉,而找不到空虚无聊的颓废气。有些地方看起来似乎近于颓废,其底面还是沉重的感慨,这是志士仁人生逢乱世压抑不住的呼声。不能谓之无病呻吟。尤其要注意的是,他在悲天悯人的同时还自嘲自悯,所谓"只落的雪满头颅","还自哂,闲杀泺湖春","还自哂,只落的、白发满头新"。这在浅识之流恐怕又该批评了:"既然为民服务,何必口出怨言?"其实这何尝是口出怨言,这才是真挚的态度。只顾旁人而一点不想到自己,那是不近人情的;志士仁人之所以异乎寻常者,是想到自己之后而还能舍己为人。就像张养浩这样,一面对着镜中白发怀念旧隐湖山,一面还不惜以衰病之躯尽全力以救灾拯难,这才真正是殉道者的伟大精神。呜呼!如此君者,散财济众,舍命为民,倒落了个"出世的无容心的极端的个人主义者":天下奇冤,有甚于此者乎?

作官不易,作好官尤其不易,何况在元朝那样时代,不只艰难,有时甚至危险。张养浩出仕三十年①,内外大小的官都作过,真是饱尝甘苦,所以他的曲中对于仕途宦味有很真切生动的描写。如下面几曲:

〔沉醉东风〕班定远、飘零玉关,楚灵均、憔悴江干。李斯有黄犬悲,陆机有华亭叹,张柬之老来遭难。把个苏子瞻、长流了四五番:因此上、功名意懒。

〔沉醉东风〕万言策、长沙不还,六韬书、云梦空叹。只为他、进身的疾,收心的晚,终不免、有许多忧患。见了些、无下梢从前玉笋班:因此上、功名意懒。

〔朱履曲〕那的是、为官荣贵,止不过、多吃些筵席,更不呵、安插些旧相知。家庭中、添些尽作,囊箧里、攒些东西;教好人每看作甚的。

〔朱履曲〕才上马、齐声儿喝道,只这的、便是送了人的根

---

① 《云庄乐府》〔庆东原〕曲云:"海来阔风波内,山般高尘土中,整作了三个十年梦。"又〔朝天子〕曲云:"玩水游山,身无拘系,这的是三十年落的。"弱冠出仕,五十退隐,正好三十年。

苗,直引到深坑里恰心焦。祸来也、何处躲,天怒也、怎生饶;把旧来时威风不见了。

看破了空虚的荣华,看清了潜伏的艰险,这都是现身说法,过来人语。其雍容高朗的气度,尤其是一般落魄文人失职不平之士所没有的。他们那些人也作这类的曲,但是仅具形骸,并无神理,因为他们没有亲历实感,或者是"吃不到葡萄说葡萄酸"。张养浩则是吃过葡萄,真知道酸味,其实也知道甜味。所以写出曲来,自然就会真切生动。至于雍容高朗的气度,则完全是环境陶养成的,孟子所谓"居移气,养移体"。凡是居过高位,见过场面的人,都有这种气度。就像王安石晚年罢相闲居金陵时的诗,情调是够悲凉萧瑟的,而其气度之高华,还是与一般文士不同。还有,《云庄乐府》本是以曲雅见长的,但用俗语白描的作品也很"本色",前面的两支〔朱履曲〕即是一例。

张养浩的曲,既无颓废与鄙陋的毛病,更没有荒唐与纤佻。前面已经说过,荒唐之弊大部是在剧曲方面,散曲作品犯这个毛病的很少。张养浩的曲则不但不荒唐而且所用古典都很精当贴切。他的作品没有一首写男女之情,没有一首涉及女性,纤佻当然更谈不到。这种情形在元曲中极少见,这也是《云庄乐府》特色之一①。总

---

① 《散曲集丛》本、《饮虹簃丛书》本、据《青楼韵语广集》补收〔水仙子〕一支,〔朱履曲〕二支,据《雍熙乐府》补收〔朝天曲〕四支,都是标准的纤佻之作,笔墨尤为庸俗,一望而知是元或明下驷作品,放在《云庄乐府》中简直不伦不类。《青楼韵语广集》是坊间缀辑的俗书,根本靠不住。《雍熙乐府》的四支〔朝天曲〕见原书卷十八页五,并未注作者名,不知任、卢二君何所见而说是张作。如此不分真伪甚至毫无根据的补遗,真是诬古误今。

起来说:格调高朗,词藻典丽,写隐居的闲适而不流于颓废,写仕途之艰险而非由于鄙陋。这就是张养浩的《云庄乐府》,而其悲天悯人的襟抱,深厚真挚的性情,更不可及。

  1945年初稿,1957年改定;《文学杂志》二卷二期。

元杂剧的纪录

杂剧是元代文学的代表作品,已有定评。到底在当时有多少人写作这种剧本?他们的作品共有多少?现存和亡佚的各占若干?这些问题当然是一般人很想知道的。据我初步统计:元代杂剧作家有名氏可考的是108人,共作剧591本,现存122,残缺32,亡佚437。这108人中,有全本作品现存的57人,只有残本的7人,作品无存的44人。此外还有无名氏若干人,共作剧142本,现存48,残缺12,亡佚82。合计元人所作杂剧共为733本,现存170,残缺44,亡佚519。以上所谓元人包括少数由元入明,甚至洪武元年以后出生的明初人在内。元剧作家差不多没有一个人生卒年月确实可考,各剧作成的年代更无从考查,元明之间的作家及作品也就无从确定其为元为明,无名氏的时代当然更难核定。而且拿朝代的变更来划分文学史上的时期,本来不甚合理,明初杂剧,从风格及规律上看,总算不失元人榘矱,与其过于谨严而失收了真正元人的作品,倒不如放宽些把只占全部作家极少数的明初人一并计入。

以上不过是一个简单统计,当然大家愿意知道得更详细点:这些作家的姓名经历,各人作剧的数量,剧的名目,那些存,那些亡,那些残缺,现存的都有什么板本,残缺的逸文收录在什么地方。这样的一个清单,就是所谓元人杂剧总目。统计材料,确定范围,这是研究元剧的初步准备。从事于这一工作的,从元明直到近代都有,但是为了材料及方法的关系,始终不曾完成一部合理想的总目。现在把过去的情形说明,再来拟一个新计划。

最早著录元剧的书,要算元末钟嗣成的《录鬼簿》,这是一部元代曲家小传及作品的总纪录。其中包括散曲,但以杂剧为主,每一作者名下都有小传及所作杂剧的名目。因为是元朝当时人的纪录,所以后来著录元剧都以这本书为主要资料。这书传本很多。有清康熙时曹寅刻楝亭十二种本,有影印。近人刘世珩暖红室刻本,近人王国维校注本,收入上海六艺书局出版的《曲苑》。都很易得。这几种本子同出一源,内容一样,只在文字上小有异同。另外还有一种本子,民国二十年才发现的,是一个明钞本,内容与前述通行本差别很多。从这些差别上可以断定这个钞本是初稿,通行刻本则是修改过的定稿;详细情形,另文叙述。初稿较之定稿,作者人数,作品数量及所属作者,均有异同。最大差别,亦即初稿胜于定稿之处,乃是初稿大多数剧本都注有题目正名,定稿则只有总题。题目正名与总题之分见本书《元剧的结构》篇。这些题目正名可以帮助我们大略窥知佚剧的情节,考定存剧的作者,是很有用的。不过,初稿是明人钞本,又经过明初曲家贾仲名整理,这些题目正名是钟嗣成的原注,还是贾仲名或者其他明人的补注,却已无从查考。恐怕不是原注;如是原注,定稿何以要删去呢? 初稿后边又有《续编》,仿照钟作正编的体裁,著录正编未收的作家及其作品,多数是明初人。这部《续编》未题作者姓名,从前都以为是贾仲名,但其中关于贾的纪载颇像他身后的口气,也许是仲名原本后人增订,也许根本不是贾作。不过,全部没有宣德以后的纪事,至晚为宣德初年人作是无疑义的。前面说的题目正名,至晚也该是宣德初年人所注。《续编》

后面又附录无名氏作78本。所以初稿的正编部分收剧虽比定稿为少，加上《续编》及无名氏，则较定稿为多。这部初稿只有一部明钞本，可称海内孤本，后来由马廉、赵万里、郑振铎三人合钞一部，北京大学据以影印行世。影印本也是流传不广，而且原书钞手恶劣，脱误甚多，很应当重校重印。马廉曾据各本校过，名为《录鬼簿新校注》，载于《北京图书馆馆刊》十卷一至五号，但仍多疏谬，体例也欠精善，这事必须重来。

还有一部著录元明杂剧的书，其时代比《录鬼簿》正编晚，比续编早。这是明宁献王朱权的《太和正音谱》。书分八章，其中《群英所编杂剧》一章即是元明杂剧的目录。书前有洪武三十一年戊寅作者自序成书或更早数年。去元未远，文献足征，向来被认为与《录鬼簿》同样重要。这书所收作者名氏可考的杂剧，大致与《录鬼簿》相同，极少出《录鬼簿》之外；各剧又都用简题，文字上很少可供校勘之处。他的贡献是在无名氏方面。这书著录无名氏杂剧110本，除去误收作者可考的27本，误分1本，还有82本，出于《录鬼簿续编》附录78本之外的有50本之多。这书有一个不大不小的错误。他记载所收杂剧总数云"元五百三十五"，实数只有445，相差90本。又云"国朝三十三本"，内无名氏"三本"，实际只有有名氏的30本，无名氏的3本不知去向。《正音谱》有两种本子行世，涵芬楼秘笈覆洪武本，中国书店影印旧钞本，全是如此。这两种本子同出一源，不知道是原本脱误，还是朱权数错了。后人习而不察，沿讹袭误的颇有人在。我想他大概是连无名氏计算的。有名445加无名110共为五百五十五，"五百三十五"的三字很可能是五字之误。他是把元人与无名氏分为两项而各记数目的，而元人的数目却把二者合并计算；若不重新细数，谁知道他所谓元人五百三

(五)十五包括无名氏的110在内？总而言之，够胡涂的。至于国朝无名氏那三本,则无法考查究竟弄到那里去了。

《正音谱》著录的"群英所编杂剧",被明人臧懋循附在他所刻《元曲选》前面,略有增删,并加了一些校勘,只可附属于《正音谱》供参考之用,不能算作一种独立的资料。臧氏的校勘常是妄生枝节,如万花堂下注黄花峪之类,其实二者毫无关系。此外还弄错了一件事。《正音谱》有些剧本下注"二本"字样,这是说此剧有两个作者所作的两种本子,名同实异,所以在两作者名下互见而各注二本。臧氏却把他当作剧本本身的数量,以为此剧有八折,分为二本。于是他所统计的元剧凭空增出不少。而且,错中又错。臧氏说"元群英所撰杂剧共五百四十九本",即使照他的误解来算,有名的只有493本,有名无名合计是598本,怎样算也不是549。

正、续《录鬼簿》、《太和正音谱》,这三种主要资料之外,还有些辅佐资料。

《永乐大典》目录杂剧之部,只收九十本,又无作者姓名,够不上说是著录;但其中有五本为《鬼簿》、《正音》所无。嘉靖时,高儒的《百川书志》卷六《史部》外史类,晁瑮的《宝文堂书目》卷中乐府类,都著录有若干杂剧。不过这两部书目区分不清,散曲、杂剧、传奇甚至还有诗词,混在一起;只有与《鬼簿》、《正音》名目相同或有传本的若干种,可以确定为杂剧,其余便不准知道是什么体裁,更弄不清时代。所以除去参校之外,并无大用,不能根据他们来作补充。这三种目录之外,还有元明人所刻各种杂剧总集,如《元刊杂剧三十种》、《元曲选》之类,也可作著录杂剧的资料,各总集中所收杂剧,有些是《鬼簿》、《正音》所未收的,当然要据以入录。以上所说,都是元明旧籍,清康熙时钱曾的《也是园书目》,虽属晚出,去元已远,却与元明旧籍同样重要。在这部书目里,著录杂剧三百种,有些从来不见著录,有些虽见著录而文字时有异同。不过不见著录的恐怕大部分是明中叶作品,只能作为附录。稍后,有乾隆时黄文旸编的《曲海总目》,见于李斗的《扬州画舫录》,所录元人杂剧无出《元曲选》之外者,只有若干本故意不用旧有简题,此外毫无新异之处。

正、续《录鬼簿》、《太和正音谱》、《永乐大典》目录、《百川书志》、《宝文堂书目》、各种元刊明刻杂剧总集、《也是园书目》以及《曲海总目》:这些书籍只能作为著录元剧的资料,都不是理想的元剧总目。第一,那一部也不完全,彼无此有,彼有此无。第二,诸书著录各剧名目及所属作者常有歧异。第三,他们更不是按照我们理想的体例编辑的。所以必须汇集诸书,参校考订,在精审完备的体例之下着手编辑,才能成功一部理想的元剧总目。

在民国二十年以前,都知道王国维是近代第一个编戏曲目录的人。他的名著《曲录》的卷二、卷三都是杂剧,卷二为元人杂剧,卷三为明人、元明无名氏及清人杂剧。这部书体例谨严,方法精密,的确曾经"汇集诸书,参校考订"。但因事属草创,也就难免有些缺欠。第一,他所根据的材料不够。如《录鬼簿》初稿、续《录鬼簿》、《永乐大典》目录、《百川书志》、《宝文堂书目》:他或者确未见到,如《录鬼簿》初稿及续编。或者可能见到而并未引用。民国二十七年才发见的赵琦美钞校本古今杂剧,即所谓《也是园旧藏古今杂剧》,后来商务印书馆校印其中一部分称为《孤本元明杂剧》。当然他更未见过。因为材料不够,对于异文的校勘,作者的考订,各剧存佚及板本的说明,也就不能翔实精确。第二,他只注出现存的全剧而未注出残存的单折;元剧大半亡佚,这些仅存的单折当然不可忽视。第三,有些杂剧准知道是元人作品,虽然是无名氏,也应该放在作者姓氏可考的元人作品一起;王先生把元明无名氏作品一律放在明人之后,而且是在明人所作南杂剧之后,这是很不妥的。

民国二十年,马廉、赵万里、郑振铎三人在宁波发见了姚燮^{梅伯}所著《今乐考证》稿本,这才知道在王撰《曲录》之前六十余年,已有人从事于此。民国二十五年,姚书始由北京大学影印行世。这书的杂剧部分取材不及《曲录》广博,体例也不及《曲录》精审,各剧的存佚、残缺及板本都未注明,只有两点胜于《曲录》。第一,他把元明无名氏一律放在有名氏的元人后边,次序排列较《曲录》妥当。第二,有些剧的后边搜辑了一些前人评语及有关本剧的故实。但姚氏之不曾见到后出的若干资料则与王氏是一样的。二三十年来新材料之陆续发现,前人旧作体例之未尽精善,使我们感觉元剧总目有重编的必要。

前边所谓"汇集诸书,参校考订",只是抽象来说;编辑一个新的元剧总目,其具体方法应当是这样。

一、著录范围不必限于纯粹元人,明初人也可包括在内,其理由已见上文。只要把他们分为三部分:元人、元明无名氏、明初人,也就很妥当了。本此原则,凡是见于正、续《录鬼簿》、《正音谱》、《永乐大典》目录的杂剧,都可收入这个总目;虽明宁献王朱权之作也不必删除。这样,就叫作元明杂剧总目好了;但是不行,在这总录里不包括宣德以后的作品,更不包括南杂剧。若叫作元及明初北杂剧总目又太啰嗦了,只好名之为元人杂剧总目,且不必循名责实罢。

二、遵照《录鬼簿》以来一直沿用的办法,以人为纲,首出作者姓名,次列所著杂剧。各剧都要书明总题,总题无考始可书简题;

题目正名可考的都注在总题之下。诸书所载总题、简题、题目正名,文字如有歧异,分别校列。作者如有问题,亦为考定。

三、各剧是旦本或末本,尽可能考出注明。

四、全剧现存的在总题下注"存"字,并注明其板本;仅存单折的注"缺"字,不足一折的注"残"字,并注明现存部分见于何书;全剧不存的注"佚"字。

五、各剧的逸文,要在明代各种曲选如《盛世新声》、《词林摘艳》、《雍熙乐府》、《北曲拾遗》,以及曲谱如《太和正音谱》、《北词广正谱》里去找。近人赵景深的《元人杂剧辑逸》,顾随的《元明残剧八种》,在这上面很有贡献,但仍欠完备。

六、各家小传及评语,附入本目或另为一编,看篇幅决定。

此外还有些琐细专门的项目,在这里不想多说,等正式着手编辑时,在凡例里边再详细论列。本文只是抛砖引玉,引起同道的兴趣,并贡献意见以备参考而已。

1951年,《大陆杂志》三卷十二期。

元杂剧的结构

元人杂剧是中国戏剧的最初形式;又是从宋金说唱如鼓子词及诸宫调。以及简单表演如南宋官本杂剧及金人院本。转变到正式戏剧的桥梁。所以他的结构很特殊,自有加以叙述的必要。王国维先生《宋元戏曲史》第十一章也是这个题目,但二十年来关于元明戏剧的新材料屡有发现,研究方法也与前不同;所以本文只有一小部分采用王书,其余部分有些是汇集王书以外各家新说,有些是我个人研究所得。为了适应本刊篇幅及性质,只作简单赅括的叙述,考据问题概不详谈。关于元人杂剧的简称:若称元剧则当时还有南戏,若称杂剧,其名又不仅元代才有,元曲则应当包括散曲在内。这些都不甚妥;本文为方便起见,姑依王先生旧说简称之为元剧。因为南戏是在元末才大盛的,元代戏剧实以杂剧为主。

元剧的每一个单位叫作一本。这是古代戏剧专用名词,南宋官本杂剧、元人杂剧、明清传奇,都以本称。直到现在,皮黄及各种地方戏还是如此。但若用普通字眼称元剧单位为一种亦无不可,不像皮黄戏只能说全本《落马湖》不能说全种《落马湖》。

元剧每本各有名目,如寻常所知《汉宫秋》、《梧桐雨》之类。但这只是他们的简题,并非全名。简题的来源是这样的:元剧每本都有所谓"题目"、"正名",或者各一句,或各两句,每句字数不拘,但必须一律,以六言、七言、八言者为多,题目在前,正名在后。例如

《汉宫秋》的题目、正名是这样两句：

  题目 沈黑江明妃青冢恨

  正名 破幽梦孤雁汉宫秋

《梧桐雨》的题目、正名是这样四句：

  题目 安禄山反叛兵戈举

     陈玄礼拆散鸾凰侣

  正名 杨贵妃晓日荔枝香

     唐明皇秋夜梧桐雨

如用四句，总是这样押韵的多。题目、正名照例写在全剧后面；同时又把那一句正名或二句之中的后一句写在剧的前面，这个没有专词，姑且杜撰一个叫作"总题"吧。总题既有六七个字以上，当然可以按文义、语气读作两段，节取其中比较切实具体的一段，就成为这本剧的简题。如上所举："破幽梦孤雁汉宫秋"是总题，"汉宫秋"是简题。如果总题各段分两相等，这个剧本就可能有两个简题。如"朱砂担滴水浮沤记"，又叫"朱砂担"又叫"浮沤记"。题目、正名虽是两个名词，其性质作用却是一样，所以有少数剧本只有题目而无正名，或只有正名而无题目，明中叶以后新出的杂剧，则又将题目、正名合称正目。足见两者是一而二，二而一了。

  每本杂剧，照例分作四段，每段叫作一折。每折包括曲子一套及若干宾白：对话叫作宾，独白叫作白。① 曲子由主角独唱，宾白则由主角及配角分别念说。当然在唱曲念白之外还要有动作，这种

---

  ① 宾白的解释向有两说。明姜南《抱璞简记》云："北曲中有全宾全白，两人相说曰宾，一人自说曰白。"明徐渭《南词叙录》云："唱为主，白为宾，故曰宾；白，言其明白易晓也。"徐说牵强附会，一般学者均从姜说。(此论非是，详后第157页附记。)

叫作科。每折综合曲、白、科三者表演故事的一个段落，四折联贯，表演完整个故事。如果四折表演不完，穿插不起来，可以另加小段，名曰楔子，以补四折之不足；楔子的本义即是作木工时填补缝隙的小木头。楔子普通只用一个，放在第一折之前；把楔子放在折与折之间或用两个楔子的都居少数。楔子也有曲和宾白，但曲子不用成套，只用一两支，而且照例用〔仙吕·赏花时〕或〔瑞正好〕。如果四折加楔子还不够用，则可以再作一本四折。或若干本，也就是若干个四折。如《西厢记》有五本共二十折，《西游记》有六本共二十四折。

四折之曲四套，全部要用北曲，所以又叫作北杂剧。只有插曲可以用南曲，见下文。贾仲名撰《升仙梦》用南北合套，因为贾是元末明初人，那时杂剧规律已因南戏之盛而被破坏。这四套曲宫调、韵部都不许重复，也就是说：某折用了南吕宫，其余任何一折都不能再用南吕宫，某折用了江阳韵，其余任何一折都不能再用江阳韵。依照元人惯例，第一折必用仙吕宫，第二折常用南吕宫或正宫，第三折常用中吕宫，第四折常用双调；其余宫调，除第一折外，各折可以斟酌使用，视剧情而定。这是音乐的关系。宫调即是现在唱戏所谓调门，西洋音乐所谓调子。宫调错置或重复，即是调子的高低错置或重复，唱出来便不和谐了。不许重韵当然也是求声调上的变化调剂。

第一折前部总是虚写的居多，由剧中人自叙身世怀抱，作者也可以乘机发牢骚，骂骂人。元剧作者都是愤世嫉俗，他们作剧常是借他人酒杯浇胸中块垒。第一折后部多半写故事的开端，很少把重要剧情放在第一折的——当然无此道理。二三两折才是故事的发展；尤其第三折，多数作者把全剧最高峰放在这里。第四折则是收束全剧,有些剧本到此已成弩末,只填三五支曲的短套便终场了。元剧中情文并茂的曲子多在第三折,这是全剧的中心极峰;动人的警句多在第一折前部,这是作者性情襟抱寄托之处。

元剧不是独角戏而是由主角配角合演;但全剧所有的曲子则要由一个人唱,其余各角,只能说白不能唱曲,在唱的方面真是独角戏了。这位独唱家以下称之为主唱者。所扮饰的剧中人却不一定是一个人。换句话说:他所扮饰的不一定是剧中主要人物而是各折中开口唱曲的人物。主要人物在某折中不唱而仍须出场,改由他角扮饰。例如《汉宫秋》、《梧桐雨》,固然始终由主唱者扮饰汉元帝、唐明皇;像《单刀会》,主要人物是关羽,而主唱者则分饰乔国老、第一折。司马德操、第二折。关羽,第三四折。不过,主唱者虽不限定扮饰同一个人,却必须是同性,不能此折扮男,下折扮女。在元剧中,主唱的男人由正末扮,主唱的女人由正旦扮,所以元剧有"末本"、"旦本"之分。现存元剧,末本占多数,约合总数五分之四弱,旦本只合五分之一强。上文所谓男人女人,乃指剧中人的性别,并非伶人的性别。元朝戏班里,男人总是作配角、场面或管杂务,主唱的人多半是女性。这该是唐宋歌妓的遗风,她们在唐唱诗及乐府,在宋唱词,在元唱曲,进而粉墨登场唱起戏来了。上述规矩限于四折里边,楔子并不受此限制。楔子虽也是一人独唱,这个人却不一定与四折中的唱者同其性别。如《窦娥冤》是旦本,楔子却由末扮窦娥之父窦天章唱。

第四折唱完以后,可以再加一小段,用来完成剧情或另起余波。这一小段也合其他诸折一样,有曲有白,仍由正末或正旦唱曲,其余角色说白。这一段只用曲一至三支,曲调是有一定的:一支则用〔双调·水仙子〕两支则用〔双调·沽美酒〕、〔太平令〕,或

〔仙吕·后庭花〕、〔柳叶儿〕,三支则用〔双调·侧砖儿〕、〔竹枝歌〕、〔水仙子〕。这几支曲,与第四折所用宫调异同均可,但必须换韵。元剧是否每本都有这一段,已无从详考。现存剧本中,只有《单刀会》、《东窗事犯》、《气英布》、《倩女离魂》四剧有之。一定不是每剧全有,否则不能只剩下这一些。这一段不知叫什么名称?其性质、结构同楔子差不多,但与楔子似不能混为一谈。第一,楔子都是放在第一折前或折与折之间,此则在剧尾。第二,楔子例用的曲调与此全异。第三,楔子可以用其他角色唱,此则必须正末或正旦。第四,臧懋循编刊《元曲选》,楔子都分别标明,《气英布》、《倩女离魂》两剧这一段都未标明是楔子。李玄玉的《北词广正谱》黄钟宫套数分题。明说《倩女离魂》剧后的〔金山玉〕、即〔侧砖儿〕又作〔荆山玉〕。〔竹枝歌〕、〔水仙子〕三曲作散场用。也许这一段叫作散场吧?但又不像个名堂,只好存疑俟考了。还有一点补充:同一剧的不同刊本,这一段或有或无,例如元刊本《单刀会》有这一段,《孤本元明杂剧》无之,《元曲选》本《气英布》有这一段,元刊本无之。从这上也可看出这一段不像楔子那样重要。

在任何一折套曲的中间或是前后,可以插入曲子一两支,这个没有专名,借用现代语名之为插曲。这一两支插曲,不必与本套同宫调韵部,反而是不同的居多。不一定用北曲;有时用南曲;有时用不入调的山歌小曲。插曲都是"打诨"性质,其词句都是无理取闹,诙谐滑稽的;大都由丑、净或搽旦唱,正旦向不唱插曲,正末偶尔来唱,也还是"打诨",无关正经。以上所说是插曲的一种。还有一种插曲,或在剧中唱道情以劝世觉迷,如《竹叶舟》第四折套曲前列御寇所唱,或为剧中穿插歌舞场面所唱的舞曲,如《金安寿》第一折众歌儿所唱,及第四折八仙所唱。这种插曲语气都很正经,也不限定只用一两支曲,也不一定由一个人唱。打诨的插曲比较常见;道情或舞曲比较少见,而且是元剧末期的产物。剧中插入歌舞场面始于元末,入明而盛,合唱也是元末以后的风气。

上文述元剧结构大致已毕;以下就上文所留若干问题加以解释。

第一,折字的意义即是段落或节次之意,不必求之过深;明人或写作㨨,也还是此意。最初,所谓一折并不限于包括一套曲子及若干宾白;任何一场一段,即使无曲文而只有宾白,都可以叫作一折。剧本则首尾衔接,所谓四折及楔子都不分开。不过全本之中必须包括曲子四套而已。《元刊杂剧三十种》及明初朱有燉自刻的杂剧《诚斋乐府》,都是如此。在这些剧本里,全剧衔接不分,而常见有"一折"字样,都是小的段落,合计起来,那个剧本也不止四折。这是折字的本义,元剧最初的形式。照现在的样子分成四折而其中的小折不再标明,恐怕是明中叶以后的事,因为晚至嘉靖戊午刊本的杂剧《十段锦》还是不分。既分四折以后,折字的意义就此固定为必须有曲全套的一段,其本义及元剧最初形式则为人所忽略了。

第二,元剧何以必须分为四折?这个问题向来没有确切答案。大概是上演时间及伶人精力的问题。元剧一本要演多大时间?现已无从查考。若就近年演唱元剧单折如"北诈"、"学舌"①之类的时间勉强推测,大约演唱四折加上各折之间的杂耍见下。正好是多半个下午吧。这是演一场戏的标准时间,过则太长,不及又太短。

---

① "北诈"即"敬德装疯",为杨梓撰《敬德不伏老》之第三折。"学舌"即"胖姑学舌",为杨景贤旧说误作吴昌龄。撰《西游记》之第二本第二折。

古今唱法不同,这当然只是臆测之词。若夫伶人的精力,则无论如何唱法,四大套曲子总算够多,过此就不免精疲力尽了。一人独唱的办法,限制了元剧的长度,使他止于四折。三折、两折,则实在太短,那时的戏场,随时都有人来去,演剧的时间如果太短,不等后几批听众来就散场了。固然可以把一本短剧演两次,总不如四折团圆更有吸引力。日本青木正儿氏说:元剧的四折或系源于南宋官本杂剧的四段。见氏所著《中国近代戏曲史》王古鲁译本第二十八页。其说不能成立,因为青木把官本杂剧的段数弄错了。我认为官本杂剧只有两段或三段;这不是几句话所能说清的,容另文详述。

第三,四折一人独唱,有时还要改扮不同人物,怎么忙得过来?固然两折之间可以穿插旁人的戏,但有时主角的戏是衔接的,又当如何?原来元剧四折并不是一气演完,折与折之间还夹演旁的杂耍;这样,主角就有休息和改扮的时间。此说见于臧懋循改本《玉茗堂四梦》的眉批。民国初年东北各埠演戏还有此遗风,如演八本《杨家将》,开场演前四本,中间换演他剧,然后再演后四本。不知旁处有没有这种情形?近年恐怕在那里都不多见了。

第四,元代每一个戏班子里是否只有一个正末一个正旦,现在还没有定论。如果有两个人以上,他们可以轮流替换,一人独唱之说便须推翻。既无定论,只好仍从旧说。

第五,本文所说各种规矩,有些是有例外的,虽然例外的作品很少,总还是提出来好。

一、题目正名。没有题目正名的,有元刊本《西蜀梦》、《拜月亭》、《楚昭王》、《陈抟高卧》、《魔合罗》、《贬夜郎》、《介子推》、《范张鸡黍》,《孤本元明杂剧》本《哭存孝》、《黄鹤楼》、《云窗梦》,共十一种。其中《西蜀梦》至《介子推》七种,都是因为剧文恰到页尾,为了省一板,偷工减料,而把题目正名删去未刻,元刊杂剧本来是很简率的坊本。《云窗梦》则原本残缺不到尾,有无题目正名无从知道。所以,无故没有题目正名的只有《范张鸡黍》、《哭存孝》、《黄鹤楼》三种;但《元曲选》本《范张鸡黍》有题目正名,《录鬼簿》著录此三剧全有正名。可知元剧必有题目正名,毫无例外,只有刻本偶有删漏而已。不以正名为总题而以题目为总题的有《元曲选》本《谇范叔》、《隔江斗智》两种。以正名为总题而取题目中字为简题的有《元曲选》本《金安寿》一种。总题与正名文字小异的有元刊本《铁拐李》、《元曲选》本《魔合罗》、《灰兰记》、《后庭花》、《丽春堂》、《新续古名家杂剧》影印名元明杂剧。本《风云会》、《误入桃源》、《孤本元明杂剧》本《剪发待宾》、《庄周梦》、《升仙梦》共十种。

二、折数。现存元剧170种,其中只有《赵氏孤儿》、《五侯宴》、《东墙记》、《降桑椹》四种各有五折。但元刊本《赵氏孤儿》原只四折,《元曲选》本有五折,而第五折文字风格与前大异,情节亦嫌蛇足,显然是后人加上去的;《五侯宴》等三种是否元人旧作大有问题,我在元剧作者质疑文中曾论到《东墙记》至少不是白朴原本。《录鬼簿》著录张时起撰《赛花月秋千记》,特别注明六折,旧钞本《录鬼簿》则无此注,《秋千记》已亡,无从考查。《录鬼簿》著录杂剧五百余种,只此一种注明折数,可见四折之数甚少例外。

三、楔子用曲及第一折宫调。元剧有楔子的凡105本,不用〔赏花时〕或〔端正好〕的只有三本:《崔府君》用〔仙吕·忆王孙〕,《双献功》用〔越调·金蕉叶〕,《村乐堂》用〔双调·新水令〕。第一折不用仙吕宫的只有三本:《西厢记》第五本用商调,《双献功》用正宫,《燕青博鱼》用大石调。《娇红记》第二本用中吕,不在此数,因为作者刘兑是元明之间人,《娇红记》一般视为明代杂剧。

四、独唱及末本旦本。只有《货郎旦》正旦唱一折,副旦唱三折,《张生煮海》旦唱三折末唱一折,《生金阁》末唱三折旦唱一折,是例外之作。《西厢记》有时一折之中旦末合唱,此剧有明人窜改之处,须当别论。《东墙记》中也有旦末合唱,此剧根本不是白朴旧本。《升仙梦》旦末合唱,则因为作者贾仲名至永乐时犹存,前文已提到过。

综观上述,元剧例外之作寥寥可数,规矩之谨严,可以概见。其所以如此,一来因为前有所承,由来已久,养成了习惯,二则由于古人偏于保守的习性。而这些规矩都是自绳自缚,没罪找枷扛的;所以仅流行于元代一朝,结构比较自由合理的南戏传奇兴起以后,不久便取而代之。

1951年,《大陆杂志》二卷十二期。

论元杂剧散场

我们都知道元人杂剧是每本四折,每折由主角正旦或正末唱同一宫调同一韵的曲子一套。同折之中,不能换宫换韵,这是元人杂剧的定律。但有几本杂剧却不遵守这个定律。《元刊杂剧三十种》本的《单刀会》、《贬夜郎》、《东窗事犯》,《元曲选》本的《气英布》、《倩女离魂》。以上五剧,在第四折套曲收尾之后,都有与本折套曲同宫调而换韵,或者宫调及韵全不相同的曲子两三支。前者如《单刀会》第四折〔双调·新水令〕套,用车遮韵,套后有〔沽美酒〕、〔太平令〕二曲,宫调虽同,而改支思韵。后者如《贬夜郎》第四折〔双调·新水令〕套,用先天韵,套后有〔仙吕·后庭花〕、〔柳叶儿〕二曲,改车遮韵。《东窗事犯》第四折〔正宫·端正好〕套,用真文韵,套后亦有〔仙吕·后庭花〕、〔柳叶儿〕二曲,改皆来韵。《气英布》第四折〔黄钟·醉花阴〕套,用鱼模韵,套后有借〔双调·侧砖儿〕、〔竹枝儿〕、〔水仙子〕三曲,改江阳韵。《倩女离魂》第四折〔黄钟·醉花阴〕套,用庚青韵,套后亦有借〔双调·侧砖儿〕、〔竹枝歌〕、即〔竹枝儿〕。〔水仙子〕三曲,前两曲改支思韵。后一曲又改真文韵。元人杂剧,规律极严,很少例外,同折之中,不能换宫换韵,更是金科玉律。何以这五剧的作者这样破坏成规?现在我们要讨论这个问题。

首先要说明,那并不是破坏成规,前述五剧第四折附加的曲子并不属于本折,乃是另外一种东西。究竟是什么东西呢?有两个假定,第一假定:这些附加的曲子,不是正曲而是插曲。元人杂剧在每折套曲的中间,或者前后,常可以插唱小曲一两支。这一两支小曲,不必与本套同宫调,亦不必同韵,反而是全不相同的居多。也不一定由主角正末或正旦来唱,常是由另外的角色丑净或搽旦之类来唱。插曲在套曲中间的,例如《潇湘雨》第四折,正旦唱〔正宫·端正好〕套,用先天韵,中间由搽旦插唱〔正宫·醉太平〕一支,用支思韵。插曲在套曲之前的,例如《小尉迟》第二折,正末唱〔中吕·粉蝶儿〕套,用皆来韵,在正末上场之前,先由净唱〔双调·清江引〕一支,用家麻韵。插曲在套曲之后的,例如《蝴蝶梦》第三折,正旦唱〔正宫·端正好〕套,用先天韵,正旦唱完全套下场之后,复由丑唱〔正宫·端正好〕、〔滚绣球〕二曲,用支思韵。准此诸例,前述五剧的附曲,似乎可以说是本折之末的插曲,正如《蝴蝶梦》之例。但是这个假定,并不能成立。第一,插曲及其附带的宾白科介,本是插科打诨的性质。所以插曲的曲词,都是些无理取闹,诙谐滑稽的诨语。唱插曲的角色,也就不用正经人物,不是丑净,即是搽旦。间或由正末唱,例如《朱砂担》及《还牢末》。也还是插科打诨,无关正经。前述五剧的附曲,除去《单刀会》的〔沽美酒〕、〔太平令〕稍近诨语之外,其余四种的附曲都是郑重其事的与剧情有关的一节,而并非科诨;唱的人也不是丑净搽旦而是主角。性质作用既不相同,唱曲的角色又不一样,可见这些附曲不是插曲。第二,在《元曲选》百种里,带插曲的有十几种,这些插曲,一律混入宾白,低一格印。而《气英布》、《倩女离魂》两剧所附诸曲,却都是与正曲一样平行印出,而不混入宾白低印一格。可知这些附曲与插曲并非一事。

第一个假定既难成立,还有第二个假定:这些附曲或许是楔子。元杂剧的楔子是用来在正曲之外,补充或者联络剧情的。楔子中的唱词以及宾白科介,都是郑重的写正经事,与正曲没有分别,决不同于插曲的仅供科诨之用。唱的人也都是主角,正旦、正末,或者仅仅次要于主角的人物,如冲末、外末之类。用净唱者,只有《谢金吾》一例,而所唱的仍是正经剧情,不是寻常丑净的诨语。在这两点上,唱词以及宾白科介的性质作用和主唱的角色。前述五剧的附曲,与楔子实在极为相近。如《单刀会》第四折,是正末扮关羽唱,〔沽美酒〕、〔太平令〕二曲,观其语气,仍是关唱。《贬夜郎》第四折,是正末扮李白所唱,〔后庭花〕、〔柳叶儿〕二曲则是李白采石捉月淹死以后,他的魂所唱。《东窗事犯》第四折,是正末扮何宗立唱,〔后庭花〕、〔柳叶儿〕二曲,观其词意是岳飞所唱。岳飞在本剧的第一个楔子及第一折第三折内,都由正末扮饰,这里唱〔后庭花〕、〔柳叶儿〕的,当然还是正末。至于《元曲选》的《气英布》和《倩女离魂》的〔侧砖儿〕、〔竹枝歌〕、〔水仙子〕三曲,则在原本上已分别注明是正末、正旦所唱。如上所论,唱曲的人既都是正末或者正旦而不是丑净、搽旦,其曲词以及宾白科介的性质作用,又都是完成剧情,如《东窗事犯》、《气英布》、《倩女离魂》。或另起余波,如《单刀会》、《贬夜郎》。而不是外饶的科诨。我们说这五剧的附曲不是插曲而是楔子,似乎可以成立了。然而不然,这些还不一定是楔子,有三条证据。第一是从楔子安放的位置来看。据蔡莹《元剧联套述例》所统计,楔子放在第一折之前的有五十余种;放在首折、次折之间的有十一种,次折、三折之间的有六种,三折、四折之间的只有三种,合计起来,还不及放在第一折之前的二分之一。可见元人杂剧的楔子,用作发端的最多,越到剧本的后部,越少用它。至于把楔子放在第四折之后的,更是未见其例。但我们也可以说前述五剧即是楔子在第四折后的实例,所以这一条证据,当然不够。请述第二条证据,这是从楔子用曲的牌名来看的。元剧楔子中的唱曲,例用〔仙吕·赏花时〕或连〔幺篇〕。或〔仙吕·端正好〕或连〔幺篇〕。不用〔赏花时〕、〔端正好〕的,只有《崔府君》用〔仙吕·忆王孙〕,《双献功》用〔越调·金蕉叶〕连〔幺篇〕。至于用〔沽美酒〕、〔太平令〕,〔后庭花〕、〔柳叶儿〕、〔侧砖儿〕、〔竹枝歌〕、〔水仙子〕的,从未见过。只有明周宪王朱有燉的《义勇辞金》第四折前的楔子用〔后庭花〕、〔柳叶儿〕。但宪王是明永乐宣德年间的作家,那时元剧规律破坏殆尽,宪王自己就常独出心裁,不守成法,研究元杂剧,当然不能以他的作品为例证。楔子唱曲何以必用〔赏花时〕或〔端正好〕,在元剧唱腔及演奏情形失传已久之后,一时无从解答,也许永远无从解答。但无论如何,既然千篇一律,总有他的理由。大概是音律上的关系。这五剧的附曲既不用楔子通用的曲牌,自然不能遽谓之为楔子。但是楔子所用曲牌,并非绝无例外,既许《崔府君》用〔忆王孙〕,《双献功》用〔金蕉叶〕,何以就不许《单刀会》用〔沽美酒〕、〔太平令〕,《贬夜郎》及《东窗事犯》用〔后庭花〕、〔柳叶儿〕?所以这第二条证据也还不十分有力。于是又来到第三个证据,这是从刊印格式上来看的。臧晋叔编印《元曲选》,于各剧楔子,都分别标出,不与折中正曲宾白连接一起。但《气英布》及《倩女离魂》两剧所附〔侧砖儿〕以下三曲及附带的宾白,则与第四折中曲白连接而下,并不分开,如果这是楔子,何以臧氏不为标出?臧氏虽号称孟浪,总不致如此胡涂。

以上三证合在一起,大致已可判定这些附曲并非楔子。不过若没有更强有力的证据,还不能肯定的如此说。因为这些附曲,与楔子实在太相近了。现在我们再引用李玄玉《北词广正谱》上的一条说明,有了这一条,我们才知道这些附曲的确不是插曲,不是楔子,而是所谓"散场"。

《北词广正谱》第一帙,目录第三页,黄钟宫套数分题,引郑德辉《倩女离魂》剧套式如下:

  醉花阴　喜迁莺　出队子　刮地风　四门子　古水仙子
  寨儿令　神仗儿　幺篇　挂金索　尾借双调　水仙子

其下有注文云:

> 时本有双调〔金山玉〕、〔竹枝歌〕,在〔水仙子〕前,三调俱别韵,作散场。〔金山玉〕即〔荆山玉〕,为〔侧砖儿〕别名。

《元曲选》本这一折套曲的次序是:

  醉花阴　喜迁莺　出队子　刮地风　四门子　古水仙子
  寨儿令　神仗儿　幺篇　挂金索　尾　侧砖儿　竹枝歌
  水仙子

正与李玄玉所谓时本相同,可见玄玉的话是可靠的。《单刀会》、《贬夜郎》、《东窗事犯》、《气英布》四剧的附曲,从那一点看,都与《倩女离魂》的〔侧砖儿〕、〔竹枝歌〕、〔水仙子〕是同样的东西。《倩女离魂》的附曲既是作散场用,其余四种的附曲当然也是作散场用了。散场这个名词,最早见于《元刊杂剧三十种》,这三十种里,有七种《拜月亭》、《气英布》、《薛仁贵》、《介子推》、《霍光鬼谏》、《竹叶舟》、《博望烧屯》。剧尾都注有散场字样,但都未载其曲辞,所以从前不知道散场是什么。现在根据李氏的说明,才知道所谓散场,原来就是我们讨论的剧尾附曲。我们怀疑这些附曲是插曲,而其性质作用全不相同。怀疑它们是楔子中所用唱曲，又有以上那三条反证。现在发现了李玄玉的解释，总可以作一定论了。尤其是《气英布》剧，元刊本剧尾明注散场字样，而《元曲选》本恰有〔侧砖儿〕、〔竹枝歌〕、〔水仙子〕三曲，这更足以证实我们的定论。

总结起来说：散场是附在杂剧剧尾，即第四折之后的东西，也有曲子，也有宾白科介，《元刊三十种》本无宾白科介是全本照例如此。或用以完成剧情，或是另起余波，其性质作用与楔子非常相近，而决不是所谓插曲。所用唱词，都是照例带用的曲牌。〔沽美酒〕例带〔太平令〕，〔后庭花〕例带〔青哥儿〕或〔柳叶儿〕，〔侧砖儿〕例带〔竹枝歌〕，甚少例外。这些曲子，与第四折所用套曲，宫调异同均可，但必须换韵，所换之韵，只限一次。《倩女离魂》剧散场曲换韵二次，乃是因为〔侧砖儿〕、〔竹枝歌〕二曲为时本所加，并非原文。每种杂剧，不一定有散场，正如每种杂剧不一定有楔子。而散场较楔子，似乎更为次要，所以元刊本杂剧，于各剧楔子曲文，都详细载出，于各剧散场，或者载出曲文，或者只注"散场"二字。而杂剧中有散场者，亦只此数本，远不及有楔子者之多。《孤本元明杂剧》所收脉望馆钞校本《单刀会》剧，即删去〔沽美酒〕、〔太平令〕二曲，若夫他剧之楔子，则未有被删去者，即此亦可见散场之重要性逊于楔子。元人杂剧之外，明周宪王朱有燉所作《桃源景》、《仙官庆会》二剧，亦有散场，均用〔后庭花过柳叶儿〕曲，与本文所述元人五剧之散场，无甚异点，不必多说。至如尤侗的《桃花源》剧，把楔子放在第四折之后，则是清人之事，杂剧到了清代，还有什么旧规可讲。自然，不守元人旧规，不见得就是不好，《桃花源》剧的意境，更非元代俗手所能写出也。

这篇文章是民国三十三年十月写的,写成之后,并不十分自信,只是存此一说而已。所以后来我写《元杂剧的结构》一文时,对于这个问题还说是存疑。姑且印在这里,以供当世学人参考。1950年编集时题。

《元杂剧的结构》附记(见前)

元代及明初刊印杂剧,往往只印曲词而无宾白,或仅印其一部分。故明宣德刊本周宪王《牡丹仙》、《牡丹园》诸剧,剧名之下皆注"全宾",以表示曲词宾白俱全。而其所谓"全宾",包括"两人相说""一人自说"两项。可知:或曰宾,或曰白,或曰宾白,皆是一物。白为其本身之性质,宾为其在剧本中之地位。元代剧本不印宾白,即因"唱为主"之故。徐说当然近理,予旧稿从姜说,应改正。《玉篇》释白字云:"明也,告语也。"徐说从第一义,应改从第二义。1970年冬日记。

吉川著元杂剧研究中译本序

元杂剧是元代文学的代表,也是中国古代戏剧中的最佳作品。研究元杂剧则是半世纪以来新兴起的一门学问。中日学者都有著作陆续问世,其成就非清代学者所能企及。重要的缘故是因为元杂剧的价值与地位,在这五十年中才得确定。在清代,元杂剧与明传奇同被认为不登大雅之堂的小道末技,研究的人自然也就少了。

在中日学者许多关于元杂剧的著作之中,我早已听说日本名汉学家吉川幸次郎先生的《元杂剧研究》是一本极好的书,但因不懂日文,未能阅读。现在读了郑清茂君的中译本,使我认识了这部巨著的宝贵价值。本书是吉川先生精心结撰之作,全书重心虽似在于下篇,实则上下两篇是铢两悉称的。现在把我所见到的本书精彩部分提出于下。

上篇第二三两章,考证叙述元杂剧作者的事迹及时代,极为翔实。其主旨是要说明许多元杂剧作者都是有教养、有身份的人士,不像一般人所误解的那样贪陋微贱。这在某一部分人心目中,确提高了元杂剧的地位。自然有许多人决不因为作者身份之微贱,胸襟之贪陋,而轻视元杂剧;但在某些人心中确实有此观念,这是必须予以澄清的。这两章书经过精密的考证,深透的观察,已达成这个目标。

下篇第四章,论元杂剧歌辞句子的长度、论衬字、论押韵,这几段精湛透辟,对于我国文字没有极深了解的人是写不出来的。以前有些人诵读元杂剧,欣赏其文辞之优美,却不甚明了其所以优美而又异于诗词的缘故。现在这本书把这个所以然分析阐述出来了,不惟嘉惠后学,即是我们稍微懂得些元曲的人,也感觉到先得我心的愉悦。

本书序说,篇幅虽短,却很重要。第一节提出元杂剧在文学史上的意义,共分七点,都是惬心贵当之论。这七点确定了元杂剧的文学价值,巩固了元杂剧的文学地位。在王国维先生的元杂剧之文章以外,这是一篇对于元杂剧性质最详明的解说,最正确的评判。序说第四节元杂剧的资料,则给研究者指出详明正确的途径。

除去上述诸项之外,本书论元杂剧的来源及其社会政治背景各部分,尚有许多精辟的见解。这一项在作者自序里有详细说明,读者可以参阅,这里不多引述了。本书是研究元杂剧的人,无论先进后学,都应一读的名作;可惜以前没有译本,在中国未能普及。现在感谢郑清茂君将此书翻译出来。郑君是台湾大学中国文学研究所出身的文学硕士,中日两国文字都有很好的根柢。从前严复先生所立信达雅三字,至今仍是翻译文字颠扑不破的准则。我深知郑君的中文造诣及其治学态度,其能达能雅是没问题的。他翻译这本书的时候,遇到引用中国书籍,必检寻原书悉心勘对,使之还原。这虽是翻译的必需条件,已可见其用力之勤,与用心之细。在这方面,以及全书文字的斟酌,他的高年级同学罗锦堂君也曾从旁协助。我读完全书之后,觉得文笔流畅,没有什么含糊支离词不达意的地方,或者生硬艰涩的词句。我认为这个译本是成功的。至于其中是否有与原著不尽符合之处,也就是说是否能够信到百分之百,我既不懂日文,自不能随便说,只有留待吉川先生自己的审定和读者的批评。

我们读一部篇幅较长，范围较广的书，当然不会毫无异议；本书自也不在例外。现在提出我个人的几点意见，共同讨论。

一、在本书序说第四节中，吉川先生似乎忽视了《元刻杂剧三十种》的价值。这部书是现存惟一的元杂剧原本，虽然没有宾白，但在歌辞方面却有许多地方远胜于明人的本子如臧懋循的《元曲选》等。臧选改坏了甚至改错了的地方实在不少，幸而有此元刻本，才使我们得见元杂剧歌辞的真面目；何况其中还有若干别无他本的上等作品。我以为这部书应当特别加以介绍与推崇；但吉川先生在这方面说得很少。

二、吉川先生根据胡适之先生《再谈关汉卿的年代》一文，说胡先生把"《录鬼簿》上卷作者的活动时期一概置于元贞大德年间"是错误的，并列举数条理由加以反驳。本书上篇第二章《元杂剧的作者上》。这篇文章是胡先生给冯沅君女士的一封信，载于民国二十六年出版的《燕京大学文学年报》第三期。我把这本杂志找来看过，发现胡先生原文只说关汉卿不是金遗民，这一点吉川先生是承认了的。又把关汉卿、马致远写作杂剧的年代往后推了几年。他并没有"把《录鬼簿》上卷作者的活动时期一概置于元贞大德年间"，也没有说元杂剧的写作到了元贞大德年间才开始。吉川先生大概误会了胡先生的意思；其实他们两位先生所持见解大体是一样的。

三、吉川先生认为元杂剧的宾白与歌辞必为同一人所作。本书下篇第一章《元杂剧的构成上》。我颇怀疑现存元杂剧的宾白是经明代文人以及伶工大量增改过的；元人原本宾白要比较简单，文字也会有许多不同。因为现存本宾白有许多地方实在近于啰嗦，而所用口语也不大像宋元口语，却与明代中叶以后通用的很相近似。关于这一问题不是三言两语所能说完,我只在这里提一个端绪而已。

我对于吉川先生景仰已久,郑君则是从大学一年级到研究所卒业,相处七八年的老学生。我能有机会为此书的译本作序,真是感到光荣和愉快。

1950 年。

冯惟敏与散曲的将来

我有一篇《冯惟敏及其著述》,其中有传,有年表,有著述考,要想知道冯的事迹及著述,可以参阅。他的曲集名《海浮山堂词稿》,全书四卷,收入任讷_{中敏}所编《散曲丛刊》。读者先看看卷一的〔双调·新水令〕"忆弟时在秦州",〔正宫·端正好〕"邑斋初度自述",〔仙吕·点绛唇〕"改官谢恩",〔双调·新水令〕"仰高亭自寿",〔仙吕·点绛唇〕"郡厅自寿"诸套,便可明了冯氏散曲的作风,认识冯氏的思想性情胸襟学问,这里不再多引。

冯惟敏以前的散曲,技巧虽很精湛,内容风格则相当狭窄低陋。所表现的思想是当时社会上流行的颓废思想,所描写的生活是当时社会上流行的萎靡生活。它的好处只在写景状物与夫描写社会上的种种形态,能够尽态极妍,形容毕肖。说得最高,也不过是为艺术而艺术的作品而已。欲求以作者自己为中心,表现出纯正的思想、真挚的性情、雄阔的胸襟怀抱,也就是说能成为作者人格与学问的结晶的作品,简直是凤毛麟角。在元朝只有一个张养浩,他的《云庄乐府》颇合这种条件。但《云庄乐府》小令占大多数,套曲只有两套,在形式上说,还是狭窄,不能充分表现出以上所述为高尚雅正的文艺作品所需要的几点。到了明朝,康海与王九思两人的散曲是以他们自己为中心的,那里边有作者个人的性情襟抱。但只是失职不平的感慨,与山林泉石的爱好,结果还出不了元人所谓警悟厌世、散诞逍遥那一套。冯惟敏的散曲与张、康、王三人可以算作同派,而堂庑气象比他们三人更显得阔大一些,更能充分的表现出作者的人格与学问。有了冯惟敏,散曲这种文体方才从末技小道走上高尚雅正一途。王灼《碧鸡漫志》批评东坡词云:"东坡先生非醉心于音律者,偶尔作歌,指出向上一路,新天下耳目,弄笔者始知自振。"在"指出向上一路"这一点上冯惟敏之于曲正如苏轼之于词。冯以前的张、康、王三家也走的是这一条路,不过总未成熟,总未扩大,冯则是此派中集大成的人物。可惜自冯以后,散曲随着当时社会风气的堕落,又转向淫靡纤艳的路上去;到了清朝,社会风气转而向上,散曲则始终不为人所注意,不但没有改进,反被视为小道末技而逐渐消沉下去。于是截至现在为止,冯惟敏的散曲遂成了虽不见得前无古人却是后无来者的作品。

要明了冯惟敏的散曲,必先明了他的家学渊源。惟敏的父亲冯裕是个理学家,师事义州贺钦,得白沙陈献章之传。又很喜欢作诗。在外作地方官多年,所至有循声惠政。晚年退隐,与几个朋友结成诗社,唱酬终老。惟敏的几个弟兄也都以文采学行著称于时。他就是在这样的家庭环境里长起来的。他的学术思想,立身治行,完全以儒家为准则,所以在他的作品里边也充满了儒家气息,试读本文开首我所举出的各散套即可看出。这在散曲里边甚为少见。在曲子里边,无论是散曲,是杂剧传奇,始终是道家空气非常浓厚,而且是没出息的道家。我们每一读曲便感觉到其中充满了颓废放纵,这是曲子的大毛病。因此儒家者流看不起这种玩艺,也就不去写作。同时,他们越不写作,散曲的风格内容越无从提高,散曲就在这种循环状态之下始终抬不起头来。只在正德、嘉靖两朝,北曲已竟逐渐衰微的时候,忽然回光返照,这时有些好像不应作曲的人也都作曲了,如王守仁,如何瑭,都是理学名儒,却都作有散曲。再加上专门作曲的如康、王、冯等人,他们给予散曲尤其是北曲一种新生命。这时的散曲已竟不是旧日的散曲所能笼罩,在这一派里冯惟敏最为晚出而集其大成。他的最大特点便是以儒家的思想襟抱放在曲子里边来代替道家的气氛,这就是所谓向上一路。这种情形正好像词在北宋中叶的情形,所以我说冯之于曲有点像苏之于词。所不同者,苏词后来有继承者,冯曲则竟成绝响,这不能不说是曲之不幸。我在《论词衰于明曲衰于清》一文中有这样一段话:

> 我以为曲这种文体,始终还没有被充分利用,尽有发展余地而尚未发展。元明的曲,技巧上当然很高明,内容却欠正当、欠充实。所谓欠正当者,即是上文所说的四弊。颓废、鄙陋、荒唐、纤佻。所谓欠充实者,是说还有很多题材意境可以写到曲里边去。换句话说,就是我们需要把代表黑暗时代的曲,洗刷扩展,成为代表光明时代的曲。

康、王、冯诸人的散曲,比起元代及明初的作品,内容正当多了,充实多了,可惜是至此而止。继续发扬光大,把曲这种文体充分利用,殊有待于今后的努力。

以上所说,是我旧日的意见,仔细想来,恐怕这只是一种空想,也许曲的发展真是至此而止。这有两个理由。第一,曲与音乐有密切关系。以后作曲虽然可以像清人作词一样,使它脱离音乐而独立发展,但它总是以元明那种音乐为根基而生出来的东西。虽不必再求其能被之弦索,韵律格式总要顾到,〔双调・新水令〕无论怎样也要像个〔双调・新水令〕。这就是说,无论怎样曲也不能完全脱离他所附丽的音乐,作到那里也还是南北曲。南曲之弊,嘽缓柔靡,北曲之弊,嘈杂凄紧,根本都不是什么中正之音。他们本身即是代表元明黑暗时代的音乐,附丽在这种音乐上的文艺作品当然也只能作为代表黑暗时代的文艺。像康、王、冯等人的作风,是想把曲的内容引到光明路上去的,无论他们是有意是无意。而他们那种作风所以无人能继者,未必不是因为曲在它的本质韵律格式。上,天生就是一种无法向上的东西。不然,何以自嘉靖朝至今五六百年,曲这种文体始终爬不上去?当然,这只是我个人的臆见,果真如此,则康、王、冯诸人的才情笔力更为不可及了。第二,现代新体诗歌的趋向是自由诗,这种趋势甚为明显。本来,自唐以来的诗歌,在正统方面,不出五七言古律绝的范围。律绝的刻板不必说了,古风的句法也还是变化无多,大多数是通体五言或者七言,长短句的杂言诗虽有而不多。在支流方面,词与曲虽然都是句法长短不齐,但他们的长短不齐是受音乐谱律的支配的,有时竟还不如古风之伸缩自如。如此说来,中国的诗坛已竟有千余年不曾得到真正伸缩自如富于弹性的格调了;或者说始终不曾得到过亦未为不可。欲求能以容纳近代人思想情感的作品,当然不是旧诗,也不是词曲,而是更多自由多变化的长短句。尤其是曲,受音乐谱律的限制最利害,须用去声的地方用上声便不像那个调子,如此严格,与现代所需要的自由诗未免大相违戾。欲求继续发展,其势恐不可能。综合上述两端,我所谓充分利用曲这种文体,多半只是一种空想。往后也许有少数人能够作出与前代不同的好曲子。文学史上这种逆流复古的例子很多,如陶渊明之四言诗,李白之五言古皆是。但只限于少数的天才始能做到,而且都是昙花一现的。若从整个文学趋势上说,曲这种文体复兴之望似乎很少。然则冯惟敏的散曲或竟成为散曲史上的总归宿总结穴,其价值更是不可忽视的了。

1946 年,《青年文化》。

王九思碧山乐府守律举例

明代嘉靖一朝,是南北曲升降的枢纽,尤其是戏曲方面。在此以前,南戏传奇虽已流行,而北杂剧尚保持其余势;在此以后,传奇大盛,北杂剧则销声匿迹的衰落下去。但是当时的几个散曲作家,如康海、王九思、常伦、金銮、冯惟敏,则都以北调见长。康、王、冯尤为杰出。这些人是北曲的回光返照,在他们以后,冯惟敏最晚,卒于万历初年。无论戏曲、散曲都是南曲的世界了。

康、王、冯三人中,冯是晚生后辈。王生于成化四年戊子,长于冯四十三岁;康生于成化十一年乙未,长于冯三十六岁。康、王生同时,居同里,一生遭际相同,齐名并称,诗文皆然,不只曲子;但曲子究竟是他们最大的成就,而王的成就好像比康更大。王的胸襟才气,都高于康,限于篇幅,暂不多讲,只从最微细的地方看一看王曲的技巧。

音律是曲子的生命,倘若音律不谐,则一切旁的技巧都谈不到。王氏作曲,守律非常谨严,而且他是深明音律的。王世贞《艺苑卮言》有这样一段话:

> 王敬夫九思字将填词,以厚赀募国工,杜门学按琵琶三弦,习诸技艺而后出之。

《四库提要》也说：

> 九思酷好音律，尝倾赀购乐工，学琵琶，得其神解。……其于填曲之四声，杂以带字，不失尺寸，可谓声音、文字兼擅其胜。

王氏曲律的谨严，从下面这个例子就可以看出：

〔五煞〕傍花枝笑语香，舞龙泉胆气粗。良辰美景真难遇。鸟声弄出笙簧谱，山色堆成金碧图。眼底都成趣。更看那夕阳远树，烟霭平芜。

〔四煞〕想东山兴可同，比西湖乐有余。春风十里桃源路。花前无奈金樽满，醉后须教玉手扶。用意儿留人住。百忙里挽不回红日，苦死的系了白驹。

〔三煞〕晕桃腮带了酒容，露春纤扯住锦裾。空愁避饮难逃去。殷勤翠袖传鹦鹉，潦倒青衫问蹇驴。飞不过垂杨渡。相看一笑，烂醉如愚。

〔二煞〕响禅林几杵钟，落烟村数点乌，一樽酒尽青山暮。牧童牛背笛声远，杨柳楼心月影孤。刚扶上雕鞍去。鞭摇飞絮，马识归途。

〔一煞〕紫骅骝款款行，绛纱笼远远趋。傍人又作神仙觑。满庭花月香随影，一榻春风醉枕书。有什么愁和虑。作一个甕头吏部，也不落枕上华胥。

〔五煞〕喜明君圣不矜，喜良臣气不粗。明良千载今遭遇。太平眼见华夷表，长策同为社稷图。天保诗人趣。空教想像，自揣荒芜。

〔四煞〕豪华几载过,星霜两鬓余,马蹄儿忘却东华路。乾坤尚有丹心苦,日月谁将赤手扶?自乐在林泉住。猎常悲黄犬,兴不在骊驹。

〔三煞〕想君门挂锦袍,亲庭戏彩裾。流光似水抛人去。道旁不效桓公马,山下常骑魏野驴。船儿窄无人渡。君乎休笑,吾也非愚。

〔二煞〕唳寒空野水鹤,噪斜阳衰柳乌。淡烟微霭秋容暮。锦囊满贮诗成早,瓦盏微斟酒饮初。乘兴也登山去。风光滴翠,云影随途。

〔一煞〕傍层霄月已多,望衡门路可趋。风流未许时人觑。耻随种放南山隐,休上襄阳北阙书。却也有江湖虑:愿地天交泰,鱼水和胥。

以上是题为"春游"和题为"秋兴次春游韵"的两套〔正宫·端正好〕中的煞曲各五支。这个调子照例是八句。我们比勘右列十支,第一、二、五、八句末一字都是平声,第三、六、七句末一字都是去声或变为去声的入声,第四句末一字都是上声。只有第二套四煞的第七句末一字黄犬的犬字是上声破了例。这是因为要用这个典故,没有办法。在这十支曲中,协韵的地方平去谨严分明,并不算什么。平去之分是北曲音律的主干。例如〔正宫·叨叨令〕每句协韵处都用去声,〔仙吕·寄生草〕除第一韵外其余诸韵俱协去声,能做到这种情形只能说是合乎规矩,还谈不到技巧。只有第四句末一字完全用上声,这才是技巧。这个字本来用去用上俱无不可,只要是仄声就行,北曲无入声。但因为全调句尾不是平声就是去声,此处若仍用去声便显得单调,用个上声字马上就会感到抑扬有致。这一点说出来也没什么稀奇,但做起来却有时很费斟酌,曲之不易作即在于此。所以向来散曲家的作品既不易好又不易多。王作此调十首而音律一致,可以见其才气与工力了。此外王作诸曲音律之细,俱如此例,所以读起来特别铿锵谐婉。康海有次韵王作的〔正宫·端正好〕套,煞曲五支规律之谨严一如王作,看得出来是有意竞赛。冯惟敏在这一点上就不如康、王,冯作诸曲,格律时有可商之处。王氏散曲可称是正宗,清词丽句,中规合度。冯曲气势较王弘阔,胸襟较王高远,若夫词藻、音律则有时沙泥俱下,不甚讲求。康作清丽不如王,雄肆不如冯,只在音律上比冯为精细耳。

谈了半天,似乎只斤斤于音律上边,而且讲求得又近于琐细。殊不知这是作曲技巧的重要部分,若不明平上去三声在北曲里边如何安排分配,则永远不会了解北曲的音节美是怎样来的。不错,这是一种束缚,但这束缚就是曲子的生命所在。作自由诗是各人的自由,若作曲子,无论诵读写作,都要弄清这一套。否则就无所谓音节美了。以前听前辈讲词曲,说要严别四声,常笑其迂拘,今日乃自笑当时之幼稚。陶渊明诗云:"昔闻长者言,掩耳每不喜;奈何五十年,遂已亲此事。"这样平易的四句诗,却随处可以找到例证,这正是渊明之所以为伟大。

1947年,上海《中央日报·俗文学周刊》。

跋碧山乐府

崇祯十三年,螯屋王珌汇刻王九思《碧山乐府》八卷,附九思所著《渼陂全集》后。卷一、二小令,卷三、四套数,卷五诗余,卷六南曲次韵,卷七《杜甫游春》杂剧,卷八《中山狼》院本。此为《碧山乐府》最足本,盖合词及杂剧、传奇汇为一集,不只散曲。卢氏《饮虹簃丛书》本仅有小令及套数,且数量少于崇祯本。饮虹本收小令187首,内有〔浪淘沙〕十八首,崇祯本此十八首〔浪淘沙〕改入诗余,尚有小令325首,较饮虹本多出156首。饮虹本收套数九套,崇祯本收32套,但饮虹本有两套为崇祯本所无,两本合并,应得34套。饮虹所据为东海张吉士刻《康王乐府》,原非足本。崇祯本诸曲为饮虹本所无者,皆注汇续稿或汇新稿,此二稿盖张吉士本刊行后所作者也。

崇祯本之外,予又于书肆中见明钞本,全书上下二卷,上卷北词长套、北词短套,下卷北词小令、南词短套、南词小令。所谓短套,即小令同调同题三首以上者,此体明人谓之重头,短套之名,不知何所依据。所收小令套数,多于饮虹所据张吉士本,少于崇祯本,但无出二本之外者,凡崇祯本注汇新稿诸曲,皆无之,盖续稿既出,新稿未成时之本。首页题"鄠杜王九思敬夫著,昆陵吴扮谦幼安校。"卷端有序,脱去一页,其余文云:

流传都下,脍炙人口。至世宗时,先君执法台中,凡寮寀搢绅燕集,每每各举所记□□□词多寡,为金谷酒数。□□□□□□知有《碧山乐府》矣。老来遭家多难,萍寄荆湘,偶于友人徐从善氏案头得之,如见故人,不觉抚掌,开卷高歌,为之酹酊。但惜其篇章杂乱,携归铨次,以置筐中,当一部鼓吹。戊戌清和月,儿庄自新安来省视,因命刻之,广传诸好事者。清朝野史书于宜都客星堂中。

清朝野史当是扨谦别署,铨次篇章即分别套令。戊戌为万历二十六年。吴氏原刻,未见传本,亦不见于诸家藏书目录。余所见钞本,审其纸墨字体,确是明钞,不知是据吴刻抄录,抑即吴氏写定待印之底本而实未付印。持校崇祯刻本,补出卷二缺页一页,得曲五支;又改定〔越调·绣停针〕套中分调讹误如下:

〔梅花酒〕雪儿再讴,紫云舞就,起来不觉金钗溜,笑酾满紫金瓯。愿从今游宇宙,昆仑海东头,快乐远游,状元郎万年寿。休得迟留,天风满袖,黄鹤舞罢青鸾又,看山色烂如绣。愿从今游宇宙,昆仑海东头,快乐远游,状元郎万年寿,状元郎万年寿。崇祯本卷三页十七及饮虹本卷二页九如此。

〔梅花酒〕雪儿再讴,紫云舞就,起来不觉金钗溜,笑酾满紫金瓯。合。愿从今游宇宙,昆仑海东头,快乐远游,状元郎万年寿,状元郎万年寿。

〔前腔〕休得迟留,天风满袖,黄鹤舞罢青鸾又,看山色烂如绣。合前。明钞本如此。

此外尚有异文若干事，不具录。明钞本为海丰吴氏石莲阁旧藏，有李葆恂跋语三则，吴重憙跋语四则。李跋之一云："曩在秦中，有邰阳打碑工秦老者，年七十余矣，酒酣即高歌一曲，人多不解何词，问之，皆康王乐府也。据云其少年时，屡闻其祖父歌康状元曲，不知其为明人也。可知康王风流未沫，关中犹艳称之。"录记于此，以备曲典。

李跋又一则云："卷首有关尹子朱文方印，篆刻遒劲，似汉玉章；然关尹子与老子同时，讵有印记？四儿放云：'明季有汪关，号尹子，善篆刻，周栎园印人传中记有其人。此书或曾为藏弄，故以此印识之乎？印人传往曾寓目，老而善忘，姑记于此，以待详考。'按：此印章虽不能确定为汪关所有，但所用印色为明代流行之'水印'，卷末又有陶元美印章，亦用'水印'，此亦书为明钞之一证也。二十九年六月二十九日，连雨未霁，记于灯下，时在成府村居。"

1941 年，《燕京大学文学年报》第七期。

附记：作此文后二年，购得前记明钞本。又五年，在上海购得南京新印《饮虹簃丛书》，中有《碧山续稿》、《新稿》及《南曲次韵》，盖此丛书乃陆续印行者，前在北方所见，非足本也。此新印本与崇祯本及明钞本之异同如何，容俟详考。1948 年识于上海青云路暨南大学宿舍。

玉茗新词

臧懋循晋叔。改订《临川四梦》,合称《玉茗新词》,明刻有图本外,仅有嘉庆中金陵坊刻巾箱本,与笠翁十种合编。二本均不常见,明刻尤少。明刻本有晋叔所作《玉茗堂传奇引》,巾箱本无之,录之以供治曲者之参考:

临川汤义仍为《牡丹亭四记》,论者曰:"此案头之书,非筵上之曲。"夫既谓之曲矣,而不可奏于筵上,则又安取彼哉?且以临川之才,何必减元人,而犹有不足于曲者,何也?当元时,所工北剧耳;独施君美《幽闺》,高则诚《琵琶》二记,声调近南,后人遂奉为椠橥。而不知《幽闺》半杂赝本,已失真多矣。即〔天不念〕、〔拜新月〕等曲,吴人以供清唱,而调亦不纯,其余曲名,莫可考正。故魏良辅只点《琵琶》板而不及《幽闺》,有以也。《琵琶》诸曲颇为合调,而铺叙无当。如"登程"折,"赐宴"折,用末净丑诸色,皆涉无谓。陈留洛阳,相距不三舍,而动称万里关山。中郎寄书高堂,直为拐儿绐误,何缪戾之甚也。至曲每失韵,白多冗词,又其细矣。今临川生不踏吴门,学未窥音律,艳往哲之声名,逞汗漫之词藻,局故乡之闻见,按无节之弦歌:几何不为元人所笑乎?予病后,一切图史,悉已谢弃;间取《四记》,为之反覆删订。事必丽行,音必谐曲,使闻者快心而观者忘倦,即与王实甫《西厢》诸剧并传乐府可矣。虽然,南曲之盛,无如今日,而讹以沿讹,舛以袭舛,无论作者,第求一赏音人不可得,此伯牙所以辍弦于子期,而匠石废斤于郢人也。刻既成,抚之三叹。万历徒维敦牂之岁夏五日,东海臧晋叔书于雕虫馆。

此序行草写刻,字体与《元曲选序》相同,或是臧氏手书。序中指桑说槐,所论《幽闺》、《琵琶》之失,皆暗喻临川。夫临川之失,在场子之繁冗平衍,所谓累死伶人,腻死观众;若夫曲调格律,则直至今日,传唱者仍是临川原文,而非晋叔改本。晋叔自以为知音,其实眼光学力似尚不及钮少雅也。且因迁就格律,于词藻意境,未能兼顾,遂不免有点金成铁处。徒维敦牂为戊午,即万历四十六年,临川卒于前一年丁巳,见《续疑年录》①,《四梦》成书则在前十七年。《四梦》最后成者为《邯郸记》,临川自序题万历辛丑,即万历二十九年。晋叔改订诗,《四梦》当已盛行于歌场矣。明刻本眉批,巾箱本无之,明刻后印者,眉批亦多漫漶,今择其有关剧学者节录于下。

  凡唱尾声末句,昆人喜用低调,独海盐多高揭之,如此尾尤不可不用昆调也。批《还魂记》"写真"折尾声,见开明印《六十种曲》本43页,此曲晋叔改形模二字为春容,巫山下加神字。
  临川传奇,好为伤世之语,亦如今士子作举业,往往入时事。此临川大病,而世人反用称赏,始知高山流水之调,难逢

---

① 《续疑年录》云临川卒于万历四十五年丁巳,其说非是,序误从之。应从近人徐君所编《汤显祖年谱》改为万历四十四年丙辰,即臧序之前两年。1970年附注。

识者。批"冥判"折,见《六十种曲》本71页。按:临川一生心事,非晋叔所知。

此曲在北调元无定句,然太长则厌人,故为删其繁冗者,下〔后庭花〕曲亦然。批同上出〔混江龙〕曲,见同页。按:此言可为临川净友。〔天下乐〕、〔那吒令〕二曲,即元人无以加之。予谓临川为南北词,若出两手,今临川已矣,恨不及面共评骘也。批同上出。

临川此折在急难后,盖见北剧四折止旦末供唱,故于生旦等曲皆接踵登场。不知北剧每折间以爨弄队舞吹打,故旦末常有余力;若以概施南曲,将无唐文皇追宋金刚,不至死不止乎?批"寇间"折,见《六十种曲》本150页。按:临川作曲,似未曾为爨演设想,故只能唱单折,不能照演全本。晋叔改订字句虽不尽满人意,删并场子,似胜原本。

"原来丞相府十分尊重,"元人作曲,专以此等语为当行,不尚藻丽,即诗词亦然。批"硬考"折〔新水令〕曲,见《六十种曲》本183页。曲中凡三字四字有韵者,皆须用寻常唱赚法。批"闻喜"折〔入赚〕曲,见《六十种曲》本191页。

赚与不是路本两调,而昆山、海盐点板各得其一,予尝以语黄敉,然拘于时尚,竟不得从也。今临川〔入赚〕与《琵琶》句法长短不同,而接前曲又不合调,故特改此。若下板当以昆山"暗忆秦楼"为得。批《紫钗记》"佳期议允"折〔入赚〕曲,见《六十种曲》本19页。

凡尾声接紧板之后,方与调叶;故有介白者不宜更作尾声,使临头腰板无以下拍。如此曲后便可用落场诗;今有尾者,直为"拭雨粘云"之句不忍弃耳,非正调也。评"得鲍成言"折

〔醉罗歌〕前腔尾声,见《六十种曲》本26至27页。

〔猫儿坠〕曲无一句入调者。或谓予好改窜以掩人美,亦惟临川能谅之。评"春闱赴洛"出,见《六十种曲》本47页。按:原本作〔琥珀坠〕。据此条知晋叔在当时已以好改窜著称。

〔锣鼓令〕曲见《琵琶》,吴中唱者俱不得其传,大率用〔刮鼓令〕、〔皂罗袍〕演之。批"计局收才"出,见《六十种曲》本83页。

〔金落索〕见《琵琶记》,临川作此多不合调。吴人谓非能唱曲者不能作曲,信然。批"泪展银屏"出〔金索挂梧桐〕曲,见《六十种曲》本95页。

〔三换头〕在《琵琶记》有"这其间只是我不合来长安看花",我与花二字皆韵脚也。解前腔"这壁厢只得把那壁厢暂时拼舍",把与舍可见。今吴人为曲者皆不知此,又何求多于临川乎。批"开笺泣玉"出〔三换头〕曲,见《六十种曲》本107页。

临川有尼持签,道捧龟等白,旦拜观音〔江儿水〕曲,皆弋阳派也。赏此者独四明屠长卿,宣城梅禹金而已。批"冻卖珠钗"出,见《六十种曲》本115页。

原本〔高阳台〕六曲,今止用其二,以此后尚有南北词,故前宜稍简。俗谓之"寿星头",亦戏中所忌。批"花前遇侠"出,见《六十种曲》本144页。

世谓末折为"底板",盖无他情致,亦不必冗长,故删其二曲及尾声。计玉茗堂上下共省十六折。按:原本53出改本36出,所省应是17折;或晋叔所见原本为52折。

然近来传奇已无长于此者。自吴中张伯起《红拂记》等作,止用三十折,优人皆喜为之,遂日趋日短,有至二十余折者矣。况中间情节,非迫促而乏悠长之思,即牵率而多迂缓之事,殊可厌人。予故取玉茗堂本细加删订,在竭俳优之力,以悦当筵之耳。以上两条俱批末折。

今扬州孝感寺契玄禅师像尚持钓竿。批《南柯记》"情著"出,见《六十种曲》本19页。

曲中咳、哥、兄三字,皆以韵代嗓字,本新安作法,吴下以为笑端。不知《西厢》有云:"哈,怎生不肯回过脸儿来。"亦一字一韵也。至哥、兄字出花面之口,亦何异焉。批"就征"出〔驻云飞〕三支,见《六十种曲》本26页至28页,原本五支,臧删存三支。

予尝怪屠长卿作《昙花记》,有白数千言,竟无一曲,以为临川误之。盖元剧往往有此,不知楔子体不得概用折数中也。批同上出结尾31页。

驸马暂住东华馆,令郡主辈探望,因摄周、田二友同在其国,此本传也。唐人小说家周匝如是,故临川为《南柯》、《邯郸》二传奇,皆不敢妄有增益,而埋伏照应皆悉备矣。批"贰馆"出,见《六十种曲》本33页。

原本有丑点等诨语,皆削去。杜诗云:"恶竹应须斩万竿。"予以为恶竹犹贤于恶诨也。批"闺警"出结尾,见《六十种曲》本72页。按:晋叔改本尚有"热屎热尿马子"等语未去,岂以此等为非恶诨耶?

诸戏底板无如《破窑记》,其曲为乔合笙,盖北调也。临川《牡丹亭》与《南柯》皆用南北词为之,有唱有做,胜破窑多矣。批末折。

番将从无唱此腔者,以其词为北调故用之,第须带唱带做乃得。批《邯郸记》"大捷"出北〔二犯江儿水〕曲,见《六十种曲》本52页。

原本有〔红芍药〕、〔红衫儿〕、〔会河阳〕等曲,盖仿《幽闺记》"兵扰攘"为之。此项吴中亦无传授,故予改〔大和佛〕、

〔舞霓裳〕,以与后〔红绣鞋〕合。批"召还"出,见《六十种曲》本89页。

此南北词见散套"小扇轻罗",本杨花腔也,然传奇中用此调亦自悦耳。批"极欲"出〔北中吕·粉蝶儿〕南泣颜回套,见《六十种曲》本96页。

临川作传奇,常怪其头绪太多,而《邯郸》不满三十折,当是束于本传,不敢别出己意故也。然使顾道行、张伯起诸人为之,即一字一句不能矣。批末折。

成府谈词

民国二十九年庚辰,予任教北平燕京大学,讲授之余,试撰词话若干条,兴到笔随,"辞无诠次";其中一部分曾散载于当时出版之《燕大文学年报》。越二十二年壬寅之秋,全部录出,用备省览。誊写之际,每有见解异于往昔,或仍旧意而别有发挥者,辄低一格附识于各条之后。又五年丙午,复取平时笔记中论词之语分别系录,不低格而注"新附"二字者是也。虽新旧并陈,条理凌乱,而二十余年中情趣宗旨之变迁略见于此,或足供读词者参考之资。编录既竟,总名之曰"成府谈词",以识缘起。成府者,燕京大学东门外之一村落,小桥深巷,树老阴清,颇饶幽静之趣。予读书时藏修息游于此者四年,教书时又居住于此者三年余。桑下三宿,未能忘情,况七八年之久乎?"别来已白数茎头,何日得重游?"潘逍遥忆余杭词也。"旧家应在,梧桐覆井,杨柳藏门;闲身空老,孤篷听雨,灯火江村。"倪云林〔人月圆〕曲也。每读斯语,感慨系之。忧生悯乱,寒暑相催,发之白者已不止数茎矣。1967年丁未重九日识于台北寓庐。

温庭筠　韦　庄

汤显祖评《花间集》云:"温飞卿〔菩萨蛮〕,如芙蓉浴碧,杨柳挹青。意中之意，言外之言，无不巧隽而妙入。""芙蓉浴碧，杨柳挹青"，此八字可评全部温词；若仅以"镂金错彩"观之，则是遗神而取貌矣。

飞卿词融情入景，意与境浑，故能如张惠言所谓"深美闳约"。刘熙载《艺概》仅赏其"精艳绝人"，犹为皮相之谈。然张氏词选释〔菩萨蛮〕，穿凿附会，坠入恶趣；其论飞卿虽是，其所以解释此论者则非。

〔菩萨蛮〕"小山重叠金明灭"一首，原非飞卿极品，以适居《花间》首列，选本、词话，多涉及之，遂若飞卿仅能为此类闺情之作。其实，"牡丹花谢"，"南园满地"、"夜来皓月"诸首，皆胜于此，所写虽仍是闺情，气象却非闺情所能笼罩。

此是予二三十年前论调，当时欣赏诗词，只知豪放而不解婉约，但喜显豁而不辨幽微；今则持论几于相反矣。秦少游曾作〔水龙吟〕，首两句云："小楼连远横空，下窥绣毂雕鞍骤。"苏东坡讥之云："十三个字只说得一个人骑马楼前过。"飞卿〔菩萨蛮〕"小山重叠"云云共四十四字只说得一个人晨起化妆，事之细微同于一个人骑马楼前过，字数则多出三倍有余。但能于寻常事物寻常动作中，写出顾影低徊，孤芳自赏之情致，境界似小而意深神远。故王国维《人间词话》云："境有大小，不以是而分优劣。'落日照大旗，马鸣风萧萧，'不必胜于'细雨鱼儿出，微风燕子斜'也。"（新附）

此条见予所撰《词曲概说示例》，其写作时期晚于前条约十四五年，并录于此，以见予论词宗旨转变之迹。若谓此种转变为进步，则未必然。

飞卿词托物寄情，端己词直抒胸臆，飞卿词深美，端己词清刚。后世所谓婉约派多自温出，豪放派多自韦出。虽发扬光大，后来居上,而探本寻源,莫能或易。此所以温、韦并称,为词家开山祖也。

端己〔菩萨蛮〕云:"人人尽说江南好,游人只合江南老,春水碧于天,画船听雨眠。"记曾见一评本云:"江南之好,只如此耶?"其实此正放翁评《花间》词所谓"简古"。若以陶诗"春秋多佳日","山气日夕佳"观之,端己之作,犹有铺叙矣。(新附)

晏　殊　欧阳修

珠玉词清刚淡雅,深情内敛,非浅识所能了解,近人遂有讥为"身处富贵无病呻吟"者。不知同叔一生,亦曾屡遭拂逆,且与物有情而地位崇高、性格严峻,更易蕴成寂寞心境,故发为词章,充实真挚,安得谓之无病呻吟!文人哀乐,与生俱来,断无作几日官即变成"心溷溷面团团"之理。为此语讥同叔者,吾知其始终未出三家村也。

王国维《人间词话》:"永叔〔玉楼春〕,'人间自是有情痴,此恨不关风与月。直须看尽洛城花,始与东风容易别。'于豪放之中有沉着之致,所以尤高。"所谓豪放中见沉着,欧词佳者皆然,不止此〔玉楼春〕。冯煦《宋六十一家词选》序录(《词话丛编》改题《蒿庵论词》))以为欧词"疏隽开子瞻,深婉开少游",亦是此意。疏隽即是豪放,深婉即是沉着。疏隽而不能深婉则失于轻滑,豪放而不能沉着则失于叫嚣,二者皆词之魔道。

醉翁《琴趣外编》,中多谐诨鄙俚之作;忌者伪构,坊贾妄编,二种成分皆有之。然其中亦有真挚自然之词为近体乐府所未收者,须分别观之。

珠玉词缘情体物细妙入微处,为六一所不及;六一情调之奔放,气势之沈雄,又为珠玉所无。

晏、欧词虽不能如苏、辛之几于每事皆可写入,而堂庑气象决非《花间》所能笼罩。张皋文"尊体"之说,为词坛正论,欲于五代、宋初求能尊体者,正中二主与晏、欧皆是。能深刻真挚以写人生即是尊体,非必缠绵忠爱。陈廷焯《白雨斋词话》不解此旨,乃仅以艳词目晏、欧,真颠倒之论。

大晏〔临江仙〕云:"资善堂中三十载,旧人多是凋零。与君相见最伤情,一尊如旧,聊且话平生。此别要知须强饮,雪残风细长亭。待君归觐九重城,帝宸思旧,朝夕奉皇明。"小晏〔临江仙〕云:"东野亡来无丽句,于君去后少交亲,追思往事好沾巾。白头王建在,犹见咏诗人。学道深山空自老,留名千载不干身,酒筵歌席莫辞频。争如南陌上,占取一年春。"此两词,予初读二晏词时即甚喜之,惜后半首皆少逊耳。两词不仅牌调相同,情感意境亦同;论其风调,则前者雍容,后者潇洒,父子身份性情之异,亦可于此中见之。(新附)

晏几道　秦　观

小山词境,清新凄婉,高华绮丽之外表不能掩其苍凉寂寞之内心,伤感文学,此为上品。《人间词话》云:"小山矜贵有余,但可方驾子野方回,未足抗衡淮海。"是犹以寻常贵公子目小山矣。

小山词伤感中见豪迈,凄清中有温暖,与少游之凄厉幽远异趣。小山多写高堂华烛、酒阑人散之空虚,淮海则多写登山临水栖迟零落之苦闷。二人性情、家世、环境、遭遇不同,故词境亦异,其为自写伤心则一也。(冯煦《蒿庵论词》"淮海、小山,真古之伤心人也。"）

少游"飞红万点愁如海"之句，脍炙人口，当时和者甚众。李长吉诗云"桃花乱落如红雨"，杜工部诗云"一片花飞减却春，风飘万点更愁人"，李东川诗云"远客坐长夜，雨声孤寺秋。请量东海水，看取浅深愁"。文人运思造语相近似者，有暗合亦有明用；秦词未必出于唐人，亦未必不出于唐人。（新附）

黄庭坚

宋时，晁无咎、陈后山论词，皆秦、黄并称；近代论者始多扬秦抑黄，盖病其时有粗鄙浅率之作耳。然秦七亦时伤平钝，无害其为大家；黄九硬语盘空，于倔强中见姿态处，实能别开生面，论者偏加苛责，何也？陈廷焯《白雨斋词话》论黄词云："于倔强中见姿态，以之作诗尚未必尽合，况以之为词耶？"此君中"温柔敦厚"之毒深矣。

予编注词选，选录之黄词〔定风波〕等数首，至今爱诵；若夫"此君受温厚敦厚之毒深矣"，则五十岁以后决不作此等语也。

贺　铸

王国维《人间词话》："北宋名家，以方回为最次，其词如历下新城之诗，非不华赡，惜少真味。"此论说尽东山乐府短处。方回为人，盖今世所谓"大江湖"之流，当然不能作好词。集中惟〔石州慢〕一首，清阔深远，可称佳什，〔梅子黄时雨〕次之。〔小梅花〕数阕（见《彊村丛书》本《东山乐府》，或云是金人高宪作），看似豪纵，实则油滑，情浅故也。初学见之，堕入魔窟矣。

〔小梅花〕"城上路凄风露"一首,见《中州集》,题高仲常(宪)作。《中州集》为元遗山编选其本朝人作品,不应误收,〔小梅花〕之音节声响亦不似北宋时词牌,此数阕殆非方回作品。

贺公好大言,高自称许,故张文潜为《东山乐府》作序云:"盛丽如游金张之堂,而妖冶如揽嫱施之袪,幽洁如屈宋,悲壮如苏李。览之者自知之,盖有不可胜言者矣。"写得乌烟瘴气,恰如其人。后之论者,则方以为美谈也。

陈廷焯《白雨斋词话》云:"方回词,胸中眼中另有一种伤心说不出处,全得力于楚骚而运以变化,允推神品。"神品二字,固为过誉;然"伤心说不出",方回胸中确有此意味。予往者以"大江湖""乌烟瘴气"讥此公,而论其词为"情浅无真味",真妄谈也。予于古今词人所作褒贬前后悬殊者,宋人则贺方回,近人则郑叔问。然综观各家词话,词人所得毁誉,相去之远未有如方回者,非仅予一人对之如此。

予对于方回观念之转变,在读其《庆湖遗老集》诸诗之后;不读贺诗不能认识其为人及其词。

贺词上承温尉、下启梦窗,为近代论词者所公认。然上下皆有所不逮,盖秾丽一派中之蜂腰也。

方回有〔鹧鸪天〕一首,题为"半死桐",乃悼亡之作。前半云:"重到阊门万事非,同来何事不同归,梧桐半死清霜后,头白鸳鸯失伴飞。"《北梦琐言》"唐江淮间有妓徐月英,其送人诗云:惆怅人间事久违,两人同去一人归。生憎平望亭中水,忍照鸳鸯相背飞。"若谓为贺词所本,颇有几分似处。《七修类稿》卷三十四以此诗为放翁《沈园》诗所本,则太附会矣。白居易《为薛台悼亡》诗:"半死梧桐老病身,重泉一念一伤神。手携稚子夜归院,月冷房空不见人。"

"半死桐"之题,当出于此。(新附)

苏　轼

张炎《词源》:"东坡词如〔水龙吟〕《咏杨花》、《咏闻笛》,又如〔过秦楼〕、〔洞仙歌〕、〔卜算子〕等作,皆清丽舒徐,高出人表。"周济《介存斋论词杂著》:"人赏东坡粗豪,吾赏东坡韶秀。韶秀是东坡佳处,粗豪则病也。"清丽、舒徐、韶秀,皆是苏词确评,而古今罕道及者。苏词与辛不同处,即在舒徐二字;韶秀则稼轩偶然能到。欲证此论须读全集,张氏所举诸例,但举其似已者耳,殊非东坡上乘。

予近年始知〔水龙吟〕《咏闻笛》确是绝妙好词,张氏所举其余四首则始终不能欣赏。私见以为代表东坡舒徐韶秀之作,当推〔八声甘州〕《寄参寥子》、〔雨中花慢〕、〔青玉案〕《和贺方回韵寄伯固》、〔蝶恋花〕《京口得乡书》诸词。宋人笔记诗话有谓〔青玉案〕为华亭姚晋作者,其说非是。

秦少游〔江城子〕"飞红万点愁如海",和者甚众,黄山谷作"波涛万顷珠沉海"最佳;此词亦见《晁无咎集》,恐无咎无此笔力。晁集末句作"惊涛自卷珠沉海",亦不如"波涛万顷"。东坡在海南时亦有和作云:"岛边天外,未老身先退。珠泪溅,丹衷碎。声摇苍玉佩,色重黄金带。一万里,斜阳却与长安对。路远谁云会,罪大天能盖。君命重,臣节在。新恩虽可冀,旧学终难改。吾已矣!乘桴且恁浮于海。"苍凉兀傲,真所谓"文章老更成"者。此词《东坡乐府》不载,见于《能改斋漫录》。(新附)

陈与义

《白雨斋词话》:"陈与义拟〔法驾导引〕三韦,以清虚之笔写阔大之景,语带仙气,洗脱凡艳殆尽。"的是确评。词中"自洗玉舟斟白醴,月华微映是空舟。""千乘载花红一色,人间遥指是祥云。"皆可为去非诗词写照。

朱敦儒

《樵歌》行世甚晚,故诸家词话多不之及。集中如〔鹧鸪天〕"曾为梅花醉不归"、〔朝中措〕"登临何处自消忧"、〔减字木兰花〕《听琵琶》二首、〔相见欢〕"东风吹尽江梅"又"金陵城上西楼"诸作,悲凉壮慨中,仍饶清丽之致;盖缘生长太平,中年经乱,又以北人初至江南,身世环境有以蕴酿之也。宋人身经南渡而能以词写感者,去非、希真二家而已。

此段末语殊谬,当时不知何以竟将易安居士忘掉,即石林芦川诸人亦不应一笔抹杀。

希真闲适之词如〔临江仙〕"堪笑一场颠倒梦"又"生长西都逢化日"、〔木兰花〕"老后人间无处去"、〔减字木兰花〕"有何不可"诸作,皆恰到好处;过此分际,如〔感皇恩〕"一个小园儿"、〔苏幕遮〕"瘦仙人"之类,则颓然自放,不成其为词。大抵滑稽率易之作,无论为诗为词为曲,皆恶札也。

〔木兰花〕"老后人间"一首最佳,有深沉之思,真挚之情,如此闲适,方不致浮泛庸陋。

〔鹧鸪天〕"五陵侠少今谁健,似我亲逢建武年",又"道人还了鸳鸯债,纸帐梅花自在眠",〔西江月〕"日日深杯酒满"全首:如此之类,看似闲适,实则怅惘,希真心事须于此八字中求之。

以上论樵歌诸条,皆甚为肤浅,重其为昔年见解,过而存之。予另有专文论《樵歌》,收入《从诗到曲》,亦是旧时浅见。虽然,"昨非今岂是,明日又今非"也。

李清照

沈曾植《菌阁琐谈》"易安跌宕昭彰,气调极类少游,刻挚且兼山谷。……自明以来,坠情者醉其芬馨,飞想者赏其神骏;易安有灵,后者当许为知己。"自来论易安词,未有如此深透者,拈出神骏二字,尤为特识;故云易安当许后者为知己也。易安词如〔南歌子〕"天上星河转"、〔临江仙〕"庭院深深深几许"、〔渔家傲〕"天接云涛连晓雾"诸首,皆所谓刻挚神骏之作。他如〔浣溪纱〕"淡荡春光寒食天"、〔摊破浣溪纱〕"病起萧萧两鬓华"、〔醉花阴〕"薄雾浓云消永昼"诸首,亦皆于芬馨之中寓神骏之气。若夫〔声声慢〕、〔如梦令〕诸传诵作品,实非易安极诣。周介存论易安云:"闺秀词惟清照最优,究苦无骨。"盖先存一闺秀作品无骨之成见,又仅就〔声声慢〕一类词立论耳。尝疑周氏所见易安词恐只〔声声慢〕、〔如梦令〕、〔武陵春〕、〔凤凰台上忆吹箫〕等数首。

辛弃疾(全部新附)

陈廷焯《白雨斋词话》云:"东坡心地光明磊落,忠爱根于性生。

故词极超旷而意极和平。稼轩有吞吐八荒之概而机会不来;正则可以为郭、李,为岳、韩,变则即桓温之流亚,故词极豪雄而意极悲郁。后人无东坡胸襟,又无稼轩气概,漫为规模,适形粗鄙耳。"此段论东坡、稼轩其人其词,最为确切。稼轩是汉唐人物而生于宋代,既无机会为郭、李,更不愿为桓温:此其所以终身不得大用而仅以词传也。

稼轩是文人之知兵者,以郭、李拟之,稍嫌不伦,盖"正派"之桓温也。

王国维《人间词话》云:"东坡之词旷,稼轩之词豪。"拈出旷、豪二字,与白雨斋持论暗合。予谓:旷者能摆脱,故苏词写情感每从窄处转向宽处。豪者能担负,故辛词每从宽处转向窄处。苏〔满庭芳〕"归去来兮,吾归何处,万里家在岷峨"一首,是旷之例证。辛〔沁园春〕"老子平生,笑尽人间,儿女怨恩"一首,是豪之例证。

梁任公跋四卷本稼轩词,谓稼轩为淡荣利、尚气节之人。尚气节固矣;稼轩岂是淡荣利者。梁先生之意,似以淡荣利为高,此是南宋以后人见解。

稼轩〔瑞鹧鸪〕云:"却笑千年曹孟德,梦中相对也龙钟。"顾亭林《济南诗》云:"愁来独忆辛忠敏,老泪无端痛古人。"此四句予最喜读;怅望千秋,"会心处正不在远"。

稼轩〔兰陵王〕《己未记梦》词,与〔贺新郎〕《咏琵琶》、《送茂嘉十二弟》是一种笔墨。末句"寻思人世,只合化梦中蝶。"尤为超脱。此词前人多不措意,余亦忽视之,近始觉其佳。

《记梦》〔兰陵王〕词,胪列古来许多冤愤化为异物之事,而以化蝶结之,一句推翻全篇,亦即以一事与许多事对立;章法奇崛可喜。〔江城子〕"宝钗飞凤",通首皆温柔意,而以天山羽箭作结,亦是此等章法。《白雨斋词话》卷六云:"稼轩词于雄莽中别饶隽味。……惊雷怒涛中,时见和风暖日。"此数语从正反两面观之,可解释上述二词。〔兰陵王〕为惊雷中见暖日,〔江城子〕则晴天霹雳也。

陈后山《挽曾南丰》诗云:"丘原无起日,江汉有东流。"稼轩闻朱晦庵即世〔感皇恩〕云:"江河流日夜,何时了?"意同而语气各异。陈诗语直而却含蓄,"重"故也;辛词语婉而却显露,"轻"故也。重、轻二字即诗、词区别之所在。然稼轩之作,在词中已为重笔矣。

前首〔感皇恩〕云:"子云何在,应有玄经遗草;江河流日夜,何时了?"以扬子云喻朱晦庵,恐非朱所乐闻。晦庵《纲目》固称子云为"莽大夫"者也。南宋以前对于子云之印象与南宋以后不同。南宋以前每以子云与孟轲、荀卿并提,其后则贬者渐众矣。此种不同见解,大抵始于紫阳编《纲目》之时,故稼轩〔贺新郎〕云:"投阁先生惟寂寞,笑是非不了身前后。"予往者注稼轩词未及此意,补正时须提出。

稼轩〔贺新郎〕云:"千古事云飞烟灭。"〔念奴娇〕云:"一点凄凉千古意,独倚西风寥阔。"又云:"凄凉今古,眼中三两飞蝶。"〔瑞鹤仙〕云:"转头陈迹,飞鸟外,晚烟碧。"此意集中屡言之,可想见此翁襟抱。

刘　过　刘克庄

改之粗犷,后村肤廓,去稼轩远甚,后人有辛、刘并称者,可谓拟不于伦。后村虽才情略歉,品格尚高,改之则江湖清客之流。

此论贬二刘亦太过。况周颐之论改之,杨慎之论后村,则甚为精当。况撰《蕙风词话》云："刘改之词格本与辛幼安不同。其龙洲词中:如〔贺新郎〕《赠张彦功》云:'谁念天涯牢落况,轻负暖烟浓雨。记酒醒香消时语:客里归鞯须早发,怕天寒风急相思苦。'前调云:'衣袂京尘曾染处,空有香红尚软,料彼此魂消肠断。'又云:'但托意焦琴执扇,莫鼓琵琶江上曲,怕荻花枫叶俱凄怨。'〔祝英台近〕《游东园》云:'晚来约住青骢,踏花归去,乱红碎一天风月。'〔唐多令〕《八月五日安远楼小集》云:'柳下系船犹未稳,能几日,又中秋。'〔醉太平〕云:'翠绡香暖云屏,更那堪酒醒。'此等句是其当行本色。其激昂慷慨诸作,乃刻意模拟幼安;至如〔沁园春〕'斗酒彘肩'云云,则尤模拟而失之太过者矣。"杨撰《词品》云："刘克庄《后村别调》,大抵直致近俗,效稼轩而不及也。"予所谓改之粗犷,即谓模拟幼安诸作;世人谓改之似辛,乃揭其所短;惟况氏之论,探骊得珠。予所谓后村肤廓,即直致近俗之意。但粗犷与肤廓,用字稍重耳。

史达祖

南宋词人善写儿女之情者,梅溪为第一。然其胸襟似不及小山、淮海之磊落,故少俊迈之气。此固由于性分,亦有运会关系在其中;弱国之民,即谈私情亦不易开展也。

吴文英

梦窗词为倚声变调,梦窗以前,未有如是雕琢者。凡一种文体至极盛将衰之时,多以雕镂刻画为工。词至南宋末年,已渐老熟,正合有此一格以结三百余年之局。

梦窗之前,以雕镂刻画为工者,有一贺方回;此种作风至梦窗始极其致耳。梦窗胜于方回处在重与密二字,方回词虽致力雕琢,终嫌其轻而碎。予以前未能细读《东山乐府》,于其优劣得失所在实瞢无所知。

梦窗词亦非全无意境。集中如〔霜叶飞〕"断烟离绪关心事"、〔水龙吟〕"艳阳不到青山"、又"几番时事重论"、〔齐天乐〕"凌朝一片阳台影"、〔庆春泽〕"帆落回潮"、〔八声甘州〕"渺空烟四远"、〔夜合花〕"柳暝河桥"、〔声声慢〕"檀栾金碧"、〔贺新郎〕"乔木生云气"诸作,皆意境高绝,有崇山壁立,老树拿云之概。"乔木生云气"与〔瑞鹤仙〕之"乱红生古峤",盖梦窗自为写照。

时贤有讥梦窗词为堆砌空洞全无意境者,予故有此论。然在今日,一定改右文"亦非"二字为"绝非"。予之领悟梦窗词在三十八九岁以后,领悟大谢诗则近五十矣。真钝根也。

〔高阳台〕《丰乐楼》云:"伤春不在高楼上,在镫前欹枕,雨外熏炉。"即孟浩然之"夜来风雨声,花落知多少"也;而吴词别饶深婉之致。词境与诗境不同,可于此等处求之。(新附)

〔鹧鸪天〕《化度寺作》云:"吴鸿好为传归信,杨柳阊门屋数间。"予非苏州人而甚乐其风土,故最喜读此两句,正如欧公之思颍也。(新附)

张 炎

玉田词转折分明,最便初学。由此以窥柳、周,学苏、辛,视各人之性情才力而定。若能入而不能出,则沦为清之浙派。元人如张翥辈,亦学玉田而不能出者。

玉田词有时过于清空,所谓一日作百首也得者。盖亡国之民,"理屈词穷",实无话可说。"玉老田荒,心事已迟暮",何等凄婉。王静安以此四字讥玉田,不知正玉田伤心处。

朱古微晚年不多作词,人问之,则以"理屈词穷"对。此前辈一时戏言耳,谓为寓感慨于诙谐,固无不可,予乃持以尚论古人,真是妄谈。古来亡国遗民,其作品深挚沉痛者多矣,何尝无话可说?虽然,项莲生有句云:"莫便伤心,可怜秋到、无声更苦。"能解此意,即知予言亦非全妄。

王沂孙

《词源》称碧山词"琢语峭拔",是知碧山者。但嫌有句无篇,周密草窗词亦然。此不惟才力浅弱,亦"理屈词穷"之故。碧山劣处,盖合梦窗之晦涩与玉田之空浮而一之,且集中咏物之作太多,见性情处太少,所以不能与于大家之数。

予旧论贬碧山太过。当时虽能欣赏碧山小部分作品之峭拔,而未能认识其全体,盖见解仍停顿于《人间词话》之阶段也。今日自觉已有转变,然对于清人穿凿附会之解说则始终未能赞同。

予往时仅能欣赏碧山词语句之峭拔,而未能完全领味其意境之幽深;故云有句无篇,故云晦涩。即梦窗玉田词,当时亦只见其枝节,未窥全体。

清人如张惠言、周济、陈廷焯等,极力推崇碧山,而皆以缠绵忠爱许之,以为每作皆寓故国之思。盖缘胸中先横一尊体之见,牵引附会以求微言深意,于是催雪落叶,皆成麦秀黍离矣。

王碧山词固非全无寄托,〔齐天乐〕《咏蝉》二首,确是故国之思。然若逐篇穿凿,则未有不贻笑柄者。如庄棫之解天香是也。(见《白雨斋词话》卷二)

〔水龙吟〕《咏落叶》云:"渭水风生,洞庭波起,几番秋杪。想重崖半没,千峰尽出,山中路,无人到。"峭拔幽深,古今名句。陈廷焯《白雨斋词话》乃云:"其有恨于崖山乎?"此语与端木埰之解〔齐天乐〕,若为王渔洋所见,当不免"村夫子强作解事"之讥。

蒋 捷

元初人词,如刘秉忠《藏春乐府》、张弘范淮阳词、刘因樵庵词及凤林书院《草堂诗余》所收诸作,其佳处皆在排比铺叙,层层襞积,而能以流转之气、深沉之思运之,开阖变化,不伤板滞。后来散曲杂剧,皆用此法。竹山为宋遗民,隐居不出,风节似尚高于玉田碧山;其词却是元调,与南宋面目不同。盖风会所关,有不期然而然者。仇远、张翥辈仍宗南宋末流,遂致索然无生气,此亦所谓"违天不祥"。

陈廷焯《白雨斋词话》痛贬竹山,每失过当。其论〔贺新郎〕秋晓词,则字句文法亦未看清,甚矣成见之蔽人也。此君每以理法气度论词,于古人佳作,常不能得之于牝牡骊黄之外。

元好问

朱孝臧《遗山乐府》跋:"杜善夫谓先生诗如佛说法,其言如蜜,中边皆甜;吾于先生词亦云。"遗山实热中功名之士,自其平生行谊,即可看出,故诗词皆浓甜如蜜。特身丁亡国,欲出不可,不得不寄情翰墨耳。〔鹧鸪天〕后半云:"沽酒市,钓鱼矶,爱闲真与世相违。墓头不要征西字,元是中原一布衣。"悲凉极矣。予近作论词绝句之一云:"白发凄然老布衣,闲沽村酿坐渔矶,墓头也要征西字,无奈中原事已非。"庶几得此翁心事。

元初人诗词,皆受遗山影响,藏春、淮阳、樵庵三家尤甚。予前所论元初人词佳处,亦即遗山诗佳处。

"寄情翰墨"四字说得太轻,遗山暮年心情,岂此四字所能尽者。

刘秉忠附张弘范

藏春词佳处在性情深厚,襟抱磊落;悲天悯人之胸怀,澄澈之思想,尤为历来词家所无。凄婉苍凉之致,犹为余事。王鹏运《跋藏春乐府》云:"往与碧瀅翁论词,谓雄廓而不失之伧楚,酝藉而不流于侧媚,周旋于法度之中,而声情识力常若有余于法度之外:庶为填词当行,目论者庶不薄填词为小道。藏春词境,雅与之合。"所论至精,而仅及形式技巧,未足以尽刘词。

张弘范为元开国武将,而词颇不恶,盖曾受教于邓中斋,又为藏春后辈故也。集中〔木兰花慢〕四首,排比顿挫,用笔颇似藏春,不惟耳目浸染,亦是一时风气如此。〔浣溪沙〕三首,萧闲之趣与功名之念融合,亦词中不多见之境。但究非专家,故全集不称。

刘 因

王半塘谓樵庵词"朴厚深醇",况蕙风则以"真挚和平"称之!

皆是确论。但终嫌有道学气,局量亦小。〔清平乐〕"青天仰面",又"山翁醉也"二首最劣。〔人月圆〕"茫茫大块洪炉"里,看似雄慨,实近肤廓,此二者相隔甚微,惟解人知之。

樵庵词虽不尽满人意,然有性情有学问,如〔玉楼春〕"未开常问花开未",及〔玉漏迟〕、〔南乡子〕诸作皆可诵。胸襟气概之未能广大,时为之也,地为之也,年为之也;总胜于仇仁近、张仲举辈之剪彩为花。(樵庵寿仅四十五岁)

仲举词实胜于仁近,以此二人相提并论,是予往年见解未到处。仲举词亦未可仅以"剪彩为花"视之。

纳兰成德　朱彝尊　陈维崧

容若骨秀才清,而天资不厚,享年不永;竹垞亦病才弱气短,且矜持过甚;故二人长调均鲜佳者。竹垞小令如〔桂殿秋〕、〔解珮令〕之类,未尝不卓绝千古,但仅此数首;容若小令佳制甚多,时有前人所无之境界,朱氏遂不得不让其出一头地。若夫其年之粗犷叫嚣,则词中之天魔夜叉也。予尝以庾子山《咏怀》诗二句评之曰:"索索无真气,昏昏有俗心。"

右评竹垞诸语,真是蚍蜉撼树;评其年处,语气虽稍过,意见则今昔无大异。

蒋春霖

词人写乱离情况者,鹿潭为古今第一,虽白石亦无其清厉。陈廷焯《白雨斋词话》云:"《水云楼词》近于乐笑翁",盖浅之乎视鹿潭矣。项莲生之清而弱,周稚圭之稳而庸,皆不足与鹿潭比。谭献《箧中词评》云:"《水云楼词》清商变澂之声,家数颇大。咸丰兵事,天挺此才,为倚声家老杜。"是为知言。

文廷式

陈锐袌《碧斋词话》:"文道羲词有稼轩、龙川之遗风,惟其敛才就范,故无流弊。"《云起轩词》去稼轩固远,却较胜于二刘龙川,以其坚实警炼,且时有近代人意境故也。

此亦是旧时见解,近年颇觉文词终不免于浮嚣。读晚清史后尤不喜其为人。其人与词皆非能"敛才就范"者,而陈氏以此称之,可发一笑。

王鹏运

半塘为近代词坛功臣,其所自作亦不乏佳什;然全集中能超越古今卓然自树之作,似仅有《咏烛》及《读史偶得》等三首〔鹧鸪天〕。《咏烛》即"百五韶光雨雪频"云云,《读史》即"廿载龙门世共倾"、"群彦英英祖国门"两首。皆收入拙编《续词选》。(新附)

沈曾植

朱孝臧云:"先生所自为《曼陀罗寱词》,的是稼轩法乳。"骞按:沈词〔贺新郎〕"浩浩恢台夏"、"麦浪千畦皱",〔金人捧露盘〕"坏云沉"诸首,皆稼轩以后绝无仅有之作。惟通观全集,气象总不及辛之雄肆耳。朱语见龙沐勋《跋沈撰稼轩词小笺》,载《词学季刊》一卷二号。

《现代学苑》六卷一期。

漫谈苏辛异同

自南宋以来,一般人论词总是把词分为两个宗派:婉约与豪放。婉约为正,豪放为变,各有千秋,无分轩轾。而苏东坡与辛稼轩则同被认为是豪放派的代表作家,苏、辛并称,由来已久。《四库全书提要》所谓"异军特起,能于剪红刻翠之外,屹然别立一宗,迄今不废"是也。① 实则,豪放二字并不足以尽包苏、辛的一切。凡是第一流的作者,其作品风格必定是多方面的,绝不可能以两个字或四个字括其全体。所以,苏东坡就是苏东坡,辛稼轩就是辛稼轩,苏辛词就是苏辛词,"豪放",不过是后人撮其大要给他们起的"记号"而已。这个记号的涵义虽然不全,并没有错,于是大家也就沿用下来了。

苏、辛虽称同派,其作品风格仍是同中有异,其性情、思想,更毋宁说是异多于同。我教了若干年"苏辛词",这段意思每年都要对学生讲,口里已竟说出来,就懒得再用笔记下来了。所以,"至今有句落人间,渭水秋风黄叶满。"②却没有写过一篇有关苏、辛异同的文章。近来,健康情形直线下降,又有许多名利攸关的"研究"工作堆在那里,去日苦多,余暇甚少,再不写恐怕没有机会了。于是

---

① 见《四库全书提要》卷一九八《稼轩词提要》。
② 稼轩〔玉楼春〕《用韵答叶仲洽》词句。

趁暑期稍闲,写了这一篇漫谈。所以题为漫谈,因为"苏辛异同"这个题目太大,若想作一篇精严洗炼、面面俱到的文章,不是短时间所能做到。本文不过引申前人绪论,大略谈谈而已。而且,近数年来,改行作考据之学,整天东翻西检,考来考去,把本来就不太多的一点灵明之气都给蔽塞住了。再回头来写文艺批评,当然不免生疏呆滞,也就只好漫谈。

东坡、稼轩词风格相同之处,是人所共知,人所共认的:气势清雄,神彩俊迈,纵横挥洒,跌宕昭彰。"一洗绮罗芗泽之态,摆脱绸缪宛转之度。"① 扩充了词的领域,提高了词的境界。这也就是所谓豪放派的词风;其末流则成为粗犷叫嚣。关于这一切,前人论之甚详,我不想多说,本文要多谈他们两人不尽相同的方面。

大家都知道,人活在世上有三种不可缺少的东西:空气、阳光、水分。我们整天活在空气中而并不感觉其存在,使人感觉到的是空气鼓荡而成的风。风之大者是我们在台湾的老朋友飑,风之小者是诗人笔下常提到的飔。光之大者为日月,小者是萤火虫的尾巴。大的水是江海,小的水是清晨起来花瓣上的露珠,或晚晴时候沾濡在蜘蛛网上的雨点。这三件东西真是无所不在,随时皆有,"取之无尽,用之不竭"②。我想就用此人生三要素来比拟苏辛词的风格意境。

苏词是清风、明月;辛词则是强力电风扇与高度烛光的电灯泡。苏词之风与光,天也;辛词之风与光,人也。有些文艺批评者

---

① 胡寅《酒边词序》称颂东坡语。胡是绍兴时人,年辈长于稼轩,但他这两句话同样可以用来评论辛词。
② 见东坡《赤壁赋》。

以为天然的总是胜于人为的,其实并不尽然。澄澈晶莹,普照寰宇,月亮虽然如此伟大,我们能在月光底下看书么? 没有发明电风扇、冷气机之前,人们也要制作出团扇、折扇、羽毛扇,来涤烦却暑;豆棚瓜架,闲坐清谈,忽有凉风吹来,的确开心惬意,但那是可遇而不可求的偶然享受。若用水来比:大一点说,苏词正如前人称他的散文一样,是"苏海",辛词则是"韩潮"。小一点说,苏是一道清溪,半亩方塘①,辛是悬崖九折的飞瀑。以雨水来说,恰好都可引用杜甫的句子。苏是"随风潜入夜,润物细无声"②,辛则几乎是"九天之云下垂,四海之水皆立"③。用他们自己的词句来形容,苏是"清风徐来,水波不兴"④,辛是"峡束苍江对起,过危楼、欲飞还敛"⑤。所以:苏词空灵超妙,辛词沉着切实。周济《介存斋论词杂著》说:"世以苏、辛并称。苏之自在处,辛偶能到;辛之当行处,苏必不能到。二公之词,不可同日语也"。陈廷焯《白雨斋词话》云:"苏、辛并称,然两人绝不相似。魄力之大,苏不如辛;气体之高,辛不逮苏。"这两段是苏、辛异同的确论。我上面所说,不过是用比喻来具体说明"自在"、"当行","魄力大"、"气体高",这些抽象评语的意义。

周、陈两说之外,王国维《人间词话》云:"东坡之词旷,稼轩之词豪。"这两句话论苏、辛词之不同,也非常确切。周、陈是从词的风格意境上立论,静安先生则是从性情襟抱上着眼。旷者,能摆脱

---

① 朱熹诗:"半亩方塘一鉴开,天光云影自徘徊。问渠那得清如许? 为有源头活水来"。
② 杜甫《春夜喜雨》诗。
③ 杜甫《朝献太清宫赋》。
④ 见东坡《赤壁赋》。
⑤ 稼轩〔水龙吟〕《过南涧双溪楼》词句。

之谓；豪者，能担当之谓。能摆脱故能潇洒，能担当故能豪迈。这都是性情襟抱上的事。而旷之与豪并非是绝对不同的两种性情，他们乃是一种性情的两面。用旧日的哲理名词来说，都是属于阳刚性的。所以说，苏、辛两家是同干异枝，同源异流。下面我举两家作品为例，来阐述旷、豪两字。

东坡谪居黄州五年①，奉朝旨改到汝州②，汝州在当时是大城市，气候、交通、生活供应，一切都比黄州好，这种情形叫作"量移"，即是酌量减轻其惩罚，把被谪的人移到较好的地方居住，再进一步是"任便居住"，简称"自便"，即是恢复选择居住地的自由。③ 量移与自便，往往是再行起用的准备。"自黄移汝"，当然是个好消息，但是东坡对于一住五年的地方自不免留恋，这是人之常情，于是他作了一首〔满庭芳〕：

> 元丰七年四月一日，余将去黄移汝，留别雪堂邻里二三君子。会李仲览自江东来别，遂书以慰之。
>
> 归去来兮！吾归何处？万里家在岷峨。百年强半，来日苦无多，坐见黄州再闰，儿童尽、楚语吴歌。山中友，鸡豚社酒，相劝老东坡。　云何、当此去，人生底事，来往如梭。待闲看秋风，洛水清波。好在堂前细柳，应念我、莫剪柔柯。仍传语，江南父老，时与晒渔蓑。

这首词开首几句相当悲凉，是东坡词中比较少见的情调。但

---

① 黄州，今湖北黄冈县。
② 汝州，今河南临汝县。
③ 东坡奉旨量移汝州后不久，即奉新旨"任便居住"所以他并没有到汝州。

是,"坐见黄州再闰,儿童尽、楚语吴歌。"田夫野老,社酒鸡豚,已竟安之若素了,却又要离开这里。"云何、当此去,人生底事,来往如梭。"这时他确有很深的感慨:"此生飘荡何时歇!""直恐终身走道途。"①可是,他轻轻一转,写出了"待闲看秋风,洛水清波"。雪堂风月,赤壁江山,当然很值得留恋,而洛水清波不也是汉唐以来许多诗人文士所歌咏的地方么?这样展开一步,便有"山重水复疑无路,柳暗花明又一村"的感觉②。这就是所谓旷。胸襟旷达的人,遇事总是从窄往宽里想,写起文学作品来也是如此。这一首〔满庭芳〕并不是东坡上乘之作,却足以代表他旷达的胸襟。

与东坡相反,稼轩总是从宽往窄里想,从宽往窄处写。他有一首〔沁园春〕,我给学生讲,常拿这一首与上述的〔满庭芳〕对比,作苏旷辛豪的例证。先把这首词连题钞在下面。

> 戊申岁,奏邸忽腾报谓余以病挂冠,因赋此。
>
> 老子平生,笑尽人间,儿女怨恩。况白头能几,定应独往;青云得意,见说长存。抖擞衣冠,怜渠无恙,合挂当年神武门。都如梦,算能争几许,鸡晓钟昏。　　此心无有新冤,况抱瓮年来自灌园。但凄凉顾影,频悲往事,慇懃对佛,欲问前因。却怕青山,也妨贤路,休斗尊前见在身。山中友,试高吟楚些,重与招魂。

这首词前一半倒像是满想得开,"凄凉顾影"以下四句也总算是"认了命了";但接着就是"却怕青山,也妨贤路,休斗尊前见在身"。比

---

① 上句东坡醉落魄离京口作词;下句东坡除夜野宿常州城外诗。
② 陆游《游山西村》诗。原作如此,后人引用,上一句多改为"山穷水尽疑无路"。

较安定下来的生活、心情,他还是怕维持不久,好容易有点晴意,另一块阴云又上来了。这三句与"待闲看秋风,洛水清波",同是大转弯之笔,而方向则是相反的,"闲看秋风"从窄转宽,"却怕青山"从宽转窄:这就是苏、辛两人性格不同之处。所以,东坡对人处世平和乐易,稼轩就比较严峻威猛。至于稼轩作这首〔沁园春〕的背景,非三言两语所能说尽,可参阅中华书局出版《稼轩词编年笺注》卷二第196至198页。

宽之与旷,意思一样;而窄与豪又有什么关系呢?越想越窄,甚至窄到无地自容,无路可走,还能够挺然特立,还能够昂首阔步,如松柏之凌霜傲雪,这就是豪,也就是我在上文所说的能担当。境遇之拂逆,心境之苦闷,东坡有力量把他摆脱掉,稼轩有力量把他担当起来,作用虽不同,其为有力量则一。因此,旷与豪都是属于阳刚的。张孟劬先生(尔田)曾说:"苏辛笔力,如锥画沙。"性情襟抱是笔力的主要来源。不记得是谁,曾说:"换笔不如换意,意换则笔自换。"性情襟抱即是意之所由生。所以静安先生在苏旷辛豪之后紧接着说:"无二人之胸襟而学其词,犹东施之效捧心也。"

"过眼不如人意事,十常八九今头白。"①人生本来就是如此,不过事有大小而已。像东坡之遭迁谪,稼轩之落职,当然都是不如意事之大者。东坡对于拂逆的遭遇,在事过境迁之后,总是一笑置之。他在一首〔西江月〕中曾说过:"世间万事转头空,未转头时是梦。"他谪居海南岛数年,吃苦不少,而回中原途中有两句诗云:"梦里似曾迁海外,醉中不觉到江南。"好像没有那回事一样。稼轩可没有这种潇洒劲儿。在东坡看来,世间万事,过去便成虚幻,未来

---

① 稼轩〔满江红〕《赣州席上》词句。

是一片空白,现在则是"曾不能以一瞬"即成过去。① 所以他把过去、未来、现在融成一片,亦真亦幻,亦幻亦真。所谓"古今如梦,何曾梦觉"是也。② 稼轩则把过去、未来、现在都看作是真实。他说:"都是如梦,算能争几许,鸡晓钟昏。"那是牢骚话而非解说语,从口气上可以感觉得出来。所以事情过去了还总是耿耿于怀。他在上饶落职闲居时,曾受过不相干人的轻侮,事实真相已无从考查,大概类似李广之被灞陵醉尉"呵止"③。过了几年,他再度起用,作福建提点刑狱,兼代安抚使,还是没有忘掉这件事。他在这时作的〔贺新郎〕词里说:"千骑而今遮白发,忘却沧浪亭榭;但记得、灞陵呵夜。"④他忘却的是沧浪亭榭(指他闲居的地方),记得的是灞陵呵夜,可见越是不如意事,他越不能忘。他这几句词当时可能被人传诵,十来年后,陆游赠他诗还说:"深仇大怨在逆胡,不用追思灞亭夜。"⑤

上面所说的潇洒与执着,也是苏旷辛豪之一例证。我所举出的都是断句,现在抄两首全章,一词、一诗,以作进一步的证明。

定风波　　东坡

　　三月七日,沙湖道中遇雨。雨具先去,同行皆狼狈,余不觉;已而遂晴。故作此。

　　莫听穿林打叶声,何妨吟啸且徐行。竹杖芒鞋轻胜马,谁怕,一蓑烟雨任平生。　　料峭春风吹酒醒,微冷,山头斜照却

---

① 东坡《赤壁赋》云:"自其变者而观之,则天地曾不能以一瞬;自其不变者而观之,则物与我皆无尽也。"
② 东坡〔永遇乐〕《徐州夜宿燕子楼》词句。
③ 参阅《稼轩词编年笺注》卷二第165页〔八声甘州〕词及其笺注。
④ 全词见《稼轩词编年笺注》卷三第263页。
⑤ 此诗题为《送辛幼安殿撰造朝》,见《剑南诗稿》卷五十七。

相迎。回首向来萧瑟处,归去,也无风雨也无晴。

鹤鸣亭绝句四首录第一首　稼轩

饱饭闲游绕小溪,却将往事细寻思。有时思到难思处,拍碎栏干人不知。

东坡说:"回首向来萧瑟处,归去,也无风雨也无晴。"他在海南岛时有两句诗:"管宁投老终归去,王式当年本不来。"意思与此一样。他把世间种种,一切作如是观;也就是我上文所说"亦真亦幻,亦幻亦真"。稼轩则吃饱了没事,溪边散步,却又想起其实已竟化为云烟的往事来了。也许是余怒,也许是追悔,总而言之是"旧恨春江流不尽"①。结果把栏干都拍碎了,一个人生闷气。若使半夜醉归敲不开门而"倚杖听江声"的东坡②,看见稼轩拍栏干的样子,一定会"仰天大笑冠簪落"③而告之曰:"着时似有输赢,着了并无一物。"④这是苏、辛两人性格与人生观根本不同之处。

写到这里对于苏、辛异同的阐述,自然还不够完备;但总算粗具轮廓,多少能供给青年读者一些线索,一些启示。以下我要漫谈两项苏、辛在作词以外的异同。第一是中国文学作品里所常见到的"酒",第二是"乡土观念"。

---

① 稼轩〔念奴娇〕《题东流村壁》句。
② 东坡〔临江仙〕词云:"夜饮东坡醒复醉,归来仿佛三更。家童鼻息已雷鸣。敲门都不应,倚杖听江声。　　长恨此身非我有,何时忘却营营!夜阑风静縠纹平。小舟从此逝,江海寄余生。"半夜醉归,到了家门,当然希望快些进去休息,而偏偏叫不开门。这种情形,在旁人很容易发怒,东坡却能悠然的"倚杖听江声"。这是小型的"随遇而安",是东坡性情平和开朗的一例。
③ 稼轩〔兰陵王〕《赋一丘一壑》词句。
④ 东坡"书李嵒老棋"文中语。古人谓下棋为着棋;了为终了、完了之意。

东坡酒量很小,而很喜欢饮酒;他也不只一次喝醉,但绝非纵饮。稼轩酒量如何虽不得而知,总应该比东坡能多喝几杯。其饮酒的方式则颇为放纵,不似东坡之有节制。这种情形不仅是生理关系,性情也有关系。东坡空灵超妙,稼轩沉着切实,不只作词如此,喝酒也是如此。

关于东坡饮酒,宋人笔记中有若干记载,我只抄录两段东坡自己的话:

> 余饮酒终日不过五合,天下之不能饮无在余下者。然喜人饮酒。见客举杯徐引,则余胸中为之浩浩焉,落落焉,酣适之味乃过于客。闲居未尝一日无客,客至未尝不置酒;天下之好饮亦无在余上者。《东坡后集》卷九《书东皋子传后》。

> 吾饮酒至少,常以把盏为乐,往往颓然坐睡,人见其醉而吾中了然,盖莫能名其为醉为醒也。在扬州,饮酒过午辄罢,客去,解衣槃礴终日,欢不足而适有余。通行本施注苏诗卷四十一《和陶渊明饮酒诗序》。

宋人费衮的《梁溪漫志》卷六"晋人言酒犹兵"条,引录东坡这段和陶诗序而附识云:"东坡虽不能多饮,而深识酒中之妙如此。晋人正以不知其趣,濡首腐胁,颠倒狂迷,反为所累。"东坡所讲求的是饮酒的情趣,这种情趣,稼轩不是不知道,只是性情豪迈,酒兴来了,控制不住;或者遇到拂逆的环境,或追怀往事,借酒以浇垒块①,

---

① 《世说新语·任诞》篇:"王大曰:阮籍胸中垒块,故须酒浇之。"稼轩〔江神子〕《和人韵》词:"酒兵昨夜压愁城,太狂生,转关情。写尽胸中、磈磊未全平"。磈磊意同垒块。

更不容易控制。他又不像东坡有天然的生理限制,①不知不觉之间就喝多了。所以有时不免成为纵饮,因纵饮而生病,因病而止酒,但终于戒除不掉。直到他去世前半个多月才说:"羡安乐窝中泰和汤,更剧饮无过,半醺而已。"②在此以前,他对于酒,不是"纵",就是"止"。不像东坡,始终是"不即不离"的一个劲儿。稼轩集中提到饮酒的词很多,其中有两首虽不见得很好却很有名的〔沁园春〕,一首说止酒,一首说破戒,前者把酒痛骂一顿,后者又代酒解嘲。③这种矛盾,在东坡于酒有关的作品中是找不到的。这两首〔沁园春〕之外,又有"饮酒不写书"、"饮酒成病"、"饮酒败德"等三首〔卜算子〕,见《稼轩词编年笺注》卷四第 302 至 303 页,俱可作本节所说稼轩饮酒问题参考。

东坡、稼轩都是"背井离乡"在外面做事的。东坡是四川眉山人,我根据王宗稷的《东坡年谱》统计,东坡二十一岁离家赴开封去考进士,从此到三十四岁,首尾十四年中,只在家乡住过两次,一共五年,第一次是丁母忧,第二次是丁父忧。三十四岁直到六十六岁卒于常州,这三十二年始终在外"飘荡",没有回去过。一生六十六年,在家乡二十六年,在外则有四十年。稼轩是山东济南人,二十三岁率领义军渡江,从此一直留在南方。一生六十八年,在外四十五年之久,在家乡二十三年还要打一些折扣,因为根据他的〔声声

---

① 许多人酒量很小,甚至滴酒不能入口,都是受生理限制,平剧《打曹豹》戏词中所谓"天戒"。
② 稼轩〔洞仙歌〕《丁卯八月病中作》词句。丁卯为宋宁宗开禧三年(1207),稼轩卒于是年九月初十日。
③ 此两首〔沁园春〕见《稼轩词编年笺注》卷四第 312 至 313 页。

慢〕词题,他曾在开封住过。①

　　苏、辛虽都是大半生在外,表现在他们作品中的乡土观念却不相同。东坡的乡思很浓,稼轩则似乎颇为冷淡。东坡的名作《游金山寺》诗云:"江山如此不归山,惊起江神笑我顽;我谢江神岂得已,有田不归如江水。"此外的例子,在诗里还有,不遑枚举了。在词里边则有如下所举诸句:

> 归去来兮!吾归何处?万里家在岷峨。〔满庭芳〕。
>
> 家何在?因君问我,归梦绕松杉。〔满庭芳〕。
>
> 天涯倦客,山中归路,望断故园心眼。〔永遇乐〕。
>
> 忘却成都来十载,因君未免思量。凭将清泪洒江阳。故山知好在,孤客自悲凉。〔临江仙〕。
>
> 无可奈何新白发,不如归去旧青山。〔浣溪沙〕。
>
> 倾盖相逢胜白头,故山空复梦松楸。同上。
>
> 一纸乡书来万里,问我何年、真个成归计?回首送春拼一醉,东风吹破千行泪。〔蝶恋花〕。
>
> 尊前一笑休辞却,天涯同是伤沦落。故山犹负平生约。西望峨嵋、长羡归飞鹤。〔醉落魄〕。
>
> 苍颜华发,故山归计何时决?同上。
>
> 此生飘荡何时歇?家在西南、长作东南别。同上。

在稼轩作品里,找不到这样的辞句。只有〔汉宫春〕《立春》词露了一

---

① 稼轩〔声声慢〕词题云:"余儿时尝入京师禁中凝碧池。"京师指宋之东京,即今河南开封。全词见《稼轩词编年笺注》卷二,第181页。

句:"生怕见、花开花落,朝来塞雁先还。"①还有前面说的〔声声慢〕,算是提到北方了;但那是开封,宋朝的故都,不是稼轩的故乡本土。而且只是泛写"当时所见",以寓兴亡盛衰之感,算不了怀乡的作品。

东坡、稼轩作品中所表现的乡土观念之浓厚与冷淡,我想与他们两人的环境和性情都有关系。东坡生于北宋统一太平之世,他之所以不常在家,乃是因为他的家乡太僻远了,游宦在外,没有顺道还乡的机会,专程回去很不容易。如果他一定想回家的话,并没有什么绝对的限制。稼轩的身世就不同了。他那时候,"南共北,正分裂"②。除非"王师北定中原",那能回去?东坡随时有还乡可能,所以念念不忘;稼轩还乡可能性甚小,也就干脆"死了这条心",不再想他。而且,东坡处太平之世,思乡就说思乡,想回家就说想回家,言之无罪。稼轩以北人仕于南朝,如果常表示思乡之情,旁人可能正想,也可能反想。想正了是"志切恢复",想反了则是"身在汉室,心在曹营"③。甚或有人故意往反面解释,以作攻击谗间的口实。置身宦海,尤其是在乱世,对于这一点不能无所顾虑。但是,他虽不便明言,也未尝不可用含蓄委婉之笔,寄情托意。而在他的作品中,这样的句子还是非常少,而且都属于他的早期作品。④中期以后,有时说"思归"、"归去"等语,都是指他在南方的居住

---

① 全词见《稼轩词编年笺注》卷五第463页。
② 稼轩〔贺新郎〕《送杜叔高》词句。
③ 此俗语,余故意颠倒用之。拜托校对先生,不要以为是笔误而改回去。
④ 稼轩〔水龙吟〕《登建康赏心亭》词云:"落日楼头,断鸿声里,江南游子。……休说鲈鱼堪脍,尽西风、季鹰归未?"〔满江红〕云:"层楼望,春山叠,家何在?烟波隔。把古今遗恨,向他谁说。蝴蝶不传千里梦,子规叫断三更月。听声声枕上劝人归,归难得。"都是早期作品。〔水龙吟〕语意较为明显,〔满江红〕则很像泛咏一般人的离情别恨。即使是像这样的句子,即使在早期作品中,也还是不易找到。

地,并非北方故里,这从各词的语气及上下文可以看出。所以我说,稼轩乡土观念之所以较东坡为冷淡,环境固有关系,多半还是在性情方面的差别。

我这篇文章,包括一条主流,两道余波,是"抽空"写的,暑假已快终了,还有些杂事待理,已抽不出更多的空来,只好就此权作结束。有若干可资比较的项目,留待以后再谈。

附记:此文作于1970年夏,未发表。由颜元叔先生译为英文,仍用作者名义载于淡江文理学院出版之 *Tamkang Review*, vol.1, no.2,译文较原作略有删节。

跋雍正钞本赵南星散曲

赵南星撰散曲《芳茹园乐府》一卷，收入《赵忠毅公全集》，又有集外单行本，与集全同。集为明清之间刻本，流传似不甚广，任中敏撰《曲谐》时尚未之见（据《散曲丛刊》本《曲谐》卷二《西堂曲》第四节《中敏自述》）。其后卢前取全集本与南星所撰《笑赞合编》，称《清都散客二种》，由中华书局排印行世；又收入卢氏《饮虹簃所刻曲》中。印本之外，予藏有选钞本，收套数四，小令四十四。四套俱见于印本而颇有删节，其中〔仙吕·点绛唇〕"慰张巩昌"套仅摘录〔那吒令〕一支，余三套各删去一二支不等；小令则见于印本者仅十五支，多出二十九支。钞印互见之曲虽不多，而异文多至五十余事，钞本往往较胜，可据以补正印本脱误。

钞本卷首题"赵忠毅公曲"。卷尾有跋云："忠毅公小曲，个个皆有奇情妙趣，乙卯正月，摘录数叶。其荒淫之词，不可入目者，悉置之。盖恐拘谨之士，因之而薄先生也。后学发傅敬识。"全书仅23页，与康熙二十一年《御制升平嘉宴诗》、《洞宾传》、《西湖十景诗》合装一册，封面题"陶养闲情"四字，钤小印二，其一白文"王发傅印"，其一朱文"燕赵闲人"。发傅，正定人，王定柱之祖父，见定柱所撰《述祖德诗》。定柱，乾隆五十五年进士，有《椒园集》行世。《述祖德诗》集中未收，予藏有定柱手钞稿本。康熙乙卯为十四年，不容预钞二十一年御制诗，且下距定柱登第一百一十五年，祖孙相去不能如是之远；乾隆乙卯则是定柱登第之后六年，发傅即使仍在，亦已耄老，此钞劲整秀润，决非衰翁笔墨，乙卯盖雍正十三年（1735）也。

尤侗《西堂全集·百末词余》自跋云："高邑赵侪鹤冢宰，一代正人也。予于梁宗伯处见其所填歌曲，乃杂取村谣里谚，耍弄打诨，以泄其肮脏不平之气。"南星字侪鹤，梁宗伯即梁清标，康熙时官礼部尚书，亦正定人。王、梁两家，居同乡里，世为姻娅，见发傅高祖兆吉自撰年谱（亦予藏稿本）。正定与高邑为邻县，此钞与尤西堂所见梁本当是同出一源，或即自梁本录出，亦未可知。收入全集者盖后来删定之本；原稿全部已不可复见，钞本所存，吉光片羽，亦足珍矣。中华印本有吴梅跋云："梦白正人，游戏声歌，本无妨碍。而集中多市井谑浪之言，如〔银钮丝〕、〔一口气〕、〔山坡羊〕、〔喜连声〕、〔劈破玉〕诸曲，再读一过，疑是伪托。"梦白亦南星子。观上文所引尤、王二跋，可知赵曲确有俚俗市井语，并非伪托。西堂跋中又云："近则高念东侍郎亦复为之。"盖写作小曲在明末为一时风气，并不见弃于端人正士，南星满怀积愤，发而为此，所谓"庄言之不足则谐言之"，又何足怪？吴先生既云"本无妨碍"，复疑其为伪托，令人有固哉此叟之感。至于个人之是否欣赏喜爱，则是另一问题；予固不喜此种文字者也。

赵为东林名士，嫉恶素严，以骨鲠清亮著称于世。当时人以《水浒》绰号分派清流，赵有玉麒麟卢俊义之目。其曲则西堂所谓泄其肮脏不平之气者，印本《芳茹园乐府》中仅联套诸篇偶露此意，小令中甚为少见。钞本诸小令则几乎全为此种作品。如骂当时官吏则云：

没势时乔趋势,有权时狠弄权。闻风绰影苏苏颤,驮金辇玉纷纷献,为奴作婢团团转。受用足十年占定凤凰池,少不的一朝露出麒麟靴。

白眼睛朝天看,黑心肠往下垂。木般哥生恼通文墨,铁石猫死恨行仁义,葫芦提痛恶多才智。抓了些打家劫舍盗跖钱,干了些欺心害理高毯事。俱〔寄生草〕。宋高俅诨名高毯。

青青的面色,矮矮的身材,摇头暮步两边筛,有甚的计策。战钦钦阁部争先拜,闹攘攘官吏随心卖,齐臻臻弩箭霎时来:也叫做名扬四海。〔醉太平〕。

骂土棍乡豪则云:

只说你踢飞脚蓦过了华山巅,只说你打跟头跳过了黄河堰,只说你吼一声神鬼惊,只说你睁一眼魔王颤。元来你逞豪强没天日,全不管结冤仇有万千。饶你有楚霸王拔山力,也须索到乌江少渡船。三年,把一首拳喻篇成先见;今年,把几个猛士们着了拳。〔雁儿落带过德胜令〕。

远处的常听错,当乡人看不差。受恩德休把绝情下,说官词休助凶徒霸,买庄田须用公平价。且休提五湖四海有声名,只求个三街六巷无人骂。〔寄生草〕。

学大悲常清净,一炉香礼拜佛。是谁家好汉如神附,打的些施主们忙寻路,打的些徒弟们难分诉。达摩爷面壁躲非灾,弥勒佛陪笑求息怒。〔寄生草〕。

元明散曲,惊世劝世者多,愤世而骂世者少。南星诸曲,于各色人物形容毕肖,而骂得痛快淋漓,不留余地。此与《明史》本传所载南星之政治作风,严正而近于操切,完全一致,可以想见其人之性格,所谓"言为心声"也。

钞本又有〔银钮丝〕《元旦》、《元宵》二曲,亦印本所无者,其词云:

> 腊月三十闹攘攘,富家儿女好风光。斗衣裳,时兴宽领袖儿长。金壶盛酒浆,盘中百味香。呀!黄昏里直乱到鸡儿唱。贫家要忙也没得忙,元来也撇不在年那厢。我的天儿哝!一样春,春一样。

> 明月团圆第一遭,何人兴下闹元宵。把天烧,花灯火炮一齐着。烟笼桂树梢,薰黑兔儿毛。呀!响声儿唬的金蟾跳,嫦娥天上也心焦。怎似我闲中守寂寥。我的天儿哝!乐一场,一场乐。

以俗调俗语写寻常节物,本色自然,真切生动,实胜于印本所收之五首。此等曲即王跂所谓"个个皆有奇情妙趣"者,与愤世嫉俗诸作之"慷慨激烈",皆能于明代散曲中自成风格。("慷慨激烈"语见印本所载之新周居士序文。)

戊寅春日,琉璃厂书友阴君持此钞本来求售。既重其收曲多不见于印本者,复喜发傅之书法,结体用笔犹是清初风格,因收归插架;并略志其内容如上。

1940年初稿,曾载于《燕京大学文学年报》第七期;1967年改定。

吴梅的羽调四季花

民国二十八年三月十七日,霜厓先生吴梅病逝于云南大姚县李旗屯,享年仅有五十六岁。这是学术界一大损失,如果天假以年,他一定会在曲学上续有新的贡献。在他生前身后有些人批评他,不满于他的曲学考据。无可讳言,他的短处是考据多疏,有时不免臆测武断;而在审音制曲方面,现在已很难再有这样一个人物。

吴先生去世前一个月,校订他的弟子卢前(冀野)所作《楚凤烈》传奇,题了一支〔羽调·四季花〕。① 音节非常铿锵谐婉,把曲子的音乐美发扬尽致,是他生平最后而又最好的一支曲。但是《霜厓曲录》新旧两种版本都没有收入,仅见于卢冀野所编《霜厓先生年谱》。年谱附载于四川印本吴先生遗作《南北词简谱》卷首,其书流传未广,这一支绝妙好词已有若存若亡之感,应当特别介绍出来。

这支曲音节之美绝不是偶然的,确实是"良工心独苦"。我们且把他与《南词新谱》所收的旧曲〔四季花〕一并钞下来,比较一下,便可以看出。

---

① 卢前撰《霜厓先生年谱》:"民国二十八年己卯,先生五十六岁。一月十四日抵云南大姚县李旗屯。二月十五日校阅前所为《楚凤烈》传奇,题〔羽调·四季花〕云云,盖绝笔也。三月十七日下午三时,即夏历正月二十七日辛未,卒于李旗屯"。骞按:卢撰《楚凤烈》传奇,未见传本。

  法曲继长平。原注:谓帝女花。把贤藩事,娇儿怨,又谱秋声。凄清。前朝梦影空泪零,如今武昌多血腥。旧山川,新甲兵。乱离夫妇,谁知姓名,安能对此都写生。苦雨春莺,正是不堪重听。倒惹得茶醒酒醒,花醒月醒人醒。吴曲。

  愁杀闷人天。见楼儿上,窗儿外,皓月斜穿。更阑。芙蓉帐里春梦单,鸳鸯枕儿闲半边。觉来时,愁万千。粉容憔悴,懒贴翠钿,香肌瘦损罗带宽。咫尺在目前,悄没个捎书人便。奈天远地远,山远水远人远。旧曲。①

  〔四季花〕这个调子音节上的佳处,不仅是谐婉,尤其是峭折。这是南曲的本色,南曲音节与北曲不同而可以与北曲争胜的地方,也不尽在谐婉而有时在峭折,读南北曲者不可不知此理。吴先生这支〔四季花〕,谐婉与峭折,相得益彰,其音节之美与南谱所收旧曲完全相等。分析起来,有四个原故:一是去上声的分配,一是双声字的运用,一是拗句,一是多用阴平声押韵。以下就按照此四项来比较这两支〔四季花〕。这种比较,干燥琐碎,读者要用一点耐性才能看得下去。

  在这两支〔四季花〕里:"法曲继长平"的继字与"愁杀闷人天"的闷字,"贤藩事,娇儿怨"的事、怨二字与"楼儿上,窗儿外"的上、外二字,"乱离夫妇"的妇字②与"粉容憔悴"的悴字,"谁知姓名"的

---

① 此曲《南词新谱》未注作者姓名;万树《词律》云是王九思(渼陂)作。我查过最本《碧山乐府》,并无此曲;万说不知有何根据? 本文姑称之为旧曲。

② 妇字本是上声,在曲子和近代语言里读为去声,《中原音韵》已归入去声。

姓字与"懒贴翠钿"的翠字,"不堪重听"的听字与"捎书人便"的便字,都是去声,在句子里的位置都相同。"前朝梦影"的梦影二字与"芙蓉帐里"的帐里二字,"安能对此"的对此二字与"香肌瘦损"的瘦损二字,都是去上连用,位置也都相同。这都不是偶然的。诗的音乐性比较小,尚且有"双仄定须分去上,三平还要辨阴阳"之说,何况音乐性极强的词曲。①

这两支曲子里边的双声字,吴曲有凄清、泪零、血腥、乱离、夫妇、写生等六者。旧曲有鸳鹊、半边、憔悴、瘦损、捎书等五者。这些字在两曲里的位置大半不同,因为他们不像那些上声、去声字之有固定格式,而只在作者因时制定,随宜运用。吴曲运用双声字,似乎较旧曲更为灵活。

许之衡著《曲律易知》云:"曲句有如诗中拗句者,则必须遵守。"拗句对于我所谓峭折有很大作用。〔四季花〕的三个七言句子都是拗句。第一句,吴曲"前朝梦影空泪零",旧曲"芙蓉帐里春梦单"。都是

---

① 万树《词律》有几处论上声去声,简明透彻,节录于下,以供读者参考。"一调有一调之风度声响,若上去互易,则调不振起,便成落腔。……盖上声舒徐和软,其腔低,去声激厉劲远,其腔高;相配用之,方能抑扬有致。大抵两上两去,在所当避。……更有一要诀曰:名词转折跌荡处多用去声。何也?三声之中,上入二者可以作平,去则独异。故余尝窃谓:论声虽以一平对三仄,论歌则当以去对平上入也。当用去者,非去则激不起,用入且不可,断断勿用平上也。"(《词律·发凡》第十二条)骞按:万氏所论入声,是词和南曲;北曲照北方语音,入声分派于平上去三者,根本已无入声,自然不在万氏所论之内。"上之为音,轻柔而退逊,故近于平。……用上皆可代平,却用不得去声字。但试于口吻间讽诵,自觉上声之和协而去声之突兀也"(《词律·发凡》第十三条)。"词曲中四声,以一平对上去入之三仄,固已。然三仄可通用,亦有不可通用之处。盖四声之中,独去声另为一种沉着远重之音。所以入声可以代平,次则上声亦有可代,而去则万万不可。人但于口中调之,其理自明。南北曲之肯綮,全在此处"(《词律》卷十七《宴清都调》注文)。骞按:万氏论上声云"舒徐和软",又云"轻柔退逊";论去声云"激厉劲远",又云"沉着远重"。因为不是同时写的,所以用字不同,意思则是一样。

平平去上平去平。第二句,吴曲"如今武昌多血腥",旧曲"鸳鸯枕儿闲半边"。是平平上平平入平、平平上平平去平,第三句,吴曲"安能对此都写生",旧曲"香肌瘦损罗带宽"。是平平去上平上平、平平去上平去平,两曲六句之中,吴曲只有血字入声、写字上声与旧曲半字、带字俱用去声者不同。但因为都是仄声,对于拗句之拗并无妨碍。血字《中原音韵》作上声用,南曲亦可借作上声。

这个调子的平声韵字一共有九个。吴曲用平、声、清、零、腥、兵、名、生、莺;旧曲用天、穿、阑、单、边、千、钿、宽、前。都是六个阴平、三个阳平,也就是阴占三分之二,阳占三分之一。以阴平为主,用阳平调剂。所以这两支曲的音调都是清远高亢,揭响入云;吴曲用之以写凄清悲壮的情调,尤为适合,真是声情合一了。这当然是词曲的最高境界。

上文所举四项:去声字及拗句构成这支曲调的峭折,去上声连用字及双声字构成其谐婉。吴先生对于这四者的处理安排,悉遵旧谱,一丝不苟,可想见其用心之苦了。四者之外,最末二句叠用的韵字,须用上声,如旧曲用远字,梁辰鱼"寒气透疏棂"曲用冷字,沈璟"秋雨过空墀"曲用你字皆是;①吴曲用醒字,也是"恪遵古

---

① 梁曲全首云:"寒气透疏棂。正窗儿破,风儿猛,背却残灯。愁听。高梧露滴秋夜清,南山子规啼一声。月沉西,门暗扃。晓钟何处,嗒嗒五更,薰笼坐倚直到明。辗转梦不成,难道便一生孤另。奈香冷篆冷,衾冷枕冷人冷。"沈曲全首云:"秋雨过空墀。正人初静,更初转,渐觉凄其。人儿。多应傍着珊枕低,刚刚等咱才睡时。便觉相将投梦思。若伊无意,谁教梦迷,多情又苦得见稀。抵死恨着伊,恰恨罢又添萦系。更怜你笑你,愁你想你冤你。"梁作音律文字,都可与旧曲及吴曲媲美;沈作真是拙劣,沈氏其他作品类此者居多,所以汤临川不大看得起他,曾说:"彼恶知曲意哉!"

法"。但这不是这两句的惟一定格。①

　　以上所说都是音律方面的问题,如果吴先生能事仅此,还算不了全才佳作。汤显祖与沈璟是明代两大曲家,汤氏作曲,很多人说他不合律,沈则兢兢业业,谨守"词家三尺"。但至今传诵传唱的只有汤作,沈作久已光沉响绝。从此可以看出词藻、意境毕竟还是比较重要。王鹏运论刘秉忠《藏春乐府》云:"周旋于法度之中,而声情识力常若有余于法度之外,庶几为填词当行。"词曲一理。吴先生这一支〔四季花〕以及他平生所作曲子的大部分,都能适合于王氏所说的标准。审音极细,守律极严,而总是"美人细意熨贴平,裁缝灭尽针线迹",恢恢然游刃有余,从容闲雅。词藻高华,意境清真,文字与音律并美。此其所以不同于不知而作的外行,又非被格律压得不能动转自如的曲匠。前边已说过,这支曲是吴先生最后的作品,那时他已是久病之躯,自知不久人世,所以结尾数语写得凄然欲绝。我读了这支曲便想到周邦彦的几句词:"斜阳映山落,敛余红、犹恋孤城栏角。"

　　　　　　1948年旧稿,1970年一月改定;《现代文学》第四十一期。

---

① 汤显祖《紫箫记》第二十出〔四季花〕(原题〔四时花〕曲)云:"仙酒醉婵娟。这肌儿脆,声儿颤,带笑花前。嫣然。斜簪抛出金缕悬,鹅黄画袴吹可怜。绉湘裙,躲着眠。粉檀香润,拼娇恣妍,真珠儿滴红上面。婀娜垂柳边,又不是看花人倦。护春柔酒晕,惹人闲绪花片。"此曲《南词新谱》收为〔四季花〕之又一体,末两句与其他诸作用叠字者不同;作家用叠字体者为多。所以吴著《南北词简谱》卷十〔四季花〕调注文云:"末句例用环调。"环调即是叠字体,从文字上讲是叠字,从音乐上讲是环调。汤曲的面字片字用去声押韵,颇不合律,汤氏作曲往往有此种情形。

关汉卿的杂剧

关汉卿是元代杂剧大作家之一,他的事迹不甚可考。关于他的记载,较为具体的有以下四条:

元钟嗣成《录鬼簿》:关汉卿,大都人,太医院尹,号已斋叟。

明蒋一葵《尧山堂外纪》:关汉卿,号已斋叟,大都人。金末为太医院尹,金亡不仕。好谈妖鬼,所著有鬼董。

乾隆《新修祁州志·纪事门》:关汉卿,元时祁之任仁村人也。高才博学而艰于遇,因取《会真记》作《西厢》以寄愤;脱稿未完而死,棺中每作哭泣之声。……此言虽云无稽,然任仁村旁有高基一所,相传为汉卿故宅。

邵远平《元史类编·文翰门》:关汉卿,解州人,工乐府,著《北曲六十种》。

此外,还有些关于他的泛论和不甚要紧的轶闻逸事,散见于明人笔记、诗话或曲话中,今不具引。

以上四条记载虽甚简单,却有两个问题:一、《录鬼簿》仅说他曾任太医院尹,没说在什么时代;《尧山堂外纪》则说是在金时,而且"金亡不仕",肯定了他是金遗民。明初郏经的《青楼集序》、杨维桢的《铁崖乐府》，也说汉卿是金人入元。二、他的籍贯有大都、祁州、解州三说。关于他的时代问题，下面再谈；现在先解决他的籍贯问题。汉卿之为大都人见于《录鬼簿》，这是关于元剧作家传记的权威记录，佐以《尧山堂外纪》，此说应无可疑。但元朝所谓大都，并不专指现在的北平；其范围往大里说，有时可包括当时所谓"腹里"，即今河北、山东、山西各地；至少是北平附近各县，均属于大都范围。祁州即今河北省安国县，离北平不过二三百里，自然可算在大都范围之内。所以大都及祁州两说实可并行不悖。至于解州，即今解县，在山西西南境，如算作大都范围，未免牵强，去北平及祁州更为辽远；《元史类编》之说，别无佐证，恐不足信。解县是三国时关羽故乡，为元明以来关氏艳称之地，关汉卿之被认为解州人，也许是追述"祖籍"。

关汉卿的事迹既不甚可考，所以我们谈到他只能就他的作品加以论述。他在元代许多杂剧作家之中，有三种特点：一、时代最早。二、作品最多。三、题材最为广泛而且描写各极其致。这三种特点使关汉卿成为元剧大作家，现在依次分别说明。

先说汉卿的时代。金元两朝都有太医院，编制也都相同，见于《金史》五十六及《元史》八十八《百官志》。关汉卿作太医院尹在金还是在元？也就是说，他是否金遗民？这个问题在二十多年以前就已经引起学术界的争辩，论文甚多，各持一端。我个人认为"关汉卿不是金遗民"之说较为合理可靠，他极可能是生于金末长于元初，和白仁甫差不多，或者比仁甫大七、八岁，仁甫生于金亡前七年。但不会早到在金朝即已作官。这个问题若是引录旧说再加新考，总要万言以上，不是本文篇幅所能容纳，体例亦有未合，所以这里仅能略述。但，无论关汉卿是否金遗民，都无碍于其为元剧时代最早的作家。因为：第一，《录鬼簿》把他编入"前辈已死名公才人"之列，而且是第一名。第二，明初宁献王朱权丹丘先生。的《太和正音谱》说他是"初为杂剧之始"；《正音谱》与《录鬼簿》同为研究元人杂剧的权威著作。第三，他的作品无论散曲、杂剧，其词藻、意境都是元曲早期的风格，所用曲牌及联套又有许多是中期及后期作品所不用的旧格旧式。这是我编《北曲新谱》及《元曲套式》时比较出来的。由上述第三种理由可以证明《录鬼簿》列汉卿为前辈作家第一人，《正音谱》说他始为杂剧，并不是随意编排的。

再说汉卿作品的数量。《录鬼簿》及《正音谱》都有关于元代杂剧的著录：通行本《录鬼簿》著录汉卿作剧五十八本，明钞本《录鬼簿》著录六十二本，《正音谱》则著录了五十九本。原有六十本，但误分《钱大尹鬼报绯衣梦》为两剧，实得五十九本。我根据以上三种著录，参以《永乐大典》杂剧目录及臧懋循《元曲选》、李玄玉《北词广正谱》诸书，考定汉卿所作杂剧为六十四本。元人作剧以数量言，前三名是：关汉卿六十四本，高文秀三十二本，郑廷玉二十二本，其余都是二十本以下。诸书著录元人杂剧，去其重复，合共五百三十余本；汉卿个人所作即占全数十分之一强。不但是第一，而其与第二之间的差别恰好是二倍，与第三之间的差别约近三倍，真是"绝类离伦"的多产作家了。

元剧五百三十余本，现存的不过一百七十左右，约合全数五分之二弱；汉卿作剧六十四本，全存的只有十四本，残存零曲断句的有三本，合共十七本，也正好是全数五分之二弱。这是一项偶然的巧合。现在把这十七本的名目及板本写在下边；散佚的四十七本，既已不可复见，与本文论旨无关，故尔从略。板本只书通行易得者，稀见之本如顾曲斋等从略。

闺怨佳人拜月亭旦本,见《元刊古今杂剧三十种》(以下简称《元刊》),《元人杂剧全集》(简称《全集》)。

　　诈妮子调风月旦本,《元刊》,《全集》。

　　钱大尹智宠谢天香旦本,《元曲选》,《全集》。

　　赵盼儿风月救风尘旦本,《元曲选》,《全集》。

　　包待制三勘蝴蝶梦旦本,《元曲选》,《全集》。

　　杜蕊娘智赏金线池旦本,《元曲选》,《全集》。

　　感天动地窦娥冤旦本,《元曲选》,《全集》。

　　望江亭中秋切鲙旦本,《元曲选》,《全集》。

　　钱大尹鬼报绯衣梦旦本,《全集》。

　　邓夫人苦痛哭存孝旦本,《孤本元明杂剧》(简称《孤本》)。

　　状元堂陈母教子旦本,《孤本》。

　　关张双赴西蜀梦末本,《元刊》,《全集》。

　　关大王单刀会末本,《元刊》,《全集》,《孤本》。

　　温太真玉镜台末本,《元曲选》,《全集》。

以上今存十四本。

　　唐明皇哭香囊似末本,存五曲,见《北调广正谱》。

　　风流孔目春衫记似末本,存一曲,见同上。

　　孟良盗骨似末本,存两句,见同上。

以上残存三本。

这十七本是我考定确系关作的。《孟良盗骨》稍有问题。此外有《鲁斋郎》、《五侯宴》、《裴度还带》、《单鞭夺槊》四本,都是他人作品,旧本误题关作;又有《西厢记》第五本,自明以来有些人认为是关作,甚至有人认为《西厢》全部是关作,如前引《祁州志》。其说确否,极成问题。所以我都没把它们列入。此节所述关作杂剧数目名称的考证,我另有专文,其中一部分已发表,见1952年出版的《大陆杂志》特刊第一辑,题为"元剧作者质疑"。

再说汉卿作品的题材及风格。汉卿作剧题材之广泛,根据他现存全剧十四本即可看出。他所写有慷慨悲歌的英雄气概如《单刀会》、《西蜀梦》,浪漫潇洒的名士风情如《玉镜台》,有情节曲折的公案剧如《蝴蝶梦》、《绯衣梦》。他尤其善于描写女性,所写女性又有多种类型:有教子成名满怀喜悦的老太太如陈母,有痛子惨死声情凄厉的中年妇人如邓夫人,有怀春的闺秀如《拜月亭》,有慧黠的丫环如《调风月》,有机智镇定的命妇如《望江亭》,有贞烈含冤的民女如窦娥,有才妓如谢天香,有侠妓如赵盼儿,有多情而善怒的妓女如杜蕊娘。仅仅十四剧包括了这样多的题材,描写了这样多的人物,的确是够广泛的了。散佚的四五十种,全剧虽不可见,从《录鬼簿》及《正音谱》所载的名目也可推测出其内容之"兼收并蓄"。他描写的技巧更是如"水银泻地,无孔不入"。无论什么题材,什么人物,阳刚、阴柔、风云、儿女,都写的逼真生动,尽态极妍。试看下面所引几段曲文:

〔仙吕·混江龙〕存的孙刘曹操,平分一国作三朝。不甫能,河清海宴,雨顺风调。兵器改为农器用,征旗不动酒旗摇。军罢战,马添膘,杀气散,阵云消,役将校,作臣僚,脱金甲,着罗袍。帐前旗卷虎潜竿,腰间剑插龙归鞘。抚治的民安国泰,却又早将老兵骄。《单刀会》。

〔双调·新水令〕大江东去浪千叠,引着这数十人,驾着这小舟一叶。又不比,九重龙凤阙,可正是,千丈虎狼穴。大丈夫心烈,我觑这单刀会,似赛村社。《单刀会》。

〔双调·驻马听〕水涌山叠,年少周郎何处也;不觉的,灰飞烟灭,可怜黄盖转伤嗟。破曹的樯橹一时绝,鏖兵的江水犹然热。好教我情惨切。这也不是江水。这是、二十年流不尽的英雄血。《单刀会》。字句从《孤本元明杂剧》。

〔南吕·一枝花〕藕丝翡翠裙,玉腻蜻蜓颈。妲己空破国,西子枉倾城。天上飞琼,散下风流病。若是寝正浓,梦乍醒,且休问斜月残灯,直睡到东窗日影。《玉镜台》。

〔正宫·呆古朵〕这供愁的景物,好依时月,浮着个,钱来大绿巍巍荷叶。荷叶似花子般团圞,陂塘似镜面般莹洁。啊几时教我,腹内无烦恼,心上无萦惹。似这般,青铜对面妆,翠钿侵鬓贴。《拜月亭》。

〔正宫·伴读书〕你靠栏槛,临台榭,我准备名香爇。心事悠悠凭谁说;只除向,金鼎焚龙麝。与你、殷勤参拜遥天月,此意也无别。《拜月亭》。

〔正宫·滚绣球〕有日月,朝暮悬;有鬼神,掌着生死权。天地也,只合把清浊分辨;可怎生,糊突了盗跖颜渊。为善的,受贫穷更命短;造恶的,享富贵又寿延。天地也,做得个怕硬欺软;却原来,也这般顺水推船。地也、你不分好歹何为地;天也、你错勘贤愚枉做天。哎只落得两泪涟涟。《窦娥冤》。

〔仙吕·油葫芦〕姻缘簿全凭我共你,谁不待,拣个称意的。他每都,拣来拣去百千回。待嫁一个老实的,又怕尽世儿难成对;待嫁一个聪俊的,又怕半路里轻抛弃。遮莫向,狗溺处藏,遮莫向,牛屎里堆;忽地便吃了一个合扑地。那时节,睁着眼怨他谁。《救风尘》。

写武将有英雄气概,写少女是闺秀声情,写冤屈的民妇则叫地呼天,声泪俱下,写侠妓的口吻则粗俚中有伉爽之致。若不知道作者,几乎看不出是同一个人的作品。从前称赞多才艺的演员,有"装龙像龙,装虎像虎"之语,关汉卿则是写龙像龙,写虎像虎。其他元剧作家有生动的笔墨,但很少能描写这样广泛的题材。如果关作六十四本能有半数流传下来,我们当可看到更为广泛生动的描写,可惜仅存十四本。尤其可惜的是他的末本即以男性为主角的剧本。流传太少,除《单刀会》、《西蜀梦》外,我们看不到汉卿笔下的风云之气。固然,根据《录鬼簿》所载汉卿全部作品名目推测,其中末本并不太多,但如能流传下来,总比现在所能看到的多出好几本。

旦本多于末本,是关作杂剧另一特点。其他元人杂剧则是末本多而旦本少。现存一百七十余本元剧,其中末本约占十分之七,旦本仅约十分之三;关作现存十四剧,旦本十一,末本三,其比例恰好与其他元剧相反。关作散曲,也以描写女性生活心理者为多。元代两大曲家关汉卿与马致远的最大分别即在于此。关作多客观的描绘人情世态,马作多主观的抒写自家胸臆;关作主题多女性,马作主题多男性。马作杂剧现存七本之中只有一个旦本,其末本亦多映现作者个人的胸襟情调。散曲更多为咏怀之作,极少涉及儿女之情。

汉卿所作散曲,散见元明各种曲选,近人任二北有辑本,收入所编《元人散曲三种》。数量不多,内容也较为单调,都是些风花雪月、闺情别恨之类。大概他一生专门写杂剧,散曲则是余力为之。本文论述,也就以杂剧为主。

最后,引述明宁献王朱权对于汉卿的批评以结束本文。朱语见《太和正音谱》卷上:

> 关汉卿之词如琼林醉客,观其词语,乃可上可下之才。盖所以取者,初为杂剧之始,故卓以前列。

汉卿写作既多,有时不免失之于杂,词藻则瑕瑜并陈,格调则高低互见。正如长江大河,好处是汪洋浩瀚,坏处是沙泥俱下。朱权之喜欢高雅整秀的作品,从他自己所作《卓文君》、《冲漠子》两剧即可看出。所以他对于马致远、张小山二人极力推崇,而对于汉卿的批评则是"毁誉参半"。我在本文中对于关作的好评也是出于客观的态度;若论主观的欣赏,我还是偏爱马致远的作品,无论杂剧或散曲。

附记:此文载于1958年出版的《中国文学史论集》,当时因期限迫促,仓卒"交卷",叙述汉卿事迹部分,都是根据不确定的旧说,未能采用新发现的资料作进一步的探讨。本想弃去不存,但关于汉卿杂剧的著录及评论方面,多少还有一点我个人的意见,可供学者参考,所以仍旧收入集中。只是要补正两点。第一,所谓包括"腹里"之说,把大都的范围说得太大,恐不可信;但祁州可算在大都范围之内则无问题。第二,《录鬼簿》所谓"太医院尹",通行曹栋亭本如此,天一阁旧藏明钞本及孟称舜编《古今名剧合选》附刻本都作"太医院户"。金元两史《百官志》所载太医院编制都没有"院尹"这个职位,《元典章》卷三十二、《通制条格》卷三却有所谓"医户",可见"尹"字是错字,而"户"字不误。汉卿本人并没有在太医院作过医生或担任任何职务,只是他家里有人在太医院作事。然则"汉卿作太医院尹在金还是在元",这个问题根本并不存在。但《尧山堂外纪》亦云汉卿作太医院尹,熊自得的《析津志》把汉卿列入《名宦传》,这又是"尹"字的旁证。所以,这个问题究竟如何?还是不能有绝对正确的答案。1966年编集时记。

关汉卿杂剧总目 附元人杂剧总目凡例

今春文化出版事业委员会编印《中国文学史论集》，载有拙作《关汉卿的杂剧》一文，其中一段云：

关汉卿在元代许多杂剧作家之中，有三种特点：一、时代最早。二、作品最多。三、题材最为广泛而且描写各极其致。这三种特点使他成为元剧大作家。

又一段云：

通行本《录鬼簿》著录汉卿作剧五十八本，明钞本《录鬼簿》著录六十二本，《正音谱》则著录了五十九本。(《正音谱》原著录六十本，但误分《钱大尹鬼报绯衣梦》为两剧，实得五十九本)。我根据以上三种著录，参以《永乐大典》杂剧目录及臧懋循《元曲选》、李玄玉《北词广正谱》诸书，考定汉卿所作杂剧为六十四本。元人作剧以数量言，前三名是：关汉卿六十四本，高文秀三十二本，郑廷玉二十二本，其余都是二十本以下。诸书著录元人杂剧，去其重复，合共五百三十余本；汉卿个人所作即占全数十分之一强。不但是第一，而其与第二之间的差别恰好是二倍，与第三之间的差别约近三倍，真是"绝类离伦"的多产作家了。

汉卿作剧虽多,而大部散佚,仅存其目;此种情形,与其他元剧作家初无二致。余作彼文时,仅取汉卿诸剧之全存者十四本、残存者三本,列举其目;完全散佚之四十七本,则以篇幅所限,未能备举。然余所考定者既与前人著录有所不同,则此六十四本之总目自为治元曲者之所愿闻。乃整理旧稿,发表于此,以求教于博雅之士。

余又曾拟根据三十年来陆续发现之曲籍及其他资料,纂录《元人杂剧总目》一书,以补正前人著录之阙失。订有《凡例》,共十四条,关剧总目即依据此十四条而写定者;今附载于前,以当说明。尤有进者:余所致力,仅及关氏作品,此外诸家,尚付阙如。倘有同道之士,取余所定《凡例》,改订增删,使之臻于完善,进而纂录关氏以外诸家之作,俾所谓《元人杂剧总目》得以早日脱稿,补旧史之艺文,启初学之门径,斯固区区之所切祷者。而此篇之发表,其意义将不止于为关氏个人作品编总目矣。

元人杂剧总目凡例

(一)本目根据下列诸书著录元代及明初之杂剧,并考订各剧名目及作者之异同,剧本之存、残、佚。

(甲)前人著录:(1)元钟嗣成《录鬼簿》通行本(《簿甲》。括弧内为各书简称)。(2)《录鬼簿》明钞本(《簿乙》)。(3)明初贾仲名(一作明)《录鬼簿续编》(《簿续》。此书或疑出于明初无名氏手,非贾作)。(4)近人马廉《录鬼簿新校注》(《簿注》)。(5)明宁献王朱权《太和正音谱》(《正音》)。(6)明臧懋循《元曲选》卷首附载杂剧目录(《臧目》。此目全钞《正音》,偶有不同,故附于《正音》之后)。(7)《永乐大典》杂剧目录(《大典》)。(8)清黄文旸《曲海总目》(《黄目》)。(9)清支丰宜《曲目表》(《支表》)。(10)清姚燮《今乐考证》(《今乐》)。(11)近人王国维《曲录》(《曲录》)。

(乙)公私各家书目:(12)明晁瑮《宝文堂书目》(《宝文》)。(13)明高儒《百川书志》(《百川》)。(14)明祁彪佳《祁氏书目》(《祁目》)。(15)清钱曾《也是园书目》(《钱目》)。(16)清顾修《汇刻书目》(《汇刻》)。(17)清丁丙《八千卷楼书目》(《丁目》)。(18)《国立北平图书馆善本书目》甲乙编(《馆目》)。(此外国内外各图书馆及私家藏目偶录曲籍无关重要者从略。)

(丙)杂剧总集:(19)《元刊古今杂剧三十种》(《元刊》)。(20)明息机子编刊《元人杂剧选》(《息机》)。(21)明顾曲斋编刊《元人杂剧选》(《顾曲》)。(22)明陈与郊编,新安徐氏刊行《古名家杂剧》及其续编(《名家》)。(23)盋山图书馆影印本《元明杂剧》(《元明》。此书系影印徐刊杂剧之一部分,故附于其后)。(24)明黄正位编刊《阳春奏》(《阳春》)。(25)明臧懋循编刊《元曲选》(《元曲选》)。(26)明孟称舜编刊《柳枝集》、《酹江集》(《柳枝》、《酹江》)。(27)明赵琦美《脉望馆钞校古今杂剧》(《赵校》。此书即所谓《也是园旧藏古今杂剧》)。(28)《孤本元明杂剧》(《孤本》。此书系排印赵氏钞校诸剧之别无传本者)。(29)近人王季烈《孤本元明杂剧提要》(《孤本提要》)。(30)近人孙楷第述《也是园旧藏古今杂剧》(《孙述》。以上两书并非剧本总集,但其中多关于赵氏钞校诸剧之考订,故附于此)。(31)《世界文库》(《文库》)。(32)《元人杂剧全集》(《全集》。此书仅印行一部分,实非全集)。(上列诸书有一部分为稀见珍籍,关于此诸书板本及内容之叙述,非本凡例范围所及,读者可参考日本青木正儿著、隋树森译《元人杂剧序说》第三章第一、第二两节。)

(丁)明人编曲选:(33)明无名氏编《盛世新声》(《新声》)。(34)明张禄编《词林摘艳》(《摘艳》)。(35)明郭勋编《雍熙乐府》(《雍熙》)。(36)明止云居士编《万壑清音》(《清音》)。

(戊)曲谱:(37)明朱权《太和正音谱》(《正音》。互见前甲项)。(38)清李玄玉等《北词广正谱》(《广正》)。(39)清庄亲王等《九宫大成南北词宫谱》(《大成》)。(40)清叶堂《纳书楹曲谱》(《纳书楹》)。

(己)元明笔记杂著:(41)元夏庭芝《青楼集》(《青楼》)。(42)明陶九成《辍耕录》(《辍耕》)。(43)明蒋一葵《尧山堂外纪》(《外纪》)。(44)明姚桐寿《乐郊私语》(《乐郊》)。(45)明李开先《词谑》(《词谑》)。(明人曲话中涉及元人杂剧部分,多属空论,甚少具体事实,本目偶有征引,不再详列其目。)

(二)元末作家,入明者不乏其人,如王子一、贾仲明诸人皆是;无名氏诸作,其时代为元为明,尤难考定。明初杂剧,大体不失元人矩矱,与元剧并列一编,原自无妨。故本编名为《元人杂剧总目》而兼收明初人作;分为元人、元明无名氏、明初人三部,以示区别。(无名氏中,元人居大多数,故列于明初人之前。)本此原则,凡载于正续《录鬼簿》、《太和正音谱》、《永乐大典》目录三书之杂剧,均行著录;因以上三书所收各剧,其时代至晚在永乐末年也。

(三)通行本《录鬼簿》(《簿甲》)有六种板本:(1)孟称舜《酹江集》附刻本(不全,简称孟本)。(2)明钞说集本(简称说集本。原书未见,据孙楷第"释《录鬼簿》的次本"文中所引)。(3)曹寅刻

《楝亭十二种》本(简称曹本)。(4)刘世珩暖红室覆刻清初尤贞起钞本(简称尤本)。(5)乾隆时戴光曾钞本(简称戴钞本。原书未见,据孙楷第引)。(6)王国维据明钞校本(简称王校本)。各本大致相同,尤本最佳。今以尤本为主,以余本参校。

(四)明钞本《录鬼簿》及其续编(《簿乙》及《簿续》),脱字误字甚多,无他本可校。本目所引该书原文,均行补正,并注明根据何书。未注明者系编者以意补正,皆形近音讹,文义显然易见者。

(五)正续《录鬼簿》(正编包括通行及明钞两种),《太和正音谱》为著录元人杂剧之原始资料,最早、最详、最可信。本目著录诸剧,凡此二书俱曾著录者即注"全录"二字,他书有无著录不再记出。二书或录或否,或二书未录而见于他书者,则详细注明。

(六)附录各家小传,其资料以正续《录鬼簿》为主。元剧作家多江湖隐沦之士,事迹不彰;余尝于《元史》及诸元人别集中寻求各家传记资料,所获甚少,几于缘木求鱼,不只披沙简金也。

(七)各作家名下,注明所撰杂剧总数及存、残、佚各若干。

(八)各书所载诸剧作者如有歧异,均详为考订。

(九)本目著录诸剧,概书总题、题目正名(正目)及简题可考者均予照录,并注明见于何书。惟已佚诸剧,其简题无甚用处,故大致虽可考知,亦从省略。(总题、正目、简题诸名词之解释,见拙作《元人杂剧的结构》。在彼文中,简题原作简称,因易滋混淆,今改定之。)

(十)总题文字概以《簿甲》为准;《簿甲》仅载简题者则代以他书所载总题。各书均载简题者仍之。各书所载总题如有歧异,详为列举。

(十一)正目文字概以《簿乙》为准;《簿乙》未注正目而见于他书者,各从其源。各书正目如有歧异,详为列举。

（十二）全剧现存者注"存"字，并注明有何板本；仅存一部分者注"残"字，并注明现存部分见于何书；全剧不存者注"佚"字。每人所撰诸剧即按存、残、佚之次序排列。

（十三）本目著录诸剧，其格式如下。（甲）首列总题，总题下注明（1）存、残、佚。（2）旦本或末本。（3）见于何书著录。（4）现存全剧之板本或残剧见于何书。各书所载总题文字歧异及有关全剧之考订按语，低两格书于总题之后。（乙）其次为简题及正目，俱较总题低一格书。与简题或正目有关之考订按语，低两格书于其后。

（十四）各本《录鬼簿》及《正音谱》屡有注出"二本"或"次本"字样。（二本为同一故事而有二作家编成杂剧且用同一剧名者；二本之中，确知其写作时期之孰先孰后，则称后一本为次本。）今于各书原注二本或有二本而各书失注者，均依原书注明或为补注，并于两作者目下各注明某人亦有此剧。原注次本者，于前一作者目下注明有某人次本，后一作者目下注明次某人本。又有用其他方法，如曲调名、角色、韵部之类注明本数或其区别者，均依原书所注转载。

关汉卿杂剧总目

关汉卿，自号已斋叟，大都人。① 曾官太医院尹；性乐易坦率；好谈妖鬼，所著有《鬼董》②。毕生致力杂剧，作品之多，为元人冠，

---

① 汉卿籍贯有大都、祁州、解州三说，大都之说最为可信。
② 此说见明蒋一葵《尧山堂外纪》，余所见原文如此，疑当是《鬼董狐》。记曾有人专文讨论汉卿此书，手边无原文，志出俟考。

描写范围甚广,各极其致。散曲则多写儿女柔情,数量亦不多,盖以余力为之。汉卿为元曲初期作家,生平疑在金末,卒年未详。①(本节叙述,颇有问题,参阅前篇《关汉卿的杂剧》附记。)

汉卿所撰杂剧凡六十四本:存十四(旦本十一,末本三),残三,佚四十七。

闺怨佳人拜月亭 存。旦本。全录。《元刊》、《全集》。

曹本《簿甲》亭作庭。《钱目》作《王瑞兰私祷拜月亭》。

王德信(实甫)有《才子佳人拜月亭》,《今乐》、《簿注》均以为与关作同目;王作今不存,无从考定;但恐非同一故事,关作拜月者只有佳人,才子并不在场。

高儒《百川书志》卷六《史部·外史门》著录《贞淑秀拜月诉衷肠》一卷(按:《百川》著录杂剧均以一本为一卷)。注云:"元关汉卿撰,《太和谱》(按:即《正音谱》)名为《拜月亭》。"其下又有小字一行云:"续考,明广阳蔡泉编"。盖初据拜月二字臆定此剧为关作,后始考出为蔡作也。

简题:拜月亭

正目:无考

诈妮子调风月 存。旦本。全录。《元刊》、《文库》、《全集》。

《大典》调误作讽。

简题:诈妮子(《簿乙》)调风月(《正音》)

正目:双莺燕暗争春　诈妮子调风月(《簿乙》、《元刊》)

---

① 《尧山堂外纪》云:汉卿官太医院在金时,入元不仕;郝经《青楼集序》亦称汉卿为金遗民。其说并无确据。汉卿时代似不如此之早。此问题二十余年前即曾引起学术界之争辩,始终难得确定之结论,然总以"关汉卿非金遗民"之说较为可信。

钱大尹智宠谢天香存。旦本。全录。《元曲选》,《名家》,《全集》,《阳春》(未见)。

简题:谢天香

正目:柳耆卿错怨开封宰　钱大尹智宠谢天香(《簿乙》、《元曲选》)

《元曲选》宰作主。

烟月救风尘存。旦本。全录。《元曲选》,《名家》,《全集》,童云野刻本(未见)。

曹本《簿甲》救作旧,今从尤本《簿甲》及《簿乙》。《钱目》作《赵盼儿风月救风尘》。

简题:救风尘

正目:虚脾瞒俏倬　烟月救风尘(《簿乙》)

又:念彼观音力　还归于本人

　　虚脾瞒俏倬　烟月救风尘(《名家》)

又:安秀才花柳成花烛　赵盼儿风月救风尘(《元曲选》)

包待制三勘蝴蝶梦存。旦本。《簿乙》,《正音》,《钱目》。《元曲选》,《名家》,《全集》。

简题:蝴蝶梦

正目:开封府单问后姚婆　包待制三勘蝴蝶梦(《簿乙》)

又:葛皇亲挟势行凶横　赵顽驴偷马残生送

　　王婆婆贤德抚前儿　包待制三勘蝴蝶梦(《元曲选》、《名家》)

单问谓单独审问,元曲中常见之词,《簿乙》单作卑,形近之误。

杜蕊娘智赏金线池存。旦本。全录。《元曲选》,《顾曲》,《名家》,《柳枝》,《全集》。

《簿乙》娘误作如。

简题:金线池

正目:韩解元轻负花月约　老虔婆故阻燕莺期

　　　　石好问复任济南府　杜蕊娘智赏金线池　诸本俱同

感天动地窦娥冤 存。旦本。《簿乙》,《正音》,《钱目》。《元曲选》,《名家》,《酹江》,《全集》。

简题:窦娥冤

正目:汤风冒雪没头鬼　感天动地窦娥冤(《簿乙》)

又:秉鉴持衡廉访法　感天动地窦娥冤(《元曲选》)

望江亭中秋切脍旦 存。旦本。全录。《元曲选》,《息机》,《全集》。

尤本《簿甲》脍作鱼。

旦谓剧是旦本,如罟罟旦、货郎旦皆是。

简题:切脍旦(《簿乙》、《正音》)　望江亭(《元曲选》)

正目:洞庭湖半夜赚金牌　望江亭中秋切脍旦(《息机》)

又:清安观邂逅说亲　望江亭中秋切脍(《元曲选》)

钱大尹鬼报绯衣梦 存。旦本。全录。《顾曲》,《名家》,《文库》,《全集》。

《簿乙》、《顾曲》、《名家》,鬼报均作智勘。《簿乙》绯作非。

按:剧中有"非衣两把火"之语,合为裴炎二字,即剧中主要人物之一;《簿乙》作"非衣",原自不误,诸书皆作"绯衣",盖取此二字现成易解。

《正音》误分《钱大尹鬼报》为一剧,《绯衣梦》为一剧。

简题:绯衣梦

正目:王闰香夜宴四春园　钱大尹智勘非衣梦(《簿乙》)

又:王闰香夜闹四春园　钱大尹智勘绯衣梦

　　李庆安绝处幸逢生　狱神庙暗中彰显报(《顾曲》)

此四句次序与惯例不合,应以第三、四句与第一、二句互易。

《钱目》又有《王闰香夜月四春园》,题无名氏撰,不知与关作是否一剧。

邓夫人哭存孝 存。旦本。全录。《孤本》。

《钱目》作《邓夫人痛苦哭存孝》,《孤本》作《邓夫人苦痛哭存孝》。

简题:哭存孝

正目:无考(《孤本》不载正目)

状元堂陈母教子 存。旦本。《簿乙》,《正音》,《钱目》,《孤本》。

简题:陈母教子

正目:翰林院学士加官　状元堂陈母教子(《簿乙》)

《簿乙》原脱院字。

又:待漏院招贤纳士　状元堂陈母教子(《孤本》)

关张双赴西蜀梦 存。末本。全录。《元刊》,《全集》。

简题:双赴梦(《簿乙》、《正音》)

正目:荆州牧阆州牧二英魂　关云长张翼德双赴梦(《簿乙》)

关大王单刀会 存。末本。全录。《元刊》,《孤本》,《全集》。

《钱目》作《关大王独赴单刀会》,《百川》作《关大王单刀赴会记》。

简题:单刀会

正目:鲁子敬索荆州　关大王单刀会(《簿乙》)

又:乔国老谏吴帝　司马徽休官职

　　鲁子敬索荆州　关大王单刀会(《元刊》)

《元刊》原缺"马、徽、鲁、子、关"五字。据文义补。

又:孙仲谋独占江东地　请乔公言定三条计

　　鲁子敬设宴索荆州　关大王独赴单刀会(《孤本》)

温太真玉镜台 存。末本。全录。《元曲选》,《名家》,《柳枝》,《全集》。

简题:玉镜台

正目:晋公子水墨宴　温太真玉镜台(《簿乙》)

又:王府尹水墨宴　温太真玉镜台(《元曲选》诸本俱同)

以上现存全剧十四本,尚有:《鲁斋郎》、《五侯宴》、《裴度还带》、《单鞭夺槊》四本,旧题关作,实误。《西厢记》第五本,明人有指为关作者,全无确据。今均不收。关于前四剧之问题,余另有文考证,其中《五侯宴》、《裴度还带》两剧已发表于《大陆杂志》特刊第一集,题为《元剧作者质疑》。《西厢记》作者问题,更为复杂。余以为明以来流行之《西厢》既与汉卿无关,亦非王实甫原作,乃元末明初人据实甫原作改编者也。

唐明皇哭香囊残。末本。全录。《广正》;收入赵景深编《元人杂剧辑逸》。

《簿乙》作《唐明皇启瘗哭香囊》。

《广正》引〔越调·棉搭絮〕、〔络丝娘〕、〔雪里梅〕、〔幺〕、〔拙鲁速〕,共五曲。观其语气,是明皇唱。

风流孔目春衫记残。旦本。全录。《广正》;收入赵景深编《元人杂剧辑逸》。

《簿乙》误作春秋记。

《广正》引〔仙吕·尾声〕一曲,实为一残缺不全之赚煞;中有"我与你为妻"之语,知是旦唱。

孟良盗骨残。末本。未见著录,据《广正》引。《广正》。

《广正》引〔仙吕·青哥儿〕两句云:"算著我今年合尽,来日个众军众军传令。"似是杨令公唱。

《元曲选》有《昊天塔孟良盗骨》,题无名氏撰。其中无此两句〔青哥儿〕,韵亦不同,《元曲选》仙吕折用东钟韵,此断句用真文韵;且《元曲选》仙吕折为令公魂托梦时唱,此断句则似令公被困将死时唱。据此两事,可知此剧确有二本。惟诸书于汉卿名下均未著录此剧,仅《广正》谱题为关作,不知是否可信。

上 编

以上残剧三本。

董解元醉走柳丝亭佚(以下四十七本俱佚)。全录。

丙吉教子立宣帝全录。

薄太后走马救周勃全录。

　　《簿乙》无走马二字。

大长公主认先皇全录。

　　大长公主,《簿甲》作太常公主,《簿乙》作太长宫主。案:皇帝之姑母称大长公主,《簿》甲、乙俱误,今改正。

曹太后死哭刘夫人全录。

　　《簿乙》无曹太后三字。

荒坟梅竹鬼团圆全录。

　　正目:舞榭烟花生间阻　荒坟梅竹鬼团圆(《簿乙》)

风月状元三负心全录。

　　正目:烟花妓女双逃走　风流郎君三负心(《簿乙》)

　　《簿乙》烟误作胭。

　　《簿续》无名氏亦有此剧,总题正目俱同《簿乙》,惟风流作风月。

没兴风雪瘸马记全录。

金银交钞三告状全录。

　　《簿乙》金银作金花。

苏氏造织锦回文全录。

　　曹本《簿甲》造作进,今从尤本《簿甲》。《簿甲》各本文均作纹,今从《簿乙》及《正音》。《簿乙》总题作《窦滔妻织锦回文》。

介休县敬德降唐全录。

　　《簿乙》作《武周将敬德降唐》,《元曲选》目作《敬德归唐》。

升仙桥相如题柱《簿甲》。

《簿甲》、《簿乙》于屈子敬名下亦均著录此剧;《簿甲》之外,他书均未云此剧是关作,恐当属屈。

金谷园绿珠坠楼全录。

《簿乙》作《石崇妾绿珠坠楼》。

孟本《簿甲》有注云"〔神曲〕者"。案:〔神曲〕乃〔金娥神曲〕之简称,属双调,为不常用之曲牌。孟本注此三字之意,谓此剧有二本,关作有〔金娥神曲〕,另一人所作则无之也。此种注曲牌名以明本数及作者之例,尚有庾天锡之《丽春园》,孟本注云"〔甘州〕者",〔甘州〕即〔八声甘州〕也。关作以外之"绿珠坠楼",未见著录,不知何人作。

汉匡衡凿壁偷光全录。

《簿乙》作夜读书凿壁偷光(书原误孝)。

徐夫人雪恨万花堂全录。

曹本《簿甲》作《刘夫人书写万花堂》,尤本《簿甲》作《刘夫人写恨万花堂》,今从《簿乙》。

正目:孙太守错疑三虎将,徐夫人雪恨万花堂(《簿乙》)

据正目知此剧所演为三国时吴丹阳太守孙翊之妻徐氏为夫报仇事,见《三国志·吴志·孙翊传》及《孙韶传》注,《三国演义》亦载其事。故总题从《簿乙》。

吕蒙正风雪破窑记末本。全录(《正音》注云二本)。

王德信(实甫)亦有此剧,故《正音》注二本。明钞说集本《簿甲》于王作下注云旦本;关作应是末本。今《孤本》收有此剧,系旦本,正目亦与此异,《钱目》定为王作,是也。

晏叔元风月鹧鸪天_{全录}。

  王校《簿甲》云："叔元当作叔原。"案：诸书俱云晏幾道，字叔原，无作叔元者；应从王校改正。

姑苏台范蠡进西施_{全录}。

  《簿乙》作《请退军勾践进西施》。

开封府萧王勘龙衣_{全录}。

柳花亭李婉复落娼_{全录}。

  正目：柳花亭李婉复落娼　风月街妓女双告状（《簿乙》）

  亭原误作高，婉字原脱，今据《簿甲》补正。

甲马营降生赵太祖_{全录}。

贤孝妇风雪双驾车_{全录}。

  正目：花酒郎君单捻怪　风雪贤妇双驾车（《簿乙》）

双提尸鬼报汴河冤_{全录}。

  《簿甲》鬼报作冤报，今从《簿乙》。

老女婿金马玉堂春《簿》甲、乙。

  正目：小夫人玉辇金花诰　老女婿金马玉堂春（《簿乙》）

宋上皇御断姻缘簿_{全录}。

  明钞本《簿甲》姻缘作鸳鸯，王校从之。案诸本《簿甲》及《簿乙》、《正音》，俱作姻缘，不应从此《孤本》。王氏《曲录》又附录《姻缘簿》一剧于全目之后，更为支离。

崔玉箫担水浇花旦_{全录}。

  《簿乙》作《卢亭亭挑水浇花旦》。《正音》作《担水浇花旦》，注云二本。案：李文蔚亦有《卢亭亭担水浇花旦》，《簿甲》、《簿乙》、《正音》，俱著录，《正音》亦注二本。据《正音》注语，此剧总题似应从《簿乙》，否则关、李二剧总题不同，《正音》二本之注无所根据。

晋国公裴度还带全录。

《簿乙》作《香山庙裴度还带》。

《孤本》有《山神庙裴度还带》，原题关汉卿作，非是。其剧为贾仲名作，说见《大陆杂志特刊》第一集拙作《元剧作者质疑》。

隋炀帝牵龙舟全录。

风雪狄梁公全录。

屈勘宣华妃全录。

《簿乙》华误作花。

高儒《百川书志》卷六《史部·外史门》著录《珍珠龙凤汗衫记》三卷，注云："元关汉卿撰，《太和谱》名为宣华妃。"按：《百川》著录杂剧，例以一本为一卷，此云三卷当是三本，诸书俱未云汉卿有此巨著，且元初无一剧演为数本之风气。此剧盖明人所作，想是亦言宣华妃事，高氏见主角相同，臆测误题。其情形与《拜月亭》相同（见前）。

月落江梅怨全录。

终南山管宁割席全录。

《簿甲》无终南山三字，今从《簿乙》。

白衣相高凤漂麦全录。

孙康映雪全录。

唐太宗哭魏徵全录。

武则天肉醉王皇后全录。

《簿乙》作"肉生王皇后"，生字误。

翠华妃对玉钗全录。

《正音》钗作钏。《元曲选目》作《对玉梳》。

汉元帝哭昭君全录。

刘夫人救哑子全录。

刘盼盼闹衡州全录。

《簿乙》作"闹荆州"。《正音》作"闹邢州"。

吕无双铜瓦记全录。

《簿甲》原注：瓦一作丸。

萱草堂玉簪记全录。

楚云公主酹江月全录。

尤本《簿甲》云作金，今从曹本及王校。《正音》酹误酻。

鲁元公主三啖赦全录。

《簿乙》作"三吓吓"，《正音》作"三吓赦"。右总题啖字应从《正音》改为吓字。

《正音》无名氏有鲁元公主，不知与此剧是否二本。

醉娘子三撇嵌全录。

藏阄会《簿乙》。

秦少游花酒惜春堂《簿乙》。

正目：韩梅英歌舞鸣珂巷　秦少游花酒惜春堂（《簿乙》）

歌原误作影。

右关汉卿所撰杂剧六十四本总目讫。

1958年，《大陆杂志》十七卷十期。

元剧作者质疑

《金钱记》《杀狗劝夫》《儿女团圆》《双献功》
《倩女离魂》《酷寒亭》《赵氏孤儿》《裴度还带》
《五侯宴》《东墙记》《蒋神灵应》《渑池会》
《伊尹耕莘》《智勇定齐》《三战吕布》《老君堂》
《降桑椹》《黄鹤楼》

右列杂剧十八本，《金钱记》至《赵氏孤儿》七本，收入明臧懋循编《元曲选》，《裴度还带》以下十一本，收入近人王季烈编《孤本元明杂剧》（商务出版）。所题作者姓名，或确属错误，或疑为错误，或作者虽是而非原本，或虽非误题而有可疑之处，均须考定。平日读曲，尝分注郘见于各剧之后，今汇录于此，以供治元明杂剧者之研讨。各剧有出于明人手者，而旧题作者皆为元人，故仍名之为《元剧作者质疑》。文中引用各书简称，分别说明于下：

《鬼簿》《簿甲》《簿乙》：元钟嗣成《录鬼簿》。此书有初稿、定稿两种，初稿即所谓天一阁旧藏明钞本（有影印传钞本），定稿即通行刻本，两稿时有异同。本文于两稿相同者称《鬼簿》，定稿称《簿甲》，初稿称《簿乙》。

《簿续》：明贾仲名（？）《续录鬼簿》，附《簿乙》后，无单行本。

《正音》：明宁献王朱权《太和正音谱》。

《广正》:清李玄玉等《北词广正谱》。

《赵钞》:明赵琦美《脉望馆钞校古今杂剧》,又名《也是园旧藏古今杂剧》。全书藏国立北平图书馆;其中别无传本者,由商务印书馆编印,名为《孤本元明杂剧》,吴县王季烈主其事。

《孤本》:即上述《孤本元明杂剧》。

《金钱记》 此剧今有《元曲选》本,又有影印《元明杂剧》本,俱题乔梦符(吉)撰。《元明杂剧》本正目云:"老相公不肯招良婿。俏书生强要成佳配。韩飞卿醉赶柳眉儿。李太白匹配金钱记。"《元曲选》仅有后两句。按《簿甲》著录《金钱记》有两本。其一在石君宝名下,题"柳眉儿金钱记";其一在乔名下,题"唐明皇御断金钱记"。《簿乙》著录此剧亦有两本,亦分属石、乔两人,而于石剧注正名云"李太白匹配金钱记",于乔剧注正目云"韩飞(原误作老)卿敕赐锦花袍。唐明皇御断金钱记"。今剧正名与石剧同;第四折有冲末扮李太白"奉圣命与他成此一门亲事",情节亦合。乔剧之韩飞卿赐袍事,则不见于今剧,亦无唐明皇出场下断。疑今剧应属石君宝撰,题乔梦符者误也。

《杀狗劝夫》 《元曲选》题无名氏撰,《簿续》、《正音》并同。惟《簿甲》萧德祥(天瑞)名下有此剧,近人遂有认为萧作者。按:《正音》无德祥其人,《簿乙》有之而名下未著一剧,仅《簿甲》德祥名下有剧五本。此五本皆与他人互见,又无一剧注"二本"或"次本",事殊可疑。《簿甲》德祥小传云:"凡古文俱檃括为南曲,街市盛行,又有南曲戏文等"。《簿乙》略同。元末明初南戏常重演北剧故事而袭用旧名;颇疑此五本为德祥所撰南戏,故与他人互见而不注"二本"或"次本"。此北剧之《杀狗劝夫》仍应从《元曲选》及《簿续》、《正音》定为无名氏撰。

《儿女团圆》 有《元曲选》本,题杨文奎撰,正目云:"白鹭村夫妻双拆散。翠红乡儿女两团圆。"按:《簿甲》、《簿乙》俱无文奎之名,《簿甲》且并《两团圆》之剧名亦未著录。《簿乙》及《正音》著录之《两团圆》则共有四本。其一在《正音》杨文奎名下,仅有"两团圆"三字简题,无正目,不知内容为何。其二在《簿乙》无名氏下,正目云:"金斗郡夫妻双拆散。豫章城人月两团圆。"盖演双渐小卿事,与今剧演韩弘道事不同。其三在《簿乙》高茂卿名下,正目云:"鸳鸯村夫妻双拆散。翠红乡儿女两团圆。"与今剧正合,仅村名易白鹭为鸳鸯。其四在《簿乙》杨讷(景贤)名下,注云"次本"而无正目,不知所次何本。据此四者,今剧自以题高茂卿撰最为妥当。臧懋循似未见《鬼簿》,仅据《正音》所载两团圆之简称而题为杨撰,殊难令人置信。

《双献功》 《元曲选》有《黑旋风双献功》,题高文秀撰,《赵钞》改题无名氏。按:《鬼簿》文秀名下有《黑旋风双献头》,《正音》省为《双献头》,俱无《双献功》之目,赵氏改题,似非无因。但今剧情节与《簿乙》所注正目"孔目上东岳。黑旋风双献头。"完全相同;剧尾宋江念词亦有"黑旋风拔刀相助,双献头号令山前"之语。可知《双献功》与《双献头》实为一剧。其所以歧异,乃因今本正目为"及时雨单责状。黑旋风双献功"。故臧氏编《元曲选》时亦改头为功也。此种歧异,实系后人为求对仗工整,且嫌献头之不雅驯而改定者。赵氏未见《簿乙》所注正目,仅据《正音》之简题,遂致误改。赵氏又以无名氏之《双献头武松大报仇》题为高文秀作,则系附会双献头三字,而忘记《鬼簿》文秀名下之《双献头》为黑旋风而非武松也。

《倩女离魂》 《元曲选》本题郑德辉(光祖)撰,明顾曲斋刻本、新安徐氏刻本、《柳枝集》本并同。按：《鬼簿》、《正音》于赵公辅、郑德辉名下均著录此剧，《簿乙》于郑剧且注明"次本"，可知此剧实有赵、郑两本，德辉时代较晚，似即次公辅作。《簿乙》于郑剧未注正目，于赵剧则注云"调素琴书生写恨。迷青琐倩女离魂"，今剧正目与之只差一字（书生作王生），若仅据《簿乙》此注，似应属赵撰。然《簿甲》郑剧题云"迷青琐倩女离魂"，赵剧题云"栖凤堂倩女离魂"，则又是郑题与今剧同，赵题与今剧异。《簿甲》、《簿乙》既相参差，自不能以之为据而推翻历来相传之旧说。且以词藻风格论之，今剧酷类《㑇梅香》、《王粲登楼》诸剧，其为郑作，殆无可疑。

　　《酷寒亭》　《元曲选》及影印《元明杂剧》俱题杨显之撰。按：《簿甲》、《正音》显之名下俱有此目；《正音》有注云："旦末二本。"《簿乙》则显之及花李郎名下俱有之。证以《正音》之注，此剧之有二本，自无可疑，《簿甲》、《正音》于花李郎名下偶遗之耳。今剧作者为杨为李，因之遂成问题。若谓为杨作，则有三事可疑。其一，《簿甲》杨剧题云"萧县君风雪酷寒亭"，萧县君见于今剧，为主角郑孔目之妻，于第一折中即已死去，与后文酷寒亭上情事毫无关系。其二，《簿乙》杨剧正目云："孙□君托梦秦川道。郑孔目风雪酷寒亭"。今剧虽亦题为"郑孔目风雪酷寒亭"，但无孙□君托梦事。其三，《簿乙》李剧正目云："壮士宋彬（原误兵）遭迭（原误失）配。像生栾子酷寒亭。"宋彬迭配事却为今剧主要线索。据此三事，今剧作者应是花李郎而非杨显之。今剧系末本，失传者当为旦本，据"萧县君风雪酷寒亭"之题推测，杨剧当是以旦扮萧县君为主角，或萧未死，或于后部用魂旦，情节与今剧不同。至于《簿乙》杨剧正目改萧县君为郑孔目，恐是后人所改，盖此剧无论旦本末本均有郑在内也。成问题者,"像生栾子"亦不见于今剧,不知是何关目耳。

《赵氏孤儿》 此剧为纪君祥(一云天祥)撰,诸书俱同,向无疑问。惟《元曲选》本第五折庸弱松懈,与前四折不类。《元刊杂剧三十种》本则仅四折,至赵孤立志报仇为止,未实叙其事。然自〔十二月带尧民歌〕以下数曲,将报仇情形用想象语写出,剧情已完。此正手法高妙处,今第五折用实写,转成蛇足。文笔既不相类,结构上亦嫌多余,其为后人所添无疑。《元曲选》本前四折与元刊本歧异处,几无一语无逊色,其庸弱却与第五折相同,第四折末数曲尤可看出系为增添第五折而改作者。谓添此折者为即编《元曲选》之臧懋循,虽无确据,亦不甚远。元剧例为四折,五折者仅此剧及《东墙记》、《五侯宴》、《降桑椹》等四本。《东墙记》非白朴作,《五侯宴》非关汉卿作,《降桑椹》是否刘唐卿作,亦大成问题;均见另条。然则元剧之真出元人者,殆无五折之例也。

《裴度还带》 收入《孤本》,从《赵钞》题关汉卿撰。按:《鬼簿》、《正音》汉卿名下俱有此目,赵题不为无据。惟《簿续》贾仲名下亦有之;盖仲名时代晚于钟嗣成,《鬼簿》根本未及其人,《正音》则成于仲名死前二十余年,①故未及全录其作品也。《簿续》贾剧正目云:"长安市瑒涯报恩。山神庙裴度还带。"今剧云:"邮亭上琼英卖诗。山神庙裴度还带。"琼英为剧中女主角,报恩、卖诗、山神庙事俱见于今剧,琼瑒通用,英涯双声,当即一人。是今剧与贾剧相同也。《簿甲》关剧题为"晋国公裴度还带"。今剧演至裴度

---

① 《正音》序文题戊寅,是为洪武三十一年,仲名则永乐二十年尚在,见《簿续》小传。

中状元与琼英婚配为止,无封晋国公事;《簿乙》关剧题为"香山庙裴度还带"。今剧云山神庙,未云香山庙。是今剧与关剧不合也。据此两点,今剧应改题贾仲名撰。曲文清丽流畅而略伤甜熟,无元初泼辣雄直之气,亦为是贾非关之证。

《五侯宴》 全名为《刘夫人庆赏五侯宴》,收入《孤本》,从《赵钞》题关汉卿撰。按:《鬼簿》汉卿名下有《曹太后死哭刘夫人》,又有《刘夫人救哑子》(当作亚子),无《五侯宴》,今剧文笔恶劣,不惟去汉卿远甚,亦不类元人,复不见于《簿续》及《正音》无名氏项下;观其排场、笔墨,盖明代伶工所编之历史故事剧耳。赵氏考订作者仅据《正音》一书,于《鬼簿》毫不措意①。《正音》例用简题,故于汉卿名下之《曹太后》剧省作刘夫人②,赵氏未详查《鬼簿》,不知其为《曹太后》剧之简题,仅见刘夫人三字相同,遂以《刘夫人庆赏五侯宴》当之。此君既好附会,此固不足异也。钱遵王《也是园书目》著录元明杂剧,作者题名均从《赵钞》;姚燮《今乐考证》,王国维《曲录》补《五侯宴》入汉卿名下,皆据《钱目》;王季烈著《孤本元明杂剧提要》,遂据以为元初已有一剧五折之证;其始误者固赵氏也。

《东墙记》 收入《孤本》,从《赵钞》题白朴(仁甫)撰。按:《鬼簿》、《正音》仁甫名下俱有此目;然今剧决非仁甫作,盖一剧二本,或为元明间人依仁甫原本重作,综其论据,共有三端:此剧曲白、关目与《西厢记》及《㑇梅香》雷同之处极多,而曲白则捍扯拼凑,关目则草率拙劣,钞袭之迹显然。《西厢记》作者王实甫年辈晚

---

① 赵氏考订剧名及作者之疏谬附会,孙楷第《述也是园旧藏古今杂剧》文中已言之。
② 《正音》汉卿名下别有《救哑子》剧,故知刘夫人为曹太后剧之简题。

于仁甫,《㑇梅香》作者郑德辉则为元后期作家。且今所得见之《西厢记》,实为元末明初人增改之本,余别有专文详论。《㑇梅香》及今本《西厢记》行世之时,仁甫已近百龄,墓木拱矣,又何从而钞袭之?更不必论作《梧桐雨》手笔之不肯钞袭他人作品也。此其一。此剧时而生唱,时而旦唱,时而贴唱,大违北剧一人独唱之例。此例元人守之甚严,现存元剧百余种从无例外,有之自今本《西厢》始。① 是为元明之间北剧受南戏影响而生之变化。元初作者守律既严,南戏亦未流行,仁甫实无从尝试为此例外之作。且主角称生而不称末,亦是南戏规矩。此其二。全剧笔墨甜熟,丽而不清,似雅实俗,是元剧末期风格,非初期面目。此其三。据此三事,剧为元末明初之《东墙记》,非白仁甫之《东墙记》,盖可断言。《广正》十六帙引〔越调·斗鹌鹑〕、〔东原乐〕、〔绵搭絮〕三曲,全同今本,亦注白仁甫撰《东墙记》,如非《广正》编者所见之本即已误题作者,即是今本有一部分曲文钞袭仁甫原作。明初人每取元人旧剧而重作之,曲文则间袭原本,剧名则或改或否;如谷子敬《城南柳》之于马致远《岳阳楼》,朱有燉《曲江池》之于石君宝《曲江池》,皆是。今之《东墙记》盖其比也。

《蒋神灵应》 收入《孤本》,从《赵钞》题李文蔚撰。按:《簿乙》文蔚名下有《谢玄淝水破苻坚》(《簿甲》、《正音》省去淝水二字)。今本名目与之不同;文笔亦平庸低劣不类元人,而极似明代伶工所编历史故事剧。应属于无名氏撰晋朝故事一类。② 赵氏仅据破苻坚三字,遂附会题为李作,此种情形在《赵钞》中屡见,如《渑

---

① 《张生煮海》剧有末唱,亦有旦唱,但不同在一折。
② 见《也是园书目》。

池会》等剧皆是。

《渑池会》《伊尹耕莘》《智勇定齐》 俱收入《孤本》,《渑池会》题高文秀撰,《伊尹耕莘》、《智勇定齐》题郑德辉(光祖)撰,从《赵钞》也。按:此三剧文笔平庸低劣,排场却颇热闹,此为明代伶工所编历史故事剧与元剧之大别。《鬼簿》、《正音》文秀名下有《廉颇负荆》无《渑池会》,德辉名下有《无盐破环》无《智勇定齐》,有《伊尹扶汤无伊尹耕莘》,故事虽或相同,剧名则大异。题为高作郑作盖均出赵氏附会。《伊尹耕莘》后有赵氏批注云:"《太和正音》有伊尹扶汤,或即此,是后人改今名也。然词句亦通畅,虽不类德辉,要亦非俗品,姑置郑下,再考。"是已自承其为附会猜测。盖元剧逸佚既多,学人遂望其多有发现,宁可失入,不欲失出;自赵琦美至王季烈,同此心理也。

《三战吕布》 收入《孤本》,从《赵钞》题郑德辉(光祖)撰。按:《鬼簿》、《正音》武汉臣、郑德辉名下皆有此目;今剧实为武作。《簿甲》郑剧下有注云"末旦头折",意谓头折上场人物既有末又有旦,所以示别于武剧也。今剧头折有末无旦,是为不出德辉之证。再就风格言之:汉臣作品苍劲而超脱,德辉作品清丽而稍嫌滞弱;汉臣为前期北方作家,为本色派。德辉为后期南方作家,为文采派。试以《三战吕布》与武作老生儿(须看《元刊三十种》本),郑作《倩女离魂》、《㑇梅香》诸剧比较,实极似汉臣,而异于德辉。其为武作,殆无可疑。郑剧既为次本,或即是次武本。《广正》一帙引〔黄钟·水仙子〕断句"双股剑左右着",注云:"武汉臣三战吕布",今剧无黄钟套,此事似为吾说之反证,然细观全剧,此实不成问题;盖今剧第二楔子及第四折为明代内府伶工之所增易,非汉臣原本也。今剧第四折文笔远逊于前三折,且前三折写张飞牢骚兀傲之气,嬉笑怒骂,跃然纸上,第四折仍是张飞唱,语气忽变庸俗空泛,极为不类,其千篇一律歌颂太平之吉祥语,则与明代内府所编诸剧相同。第二楔子〔赏花时〕曲,平铺杂凑,亦远不如第一楔子〔赏花时〕之泼辣浑成。剧之经过增换可以断定。元剧惯例,凡战争之剧,其第四折常用探子唱,由其口中叙出阵上情形,所用宫调则为黄钟。汉臣原作盖用此例,《广正》所引〔黄钟·水仙子〕当即原作第四折中之一支。至明代内府伶工,或欲改换排场,或不愿用黄钟套,或欲使张飞始终出场以求整齐,乃改作此折为正宫套,以张飞代探子出场。试观《广正》所引双股剑之语,一见于第二楔子〔赏花时〕云:"大哥哥双股剑冷飕飕。"再见于第四折〔脱布衫〕曲云:"大哥哥双股剑实难措手。"是即改本变动原作之痕迹也。流传至今者恰为此改定之本,汉臣原作之第四折遂不可复见矣。

《老君堂》 《赵钞》题无名氏撰;今收入《孤本》,改题郑德辉(光祖)撰,据原本无名人跋语也。此人或云是董其昌。原跋文云:"是集予于内府阅过,乃系元人郑德辉笔,今则宜置郑下。"按:《鬼簿》、《正音》德辉名下均无此剧,虽以赵琦美之喜附会,亦未言其为郑作。今据来历不明,空言无据之跋语,遽尔定题,殊为武断。全剧笔墨庸俗,有时竟至不通,作《王粲登楼》、《翰林风月》手笔何致如此。观其末折排场,盖亦明人所编历史故事剧耳。

《降桑椹》 《赵钞》题元无名氏撰,今收入《孤本》,改题刘唐卿撰。按:《簿甲》唐卿名下有《蔡顺摘椹养母》;《簿乙》、《正音》均无之,《正音》、《簿续》无名氏下则均有《蔡顺分椹》。各书著录撰人不同,与今剧名目亦不一致,今剧作者是否唐卿,殊成问题。其排场之热闹,宾白之繁冗,曲文之平庸,均近于明代伶工所编故事剧,谓为元人作品,亦嫌不类,应题无名氏撰。

《黄鹤楼》　《赵钞》题无名氏撰,今收入《孤本》,改题朱凯。按:《簿甲》朱名下虽有是目,今剧却非朱作。《广正》四帙引〔南吕·一枝花〕"趁着这满江烟水澄"曲,注云:"朱士凯①撰醉走黄鹤楼"。此曲全套见于明止云居士所编《万壑清音》,用尤侯韵,其情节略同今剧第三折,但今剧第三折则为〔双调·新水令〕套,用支思韵,文字亦不相袭。今剧第四折虽为〔南吕·一枝花〕套,而情节、文字、韵部全异《万壑清音》所引。据此推定,此剧实有二本,今剧不知何人所作,但决非朱凯耳。

　　　　　　　　　　1954年,《大陆杂志特刊》第一辑。

---

① 朱凯字士凯,见《簿甲》小传。

元人杂剧的逸文及异文

　　元人杂剧的文学价值,久已论定,这里不必再说;研究整理元剧的工作,却有许多方面仍须努力。现在要谈到这些工作之中的两部分:辑逸和录异。先说辑逸。

　　正续《录鬼簿》、《太和正音谱》、《永乐大典目录》,是著录元人杂剧的三部要籍。三书所著录的元剧,合计起来,去其重复,有五百三十余本;现存全剧不过一百七十本左右,尚不及全数五分之二。其余三百余本,大部分已是不可复见,只有几十本的单折零曲,残存在明清两朝各种曲选、曲谱里。如果元剧流传下来的很多,这少数残篇,不去注意他们也就算了;偏偏现存元剧只是那么区区一百余本,遂使喜读元剧者,感觉不过瘾,而抱着多一折是一折,多一曲是一曲,甚至多一句是一句之感,对这些残篇特加珍视。正如吃花生米,大部分已竟吃光而兴犹未足,于是在碎皮子里搜寻残粒,偶有所得,倍觉香甜。而且,这些残存的元剧,大部分都是佳制;如高文秀的《谒鲁肃》,王德信(实甫)的《韩彩云丝竹芙蓉亭》,李取进的《神龙殿栾巴噀酒》,赵明道的《陶朱公范蠡归湖》,岳伯川的《罗光远梦断杨贵妃》,周文质的《持汉节苏武还乡》,都是绝妙好词,比全本现存的名剧不在以下,比那些幸存的下驷要高出许多。所以,把这些零零碎碎散见各书的残剧搜辑起来,校订编录,以便阅览,的确是件重要工作。近人从事于此的已有两位:赵景深有《元人杂剧辑逸》，民国二十四年上海北新书局印行，顾随有《元明残剧八种》，载于民国二十六年出版的《燕京学报》第二十二期。赵辑在前，大部分的残剧都已收入；顾辑则是增补赵辑所失收或收而不全的几本，其中有两三本疑是明初人作，所以题名"元明残剧"。

这两种辑本问世，都在商务印书馆出版《孤本元明杂剧》之前，他们所辑录的，其中有好几本在《孤本》里都有了全剧；另一方面，我又在他们所辑之外，陆续辑出有断句或零曲现存者七本（其中两本为增补旧辑），有单折现存者六本，全剧一本。所以元剧辑逸的工作，还是要按照下列步骤，重来一次。第一，合顾、赵两种辑本，根据《孤本元明杂剧》及我所辑录，加以删补。第二，辑录名剧，应当根据不同的来源，详为校勘。如某剧某折见于《词林摘艳》又见于《雍熙乐府》，就应当以此两书互校，辑而不校，不能算是竟全功。顾辑全部这样作了，赵辑则只有一部分校过。第三，各剧的本事，除非它是人所共知的故事，都应当加以说明。顾辑诸剧都附有简单说明，赵辑则没有。如此删补、校勘、附记本事，才可成为一部比较完善的"元剧辑逸"。

我曾经这样作过一番工夫，但还不想把我的辑本写定印行；现在还不是印行这种书籍的时候。而且，我所根据的书，较之顾、赵两辑虽多，也相差无几，冷僻一点的旧选本，如《南北词广韵选》、《锦囊风月》之类，都还是闻名不曾见面。自然，这些书早就在若存若亡之间，是否还能见到以及其中是否有我们所需要的资料，都在未可知之数；但既有此一线希望，不看见总不放心。所以我想等些年之后再出版，比较妥当。现在只把我这辑本的草目写出来，以供同好参考。

我所据以辑校元剧的书,共有十种。其中《太和正音谱》、《词林摘艳》、《雍熙乐府》、《北词广正谱》、《九宫大成南北词宫谱》等五种,是顾、赵二辑引用过的。此外五种他们未曾引用,其名称是:《盛世新声》(《词林摘艳》的前身,文字有异同)、万历内府刻本《词林摘艳》(内容与顾、赵二辑所据原刻本不同)、《万壑清音》(明末刊本,选录杂剧单折及明人传奇中北曲)、《北曲拾遗》及王骥德《古本西厢记校注》。以上五书,后二种是通行常见的书,前三种比较难得。至于清内府编的《升平宝筏》及叶堂的《纳书楹曲谱》,则仅有吴昌龄《西游记》的两折可与《万壑清音》互校,并非主要参考书。

还有一件事要说明:这里所谓元人杂剧,其中包括若干明初作品在内。跨朝代的作家,其时代本来难说,他们前半生在元,后半生在明,杂剧作品又无年月可考,谁知道是在元朝作的还是在明朝作的;只好从体裁风格上说。所以我认为凡见于正续《录鬼簿》、《太和正音谱》及《永乐大典目录》的都可算作元人杂剧;只有宁献王朱权,他是明朝藩王,实在无法算是元人,其作品名目虽见于《太和正音谱》也只好除外了。

以下是我这辑本的草目,按照正续《录鬼簿》的次序排列,见于顾辑、赵辑者分别注出,我所辑的则注明新辑,所据各书也一一注出,书名所用简称,如《词林摘艳》简称《摘艳》,一望即知,不再说明。

关汉卿:《唐明皇哭香囊》(赵辑)

〔越调·绵搭絮〕,〔络丝娘〕,〔雪里梅〕,〔幺篇〕,〔拙鲁速〕。共五曲。俱见《广正谱》。〔络丝娘〕曲又见《九宫大成》。

前人:《风流孔目春衫记》(赵辑)

〔仙吕·尾声〕。见《广正谱》。

前人:《孟良盗骨》(新辑)

〔仙吕·青哥儿〕二句。见《广正谱》。

朱凯亦有《昊天塔孟良盗骨》剧,收入《元曲选》,其仙吕套中无此二句,用韵亦异,知此剧确有二本。但《录鬼簿》诸书汉卿名下均未著录此剧,《广正》题汉卿撰,不知何所依据。

白朴:《韩翠苹御水流红叶》(赵辑)

〔正宫·端正好〕"我恰才秋香亭上正欢浓"全折。见《新声》、《摘艳》、《万历摘艳》、《雍熙》、《九宫大成》。〔柳青娘〕、〔道和〕等二曲又见《正音谱》及《广正谱》。

〔越调·酒旗儿〕。见《正音谱》、《广正谱》、《九宫大成》。

《正音谱》于〔柳青娘〕、〔道和〕及〔酒旗儿〕等三曲,俱注《流红叶》第三折。按:三曲宫调不同,不能属于一折;疑正宫套是第二折,越调曲属第三折。

前人:《李克用箭射双雕》(赵辑)

〔中吕·粉蝶儿〕"赛社处人齐"全折。见《新声》、《摘艳》、《万历摘艳》、《雍熙》。〔六么遍〕、〔六么序〕、〔蔓菁菜〕、〔道和〕、〔柳青娘〕等五曲,又见《广正谱》。

赵辑云:"〔六么令〕又见《九宫大成》。"今查大成无此曲。

〔道和〕曲《广正谱》误注〔流红叶〕。《广正谱》收《西厢》〔双调·新水令〕"晚风寒峭透窗纱"曲,误注"箭射双雕"。

高文秀:《周瑜谒鲁肃》(赵辑)

第二折〔南吕·一枝花〕"苍天老后生"全折。见《新声》、《摘艳》、《万历摘艳》、《雍熙》。〔草池春〕曲又见《正音谱》、《广正谱》、《九宫大成》。

《雍熙》收此剧注王粲;细读全篇与王粲无关,而有"东吴人谁识周公瑾,鲁子敬哥哥行去投奔"诸语,《摘艳》注《谒鲁肃》第二折,是也。

马致远:《刘阮误入桃源洞》(赵辑)

第四折双调收尾。见《正音谱》、《广正谱》。

李直夫:《邓伯道弃子留侄》(赵辑)

第二折〔越调·青山口〕。见《正音》、《广正谱》、《九宫大成谱》。

〔双调·梅花酒〕。见《广正谱》、《九宫大成》。

王德信:苏小卿月夜贩茶船(赵辑;新补)

〔中吕·粉蝶儿〕"这些时浪静风恬"全折。见《新声》、《摘艳》、《万历摘艳》、《雍熙》。〔斗鹌鹑〕曲又见《广正谱》。

不知宫调曲牌之断句一句。见王骥德《古本西厢记校注》卷五页七引。

王实甫名德信,以字行,见天一阁藏传钞本正续《录鬼簿》(北京大学影印)。

前人:《韩彩云丝竹芙蓉亭》(赵辑)

第一折〔仙吕·点绛唇〕"天霁云开"全折。见《新声》、《摘艳》、《万历摘艳》、《雍熙》,李开先编《词套》,王骥德《古本西厢记校注》附录。〔后庭花〕曲及〔尾声〕(即赚煞)第四句又见《广正谱》。

李寿卿:《鼓盆歌庄子叹骷髅》(顾辑)

第一折〔仙吕·点绛唇〕"散诞逍遥"全折。见《新声》、《摘艳》、《万历摘艳》、《雍熙》。〔混江龙〕、〔村里迓鼓〕、〔元和令〕等三曲,又见《广正谱》。

顾辑据《摘艳》、《雍熙》收全折。《广正谱》于〔混江龙〕、〔元和令]二曲注李寿卿撰《叹骷髅》,于〔村里迓鼓〕曲则注王仲文撰《张子房》。赵辑全据《广正谱》,故于此剧仅收〔混江龙〕及〔元和令〕,而别立《汉张良辞朝归山》一目,以〔村里迓鼓〕曲属之。顾辑则认为三曲既同见一套,《广正谱》歧为两剧,必有一误;而《摘艳》、《雍熙》又均未注剧名及作者,乃据〔青哥儿〕曲中"拜辞了皇家宣诏"之语,定为王仲文撰从赤松张良辞朝(即《汉张良辞朝归山》),然终未能自信其说。今按:此折应属于李撰《叹骷髅》而不属于王撰《张良辞朝》。其证有三:一,此折中有"我如今趁着年少,志诚学道"之语,《张良辞朝》,年事已长,不应再云年少。二,仙吕套照例用于第一折,而第一折照例有主角(正末或正旦)自述身世之语,此折若是张良唱,则于扶汉灭楚诸事,必有述及;今此折全为山林泉石语,不合子房口气。三,"拜辞宣诏"是说山林之士辞谢征聘,非谓辞官归隐,旧钞本《录鬼簿》于李撰《叹骷髅》下注题目正名云,"南华仙不朝赵天子,鼓盆(歌)庄子叹骷髅",不朝赵天子与拜辞宣诏语意吻合。(元人撰剧向来不顾史实,故可称诸侯为天子、皇家。)

〔南吕·牧羊关〕第四句。见《广正谱》。

赵明道:陶朱公范蠡归湖(赵辑)

〔双调·新水令〕"越王台无道似摘星楼"全折。见《新声》、《摘艳》、《万历摘艳》、《雍熙》,李开先《词套》。

武汉臣:虎牢关三战吕布(新辑)

〔黄钟·水仙子〕第五句。见《广正谱》。

王仲文:诸葛亮秋风五丈原(赵辑)

第四折〔双调·挂玉钩序〕。见《正音谱》、《广正谱》。

李取进：神龙殿栾巴噀酒（赵辑；顾补）

第二折〔南吕·一枝花〕"茜红袍锦压襕"全折。见《新声》、《摘艳》、《雍熙》。〔草池春〕曲，以上三书俱无之，据《广正谱》及《九宫大成》补辑。

第三折〔中吕·上小楼〕三句。见《广正谱》。

此折用正宫，《广正谱》正宫套数分题录有全部曲牌；〔上小楼〕本属中吕，例可借入正宫。

第四折〔双调·新水令〕"五更朝马聚宫门"全折。见《新声》、《摘艳》、《万历摘艳》、《雍熙》。

此剧赵辑仅有〔新水令〕全折，〔草池春〕一曲，〔上小楼〕三句。顾辑补入〔一枝花〕全折。两辑均未注折数。今按南吕套叙火神出发，〔上小楼〕三句云："明一会，暗一会，闭合天地。"是失火时情形，双调套则叙噀酒灭火，次序井然。元剧惯例，首折必用仙吕，从无用南吕者，第四折多用双调，灭火以后亦复无事可写，然则南吕套是第二折，〔上小楼〕属第三折，双调套是第四折，固无可疑。

岳伯川：罗光远梦断杨贵妃（赵辑）

〔正宫·端正好〕"传将令马休行"全折。见《新声》、《摘艳》、《万历摘艳》、《雍熙》。〔脱布衫〕、〔转调货郎儿〕等二曲又见《广正谱》。

《九宫大成》收此套，题为天宝遗事；今从《广正谱》定为岳剧。《九宫大成》所收天宝遗事，全出《雍熙乐府》，《雍熙》于此套下题为马践杨妃，《九宫大成》编者不察，遂误以为是天宝遗事。

石子章：黄贵娘秋夜竹窗雨（赵辑）

第一折〔仙吕·点绛唇〕"红雨纷纷"全折。见《摘艳》、《万历摘艳》。

吴昌龄：唐三藏西天取经（新辑）

〔仙吕·点绛唇〕"第一来是帝王亲差"全折。见《万壑清音》、《升平宝筏》、《纳书楹曲谱》。

此折即昆曲中传唱之"北钱"，又名"十宰"。

〔双调·新水令〕"却离了叫佛楼"全折。见《万壑清音》、《升平宝筏》、《纳书楹曲谱》、《九宫大成》。〔胡十八犯〕等五曲，又见《广正谱》附录，牌名词句，均有异同。

此折昆曲传唱，简称"回回"。

今本《西游记》杂剧六本二十四折，旧题吴昌龄撰，实出明初人杨景贤手；右二折方是吴作，全剧久佚。说见《辅仁学志》八卷一期，孙楷第撰《吴昌龄与杂剧〈西游记〉》一文。

纪君祥：李元真松阴记（新辑）

第一折〔仙吕·点绛唇〕"颜子箪瓢"全折。见《雍熙》。〔油葫芦〕曲第八句又见《广正谱》。

《广正谱》〔油葫芦〕调下附注引纪君祥《松阴梦》本调第八句云："人无百岁人，枉作千年调。"《雍熙》此套中之〔油葫芦〕第八句正是此十字，全套亦是杂剧口气，且多"神仙道化"语，定为纪作无疑。《广正》及旧钞本《录鬼簿》作《松阴梦》，其余诸书均作《松阴记》。旧钞《录鬼簿》全剧名为《陈文图悟道松阴梦》。

尚仲贤：《陶渊明归去来辞》（赵辑）

第四折〔正宫·倘秀才〕、〔灵寿仗〕（即〔呆骨朵〕）二曲。俱见《正音谱》。〔倘秀才〕曲又见《广正谱》。

前人：《凤凰坡越娘背灯》（赵辑）

第四折〔双调·太清歌〕一曲。见《正音谱》、《广正谱》、《九宫大成》。

前人:《海神庙王魁负桂英》(赵辑)

〔双调·新水令〕"岂不闻举头三尺有神祇"全折。见《雍熙》。〔胡十八〕曲又见《广正谱》。

戴善甫:《柳耆卿诗酒玩江楼》(赵辑)

〔商调·集贤宾〕"家住在碧澄澄绿杨官渡口"全折。见《新声》、《摘艳》、《万历摘艳》、《雍熙》。

花李郎:《懒躁判官钉一钉》(赵辑)

〔仙吕·玉花秋〕。见《正音谱》、《广正谱》、《九宫大成》。

前人:勘吉平(赵辑)

〔越调·圣药王〕。见《广正谱》。

〔正宫·叨叨令〕二句。见《广正谱》。

第三折〔双调·镇江回〕。见《正音谱》、《广正谱》、《九宫大成》。

《正音谱》于〔镇江回〕注《勘吉平》第三折,赵辑遂并〔圣药王〕亦列于第三折,殊误。

郑德辉:《崔怀宝月夜闻筝》(赵辑)

第二折〔越调·送远行〕(见《正音谱》、《广正谱》),〔鬼三台〕(见《广正谱》)、〔绵搭絮〕(见《广正谱》、《九宫大成》),〔拙鲁速〕(见《广正谱》、《九宫大成》),共四曲。《广正谱》误注〔寨儿令〕、〔庆元贞〕两曲为本剧,辨详赵辑序文。

鲍天祐:《王妙妙死哭秦少游》(赵辑;顾补)

〔正宫·端正好〕"支楞的断了冰弦"全折。见《新声》、《摘艳》、《万历摘艳》、《雍熙》。以上诸书俱未收煞尾曲,据《广正谱》补入。

《广正》所载此剧煞尾与马昂夫"小庭幽重门静"套煞尾文字大致相同;曲家互相钞袭之事,并非少见,杂剧中尤多此种情形。

〔双调·新水令〕"似一江春水向东流"全折。见《新声》、《摘艳》、《万历摘艳》、《雍熙》。据《广正谱》及《九宫大成》补〔小阳关〕一曲。

此剧赵辑只收双调折,顾辑补收正宫折。

前人:史鱼尸谏卫灵公(赵辑)

第四折〔正宫·白鹤子〕(见《正音谱》、《广正谱》、《九宫大成》)、〔幺篇〕(见《正音谱》、《九宫大成》),共二曲。

周文质:持汉节苏武还乡(赵辑)

第二折〔越调·雪里梅〕。见《正音谱》、《九宫大成》。

第三折〔中吕·粉蝶儿〕"羊角风趛地趛天"全折。见《新声》、《摘艳》、《万历摘艳》、《雍熙》。〔醉春风〕曲又见《广正谱》。

第四折〔双调·新水令〕"众番官簇拥的我上雕鞍"全折。见《雍熙》。〔新水令〕、〔挂玉钩〕等二曲又见《九宫大成》。

折次全依赵辑,说详赵辑序文。

朱凯:《醉走黄鹤楼》(赵辑;新补)

〔仙吕·赚煞〕一句。见《广正谱》。

〔南吕·一枝花〕"趁着这满江烟水澄"全折。见《万壑清音》。〔一枝花〕曲及〔乌夜啼〕第二句又见《广正谱》。

此剧赵辑仅据《广正谱》收〔一枝花〕曲及〔乌夜啼〕第二句;今据《万壑清音》补辑全折。惟《万壑清音》所载此折曲文乃明人采入《草庐记》传奇者,恐非朱氏之旧。《孤本元明杂剧》中收此剧全部,乃另一本,非朱氏作,余另有专文考订。

郝经:《死葬鸳鸯冢》(赵辑;顾补)。

第二折〔黄钟·醉花阴〕"羞对莺花绿窗掩"全折。见《摘艳》、《万历摘艳》、《雍熙》。据《广正谱》补〔古寨儿令〕及〔神仗儿〕二曲。〔古寨儿令〕又见《九宫大成》(作〔塞雁儿〕)。

〔神仗儿〕《广正》原注《王娇春》剧,今并入此折,说详顾辑。

〔南吕·一枝花〕"柳拖烟翡翠柔"全折。见《新声》、《摘艳》、《万历摘艳》、《雍熙》。〔玄鹤鸣〕、〔乌夜啼〕等二曲又见《广正谱》,俱注无名氏撰。

此剧赵辑仅收黄钟折,顾辑补收南吕折;然南吕折是否属于郝氏此剧,殊难断定。

陆进之:《韩湘子引渡升仙会》(新辑)

〔仙吕·后庭花带青哥儿〕。见《雍熙》。

《雍熙》仅题〔后庭花〕,今据谱改定。此两调本属仙吕,可借入商调,右曲全套为仙吕抑为商调,无从考定。详其语意,似全剧已近结束而非第一折,应是商调套。

春牛张:《贤达妇荆娘盗果》(新辑)

〔仙吕·赚煞〕一句。见《广正谱》。

刘兑:《月下老问世间配偶》(顾辑)

第一折〔仙吕·点绛唇〕"花信风微"全折。见《新声》、《摘艳》、《万历摘艳》、《雍熙》。

第二折〔正宫·端正好〕"青蔼蔼柳阴浓"全折。见《新声》、《摘艳》、《万历摘艳》、《雍熙》。李开先《词套》。

第三折〔黄钟·醉花阴〕"玉宇金风送残暑"全折。见《新声》、《摘艳》、《万历摘艳》、《雍熙》、李开先《词套》。〔刮地风〕、〔四门子〕等二曲又见《正音谱》。〔刮地风〕、〔古水仙子〕等二曲又见《广正谱》。

第四折〔双调·新水令〕"翠帘深护小房栊"。见《摘艳》、《万历摘艳》、《雍熙》。

无名氏:《俏书生断酒色财气》(新辑)

四折全(无宾白)。见《北曲拾遗》。

此剧未见著录,乍观之颇似散曲。然命名及体例与《月下老》剧绝似,盖明初流行之一种杂剧作法。

今类附于《月下老》剧之后。

无名氏:《纸扇记》(赵辑)

〔南吕·鹌鹑儿〕。见《广正谱》、《九宫大成》。

〔双调·步步娇〕第五句。见《广正谱》。

无名氏:《张顺水里报冤》(赵辑)

第二折〔商调·双雁儿〕。见《正音谱》、《九宫大成》。

无名氏:《像生番语罟罟旦》(赵辑,顾补)

第三折〔中吕·粉蝶儿〕"心下疑猜"全折。见《新声》、《摘艳》、《万历摘艳》、《雍熙》。〔穷河西〕曲又见《正音谱》、《广正谱》。〔播海令〕、〔古竹马〕第二曲又见《正音谱》、《九宫大成》。

此剧赵辑仅收〔穷河西〕、〔播海令〕、〔古竹马〕等三曲。顾辑补收全折。

无名氏:《夜月杜鹃啼》(赵辑)

第一折〔仙吕·点绛唇〕"杨柳丝柔"全折。见《摘艳》、《万历摘艳》。

〔双调·梅花酒〕见《广正谱》。

无名氏:《拂尘子仁义礼智》(新辑)

楔子〔仙吕·端正好〕。见《正音谱》。

无名氏:《梦天台》(赵辑)

第一折〔仙吕·六么序带幺篇〕。见《正音谱》、《九宫大成》。

第二折〔商调·挂金索〕。见同前。

无名氏:《望思台》(顾辑)

第四折〔商调·集贤宾〕"殿头官恰才传宣敕"全折。见《新声》、《万历摘艳》、《雍熙》。(顾辑仅据《雍熙》,无〔尾声〕,今据《新声》及《摘艳》补足)。

此剧诸书均未注剧名,今据顾辑定为《望思台》;顾辑未注折次,今据《摘艳》所收〔尾声〕知为全剧总结束。《广正谱》〔商调·逍遥乐〕第一格注云:"无名氏《望思台》剧减第四句",今按《新声》及《摘艳》此折中之〔逍遥乐〕曲,较《广正》所列第一格正少第四句,此亦本折为《望思台》剧之一证。

无名氏:《女学士三劝后姚婆》(顾辑)

〔越调·斗鹌鹑〕"想当初无盐安齐"全折。见《雍熙》。

据顾辑假定为此剧。

无名氏:《收心猿意马》(赵辑)

第三折〔中吕·石榴花〕、〔斗鹌鹑〕,共二曲。见《正音谱》、《九宫大成》。

无名氏:《火烧阿房宫》(赵辑)

第三折〔双调·庆丰年〕。见《正音谱》、《广正谱》、《九宫大成》。

无名氏:《蓝关记》(赵辑)

第三折〔南吕·贺新郎〕。见《正音谱》、《广正谱》。

无名氏:《千里独行》(新辑)

〔仙吕·点绛唇〕"我则待创立刘朝"全折。见《雍熙》。

《雍熙》原题千里独行,但《孤本元明杂剧》所收无名氏撰《千里独行》剧无此折。今按:此折〔尾声〕有"眼看着古城儿堪堪的近了"之语,并叙古城景象,疑是《续录鬼簿》著录之无名氏撰《斩蔡阳》剧。

无名氏:董永(新辑)

〔商调·集贤宾〕"想双亲眼中血泪滴"全折。见《新声》、《万历摘艳》、《雍熙》。

右三书于此折俱未注题目,观其文字语气,确是杂剧,而所叙情节与《雨窗敧枕集》所载董永故事大致相同,因假定为此剧。不见著录,故未能举出确实剧名。董永事亦见《太平御览》八一七及八二六所引《古孝子传》。

无名氏:《李孔目王腊梅》(新辑)

〔商调·集贤宾〕"二十年锦营花阵里"全折。见《雍熙》。

《雍熙》于此折未注题目。观其文字语气,确是杂剧;但未详其故事及名目耳。中有《李孔目王腊梅》之名,二人似是剧中主要人物,故借为剧名。

以上所辑有全折残曲及断句现存者,共四十八本,元明残剧,大都在此,若没有新发现的参考书,大概不易别有所获。所以我们极希望有机会能见到《南北词广韵选》、《锦囊风月》之类的书。

辑逸部分已经说完,下面要谈到录异。

元剧在当时不过是通俗唱本,并非高文典册,当然不为人所重视。传唱传钞之际,随意删改,乃是必有之事。一般都知道臧懋循编刻《元曲百种》(即《元曲选》)多所删改,而且多半删改得不大高明;却不知臧氏以前以后,元剧又何尝不是随时随地被文人以及伶工们删改着。臧选以外,不甚通行的如息机子刊《元人杂剧选》,孟称舜刊《柳枝集》、《酹江集》,通行的如《元明杂剧》、《孤本元明杂剧》,这些元剧总集有的在臧氏之前,有的在臧氏之后,虽未蒙删改之名,其删改的情形有时并不下于臧选。总而言之:你也改,我也改,元剧曲文之多歧异,已是很显然的事。

因此,我们读了《盛世新声》、《词林摘艳》、《雍熙乐府》诸曲选,以及《太和正音》、《北词广正谱》诸书,便时常发现元人杂剧的单折或零曲,其文辞字句与各剧通行本颇有出入。两两相较,短长互见,大多数可以并存;可以订补通行诸本妄改妄删之处也不少。这样排比校勘,是现代研究元剧者应有工作之一。不过这些杂剧的异文往往很多,若仍循旧例而作校勘记,一本作某、一本作某的校下去,很容易弄得芜杂零乱而且不胜其烦。所以我主张不必作甚么校勘记之类,只将各书所收单折以及零曲辑录在一起,使读者自去校勘,择善而从,这样似乎更为妥当简便。所以我不说元剧校异而说录异。这种办法,前人已经实行过,如龚翔麟刻本《山中白云词》,即是如此。乍看好像比校勘记费事,实则更为省事而合实用,尤其是在元人杂剧这样异文繁多的情形之下。

以下便是我所辑录的一篇元人杂剧异文目录,只限全折,《正音》、《广正》二谱所引零曲,则已另行汇钞成帙。等到有机会付印的时候,我想把他们汇印在一起,与前边所辑的逸文,合成《元剧钩沈》、《元剧录异》两部书。叫作"元剧钩沈"而不叫作"元剧辑逸",并不是为了字面古雅,而是为了声音响亮,钩沈二字念起来本就比辑逸二字响亮,尤其是和录异二字对举的时候,更是如此。

白朴:《梧桐雨》

第二,第四,共两折。俱见《新声》、《摘艳》、《万历摘艳》、《雍熙》。第二折又见李开先《词套》。

马致远:《岳阳楼》

第一。见李开先《词套》。(自此以下省去折字)

前人:《汉宫秋》

第三,第四,共两折。俱见《新声》、《摘艳》、《万历摘艳》、《雍熙》。第三折又见李开先《词套》。

李直夫:《虎头牌》

第二。见《新声》、《摘艳》、《万历摘艳》、《雍熙》、《北曲拾遗》。

王德信:《西厢记》

《雍熙》录全部二十一折。《万历摘艳》录二十折(少"不念法华经"一折),沈宠绥《度曲须知》附弦索辨讹录,全部二十一折。《雍熙》所录二十一折曾由北平立达书局印为单行本,民国二十三年出版。

前人:《丽春堂》

第三,第四,共两折。俱见《新声》、《摘艳》、《万历摘艳》、《雍熙》。

尚仲贤:《气英布》

第四。见《新声》、《摘艳》、《万历摘艳》、《雍熙》。

前人:《三夺槊》

第二。见《新声》、《摘艳》(增益本)、《万历摘艳》、《雍熙》。

费唐臣:《贬黄州》

第一。见《雍熙》。

王伯成：《贬夜郎》

　　第一。见李开先《词套》。

孟汉卿：《魔合罗》

　　第二。见《新声》、《摘艳》(增益本)、《万历摘艳》、《雍熙》。

花李郎：《黄粱梦》

　　第三。见《新声》、《万历摘艳》、《雍熙》。

宫大用：《七里滩》

　　第二。见《新声》、《摘艳》、《万历摘艳》、《雍熙》。

前人：《范张鸡黍》

　　第一。见《雍熙》。

　　第二,第三。俱见《新声》、《摘艳》、《万历摘艳》、《雍熙》。

郑光祖：㑳梅香

　　第一。见《新声》、《摘艳》、《万历摘艳》、《雍熙》。

　　第二。见《新声》、《万历摘艳》、《雍熙》、李开先《词套》。

　　第三。见《万历摘艳》。

前人：《倩女离魂》

　　第二。见《新声》、《摘艳》、《万历摘艳》、《雍熙》。

　　第三。见《摘艳》、《万历摘艳》、李开先《词套》。

　　第四。见《摘艳》、《万历摘艳》、《雍熙》。

前人：《王粲登楼》

　　第一。见《雍熙》。

　　第三。见李开先《词套》。

金仁杰：《追韩信》

　　第二。见《新声》、《摘艳》、《万历摘艳》、《雍熙》、李开先《词套》。

乔吉:《扬州梦》

　　第一。见《雍熙》、李开先《词套》。

　　第二。见李开先《词套》。

前人:《金钱记》

　　第一。见《雍熙》。

　　第二。见李开先《词套》。

前人:《两世姻缘》

　　第二,第三。俱见《新声》、《摘艳》、《万历摘艳》、《雍熙》。第三折又见李开先《词套》。

罗贯中:《风云会》

　　第三。见《新声》、《摘艳》、《万历摘艳》、《雍熙》、李开先《词套》。

贾仲名:《金童玉女》

　　第一,第二,第三,共三折。俱见《新声》、《摘艳》、《万历摘艳》、《雍熙》。第三折又见李开先《词套》。

谷子敬:《城南柳》

　　第一。见《雍熙》。

　　第二,第四。俱见李开先《词套》。

王子一:《误入桃源》

　　第一。见《北曲拾遗》。

无名氏:《汉公卿衣锦还乡》(疑即《危太朴衣锦还乡》)

　　第四。见《新声》、《摘艳》、《万历摘艳》、《雍熙》。

无名氏:《赤壁赋》

　　第一。见《新声》、《摘艳》、《万历摘艳》、《雍熙》。

无名氏:《抱妆盒》

第二,第三,共两折。俱见《新声》、《摘艳》、《万历摘艳》、《雍熙》。

无名氏:《货郎旦》

第四。见《新声》、《摘艳》、《万历摘艳》、《雍熙》、《正音谱》、《广正谱》。

诸本俱只录〔正宫·九转货郎儿〕全套,无其前之〔南吕·一枝花〕、〔梁州第七〕,及其后之〔尾声〕等三曲。

无名氏:《衣袄车》

第三。见《新声》、《万历摘艳》、《雍熙》。

无名氏:《云窗梦》

第一。见《摘艳》、《万历摘艳》、李开先《词套》。

第三。见《摘艳》、《万历摘艳》。

以上所录,共杂剧三十一本中的七十折(其中《西厢记》一本包括全剧),较之通行各本,都有异同。我所根据的各种选集,彼此也常有歧异。大体上说,《盛世新声》与《词林摘艳》两者相差不多;《雍熙乐府》另是一个系统;万历本《词林摘艳》和原本相近,而各曲中多后加衬字。盖隆庆万历以后,唱腔渐繁,原有词句已不大能与新腔符合,故歌者多加衬字,"以字代音,取便记忆"。至于李开先《词套》选录诸剧,常有李氏随便改动的地方,在各种选本中最不可靠。

写完这个目录以后,我得到一种概念:明代曲选所选录的元人杂剧,大多数是中期后期的作品,早期作品极少。即如早期的关汉卿、杨显之,其作品竟无一折入选;白朴、马致远的作品也只有少数。这些曲选都是正德至万历之间编印的,于此可以看出明代正、嘉以后对于元剧的欣赏偏于清丽芊绵一派,早期苍莽朴质的作风,不合他们的口味。这与杂剧传奇以及南曲北曲之消长是有相当关联的。

初　稿:1946年,《青年文化》。
增改稿:1958年,《学术季刊》。

补　遗　1967年春

无名氏:《鸳鸯冢》(新辑逸文)

〔黄钟·醉花阴〕"行色匆匆易伤感"全折。见《新声》、《摘艳》、《万历摘艳》、《雍熙》。〔醉花阴〕、〔刮地风〕、〔塞雁儿〕三曲又见《广正谱》。

《新声》及《雍熙》俱未注明,《摘艳》及《万历摘艳》俱注无名氏《鸳鸯冢》杂剧。但《广正》所收三曲俱注曾瑞卿散套。顾辑元明残剧以为应从《广正》。往日予同意顾说,故初稿及改稿俱未收入。顷者校编旧稿,取此套重读,觉其确似杂剧而不似散曲,仍以收入为是。邾经《鸳鸯冢》剧已有〔黄钟·醉花阴〕套,用廉纤韵,此亦是〔黄钟·醉花阴〕,用监咸韵。同一剧中不可能有两折宫调首曲相同,又同用闭口韵。故此套为无名氏所撰另一本《鸳鸯冢》之某一折,而非属于邾剧。

无名氏:《村乐堂》(异文)

第一折:〔仙吕·村里迓鼓〕,〔元和令〕,〔上马娇〕,〔游四门〕,〔胜葫芦〕,〔后庭花〕,〔柳叶儿〕共七曲。见《新声》、《摘艳》、《雍熙》。〔村里迓鼓〕,〔元和令〕,〔上马娇〕,〔游四门〕,〔胜葫芦],〔柳叶儿〕六曲又见《正音谱》。〔村里迓鼓〕曲又见《广正谱》。

予在录异中所收异文,限于全折,故未收此数曲。顷思全折仅十一曲,而此居其七,似与普通零曲情形不同,乃与《鸳鸯冢》剧一并补入。诸书俱题为无名氏散曲,《广正》且有注云出《乐府群珠》,《群珠》固专收散曲者也。盖原为散曲,此剧引入折中耳。

太和正音北词广正二谱引剧校录

明初宁献王朱权(涵虚子)所撰《太和正音谱》,清初李玄玉等所撰《北词广正谱》,素为写读北曲之圭臬。二谱所引元人杂剧曲文共352支,分属于剧本96种。其中全剧久佚者37种,曲文74支;全剧现存者59种,曲文278支。持此278曲与通行刊本如《元刊杂剧三十种》、《元曲选》、《元明杂剧》等相较,字句不同之处颇多,且有若干曲为诸本所无。盖元剧在当时即无定本,而自元迄明百余年中又屡经文人伶工窜易改动,异文遂多;收剧最多流行最广之《元曲选》,其编者臧懋循(晋叔)尤喜自作聪明,多所删改。二谱所录曲文每与刊本不同,固无足怪也。《正音谱》撰于明永乐中,典型未远;《广正谱》书成于清顺康间,文献足征。其可信之程度,实远胜于臧氏"孟浪"窜改之《元曲选》;即以校勘最古之《元刊杂剧三十种》,亦足收比较异同、考订脱误之效。然则此将近三百支之曲文,虽属吉光片羽,固仍有其珍贵之价值也。三十年来,研究元剧之风蔚起,或述其源流,或析其结构,或考事实,或详品藻;而搜辑散佚,校刊同异,则甚少有人致力及之。余素有志于此,曾辑《盛世新声》、《词林摘艳》、《雍熙乐府》、李开先《词套》、《北曲拾遗》及清人所编《九宫大成谱》诸书所收元剧单折,汇为两编,其原剧不存者曰《元剧钩沈》,原剧现存而文字异同可资考订者曰《元剧录异》,缮写已竣,刊印有待。今复取二谱所引原剧现存之曲汇录之,以便检阅,鄙见所及,附加按语,聊为校勘元剧之一助。简例数则,列于下方。其原剧久佚诸曲,则属于钩沈范围,故不并录。

(一)上文所述59剧278曲,其中有《西厢记》52曲,拟合他书所收《西厢》曲文辑为《西厢》异文汇录,又《货郎旦》〔九转货郎儿〕9曲,自来视为全套,已收入《元剧录异》;故本编所录,实得57剧,217曲。

(二)本编所录诸曲分为三类:通行刊本所无者曰甲类计15曲,与通行本歧异较多者曰乙类计67曲,异文甚少或竟无异文者曰丙类计135曲。各曲所属类别,注于曲文之上,如"第四折丙",其意即为此曲见某剧第四折而属于上述之丙类。

(三)二谱互收之曲,只录《正音》,而以《广正》异文校附其后。惟《正音》所收《黄粱梦》剧〔玉翼蝉煞〕曲脱误过甚,故变例录《广正》而校以《正音》。

(四)本编所录皆为整支曲文,此外又有断句若干,其原剧不存者录入《钩沈》,原剧现存者持校通行刊本均无歧异,故置不录。

(五)二谱所收曲文,原以大小字分别正衬;本编旨在校勘,并非曲谱,故不分正衬,惟遇有夹白仍用小字。因衬字向被视为曲文之一部分,夹白则与曲文为两事。

拜月亭一曲　　关汉卿

第四折丙。(〔双调·沽美酒〕)听天将臣职位迁,为元帅作行院,把虎符令牌腰内悬。见金花诰帝宣,他没因由要团圆。《广正》十七峡二十页下。

单刀会 一曲　　前人

第三折丙。（〔中吕·剔银灯〕）折末他雄纠纠排成战场,威凛凛兵屯合虎帐。大将军智在孙吴上,折末他马如龙人似金刚。不是我十分强,硬主张,我磨拳擦掌。《广正》五帙十四页上。

调风月 三曲　　前人

？甲（〔仙吕·胜葫芦〕）向前来推那玉兔鹘,将我这玉纤手急忙舒。我这里推捉领系,推整衣袂,眼脑里嗤嗤的采揪捽。《广正》三帙十二页上。原注云:词见商调,少第三七字句。

> 按:〔胜葫芦〕原属仙吕,亦入商调。《元刊古今杂剧》本《调风月》剧第一折用仙吕,二折中吕,三折越调,四折双调,并未用商调曲。仙吕折中虽有〔胜葫芦〕一支,文字韵脚与此全异。此曲是否确属《调风月》剧,无从考定。观下列〔郓州春〕曲文字与元刊本迥异,〔雪里梅〕曲又为元刊本所无,颇疑《调风月》剧有两种不同之本子:其一即元刊本,其一则《广正谱》编者所据之别本也。

第三折乙。（〔越调·郓州春〕）我软地上吃乔我也不共你争。索是轻劳重降尊临,小的每索是多谢承。麻线道上不和你一处行。《广正》十六帙二十四页下。

> 按:元刊本《调风月》剧,此曲调名作〔梨花儿〕,文字出入甚多。

第三折甲。（〔越调·雪里梅〕）你道是延寿马索闻名,你莫不背地里早先曾。先曾这般悄悄冥冥,潜潜等等,你两个嫌杀月儿明。《广正》十六帙十七页下。

按:元刊本《调风月》剧无此曲,但用韵既同,情事语气亦皆相符,确属一剧无疑。

绯衣梦一曲　　前人

第一折丙。(〔仙吕·青哥儿〕)我和你难凭鱼雁,我每日价枕冷衾寒。则俺这宿世姻缘休等闲。直等的夜静更阑,人离雕栏,柳影花间。我则怕别时容易见时难,则将这佳期来盼。《广正》三帙十七页上。

玉镜台四曲　　前人

第一折乙。(〔仙吕·鹊踏枝〕)孟子亦荒荒,走齐梁。更不算纣剖桀诛,比干龙逢。屈原投大江,周公祷上苍,直待启金縢,才感悟成王。《广正》三帙十九页下。

按:《元曲选》与此全异,想是臧懋循改作。

第一折丙。(〔仙吕·六么序〕幺篇)我这里端详,他那模样。花比腮庞,花不成妆,玉比肌肪,玉不生光。宋玉襄王,想象高唐,止不过蝶梦悠扬,朝朝暮暮阳台上,害的他病在膏肓。若还来此相观傍,形消骨化,命丧身亡。《广正》三帙廿二页下。

第四折乙。(〔双调·滴滴金〕)我如今先取纸墨,拿将笔砚收拾完聚。我则待,依例饮一银盂。这一盆凉水,醒酒清神,自家看觑,看觑得浑似无物。《广正》十七帙七页上。

按:《元曲选》作〔甜水令〕,一调二名。

第四折乙。(〔双调·鸳鸯煞〕)冰人完月老姻缘簿,巫娥全宋玉相思苦。今日个锦帐欢娱,索强如绣幕孤独。畅道:执酒的相如,怎肯把驾车女文君负。从今后,琴趣诗篇,吟和处风流句。则我这意见功夫,会合了朝云共暮雨。《广正》十七帙后二十页上。

谢天香二曲　　前人

第二折丙。(〔南吕·隔尾黄钟煞〕)黄钟尾。我正是闪了他闷棍着他棒,我正是出了荸篮入了筐。实着咱,在罗网,休摘离,休指望。(隔尾)便似一百尺的石门教我怎生撞。便使尽些技俩,干愁断我肚肠,黄钟尾。觅不的个脱壳金蝉这一个谎。《广正》四帙十九页上。

　　按:《元曲选》作煞尾,盖北曲习惯,无论何种尾声,皆可以煞尾、尾、尾声等名通称之也。"愁断我"《广正》误作"愁断义",今校改。

第三折丙。(〔正宫·穷河西〕)姐姐每谁敢道袖褪乐章集,你则是断送的我一身亏。怕待学大曲子,我从头儿唱与你。本记的人前会,挂口儿从今后再休题。《广正》二帙十五页上。

救风尘二曲　　前人

第一折丙。(〔仙吕·混江龙〕)我想这姻缘匹配,少一时一刻强难为。如何可意,怎的相知。怕不便脚搭着脑杓成事早,久以后手拍着胸脯悔时迟。寻前程,觅下稍,恰便似黑海也似难寻觅。人心料的不问,天理何为。《广正》三帙六页上。

第二折丙。(〔商调·逍遥乐〕)那一个不因循成就,那一个不顷刻前程,那一个不等闲间罢手。他每一作一个水上浮沤,和爷娘结下不厮见的冤仇。恰便似日和月参辰卯酉,正中那男儿机彀。他使那千般贞烈,万种恩情,到如今一笔都勾。《广正》十四帙三页上。

金线池六曲　　前人

楔子丙。(〔仙吕·端正好〕)说郑生遇妖狐,崔韬逢雌虎,恰向那大曲内尽都是寒儒。想那知今晓古人家女,都待与秀才每为夫妇。《广正》三帙一页上。

楔子丙。(〔端正好〕幺篇)那一片俏心肠,那里每堪分付,那苏小卿不辨贤愚。我若是五十年不见双通叔。休道是苏妈妈,也不是醉驴驴,我是他亲生的女,又不是买来奴。遮莫拷的我皮肉烂,炼的我骨髓酥,我怎肯跟将那贩茶的冯魁去。《广正》三帙一页下。

"炼的我"《广正》误作"冻的我",今校改。

第一折丙。(〔仙吕·金盏儿〕)老实人,性儿村,提起那人情来往佯装钝,他可早耳朵闭眼睛昏。门前里统馒客,后门里一个使钱勤。揉开汪泪眼,打拍老精神。

第二折乙。(〔般涉·三煞〕)有耨处散诞松宽着耨,有偷处宽行大步偷,强似你一番家把机泄漏。逼的你弹着唾,烧着香,却不管舒着手,说那瞒心的谎,昧心的咒。你那手,怎掩旁人是非口,说的困须休。《广正》九帙十一页下。

按:此曲《广正》作〔般涉·三煞〕第八格,注云"词见南吕"。《元曲选》作二煞,在第二折南吕套内。南吕、般涉,照例不相通借,此曲实是〔南吕·煞〕,《广正》以之混入般涉,误矣。

第三折乙。(〔中吕·尾声〕)我和你二三年缱绻心,往常时恩爱情。交新年岁数三十整,弃了四十载的功名未成。无梁桶儿休提,纳实

□儿嗫声,我与你慢慢等。《广正》五帙廿五页下。

　　按:此曲《广正》作〔中吕·尾声〕第三格,注云:"多第四句。"《元曲选》作〔尾煞〕,少多出之第四句(即四十载功名未成句),其余字句,亦多不同。按谱细核,《广正》本实是〔啄木儿煞〕,《元曲选》本方是〔中吕·尾声〕正格。《广正》脱名字,今校补。

第四折乙。(〔双调·梅花酒〕)俺分离自去年,谢尊官哀怜,看本人颜面,得相公周全。为老母相间阻,俺夫妻死熬煎,两下里正念恋。累谢承可怜见,来时节助财钱,去时节送盘缠。《广正》十七帙二十七页下。

窦娥冤一曲　　前人

第一折乙。(〔仙吕·一半儿〕)我见他泪漫漫不住点儿流,情脉脉常怀郁闷忧。我这里连忙迎接荒问候,他那里要说缘由。则见他一半儿徘徊一半儿羞。《广正》三帙廿八页上。

　　按:荒应作慌。

望江亭一曲　　前人

第四折甲。(〔双调·随煞〕)今朝喜庆排筵宴,俺夫妻永远成姻眷。杨衙内有口难言,俺男儿山海也似忧愁,今日个尽脱免。《广正》十七帙后十七页下。

蝴蝶梦一曲　　前人

第三折丙。(〔正宫·收尾〕)作爷的不曾烧一陌纸钱,作儿的又当了罪愆,爷和儿要见何时见。若要再相逢一面,则除是梦儿中咱子母团圆。《广正》二帙廿三页下。

梧桐雨十五曲　　白朴

第二折丙。(〔中吕·叫声〕)对风景喜开颜,等闲,等闲,御园中排肴馔。酒注嫩鹅黄,茶点鹧鸪斑。《正音》卷下九页上。

　"对风景"至"排肴馔"《广正》五帙十一页上作"共妃子喜开颜,等闲间后园中列饮馔"。

第二折丙。(〔中吕·鲍老儿〕)双撮得泥金衫袖挽,把月殿里霓裳按。郑观音琵琶准备弹,早搭上鲛绡襻。贤王玉笛,花奴羯鼓。韵美声繁。寿宁锦筝,梅妃玉箫,嘹亮循环。《正音》卷下十一页下。

第二折丙。(〔中吕·古鲍老〕)吃剌剌撒开紫檀,却元来黄番绰向前手占板。低低的叫声玉环,太真妃笑时花近眼。红牙箸趁五音击着梧桐□,嫩枝柯犹未干,更带着瑶琴声范。也索出几点琼珠似汗。《正音》卷下十一页下。

第二折丙。(〔中吕·红芍药〕)羯鼓声繁,罗袜弓弯,玉珮丁东响珊珊,即渐的舞䄂云鬟。施逞蜂腰瘦,燕体翻,两袖香风拂散。亲捧钟,玉露甘寒,莫要留残,直吃的夜静更阑。《正音》卷下十一页下。

　　羯鼓声繁《广正》五帙十三页下作腰鼓声乾。　　罗袜《广正》作罗袖。
　　即渐的《广正》作即渐里。　　腰瘦《广正》作腰细。　　两袖《广正》作早两袖。　亲捧钟《广正》作寡人亲捧一盏儿。直吃的《广正》作直饮到。

第三折乙。（〔双调·搅筝琶〕）高力士道与陈玄礼,休没高下,岂可教妃子受刑罚。他见情受着皇后中宫,兼踏着寡人御榻。他人无罪过,颇贤达。卿呵! 他不如吴太后般弄权,武则天似篡位,周褒姒举火取笑,纣妲已敲胫觑人。早间把他个哥哥坏了,贵妃有万千不是,看寡人也合饶过他,一面擒拿。《广正》十七帙十五页上。

第三折。（〔双调·风入松〕）止不过凤箫羯鼓间琵琶,忽刺刺板撒红牙。假若更添个么花十八,那些儿是败国亡家。可知道陈后主遭着杀伐,皆因唱后庭花。《广正》十七帙卅五页上。

第三折乙。（〔双调·胡十八〕）似怎地对咱,多应来变了卦。见俺留恋着他,龙泉三尺手中拿。便赐死着沙他一句话。生杀,更问甚陛下,大古是知重俺帝王家。《广正》十七帙三十六页下。

第三折丙。（〔双调·借般涉三煞〕）不想你马嵬坡下今朝化,没指望长生殿里当时话。《广正》九帙十二页下。

第三折丙。（〔双调·借般涉三煞幺篇〕）谁收了锦缠联窄面吴绫袜,空感叹这泪斑斓拥项鲛绡帕。《广正》九帙十三页上。

按:《元曲选》第一曲作〔三煞〕,第二曲作〔二煞〕。

第三折丙。（〔双调·太清歌〕）恨无情卷地狂风刮,都吹落宫花。想他魂断天涯,作几缕儿彩霞。天那! 一个汉明妃远把单于嫁,止不过泣西风泪湿胡笳。几曾见这般踩践踏,将一个尸首卧黄沙。《广正》十七帙卅三页上。

第四折丙。（〔正宫·芙蓉花〕）淡氤氲串烟袅,昏惨刺银灯照,玉漏迢迢,才子是初更报。暗睹青霄,望梦里他来到。口是心苗,不住的频频叫。《正音》上卷五十三页上。

按:《广正》二帙十三页下,亦收此曲,字句全同《正音》。

第四折丙。（〔正宫·伴读书〕）一点儿心焦躁,四壁秋蛩闹。忽见掀帘西风恶,遥观满地阴云罩,披衣闷把帏屏靠。业眼难交。《正音》上卷五十页下。

一点儿《广正》二帙十三页上无儿字。　　业眼《广正》误作丛眼。

第四折丙。（〔正宫·双鸳鸯〕）"语音清,眉眼颦,翠黛云鬟不欲整,宝髻斜偏乱松松"。斜䩭翠鸾翘,浑一是出浴的旧风标,映着云屏一半儿娇。好梦将成还惊觉,半襟情泪湿鲛绡。《广正》二帙十四页下。

按:荆干臣散套有此调一章,王恽《秋涧乐府》有十五章,皆只五句,与上曲"翠鸾翘"以下格式全同。右曲多"语音清"至"乱松松"四句,与下五句既不同韵,语气亦不相属,不知系何曲残句,混入于此,断宜删去。

第四折乙。（〔正宫·蛮姑儿〕）懊恼,暗约,怎禁那窗儿外梧桐上雨潇潇。一声声洒枝叶,一点点滴寒梢,把愁人定虐。《正音》上卷五十二页下。

《广正》二帙十四页下全曲作:"懊恼,暗约,惊我来的又不是楼头过雁,砌下寒蛩,檐间玉马,架上金鸡,是兀那窗儿外梧桐上雨潇潇。一声声洒枝叶,一点点滴寒稍,会把愁人定虐。"注云:"楼头四句亦不可晓,《正音》谱削去,岂宾白耶?"按:此四句谓之"带唱",性质与"增句"相近,北曲中常有之。

第四折丙。（〔正宫·滚绣球〕）常想着长生殿那一宵,听回廊咒誓约,不合将碧梧桐挨靠,戏言词絮絮叨叨。沉香亭那儿宵,按霓裳舞六么,红牙箸击成腔调,乱宫商闹闹嘈嘈。也是那当时欢笑栽排下,今日凄凉厮辏著,暗暗的还报。《广正》二帙二页下。

墙头马上一曲　　前人

第三折丙。（〔双调·梅花酒〕）他毒肠哏切,丈夫又软揣绝些,相公又恶噷噷乖劣,夫人又叫丫头似蝎蜇。你不望夫石上变化身,筑坟台上立个碑碣。教我漫懒懒,愁万缕,闷千叠。心似醉,意如呆,眼似瞎,手如瘸,轻拈掇,慢拿捻。《广正》十七帙二十七页上。

东墙记三曲　　前人

第四折丙。（〔越调·斗鹌鹑〕）眼见的枕剩帏空,怎教的更长漏永。桃蕊飘霞,杨花弄风,翠袖生寒,乌云不拢。恰配合凤友鸾交,又见的离别西东。似这等离恨千端,怎支吾闲愁万种。《广正》十六帙一页下。

第四折丙。（〔越调·东原乐〕）这厮是关人的机见,他说来的不通,越教人添沉重。他一片胡言都是空,无些儿效功。他正是说真方把咱作弄。《广正》十六帙九页上。

第四折丙。（〔越调·绵搭絮〕）深闺静悄,幽僻空庭,月轮碾纸,几扇围屏。似海棠半睡春睡重,鲛绡上绿鬓拥。有情人何日相逢,几时得赴高唐来梦中。《广正》十六帙十页上。

　　按:此剧是否白朴所作,大成问题,予别有专论,见《元剧作者质疑》。

汉宫秋六曲　　马致远

第一折丙。（〔仙吕·天下乐〕）和他也弄着精神射绛纱,卿家,你觑咱,则见那瘦岩岩影儿可喜杀。迎头儿称妾身,满口儿呼陛下,必不是寻常百姓家。《广正》三帙八页上。

第二折丙。(〔南吕·玄鹤鸣〕)你有甚事疾忙奏,俺无那鼎镬边热油。您文臣合安社稷,武将合定戈矛。您子会文武班头,山呼万岁,舞蹈扬尘,道那声诚惶顿首。如今阳关路上,昭君出塞,当日未央宫里,女主专权,我不信你敢差排吕太后。枉已后龙争虎斗,都是俺鸾交凤友。《广正》四帙七页上。

按:《元曲选》作〔哭皇天〕,一调二名。

第三折丙。(〔双调·梅花酒〕)向着这迥野荒凉,塞草添黄,兔色早迎霜,犬褪的毛苍。人搠起缨枪,马负着行装,驼运着糇粮,人猎起围场。他伤心辞汉主,我携手上河梁。他部从入穷荒,我前面早叫摆行。愁銮舆返咸阳,返咸阳过宫墙,过宫墙绕回廊,绕回廊近椒房,近椒房月昏黄,月昏黄夜生凉,夜生凉泣寒螀,泣寒螀绿纱窗,绿纱窗不思量。《广正》十七帙二十八页下。

第四折乙。(〔中吕·叫声〕)高唐梦未成,那去了也爱卿!爱卿!怎作得吾当染之轻。《广正》五帙十页下。

《广正》原注附坊本所载此曲云:"高唐梦未成,那去了也爱卿!爱卿!无些灵圣,怎作得吾当染之轻。"

第四折丙。(〔中吕·剔银灯〕)恰才这搭儿单于国使命,呼唤俺王昭君名姓。偏寡人唤娘娘不肯灯前应,却元来是画来的丹青。猛听得仙音院,凤管鸣,更作道箫韶九成。《广正》五帙十四页上。

第四折乙。(〔中吕·十二月〕)休道吾当动情,您宰相每难听。不比雕梁燕语,锦树鸠鸣。汉昭君离乡背井,千里途程。《广正》五帙十八页下。

荐福碑一曲　　前人

第四折乙。（〔双调・歇指煞〕）则这远公休结白莲会,谢安却被苍生起。今日在那里,成就了宰相荐贤的心,才称了男儿仗义胆,白破了贼汉拖刀计。成就了孙庞刖足的冤,解了共语禅关的意,也则是书生命里。则这黄阁玉堂臣,险作了违宣抗勅鬼。《广正》十七帙后廿二页上。

按:《元曲选》调名作〔鸳鸯煞〕,字句亦多不同。

岳阳楼三曲　　前人

第一折丙。（〔仙吕・忆王孙〕）亚夫营里晚天凉,炀帝宫中春画长,按舞楚台人断肠。则管里为春忙,饿的六宫女腰肢一捻香。《正音》卷下四页。

按:《广正》三帙二十八页下与此全同。

第二折丙。（〔南吕・梧桐树〕）问什么两碗通轻汗,一粒度三关。问什么馒头皮馄饨馅和和饭。有酒食先生馔。《正音》卷下十七页上。

一粒《广正》此二字上有岂不闻三字。　　问什么《广正》作管什么。　　馒头《广正》作馄饨。　　馄饨《广正》作馒头。

第四折丙。（〔双调・梅花酒〕）想你个匹夫,不识贤愚,蠢蠢之物,落落之徒,休猜我作左道术。我自拿着揪鼻木,您拽着我布道服。俺急切里要回去,您当街里缠师父。我为甚的不言语,您心下儿自跨踌。《广正》十七帙二十七页下。

陈抟高卧七曲　　前人

第二折丙。(〔南吕·牧羊关〕)我恰游仙阙,谒帝阙,猛惊得我跨黄鹤飞下天门。你挥的玉麈特迟,打的金钟煞紧。又不是纸窗明觉晓,布被暖如春。惊的梦庄周蝶飞去,尚古自炊黄粮锅未滚。《正音》卷下十五页下。

第二折丙。(〔南吕·红芍药〕)开基创业圣明君,舜德尧仁。玉帛万国尽来尊,一统乾坤。灭狼烟扫战尘,恩泽及万姓黎民。招贤纳士礼殷勤,币帛似微尘。《正音》卷下十七页上。

第二折丙。(〔南吕·菩萨梁州〕)特遣天臣,把贤良访问。当今至尊,重酬劳算卦山人。过蒙君宠赐天恩。风云不忆风雷信,琴鹤自有林泉分。想名利有时尽。乞得田园自在身,我怎肯再入红尘。《正音》卷下十五页下。

　　按:《广正》四帙十二页上与此全同。

第二折丙。(〔南吕·牧羊关〕)既然海岳归明主,敢放巢由作外臣,怎望您吊千年高冢麒麟。谁待老景攀蟾,俺子闲身卧云。试看蓬莱寻药客,商岭采芝人,天下已归汉,山中犹避秦。《广正》四帙五页下。

第二折丙。(〔南吕·玄鹤鸣〕)酒醉汉难朝觐,睡魔王怎作宰臣。穿着紫罗袍似酒布袋,秉着白象笏似睡馄饨。若作官后每日价行眠立盹,休休!枉笑煞凌烟阁上人。早是疏慵愚钝,孤陋寡闻。《正音》卷下十六页上。

　　怎作《广正》四帙六页上作怎的。　　穿着《广正》作穿着这。　　秉着《广正》作秉着这。

第二折丙。(〔南吕·乌夜啼〕)幸然法正天心顺,索甚我横枝儿治国安民。我则有住山缘,那里有为官分。乐道安贫,谁羡画戟朱门。丹砂好炼养闲身,黄金不铸封侯印。带不的幞头紧,穿不的公裳坠。不如我这拂黄尘的布袍,漉浑酒的纶巾。《正音》卷下十六页上。

第四折乙。(〔双调·川拨棹〕)恰离高唐,躲巫山窈窕娘。战鼎的游仙梦悠扬。则想道邯郸道上,原来在佳人锦瑟旁。《广正》十七帙二十五页上。

黄粮梦十六曲　　前人

第一折乙。(〔仙吕·天下乐〕)他每得到清平有几人,俺炉中香满焚,尽白云满溪锁洞门。诵一卷《道德经》,讲一会齐鲁论,这的是清闲真道本。《广正》三帙八页上。

第一折丙。(〔仙吕·醉中天〕)旋酸村醪嫩,自折野花新。独对青山酒一尊,将朱顶鹤相引。归去松阴满身,等的月高风韵,只教吹断云根。《正音》卷下三页下。

第一折丙。(〔仙吕·金盏儿〕)我那里草长春,地无尘,四时花发花常嫩,崎岖山径对柴门。雨滋得松叶润,露养得药苗新,听野猿啼古树,看流水绕孤村。《正音》卷下三页下。

第一折丙。(〔仙吕·雁儿〕)你有出世超凡神仙分。若系条一抹条,戴一顶九阳巾,君,敢作个真人。《正音》卷下七页上。

　　按:《元曲选》作〔醉雁儿〕一调二名。

第一折乙。(〔仙吕·后庭花〕)酒恋清香疾病因,色爱荒淫患难根,财贪富贵伤残命,气竞刚强损陷身:这四件儿忒均匀。你若依本分,必登仙道稳。《广正》三帙十二页下。

第一折丙。(〔仙吕·赚煞尾〕)羽衣轻,鸾鹤进,有十二金童接引。

万里天风归路稳,向蓬莱顶上朝真。笑欣欣,袖拂着白云,宴罢瑶池酒半醺。本待把你个唐吕公教训,不受这汉钟离心印,独自个跨苍龙飞上九天门。《正音》卷下八页上。

第二折丙。(〔商调·高过浪来里〕)俺如今鬓发苍白,身体囊揣,则恁的东倒西歪,推一交岭撷破天灵盖。我这里割舍了老性命,搭救这两个小婴孩。空教我忿气冲怀,两泪盈腮。将两双手扛抬,把双眼揉开,趁起身来,望不见英才,又被这半凋谢的垂杨树间隔。《广正》十四帙六页下。

  按:《元曲选》作〔高过浪里来〕,一调两名。

第二折丙。(〔商调·随调煞〕)好教我回去艰难,谁似你步行的快。望不见,走上望高台。空目断一天残照霭,不知俺哥哥安在看时节,隔疏林风送过哭声来。《广正》十四帙十九页上。

第三折丙。(〔大石调·六国朝〕)风吹羊角,雪剪鹅毛,飞六出海山白,冻一壶天地老。举目观琳琅,巧笔难描。仰面瞻天表,青山似粉扫。幽窗下寒敲竹叶,前村外冷压梅梢。缭乱野云低,微茫江树杳。《正音》卷上五十五页上。

  按:此剧第三折乃花李郎作。两人以上合作一剧,元人偶有其例,不多见也。

第三折丙。(〔大石调·归塞北〕)春归的早,既不沙,可怎蝶翅舞飘飘。梅蕊粉填合长安道,柳花绵迷却灞陵桥,山馆酒旗摇。《正音》卷上五十五页上。

第三折丙。(〔大石调·卜金钱〕)想那捕鱼叟蓑笠纶竿,他向寒江独钓,和俺采樵人迷却归来道。冻雀飞,寒鸦噪,古林中暮听得山猿叫。《正音》卷上五十五页。

  按:《元曲选》作〔初问口〕,一调两名。

第三折丙。（〔大石调·怨别离〕）园林无处不萧条,春归也犹未觉。满地梨花无人扫,寒料峭,兀良!一点青山不见了。《正音》卷上五十五页下。

园林《广正》七帙四页下误作园深。　兀良《广正》无此二字。

第三折丙。（〔大石调·雁过南楼〕）子见冻剥剥一行老小,颤钦钦四体频摇。一个孤耸着肩,一个拳攀着脚,正扬风搅雪天道。儿扯着老父悲,父对着孩儿道,吃饭处霎时间行到。《正音》卷上五十五页下。

第三折丙。（〔大石调·催花乐〕）那先生浩歌拍手舞黄鹤,住在瑶池阆苑,十洲三岛。一曲长笛秋气高,数着残棋江月晓。《正音》卷上五十五页下。

按:《元曲选》作〔擂鼓体〕,一调二名。

第三折丙。（〔大石调·净瓶儿〕）那先生两只手摇山岳,一对眼瞅邪妖。剑挥星斗,胸卷江涛。难学恶相貌,伏虎降龙德行高。他是个活神道,跨苍龙曾把玉皇朝。

第三折乙。（〔大石调·玉翼蝉煞〕）那先生自歌自舞,饮仙酒吃仙桃。住的是草舍茅庵,煞强如龙楼凤阁。白云不扫,苍松自老,青山围绕,淡烟笼罩,黄精自斫,灵丹自烧。崎岖古道,凹答岩壑,门无绰屑,洞无锁钥,香焚石卓,笛吹古调。云黯黯,水迢迢,风凛凛,雪飘飘,柴门闭,竹篱高。桧柏青松,疏竹寒梅,瑞草灵芝,峻岭巅峰,遥望着幽雅仙庄休错去了。《广正》七帙十七页下。

那先生《正音》卷上五十八页下无此三字。　饮仙酒吃仙桃《正音》无饮吃二字。　住的是《正音》无此三字。　煞强如《正音》无煞字。

《正音》所载此曲,自"桧柏青松"以下完全脱去,而窜入其前一首百字令中数语,今从《广正》录出全曲,校以《正音》。

青衫泪四曲　　前人

第三折丙。（〔双调·搅筝琶〕）都是你个琵琶罪,少欢乐,足别离。为你引商妇到江南,送昭君在塞北。紫檀面拂金猊,越引的我伤悲。想故人何日回归？生被这四条弦拨俺在两下里,到不如清夜闻笛。《广正》十七帙十三页上。

第三折乙。（〔双调·太清歌〕）莫不是片帆饱得西风力,怎能勾谢安携出东山妓。此行不为鲈鱼脍,成就了佳期,无个外人知。大胆姜维,何疑？那厮正贩茶上偃仰和衣睡,黑娄娄地鼻息如雷。比及杨柳岸秋风唤起,人已过画桥西。《广正》十七帙三十二页下。

第三折丙。（〔双调·鸳鸯煞〕）若不是浮梁茶客十分醉,怎奈何江州司马千行泪。□□你低首无言,仰面悲啼。畅道情血痕多,青衫泪湿。不因这一曲琵琶成佳配,泪似把搥,崄添满浔阳半江水。《广正》十七帙后十八页下。

第四折乙。（〔中吕·红芍药〕）那厮每贩的是紫草红花,蜜蜡香茶。宜舞东风斗虾蟆,巾帻是青纱。听不上蛮声气,死势煞,怎比那一弄儿江山如画。那厮分不的两部鸣蛙,所事村沙。《广正》五帙十三页下。

谇范雎二曲《元曲选》作谇范叔。　　高文秀

第二折丙。（〔南吕·红芍药〕）一轮红日淡无光,地老天荒。我则见半空中瑞雪舞飘扬,上下颠狂。看了那待宾筵会上,恰不道画堂,敢别是一个风光。你伴着一篓家粗草半青黄,拌上些粗糠。《广正》

四帙十一页下。

第四折甲。(〔双调·胡十八〕)这的是,与你作生日,一根草,满受你千千岁。当初与你同伦辈,今日休便老兄知滋味。对你便所为,就里,庭阶下,跪一会,问一回,打一回。《广正》十七帙三十六页下。

> 按:《广正》以此曲为〔胡十八〕第三格,注云:"误题〔梅花酒〕。"《元曲选》无此曲,但其中〔七弟兄〕、〔梅花酒〕两曲乃就此添改而成者。

《广正》十七帙十六页下载〔双调·步步娇〕第三句云:"都来贺喜。"《元曲选》有此调无此句,附识于此。

丽春堂十三曲　　王德信

第三折丙。(〔越调·麻郎儿〕)生居在华屋,今日流落在丘墟。冷淡了歌儿舞女,空闲了宝马香车。《正音》卷下三十七页下。

第三折丙。(〔麻郎儿〕幺篇)知他是断与,什处,内府,绕青山十里平湖。共一叶扁舟睡足,抖擞着绿蓑归去。同上。

第三折丙。(〔越调·东原乐〕)纵得山林趣,惯得礼法疏。鞍马区区燕南路,我如今拣溪山好处居。为什么不归去,被一片野云留住。同上。

> 《广正》十六帙八页下所载此曲,异文颇多,全录于下:"自从在我山林住,惯纵的我礼数无。鞍马上驱驰燕南路,拣溪山好处居。我为甚不回去,则被这一片野云留住。"

第三折丙。(〔越调·绵搭絮〕)也无那采薪的樵子,耕种的农夫,往来的商贾,谈笑的鸿儒。作伴的茶药琴棋笔砚书,秋草人情即渐疏。虽是蓑笠纶竿,钓贤不钓愚。《正音》卷下三十八页上。

第三折丙。(〔越调·络丝娘〕)流落的身无所居,甚也有安排我处。吕望严陵贯今古,也算春风一度。《正音》卷下三十七页下。

第三折乙。(〔越调·拙鲁速〕)我如今倚年高咫尺銮舆,仗功劳敢喝金吾,瞒不过这奉玉。我行的去处,那一个闲人敢拦住。这个无徒,你是我断没来的家奴,你怎敢我根前我根前无怕惧。《广正》十六帙十三页。

按:咫尺应作指斥,奉玉应作奉御。

《广正》附录钞本,字句与此不同,照录于下:"我今日个赴京见銮舆,倚仗着功劳,敢喝金吾,瞒不过这近御。我去处便去,那一个闲人敢言语。那无徒,甚的是通晓兵书,他怎敢我根前我根前无怕惧。"按此所谓钞本,字句与《元曲选》大致相同。"赴京"应作"赴京都"。

第四折丙。(〔双调·五供养〕)穷客程,旧行装,我可甚衣锦还乡。恰离了云水窟,早来到是非场,你与我弃了长竿,抛了短棹,又惹起风波千丈。我这里凝眸望,见文官武职,排列着诸子诸王。《正音》卷下廿一页上。

第四折丙。(〔双调·一锭银〕)则听的玉管轻吹语凤凰,余韵悠扬。阿纳忽声儿齐唱,感起我那悲伤。《广正》十七帙三十五页上。

第四折丙。(〔双调·相公爱〕)泪滴千行与万行,几时不登楼高望。镇常,何曾忘故乡,那一日离得我心儿上。《广正》十七帙四十一页下。

第四折乙。(〔双调·醉娘子〕)刚道不凄凉,教人转凄凉。撇下婆娘,守着空房,如何不凄凉。《广正》十七帙四十页上。

第四折乙。(〔双调·风流体〕)我便似官封到官封到一字王,位不过位不过头厅相。老奴婢老奴婢焉敢当,小使长小使长休拦当。《广正》十七帙四十四页下。

第四折乙。(〔双调·唐兀歹〕)万万载千千秋圣主帝寿昌,地久天长。老微臣怎敢不谦让,畅好是当来也不当。《广正》十七帙四十六页上。

按:调名亦作〔倘兀歹〕,《广正》误刊作〔幺篇歹〕。

第四折乙。(〔双调·搅筝琶〕)从儿时迁作皇文等谁想,先打后商量。且休题百步穿杨,咱两个打一盘儿七梁。今后索要安详,怎敢独强。我这手稍儿您身上汤一汤,又惹风霜。《广正》十七帙十四页上。

按:首句费解,必有讹误。《正音》卷下三十五页下载〔离亭宴煞〕,"闲来膝上横琴坐"云云,《题丽春堂》第四折。用韵既与本折不同,语意亦与本剧全不相关,盖误题也。

燕青博鱼四曲　　李文蔚

第一折乙。(〔大石调·喜秋风〕)我与你便慢慢的行,我与你便磨磨的擦。我为甚不将脚尖儿那,我只恐怕这路儿滑。似那前街后巷我便宜盘卦。恰呵的我这手稍温,可则又冻的我这脚尖儿麻。《广正》七帙四页上。

第一折乙。(〔大石调·蒙童儿犯〕)(〔货郎儿〕)你这千化身观音菩萨,救了我这个双无目恶叉的那吒。(〔醉太平〕)则你这针法儿通灵,圣心无假,多谢仁兄厮救拔。(〔蒙童儿〕)又不是攀睛盱肉发,你则是可怜见穷汉瞎。《广正》七帙七页下。

按:《元曲选》作〔憨货郎〕,是此调本名,〔蒙童儿犯〕之名则是《广正》编者所改定。

第一折丙。(〔大石调·雁过南楼煞〕)(〔雁过南楼〕)你道是他打了我呵,似房檐上揭瓦,不信道我打了他呵,着我便带锁披枷。轮动我这莽拳头,逞动我这长稍靶,我绕着那前街后巷寻他。(〔随煞〕)一只手揪住那厮黄头发,一只手将褪靶来牢摇,我可便滴溜扑活搩在那厮马直下。《广正》七帙十六页下。

  按:《元曲选》作〔尾声〕,乃一切尾曲之通称,〔雁过南楼煞〕之名,则是《广正》编者所定。

第三折乙。(〔中吕·煞尾〕)比及这包成泥烧瓦罐淘干了井,更和那铁打就蘸钢锹撅作了坑。你品的箫,吹的笙,演的篆,挡的筝。直什么瓦包髻,磁腿绷,绽安头,苏小卿,不立身,王桂英。正是病僧劝患僧,那其间手抵着牙儿恁时节省。《广正》五帙廿六页上。

虎头牌八曲　　李直夫

第二折丙。(〔双调·大拜门〕)不想今朝,常思幼年,到处里追陪亲眷。吹弹管弦,快活了万千,大拜门撒敦家筵宴。《广正》十七帙四十三页上。

第二折丙。(〔双调·也不罗〕)众官员,诸亲眷,送路排筵宴。去也去也程途远,左右难留恋。同上。

第二折乙。(〔双调·小喜人心〕)今朝别后,再要相逢,只除是看时节梦见。梦见也不似这遍。不是我兄弟行奚落,婶子行熬煎,向侄儿行埋怨。好弱难分辨,贵贱难褒贬。《广正》十七帙四十四页上。

  按:《元曲选》作〔喜人心〕。

第二折乙。(〔双调·月儿弯〕)俺那个生忿丑生,有人燕京曾见。道共些不成半气,泼男泼女,每日向茶坊酒肆勾栏里串。亲哥哥口中得出疏言,有句话舌尖上挑着,我却向喉咙里咽。《广正》十七帙后四页下。

第二折乙。（〔双调·风流体〕）若到春时节,正月二月三月早有些和气暄。若到夏时节,四月五月六月也有些薰风遍。我最怕的是七月八月九月秋暮天。便休说十月十一月腊月飞雪片。《广正》十七帙四十五页上。

第二折乙。（〔双调·忽都白〕）你也备知我往日的庄田,旧日的宅院,如今折倒的没片瓦根椽。又没个大针共麻线,浑身上便是家缘。着甚作细米白面,厚绢薄绵,拆洗共烧燃。看咱一父母颜面,到冷时节有什么替换。同上。

> 按:此曲语气未完,盖末尾脱去数语,校《元曲选》及《雍熙乐府》、《北曲拾遗》诸书可知。

第二折丙。（〔双调·唐兀歹〕）我也曾幔幕纱厨里头眠,到如今枕着一块半头砖,土炕上堆着些破被毡,畅好是凄惶也么天。《广正》十七帙四十六页上。

第四折乙。（〔正宫·借双调七弟兄〕）也不索左猜,右猜,你则合小心儿镇守着夹山寨。赏中秋玩月畅开怀,判玉条断的依然在。《广正》十七帙二十六页上。

气英布一曲　　尚仲贤

第一折丙。（〔仙吕·玉花秋〕）那里发付这殃人货,势到来如之奈何。若是楚国天臣见了呵,其实难回避,怎收撮。咱一下里相迎,你且一下里躲。《广正》三帙廿九页上。

潇湘雨二曲　　杨显之

第三折乙。（〔黄钟·喜迁莺〕）好着我无情无绪,淋的我三魂七魄全无。长吁,气结成云雾。行行着车辙把腿陷住,可又早闪了胯骨。响潺头直上雨点,粘掇脚底下的泥淤。《广正》一帙二页上。

按:《广正》末句下尚有"巍乎仰太虚"五字,乃注语混入正文,今删去。

第四折丙。(〔正宫·货郎儿〕)想着俺那淮河渡翻船的这灾变,也是俺那时乖运蹇,大小里父南子北见黄泉。排岸司救了我,崔老的与我配姻缘,今日个谁承望父子和这夫妻两事儿全。《广正》二帙六页下。

酷寒亭一曲　　前人

第三折丙。(〔煞尾〕)润纸窗把两个都瞧破,拽后门将三簧锁纳合。捕巡军,快拿捉,急开门,走不脱。到官司,问什么,取了招,带枷锁。建法场,把了市廓,上木驴,著刀剁。万剐了尧婆,兀的不痛快杀我。《广正》四帙十六页下。

第四折乙。(〔双调·尾声〕)哥哥且宁耐,兄弟一更离山寨。拿住奸夫,吃剑敲才。把那厮剔髓挑筋,摘胆剜心,把那厮死狗儿般拖来。则要你杀羊儿般吊着宰。《广正》十七帙后十七页上。

按:《元曲选》改为〔鸳鸯煞〕,与此大异;《元明杂剧》作〔尾煞〕,字句同此。

贬黄州七曲　　费唐臣

第一折丙。(〔仙吕·寄生草〕)臣则愿居蛮貊,谁想立庙堂。今日有曾参难免投梭诳,今日有周公难免流言讲,今日有仲尼难免狐裘谤。本是个长门献赋汉相如,怎如他东篱赏菊陶元亮。《正音》卷下二页下。

第一折丙。(〔寄生草〕幺篇)臣折末流儋耳,折末贬夜郎。一个因书贾谊长沙放,一个因诗杜甫江边葬,一个因文李白波心丧。臣觑屈原千载汨罗江,恰便似禹门三月桃花浪。同上。

第二折丙。(〔正官·端正好〕)《道德》五千言,《礼》、《乐》三十卷,本待经纶就舜日尧天。只因两角蜗蛮战,贬得我日近长安远。《正音》卷上四十九页上。

第二折丙。(〔端正好〕幺篇)瑶台昨夜蛟龙战,玉鳞甲飞满山川。冯夷饮罢琼林宴,醉把鲛绡剪。同上。

第二折丙。(〔正官·滚绣球〕)我怕不文章如韩退之,史笔如司马迁,英俊如仲宣子建,豪迈如居易宗元。风骚如杜少陵,疏狂如李谪仙,高洁如谢安李愿,德行如闵子颜渊。为不学乘桴浮海鸱夷子,生纽作踏雪骑驴孟浩然,困煞英贤。同上。

第二折丙。(〔正官·煞〕)我把紫袍金带无心恋,雨笠烟蓑有意穿。或向新妇矶头,鸥鹭乡中,女儿浦口,鹦鹉洲边。涨一竿春水,带一抹寒烟,棹一只渔船。黑甜一枕睡,灯火对愁眠。《正音》卷上五十四页上。

第二折丙。(〔正官·煞尾〕)从教臣子一身贬,留得高名万古传。但使歌低酒浅,卧雨眠烟,席地幕天,一任长安路儿远。《正音》卷上五十四页下。

按:《广正》二帙二十四页下,亦收此曲,字句全同。

合汗衫二曲　　张国宾

第二折乙。(〔越调·青山口〕)我则见这家,那家,闹交杂,街坊每救火咱。几间瓦厦,古剌剌,被巡军都拽塌。天那,天折罚,真家,苦痛杀。他那浪酒闲茶,卧柳眠花,半世禁害杀。自奖自夸,天折天罚。他那波他,不偢咱,咱也波咱,是非多。俺那张家,您那根牙,有伤人伦风化,半合儿把我来傒幸杀。《广正》十六帙二十二页下。

第四折乙。(〔双调·小阳关〕)若说着俺小业冤,折倒了我好家缘。火烧了宅院,典卖了这庄田,闪的俺这两口儿难过遣。《广正》十七帙三十八页下。

按:《广正》以此曲为〔小阳关〕第二格,注云"误题〔小将军〕"。《元刊古今杂剧》及《元曲选》均题〔小将军〕。

贬夜郎一曲　　王伯成

第三折丙。(〔中吕·迎仙客〕)比及沾雨露,恨不得吐虹霓,沧海倒倾和月吸。翠红乡,图画里。若不设歌舞筵席,枉辜负迟日江山丽。《正音》卷下九页下。

李逵负荆七曲　　康进之

第二折甲。(〔正宫·蛮姑儿〕)快疾,快疾,碎扯了飞凤盘龙杏黄旗。你瞒天地,昧神祇,我和你共折证到底。《广正》二帙十五页上。

按:"李逵负荆"《广正》作"黑旋风负荆","康进之"作"康退之",下同。

第三折甲。(〔商调·借仙吕上京马〕)咱每都来到,众人休闹,谁是谁非辨个清浊,不索我拔着村嗓子高声叫。《广正》三帙卅三页上。

第三折乙。(〔商调·双雁儿〕)一把火烧了草团标,争些儿把我险中倒,憋的人却是鲫鱼跳。使不着家有老敬老,家有小敬小。《广正》十四帙七页上。

第三折甲。(〔商调・高平随调煞〕)(〔高平煞〕)蜻蜓儿怎敢把泰山摇,不怎如何然爪。见景生情,近火先焦。畅道。天数难逃,则是黑旋风无福妆关索。怎生得遇文王施礼乐,逢桀纣逞粗豪。宽打周遭,乱下风雹,背地评驳,怎指望脑背后包藏着这一着。(〔随调煞〕)明知贤愚不并居,灯台不自照,试着青眼认鲸鳌。没来由共他赌赛着,今日方知舌是斩身刀。《广正》十四帙二十一页下。

> 按:《元曲选》删去〔高平煞〕部分,添改〔随调煞〕部分,改题〔浪里来煞〕。

第四折丙。(〔双调・搅筝琶〕)我行来到辕门外,见小校雁行排。他这般退后趋前,他将我佯呆着不睬。对着俺这有期会,众英材,稳坐的胎骸。明白,则这个莽撞的廉颇今日个请罪来,莫得疑猜。《广正》十七帙十二页上。

第四折甲。(〔双调・汉江秋〕)言清行不清,心大力不大,英雄少怪。主不吃客不宁,天不盖地不载,非是李山儿无赖。《正音》卷下廿四页上。

> 汉江秋《广正》十七帙三十三页下作"楚江秋"。 行不清《正音》误作"幸不清",据《广正》改。

第四折乙。(〔双调・离亭宴带歇指煞〕)(〔离亭宴煞〕)蓼儿洼内鸳鸯寨,把那厮花桑柱上猪羊般宰。(〔歇指煞〕)我将浊酒便筛,将那厮血肝酒内摘。小可如大虫口内夺脆骨,骊龙颔下取明珠。(〔离亭宴煞〕)你鲁智深相逐定,我捉那朝不溜女婿画眉郎,你拿那散娄光媒人送女客。《广正》十七帙后二十三页下。

> 按:《元曲选》作〔离亭宴煞〕,字句改易甚多。

魔合罗四曲　　孟汉卿

第二折丙。（〔黄钟·者刺古〕）身躯被病执缚,难走难逃。咽喉被药把捉,难诉难学,托青天暗表,愿灵神早报。行善得善,行恶得恶。莫不是今年灾祸招。《广正》一帙十二页下。

第四折丙。（〔中吕·鬼三台〕）你和他,从头里,传消息。沿路上,曾撞着谁？听言罢,闷渐消,添欢喜,这官司,才是实。呼左右,问端的这医人,与谁相识？《广正》五帙二十页上。

第四折丙。（〔中吕·借正宫穷河西〕）你问我,谁向官中指攀着伊？是你那孝子曾参赛卢医。你又不是恰才新认义,须是你亲侄老丑生无端忒下的。《广正》二帙十五页下。

第四折乙。（〔中吕·道和〕）却则端的,却则端的,虚事不能实。忒跷蹊,教俺难根缉,天教张鼎忽使机,啜脱出是和非。难支吾,难支对,难分说,难分细。那些那些自欢喜,咱伶俐,一行人取情招状讫。那些那些他愁戚,当初指望成家计,到如今番作得落便宜。《广正》五帙十七页上。

红梨花一曲　　张寿卿

第一折乙。（〔仙吕·混江龙〕）则在这夕阳西下,黄昏啼杀暮栖鸦。半弯新月,几缕残霞。暮雨有情滋杏蕊,春风无处不杨花。我裙拖翡翠,鞋蹙鸳鸯,行到这低跷跷他这个荼䕷架。我则见花穿月影,草接天涯。《广正》三帙六页上。

范张鸡黍四曲　　官天挺

第一折乙。（〔仙吕·六么序〕）子母每、轮替换当朝贵,倒班儿居要津,欺瞒杀万乘之君。官里便如海如渊,如日如云,其力如轮其智如神,怎识他苦害君民的聚敛之臣。如今栋梁材平地刚三寸,怎擅撑万里乾坤。子是装肥羊法酒人皮囤,一个个智无四两,肉重千斤。《广正》三帙二十一页。

第一折丙。（〔六么序〕幺篇）这等魔军,又没甚功勋。却教他画戟朱门,列鼎重裀,赤金白银,翠袖红裙,羊马成群,花酒盈樽。有一日天打算衣绝禄尽,吊颈抽筋。小生自身,乐道安贫,视此辈何足齿云。满胸襟拍塞怀孤愤,将世间泰华平吞。大丈夫若是言无信,柱顶天履地,束发冠巾。同上。

第三折乙。（〔商调·借仙吕游四门〕）疏剌剌,惨人风过冷飕飕,支生生的头发似人揪。静悄悄,荒郊迥野申时候,昏惨惨,落日坠城头。残雪又收,寒鸦下汀洲。景物又幽,村落带林丘。《广正》三帙十一页下。

第三折丙。（〔商调·高平煞〕）则被这君璋子征将我来紧逼逐,并不肯相离了左右。今日不得已也,且随众还家,到来日绝早到坟头,我与你庐墓丁忧。一片心虽过当无虚谬。早是这朔风草木偃,落日虎狼愁。你觑这四野田畴,三尺荒丘,魂魄悠悠,谁问谁僦,欲去也伤心再回首。《广正》十四帙二十一页上。

按:《元曲选》调名作〔高过浪来里〕,字句大致相同。其后又有〔随调煞〕,《元刊古今杂剧》本亦有之。此曲似非作煞曲用者。《广正》原注云:"今日二句疑白。"

倩梅香三曲　　郑光祖

第二折丙。（〔大石调·念奴娇〕）惊飞幽鸟,荡残红扑簌簌胭脂零落。门掩苍苔书院悄,润破窗纸偷瞧。则为一操瑶琴,一番相见,又不曾道闲期约。多情多绪,等闲肌骨如削。《广正》七帙一页上。

第二折丙。（〔大石调·喜秋风〕）亏你也用工描,却不见无心草。好门庭倒大来惹人笑。我将着柴香囊,待走的夫人行告,女孩儿甚为作。《正音》卷上五十六页上。

　　走的《广正》七帙三页下作走向。

第二折乙。（〔大石调·煞尾〕）你听的楼头鼓冬冬将黄昏报,夫人睡着,宅院萧条。韵悠悠,声揭谯楼品画角,响珰珰,水滴铜壶玉漏敲。刷刷的,风飐芭蕉凤尾摇,厌厌的,月上花梢树影高。悄悄的,私出兰堂离绣幄,擦擦的,转过栏干上甬道。霍霍的,揭动朱帘时你等着,剥剥的,弹响窗棂时痴痴的俺来了。《广正》七帙十五页上。

　　按:《元曲选》作〔随煞尾〕。

王粲登楼一曲　　前人

第一折甲。（〔仙吕·醉扶归〕）论文呵! 笔扫云烟散,论武呵! 剑射斗牛寒,扫荡妖氛不足难。折末待掌帅府,居文翰。不消我羽扇纶巾坐间,破强虏三十万。《正音》卷下三页下。

　　按:《雍熙乐府》卷五载本折有此一曲,字句大致相同。《元曲选》及徐刻《古名家杂剧》（即通行影印本《元明杂剧》）均无此曲。

倩女离魂六曲　　前人

第四折丙。（〔黄钟·水仙子〕）据着俺老母情,他则待袄庙火刮刮匝匝烈焰生。将水面上鸳鸯忒楞楞腾生分开交颈,疏剌剌沙鞴雕鞍撒了锁鞚,厮琅琅汤偷香处喝号提铃。支楞楞争弦断了不续碧玉筝,吉丁丁珰精砖上摔破菱花镜,扑通通冬井底坠银瓶。《正音》卷上四十五页。

第四折丙。（〔黄钟·寨儿令〕）每日价萦萦,阁不住雨泪盈盈,手指着胸堂自招承。自感叹,自伤情,自悔懊,自由性。同上。

　　调名《广正》一帙十页下作〔塞雁儿〕,《元曲选》作〔古寨儿令〕。　萦萦《广正》叠此二字。

第四折丙。（〔黄钟·神仗儿〕幺篇）没揣地叫一声狠似雷霆,猛可的唬一惊去了魂灵。这的是俺娘的弊行,打灭丑声,作个失惊,妖精也甚精。看这旧恩情,你且待我这泼性命。《广正》一帙十一页上。

第四折乙。（〔黄钟·尾声〕）蓦地心回猛然醒,兀良草店上一点孤灯,照不见伴人清瘦影。《正音》卷上四十八页下。

　　猛然醒《广正》一帙二十三页作"猛然省"　一点《广正》见作"一点儿"

　　照不见《广正》照字上有早则二字。

第四折丙。（〔双调·荆山玉〕）你个辜恩负德王学士,今日也有趁心时。不甫能盼得音书至,揣与我个闷弓儿。《广正》十七帙后一页下。

　　按:《元曲选》作〔侧砖儿〕,一调二名。

第四折丙。（〔双调·竹枝歌〕）打听为官折了桂枝,别取了新婚甚意思。妹妹时下恨难支。把哥哥闲传示,则问这小妮子,被我都嗤嗤扯作纸条儿。同上。

追韩信六曲　　金仁杰

第二折乙。(〔双调·新水令〕)恨天涯流落客孤寒,叹英雄半生虚幻。坐下马空踏遍山海雄,背上剑枉射的斗牛寒。恨塞满天地之间,按不住浩然气透霄汉。《广正》附正谬四页上。

第二折丙。(〔驻马听〕)回首青山,拍拍离愁满战鞍;举头新雁,呀呀哀怨半天寒。指望待龙投大海架天关,谁承望君骑羸马连云栈。觑英雄如等闲,堪恨无端四海苍生眼。同上。

第二折丙。(〔双调·川拨棹〕)半夜里恰回还,抵多少夕阳归去晚。烟水潺潺,环珮珊珊,冷清清夜静水寒,可正是渔翁江上晚。《广正》十七帙二十四页下。

第二折丙。(〔双调·梅花酒〕)虽然是暮景残,恰夜静更阑。对绿水青山,正天淡云闲。明滴溜银蟾出海山,光灿烂玉兔照天关。撑开船,挂起帆。俺红尘中受涂炭,您绿波中觅衣饭。俺乘骏马惧登山,您驾孤舟怕逢滩。俺锦征袍怯衣单,您绿蓑衣不曾干。俺空熬得鬓斑斑,您枉守定水潺潺。俺不能勾紫罗襕,您空执着钓鱼竿。咱都不到这其间。《广正》十七帙二十八页。

第二折丙。(〔双调·鸳鸯煞〕)我想这男儿受困遭磨难,恰便似蛟龙未济逢干旱。尘蒙了战策兵书,消磨了顿剑摇环。畅道:惆怅功名,因何太晚,似这般涉水登山,休!休!休!空长叹。谢丞相执手相看,我说与你能举荐的萧何再休来赶。《广正》十七帙后十九页下。

第四折甲。(〔正宫·转调货郎儿〕)(〔货郎儿〕)那其间更阑人静,子房公吹笛数声,却又早元戎帐里梦魂惊。(〔醉太平〕)歌动离乡背井,声悲切雨泪盈盈。铁笛吹起故乡情,他可都伤心见景。众儿郎不顾将军令,项重瞳引着虞姬听,早八千兵散楚歌声。(〔货郎儿〕)月满空,恰二更,当夜个吹散了他那英雄百万兵。《广正》二峡七页上。

竹叶舟 三曲　　范子安

第二折丙。(〔双调·新水令〕)我曾向五湖四海自遨游,则我这拂天风两枚袍袖。唤灵童采瑞草,共仙子上瀛洲。散袒优游,叹尘世儿昏昼。《正音》卷下二十页上。

第二折乙。(〔双调·梅花酒〕)休待两鬓秋,与天子分忧。叹岁月如流,早白了人头。待献赋长杨临帝阙,我乘彩凤上瀛洲。俺三人是故友:一个吹玉笛对岩幽,一个倚银筝步沧洲,一个弹锦瑟上扁舟。《正音》卷下廿六页下。

第三折乙。(〔南吕·煞〕)趁着咿哑数声橹响离了江口,见明滴溜一点渔灯古渡头,春江雪浪拍天流。更月黑云愁,疏剌剌风狂雨骤。这天气,甚时候?白莽莽银涛不断流,那里也楚尾吴头。《正音》卷下十八页下。

留鞋记 三曲　　曾瑞

第一折乙。(〔仙吕·那吒令〕)这事,天知地知。这事,你知我知。这事,心知腹知。这事,神知鬼知。口里言,心中意,且休泄漏了天机。《广正》三峡十九页上。

第一折乙。(〔仙吕·低过金盏儿〕)咱两个最相知,仔细说真实。你待等闲泄漏了春消息,我则索暗着笑脸儿厮央及。我索与你金环儿重改造,银掠儿似新的。你休反悔,一言既出,驷马难追。《广正》三峡廿六页下。

第一折甲。（〔仙吕·醉扶归〕）有缘千里能相会,刘晨曾误入武陵溪。那崔护曾在菊英行觅水,柳毅曾把音书寄,千金女在墙头有意,裴少俊在马前相会:这几个何曾用媒证,都作了夫妻。《广正》三峡廿五页上。

雁门关二曲　　陈以仁

第三折丙。（〔越调·古竹马〕）也不索征鞍轻压,征靴微抹,征骢紧跨,不剌剌直赶到海角天涯。生熬的两事家,心惊胆战,力困神乏。见他,见他,战战兢兢,怯怯乔乔,黄甘甘容颜如蜡渣,全不见武艺熟滑。《正音》卷下三十八页下。

第三折丙。（〔越调·古竹马〕幺篇）我从来劣性难拿,是恼犯如何收煞。见咱,赶他,撞阵充军,倒戈弃甲。纵辔加鞭催战马,恨不的剪断紫稍,蹅斜宝镫,顿宽玉勒,摆损金剒。同上。

《广正》十六峡二十一页上附录此曲别本云:"试看咱,全副披挂。我从来劣性难拿,我和你待要征伐,到今日怎生收煞。我可便赶他,战乏,撇弃枪刀,扯碎旗幡都卸甲。我这里威风纠纠,增添杀气,直赶到海角天涯。"注云:"时通唱,此必为人改削。"

此两曲所属剧名,《正音》、《广正》均作《误入长安》,实即《孤本元明杂剧》中之《雁门关》,一剧二名。陈以仁,字存甫,《正音》作孝甫。

金钱记五曲　　乔吉

第一折丙。（〔仙吕·点绛唇〕）书剑生涯,几年窗下,学班马。吾岂匏瓜,待一举登科甲。《正音》卷下一页下。

第一折丙。（〔仙吕·混江龙〕）博提个名扬天下,宴琼林饮御酒插宫花。恰便似珷玞石待价,怎肯似斗筲器矜夸。如今这洞庭湖撑翻了范蠡船,东陵门锄荒了邵平瓜。楚屈原假惺惺醉倒步兵厨,晋谢安黑喽喽睡在葫芦架。没福消轩车驷马,大纛高牙。同上。

第一折丙。（〔仙吕·油葫芦〕）翠拥红遮锦绣榻,六宫人忙并煞,谁不知开元宫里好奢华。比及翠盘香冷霓裳罢,又早红牙声歇梧桐下。投至到华清宫初出池,比及花萼楼扶上马。殢风流天宝君王驾,簇捧着个娇滴滴海棠花。《正音》卷下二页。

第一折丙。（〔仙吕·天下乐〕）凤舞龙飞出翠华,喧哗,景物佳,蔼春风禁城百万家。觑神仙下碧霄,听箫韶隔彩霞,人道是蓬莱山子是假。同上。

第一折丙。（〔仙吕·那吒令〕）香车载楚娃,圪剌雕轮碾落花。王孙乘骏马,疏剌、金鞭拂柳花。游人问酒家,窝那、青旗插杏花。宽绰绰翠亭边蹴踘场,笑呷呷粉墙内秋千架,香馥馥麝兰丛罗绮交杂。同上。

两世姻缘六曲　　前人

第一折丙。（〔仙吕·借双调得胜令〕）将罗袖卷,香醪劝,请学士官人稳便。这的是续断弦,朝生新镟,只吃的金盏里倒垂莲。《广正》十七帙后十四页下。

　　按:《元曲选》作〔得胜乐〕,应从之。

第二折丙。(〔商调·集贤宾〕)隔纱窗日高花弄影,听何处啭流莺。虚飘飘半衾幽梦,困腾腾一枕春醒。恰趁着游蜂儿在柳坞桃蹊,又随着蝴蝶儿过月榭风亭。觉来时在翠云十二屏,恍惚如坠露飞萤。寸肠千万结,长叹两三声。《正音》卷下四十二页。

第二折丙。(〔商调·上京马〕)觑不得雁行弦断卧着瑶筝,听不得凤嘴声残冷了玉笙,和我这兽面篆消闲了翠鼎。门半掩悄悄冥冥,这的是断肠人和泪梦初醒。同上。

第二折丙。(〔商调·金菊香〕)你看他锦心绣腹那些才能,雪月风花怎不动情。即席间小曲儿编揑成,端的是剪雪裁冰。常言道惺惺自古惜惺惺。同上。

第二折丙。(〔商调·浪来里煞〕)(〔浪来里〕)心事人拔了短筹,有情的太薄幸,到如今五载不回程。(〔随调煞〕)好教咱上天远,入地近,泼残生恰便似风内灯。比及你见俺那亏心的短命,则我这一灵儿先飞出洛阳城。《广正》十四帙十八页下。

　　按:《元曲选》作〔高过随调煞〕。

第三折丙。(〔越调·绵搭絮〕)论文呵! 有周公礼法,论武呵! 代天子征伐。你不学云间翔凤,他便似井底鸣蛙。你这般摇旗呐喊,簸土扬沙,䟆䟆磨磨,叫叫喳喳。你这般握武兴威待怎么? 将北海尊罍作了两事家。你卖弄你那挡叱,你若是指一指该万剐。《广正》十六帙十页下。

赵礼让肥二曲　　秦简夫

第四折乙。(〔双调·挂玉钩〕)慌的我手儿脚儿的羞跌蹼战都速,想着你摘胆剜心处。当日个管待杀吾官士大夫,谁想道重遇架海擎天柱。死生难忘,今古谁如。《广正》十七帙二十二页上。

第四折乙。(〔双调·小将军〕)臣离家乡千里馀,觑囊箧一文无。病多的身躯饥肠肚,受了些无限苦。《正音》卷下廿四页上。

按:《广正》十七帙三十页下,与此全同。《元曲选》更动字句改作〔沽美酒〕。

杀狗劝夫二曲　　萧德祥

第二折乙。(〔正宫·货郎儿〕)不特似十分家沉醉,吃的来如汤似汁,俺哥哥直睡到红日三竿未起。哥哥觉来我支持。他酩子里回过胭颈,没揣的转过身体。《广正》二帙七页上。

第二折乙。(〔正宫·笑和尚〕)谎得我悠悠的魂魄飞,不承望哥哥向当街睡。直背的来家里,不得口好气息,到吃顿泼掌捶。你瞒天地,昧神祇,打兄弟,骂兄弟。哥也! 那的是孙二的罪?《广正》二帙十三页下。

勘头巾一曲　　孙仲章

第三折丙。(〔商调·借仙吕后庭花〕)待推来怎地推,不招承等甚的。指望待同谐老,今日被意中人连累你。你两个待作夫妻,今日个蓝桥水济,阻鸾凤两下里。跪佳人在这里,枷奸夫在那壁。《广正》三帙十三页下。

霍光鬼谏一曲　　杨梓

第一折乙。（〔仙吕·六么序〕幺篇）应昂，行唐，胜奔龙床，扯住衣裳。则就金銮殿上，咱两个并一场。我见他手脚荒张，言语疏狂，事急也，却索着忙。俺英雄犯了无遮当，岂不闻要离刺庆忌，鱄诸刎吴王。《广正》三帙二十二页下。

豫让吞炭一曲　　前人

第三折丙。（〔越调·眉儿弯〕）谁恋你官二品，车驷马，待古有德行的富贵荣华。想着俺那有恩义的主人公放不下，我故来报答。报答的，没合煞，倒惹一场旁人笑话。《正音》卷下卅九页上。

按：《广正》十六帙十八页下与此全同。

敬德不伏老四曲　　前人

第三折乙。（〔越调·络丝娘〕）是谁挊住那尉迟敬德，羞得我脸上无皮，如何支讳，怎地支持。则被你败脱谎也，军师世勣。船到江心补漏迟，我不解你其中心意。《广正》十六帙八页上。

第三折甲。（〔越调·络丝娘〕幺篇）听说罢其中心意，石盘搭登时血赤。撑冠生怒发目滗力，抖搜神威。同上。

第三折乙。（〔越调·要三台〕）你须知咱名气，我建功天知地知。想这场小可似美良川交兵手段，榆窠园单鞭夺槊神威，牛口峪降伏窦建德，下河东与刘黑闼相持。你看我再施逞生擒王世充当日威风，重施展挟雷势猛当时气力。《正音》卷下四十页。

名气《广正》十六帙十六页上作名讳。我建功《广正》作尽忠心。牛口峪《广正》作牛口谷。施逞《广正》作施呈。重施展《广正》此句上有你看我三字。挟雷势猛《广正》作"活挟雷世猛"。

第三折乙。（〔越调·要三台〕幺篇）老子老，又不干咱年纪。老不了我擎天柱石，老不了我虎略龙韬，老不了我妙策兵机。老子老，一片忠心贯白日，老子老，犹自万夫难敌。老子老，添了些雪鬓霜髯，那些儿跎腰曲脊。同上。

老子老《广正》十六帙十六页下作老则老，下同。又不干《广正》作老不了。老不了我擎天柱石至妙策兵机《广正》此三句老不了上均有老则老三字。兵机《广正》作神机。

一片忠心《广正》此句上有老不了我四字。犹自《广正》作尚兀自。那些儿《广正》作那些个。跎腰《广正》作驼腰。

按：上三剧作者，《正音》、《广正》均题无名氏，王国维《曲录》考定为杨梓作。

风云会一曲　　罗本

第四折丙。（〔双调·驻马听〕）黄道烟迷，瑞霭盘旋飞凤椅。紫垣风细，御香缭绕衮龙衣。近宫墙杨柳拂旌旗，傍雕栏花萼迎环佩。行大礼，这的是太平天子朝元日。《正音》卷下二十页上。

按：《正音》原题无名氏撰；徐刻名家杂剧（即通行影印本《元明杂剧》）题罗氏撰。

城南柳二曲　　谷子敬

第二折丙。(〔正宫·啄木儿煞〕)柳呵！霜凝时刚挨得过秋,雪飘时也怎过得冬。觑了你这无下梢枯杨成何用,想着你那南柯一梦,争如俺桃花依旧笑春风。《正音》卷上五十四页。

按:《元曲选》作〔啄木儿尾〕。

第四折丙。(〔双调·滴滴金〕)看了这仙袂飘飘,仙姿绰约,仙音嘹亮,人在五云乡。更有那宝殿参差,瑶池掩映,琼波摇漾,涵着云影天光。《正音》卷上二十三页。

金童玉女十九曲　　贾仲名

第一折甲。(〔商调·贤圣吉〕)紫檀槽石烈声,水晶弦韵轻清。震满殿春雷,卷松涛风雨惊。尼金面伏手平,碾玉轴匙头净。翡翠品云花竹,鲛绡襻锦彩绳。流呜咽滩上泉,银甲弹糁雪筛冰。《广正》十四帙七页。

按:石烈之烈字似应作裂。"震满殿春雷"句语意未足,《广正》原注云:"此词第三句刻本无响字,方合前格。"当是"震满殿春雷响"。

第一折丙。(〔商调·满堂红〕)凤凰台下凤凰台,也波台,凤凰台上凤凰来,也波来,天籁地籁闻人籁,也波籁。八音谐,绿云裁,翠烟开,月明吹彻海山白。《广正》十四帙十六页下。

第一折丙。(〔双调·鱼游春水〕)自嶰谷起遗风,定雌雄,十二筒,律应黄钟。梅落江清吹三弄,声动关山感归梦,伴渔翁,引牧童。《广正》十七帙后十五页下。

第一折丙。(〔商调·芭蕉延寿〕)韵幽微:高山流水野猿啼,楚雨湘云塞雁飞,清风明月孤鹤唳,春融和,莺乱啼。《广正》十四帙十七页上。

按:以上四曲均为本剧第一折中插曲,不入套内。

第二折丙。(〔南吕·四块玉〕)碾香轮将芳径穿,催骏骑把丝鞭袅,俺这一对儿美爱夫妻宿缘招。俊庞儿落雁沉鱼貌。恰便似地长出并蒂花,水养成交颈鸳,天生下比翼鸟。《广正》四帙十二页下。

第二折丙。(〔南吕·感皇恩〕)花枝般淹润妖娆,笋条般风流年少。你着我跨青鸾,乘丹凤,驾玄鹤。看了这花柔柳嫩,端的是玉软香娇。恨不的心窝儿里放,手心中擎,眼皮儿上阁。《广正》四帙又五页下。

第二折丙。(〔南吕·借双调荆山玉〕)寻真误入蓬莱岛,向群仙队里宴蟠桃。早难道乐者为之乐,怎割舍铜斗儿锦窝巢。《正音》卷下二十五页。

按:《元曲选》作〔侧砖儿〕,即〔荆山玉〕之别名。

第二折丙。(〔南吕·借双调竹枝歌〕)胸背挽绒宫锦袍,怎系这续断丝麻杂彩条。看了这江梅风韵海棠娇,樱桃樊素口,杨柳小蛮腰。清高,兰蕙性不蓬蒿。同上。

按:《广正》十七帙后二页亦收此曲,字句全同。右两曲借入第二折南吕套内,《正音》误题为第四折曲。

第三折丙。(〔商调·贤圣吉〕)镂金厢玉兔鹘,七宝嵌紫珊瑚。墨锭般髭髯,捻绒绳遍着鬓须。皂纱巾珠篆簌,锦袄子金古辂。花难比玉不如,云跟靴悬抹绿,面银盆腻粉团酥。《广正》十四帙七页下。

第三折丙。(〔商调·借仙吕河西后庭花〕)翠娉婷衒不俗,美婵娟娇艳姝,似对月嫦娥现,如临溪仙洛浦。他笑呵,似秋莲恰半吐。他悲呵,似梨花春带雨。行动呵,似新雁云边落。说话呵,似雏莺枝上语。他醉呵,晚风前垂柳翠拂疏。出浴,似海棠般擎露。立呵,渲丹青仕女图。坐呵,观世音自在居。睡呵,羊脂般卧着美玉。吹呵,韵轻清彻太虚。弹呵,抚冰弦断复续。歌呵,白苎宛意有余。舞呵,彩云簇掌上珠。《广正》三帙十五页下,又见十四帙八页上。

翠娉婷十四帙作貌娉婷。娇艳姝十四帙作娉婷姝。渲丹青十四帙无渲字。

第三折乙。(〔商调·望远行〕)颇奈无端的铁拐使机谋,不知怎生来用些道术,将俺小姐迷惑去赴玄都。嗔嗔的扯碎了姻缘簿,忽剌八掘断前程路,空没乱搥胸跌足,揉腮倦语。将一朵并头莲砢可可分两株,生拆散莺燕孤,咭叮当摔碎连环玉。《广正》十四帙十页。

第三折丙。(〔商调·贺圣朝〕)陡涧高山,险峻崎岖,教我手荒脚乱没是处。流水横桥,眼晕心虚。蟠巨蟒老枝枯,渗金睛猛虎伏。躲避在林莽,掩映着身躯。同上。

第三折丙。(〔商调·凤鸾吟〕)听的将金安寿名字呼,我这里低头拜伏。这答儿云水山林,甚么去处?是蓬莱玉宇,听仙音动处,食仙桃,饮琼浆甘露。朱顶鹤,献果猿,绿毛龟,衔花鹿,授长生,玉篆丹书。《广正》十四帙十一页下。

第三折丙。(〔商调·借双调牡丹春〕)婴儿姹女趣,黄芽白雪枯。被金枷玉锁紧相拘,将心猿意马牢拴住。虽然得省悟,回首认当初。《广正》十七帙后三页。

第三折丙。(〔商调·凉亭乐〕)迅意光阴过隙驹,恰一梦华胥。飞乌走兔紧相逐,昼夜催寒暑。我本来面目,仙风有道骨。争如俺鼍鼓笛儿者刺古,歌鹦鹉,舞鸬鹚。《广正》十四帙十一页下。

第三折丙。(〔商调·随调煞〕)拜辞了翠裙红袖簇,朱唇皓齿扶,梦回明月生南浦。向无何深处,步瑶池,游阆苑,到蓬壶。《广正》十四帙十九页下。

  按:《元曲选》作〔啄木儿煞〕。

第四折乙。(〔双调·相公爱〕)俺似并蒂池莲一处栽,暖水游鱼两和谐。疑猜,恐青春不再来,月夜花朝翠云台。《广正》十七帙四十一页下。

  按:以上两曲,《广正》原题"意马心猿",与"金安寿"同为《金童玉女》一剧之别名。

第四折乙。(〔双调·小喜人心〕)听竹声鸣籁,闻桂香清蔼,桧影松花月色节,紫府金坛放毫彩。醉舞狂歌,长啸长吟,疏散情怀。咱壶内心无怠,咱静里身无懈。《广正》十七帙四十四页上。

  按:《元曲选》作〔喜人心〕。

第四折甲。(〔双调·青天歌〕)青天莫起浮云障,云起青天遮万象。万象森罗镇百邦,光明不现邪魔旺。《广正》十七帙四十六页下。

赤壁赋五曲　　无名氏

第一折乙。(〔仙吕·那吒令〕)自想,东坡伎俩,怎比,东山气象,怎作,东床伴当。主人将东阁开,直吃的东方亮,论甚么日照东方。《广正》三帙十八页下。

第一折乙。(〔仙吕·鹊踏枝〕)且休说翰林忙,暂入他绮罗乡,则见烛影摇红,月色昏黄。他教酒吃提倒垂莲,小生却什么检书幌敛银缸。《广正》三帙十九页下。

第三折丙。(〔越调·圣药王〕)曲未终,韵更清,似子规枝上月三更。低一声,高一声,似东风花外锦鸠鸣,斜月睡闻莺。《正音》卷下三十七页。

第三折丙。(〔越调·三台印〕)将品竹才拈定,宁心听,似箫韵九成。

怕水底老龙惊,正风寒露冷。似引新雏紫燕花外声,怨离凰彩,凤月下鸣,雁落平沙,猿啼峻岭。《正音》卷下四十页上。

按:此调又名〔鬼三台〕,《元明杂剧》作〔要三台〕,非是,〔要三台〕另为一调。

第三折丙。(〔越调·煞〕)举目看山青,侧耳听江声。隐遁养姓名,不恋您世情。无利无名,耳干清净。一心定,不受您是非忧宠辱惊。《正音》卷下四十一页下。

调名《广正》十六帙二十六页下作〔随煞〕。山青《广正》误作"青山"。养姓《广正》误作"扬姓"。

按:此剧作者,《正音》题无名氏,《广正》或题无名氏,或题费唐臣。《录鬼簿》于唐臣下著录《贬黄州》剧,无《赤壁赋》剧,《广正》盖误以此二剧混为一谈。

云窗梦二曲　　无名氏

第一折丙。(〔仙吕·村里迓鼓〕)则俺二人评论,这百年姻眷,这虔婆又走到来,好不与人行方便。待教俺蝶避了蜂,鸾去了凤,莺离了燕,镜破了铜,簪折了玉,瓶坠了泉。俺直恁的缘薄分浅。《广正》三帙九页下。

第三折丙。(〔中吕·十二月〕)金钗倦整,檀口低声,云鬟半偏,星眼微睁。可搂着怀儿里抱定,觑着这短命牢成。《广正》五帙十八页下。

鸳鸯被一曲　　无名氏

第二折乙。(〔正宫·笑和尚〕)吉丁丁珰画檐前敲玉马,疏剌剌刷正殿里吹书画,忒楞楞腾宿鸟串荼蘼架,赤力力尺摇翠竹,骨鲁鲁忽煺窗纱,可忒忒扑把不住心头怕。《正音》卷上五十页下。

浮沤记二曲　　无名氏

第一折丙。(〔仙吕·四季花〕)你少曾出外可曾经,我则怕沿路上有歹人行。是强人把咱来相拦定,恼的我恶向胆边生。我也曾拳到处倒了碑亭,我也曾匾担打碎天灵。《广正》三帙廿九页下。

　　按:《元曲选》剧名题"朱砂担",《浮沤记》之别名也。《元曲选》尚有"岂不闻道杀人来须偿命"诸语,系么篇。

第四折乙。(〔双调·新水令〕)正黄昏庭院景凄凄,哭啼啼,泪双垂,走的软兀刺一丝无两气。淅零零的小路险,昏刺刺的晚风吹脚步儿刚移,一步步行来到柱死地。《广正》十七帙一页下。

连环计三曲　　无名氏

第二折乙。(〔南吕·草池春〕)这的是天道随人愿,我心中得意转,我暗暗的忻然。何须别变计见,这条妙计长便。苍生拱手告天,日月山河光现。贼臣董卓弄权,灭尽满门良贱。险些儿不忧的咱忧的咱意攘心闲,心似油煎。谁想家中,搜出美女连环。到来日脂粉内暗暗的藏着征战。使巧计,怎脱免,貂蝉,美满团圆。《广正》四帙十页上。

　　按:《元曲选》作〔絮虾蟆〕即〔草池春〕之别名。

第三折乙。(〔正宫·笑和尚〕)愿太师早登天子堂,李肃先锋将,吕布坐金顶莲花帐。臣不愿作侍郎,臣不愿作平章,愿太师着王允作一个头厅相。《广正》二帙十三页上。

第四折甲。(〔双调·秋莲曲〕)干精细,却呆痴,在意牢堤备。堤备着脚头妻。怕他也胡为。吕温侯先早落便宜,你看取傍州例。《正音》卷下廿五页上。

胡为《广正》十七帙后十七页上误作"故为"。

1953年辑校,1958年《淡江学报》。

孤本元明杂剧读后记

商务印书馆校印《孤本元明杂剧》一书行世以后，为中国戏剧史添了许多新资料，扩大了杂剧研究的领域。此书的发现及印行，是二十年来学术出版界大事之一，其来源及印行经过是这样的：

明末常熟人赵琦美，字玄度，自号清常道人，酷嗜杂剧。他曾搜集了许多元明杂剧，也有钞本，也有刻本，加以校订，合在一起，成为一部总集，但并没有专名。他的藏书室名为脉望馆，于是后人就管这部总集叫作《赵氏脉望馆钞校本元明杂剧》。其后，这部总集归于清初常熟人钱曾，字遵王，他给它起名为"古今杂剧"，并写了一篇目录，收入他的《也是园书目》，所以这部总集又名《钱氏也是园旧藏古今杂剧》。自清初以来，这部书始终是藏书家的秘笈，而且始终未离常熟、苏州一带，一般学者都是闻名不曾见面。民国二十六七年间，才因战事的关系在苏州出现。由教育部出资收购，交由国立北平图书馆上海办事处庋藏。照《也是园书目》所记，全书应有杂剧三百四十二种；历经散佚，现存的只有二百四十二种，内有四种重复，实存二百三十八种。商务印书馆于民国三十年校印了其中未见流传的孤本一百四十四种，即是现在的《孤本元明杂剧》。但是，这一百四十四种里边，《单刀会》、《遇上皇》、《博望烧屯》三种另有《元刊杂剧三十种》本，《灵芝庆寿》、《十长生》、《神仙会》、《赛娇容》、《海棠仙》五种另有《诚斋乐府》本,《僧尼共犯》一种另有《海浮山堂词稿》本,因为前三种元刻本没有宾白而此本有之,后六种原本非常少见,商务校印时不知道尚有原本;所以把这九种都当作孤本印了出来。真正孤本只有一百三十五种。

我读完全书之后,觉得此书的确是一部很重要的戏剧宝库,其价值决不下于久已通行的《元曲选》、《六十种曲》、《盛明杂剧》诸书。总述之,约有以下五项。

一、此书印行以后,传世元人杂剧骤然增加了三十余种(以前不过一百二十余种,)这数量不可谓不多。固然这三十余种不敢说全是元人真笔(参阅拙著《元剧作者质疑》);而且,即使是真笔也有若干是败笔,如关汉卿的《陈母教子》之类。但如《金凤钗》、《庄周梦》、《贬黄州》等剧,都是上乘之作,非元人不办。

二、此书所收明代杂剧约百种有零,其中佳作,如周宪王朱有燉的五种,宁献王朱权的两种,桑绍良的《独乐园》,冯惟敏的《僧尼共犯》,无名氏的《村乐堂》、《苏九淫奔》,都是文采斐然,足以步武元人。其余各剧,文字虽无甚可取,但可窥见明代杂剧的大体作风,自然是重要文献。而且,所谓戏剧,当然不仅是辞采文章,还要看穿插结构。以前我们读元人杂剧,总嫌其穿插结构平板松懈,有时甚至无情无理,充分表示出来他们是原始时期的戏剧。本书所收明人杂剧,穿插结构都很生动紧凑,比起元人的确进步多了。若没有本书,我们怎能看到这种进步。以前我们研究明人杂剧只靠《盛明杂剧》,那里边所收的大部分是隆庆、万历以后的南杂剧,现在有了此书,才使我们认识了正德、嘉靖以前北杂剧的面目,这是多么重要的事?

三、此书各剧宾白里面有许多研究元代明初及明中叶戏剧的资料,或者是关于剧本的体制,或者是关于戏剧史的演变。其中更有许多社会风俗史料,不仅是研究戏剧的宝库。

四、此书所收,以明代教坊或失名文人编演的故事剧居大多数;这些剧本都可以和小说参证比较,来探索若干故事的流传演变之迹。例如三国故事剧、唐代故事剧,此书各收十一种,水浒剧此书收四种,这些剧本即可以与《三国演义》、《隋唐演义》、《水浒传》等小说的各种本子互相参证比较。

五、此书还有一种特点为其他杂剧总集所无,那就是有很多种剧本后边附有穿关。穿关是明代剧场术语,把每剧人物登场次第和他们的服装打扮,开单记载,这种单子就叫作穿关。到清朝也叫作串贯。我们以前读古代剧本,总以不能知道上演情形为遗憾。曾有些人努力考索,成绩颇有可观,但因材料缺乏,用力多而成果少。现在有了这种附有穿关的本子,至少在服装方面可以明了许多,这是本书的贡献之一。研究这个问题,不能单靠一两剧,必要把所有诸剧的穿关汇在一起,排比勾稽,这样才能对明代演剧装扮情形得到一个相当详确的认识。

综合以上五项,可以明了此书在戏剧欣赏及研究两方面,有同样宝贵的价值;更可作探索元明社会风俗及考证小说故事的参考资料。我们读此书要认清目标分别利用。

这样一部好书,可惜有个很大的缺点,那就是只印"孤本"而没有把另有传本的九十四种印出来,这是研究古剧的人一致认为遗憾的事情。听说当初要印这部书时,曾经发生过争论。一派主张不管是否孤本全部影印,一派主张只排印孤本。结果后者的主张胜利了。据说是因为影印太费工料,不是战时人力物力所能胜任。若全部排印,他们又认为另有传本的那些种没有重印的必要,不如只印孤本，较为轻而易举。总而言之，这一点遗憾，固然是由于主持人的偏见，最大原因还是战时的物力匮乏。

说了半天，这九十四种杂剧有什么要紧而应当印出呢？简单言之是这九十四种与通行本并不一样，详细情形则要从根上讲起。

在《也是园旧藏古今杂剧》之外，现存的元明杂剧总集共有九部。（一）《元刊古今杂剧三十种》，（二）李开先改定《元贤传奇》，（三）新安徐氏刊《古名家杂剧》（有正续两集，现在通行的影印本《元明杂剧二十七种》是其中的一部分），（四）息机子刊《元人杂剧选》（五）尊生馆刊《阳春奏》，（六）顾曲斋刊《元曲》，（七）继志斋刊《元杂剧》，（八）臧懋循《元曲选》，（九）孟称舜《古今名剧合选》（《柳枝集》、《酹江集》）。（《盛明杂剧》初二三集所收多南杂剧，不在此列。）以上所述九部，第一部自成一个系统；第三至第七部是一个系统；第二、第八、第九三部在性质上是一个系统而各不相干，因为都是改本，而改得都不一样。

杂剧在当时只是民间通俗唱本，不是高文典册，谁也不理会到什么叫尊重原文。又因为是在剧场上演的东西，经过许多伶人乐工，自不免于增删改窜。所以，从有杂剧以来就无所谓原本真本，只有较为近古也就是较为近真的本子。《元刊古今杂剧三十种》就属于这一类，此外再没有元代刻本的杂剧，于是这一部总集就自成一系而巍然居首。第三至第七种都是万历时代刻本，都难免有些改动，但以有元刊本的若干种比较，相去尚不太远，只是大同小异，其中元刊本所没有的若干种，总该也是如此。第二、第八、第九三种，都是文人改订的本子。因为是文人，难免恃才妄作，有时固然可能改好了，但也有时改坏了。像臧懋循《元曲选》所改的《散家财天赐老生儿》剧，拿来和元刊本对照，臧氏的改笔简直不成话。我们现在通行易得的本子只有臧氏这部《元曲选》，一般治曲的人都渴望得见第三至第七那些较为近古近真的本子。但那些都是极为难得的古董；自影印本《元明杂剧二十七种》出版之后，算是见到了一小部分，其余仍是不易见到。《也是园旧藏古今杂剧》包括有明内府钞本、明山东于氏钞本、息机子刊本、新安徐氏刊本，而且都经赵琦美手校过。商务印行的时候，若能全部印行而不是只印孤本，则是有几十种比现行《元曲选》本较为近古近真的杂剧本子行世，可供学者的探讨比勘，这是多么有意义的事。这几十种都是传诵的元明佳作，而且元人作者居多，学者们希望他们的旧本行世，其热情决不下于希望看到前所未睹的孤本。

这几十种旧本的价值，不仅在文字校勘，同时也在资料的保存。如《司马相如题桥记》，其中即有珍贵戏剧资料为通行杂剧《十段锦》本所无。此外湮没的奇文秘记，正不知有多少，真是不胜遗憾之至。还有人不满意商务印书馆不曾影印此书而付之排印，并且由王季烈氏校订，难免有臆改的地方。这倒还不太要紧，王氏的改订虽然未能尽满人意，却还逐条说明，不曾湮灭原文。总而言之，我们非常希望元明杂剧旧本能有机会印行出来。

本篇正文至此已完，下面是从王季烈氏为此书所作提要及序文生出的几项问题，写出来作为附录。

王氏为此书作提要，对于每本杂剧都有简单批评。有些很精当，有些处我与他的意见颇有出入。如无名氏《病刘千》剧，王氏评云："曲文尚为本色，情事无甚意味，盖当时之武工剧，惟爱看跌打相扑者方赏之。"不过看作一个寻常剧本。我则非常欣赏其古拙质朴，一派苍苍莽莽之气。又如无名氏《女真观》剧，王氏极力赞其典雅清新，我却嫌其平庸纤弱。此外还有很多处意见不同，不再列举。大致说来,王氏是以欣赏明传奇的眼光看元杂剧,我则以欣赏元杂剧的眼光看元杂剧。

王氏为此书作序,曾表示四项意见,现在把我个人对于这四项意见的意见写在下面。王氏所述第一项云:

> 臧氏百种,或疑其去取未当,不免采碔砆而遗珠玉。以此书证之,则臧氏所遗诚然有之,特尚不多。

我以为,若以此书证之,所遗诚然不多,若以《元刊杂剧三十种》证之,则所遗实在不算少。元刊三十种与臧选重复的只有十三种,其余十七种,除去《小张屠》及《替杀妻》两种是无聊的东西,此外十五种,全是所谓珠玉,比起臧选中的碔砆,如《争报恩》、《冯玉兰》之类,不知要强多少。臧选只有一百种,遗去佳作至十五种,不能算不多。关于这一点,有两种解释。第一,臧氏是万历时人,那时北杂剧久已衰落,剧本流行并不普遍。臧氏也许根本没见过这十五种。否则臧氏虽然号称孟浪,尚不致毫无别择,真的采碔砆而遗珠玉。第二,如果臧氏曾见过这些种杂剧而不加采录,那又有两种可能的缘故。第一是南北风尚不同的关系。臧氏是南人,又生在南曲盛行的时代,耳濡目染,不知不觉就偏于清丽芊绵的笔墨,试看臧选百种,大多数都具有这种风格,即可知臧氏的选录标准。这不仅是臧氏个人的标准,也是当时风尚如此。臧氏的去取,恐怕就是以当时传唱与否为断。以上所说那十五种佳作,多数是悲壮激切的硬性作品,与臧氏个人及当时社会的口味不合,所以不曾选录。第二是宾白不全的关系。元刊本各种都没有宾白,当时流传的杂剧本子又不多,臧氏于上述十五种,大概没见过宾白俱全的本子，完全补作既嫌麻烦，照样刊行又与其他各种体制歧异，于是干脆不要，这也很有可能。所以，臧氏的采碔砆而遗珠玉，也许情有可原；若仅以《孤本元明杂剧》来证明臧选所遗珠玉不多，则未必然。

王氏所述第二项云：

> 今谈曲者，咸以关汉卿为巨擘，以此书证之，则宁推实夫仁甫，驾而上之。更有不著姓名之本，如《刘弘嫁婢》、《村乐堂》等，古拙清新，兼擅其长，堪为元曲中之绝唱。未可贵耳贱目，以古人之说为定评。

《刘弘嫁婢》及《村乐堂》两剧，固然不错，若说堪为元曲中之绝唱，未免溢美，顶多不过中驷而已。王氏对于关汉卿的批评，更有商量余地。汉卿作品，并不只此书所收数种。《元曲选》中的《窦娥冤》、《望江亭》、《救风尘》、《玉镜台》等剧，《元刊杂剧三十种》中的《西蜀梦》、《单刀会》、《拜月亭》、《调风月》等剧，都是上乘之作。汉卿作剧，不仅数量比旁人多，内容也比旁人丰富，硬性软性，悲剧喜剧都有。诸体具备，尽态极妍，谈曲者推为巨擘，久已成为公论。不过汉卿写作既多，遂不能始终如一，有时精心用意去写，有时则为了应酬伶人，随意挥洒。所以明宁献王朱权在《太和正音谱》中说他是"可上可下之才"。像此书所收《陈母教子》之类，与《单刀会》、《拜月亭》等剧，真是有天渊之别。正如柳永的《乐章集》，在晓风残月等名作之外，又有若干俗陋尘下的篇什。文人与乐工、伶人合作，很容易有这种情形。王氏仅据此书所收几种汉卿偶然率意的败笔（其实不一定都是汉卿真笔），就来评定关不如王白，殊为不妥。而且此书所收王实甫《破窑记》，曲文平妥而已，比《陈母教子》强不了多少。若夫《东墙记》，曲文既嫌庸俗，又不是仁甫原作，更不能作白胜于关之证。（关于《东墙记》作者问题，见拙著《元剧作者质疑》。）

王氏所述第三项云：

> 伶工学习南曲，便于赶板，每将应有衬字，妄行删去。故其脚本如《缀白裘》之类，比传奇原本衬字为少。今此书亦为明代伶工传习之抄本，而多叠床架屋不可通之衬字，以与有刻本者（如《锁魔镜》及与《元曲选》重复之各本）相较，则刻本固文从字顺，其衬字远比抄本为少。乃知抄本中不可通之衬字，皆系伶人妄增，以字代腔，使便记忆，非撰曲时所本有。

南曲衬字，不在本文范围，姑且不谈。北曲衬字，是很重要的东西，传神达意，全在于此。衬字运用得法，能使曲文生动真切，神采奕奕。反之，则很好的曲文能被衬字累赘得不能成诵。我们读元人杂剧，有时感觉句法冗赘而不爽利，有如北京俗语所谓"葡萄拌豆腐，一嘟噜一块"。那就是王氏所谓"伶人妄增以字代腔"的衬字闹的。即如《刘弘嫁婢》第一折的〔仙吕·混江龙〕曲（本书第九册本剧第三页），简直念不下去，照王氏所改削的去读，才觉文从字顺。这种妄加衬字的情形，不只此书所收诸剧。如《元曲选》，总算伶人气较少，文人气较多的读本了，也不免有许多妄加的衬字；只有《元刊杂剧三十种》，虽然讹脱很多，而妄加的衬字却较少。关于这一点，我以为是唱腔改变的缘故。嘉靖、隆庆两朝，是南北曲腔调转变的关键。在此以后，无论南曲北曲的腔调，都比以前婉转繁复。

但是腔调虽变,而词句未改,于是词句与腔调,繁简多寡,不相符合,这才有了以字代腔使便记忆的情形。《杂剧三十种》刊行于元代,还是旧腔旧调,所以衬字较少;《元曲选》及此书,都是万历以后的东西,其中所收杂剧,当然要有很多时伶根据新腔增改的地方,衬字之多,大半是为了这种原故。杂剧在当时是场上之曲,只要唱起来腔调悦耳,也就不觉其文字累赘。现在已变成案头之书,讽诵而不歌唱,于是这些衬字就成了文字上的大障碍。若能有精通曲律,深明文义的人,把一切杂剧里边,拖沓累赘,甚至不通的衬字,芟刈廓清,使便诵读,未尝不是一件快事。

王氏所述第四项云:

> 臧氏选剧,务取名作;士礼居三十种及盋山图书馆二十七种,皆元明刻本,亦多佳剧。读者于元明剧本,徒见文人学士称赏之作,莫见草野俚俗嗜好之谈。此书荃茅并采,其中拿妖捉怪拳棒跌打诸剧,取悦庸众耳目,虽文字无足取,要可见当时流俗风尚。故此书出而元明两代之杂剧,非特骤增一倍,且于雅俗两途,可窥其全,为研究两代草野风俗人情者所不可缺也。(士礼居三十种即《元刊杂剧三十种》,因此书原本曾为黄丕烈收藏。盋山图书馆二十七种即通行影印本《元明杂剧》,因此书原本为南京钵山精舍即江苏国学图书馆所藏)。

这一段说得最精彩,能道出此书的好处。这些资料多半在宾白里边,所以读此书时宾白要仔细看,我在前文已经提过了。

以上是我读完《孤本元明杂剧》后的意见,都是属于概论性质的,还有些零星枝节问题,留待以后再写。

1960年,《大陆杂志》第二十一卷第一第二期合刊。

附记:此文曾发表三次,前后约经十年,每次内容都有改动。本篇是最后一次,大致可以说是定稿。1966年记。

从元曲选说到元刊杂剧三十种

臧懋循选刊的《元人百种曲》，简称《元曲选》，是部通行的元人杂剧读本，现存元剧三分之二以上都被收入，而且大部分是传诵的佳作，想读元剧，自不能不备此书。但此书有两个缺点。第一是随意删改。臧氏是明万历时人，那时北杂剧久已衰落，传奇和南杂剧正在盛行。臧氏生在这种时代，又是南人，对于北杂剧实在有点外行；而偏好自作聪明，选刊各剧多加删改。有时固然改的不错，特别是那些清丽芊绵的句子，而大部分却是点金成铁。北曲的好处是雄直劲健，臧氏常给改成平钝纤弱，有时甚至删改得不合格律。还有些很好的曲文，臧氏竟把他们删掉。最令人不快的是那些毫无意义叠床架屋的衬字，弄得句子冗赘不爽，成为初学读曲的障碍。这些毛病，自然不能单怪臧氏本人。他那时上距元代已有二百余年，元剧旧本早经过若干次文人或者伶人的改动；妄改的责任似应由这些人担负。但是，把《元曲选》中与同时或稍后的其他刊本重复诸剧拿来比勘，依然是互有异同，而那些刊本彼此之间则大致相同。他们与《元曲选》不同的地方，又都与《元曲选》以前的曲谱、曲选，如明初编撰的《太和正音谱》，正德时印行的《盛世新声》，嘉靖时印行的《词林摘艳》及《雍熙乐府》，大致一样。可见那些本子较为近古，臧选则自成一系，臧氏仍不能卸掉妄改之责。第二是佳作遗漏仍多。现存元剧包括明初作品在内，不过一百七十种左右,其中佳作未收入臧选的总有二十几种,照比例来说不能算少。而他所选的百种里边却至少有二十种是浅薄无聊的下驷。这当然与妄删妄改是同样的缺点。但在这一点上,臧氏所负责任似乎较轻;此事说来话长,容另文叙述。

《元曲选》既有这两个缺点,我们要读元剧自不能专靠这一部书。《元曲选》以外的元剧汇刻,如顾曲斋刻本元人杂剧,息机子本《元人杂剧选》、黄刻《阳春奏》、继志斋刻元人杂剧(以上俱万历朝印行)以及孟称舜选刻的《柳枝》、《酹江》二集(崇祯朝印行),都是极难得的古董,差不多有等于无。普通所能见到的《元曲选》以外的元剧汇刻只有两种:其一是江苏国学图书馆影印的《元明杂剧二十七种》,其一即是《元刊古今杂剧三十种》。《元明杂剧》即是万历时陈与郊所刻《新续古名家杂剧》的残本,其中所收元人作品与《元曲选》重复的十六种,《元曲选》所无的四种,其余七种则是时代不详与确知为明人的作品。此书不在本文范围,现在单说《元刊古今杂剧》。

《元刊古今杂剧》是清朝嘉庆时苏州名藏书家黄丕烈的故物,黄氏以前,书在同郡何氏,何氏以前则为明朝名曲家李开先的旧藏。孤帙相传,渊源有自。类似这样本子的元人杂剧自来没听说有第二部,可见元剧旧本自明中叶以来即为不可多得的东西。民国初年,原书归上虞罗氏,后归日本京都帝国大学①,由帝大覆刊行世,但所印部数甚少,早已成为难得的新古董。民国十三年,上海书店又将日本覆刻本影印,乃成通行的读物。全书共收元人杂剧

---

① 这是我以前所听到的错误消息,现在知道此书仍在国内,并已有珂罗版影印本;日本京都帝大覆刊本也有再版。

三十种,板式字体均不相同,有大字本,有小字本,有题大都新刊者,有题古杭新刊者,可知是书坊杂凑成的本子,也许是收藏者把他们装订在一起的,所以从来没有总名。日本覆刻题名为"覆元椠古今杂剧三十种",上海影印本题名为"元刻古今杂剧三十种",都是临时起的名字。其中与《元曲选》重复的有十三种:《楚昭王》、《看钱奴》、《陈抟高卧》、《任风子》、《老生儿》、《气英布》、《赵氏孤儿》、《合汗衫》、《薛仁贵》、《魔合罗》、《铁拐李》、《范张鸡黍》、《竹叶舟》。在《元曲选》之外的有十七种:《西蜀梦》、《拜月亭》、《单刀会》、《调风月》、《遇上皇》、《三夺槊》、《紫云庭》、《贬夜郎》、《介子推》、《东窗事犯》、《霍光鬼谏》、《七里滩》、《周公摄政》、《追韩信》、《博望烧屯》、《替杀妻》、《小张屠》。

　　与《元曲选》重复的十三种,每种都与《元曲选》有相当差别,或是结构不同,或是文字不同,或是曲牌次序不同,或是曲牌多寡不同,大致情形,日人青木正儿的《元人杂剧序说》第三章,页四十四至五十,比较得颇为精密,读者可以参阅。这十三种明示着《元曲选》本的元人杂剧与元人的本来面目有什么样的差别。我在上文所说臧氏删改时所犯的几样毛病,用这十三种对比,全都可以看出;在这方面,青木氏所说到的并不多。现在举武汉臣的《散家财天赐老生儿》(简称《老生儿》)为例。元刻本《老生儿》第三折首两曲云:

(〔越调·斗鹌鹑〕)谁肯筑祭台坟台,谁再修石墙土墙,都长出些棘科荆科,那里见白杨绿杨。这上坟,是女儿侄儿?是近房远房?光搭搭坟墓前,湿浸浸田地上,不闻得肉腥鱼腥,茶香酒香。

(〔紫花儿序〕)兀的、添到两坎儿新土,烧到一陌儿银钱,瀽到半碗儿凉浆。这上坟的潇洒,祭祖的凄凉。斟量,是两下里人来的稀,草长的荒。俺可甚子孙荣旺。久以后,少不的放真马真牛,休想立石虎石羊。(宾白从略,下同。)

《元曲选》作:

(〔越调·斗鹌鹑〕)你看,祭台和这坟台,砖墙也那土墙,长出些个棘科和这荆科,那里有白杨也那绿杨。上坟的是女儿和这侄儿?还是近房也那远房?你觑那、光塌塌的坟墓前,湿津津的田地上,不闻的肉腥和这鱼腥,那里取茶香也那酒香。

(〔紫花儿序〕)他添不到那两锹儿新土,烧不到那一陌儿银钱,瀽不到有那半碗儿的凉浆。兀那上坟的潇洒,和俺这祭祖的也凄凉。参详,多管是雨下的多,人来的稀,和这草长的荒。我可什么子孙兴旺。每日放群马和这群牛,那里有石虎也那石羊。

无论是谁也能看得出元刻本的文字简洁深刻,《元曲选》的文字啰哩啰嗦,真马真牛与石虎石羊是很有意义的对照,冷隽而悲凉;改作群马群牛,使对照的作用全失。"久以后,少不的",六字作想象之词,增感慨之致,有远神深味,改作每日,成了现实的事情,便觉神味索然。这些地方真是点金成铁。至于那些毫无意义的衬字,如"和这""也那"之类,更为讨厌。这些很像是伶人所加,以字代腔,取便记忆,也许不能全怪臧氏。但无论是何人所加,《元曲选》本衬字太多,不如元刻本的字句简洁有力,则是显然的事实。而且不只《老生儿》一剧如此,重复的十三种里到处是这样的例子,衬字少是元刻本的优点之一。(自然,衬字不一定多了就不好,少了就好,上述"久以后,少不的"六字即是一例。但就一般情形说,衬字总是以少为妙,元人制曲本来有此规律;而《元曲选》诸剧的衬字多半是无意义的费字,又是不容否认的事实。)

同剧第四折,元刊本为:〔双调·新水令〕、〔驻马听〕、〔七弟兄〕、〔梅花酒〕、〔收江南〕、〔落梅风〕、〔江儿水〕、〔碧玉箫〕、〔水仙子〕、〔雁儿落〕、〔得胜令〕一套十一曲,《元曲选》则为:〔双调·新水令〕、〔清江引〕(即〔江儿水〕)、〔碧玉箫〕、〔落梅风〕、〔水仙子〕、〔雁儿落〕、〔得胜令〕一套七曲,删去〔驻马听〕、〔七弟兄〕、〔梅花酒〕、〔收江南〕四曲,而将〔落梅风〕移至〔碧玉箫〕之后,各曲中的字句也是异同参半,改动之迹显然。这样一删一改,结果与北曲联套规律全不相合。本来,北曲联套有一定格式,不能随便颠倒错乱;双调的套式固然较为复杂多变,但像《元曲选》本《老生儿》这样的套式实在有些奇怪。如果元本就是这样,虽怪也无话可说,现在则对比之下知道是删改的结果弄得不伦不类,便不能不说臧氏是"孟浪汉"——这是清人叶堂批详臧氏的话。

再看《元曲选》删去的〔驻马听〕曲全文:

> 着布素装贫,匹绢绫罗不挂身;用薑盐守分,茶瓯酒盏不沾唇。不看经、干断了二十年荤,怕回席、整受了三十年闷。我共那受用人,都一般白发侵双鬓。

描写吝啬的商人醒悟以后的心理,深透真切。"我共那受用人,都一般白发侵双鬓",从旁人口中说出无甚希奇,当事者自己调侃自己便觉感喟苍凉。这支曲是元剧中不多见的佳制,臧氏将它删去,殊令人莫明其妙。

从《老生儿》一剧中便可看出臧氏删改时所犯的各种毛病;其余各剧,读者可以自己对照。元人杂剧本来只是伶人所用唱本,随时有人加以改动本是不可避免的事。现存各种元人杂剧,那一种也不能说确是元人原本。不过以《元刊古今杂剧》与《元曲选》比较起来,前者刊印的时代至少要早二百年,当然较为近于原本,而且确有很多优点。所以我们对于这重复的十三种杂剧必须细细比勘,择善而从。

《元曲选》之外的十七种,除去《替杀妻》和《小张屠》是浅俗无聊的东西,其余十五种都是上乘,最低是中上等作品。元人杂剧,末本多而旦本少,在本书中此种情形更为显著。全书只有《拜月亭》、《调风月》、《紫云庭》三种旦本,其余二十七种亦即全书十分之九都是末本,这不是偶然的,元代风气就是如此,也可以说这是北杂剧的本质。到了万历时,时兴清丽芊绵的作品,于是《元曲选》中所收诸剧,旦本就比较多起来,其总数则仍是少于末本。当然这些旦本也全是在元朝就有的,但多数是元朝后期作品,而且是到明朝才流行的。本书所收则大部分是在元时社会上风行的硬性作品。所以这十几种的好处也就是所谓硬性美,雄直悲壮。但并不偏枯,因为其中还有三种旦本;不过,这是元剧前期的旦本,好处全在天真而不妆饰,与后期以及明初的严妆盛服又有分别。

空说好不成,总要举出例来看。像《三夺槊》剧第二折,是秦琼自叹衰病之辞,摘录三曲如下:

（〔梁州第七〕）这些时、但做梦、早和敌军对垒，才合眼、早不刺刺地战马相交。则听的、韵悠悠的耳畔吹寒角。一回价、不冬冬的催军鼓擂，响当当的助战锣敲。稀撒撒地画帘筛日，滴溜溜的绣幕翻风，只疑是、古刺刺杂彩旗摇。那的是、急煎煎心痒难揉。往常、则许咱遇水叠桥，除了咱逢山开道，嗨、如今央别人跨海征辽。壮怀怎消，近新来病体儿直然觉。我自暗约，也枉了医疗，被这秋气重金疮越发作，好交我痛苦难消。

（〔牧羊关〕）这些淹渐病，都是俺业上遭，也是俺、杀人多一还一报。折倒的、黄甘甘的容颜，白丝丝的鬓脚；展不开猿猱臂，撑不起虎狼腰。好羞儿、程咬金知心友，尉迟恭老故交。

（〔隔尾〕）我从二十三上早驱军校，经到四五千场恶战讨，怎想头直上轮还老来到。我喑约，慢慢的想度，嗨、刮马似三十年过去了。

烈士暮年，壮心未已，每读一过，辄欲击缺唾壶。再看《七里滩》第二折，这是严子陵隐居垂钓时唱的，摘录四曲：

（〔越调·斗鹌鹑〕）我把这缦笠作交游，蓑衣为伴侣。这缦笠避了些冷雾寒烟，蓑衣遮了些斜风细雨。看红鸳戏波面千层，喜白鹭顶风丝一缕，白日坐一襟芳草茵，晚来宿半间茅苫屋。想从前错怨天公，甚也有安排我处。

（〔紫花儿序〕）你道我不达时；务我是个避世严陵，钓几尾漏网的游鱼。怎禁四蹄玉兔，三足金乌。子细踌躇，观了些成败兴亡，阅了些今古。浪淘尽、千古风流人物。昨日个虎踞在咸阳,今日早鹿走姑苏。

（〔金蕉叶〕）七里滩从来是祖居,十辈儿不知祸福。常绕定滩头景物,我若是不作官,一世儿平生愿足。

（〔调笑令〕）巴到日暮,看天隅,见隐隐残霞三四缕。钓的这锦鳞来满向篮中贮,正是收纶罢钓渔父。那的是江上晚来堪画处,抖擞着绿蓑归去。

所谓隐居乐道,山林泉石之作,这总算是当行出色了吧。此外末本,如《西蜀梦》之悲壮,《遇上皇》之潇洒,《贬夜郎》之清丽,《追韩信》之俊爽:取读即知,篇幅有限,不再摘录。那三种旦本:《拜月亭》是南戏《拜月亭》的祖本,描写深闺思妇的心理,细腻入微。《调风月》则充满喜剧的气氛,写旧时使女的憨媚,姿态横生,不逊于《西厢记》之描写红娘。这两剧与《西蜀梦》、《单刀会》出于一人之手,乃知关汉卿的才情殊不可及,仅读《元曲选》所收的那几种,绝不知此君有多大本领。至于《紫云亭》,则是写歌妓生活心情的清隽亲切之作。

综上所述,《元刊古今杂剧》的两大好处是:与《元曲选》重复的比较近于元人本来面目,在《元曲选》之外的都是佳作。但这书也有两样缺点。第一是宾白不全,只有正末或正旦的简单说白,所以剧情有时弄不清楚;仅只与《元曲选》重复的十几种可以对照。第二是错字、落字、同音假借字与简体俗字太多,此书原是当时的小唱本,所以刻工一塌糊涂。为了这两个缺点,对于元剧修养有素的人读此书有时颇感费力,更不必说初学。此书虽好而不太通行,就是这个缘故。我曾把它全部细校一过,十之八九可以读通;很想用通行字体写定付印,可惜一时尚不易办到。①

1954 年,《大陆杂志》八卷八期。

注文两条 1966 年附加。

---

① 我所校订的《元刊杂剧三十种》已于 1962 年由台湾世界书局排印出版。

臧懋循改订元杂剧平议

臧懋循(晋叔)编选的《元人百种曲》，通称《元曲选》，是部流通最广而且最久的元杂剧汇集。现存元杂剧，包括明初作品在内，不过一百六十余种，这部书收录了其中五分之三，在以前，这是治元人杂剧者惟一的经典。五十年来，曲学故籍陆续发现，其中有若干元刊明刊或明钞的元杂剧，我们所能见到的共有八种，列目如下：

一、《元刊古今杂剧三十种》；

二、息机子编《杂剧选》；

三、黄正位编《阳春奏》；

四、玉阳仙史(王骥德)编《古杂剧》——即顾曲斋本；

五、《古名家杂剧》(此书汇刻书目题玉阳仙史编，王国维《曲录》以为玉阳仙史是陈与郊，诸书多从其说。今按：玉阳仙史是王骥德别署，见顾曲斋本《古杂剧》序文及序后印章；王先生之说别无佐证，恐非是。但《古名家杂剧》一书似是万历时书坊陆续刊行而假借玉阳仙史之名，并非亲手编定)；

六、赵琦美《脉望馆钞校本古今杂剧》(即所谓《也是园藏曲》。此书是刊本与钞本的汇辑，内容包含三类：一、息机子《杂剧选》，二、《古名家杂剧》，三、赵琦美钞本，其来源为明内府本及于小谷钞本)；

七、继志斋刊《元明杂剧》；

八、孟称舜编《古今名剧合选》（分《柳枝》、《酹江》二集）。

以上八种，除《杂剧三十种》是元代刊本，《古今名剧合选》刊于崇祯六年之外，其余六种都是万历时刊本或钞本。这些本子的内容都与《元曲选》多少有些不同，于是《元曲选》多年以来惟我独尊的地位因之动摇了；但其重要性还是依然如故，而且会永远如故。一来因为流传已久，在人们心里根深蒂固；二来因为此书确有其独特的地方，有独特的好处，也有独特的坏处。无论欣赏或研究元杂剧，总离不开他。

《元曲选》好的特点是臧氏编选此书曾经校勘整理，使其成为极完善最方便的读本；坏的特点是臧氏曾经对于旧本原文，包括曲与白，大量改订，以致失去其本来面目。本文主旨即是要对此书的好坏两点，加以检讨。

杂剧在元代只是流行社会民间的一种通俗文艺，不是圣经贤传高文典册，谁也不理会什么叫作尊重原文保持真象；而且，经过长时期许多伶人的演唱，更免不了随时改动。所以，元杂剧恐怕根本无所谓真正的原本，只能求其比较接近者而已。一切改动，更无从完全归之于某一本书或某一个人。但是，臧氏编选元剧之曾经改订，则是确定的事实，而且是人所共知。我们拿《元曲选》和上述其他刊本钞本比较之后，便会发现《元曲选》如果与甲本不同，与乙本丙本也会都不相同，而甲乙丙各本之间则仅有些微差别，或竟完全一样。换言之，其他本子之间，细微的差别是有的，但都不像《元曲选》差别得那样多。《元曲选》以外各种本子之一致，证明了他们没有经过编选者的改订，是接近原作的；《元曲选》之与众不同，证明了其书曾经编选者改订。近人孙楷第撰《述也是园旧藏古今杂剧》云:"臧懋循选元曲,师心自用,改订太多,故其在明人选元曲中自成一系。凡懋循所订与他一本不合者,校以其他诸本,皆不合;凡他一本所作与懋循本不合者,校以其他诸本,皆大致相合。"即是我上文所说的意思。而且,臧氏自己也暗示过他编选此书曾经改订。《元曲选》有两篇臧氏自序,其第一篇有云:"若曰妄加笔削,自附元人功臣,则吾岂敢。"如果臧氏自己不这样说,我们倒还可以假设《元曲选》之与众不同是臧氏所据旧本如此。

臧氏自己的暗示之外,旁人也有提到他改订元杂剧的,第一个是与臧同时的曲家王骥德(伯良)。王著《曲律》卷四《杂论篇》,有一段对于臧氏及《元曲选》最正确公允的批评,其文云:

> 近吴兴臧博士晋叔校刻元剧上下部共百种,自有杂剧以来,选刻之富无逾此。……其百种之中,诸上乘从来脍炙人口者已十备七八。第期于满百,颇参中驷,不免鱼目夜光之混。又句字多所窜易,稍失本来,即音调亦间有未叶,不无遗憾。晋叔故俊才,诗文并楚楚,乃津津曲学而未见其一染指,岂亦不敢轻涉其藩耶?要之,此举搜奇萃涣,典刑斯备,厥勋居多。即时露疵缪,未称合作。功过自不相掩。

话说得很委婉,意思却很严正。第二个是比臧、王两人稍后的孟称舜(子塞),他曾具体指出臧改元剧若干实例。孟氏编的《古今名剧合选》(分《柳枝》、《酹江》二集)印行于崇祯六年癸酉,在《元曲选》印行之后十六七年,《曲律》印行之后十年。此书的眉批常提到臧改元剧的事情,例如:

> 吴兴本多所改窜,有意旨胜原本者,间亦从之。(《倩女离魂》)
>
> 俯仰今古,说来直恁爽快,吴兴本于此等处大率多删去,今悉改从旧。(《误入桃源》)

第一条泛说《倩女离魂》全剧,第二条专指《误入桃源》第一折〔混江龙〕曲的增句。类似这样的眉批在《柳枝》、《酹江》二集中共有五十七条,孟氏自己说只是大致举例,并未全部指出。孟氏对于臧改的批评,有好有坏,随时而异,他所编选各剧,文字有时从旧本,有时从臧改。根据上引王、孟两氏之说及《元曲选》与其他各本亦即所谓旧本异同的情形,我们可以断言,元杂剧在明代所遭遇的改订,在其他本子里是细微的,偶然的,到了《元曲选》,才是大量的,故意的。其他本子至少是接近原作,《元曲选》则与原作相差颇远。

王、孟两人都未曾对臧氏作严厉的批评。首先对臧氏深表不满的是清代的叶堂(怀庭),叶氏说:

> 元曲元气淋漓,直与唐诗宋词争衡,惜今之传者绝少。《百种》系臧晋叔所编,观其删改"四梦",直是一孟浪汉,文律曲律,皆非所知,不知埋没元人许多佳曲,惜哉。(《纳书楹曲谱》)①

---

① 此系据吴梅《元剧研究》所引,经与《纳书楹曲谱》原书对勘,完全相符。清杨恩寿《词余丛话》卷二与此不同。其文云"叶广堂谓元人百种,元气淋漓,直与唐诗宋词争衡,惜今之传者绝少。百种乃臧晋叔所编,观所删改,直是孟浪,文律曲律,皆非所知,不知埋没元人许多佳曲"。显然是删改原文而成,叶堂字广明,又字广平,号怀庭,杨氏称之为叶广堂,恐误。

清代其他曲家对于此事没有什么意见，主要的缘故是因为他们大多数都未曾见过《元曲选》之外的其他本子，读清代诸家曲话可知。到了近几十年，各种异本陆续发见，这个问题才又被提出来。吴梅（瞿安）先生是与叶怀庭持同一论调的，在他的《元剧研究》第二章里（台北启明书局版），除了引录叶氏原文之外，吴先生还有许多话，对于臧氏很不客气：

  明朝人刻书，多好妄改词句。一切经史，都遭此厄；至于词曲，尤其随意动笔改削。《元人百种曲》，是臧晋叔所刻的，论他功劳，确是不小，许多秘本，赖此流传下来，这是功德无量的。可是，元剧原本，被他盲删瞎改，弄得一塌胡涂。吾乡叶怀庭先生说（见上）。此话真是不差。删改本"四梦"，他明明说是删改，还可原恕。论到《百种曲》，他是从刘延伯借得二百种后，并自己家藏秘剧，一同选择出百种，分甲乙等十集刻的。他自序里头说："录之御戏监，与今坊本不同。"此句分明是鬼话。因为改得太不像样了，遂作此文过之谈。何以见得呢？他自序里又说道："若曰妄加笔削，自附元人功臣，则吾岂敢。"这笔削二字，就不知不觉的露出马脚来了。但是证据在何处呢？日本西京帝国大学《覆刊元椠古今杂剧三十种》，内中十七种为臧选所无，其十三种，则与臧本同。试把他互相校勘，不要说词句间差不多句句有异，即科白中亦大有不同。此书本元朝坊刻，晋叔怕此等坊刻流传出来，与自己精刻有异，于是说"录之御戏监，与今坊本不同"。自以为一手掩尽天下目了，岂知尚有元刊本复出可以烛其伪乎？倘有人就此十三种内,一一与臧本细校,别作一书,岂不是一场快事!但是还有八十七种,如何办法呢?这岂不是极无法整理的么?

这是自叶怀庭以后,对于臧改元剧最详细的说明,最严厉的批评。吴先生的文章有点"深文周纳"。臧氏自序所说,只是故作狡狯的文人习气,他并不想骗人,更无所谓文过,他自以为是元人功臣,不会承认有什么过。他所谓今坊本即是指息机子《杂剧选》、《古名家杂剧》等,与《元刊三十种》似无关系,吴先生忽略了坊本上有"今"字。臧氏所谓"与今坊本不同"和所谓"笔削"实际是两件事。《元曲选》的确有合于旧本胜于今本的地方,例如《金钱记》第一折,《元曲选》较《古名家杂剧》多出〔那吒令〕及〔鹊踏枝〕二曲,而与时代较早的《太和正音谱》及《雍熙乐府》相合①。这是"与今坊本不同",其他大量的有意的改订,才是"笔削"。以上诸事,吴先生都未十分弄清楚。还有,吴先生写此文时,并未见到《元刊三十种》以外诸本,所以他说,"这八十七种如何办法"。现在则百种之中已有八十五种(包括元刊之十三种)有他种版本可资比较了。这八十五种的名目及版本,我拟另作一文,名为《元杂剧待校录》,另行发表。以下先看一些为臧氏辩护的议论。

为臧氏辨护的有王国维(静安)先生及现代日本汉学家吉川幸次郎先生。王撰《录曲余谈》云:

世多病臧晋叔(懋循)刻《元曲选》多所改窜。以余所见钱塘丁氏嘉惠堂所藏明初钞本郑廷玉《楚昭王疏者下船》杂剧,

---

① 这是吉川先生发现的,见郑译本《元杂剧研究》页四十一。

谬误拙劣，不及《元曲选》本远甚。盖元剧多遭伶人改窜，久失其真。晋叔所刊，出于黄州刘延伯所得御戏监本，其序已云"与今坊本不同"。后人执坊本及《雍熙乐府》所选者而议之，宜其多所牴牾矣。

　　元人杂剧存于今者，只《元曲选百种》。此外如《元人杂剧选》，《古名家杂剧》所刻元曲，出于《元曲选》外者不及十种，且此二书亦已久佚。惟《雍熙乐府》中尚存丛残折数，然有曲无白，亦难了其意义矣。所存别本亦只《疏者下船》一种。澹生堂、也是园所藏，竟无一本留于人世者。设无晋叔校刻，今人殆不能知元剧为何物矣。

王先生所谓久佚的《元人杂剧选》（息机子本）、《古名家杂剧》，与"竟无一本留于人世"的《也是园藏曲》（即脉望馆钞校本），后来都发见了，在他作《录曲余谈》时却都是只见其目未见其书，就是《元刊三十种》，王先生曾为之作叙录者，那时他也未曾见到。《元刊三十种》行世约在作《录曲余谈》之后五六年，其余诸异本的发见多在王先生身后。所以他这两段文字都嫌论据薄弱，只《疏者下船》一剧，焉能据以立论。吴先生对于臧氏的讥评或未免太苛，他所见过的异本也只有《元刊三十种》，但总较王先生之说为确切有据。吉川先生在他的《元杂剧研究》里，对于《元曲选》叙述得较以前诸人都详细，读者可看郑清茂君译本《元杂剧研究》页十九至四十二，即《序说》第四节。《元杂剧研究》是部很好的书，其中有许多精辟的议论。全书之中我不能苟同的只有一事：吉川先生有点忽视了《元刊三十种》及其他异本的价值而偏护《元曲选》。此书《序说》中有这样两段话（郑译本页四十至四十一）：

第一,与《元曲选》同时于万历年间刊行的本子,如息机子本、《古名家杂剧》本、顾曲斋本等,都与《元曲选》没有什么显著的差异。这是把息机子本的《玉壶春》、《渔樵记》,《古名家杂剧》本的《救风尘》、《金钱记》等,和《元曲选》实际比较所得的结论。当然不能说没有出入,但尽管有,也只是五十步与百步罢了。

第二,臧晋叔的改订,并不是恣意而为的。虽然也有如上所举《汉宫秋》的〔满庭芳〕,不免任加臆改的地方,但并不太多。

我以为,若从各剧的关目(即剧情)言之,吉川先生的话是对的,若从曲文言之,则吉川先生的话似与事实不甚相符。我把八十五种杂剧的各种异本逐一比较之后,发现只有少数杂剧相差无几,特别是元代后期以至明初那些清丽芊绵而或失之甜熟的作品,因为这种笔墨与臧晋叔相近。如吉川先生所举《金钱记》、《玉壶春》即属于此类。此外大多数杂剧,《元曲选》与其他本子之间,很少曲子的词句没有差别,少者两三个字,多者两三句,有时全曲十之六七都不相同。总计八十五剧,《元曲选》少于他本的曲子,也就是整支被删去的,有一百四十二支。《元曲选》较他本多出的曲子有二百二十二支,从文字上看,大部分不类元人;像《金钱记》的〔那吒令〕、〔鹊踏枝〕两曲,可以证明是"古已有之"的,甚为少见。还有,臧氏对于〔仙吕・混江龙〕曲的增句好像特别不喜欢,遇有增句稍多者总要大加删节。例如:《误入桃源》〔混江龙〕增句,息机子本、《古名家杂剧》本都是三十句,《元曲选》删为十八句,孟称舜曾表示反对(见前)。又如《范张鸡黍》〔混江龙〕增句,《元刊三十种》、息机子、《雍熙乐府》诸本都是三十四句,《元曲选》竟删得只余四句,这样大刀阔斧,真不怪叶怀庭讥为孟浪,吴膺安讥为盲删。此外,《元曲选》对于正宫与南吕通用的〔煞尾〕曲也常有同样删节。上述各种情形,不能说是没有什么显著的差异,不能说不是恣意而为。自然,这些情形有时是臧氏所据旧本如此,但以诸本对比,参考孟称舜所举五十七条,可证明出于臧氏手笔者居大多数。

所以,吴先生之讥评臧氏,或失之稍严,王先生与吉川先生之为臧氏辩护,实失之过宽;其同一缺点则是论据不足。王先生作《录曲余谈》时,几乎未见到任何《元曲选》以外的本子;吴先生所据则只有《元刊三十种》。吉川先生所见有异本的杂剧,据《元杂剧研究》页二十八至三十七表上所记,约有六十种,但他似并未全部细加比较。现在,我们不存任何成见,根据比较各本的结果,平心立论,认为臧氏编选元剧确曾下过很大工夫,而他的工夫则是王伯良所说"功过自不相掩"。功即是上文所说独特的好处,过即是独特的坏处,以下就此两项分别说明。

臧氏之功,不只是流传秘本,他更大的功是校勘整理,《元曲选》以外的其他本子,有几样毛病,诸本或有其一,或有其数者。

一、宾白科介不全,甚至没有。(只《元刊三十种》有此情形。)

二、曲白混淆,或曲白虽分开而分错了,误曲为白,误白为曲。

三、楔子或折次分析不清,杂剧本来是不分折的,楔子也不另分开,元刊本如此,嘉靖以前刊本亦多如此,分折刊印是嘉靖以后的事。这样清楚的分开是进步的形式,但有的刊本还是混乱,有时把楔子附于相接连之一折而不分,有时把楔子算为一折而一剧有了五折。前者之例颇多,后者如顾曲斋古杂剧的《倩女离魂》及《梧桐叶》,本剧虽分为四折一楔子,目录却题为五折。

四、牌调名目错乱。如〔六么序〕误题〔六么令〕,〔醉中天〕与〔醉扶归〕常互相误题之类。

五、插曲与正曲平列。旧本大都如此,《元曲选》插曲皆低一格印。

六、文字讹误脱落。或形近致误如鲁鱼亥豕之类,或音近致误如"峨冠士大夫"误作"吾官士大夫"之类。或曲文整支脱落,如前文所述《金钱记》〔那吒令〕、〔鹊踏枝〕二曲之类。

这些毛病,经过臧氏校勘整理,都改正过来了,这使《元曲选》成为比其他任何刊本都完善的元杂剧读本。而且刊印精良,插图优美,有悦目赏心之乐,再加上选辑数量丰富,所以这部书能压倒其他刊本而独行于世。

臧氏改订旧文,亦可分为六项:

一、调整旧本对于剧情的处置,即所谓关目,或使之更为近情合理,或使之更为周详完整。在各剧第四折部分,臧氏所用此种工夫最多。前述《元曲选》较他本多出的二百二十二支曲子,其中有一百一十六支是属于第四折的,即是调整关目的缘故。

二、一般的润色文字,包括曲与白二者。

三、对仗。旧本曲文,有时应对而不对,或虽对而不十分工整,臧氏把他们都改成工整的对仗。有些可对可否的句子,臧氏也大都改成对句。

四、押韵。旧本曲文出韵或重韵的句子,臧氏大致都给改订过来。有些本可不必押韵的句子,臧氏也都改为押韵。

五、增添。在原作之外增添若干支曲子。

六、删除。删除若干支原有的曲子。(以上增删两项的大致统计已见上文。)

这六项可以并为三类:增、删、改。臧氏的改笔有时很成功,或者确比原文好而点石成金,或者虽不比原文更好而能在原文之外自成风格。成功的增添,使剧情或曲文生动饱满。成功的删除,收到简洁的效果。但在另一方面,臧氏却有他失败的地方;而且,据我个人的意见,失败多于成功,尤其是曲文,他的改笔有许多处远逊原作。抽象言之:改生脆为甜熟,改朴拙为纤巧,改奇倔为平凡,改爽快为忸怩,改简切为浮泛,改超脱为庸俗。有时改得不合格律,有时因为没看懂原文而改得失去原意。他增添的曲子有些坏得不能跟原作相比,有时只是画蛇添足。他对于原文的删除,则有时弄得大伤元气,如同把树木的旁枝细叶都去掉了,只剩下主要枝干,光秃秃的。甚至把很好的曲子也删掉了,真如叶堂所说"不知埋没元人许多佳曲,惜哉!"

无论成功或失败的改订,有一种共同的毛病,即是失去原作的真面目,我们欣赏文学作品,不但要求善求美,还要求真。不管他改订得怎样好法,总不是元人的笔墨而是臧晋叔的笔墨;何况改坏了的地方多于改好的地方;何况他还删去许多佳曲。若就研究的观点来说,更是不行,因为真之一字对于研究比善或美更为重要。即如对仗往往不甚工整一事,是元杂剧常见的情形,我们可以说这是元杂剧作家普遍的短处,也可以说这是当时的一种风气。总而言之,这是真象;经过臧氏改订之后,这种真象大部分被掩盖起来了。改订重韵或出韵的情形也是掩盖真象。还有,元曲有若干调子,其中有些句,旧体本不押韵,后来作者才改为押韵。前期作品,因为有若干句不押韵,所以韵比较稀;后期作品,因为原来不押韵的句子也都押韵了,所以韵比较密。韵稀与韵密形成两种不同的音节美,各有所长,臧氏把许多原不押韵的句子都改成押韵。这种前后期作品音节的演变被弄混乱了。以上所说,若没有其他异本可资参校,就很难知道其真正的情形。这样的改订,等于是湮灭资料。如果臧氏能像清代朴学家的办法作成校勘记,凡改订之处都说明原作如何,那就是怎样大删大改都不要紧,但明朝人决不肯费这种事,他们也意识不到这里。这样掩盖真象,湮灭资料的过失当然不是校勘整理之功所能掩的。

以上所论功过得失,乃是就《元曲选》与原作的差别而言,若专从文学欣赏方面来说,则《元曲选》又另有其独立的价值而无所谓功过。因为《元曲选》所改订或增添的曲文及宾白,确有很好的,不能因为有改坏了添坏了的而将其一概抹杀。剧情的改订,也有些甚为成功。所以,站在求真的立场,我们不能把《元曲选》当为元人原作,站在求善求美的立场,我们却应欣赏研究这一部"明人改订的元杂剧别本"。我说《元曲选》的重要性会永久如故,就是这个道理。至于我个人之偏嗜《元刊三十种》而不喜欢经过改订的《元曲选》,则是另一件事;我以上所说,是客观的话。所以,我以为现存元杂剧的各种本子,应当分为四个系统:

一、《元刊古今杂剧三十种》——这是最接近原作的,也可以说就是原作,不仅因为是元代当时刊本,从文法、语汇及整个风格上也可看出来是元人笔墨,"元"气淋漓。

二、息机子《杂剧选》、《阳春奏》、顾曲斋《古杂剧》、《古名家杂剧》、继志斋《元明杂剧》及《脉望馆古今杂剧》中诸钞本——这是比较接近原作的,不能说毫无改动,但只是细微的,偶然的。以上两系,统可称为旧本。

三、《元曲选》——这是经过臧晋叔"师心自用"大量改订过的,与众不同,当然自成一系。

四、《古今名剧合选》(《柳枝》、《酹江》二集)——此书斟酌于旧本与《元曲选》之间,"择善而从",编者孟称舜自己有时也动笔改订,所以又是一个与众不同的本子。

系统既然不同,当然要分别观之,第一系统的《元刊三十种》最可信赖,文字也最好,要欣赏真正元剧,只有此书。但原书脱误稍多,又满是简体俗字,曲白混淆,曲牌错乱,不经校勘整理不易阅读。最近我已完成了这部书的校订本,由台北世界书局印行,不久出版。至于其中别无他本诸剧之宾白不全,剧情不详,则只有从曲文中揣测了。第二系统的那些本子,好处是未经大量改动,缺点是校勘整理不够,即前文所说经《元曲选》改正的第二至第六那五样毛病。我们应当把这些本子照《元曲选》的形式校勘整理,而不要像《元曲选》那样随意改动,并把一切整理经过及必须的改动作成校勘记,定出一部在这个接近原作的系统中最完善的读本。第三系统的《元曲选》及第四系统的《古今名剧合选》则完全不动,把他们当作元杂剧的别本去欣赏研究,我给他们起名叫作"明改元剧"。总而言之,四系并列,分则俱美,合则俱伤。我们不要想合校各系统的本子而求返回元人真象,那是不可能的事。也无须择善而从,写成所谓定本;如果想这样作,要由各个读者自己去作,因为所谓善或美,每人各有标准。照自己的标准写定出来给大家讨论,当然是可以的,但决不必强人从己。另外有一件事很值得去作,那是把《元曲选》与其他本子不同之处择要或全部标举出来,检讨其得失,评论其优劣,并尽可能考证那些是臧氏所据旧本如此,那些是臧氏改订,以供读者参考研究。我曾把《元曲选》与《元刊三十种》互见的十三种这样作过,觉得很有兴趣,也很有意义。

本文主要意思已竟写完,而全篇立论举例都以曲文为主,很少提到宾白。这是因为我有一个偏见,我以为元杂剧的精华,元杂剧的文学价值,主要是在曲子部分,所以我对于宾白部分各本异同只大致比较一遍,并未细校。我只有一个普遍的印象:我觉得旧本宾白,多少都保持些宋元时代的文法与语汇,经臧氏改订之后,有些部分变成明中叶以后的了。我只举出臧改宾白的一个例子供读者参考。《张鼎智勘魔合罗》剧第四折有一段剧中人高山供词,是押韵的,《元曲选》本与《古名家杂剧》本文字互异,一并钞出于下。

> 孔目,我说你听:老汉一一说真实,孔目哥哥自思疑。去年时遇七月七,来到城里觅衣食,行到城南五道庙,荒忙顶礼拜神祇。因见同行李德昌,不想庙中染病疾,哭哭啼啼相烦我,亲自着我把书驰。寄了一个平安信,谁想回家一命亏。老汉又不是威凛凛胖大胡汉,又不是人中第一;我是个走村串疃的货郎汉,怎作的图财致命杀人贼。(《古名家》本)
>
> 听我老汉一一说真实,孔目哥哥自思忆。去年时遇七月七,来到城里觅衣食,行到城南五道庙,慌忙合掌去参谒。忽然有个李德昌,正在庙中染病疾,哭哭啼啼相烦我,因此替他传信息。一生破戒只这遭,谁想回家救不得。老汉担里无过魔合罗,并没一点砒霜一寸铁;怎把走村串疃货郎儿,屈勘做了图财致命杀人贼。(《元曲选》本)

二者对比,《元曲选》改订之迹显然。前者朴拙,后者圆巧,这是旧本与晋叔改本常见的区别，曲白皆是如此。特别要注意的是，《古名家》本押韵平声与入声通用，这是合于元代北曲习惯的，因为北无入声，《元曲选》本则全部押入声韵，这是明代南曲的习惯，与北曲不合。臧晋叔是南方人，这是他改订元杂剧宾白的很好例证。我从前认为，《元曲选》的宾白大部是明朝人补作，就是从文法语汇与声韵上观察得到的结论，现在则认为不完全是明人补作而是经过明人改订的。

  本文至此结束；说了半天，都是空论，很少举出实例，乃是为篇幅所限。若把《元曲选》与其他本子重要的异同全部举出，并加以说明与评论，可以写成一本二十多万字的专书。这不是夸大的估计，上文曾说，我把《元刊三十种》与《元曲选》互见的十三种这样作过一遍，结果是一篇四万多字长的文章，平均每种约三千字。《元曲选》各剧有异本的共八十五种，包括上述十三种在内，三千乘八十五是二十五万多字。而且，《元刊三十种》大部无宾白可比，若是把各剧连曲带白计算，恐要四十万字。即使就本文所述每项举一二例，也要超过两万字，这不是本刊本期篇幅所能容纳。所以本文只是提出一个纲领，以作学者探讨此一问题的参考；虽未举例证，却语语有据，事事客观。我诚恳希望海内外学者多赐指正讨论，这是关于元杂剧的一件大事。

  1961年，《台湾大学文史哲学报》第十期。

  附记：本文末段所说元杂剧异本八十五种的比较，我已在1964年全部作出来了，约三十万字，总名之曰《元杂剧异本比较》；本书《关汉卿〈窦娥冤〉杂剧异本比较》即是八十五种之一。全稿不知何时始能付印。1971年冬校稿时记。

元明钞刻本元人杂剧九种提要

行世元人杂剧,皆系汇编,无各剧单行之本。此类汇编,属于元明刻本或钞本者,现存九种,按其年代先后,列目如下:

《元刊杂剧三十种》 元坊刻本

《脉望馆钞校本古今杂剧》 明赵琦美钞校

《杂剧选》 明息机子编

《阳春奏》 明黄正位编

《古名家杂剧》 明万历书坊刻本

《古杂剧》 明王骥德编,顾曲斋刻本

《元明杂剧》 明继志斋刻本

《元曲选》 明臧懋循编,雕虫馆刻本

《古今名剧合选》 明孟称舜编,分《柳枝》、《酹江》二集

九种之中,《元曲选》最为通行,影印排印,版本甚多;其余八种则皆有影印本流传。三十年前藏书家视为珍秘者,已成通行之书。今就本人阅读所得,为此九种各撰提要一篇,叙述其内容,评论其得失,以求正于先进。于初学之士,或亦不无裨益。李开先之"改订元贤传奇",据闻尚在人间,而踪迹不明,无从阅读;故虽属明代刻本而不在本文范围之内。

元刊杂剧三十种

此书系取元代大都（今北京）及杭州（今浙江杭县）各地单刻本杂剧三十种汇为一编。历经明清藏书家收藏，原无固定名称，或名为元刊，或名为元刻，或名为元椠，其实一也。通行有日本京都帝国大学覆刻本，上海中国书店据覆刻石印本及珂罗版影印本。日本覆刻及上海石印，俱有因原本字迹漫漶而描写讹误之处，珂罗版本则保存真相，毫厘不爽。此书为元代坊刻之劣品，刻工拙恶草率，脱误甚多，且多初学不易辨识之简体字，极不便于阅读。是以价值虽高而沉埋甚久，仅供藏书家之展玩而已。民国初年石印之后，始渐为治元曲者所知，但仍未能普及。子曾详为校订整理，由台湾世界书局于1962年排印行世，始能供一般学者阅读之用。此书之价值可分三点：第一，全书三十剧中，有十四剧为他处所无。第二，其余十六剧，有三剧又见于《脉望馆钞校本古今杂剧》，有十三剧又见于《元曲选》，但文字内容差别极大；书为元代刻本，故所保存者实为未经明人改动之原作。第三，原本四套衔接，不分折次，楔子亦未析出，为元杂剧之原始形式。子曾取有异本之十六剧，逐一比较，其结果显示元人原作雄浑简劲，远胜于明人改笔之庸弱。若无此书，吾人将永远无从认识元剧之本来面目。是以此书所收诸剧虽多宾白不全或竟无宾白，曲文亦每有讹误脱落，其价值固仍在明代诸本之上。上海石印本附有王国维先生所撰《叙录》一篇，予所校订之本有《自序》一篇，于此书之内容及其价值有详尽之叙述，可供参阅（王撰《叙录》亦附入校订本）。此书所收杂剧，均系佳作;仅《小张屠》、《替杀妻》两剧甚为拙劣,附骥幸传,存而不论可也。

脉望馆钞校本古今杂剧

　　脉望馆为明万历天启间常熟赵琦美斋名,琦美字玄度,一字如白,自号清常道人,监生出身,历官太常寺典簿,都察院都事,太仆寺丞,最后官刑部贵州司郎中。嘉靖四十二年生,天启四年卒,年六十二(1563—1624)。琦美藏书甚富,有脉望馆书目行世,尤嗜读杂剧,搜罗钞本、刻本多种,手自校雠,汇编为若干册,即今所谓《脉望馆钞校本古今杂剧》是也。琦美汇编此书,并未为之定立名称。入清后,其书归同邑名藏书家钱遵王(曾),为题名曰《古今杂剧》钱氏所居名也是园,故此书亦称《也是园旧藏古今杂剧》,《脉望馆钞校本古今杂剧》则为最近影印此书时所定名称。此书原收杂剧三百余种,辗转流传至今,只余242种。其中元人或元末明初人作者105种,明人作者135种,重出2种。全书共刻本70种,其中属于息机子《杂剧选》者15种,属于《古名家杂剧》者55种;其余172种则为钞本,钞本有据明内府本及山东于小榖(亦作谷)钞本者,亦有不知来源者。此类钞本,无论宾白、曲词,常与明代其他刻本尤其《元曲选》不同,而其文字风格往往近于元人真象。其缺点则为未经整理,每有王国维先生所谓"谬误拙劣"之病。(此是王先生评明钞本《楚昭王》剧之语,见先生所著《录曲余谈》)。又有若干本钞校不精,时有脱误错乱之处。此书所收诸剧,无论钞刻,大部分皆经赵氏校过,但详校者少,略校者多,有时全剧仅校勘一二字。

赵氏虽嗜读杂剧,而并不十分内行,辨析文字之异同优劣既乏卓识,考订作者姓名亦嫌疏误(如误认《渑池会》、《襄阳会》二剧为高文秀撰,《伊尹耕莘》、《智勇定齐》二剧为郑德辉撰,皆是)。以言保存资料,其功诚不可没,以言校订整理,则贡献殊尠。原书于抗战初期在苏州、上海两地发现。民国二十七年商务印书馆曾取其中别无传本之杂剧142种排印,因战事关系,延至民国三十年行世,名为《孤本元明杂剧》,由王季烈校订,每有臆改原文处;近年始将全书242种影印行世。赵氏钞校此书在万历中叶以后,虽较息机子诸本为晚,但其中钞本所据之内府本及于小穀本则为嘉靖或嘉靖以前旧本,予故列之于元刊之后,万历诸本之前。

杂剧选

明息机子编刻本,卷首有万历戊戌息机子序,略言编刻此书始末,今所见本序文中因蛀虫缺十余字,别无他本可补,故有疑莫能详之处。戊戌为万历二十六年(1598),明代杂剧汇刻,以此本年代为最早。息机子其人,诸书不载,故"不知何许人也,亦不详其姓字"。全书共收杂剧30种,《汇刻书目》第九册载其全目。其第一种《踏雪寻梅》为明周宪王朱有燉作而误题马致远,故全书实收元人杂剧29种。钟嗣成《录鬼簿》著录马氏作剧虽有《踏雪寻梅》之目,此书所收实非马作,脉望馆书目著录此剧,亦沿旧误,题为马撰。此书完全者未见,仅《脉望馆钞校古今杂剧》中有15种,北平图书馆藏残帙25种,二者相合,去其重复,共存26种(《踏雪寻梅》在内);尚有《倩女离魂》、《老生儿》、《竹坞听琴》、《秋胡戏妻》等四种，未见流传，他日若能发现，亦大快事。此书刊印年代既早，故内容文字亦最为近古。例如《范张鸡黍》及《陈抟高卧》二剧，今俱有《元刊三十种》本、《元曲选》本及此本；《元曲选》本与《元刊三十种》差别极多，此本则十九同于《元刊》而不同于《元曲选》，足以证明《元曲选》确曾改订旧本。与明代其他汇刻如《古名家杂剧》、顾曲斋《古杂剧》等相较，此本文字亦往往胜于他本，可见此书之价值矣。

阳春奏

明尊生馆主人编，尊生馆又曾校刻《琵琶记》，据其书前题署，知主人名黄正位，履贯俟考。此书前有万历己酉东海于若瀛序，及尊生馆主人所撰凡例。己酉为万历三十七年（1609），晚于息机子《杂剧选》十一年。据《汇刻书目》第九册所载，全书八卷共收杂剧39种，卷一至卷六共24种，为元或明初人所作北杂剧，卷七之六种为明人所作北杂剧，卷八之九种为明人所作南杂剧，其书盖兼收元明南北，非纯粹之元杂剧汇编。全书十九亡佚，今所见本仅余《风光好》、《风云会》、《陈抟高卧》三种耳，皆元人作也。《风光好》剧与《元曲选》本相差不多；《风云会》则与其他明人刻本几于全同；《陈抟高卧》则近于息机子《杂剧选》而与改订最多之《元曲选》不同。据此推测，此本当与《杂剧选》相类，为近古之刻本；惜十九亡佚，未能见其全豹，故颇少独立之价值。

古名家杂剧

明万历间(1573—1620)龙峰徐氏陆续刊行,其编选者旧说云是陈与郊,近始证实为王骥德(见下)。《汇刻书目》第九册著录此书,共分二编,俱题玉阳仙史编,其一为《古名家杂剧》,共八集收剧40种,其一为《新续古名家杂剧》,共四集收剧20种。此60种之中,元人作者44种,明人作者16种。玉阳仙史原不知为何人,王国维《曲录》始考定为明隆万时海宁人陈与郊,与郊事迹见《海宁州志》、吕天成《曲品》、王骥德《曲律》诸书。诸书或称之为陈隅阳,或称禺阳,或称玉阳,但从无称玉阳仙史者,故王氏之说,未成定论。近年发现之顾曲斋《古杂剧》,有序文一篇,署名为玉阳仙史,序后有印章二,其一为王氏伯良,其一为白雪斋;伯良为骥德之号、明末曲学大家,人所共知,据此序文及印章定玉阳仙史为王骥德,自较定为陈与郊更合事实。此书收剧标准颇为杂乱,文字脱落讹误,亦较明代其他刻本为多,乃坊刻之不精者,故予尝疑"玉阳仙史编"之说乃书贾托名,未必真出骥德之手。此书原编全者未见,仅见《脉望馆钞校本古今杂剧》中收有55种,合北平图书馆及南京国学图书馆所藏者又有十种,共存65种,《汇刻书目》中著录而今未见者又有13种,则原书至少有78种,今所见本与《汇刻书目》所著录者皆非全帙也。此书虽有脱落讹误,而所收元人杂剧,皆据旧本,未经臧懋循改订,故与《元曲选》比较,每多不同。且收剧独多,现存65剧中属元人作者有49种,数量过于息机子《杂剧选》及《阳春奏》诸书,其保存旧本之功,不可没也。

古杂剧

明万历天启间(约1615—1622)王骥德编选,板心有"顾曲斋藏版"字样,故又称顾曲斋本。骥德字伯良,号方诸生,又号秦楼外史,山阴人。家本望族,隐居不仕,博学能诗文,沈酣曲学,著《曲律》四卷,为《论曲要籍》。又校注《西厢记》,亦极有名。生年不详,卒于熹宗天启三年(1623),见其友人毛燧所撰《曲律》序文。据《曲律》中所载与汤显祖、沈璟诸人往来事迹,其年似少于汤沈诸人,盖生于嘉隆之际,享年六十左右。此书共收元人杂剧二十种,全书现存,刊印精美,插图尤精,而所收各剧与息机子或古名家本重复者,其内容文字完全相同,错讹亦皆仍之,盖依旧本重印而未加校勘整理,与《元曲选》之大事改订,恰正相反。故此书只供鉴赏之用,在元剧异文上之贡献并不太大。犹记民国十八九年间,此书尚未全部发现,通县王立承(孝慈)偶见其零种《梧桐雨》及某剧,只二册书,竟以银洋七百购之,其值之昂等于宋元旧刻,当时诧为豪举。孝慈身后,所藏曲籍大半归马隅乡(廉)。今则顾曲全书已有影印,孝慈、隅卿昔所梦寐以求什袭而藏者,化身千百,家有其书,而二君之墓木拱矣。

元明杂剧

明万历天启间继志斋刊本。仅存四剧。各家书目均未载,不知原书共若干种,亦不知有无总名;《元明杂剧》之名,乃近人所拟,非原有者。此书所收四剧之作者为马致远、白仁甫、乔梦符、贾仲名;马、白、乔均为元人,贾则由元入明,谓为元人亦无不可;实无题为元"明"杂剧之必要。拟此名者,其意或以为此书所收必不止此,今所未见之剧,其中或有明人作品也。继志斋为明代南京陈氏书肆,所刊印戏曲小说书颇多,予旧藏《双红记》传奇,亦陈氏刊,与此书刻工板式完全相同:字作圆体,插图工细,人物躯体修长,为万历末至崇祯时一种流行风格。此书之印行,恐尚在臧氏《元曲选》之后;惟所收四剧,其内容文字皆保持旧本而与《元曲选》不同,故列于《元曲选》之前。

元曲选

明臧懋循编刊。卷首有懋循两序,一作于万历乙卯(四十三年,1615),一作于丙辰(四十四年,1616),可知书分两次刊行,但相去不过一年耳。懋循字晋叔,长兴人,生卒年未详,万历庚辰(八年,1580)进士,官南国子监博士,博闻强记,涉猎百家。性任诞不羁,官南京时,与诸名士览六朝遗迹,命题分赋,或至夜半,每出必以棋局、蹴鞠系于车后;忌者劾其沉湎放纵,罢官归里。《元曲选》即其罢官居杭州时所编印也。懋循又有改订《玉茗堂四梦》、《古诗所》、《唐诗所》诸书行世;其所自著诗文曰《负苞堂集》。此书收元人杂剧一百种,原名《元人百种曲》,臧氏斋名曰雕虫馆,故又称《雕虫馆百种》;《元曲选》之名则为民国七年商务印书馆影印时所题新名,新名既行,旧称悉废。坊间又有《元曲大观》一书,则是取此书残帙影印欺世者。此书收剧,在明代诸刻中为最多,又多名作,插图工致,纸墨精良,故问世以来,流传最广,且历时最久,终有清一代,读元剧者莫不以此书为圭臬,其余诸刻,几等于废弃。臧氏于诸剧之校订整理,甚费苦心;惟于宾白曲文,改动过多,又好增减套式,更易关目,而下笔太快,每失作者原意,点金成铁之讥,在所不免。臧氏同时人王骥德、清人叶堂、近人吴梅,皆曾对臧改元曲有所讥评。然有时臧氏所据之刘延伯本即是如此,并非全出懋循也。详情具见拙著《臧懋循改订元杂剧平议》一文(《台湾大学文史哲学报》第十期)。此文为予七八年前旧作,主要论点,至今并无改变。但予从前持论,每责难臧氏于改动旧本时未能详列原文并说明改动之理由,遂认为懋循有"掩盖真象,湮没资料"之咎。近年以来,细加思索,始悟此种责难,实嫌过苛。第一,臧氏于各剧宾白曲文增删更易太多,一一胪列说明,实不可能,不惟作者无此精力时间与耐性以作之,而读者亦无一人有此精力时间与耐性以读之。最近出版之《关汉卿杂剧全集》,每剧之后附有校勘记,胪列诸本异文、巨细靡遗;予阅读此种校勘记未及两剧即感头脑昏沉,读不下去,至此始悟以往对臧氏之责难为不切实际。第二,润色文字,有似"整容"。原来容貌是否丑陋,与夫整容以后是否较原来美丽或竟更丑,乃另一事;但绝无于隆鼻生发之后复于面部另贴字条,说明"此鼻原系塌陷,或此头原系半秃"之理。予所责求于臧氏者,无乃类此!臧氏之改元剧,诚难免于"轻率孟浪,点金成铁"之讥,但若以清代朴学校勘之法责之,以为不如此即是"掩盖真象,湮没资料",则非持平之论。臧氏之世,诸本并存,其所改订,人人可以覆阅原文,懋循固未能料及二百年后彼个人之本盛行而其余诸本几于尽废也。

古今名剧合选

明孟称舜编刊,有崇祯癸酉称舜自序,癸酉为崇祯六年(1633),下距明亡仅十一年,明代杂剧汇编,此为最晚。全书共分两集,每集收元明杂剧三十种,其属于"风花雪月、烟花粉黛"各科者曰《柳枝集》,属于"神仙道化、铁刀赶棒、公案、铁骑"者曰《酹江集》。后人引据此书,多以《柳枝》或《酹江》称之,《合选》之名转少知者。全书所收60剧中有20剧为明人作,其中四种为称舜自作;余40剧皆元人作品。(王子一、谷子敬二人原书注云国朝人,按:二人皆元人入明者,今仍以元人论。)称舜字子若,一字子塞,山阴人,生平事迹俟考。所著传奇有《鸳鸯冢》、《二胥记》二种,杂剧有《桃花人面》、《死里逃生》、《英雄成败》(即《残唐再创》)、《眼儿媚》四种,并传于世。称舜编刊此书在息机子、古名家诸汇编及臧氏《元曲选》之后,故于各剧内容皆斟酌旧本与臧选之间,择其所认为善者而从之;又往往于眉批中注明旧本如何,吴兴本(即《元曲选》)如何,评其得失,或舍或从。称舜为明末曲家,南北造诣俱深,眼光见解亦高,斟酌取舍之间,颇为超卓公允,有时自出己见,改动曲文,亦较臧懋循为稳妥。此书价值,实在《元曲选》之上,惜收剧略少,原书流传亦不广,遂使臧氏之书独据曲坛至二三百年之久。

以上九种汇编,其钞刻年代,先后不一,各不相谋,故所收杂剧往往重复。予曾取各编中重复之剧共85种,就其关目、宾白、套式(即各套中曲牌之数量及其先后次序)、曲文等四项,逐一比较,获得结论四条;今列举于下以结束本篇。

一、《元刊三十种》宾白太简，或竟无宾白，故关目难于尽知，无从比较。其他明刻明钞诸本（下文统称旧本），关目大致相同；《元曲选》则多有增饰，各剧第四折增饰尤多。旧本关目太简或甚至不合情理处，《元曲选》均有改订。《柳枝》、《酹江》两集每斟酌于旧本与《元曲选》之间；而曲文多从旧本，关目则十九从《元曲选》，即因臧懋循改订旧本以关目部分最为成功。

二、明刻明钞诸本，宾白甚少差别；《元曲选》往往独异。其主要异点有二。第一，旧本较为简略，《元曲选》详细周到。第二，旧本多保存宋元至明初白话之文法及语汇，《元曲选》多改为明中叶以后者；是以旧本较为古拙，《元曲选》较为流利。《柳枝》、《酹江》两集宾白十九从《元曲选》，亦因其文字通行之故。

三、元明诸本，套式几完全相同；《元曲选》每有增删，而增加者多，删减较少，尤以第四折增曲为多，乃增饰关目之故。元剧惯例，第三折为高潮，套式亦较长，第四折每只有曲五六支或少至三四支。宾白亦少，有草草终场之概，元明诸本均是如此，或与当时演出情形有关。《元曲选》则力求圆到，故各剧第四折无论关目、宾白、套式，均有增加。

四、明钞明刻诸本，曲文几于全同；《元刊》本与《元曲选》，较之诸本均有歧异；而《元刊》本与《元曲选》之间，歧异尤多。盖《元刊》为最接近元人原作之本，《元曲选》则为改动最多之本，二者分占两个极端。《元刊》曲文确胜于明代诸本，尤其胜于《元曲选》，后者之改笔，优劣互见而瑜不掩瑕，其得失各点，在《臧懋循改订元杂剧平议》文中已详论之。

以上九种汇编中所收元杂剧，均系全本。此外又有明代三大曲选：《盛世新声》、《词林摘艳》、《雍熙乐府》，其中所选元人杂剧单折亦甚多。其曲文大致接近旧本而异于《元曲选》。又有与元明诸本均不相同处，不知是编选者所改，抑所据之本即是如此？此三书套式多有删节，每较诸本减少若干支曲子，乃当时伶人传唱偷工减料之故，非出文士之手，故其所删减往往不合文理，致使全套上下文不相联贯。是亦读此三书者所不可不知也。

1969年，《清华学报》新七卷二期。

附记：本篇及下篇《窦娥冤》剧，为予所撰《元杂剧异本比较》之一小部分。全书约三十万言，印行有待；先取已发表之两篇编入本集，就正当世。他日全书付印，此两篇仍将收入。1971年早春记。

关汉卿窦娥冤杂剧异本比较

现存元人杂剧约计160余种,其中85种有两种以上之不同版本,其内容或大同小异,或差别甚多,而以臧懋循编刊之《元曲选》与其他版本之差别为尤钜。因臧氏编刊此书,曾经大量修改,详见《台湾大学文史哲学报》第十期拙著《臧懋循改订元杂剧平议》一文。臧本收剧最多,凡一百种,流行亦最广,几为一般读元剧者之惟一读本;换言之,一般学者所读之元杂剧;多为臧氏大量修改之本,而非元人之本来面目。以前因其他版本皆不常见,只得奉臧选为圭臬,比年以来,旧本叠出,资料充足,实有取各本逐一比较以求得元剧真相之必要。

现存元杂剧皆系汇集,无单行者,此种汇集连臧选在内,共有九种,其中一种为元代刻本,余为明刻或明钞本。今列举此九种之目于下。

《元刊杂剧三十种》 元坊刻本,简称《元刊》。

《脉望馆钞校本古今杂剧》 明赵琦美钞校,简称《赵钞》或《脉望》。

《杂剧选》 明息机子编,明万历刊本,简称《杂剧选》或《息机》。

《阳春奏》 明黄正位编,明万历刊本,简称《阳春》。

《古名家杂剧》 明万历书坊刊本,简称《古名家》。

《古杂剧》 明王骥德编,明万历顾曲斋刊本,简称《古杂剧》或《顾曲》。

《元明杂剧》 明万历或天启、崇祯继志斋刊本,简称《元明》或《继志》。民国十八年国学图书馆影印之《元明杂剧》六册系《古名家杂剧》中之零种,与此非一书。

《元曲选》 明臧懋循编,明万历雕虫馆刊本,简称《臧选》或《雕虫馆本》,又称《元人百种曲》。

《古今名剧合选》 明孟称舜编,明崇祯刊本,内分《柳枝》、《酹江》二集,简称《柳枝》或《酹江》。

本人于去年获得"国家长期发展科学委员会"补助,从事元杂剧异本之研究,其方法为取以上各种汇集中互相重复之本,逐一比较,列举异同,分析得失,以期约略获知元人原作之真面目。元人所为杂剧,并非高文典册、圣经贤传,此修彼改,互有参差,自写作当时以来,即无定本,故所谓真面目者,亦不过较为接近而已。比较项目分为关目、宾白、套式、曲文四项。一年以来,已完成85种中之半数,明年暑期,当可全部完成。今先将关汉卿之《窦娥冤》一剧,在本刊发表,以就正于当世;国内外鸿儒硕彦,幸垂教焉。

附记一:贾仲名其人至明永乐中尚存,其作品之风格规律亦与元人有别,应属明代作家,故贾撰诸剧未计入85种之内。

附记二:上述十一种汇集中之各剧异本,除《元曲选》有通行本外,其余分别收入台湾世界书局出版之《全元杂剧》(初、二、三编)。

《窦娥冤》剧有《古名家》、《臧选》及《酹江集》等三本。《臧选》较之《古名家》,增删更改之处颇多,约有五点。一、《古名家》无楔子,《臧选》添楔子。二、《古名家》割裂第二折后半宾白及曲文入第三折,元剧从无如此形式,《臧选》订正之。三、《臧选》增饰关目,添改宾白,宾白添改尤多。除小有疏忽处外(见第一折),大体较《古名家》周详。四、《臧选》一、三、四诸折皆有添作曲子。五、《古名家》题目正名云"后嫁婆婆忒心偏,守志烈女意自坚。汤风冒雪没头鬼,感天动地窦娥冤";《臧选》改为"秉鉴持冲廉访法,感天动地窦娥冤",不如《古名家》切实周详。此剧为《臧选》于旧本改动较多者,盖此剧向被认为汉卿名作,其故事流传亦广,明人且演为传奇,故臧氏不惜大费笔墨。然删改曲文仍多孟浪处;添作之曲,单独观之,颇有佳制,与旧有诸曲并列,终觉格格不入。而原剧质朴本色处,窦娥口气冷峭处,经臧氏增添删改,所遭破坏甚大。臧本于关目亦有更改,全非作者原意(见第二折关目项及曲文项)。《酹江》关目宾白依《臧选》;曲文大部依《臧选》,有若干处仍古名家之旧。《臧选》较《古名家》多出之曲,《酹江》皆有之。《臧选》添改曲文,《酹江》于眉批注出,然似未全注。《酹江》题目正名同《臧选》。

楔子

《古名家》无楔子,窦秀才卖女尝债事叙入第一折宾白;《臧选》将卖女情节析出,增益宾白,并添作〔仙吕·赏花时〕曲,成为楔子。如此添改,脉络较清。《古名家》端云为保儿扮,《臧选》则为正旦。保儿一词,他处未见,应是侠儿,保侠形近致误。此时端云甫七岁,自应用侠儿扮。《古名家》窦所借为五两银子,合本利该十两,卖女后蔡婆婆又借与盘缠二两;《臧选》则初借二十,本利四十,又送与十两,其意以为十两银子准折一女孩,为数太少,二两亦不够盘缠也。合此与《金线池》诸剧观之,自元至明,银值物价确有波动。

《古名家》窦天章临行跪地嘱咐蔡婆婆善待其女,《臧选》无跪地动作,天章虽贫,究有读书人身份,不应下跪,臧改是也。《酹江集》有楔子,与《臧选》同。

第一折

关目:

《古名家》蔡婆婆云:"窦娥成亲之后,孩儿死了,已早三年光景。"意谓窦娥成亲之后,其夫旋即亡故,故后文窦娥自叙云:"十七岁与夫成亲,不幸夫亡化,可早三年光景,我今二十岁也。"《臧选》则蔡婆婆云:"成亲之后不上二年,孩儿害弱症死去,如今媳妇守寡又早三个年头。"较《古名家》添出年余,窦娥之年应是二十二岁。然《臧选》窦娥出场时又仍《古名家》之旧云:"十七岁成亲,不幸丈夫亡化三年,我今二十岁也。"改前而不改后,遂相矛盾,是臧氏疏忽处。

宾白:

《臧选》较详。

套式:

《古名家》用〔仙吕·点绛唇〕套,共八曲:〔点绛唇〕、〔混江龙〕、〔油葫芦〕、〔天下乐〕、〔一半儿〕、〔后庭花〕、〔青哥儿〕、〔赚煞〕。

《臧选》亦用〔仙吕·点绛唇〕套,共九曲:〔点绛唇〕、〔混江龙〕、〔油葫芦〕、〔天下乐〕、〔一半儿〕、〔后庭花〕、〔青哥儿〕、〔寄生草〕、〔赚煞〕。

《臧选》较《古名家》多出之〔寄生草〕，系臧氏添作。说见后。《酹江集》与《臧选》同。

曲文：

〔点绛唇〕：《古名家》全曲云："满腹闲愁，数年生受，常相守。无了无休，朝暮依然有。"《臧选》云："满腹闲愁，数年禁受，天知否。天若是知我情由，怕不待和天瘦。"《古名家》虽有拙句，却不失质朴自然之致，《臧选》所改，则是词曲家之滥调耳。此亦孟称舜所谓"不似窦娥口角"者也。（见下〔混江龙〕条）

〔混江龙〕：《古名家》全曲云："黄昏白昼，忘飧废寝两般忧。夜来梦里，今日心头。地久天长难过遣，旧愁新恨几时休。则这丛眼苦，愁眉皱。情怀冗冗，心绪悠悠。"《臧选》云："则问那黄昏白昼，两般儿忘飧废寝几时休。大都来昨宵梦里，和着这今日心头。催人泪的是锦烂漫花枝横绣闼，断人肠的是剔团圞月色挂妆楼。长则是急煎煎按不住意中焦，闷沉沉展不彻眉尖皱。越觉的情怀冗冗，心绪悠悠。"《酹江集》云："黄昏白昼，忘飧废寝两般忧。昨宵梦里，今日心头。地久天长难过遣，旧愁新怅几时休。则这丛眼苦，双眉皱，情怀冗冗，心绪悠悠。"《酹江》有眉批云："吴兴本增有'催人泪的是锦烂漫花枝横绣榻（不作闼），断人肠的是剔团圞月色挂妆楼'等语太觉情艳，不似窦娥口角，依原本删之。"此批乃《酹江》编者孟称舜所加，吴兴本即《臧选》，臧晋叔长兴人，属吴兴郡。《臧选》添改诸语，与窦娥身份口气，全剧气氛，皆相违忤，孟氏所见极是。《臧选》未改诸句所添衬字，亦皆繁冗可厌。《酹江》于所谓原本亦不尽依从，如"昨宵梦里"句依《臧选》，新恨改作新怅，愁眉改作双眉是。即此可见孟氏编印《柳枝》、《酹江》之折衷于旧本及《臧选》之间，有时又自出机杼也。新怅二字甚不自然，怅字恐是误刻而非改订。

〔天下乐〕:《古名家》"这前程事一笔勾",《臧选》改为"今也波生招祸尤",《酹江》从《古名家》。按:《臧选》改得太"顺",不如《古名家》。

〔一半儿〕:《古名家》"情脉脉常怀郁闷忧",《臧选》改为"莫不是为索债与人家惹争斗",《酹江》从《臧选》。按:《古名家》语意与上句重复,且又空泛,臧改切合关目,故《酹江》从之。

〔后庭花〕:《古名家》首两句云:"遇时辰我替你忧,拜家堂我替你愁。"《臧选》改为"避凶神要择好日头,拜家堂要将香火修"。《酹江》从《古名家》,有眉批云:"吴兴本首二句改云云,与下梳着个霜雪般二语语气不贯,不如原本为佳。"所见极是。

〔寄生草〕:《古名家》无此曲及其前之一段宾白,《臧选》有之。此曲文笔绮丽,与剧中其他诸曲之质朴绝不相类,与〔混江龙〕添改诸句及第三折之〔耍孩儿〕、〔二煞〕、〔一煞〕等曲却极近似。此处着此段曲白,亦嫌多余。其为臧氏所添无疑。《酹江集》亦有此曲而未证明是原本所无。《酹江》于〔混江龙〕、〔耍孩儿〕等曲皆注臧氏添改,此曲又未注,明人习惯,照例如此马虎,不必执此以证明其非臧氏所添也。

〔赚煞〕:《古名家》末句云:"这的是前人田土后人收",《臧选》改为"兀的不是俺没丈夫的妇女下场头",《酹江》从《臧选》。按:《古名家》接上文一直说来,戛然而止,语气冷峭,臧改似求贴切剧情,而做作气重,句子亦太冗赘。大抵润色前人作品,只能更动数字,若整句改作,则无论文字较原文优劣,皆不能如原文之自然;绮丽文字,尚属易于润色,质朴本色之作,极难修改。此臧氏改订元剧曲文之所以失败多于成功也。

第二折

关目：

《古名家》张老自称已在蔡婆婆家作"接脚"；《臧选》则张老自云："本望作个接脚，却被他媳妇坚执不从。那婆婆一向收留俺爷儿两个在家同住，只说好事不在忙，等慢慢里劝转他媳妇。谁想那婆婆又害起病来。"《古名家》坐实蔡婆已嫁张老，仅窦娥不允嫁张驴儿；《臧选》则窦娥固未允嫁，蔡婆婆之事亦在商量中，而蔡婆即病，张老即中毒而死。《臧选》如此改，意在为蔡婆开脱，实则大误。因蔡婆如尚未嫁张老，则窦娥药死"公公"之罪不能成立，以后剧情即无从发展也。

《古名家》与《臧选》二本关目，除右叙一节外，大致相同。惟《古名家》至毒死张老，驴儿拖窦娥告官，本节即结束。《臧选》则于见官后，窦娥不忍蔡婆受累而屈认罪名，被判斩刑，本折方完，此段情节，《古名家》入第三折。因此，《古名家》将本折割裂，〔南吕·一枝花〕套半属本折，半属下折；第二折有曲半套，第三折有曲一套半。元杂剧从来无此种形式；《臧选》分析正确，自应从之。《酹江》与《臧选》同。

宾白：

《臧选》较详，改动颇多。

套式：

《臧选》用〔南吕·一枝花〕套，共十一曲：〔一枝花〕、〔梁州第七〕、〔隔尾〕、〔贺新郎〕、〔斗虾蟆〕、〔隔尾〕、〔牧羊关〕、〔骂玉郎〕、〔感皇恩〕、〔采茶歌〕、〔黄钟尾〕。《酹江》同《臧选》。《古名家》亦同《臧选》,但只〔一枝花〕至第二支〔隔尾〕等六曲属于本折,〔牧羊关〕以下五曲属第三折,大违惯例。参阅前关目项。

曲文:

〔梁州第七〕:《古名家》"近时有等婆娘每",《臧选》改为"说的来藏头盖脚多怜俐"。按:此句末字应用仄声,去声尤佳。每字即今语你们我们之们,一般多作平声读,实则应读去声,元曲中均作去声用,此字宋元语本中亦作"懑",懑字固去声也。《古名家》韵律不误,且文意上下联贯,不必改,《古名家》"无人意",《臧选》改为"无仁义",无人意勉强可通,不如无仁义自然现成,当时同音致误。

〔隔尾〕:《古名家》"您三口儿团圆到大来喜",《臧选》改为"得一个身子平安倒大来喜"。按:三口儿谓蔡婆与张老及张驴儿也。此句全是讥刺。本折开始时,张老与驴儿同扶蔡婆上场,旋唤窦娥煮羊肚汤,娥不惯见三人同处情景,乃以冷语议之。窦娥对蔡婆招张老作接脚并劝其本人亦嫁驴儿,异常不满,故一二两折中对蔡婆充满冷嘲甚至热骂语气;及见官后,因不忍蔡婆年老受酷刑,始毅然屈认罪名。此种仁心勇气,女性常多于男性。原剧写窦娥心理转变颇为成功,惟其如此,乃成为标准悲剧。臧晋叔不明此理,于关目曲白多所更动,遂将此悲剧改得面目全非。

〔贺新郎〕:《古名家》全曲云:"一个道你爷先吃,一个道你娘吃。这言语我听也难听,我可是气也不气。新婚的姻眷偏欢喜,不想那旧日夫妻道理,常好是百从千随。这婆娘心如风刮絮,那里肯身化作望夫石,旧恩情倒不比新佳配,他则待百年为婚眷,那里肯千里送寒衣。"《臧选》改为:"一个道你请吃,一个道婆先吃。这言语听也难听,我可是气也不气。想他家与咱家有甚的亲和戚,怎不记旧日夫妻情意,也曾有百纵千随。婆婆也,你莫不为黄金浮世宝,白发故人稀,因此上把旧恩情全不比新知契。则待要百年同墓穴,那里肯千里送寒衣。"《酹江》全依《臧选》,眉批云:"原本云:'这婆娘心如风刮絮,那里肯身化望夫石',似非媳妇说阿婆语;改从今本。"按:原本朴质劲峭,骂得淋漓痛快,是绝妙好词。《臧选》为迁就其所改关目,故将此段曲文亦加修改,姑无论其笔墨之软弱无力,浮泛不切(如黄金白发两句),以文意论,亦与原剧大相径庭。窦娥对其婆婆异常不满,故曲词中始终是嘲讽口吻,至此索兴骂个痛快。其后来之屈认罪状,乃发自仁心勇气之心理转变,前已言之。此时则无所谓"似非媳妇说阿婆语"。抑有进者,元杂剧作者常借剧中人语以自抒其胸中之所欲言,于剧中人之身份口吻是否相合,有时并不计及。此曲乃汉卿借以讥讽年老再嫁之妇人,不必粘滞于窦娥之不应骂其婆婆。

〔斗虾蟆〕:此调句数可以增减,故《臧选》较《古名家》添出数句,似较周详。但《臧选》有送入他家坟地语,张老乃无家无业之老光棍,并无准坟地,如何送入?然则此数句仍以不添为愈也。

〔采茶歌〕:《古名家》"我不曾药死公公当罪责,告你个相公明镜察虚实",《臧选》改为"则我这小妇人毒药来从何处也,天那!怎么的覆盆不照太阳晖"。用覆盆典,太文,不似窦娥口气。

〔黄钟尾〕:《古名家》与了招罪句下有:"婆婆,我到把你来便打的,打的来怎的"一句,《臧选》删去之。《酹江》从《古名家》,于婆婆下加也字,改"我到把"为"我怕把"。眉批云:"此句一字一点泪,吴兴本删去,照原本增入。"按:此调句数固可增减,但以文意言,此句描写窦娥由憎恨其婆婆而怜悯其婆婆之心理转变,为全剧枢纽,万不能减。孟称舜所见极是,加也字,改怕字,使语气更强,语意更明。恁的指上文〔骂玉郎〕等三曲拷打情形,意谓如照打我般打婆婆,老年人决难禁受,此其所以决心屈认,亦即孟称舜所谓一字一点泪。臧氏之删此句,真吴瞿安先生所谓"盲删"。

第三折

关目:
　　三本大致相同:惟《古名家》受审判刑一段属此折,《臧选》及《酹江》仅有法场关目。
宾白:
　　《臧选》较详。
套式:
　　《古名家》用〔正宫·端正好〕套,共七曲:〔端正好〕、〔滚绣球〕、〔倘秀才〕、〔叨叨令〕、〔快活三〕、〔鲍老儿〕、〔尾声〕。
　　《臧选》亦用〔正宫·端正好〕套,共十曲:〔端正好〕、〔滚绣球〕、〔倘秀才〕、〔叨叨令〕、〔快活三〕、〔鲍老儿〕、〔耍孩儿〕、〔二煞〕、〔一煞〕、〔煞尾〕。《酹江》同《臧选》。
　　《臧选》较《古名家》多出之〔耍孩儿〕、〔二煞〕、〔一煞〕等三曲,乃臧晋叔添作。详后曲文项下。
　　《古名家》割上折〔南吕·一枝花〕套之后五曲入此折,详前。
曲文:
　　〔滚绣球〕:此曲《臧选》改订数处,改笔整齐流畅,似胜于《古名家》。《古名家》第二句"有山河今古监",监字出韵,《臧选》改为"有鬼神掌着生死权",权字合韵,文义亦自然联贯。《古名家》"地也,你不分好歹难为地,天也,我今日负屈衔冤哀告天,空教我独语独言"。《臧选》改为"地也,你不分好歹何为地,天也,你错勘贤愚枉作天,哎!只落得两泪涟涟"。改笔对仗工整,自属胜于原作;但原作末句"独语独言",写哀哀无告之意甚佳,胜于改笔"两泪涟涟"之肤泛。

〔叨叨令〕:此曲《臧选》大部改作,《古名家》有与〔倘秀才〕曲重复语,句律亦不甚合,改笔胜于原作。

〔耍孩儿〕、〔二煞〕、〔一煞〕:《古名家》无此三曲,《臧选》有之。《酹江》从《臧选》,眉批云:"〔耍孩儿〕数枝,原本无之,依吴兴本增入。"按:此三曲雅丽工整,气韵流畅,是晋叔佳作,但用典太多太文,不合窦娥口吻,亦不合本剧之朴质气氛。予在总论中所云"添作诸曲,单独观之,颇有佳制,与旧有诸曲并列,终觉格格不入",即指此数曲。

〔尾声〕:《臧选》此曲全部改作,因《古名家》之原作音律既不甚合,词句亦不出色也。

第四折

关目:

《古名家》窦天章自白离开其女端云(即窦娥)已十三年,《臧选》谓十六年,盖自圆其窦娥婚后年余始寡之说也。臧氏延长窦娥与其夫之结婚生活,意在强化剧情。《臧选》叙窦天章审案情形较《古名家》为详,对诸犯人及官吏之处分亦与《古名家》不同。《酹江》从《臧选》。《臧选》增饰关目常较旧本细致周详,不仅此剧为然,此盖受传奇发展之影响。

宾白：

《臧选》因增饰关目之故，宾白较《古名家》详细。结尾下断之后，有"词云"一段，用骈语，《古名家》无之。盖臧氏添作。《酹江》同《臧选》。

套式：

《古名家》用〔双调·新水令〕套，共五曲：〔新水令〕、〔雁儿落〕、〔雁儿落〕、〔得胜令〕、〔尾声〕。

《臧选》亦用〔双调·新水令〕套，共十曲：〔新水令〕、〔沉醉东风〕、〔乔牌儿〕、〔雁儿落〕、〔得胜令〕、〔川拨棹〕、〔七弟兄〕、〔梅花酒〕、〔收江南〕、〔鸳鸯煞尾〕。

臧氏较《古名家》多出之〔沉醉东风〕，《酹江集》眉批云"此枝亦原本所无"，当是臧氏添作。〔乔牌儿〕乃据名家之第一支〔雁儿落〕改作，〔雁儿落〕连用两支者甚少见，改作〔乔牌儿〕较合联套惯例。〔川拨棹〕、〔七弟兄〕、〔梅花酒〕、〔收江南〕等四曲，乃照例连用者，四曲文笔与〔沉醉东风〕相同而异于原剧其他诸曲，《酹江》虽未注出，亦可知为臧氏所添。〔川拨棹〕、〔七弟兄〕两曲，专就毒药之来源发挥，与第二折〔采茶歌〕"则我这小妇人毒药来从何处也"句相应，此亦为臧氏添作之证（参阅第二折〔采茶歌〕曲）。予在总论中云："臧氏添改诸曲，《酹江》未全注出。"此四曲即其证。元杂剧第四折用双调套，常只五六曲，《古名家》本不似有删节，《臧选》嫌其不够周详，故添白又添曲也。

曲文：

〔沉醉东风〕、〔川拨棹〕、〔七弟兄〕、〔梅花酒〕、〔收江南〕：此数曲《古名家》无之，皆臧晋叔添作者，详见前套式项下。

〔鸳鸯煞尾〕：《古名家》"嘱咐你个爷爷，迁葬了奶奶。恩养俺婆婆,可怜见他年纪高大"。《臧选》改为"嘱咐你爹爹,收养我奶奶,可怜他无妇无儿,谁管顾年衰迈"。按:迁葬奶奶,谓窦娥生母也,《臧选》删去此句,又改下句之婆婆为奶奶,不惟失去一层意思,称谓亦不合。盖《古名家》"恩养俺婆婆,可怜见他年纪高大"句衬字稍多,句法不甚合律,故臧氏改之,而不觉其改笔之不合也。

"屈死的于伏"句,三本俱同,"于伏"二字未详其义,疑是"愚妇",音近致误。今所见《古名家》本有赵琦美校改,"于伏"改作"招伏",不知所据何本。

1964年,《大陆杂志》第二十九卷第十期。

李师师流落湖湘道杂剧 附九转货郎儿谱

一 引言

这是我所写的"一折杂剧"。元杂剧照例是每本四折,每折唱北曲一套,偶然的例外之作,只有比四折多的,没有比四折少的。最早的一折杂剧是明正德、嘉靖间王九思的《中山狼》;直到万历以后,北曲式微,杂剧规律,久已破坏,一折杂剧才渐渐流行,如许潮的《武陵春》、叶宪祖的《北邙说法》皆是。到了清朝,作者更多起来,如杨潮观的《吟风阁杂剧》,即是他个人所作一折杂剧总集,共32折,每折演一故事,可谓一折杂剧的大观。这种杂剧,篇幅短小,情节简单,又不能比拟西洋的独幕剧,只是利用杂剧体裁来叙事抒情而已。可以说就是加上宾白、科介的散曲。与其称之为杂剧,不如称之为叙事诗。若作好了倒也是颇为别致的小玩艺。

李师师是宋徽宗时汴梁名妓,门前车马,盛极一时。根据宋人笔记的传说,她与宋徽宗及大词人周邦彦都曾有过一段罗曼史。金人攻占汴梁之后,她避难南下,流落两湖一带,不知所终。见梅禹金《青泥莲花记》。又刘克庄《后村诗话前集》引刘屏山诗云:"辇毂繁华事可伤,师师垂老过湖湘。缕衣檀板无颜色,一曲当年动帝王。"十几年前,我受了这首诗的启示,想用她一生的事迹写一本四折杂剧,并拟好了题目正名:"周美成情寄兰陵王,李师师流落湖湘道"。但只写成了第四折,即是现在的这一折,其余三折,始终凑不起来。近数年来,我感觉到我的笔墨写曲简直不对路,所以不再妄想写那三折。但已写出来的一折,把他丢掉又觉得可惜;于是把十几年前的旧稿拿出来彻底修改一遍,并加上头尾,成为现在这种形式,"过而存之"。安装头尾可以说是我的创作,以前的一折杂剧,仅是一折,并无头尾。

我之所以先写成这一折,是因为我久想仿作一套〔九转货郎儿〕,而这一折的剧情最适合于运用这一套曲子。〔九转货郎儿〕首见于元无名氏《货郎旦》杂剧,再见于明初周宪王朱有燉《义勇辞金》杂剧;但二者作法并不相同。第一,套式不同。《货郎旦》全套包括:〔南吕·一枝花〕、〔梁州第七〕、〔正宫·九转货郎儿〕、〔南吕·煞尾〕共曲十二支。《义勇辞金》全套包括:〔正宫·端正好〕、〔滚绣球〕、〔倘秀才〕、〔九转货郎儿〕、〔煞尾〕共曲十三支。《货郎旦》用的是"夹套",把〔南吕·一枝花〕、〔梁州第七〕、〔煞尾〕,这一整套分在首尾,中间夹入属于另一宫调(正宫)的〔九转货郎儿〕,这在元曲中是绝无仅有的变格。《义勇辞金》则全套属于同一宫调,乃是正常形式。第二,曲的格式(即句法与平仄)不同。这两种〔九转货郎儿〕中的第五、六、七等三转,格式有很多差别,特别是第六转。《义勇辞金》体从来无人学步,仅有清内府编的《鼎峙春秋》传奇第四本第五六两出曾将原作改撰,改得很拙劣。仿作《货郎旦》体的,最初有清洪昇的《长生殿》传奇弹词折。《长生殿》是一本风靡一时的名剧,从他开始以后,仿作〔九转货郎儿〕的人就多起来。据我所见,有清内府编的《劝善金科》传奇第八本第十五出

"冥判",杨潮观《吟风阁杂剧》中的《快活山》,瞿颉《鹤归来》传奇的"访菊",黄振《石榴记》传奇的"琴叹",蓉鸥漫叟《青溪笑》传奇的醒芳,许鸿磐六观楼北曲中的《儒吏完城》杂剧第四折,及近人顾家相《勴堂乐府》中的《哀思曲》散套,顾随《陟山观海游春记》杂剧的第四折等八种,都是用《货郎旦》体。《青溪笑》、《哀思曲》、《游春记》三种写的很好,其余稍差。我很想把这八种连同《货郎旦》、《长生殿》以及另一体的《义勇辞金》,辑录起来成为一本《九转货郎儿集》(见后附录)。

《货郎旦》和《长生殿》弹词这两套〔九转货郎儿〕,异曲同工,各有千秋,都是歌场传唱之曲。《货郎旦》(歌场称为《女弹词》,简称《女弹》,以别于《长生殿》)近些年来唱的人比较少了,因为难唱而且太累;《长生殿》弹词则脍炙人口,至今不衰。我一直酷嗜他们,既喜欢其文辞,又喜欢其音律,自己常常吟讽,有机会便去听人家歌唱。日子久了之后,也就把这九转的声响摸熟了。恰好李师师的姓与《货郎旦》的李春郎、弹词的李龟年相同。两剧的作者,借主角的姓押韵,各生出一段绝妙好词;于是我也利用这个李字,依样葫芦,照虎画猫,写成这一折杂剧。其情节则是根据宋人笔记"幻设"出来的。写戏剧不必讲考据,若讲考据,则关于李师师与周邦彦的传说根本靠不住,王国维先生的《清真先生遗事》分辩得很详确。至于套式,则完全依照《货郎旦》及弹词原本,并无删节。(乾嘉以后,有些唱弹词的人,因为全套有十二支曲子,宾白穿插又少,一气唱下来太累了,所以把〔梁州第七〕及〔货郎儿第八转〕省去。后来遂成惯例,至今还是不唱这两支曲。仿弹词诸作,也就有把〔梁州第七〕省去不作的,如《劝善金科》、《青溪笑》、《儒吏完城》都是。我认为,唱的时候为了唱者气力的关系而偷工减料,已经不妥，作的时候更不应该破坏原来套式。）

词曲的韵律与诗不同。作诗只分平仄就行了，有时注意上去声的分配，那只是技巧而不是规矩，不一定要严格遵守。词曲则因为配乐的关系，每个牌调之中，都有若干字必须遵照固定的四声，或平、或上、或去、或入，不能改易。平声与仄声固然不能混用，同为仄声的上、去、入也不能颠倒错乱；否则便成为噪音或哑调，而失去其音乐美，不但不能唱，读起来也觉得不顺口、不入耳。北曲完全用北方音，所以只分平、上、去三声而没有入声，但这三声的分配还是一样严格。〔九转货郎儿〕音节之美，全在各句平、上、去三声的配合，要作这套曲子，当然必须谨守规律。（其实作那一套曲子也是一样）。历来的北曲谱（作法的谱不是唱法的谱）如《太和正音》、《北词广正》、《九宫大成》，都没有把各牌调中的三声详细注明，而且各谱都有疏失的地方，于是读者、作者得不到一个详确的标准去鉴赏或写作。我所编的《北曲新谱》，补正各谱疏失之处，特别注意到三声的分配。每个牌调于所录实例之后都列有平仄格式，注明调中每一个字应平、应上、应去，或可以不拘。我这部曲谱还想再加修改，暂时不能问世。在这里，我先把《货郎旦》全套所用〔一枝花〕、〔梁州第七〕、〔九转货郎儿〕、〔煞尾〕，还有本剧《楔子》及余文中所用〔赏花时〕共十三个牌调的谱附在本剧后面。读者根据这个谱去读《货郎旦》、《弹词》及上述其他仿作，可以增加了解，帮助欣赏批评；看我这一折杂剧，也就可以监察我的苦心。我写此剧有两个起码条件：一是守律，三声的分配都照着谱上的规定。全剧只第七转有三字，第九转有一字，共四个字不合规定；那都是有特殊缘故的，详见各该转注文。二是守韵，完全依照周德清的《中原音韵》，不许出韵通假。此外还有两项。其一，凡两个仄声相连的地方,即使谱上并无规定,也尽量用去上或上去,避免连用两去两上。其二,入声字变为平、上、去三声以《中原音韵》为标准;全剧只有四字依现代读音或古代入声本音,为〔赏花时〕中之逐字,〔一枝花〕中之寂字,〔二转〕之蜀字,〔六转〕之国字。浊上声字之是否作去声用,则全部按照《中原音韵》。希望在我的曲文里边不致有太多地方被这些枷锁压得喘不过气来。

二 李师师流落湖湘道杂剧

楔子

(冲末扮谢克家旅装上诗云)千古兴亡事可哀,吴宫歌舞只荒台。谁知瘦马西风客,曾听霓裳法曲来。小生谢克家,本贯江南人氏,自幼随宫北上,久居汴梁,亲历升平,素耽文史。闲暇之时,也曾与狂朋俊侣,选色征歌,翠袖殷勤,春浓酒美。谁知好景不长,胡兵南下,一时京师士民,纷纷渡江避虏。当时名妓,像李师师、薛琼琼、张怜怜、王惜惜等人,也都不知何往,真个是鹿散风惊、鸾飘凤泊。小生离乡已久,无田可归,只得旅食四方,随缘度日。闻得有一故人,现任零陵太守,如今前往投奔,藉觅枝栖。一路行来,不知是何地面。看天色已晚,须索赶行者。(唱)

〔仙吕·赏花时〕 霜染枫林秋意浓◎一望里"国破山河落照红"◎向何地、托孤踪◎更休问、风流万种◎恰便似花落逐狂风◎(下)

注:谢克家生平与李师师毫无关涉;偶因此君有"依依宫柳拂宫墙"之〔忆王孙〕词,乃咏劫后汴梁者,故借用其名,白中所叙事迹,皆虚拟

也。"国破山河落照红"是朱敦儒〔减字木兰花〕词句。逐字《中原音韵》入作平,今仍作仄声用。此段原拟题为"引首",以其于古无征,乃用楔子之名。

本剧

（正旦抱琵琶上读云）江南二月草芽齐,公子寻芳路欲迷。谁议我独抱哀弦弹旧曲,风光无处不凄凄。妾身李师师,生长东京,幼习歌舞,王孙公子,争付缠头。也曾供奉宣和皇帝,在玉真宫中,排演大晟新乐,天颜有喜,恩宠频加。谁知正好欢娱,忽遭丧乱,狂胡入寇,圣主蒙尘。是俺随众南下,转徙江湖,靠了这面琵琶,卖唱糊口。前者闻说王师已到朱仙镇,方喜还乡有日,谁料秦桧主和,功败垂成,俺依旧流落江南,欲归无计。如今又来到这岳州地面,寄寓荒村,盘缠都已用尽。看今日天气晴和,不免到洞庭湖畔,商旅舟中,揽些生意去者。哎！想昔日妙舞清歌,只换得眼前的残杯冷炙,这凄惶何日是了也！（唱）

〔南吕·一枝花〕身住在荒村野店中。心悬在凤阁龙楼下◎眼前新寂寞,梦里旧繁华◎追想起、往日生涯◎才信春无价◎谁念我飘零似落花◎比不得裴兴奴,明月船空。倒有个知音的白乐天,青衫泪洒◎

注:寂字《中原音韵》入作平,今仍作仄声用。裴兴奴即《琵琶行》中之商妇,见马致远《青衫泪》杂剧。

〔梁州第七〕想俺这楚江边,飘零商妇。原是个帝城中,歌舞名娃◎人道是明眸皓齿难描画◎夜灯深,调笙劝酒。绮窗闲,擘阮分茶◎破新橙,轻舒玉笋。温绵幄,慢展红霞◎恰正好沐恩波,箫鼓喧哗◎蓦地里起烟尘,身世波查◎出荆襄,冒了些暗雨凄风。过均房,险遇着胡兵塞马◎到湖湘,只剩了这一面琵琶◎天涯◎故家◎遥望着青山一发在晴云下◎途路债、几时罢◎(贴扮二村女浓妆上云)姐姐你看这两朵花儿,红得好鲜艳也!(且唱)生怕见村女浓妆斗野花◎尚兀自、装点韶华◎(下)

注:周邦彦〔少年游〕词云:"并刀如水。吴盐胜雪。纤手破新橙◎锦幄初温。兽香不断。相对坐调笙◎"宋人张端义《贵耳集》以为此词在李师师家作,咏徽宗与师师情事。其说虽属诞妄,入剧固自不妨。过均房句借用陈简斋事。简斋自河南避兵南下,经均州、房州,折而东南入湘,在房州南山,几为金兵追获,具见诗集。今假定师师入湘亦循此路线。

(净、冲、末、副净、杂携酒瓶上,诗云)(净)船泊巴陵酒旋沽;(冲末)乱余思痛强欢娱。(副净)劝君莫话当年事!(杂)难得这雨后的君山似画图。(净)我每乃是这洞庭湖上过路的客人。船主停船上岸,交易去了,我每这搭乘的,闲暇无事,大家买了一瓶茅柴村酒,混混时光;只是寡酒难饮,怎生得个唱的也好。(副净)那壁来了。(旦上云)客官们可是听曲子的么?(冲末)正是!就请过来。(旦做上船科云)客官每!你看这良辰美景,水色山光,正好开怀,休嫌聒耳。待俺唱套小曲儿,向列位请教。(净)好!好!你快快唱来。(旦做排场敲醒睡科诗云)曹兵百万下长江,烈火焚烧一战亡。载酒有人寻赤壁;哎!灭胡何处觅周郎。列位暂息高谈,且听俗曲。(唱)

〔正宫·转调货郎儿〕正遇着好风光,江南春半◎骤雨过,斜阳照晚◎洗出了数峰晴碧洞庭山◎俺不会弄繁声、歌艳曲。也不要夸仙佛、警愚顽◎(净云)你可唱什么那?(旦带云)唱一套货郎儿(唱)把亲过眼的兴亡和泪弹◎

注:调名下可加"一转"字样。

（云）方才那四句诗,说的是赤壁鏖兵,火烧战船,杀得曹兵八十三万人马片甲不回;俺如今的说唱,是单题着本朝的实事。想俺这大宋朝,祖宗创业,实非容易也!（唱）

〔二转〕想当初乱纷纷,残唐割据◎夹马营,龙兴太祖◎到后来兵变陈桥启壮图◎平川蜀∧回戈下荆湖◎南唐北汉归真主◎万方来聚◎常则是瑞霭祥云绕汴都◎

注:蜀字《中原音韵》入作平,今从现代读音作上声。此字为句中藏韵,但非必藏者。

（云）提起那东京汴梁,端的是好形势,妾身生长其间,略知一二,待俺唱来听者。（唱）

〔三转〕那东京啊,拊荆襄◎接连着唐邓◎带关洛,有崤函峻岭◎直北上太行天险作藩屏◎东南通淮颍∧东北拥徐青◎总强如周家洛京◎唐朝杜陵◎便休题高齐邺京◎萧梁的秣陵◎（净云）大姐你说的都是城外,这城内呢?（旦唱）若要问都城∧内景◎可知道锦绣天街有盛名。

注:此转有《正音谱》及《元曲选》两体,见后《货郎儿》谱,今用《元曲选》体,以其较为通行也。其中五个四字句,《元曲选》及《长生殿》皆以前两句为一段,后三句为一段;今以前四句为一段,后一句为一段。此句独立,音节稍促,故加一藏韵（城字）以缓和之。余所作九转,不守成规自出机杼者仅此一处,未知能合节拍否?

（杂云）我久闻汴梁城有个锦绣天街,十分热闹,常有些诗人墨客,歌咏升平,那周美成的词曲,更是有名。当日竟是怎样风光,大姐必曾亲见,请道其详。（旦唱）

〔四转〕那天街费经营,九君传序◎望不尽,朱楼翠宇◎真个是绿槐烟柳满皇都◎宝马来、雕轮去◎（带云）那都人仕女啊（唱）笙歌韶护◎春朝秋暮◎会良朋、斟美酒,乐陶陶共把流年度◎更有那韵舒徐◎笔荣

纡◎清词丽藻的惊人句◎子弟每齐唱美成新乐府◎是渠◎从笔书◎装点得风月梁园今胜古◎

注：清周之琦〔浣溪沙〕词云："锦绣天街旧有名◎九君传序费经营◎至今犹说宋东京◎"北宋自太祖至钦宗凡九帝。此转有《正音谱》、《广正谱》、《长生殿》三体，今用《正音》体。

（副净云）闻说那太上皇帝，乃是个风流天子，弹唱歌舞，无一不精。一时汴梁城里，出了许多名妓，宣召进宫，朝欢暮饮。这些宫廷气象，大姐你可说教我们听者。（旦云）那宫廷气象，妾身不过听人传说，委实不曾亲见，待俺唱来，列位姑妄听之，也就是了。（唱）

〔五转〕那君王深居在，九重天上◎退朝回，春闲书长◎他向那玉真轩槛拥群芳◎微雨过。好风凉◎水边树间双燕忙◎有一个李氏名娃。珠辉玉朗◎赛过了汉飞燕倚新妆◎赛过了昭君西子乔模样◎赛过了雍门外，韩娥高唱◎谁数那弄琵琶的，商妇浔阳◎是他！管领着"众仙同日咏霓裳"◎一个个堆云鬓。缀明珰向后宫中伏侍着个暮饮朝欢的老上皇◎

注："众仙同日咏霓裳"是李商隐留赠畏之诗句。

（冲末云）请问大姐，那李氏想就是名满东京的李师师了。（旦云）正是。（冲末背云）我问起李师师，他为何微露惊惶之色？我看这女子，言谈举止，不比寻常，说起宫里风光，又是这等逼真，莫非他就是那李师师么？且听他说下去者。（杂云）你看大姐形容得真似亲眼得见一般，敢则是谎也？（净云）管他谎不谎，说得热闹便好。想今日这临安城，再过几年，也赶得上这个样儿。（冲末云）哎！想那时只为了太上皇帝贪恋歌舞，不理朝纲，才惹起靖康之祸，父子蒙尘，至今想来，犹有余痛。还说什么今日临安，明日临安，只怕早晚不安了也！（旦云）若提

起那靖康之难,端的是天翻地覆,惨目伤心,列位听俺唱来,便知分晓。(唱)

〔六转〕又谁知熙熙攘攘,神州华夏◎引动了浩浩荡荡,强胡士马◎踏碎了整整齐齐朱朱粉粉上阳花◎一霎时百年宗社成虚话◎只见得三宫六院。男男女女。上上下下◎纷纷扰扰。惊惊恐恐。伴蒙尘銮驾◎都急得哭哭啼啼。泪淹襟帕◎沿路上恶恶狠狠的兵。重重叠叠的甲◎紧守定委委屈屈。卑卑辱辱。父子官家◎安顿在冷冷清清。遥遥远远。五国城下◎相伴着年年岁岁落日西风可兀的吹暮笳◎

注:此转有《正音谱》、《元曲选》二体,今用《正音》体。作曲照例不许重韵;惟《货郎旦》剧重韵处颇多,均见后〔货郎儿〕谱,故本曲重下字韵不为犯规。且两下字意义不同,依作诗惯例亦可重用也。国字《中原音韵》入作上,现代亦有读上声者,今从国语标准音作平声用。可兀的三字为元剧中常见之衬字,并无特殊意义,此处以"年年岁岁落日西风吹暮笳"十一字一气直下,过于急促,故加此三字以缓之。

(旦打悲科)(净云)你看,说得倒像你自己家里的事一样,真个的惨惨悽悽起来了。莫非你也与那老官家有一手儿么?(冲末云)休得胡缠,好生听唱。(副净云)大姐,那二帝在五国城过的是甚样生活,我等不知,你且道来。(冲末云)这等事,为臣子者所不忍闻,提他作甚!(杂云)你且说一说那汴梁城破之后,是何等光景。(旦云)客官问那劫后汴梁么,听我慢慢唱来。(唱)

〔七转〕冷清清,歌台妓舍◎破设设,梁摧柱斜◎一代繁华一时绝◎舞裙红、化作了啼鹃血◎到处里,废冢残碣◎抵多少,孤踪兔穴◎更休问风吹桃李飘荒野◎这国兴亡,须不比花开谢◎最可怜那数不尽的殇魂。长伴着呜咽咽的汴水悲声流夜月◎

注:此转用弹词体,并和其韵。弹词此曲,低徊幽咽,声情合一,乃〔九

转〕中最佳者。其故除句法配合外,尤在用车遮韵。《青溪笑》《儒吏完城》《哀思曲》,皆袭用车遮,效果亦同;惟三曲仅用同一韵部,并未逐句和韵。《弹词》首句末二字云"驿舍",驿字入声作去,舍字上声,均不合律,末句月字入声作去,亦不合,今既和其韵,只得从之。"数不尽的殇魂"六字本是带白,但照例非有不可,自《货郎旦》以后,所有诸作均以之为曲文之一部分,故亦用大字。杜《出塞诗》"磨刀鸣咽水",陈简斋《临江仙》词"长沟流月去无声",右曲末句合用其意。

〔净云〕这些话听了,好不是意思,少说几句也罢。后来这江南的事儿,乃是我等亲眼得见的,大姐何不也将他编唱出来。这叫作本地风光,现身说法。(旦微惊介云)俺倒曾编成一曲,唱来请教。(唱)

〔八转〕败残军,难敌狂寇◎赤紧的,江都不守◎闹攘攘六龙飞渡海门秋◎到行都越州◎越州◎多亏了梁红玉擂鼓大江头◎才免得金乌珠立马吴山岫◎运机谋也么哥◎整貔貅也么哥◎削平了众丑◎眼见得万里中原雪涕而收◎却有个遮天的妙手◎妙手◎他道是南北的黔黎要暂时休◎把和番书、独向龙筵奏◎割鸿沟也么哥◎庆无忧也么哥◎庆无忧。早依旧罗绮笙歌满书楼◎

注:高宗在应天即位后,旋往扬州。建炎三年二月,金人攻陷扬州,帝仓皇南渡,转徙两浙。十月,金兵入浙,帝航海避难,至越州(即绍兴府)居年余。以上事迹俱见《宋史·高宗纪》。是为南宋初年国势最危急时期。乌珠,旧史及小说均作兀术,清代始改为乌珠,见《金史国语解》。"立马吴山第一峰",乃金完颜亮诗,今借用。吴山在杭州城内,梁红玉擂鼓助战事在金人自杭退兵北返时,金帅固曾立马吴山也。写作戏剧当然不必全依史实。众丑谓土寇叛军等,李义山《重有感诗》云"早晚星关雪涕收",语悲意壮,余甚爱之。今用其语。"雪涕而收"

之而字,"要暂时休"之要字,皆为格律关系必加之衬字,详见后〔货郎儿〕谱八转弹词曲注文。秦桧主和理由之一为避免生灵涂炭。桧当时常留身奏事,散见《宋史》及《建炎以来系年要录》诸书。留身谓俟同僚退朝后,独留帝侧密谈。宋与金议和事,即在此类密谈中决定者。不字本入声。现代语音:不字之下连平声或上声字即读去声,如"不成"、"不好";其下连去声字即读平声,如"不敬"。此尽人皆知者。元曲中亦是如此读法,《中原音韵》定作上声,似与当时实际情形不合。今从现代读音,九转"不姓李"同此。

(旦云)那秦丞相主和之时。曾说道:"南人归南,北人归北,则天下太平矣"。如今和局已成,似俺这汴京人氏,却依旧流落江南,还乡无路。可正是"我亦北人,将安归乎"?如今那临安城中,上上下下,只乐湖山,不谈恢复,看来北定中原,已成绝望,思想起来,好闷人也!(唱)

〔九转〕这临安占断了,东南佳丽◎钱江畔,湖山秀美◎仕女每画船箫鼓乐雍熙◎早忘了虎狼心,北虏强敌◎早忘了涉江淮,颠沛流离◎早忘了祖宗坟,在黄河那壁◎早忘了落胡天,蒙尘的二帝◎(冲末背云)听他口口声声,不忘故国,端的是伤心人别有怀抱,必非寻常歌女,想来我所见不差,待我诈他一诈。(向旦云)大姐!你自南渡以后,这生涯怎生过遣也?(旦云)俺这些年么?(唱)无非是富儿门,残杯冷炙◎(冲末云)可还有些旧时遗物么?(旦唱)那里也帝王家,彩扇罗衣◎(冲末云)那些教坊旧人都到那里去了?(旦云)他们呵!(唱)恰便似伯劳燕子各分飞◎飞过了白茫茫,关河万里◎(冲末云)大姐!你莫非就是那李师师么?(旦作惊介云)客官休得取笑,俺怎比得他来。(唱)似俺这败荷衰柳秋容悴◎更休提夭桃艳李春光媚◎俺只是个走江湖卖唱的路歧儿◎(带云)客官也?(唱)俺不是奉御的师师也不姓李◎

注:"朕亦北人,将安归乎?"是高宗对秦桧语,今借用其意。二帝二字

应用上声,因是固定名词,只得通融。宋元时谓巡回各地演剧鬻歌之艺人为路歧。

(冲末云)我看大姐,谈吐高华,仪容俊雅,淡妆素服,不减风流。便非李氏师师,也定是京师名妓,故尔动问。有道是:"同是天涯沦落人,相逢何必曾相识。"既然不肯实说,只索罢了。有点小意思在此,请收下者。(旦云)多谢!(作上岸科)(众下)(旦云)好一个"同是天涯沦落人,相逢何必曾相识"。只是俺这一副形模,怎好认当年姓字。方才信口问答,讲漏了几句,几乎被他识破;好歹瞒了过去,信与不信,且自由他。看天色已晚,不免还到那野店中投宿去者。(行介)(唱)

〔南吕·煞尾〕远望见半轮红日在青山罅◎散牧的牛羊俱到家◎(带云)常年此际啊!(唱)正严妆设酒迎銮驾◎想前欢、快煞◎叹今朝、痛煞◎面对着暮霭苍茫泪盈把◎

诗云:幼习笙歌住日边,湖湘流落亦前缘。关山迢递家何在,极目烟波一惘然。(下)

余文

(冲末上诗云)昨日歌声满客船,孤怀怅触夜无眠。朝来独向荒村里,要拨黄尘觅翠钿。小生谢克家,去年秋晚溯江而上,投奔故友,沿路耽搁,行了数月,方才来到这洞庭湖畔。昨日在舟中听了一番弹唱之后,想起汴京旧事,整夜不曾合眼。我想那女子定是李师师无疑;想是碍着船上人多,难说实话。我在汴梁时节,久慕师师艳名,只恨缘悭一面,今日相逢,岂可错过。方才上岸打听,他就住在前面荒村野店之中,我且前去寻问,便知分晓。(行介)一路行来,此间已是,待我上前问者。(向古门问介)借问这里可有个姓李的女客人么?(内应介)我们这里,姓赵的姓钱的姓孙的都有,单没有个姓李的。(冲末云)我问的是个卖唱的女子。(内云)你问的是他么?他说没有姓,今日绝早走了。(冲末云)一步来迟,好不巧也!(唱)

〔仙吕·赏花时〕俺向这湖畔行来兴倍浓◎端只要细问根芽拾落红◎又谁知孤凤渺无踪◎漫赢得闲愁万种◎搔蓬鬓、立晨风◎

注:此曲用楔子〔赏花时〕韵。

(净上云)嗨!老兄!那里寻你不到,原来在此发呆。快开船了,还不快走!(拖冲末下)

注:嗨字元曲中已有之,并非现代所造新字。

三 九转货郎儿谱前说明

在〔九转货郎儿〕谱之前,有三件事先要说明:

第一是本谱所用符号。这些符号是我在《北曲新谱》里使用的,在我旧作《仙吕混江龙的本格及其变化》文中曾经引用,后来又经增改,成为下列的样子:

关于韵及句读者:

◎ 协韵之句

。 不协韵之句

· 可韵可否之句

△ 藏韵即句中韵或云暗韵或云小韵。

∧ 可藏可否

⌐ 增句此符号与本谱无关。

实例中每遇可韵可否之句,其协韵者用·号,不协韵者用〇号。

关于三声者:

平　应用平声之字

上　上声

去　去声

仄　上去不拘

十　平仄不拘

歪　平上通用或宜平可上

本　宜上可平

卜　宜上可去

厶　宜去可上

丁　宜平可仄

⊥　宜仄可平

第二是衬字及增字的处置问题。北曲句子的长度是有弹性的,每个牌调,其中各句的字数虽有规定,却又可以循一定原则而增减。减字的情形极为少见,姑且不谈,增字则甚为普遍。增字并不是寻常所谓衬字。衬字是在本格应有的字数(普通称为正字)之外,临时加进去的,专供转折、联络、形容、辅佐之用,有时只是用来调节声调,所以在语气上常是较轻的,文义上常是附属的而不是主要的,很容易看得出来。增字则是循一定原则加出来的,与本格诸正字势均力敌,浑然一体。这样抽象的说,也许不大清楚,举例即可明白。例如:〔仙吕·油葫芦〕第三句,本格应当是七个字,而《西厢记》第一折〔油葫芦〕第三句则为"这河带齐梁分秦晋隘幽燕"十一个字,"这河"两字是衬字,毫无问题,一般以为带分两字也是衬,如此说只剩下"齐梁秦晋隘幽燕"七个正字。但是,带齐梁、分秦晋、隝幽燕三段平列，带分两字，与隝字分两位置完全一样，何以单要算他们两个是衬？而且，七字句变成这样平分三段九字句的例子很多，何以大家都这样作？若仅用衬字来解释，就显得牵强了。其实，这就是北曲句子的长度有弹性的关系。七字句根本就可以变为平分三段的九字句，这即是我所谓原则之一。所以，带分两字是增字而不是衬字。衬字这个名词古已有之；增字的情形，以前论曲的人都不大注意，多数人以为仍属于衬字范围，所以没有现成名词，增字这个名词是我所假定的。大家都知道词曲句法有所谓"增减摊破"，上面所说北曲句子长度的弹性也可以说是摊破，但摊破包括增减二者，并不只是增，所以我说增字而不说摊破字。以上是对于衬字与增字之别的简单说明，欲知其详可参阅《大陆杂志》一卷七期拙作《北曲格式的变化》一文。现在将那篇文章所举出的十二条常用的增字通例（也就是句法变化的原则）钞在下边，以供读者参考。

1. 一字句增两字变为三字。例如：〔阅金经〕第四句本为一字，张可久小令云"鸾乱啼"，鸾乱两字是增。

2. 二字句增两字变为四字，上二下二。例如：〔朝天子〕首两句本各为二字，张可久小令云"瓜田邵平"，"草堂杜陵"，瓜田、草堂，俱是增字。

3. 二字句增三字变为五字，上三下二。例如：〔朝天子〕第九十两句本各为二字，张养浩小令云"严子陵钓滩"，"韩元帅将坛"，严子陵、韩元帅，俱是增字。

4. 三字句增两字变为五字，上二下三。例如：〔寄生草〕首两句本各为三字，白朴《墙头马上》杂剧云"榆散青钱乱"，"梅攒，翠豆肥"，榆散、梅攒，俱是增字。

5. 三字句增三字变为折腰六字，即上三下三。例如：〔沉醉东风〕第三四句本各为三字,张养浩小令云"房玄龄经济才","尉敬德英雄汉",房玄龄、尉敬德、俱是增字。

此种句法,余定名曰六乙,以别于上二下四或上四下二之六言。

6. 四字句增一字变为五字,上一下四或上三下二。例如:〔醉太平〕首两句本各为四字,张可久小令云"裹白云纸袄","挂翠竹麻条",又云"洗荷花过雨","浴明月平湖",裹、挂、洗、浴,俱是增字。

此种句法余定名曰五乙,以别于上二下三之五言。

7. 四字句增三字变为七字,上三下四。例如:〔赏花时〕第四句本为四字,石君宝《曲江池》杂剧云"这万言策须当应口",万言策三字是增,这字是衬。

此种句法余定名为七乙,以别于上四下三之七言。

8. 五字句增一字变为折腰六字。例如:〔赏花时〕第三句本为五字,石君宝《曲江池》杂剧云"题金榜占鳌头",题字是增。

9. 六字句增一字变为七字,上三下四。例如:〔沉醉东风〕首两句本各为六字,卢挚小令云"挂绝壁枯松倒倚","落残霞孤鹜齐飞",挂、落俱是增字。

10. 七字句增一字变为八字,上三下五。例如:〔醉太平〕第六句本为七字,张可久小令云"对清风不放金杯住",对字是增。

11. 七字句增两字变为九字,平分三段。例如:〔寄生草〕第三句本为七字,无名氏小令云"想着他击珊瑚列锦帐石崇势",击字列字是增,想着他三字是衬。又如上文所举《西厢》〔油葫芦〕第三句。

12. 七字句增三字变为两个五字句。例如:〔油葫芦〕第四五两句本各七字,《西厢》云"雪浪拍长空、天际秋云卷。竹索缆浮桥、水上苍龙偃",雪浪拍、竹索缆俱是增字。

此例不常用,只限于少数牌调,但易使读者迷惑,故举出之。

以上十二条之外,还有五条通例,都是不常用的,附识于后,实例从略。

1. 三字句增一字变为四字,上一下三。

2. 四字句增两字变为六字。

3. 五字句增两字变为七字,上四下三。

4. 五字句增三字变为八字,上三下五。

5. 七乙增一字变为八字,上四下四。

历来各种曲籍,对于衬字、增字、正字的处置,有三种不同的方式。

一、衬、增、正一律用大字,如下式:这河带齐梁分秦晋隘幽燕。

二、衬用小字,增、正均用大字,如下式:这河带齐梁分秦晋隘幽燕。

三、衬、增均用小字,正用大字,如下式:这河带齐梁分秦晋隘幽燕。

如上文所说,衬字常是附属的,次要的,用小字印出来,形式与意义相合,还没有什么不自然;增字则与正字浑然一体,难分轻重,若增正分用大小字,则把完整的句子弄得忽大忽小,支离破碎,看起来很不舒服。所以,采用第一种方式的较多,第二种次之,第三种很少人采用。但这乃是为读本而言,至于曲谱,要把各牌调的本格清楚的表示出来,当然非用第三式不可。我在本篇里,《李师师》杂剧部分用第二式,〔货郎儿〕谱用第三式,即是根据上述理由。读者如想把这一折杂剧与曲谱对照以检讨其是否合乎规律,最好先看上述增字通例。

第三是本谱所举实例及其版本。本谱〔九转货郎儿〕部分,每转我都举出三个实例。一是《太和正音谱》本《货郎旦》,一是《元曲选》本《货郎旦》,一是《长生殿弹词》。《货朗旦》与《弹词》都是模范作品,既能予人以规矩又能予人以巧。而《弹词》又有时独出心裁,自成新格。所以我把二者都照录出来。《货郎旦》并列《正音谱》及《元曲选》两种则因为这两种的文字及格式有时不甚相同。《货郎旦》全剧有两种本子,《元曲选》本及明脉望馆钞本;其〔九转货郎儿〕部分则又有《太和正音谱》、《盛世新声》、《词林摘艳》、万历内府本《词林摘艳》、《雍熙乐府》、《北词广正谱》等六种本子,连上述全剧两种共为八种。此外还有几种清代曲谱如《九宫大成谱》、《纳书楹曲谱》之类,都没有计入,因为去古已远,只是歌者以意更定或者以讹传讹,不足为据。这八种本子,文字互有异同,衬字多寡也不一样。大别起来,可分为两个系统。《正音谱》等七种是一个系统,只是文字有异同,格式并没有两样,这个系统我称之为旧格。《元曲选》自成一系,我称之为新格,因为这是经臧懋循改过的本字,不只文字,连格式也有时改变。〔货郎旦〕之并列两种,即是并列上述旧格与新格。《正音谱》时代最古,衬字最少,适合于入谱作例之用,所以我所举旧格例曲,即以《正音》为底本,而用同一系统的六本参校,作成校记附于曲后;清代及近代曲谱中,偶有可参校的地方,也择要列入。《元曲选》本则作为新格例曲,此本虽非元人本来面目,但流行较为普遍,后来传唱都用此本,《长生殿弹词》也大致以此为蓝本,我既全录其文也就不必与旧格互校。《长生殿》虽也有数种版本,文字并无不同,后来收入各家曲谱的传唱诸折,则有时因唱腔的关系,经歌者加以改动。这与文字及曲律并没有多大关系,所以本谱所录《弹词》只据原本,不用传唱诸本校订,仅把有关系的几处附记在说明里边。至于〔南吕·一枝花〕、〔梁州第七〕、〔煞尾〕等三曲,则各举两例:《货郎旦》及《长生殿》。〔赏花时〕为《货郎旦》及《长生殿》所没有的,另举两曲为例。

四　九转货郎儿谱附〔一枝花〕、〔梁州第七〕、〔煞尾〕、〔赏花时〕

一枝花　《货郎旦》《元曲选》本

虽则是打牌儿出野村。不比那吊名儿临构肆◎与别人无伙伴。单看俺当家儿◎哥哥你索寻思◎锦片也排着节使◎都只待奏新声舞柘枝◎挥霍的是一锭锭,响钞精银。摆列的是一行行,朱唇俫皓齿◎

　　丁平⊥厶平十仄平平厶◎丁平平厶⊥十仄仄平平◎十仄平平◎十仄平平厶◎平平十厶丁◎仄丁丁,十仄平平丁⊥⊥,十平去本◎

　　九句:五五◎五五◎四◎五◎五◎七乙七乙◎

〔一枝花〕又名〔占春魁〕属南吕宫,例作套数首曲用。首四句须对,末两句须对。第六七两句,元人对者甚少,明人对者较多;仍以不对为宜,因第七句宕开则文气充沛活泼,若对上句,反嫌拘滞。右曲此两句即不对。

校记:明脉望馆钞本(以下简称钞)虽则是作俺这是。出野作处野。不比那作不比。吊名儿作做场户。按:名字平声失律,场字可读上声,合律。与别作比别。伙伴作火伴。按:宋元通俗文字中伙伴多作火伴或伙伴。单看作试看。索寻作试寻。排字上有似字。节使作席次。

一枝花例二 《长生殿弹词》

不堤防余年值乱离。逼拶得歧路遭穷败◎受奔波风尘颜面黑。吹衰残霜雪鬓须白◎今日个流落天涯◎只留得琵琶在◎揣羞脸上长街又过短街◎那里是高渐离,击筑悲歌。倒做了伍子胥,吹箫也那乞丐◎

"上长街又过短街"句,后来效者或认上、又两字为正字而径作成七乙句法,实违〔一枝花〕本格。

梁州第七 《货郎旦》《元曲选》本

正遇着美邀游,融和的天气更兼着没烦恼,丰稔的年时◎有谁人不想快平生志◎都只待高张绣幙。都只待烂醉金卮◎我本是穷乡寡妇。没甚的艳色娇姿◎又不会卖风流,弄粉调脂◎又不会按宫商,品竹弹丝◎无过是赶几处沸腾腾,热闹场儿摇几下桑琅琅,蛇皮鼓儿◎唱儿句韵悠悠,信口腔儿◎一诗◎一词◎都是些人间新近希奇事◎纽捏来无诠次◎倒也会动的人心谐的耳◎都一般喜笑孜孜◎

⊥丁仄,丁平厶本平仄平平,十仄平平◎十平十仄平平去◎丁平⊥仄十仄平平◎⊥平丁仄。十仄平平◎仄平丁,十仄平平◎⊥平丁,十仄平平◎仄平⊥,十仄平平⊥丁丁,丁平厶本平仄◎仄平平,十仄平平◎⊥丁◎仄至◎十平十仄平平去◎丁⊥⊥平厶◎十仄平⊥仄平◎十仄平平◎

十八句:七乙七乙◎七◎四四◎四。四◎七乙◎七乙◎七乙七乙◎七乙◎二◎二◎七◎五◎七◎四◎

各句平仄有二种格式者,以双行一并列出,称为甲式、乙式。

例如右曲丁平。厶本（甲式）平仄（乙式）

〔梁州第七〕简称〔梁州〕，属南吕宫，例用作套数第二曲，散套中偶有作首曲用者，极为少见。作此曲以整齐为主，凡双句及鼎足句（即三句一排者如右曲"沸腾腾""桑琅琅""韵悠悠"三句），均须排偶对称；惟第八九两句（即右曲"卖风流"按宫商两句）常有不对偶者。两个二字句（即右曲"一诗""一词"两句）可并为一句而省去一韵，如无名氏散套此两句云"登临画船"；又可用叠韵，如贯云石散套云"坐间梦间"。

校记：脉望馆钞本此曲仅存二十八字，无可校。

梁州第七例二 《长生殿弹词》

想当日奏清歌，趋承金殿。度新声，供应瑶阶◎说不尽九重天上恩如海◎幸温泉骊山雪霁。泛仙舟兴庆莲开◎玩婵娟华清宫殿。赏芳菲花萼楼台◎正担承，雨露深泽◎蓦遭逢，天地奇灾◎剑门关尘蒙了，凤辇銮舆。马嵬坡血污了，天姿国色◎江南路哭杀了，瘦骨穷骸◎可哀◎落魄◎只得把霓裳御谱沿门卖◎有谁人喝声采◎空对着六代园陵草树埋◎满目兴衰◎

海字韵应用去声。《弹词》全套诸曲，声律精严谐美，但上去声字每有与元人旧规不合处，以下不再注出。

九转货郎儿

〔一转〕 《货郎旦》《太和正音谱》本

也不唱韩元帅，偷营劫寨◎汉司马，陈言献策◎也不唱巫娥云雨楚阳

台◎也不唱梁山伯祝英台◎则唱那娶小妇长安李秀才◎

⊥十⊥,丁平本去◎⊥十⊥,平平去本◎十平十仄仄平平◎丁丁仄仄平平◎十仄平平至去平◎

六句:七乙◎七乙◎七◎三三◎七◎

重台字韵。按:此九转多不避重韵,三转、四转、五转、六转、七转、九转皆有之。

首句第四字如用仄声,则第六字必用平声。单作〔货郎儿〕本格时,末句末字平声上声均可;在九转中则各转不同,详见二转说明。

诸书皆以此曲直属〔九转货郎儿〕总题,无一转字样,惟《北词广正谱》有之。本谱为叙次分明,故从《广正》;实际写作时可省去此二字。

〔货郎儿〕属正宫①,右曲即其本格。此曲用本格者,此一转外,仅见杨显之《潇湘雨》杂剧②。其余皆为〔转调货郎儿〕,即以〔货郎儿〕本格分列首尾,中间加入其他牌调若干句而组成之曲;惟〔货郎儿〕不一定全用,其第三四五等三句有时省去。加入之调谓之"转调",由此组成之曲亦即名曰〔转调货郎儿〕。〔转调货郎儿〕有一支独用者,合元代及明初杂剧散套计之,共有十体,俱见余所撰《北曲新谱》。此十体,作者只取其一联入套中即可。〔九转货郎儿〕则为九支曲所组成,第一转为〔货郎儿〕本格全曲,二至九转为〔转调货郎儿〕,中间转调,各转不同。此九曲为一整体,不能减少亦不能

---

① 《广正谱》云"〔货郎儿〕亦入仙吕",未见实例,其说恐误。
② 朱凯《黄鹤楼》剧之〔货郎儿〕,非本格亦非转调,为仅见之特殊作法;存疑俟考。

变更次序。① 其本名仍为〔转调货郎儿〕,以共有九曲,故通称〔九转货郎儿〕,仍属正宫。② 此九曲不能独立成套,必须联入其他套中,但仅见二例:《货郎旦》杂剧联入〔南吕·一枝花〕套,《义勇辞金》剧联入〔正宫·端正好〕套。依照惯例,联入一套之曲必须同韵,此九转则用韵各异,与其所联入之套亦不必同韵,是为北曲中之变例。九转之外,复有〔三转调货郎儿〕见于明周宪王朱有燉之《仙官庆会》剧,为有燉所创制,未见效者,以与本谱无关,从略。

校记:"祝英台"句上《词林摘艳》(以下简称《摘》)、《雍熙乐府》(以下简称《雍》)俱有也不唱三字。按:梁山伯、祝英台为同一故事之两主角,故以文义言只能用一个也不唱,但用两个则句法平衡。妇字下《摘》、《雍》俱有的字。娶小妇《万历内府词林摘艳》(以下简称《万》)作应举去的。

〔一转〕例二 《货郎旦》《元曲选》本
也不唱韩元帅,偷营劫寨◎也不唱汉司马,陈言献策◎也不唱巫娥云雨楚阳台◎也不唱梁山伯,也不唱祝英台◎只唱那娶小妇的长安李秀才◎
《元曲选》本《货郎旦》于《正音谱》一系之旧本多有改动;此转除衬字较多外,文字及格式均相同。

〔一转〕例三 《长生殿弹词》
唱不尽,兴亡梦幻◎弹不尽,悲伤感叹◎大古里凄凉满眼对江山◎我

---

① 歌场传唱《长生殿弹词》皆不唱第八转,各曲谱遂有将此转删去者,此乃歌者节省气力之通融办法,亦可云偷工减料,与作法无关。凡作〔九转货郎儿〕,未有减去任何一转者。

② 《正音谱》云:"此九转本系南吕宫曲,于正宫借用。"盖因《货郎旦》以之夹入南吕套也。《广正谱》则云此九转属正宫。今按:〔货郎儿〕本调属正宫,转入之曲亦皆属正宫或例可借入正宫之中吕与双调。自以从《广正》为是。《正音》之说,恐是误会。

只待拨繁弦传幽怨。翻别调写愁烦◎慢慢的把天宝当年遗事弹◎

〔二转〕《货郎旦》《正音谱》本

(〔货郎儿〕首二句)我则见齐臻臻,珠楼高厦◎碧耸耸,青檐暗瓦◎(〔双调·挂玉钩〕首句)途路里长存四季花◎(〔中吕·卖花声〕二至四)铜驼陌王孙斗奢华◎公子士女乘车马◎绣帘高挂◎(〔货郎儿〕末句)都是他王侯宰相家◎

⊥十⊥,丁平至去◎⊥十⊥,平平去本◎十仄平平⊥仄平◎十仄平平仄平平◎十至十仄平平上◎厶平平去◎十仄平平至去平◎

七句:七乙◎七乙◎七◎七◎七◎四◎七◎

〔货郎儿〕本格,末句末字平上均可;在此九转中,则每转均有一定。因各转在全套中所处位置不同,转入之调不同,节拍快慢随之而异,故此字或应用平,或应用上,随调而定,不可移易,否则声响全非。例如:第一转冠冕全套,故此字须用平,若用上声即笼罩不住。第六转叠字甚多,声调急促,故此字须用平,若用上声则收煞不住。第九转为总结束,末字须用上声,始有余音袅袅之致,若用平声即索然无味。此皆古人审音定律之精微处,故《长生殿弹词》于此等皆谨守《货郎旦》绳墨,不稍通融。本谱所列平仄格式于各转此字之应平应上俱为注明。

各转所转入诸调之名目,诸书有注出者,有不注者。注出者为《词林摘艳》、《雍熙乐府》、《北词广正谱》、吴梅《北词简谱》等四书,《简谱》全袭《广正》(仅三转不同,见彼转),故实际上只有三书。此三书所注,彼此歧异,互有得失。本谱综合旧说,参以己见,重为析定,分别注明;各家异说,或可并存,或为错误,亦皆附注。转调所用诸句,与其原调句法相合即可,平仄不一定相合。如右曲之〔卖花声〕三句,平仄皆与原格小异,此种情形,北曲之转调,南曲之集曲皆有之,并不害其为某调也。

右曲所注转调牌名,参用《广正谱》及《雍熙》、《摘艳》之说。《广正谱》以"途路"句为〔货郎儿〕之第三句。按此句与〔货郎儿〕本格平仄相反,应从《摘艳》及《雍熙》定为〔挂玉钩〕首句,平仄始合。"铜驼陌"至"绣帘高挂"三句之为〔卖花声〕则从《广正》所定。《摘艳》及《雍熙》于此三句亦题〔挂玉钩〕,全不相类。或云:〔货郎儿〕本调属正宫,故《广正》所题转调牌名皆属正宫,或例可借入正宫之中吕,今阑入双调,似乎不妥。按:双调亦可借入正宫,见《广正》第二帙。以下七转之〔殿前欢〕,八转之〔快活年〕同此。《长生殿弹词》徐灵昭批云:"首五句是〔货郎儿〕,下增二句是转调,末句仍收本调。"似可备一说。若从其说,须分第四句为"铜驼陌。王孙斗奢华◎"两个三字句,以符合〔货郎儿〕第四五两句,〔卖花声〕则为三至四。

《北词简谱》云:此转用慢唱。

校记:臻臻字下《摘》、《雍》俱有的字。珠《雍》、《钞》俱作朱。碧《正音》作低,今从《摘》、《雍》、《钞》。暗《雍》作鸳、《钞》作翠。路里《摘》、《雍》俱作路岭。长《摘》作常。绣《正音》作翠,今从《摘》、《雍》、《钞》。都是他《摘》作都是那,并重此三字;钞作真个是。都是他下《雍》重都是二字。

〔二转〕例二 《货郎旦》《元曲选》本
我只见密臻臻的,朱楼高厦◎碧耸耸,青檐细瓦◎四季里常开不断花◎铜驼陌纷纷斗奢华◎那王孙士女乘车马◎一望绣帘高挂◎都则是公侯宰相家◎

《元曲选》此转文字与《正音谱》稍异,格式全同。

自二转以下,只在第一例即《正音谱》本注出转调诸曲名目,例二例三均不再注。

〔二转〕例三 《长生殿弹词》

想当初庆皇唐,太平天下◎访丽色,把娥眉选刷◎有佳人生长在弘农杨氏家◎深闺内端的玉无瑕◎那君王一见了欢无那◎把钿盒金钗亲纳◎评跋做昭阳第一花◎

〔三转〕 《货郎旦》《正音谱》本

(〔货郎儿〕前五句)李秀才不离了,花街柳陌◎占场儿,贪杯好色◎看上他柳眉丹脸旱莲腮◎对面儿相挑泛。背地里暗窥划◎(〔正宫·笑和尚〕第五句)背着他浑家。(〔中吕·斗鹌鹑〕首四句)交媒人往来◎闲家擘划◎诸般绰开◎花红布摆◎(〔货郎儿〕末句)早将一个烟花娶过来◎

⊥十⊥,丁平至去◎⊥十⊥,平平去去◎十平十仄仄平平◎丁丁仄。仄平平◎仄平平。平平卜平◎平平卜平◎平平卜平◎平平去上◎十仄平平至去平◎

十一句:七乙◎七乙◎七◎三。三◎三。四◎四◎四◎四◎七◎重划字韵。

《广正谱》以"背着他浑家"五字为衬;但以大小字分别正衬之绍陶室刻本《义勇辞金》剧此句云"向店房中",可知乃三字句而非衬字,《摘艳》题此句为〔笑和尚〕,不为无因,因〔笑和尚〕第五句正是三字,平仄亦与此相合也。今即从《摘艳》定此句为〔笑和尚〕,以下四个四字句则从《广正》定为〔斗鹌鹑〕;但总觉其声响不类,存疑俟考。

《北词简谱》云:此转用慢唱。

校记:李秀才上《钞》有那字。"柳眉"句《摘》、《雍》俱作"柳眉星眼杏桃腮"。挑泛《万》作挑犯,《钞》作调泛。背地里《钞》作就里面。窥划《雍》作窥谐。浑家上《摘》、《雍》俱有那字。交《摘》、《雍》俱作着,《万》作使。"闲家擘划"、"诸般绰开"两句《摘》作"诸余里炒拍"一句。花红上《摘》有将字。早将《摘》作可又早把。一个《钞》无一字。这来《钞》作到来。

《元曲选》本与此不同而较为通行,见下。

〔三转〕例二　《货郎旦》《元曲选》本

那李秀才不离了,花街柳陌◎占场儿,贪杯好色◎看上那柳眉星眼杏花腮◎对面儿相挑泛。背地里暗差排◎抛着他浑家不睬◎只教那媒人往来◎闲家擘划◎诸般绰开◎花红布摆◎早将一个泼溅的烟花娶过来◎

改《正音谱》本之"背着他浑家"为"抛着他浑家不睬",变三字句为四字句,且加一韵。《长生殿弹词》效之。此种作法,音律亦甚谐畅,流传既久,作者、歌者无不依此,《正音谱》之旧格反致湮没。今并列两体,作者可任从其一。此体既为臧懋循自我作古,自不必再以转调牌名强求符合。《北词简谱》用此体而仍用《广正》之转调牌名,定此五个四字句为〔斗鹌鹑〕二至六,殊为不妥。遍观元人所作〔斗鹌鹑〕,其第五句皆为七字,从未有二至六句皆为四字者。

〔三转〕例三　《长生殿弹词》

那娘娘生得来,仙姿佚貌◎说不尽,幽闲窈窕◎真个是花输双颊柳输腰◎比昭君增妍丽。较西子倍风标◎似观音飞来海峤◎恍嫦娥偷离碧霄◎更春情韵饶◎春酣态娇◎春眠梦悄◎总有好丹青,那百样娉婷难画描◎

〔四转〕　《货郎旦》《正音谱》本

(〔货郎儿〕首四句)那妮子舌剌剌,挑茶斡剌◎百枝枝,花儿叶子◎望空里揣与个罪名儿◎闲挑剌◎（〔中吕·山坡羊〕首至九）闲寻公事◎挑三斡四◎大浑家吐不的咽不的去不了心头剌◎减了容姿◎瘦了腰肢◎病恹恹睡损裙儿衩◎一卧不起难动止◎嗞冷了四肢◎（〔货郎儿〕末句）将一个贤会的浑家生气死◎

⊥十⊥，丁平至去◎⊥十⊥，平平去至◎十平十仄仄平平◎平平去◎平平去至◎平平⊥去◎十平ㅿ卜平平去◎仄平平◎仄平平◎十平ㅿ卜平平去◎十仄ㅿ本平去上◎平仄ㅿ至◎十仄平平平去上◎

十四句：七乙◎七乙◎七◎三◎四◎四◎七◎三◎三◎七◎七◎一三◎七◎

重剌字韵，肢字韵。

转调牌名从《摘》、《艳》及《广正》。

《正音》、《雍熙》及脉望馆钞本，皆有"闲挑剌"三字，《摘艳》、《广正》、《简谱》皆无之。按：此三字与上下文重复太多，虽九转中不避复语重韵，亦不应如此累赘，疑是衍文，本拟从《摘》、《艳》诸书删去。但《元曲选》本改此三字为"闲公事"而存之，《义勇辞金》于此三字作"氤氲气"而效之，沿袭既久，似亦未可轻删。故仍存此三字而定为〔货郎儿〕之第四句。《广正》无此三字，可作为另一体，此外又有《长生殿》本，见下，作者酌从其一可也。

校记：妮子《摘》作婆娘。舌剌剌下《摘》、《雍》俱有的字。茶《雍》作搽。挑茶《集成曲谱》作调涂传唱皆同。按：调是挑字之讹，涂应是茶字，茶茶形近，茶涂音同，故致讹误。百枝枝《摘》作百枝百枝的，《雍》作百枝百枝枝。

叶子《摘》作叶儿。揣与下《摘》、《雍》俱有他字。《摘》、《艳》、《广正》、《简谱》俱无闲挑剌三字。闲寻《摘》作闲行。咽不的《摘》、《雍》俱作咽不下。《摘》、《雍》俱无去不了三字。心头下《钞》衍如字。容姿《雍》作神思。睡损下《摘》、《雍》俱有了字。"一卧"句《摘》作"扶策扶起刚动止"。嗌《摘》作他。贤会《雍》、《钞》俱作贤慧。按：元明曲中每以贤会代贤慧。

〔四转〕例二　《货郎旦》《元曲选》本

那婆娘舌剌剌，挑茶斡剌◎百枝枝，花儿叶子◎望空里揣与他个弄名儿◎寻这等闲公事◎他正是节外生枝◎调三斡四◎只教你大浑家吐不的咽不的这一个心头刺◎减了神思◎瘦了容姿◎病恹恹睡损了裙儿衩◎难扶策，怎动止◎忽的呵。冷了四肢。◎将一个贤会的浑家生气死◎

"难扶策，怎动止"即《正音》本之"一卧不起难动止"，减七字为六乙。《正音》本之嗌字此改为忽，不协韵而于其下加两衬字。以上两项改变皆与全曲格式无关。

〔四转〕例三　《长生殿弹词》

(〔货郎儿〕首五句)那君王看承得，似明珠没两◎镇日里，高擎在掌◎赛过那汉宫飞燕倚新妆◎可正是玉楼中巢翡翠。金殿上锁着鸳鸯◎(〔中吕·山坡羊〕二至九)宵偎昼傍◎直弄得个伶俐的官家。颠不剌懵不剌撇不下心儿上◎弛了朝纲◎占了情场◎百支支写不了风流账◎行厮并，坐厮当◎双◎赤紧的倚了御床◎(〔货郎儿〕末句)博得个月夜花朝同受享◎

较旧格多〔货郎儿〕第五句，少〔山坡羊〕首句。

"行厮并"句即前曲之"难扶策"句，本七字改为六乙。

〔五转〕　《货郎旦》《正音谱》本

(〔货郎儿〕首三句)火逼的花稍上，鸦飞鹊散◎更那堪，更深夜阑◎则除是火焰山天赐到长安◎（〔中吕·迎仙客〕全）烧地户。燎天关◎便似火龙降来凡世间◎万户烧窑。老君炼丹◎介子推绵山◎子房烧了连云栈◎（〔中吕·红绣鞋〕首至五）却便似赤壁鏖兵风范◎布牛阵火燎田单◎火龙炎战锦斑斓◎把房檐扯。将脊条扳◎急救着连累了官房五六间◎

⊥十⊥，丁平至去◎⊥十⊥，平平去平◎十平十仄仄平平◎平仄仄。仄平平◎⊥平仄平平厶平⊥平仄平十平◎仄仄平平。⊥平去至◎十仄平平十⊥⊥，厶平平◎十卜平平去◎十仄平平平去◎十至⊥仄平平◎⊥平平仄仄平平◎平平仄。仄平平◎十仄平平本去平◎

十六句：七乙◎七乙◎七◎三◎三◎七◎四。四◎四六乙◎五◎六◎六◎七◎三。三◎七◎

重间字韵，但两间字意义不同。

此转须用阳声韵（即有鼻音之韵），始能"发调"。

第六句（即"火龙降来"句）乙式乃《元曲选》本《货郎旦》及《长生殿弹词》所用者。

第七八两句（即"万户""老君"两句）〔迎仙客〕本调各应三字，此则各为四字；如此改三为四，北曲中虽不常见，但亦有实例。其后《义勇辞金》云，"厚感恩荣。北胆顿首◎"《长生殿弹词》云，"一串骊珠。声和韵闲◎"皆作两个四字句，遂成定式。第九句（即"介子推"句）乙式乃《元曲选》本《货郎旦》及《长生殿弹词》所用者。此句作四字始合〔迎仙客〕本格，但作六乙音律仍谐，北曲亦偶有四字变六乙之例，固不必死守四字本格也。（余作《李师师》剧此句亦作六乙）。《鹤归来》传奇"访菊"折于七八九三句作"焦元帅。夺神威◎力抗强敌◎"全用〔迎仙客〕本格，亦可从。

转调牌名从《广正》。《摘艳》、《雍熙》俱同《广正》，但未将

〔货郎儿〕末句析出。《长生殿弹词》徐灵昭批云："五转于首曲本调外，另增六句转调，末复重用本调后三句收。"按：此转共十六句，除去徐氏所谓本调六句及后三句外，尚余七句，徐云六句，乃七句之误。如其说，则此七句前四句为〔迎仙客〕四至七，后三句为〔红绣鞋〕首至三，亦未尝不可。但各转皆以〔货郎儿〕本调分列首尾，未有先用全章又用后三句者；仍以《广正》所定，较为合理。

校记：更那堪《雍》作更和那。则除是《摘》、《雍》作恰便似。天赐《钞》作天降。便似《摘》作便似那，《雍》作恰便似。"火龙"句《摘》作"摘星楼降来到凡世间"。按：火龙与下重复，此句似可改从《摘艳》。万户烧窑《正音》及《雍熙》、《广正》俱作万火烧空，今从《摘》、《艳》。介子推上《摘》、《雍》俱有似字。介子推下《摘》、《雍》俱有在字。子房上《摘》、《雍》俱有恰便似三字。却便似《摘》、《雍》俱作恰便似。火燎《摘》、《雍》俱作举火。田单《摘》作田丹。火龙炎战上《摘》有便似二字，《雍》有恰便似三字，炎战《摘》、《雍》俱作烟战。斑斓《摘》作阑班，《雍》作阑斑。把房檐扯《摘》作将那房檐燎。扯字上扳字上《钞》俱有来字。连累上《摘》有可又早三字。

〔**五转**〕例二　《**货郎旦**》《元曲选》本

火逼的好人家，人离物散◎更那堪，更深夜阑◎是谁将火焰山移向到长安◎烧地户。燎天关◎单则把凌烟阁留他世上看◎恰便似九转飞芒。老君炼丹◎恰便似介子推，在绵山◎恰更似子房烧了连云栈◎恰便似赤壁下曹兵涂炭◎恰便似布牛阵举火田单◎恰便似火龙鏖战绵斑斓◎将那房檐扯。脊梁扳◎急救呵。可又早连累了官房五六间◎

此曲文字与《正音》本异；格式句法全同，仅"凌烟阁"、"介子推"两句俱用乙式。

〔五转〕例三 《长生殿弹词》

当日呵。那娘娘在荷庭，把宫商细按◎谱新声，将霓裳调翻◎昼长时亲自教双鬟◎舒素手。折香檀◎一字字都吐自朱唇皓齿间◎恰便似一串骊珠。声和韵闲◎恰便似莺与燕，弄关关◎恰便似鸣泉花底流溪涧◎恰便似明月下冷冷清梵◎恰便似缑岭上鹤唳高寒◎恰便似步虚仙佩夜珊珊◎传集了梨园部。教坊班◎向翠盘中高簇拥着个娘娘。引得那君王带笑看◎

末句《集成曲谱》作"向翠盘中高簇拥个美貌如花杨玉环◎"传唱皆是如此。盖带笑两字连用去声，极不好唱，亦不好听，不如"杨玉环"三字用平去平之合律也。玉字入声作去。但此曲为唐宫老伶口气，自不能直斥贵妃小字，故此句以音律言，改得甚好，以文字言，又似不妥。

〔六转〕 《货郎旦》《正音谱》本

(〔货郎儿〕首三句)我则见黯黯惨惨，天涯云布◎万万点点，潇湘夜雨◎正值着窄窄狭狭沟沟堑堑路崎岖◎(〔正宫·叨叨令〕首句)黑黑暗暗彤云布◎(〔中吕·上小楼〕三至末)赤留出律潇潇洒洒。断断续续◎出出律律忽忽鲁鲁阴云开处◎霍霍闪闪，电光星注◎(〔上小楼幺篇〕首至八)怎禁那飕飕摔摔风。淋淋渌渌雨◎高高下下。凹凹凸凸。水渺模胡◎扑扑簌簌湿湿渌渌疏林人物◎(〔货郎儿〕末句)却便似惨惨昏昏潇湘水墨图◎

　　⊥十⊥，丁平至去◎⊥十⊥，平平去本◎十平十仄仄平平◎十平十仄平平去◎丁平⊥丁平⊥⊥⊥仄丁丁◎十⊥丁丁十⊥丁丁平平去◎仄丁丁，厶平平去◎丁仄平丁仄丁◎丁平⊥丁平⊥

⊥⊥仄平平◎⊥⊥丅丅⊥⊥丅丅十平平去◎十仄平平至去平◎

二十句：七乙◎七乙◎七◎七◎四四四◎四四四◎七乙◎三三◎四四四◎四四四◎七◎

重布字韵，雨字韵。

首两句用双叠（如右曲之"黯黯惨惨""万万点点"），或用单叠（如下《元曲选》之"黑黯黯""湿淋淋"），均可；其余各句叠字，无论是正是衬，均须照作。〔上小楼〕第六七两句即右曲之"出出律律忽忽鲁鲁"两句，本各为三字，偶有各为四字者，今定为四字；〔幺篇〕第六七两句即右曲之"扑扑簌簌湿湿渌渌"两句同此。〔上小楼〕第九句即右曲之"霍霍闪闪电光星注"，本为七乙，右曲多一叠字，遂似两个四字句，今定归本格。

转调牌名为余所定。《摘艳》、《雍熙》自首至"电光星注"题〔货郎儿〕，"飕飕摔摔"风至末题〔上小楼〕，如此则〔货郎儿〕多出好几句，〔上小楼〕多出一句，皆与原格不合。《广正》定为转入〔四边静〕、〔普天乐〕两调，简谱从之。信如其说，则全曲中所有叠字几乎全为衬字，殊未免削足适履。余以《摘艳》、《雍熙》之启示析定如右，或胜于《广正》之说。今录《广正》所定于下以供读者参考。

（〔货郎儿〕）我则儿黯黯惨惨，天涯云布◎万万点点，潇湘夜雨◎正值着窄窄狭狭沟沟堑堑路崎岖。（〔四边静〕）黑黑黯黯彤云布◎赤留赤律潇潇洒洒断断续续◎出出律律忽忽鲁鲁阴云开处◎霍霍闪闪电光星注◎（〔普天乐〕）正值着飕飕摔摔风。淋淋渌渌雨◎高高下下凹凹答答水渺模胡◎扑扑簌簌湿湿渌渌疏林人物◎（〔货郎儿〕）却便似惨惨昏昏潇湘水墨图◎

读者试观此曲,所分正衬,岂不有支离破碎之感乎？首两句例应一致,此一作双叠,一作单叠,或是误刻。

《北词简谱》云：此曲紧快已极,故下曲（谓七转）仍用慢唱。

《元曲选》本较此少一四字句,见下。

校记：黯黯惨惨《摘》作昏惨惨的,《雍》作昏惨惨。万万《摘》、《雍》俱作滴滴,其上有更那堪三字,《钞》亦作滴滴而无更那堪三字。按：万万点点文法虽不甚妥,却是形容大雨,滴滴点点则是小雨,与全曲景象不合,仍作万万为是。正值着《摘》、《雍》俱作早是那。彤《摘》、《雍》、《钞》俱作"阴"。按：彤云本意为赤色之云,宋元以后多以形容雪云,此处以文义言作阴云为是,以声响言彤云较佳。云布《摘》作云雾。"赤留"句上《雍》有那字。出律《广正》作赤律。"赤留出律"至"阴云开处"六句《摘》作"那凄凄楚楚水面糊突扑簌簌湿渌渌阴云开处"五句,非是,详见下。"霍霍"句上《摘》、《雍》俱有我则见三字。星注《正音》误星泣,从诸本改。怎禁那《正音》作正值着,与上文重复,从《摘》、《雍》改。飕飕《钞》作飑飑。淋淋《摘》作霖霖。渌渌《钞》作溇溇。凸凸《正音》作答答,从《摘》、《雍》、《钞》,凸答二字音近致误。水渺模胡《摘》作断断续续。扑扑簌簌、湿湿渌渌二句《摘》作骨骨鲁鲁、出出律律。按：扑簌湿渌形容雨中之疏林人物,骨鲁出律形容云之展动,俱至为确切,《摘》、《艳》将之倒置,误甚。却便似《摘》作我则见。惨惨昏昏《摘》、《雍》俱作昏昏惨惨。

〔六转〕例二　《货郎旦》《元曲选》本

我只见黑黯黯,天涯云布◎更那堪湿淋淋,倾盆骤雨◎早是那窄窄狭狭沟沟堑堑路崎岖◎知奔向,何方所◎犹喜的消消洒洒。断断续续◎

出出律律忽忽噜噜阴云开处◎我只见霍霍闪闪,电光星注◎怎禁那萧萧瑟瑟风。点点滴滴雨◎送的来高高下下,凹凹凸凸。一搭模胡◎早做了扑扑簌簌湿湿渌渌疏林人物◎倒与他妆就了一幅昏昏惨惨潇湘水墨图◎

"消消洒洒"句上较《正音》本少"赤留出律"四字一句,《摘艳》于此亦少一句,见前校记。如此即非〔上小楼〕,又难以他调比附,且破坏原格之整齐,故从《正音》为是。惟自《长生殿》效法《元曲选》减少四字一句以后,传唱甚久,效者亦多,自亦不妨作为另一体也。"知奔向何方所"即前曲之"黑黑黯黯彤云布"句,改为六乙,音节太促,故《长生殿》于此句仍作七字。

〔六转〕例三 《长生殿弹词》

恰正好呕呕哑哑,霓裳歌舞◎不堤防扑扑突突,渔阳战鼓◎划地里出出律律纷纷攘攘奏边书◎急得个上上下下都无措◎早则是喧喧嗾嗾惊惊遽遽◎仓仓卒卒挨挨拶拶。出延秋西路◎銮舆后携着个娇娇滴滴,贵妃同去◎又只见密密匝匝的兵。恶恶很很的语◎闹闹炒炒。轰轰骉骉。四下喧呼◎生逼散恩恩爱爱。疼疼热热。帝王夫妇◎霎时间画就了这一幅惨惨凄凄绝代佳人绝命图◎

此曲平仄多不合处,但无碍于声调之谐美,因皆非重要处也。惟出出律律一语本以形容云之展动,出律即今北方俗语之"出溜",以之形容边书之纷扰,殊为不妥。

〔七转〕 《货郎旦》《正音谱》本

(〔货郎儿〕首三句)河岸上,和谁说话◎我亲身,向根前问他◎他言道奸夫是船家◎(〔双调·殿前欢〕三至七)猛将俺家长咽喉掐◎更揪住头发◎我是个婆娘家怎救他◎身亡化◎扑冬命掩黄泉下◎(〔货郎儿〕末

句)将他这李春郎的父亲。向他那翻滚滚波心水淹杀◎

⊥十⊥,丁平平至去◎⊥十⊥,平平去平◎十厶平平厶平平◎十平十仄平平厶◎十仄平至◎平平丁去平◎平平厶◎⊥卜平平去◎十仄平平上平上◎

九句:七乙◎七乙◎七◎七◎四◎五◎三◎五◎七◎

重他字韵。

第三句平仄与他转小异,不知是偶然通融,或故意改动。

《北词简谱》云:"末句界白(谓'将他这李春郎的父亲'句)今人通作曲唱,且又用两板,春父二字各一板,实不合格。而《长生殿弹词》反袭用之,此由袭其调不得不仍其文也。"按:此语虽系界白(即带白),但有调节音律之作用,故非有不可,且须仿原来句法,末一字必用平声。

《简谱》又云:"七转仍用慢唱,与二转三转同。凡北词长套皆紧慢相凑,如〔快活三〕之后继以〔朝天子〕即此意旨。非如南曲,一紧不复慢歌也。"

转调牌名从《摘艳》及《雍熙》,二书未将〔货郎儿〕末句析出,今改正。《广正》以"猛将俺"至"黄泉下"五句为〔小梁州〕,声响全不相类。

校记:"我亲身"句《摘》作"向前去亲身问他"。亲身《雍》作亲自。他言《摘》、《雍》俱作诈言。奸夫《万》作奸狡。"猛将俺"句《摘》作"猛见将长者喉咙掐",《雍》作"猛见他将俺家长喉咙掐",《钞》作"猛然间把长者喉咙掐"。更揪住《摘》、《雍》俱作"磕搭的揪住"。我是个《摘》无个字。救他《摘》作救拔。怎字下《雍》有生字。身亡化《摘》作合亡化,其上有也是他三字。扑冬《摘》脱冬字。命掩下《摘》、《雍》俱有在字。将他这《摘》、《雍》俱无他这二字。向他那《摘》、《雍》俱作则向那,《钞》作向着那。滚滚下《摘》、《雍》俱有的字。波心下《摘》有中字。水淹《雍》脱水字。

〔七转〕例二　《货郎旦》《元曲选》本

河岸上,和谁讲话◎向前去,亲身问他◎只说道奸夫是船家◎猛将咱家长喉咙掐◎磕搭地揪住头发◎我是个婆娘怎生救拔◎也是他合亡化◎扑冬的命掩黄泉下◎将李春郎的父亲。只向那翻滚滚波心水淹杀◎

此曲格式与《正音》本同,《长生殿弹词》别成新体,见下。

〔七转〕例三　《长生殿弹词》

破不剌,马嵬驿舍◎冷清清,佛堂倒斜◎一代红颜为君绝◎千秋遗恨滴罗巾血◎半科树,是薄命碑碣◎一抔土,是断肠墓穴◎再无人过荒凉野◎莽天涯谁吊梨花谢◎可怜那抱幽怨的孤魂。只伴着呜咽咽的望帝悲声啼夜月◎

首四句与旧格全同。"半科树"句等于《元曲选》之"磕搭地揪住头发","不过彼"句磕搭地三字是衬,此则与下句作成对偶,半科树三字遂成正字。"一抔土"句等于《元曲选》之"我是个婆娘怎生救拔",将"我是个婆娘"五字连正带衬缩为三字,生字本是衬字化成正字,如此即变成七乙句法而与上句相对称。"再无人过"句等于《元曲选》之"也是他合亡化",盖认彼句为六乙而改之为七字。(依北曲惯例,六乙与七字两种句法本可互易)。"莽天涯"以下又与旧格全同。总之,此曲系依据《元曲选》本《货郎旦》将衬字化为正字,并略变句法而成者。经此改易,音节遂变,配以车遮韵,凄婉幽咽,似更胜于旧格,故后来作者多效之,并用其韵,余作《李师师》剧亦然。此曲既经改易,自不必再谈转调牌名,与三转情形相同。

〔八转〕　《货郎旦》《正音谱》本

（〔货郎儿〕首二句）我则见据一品，风流人物◎打扮的，诸余里俏簇◎（〔双调·快活年〕首二句及其叠字）绣云肩胸背是雁衔芦◎系着条兔鹘◎兔鹘◎（〔中吕·尧民歌〕五六）海犀皮偏宜玉联珠◎无瑕的荆山玉◎（〔正宫·叨叨令〕五六）骤身躯也么哥◎缯髭须也么哥◎（〔正宫·倘秀才〕末句）打着鬏胡◎（〔双调·快活年〕首二句及其叠字）走犬飞鹰架着鸦鹘◎恰围场过去◎过去◎（〔中吕·尧民歌〕五六）折跑盘旋骤着龙驹◎疾似流星去◎（〔正宫·叨叨令〕五六）那行胡也么哥恰浑如也么哥（〔货郎儿〕末句）恰浑如和番的昭君出塞图◎

⊥十⊥，丁平至去◎⊥十⊥，平平去本◎十平十仄仄平平◎仄平平去至十平去至◎去至叠上二字◎平平至平厶平平⊥平平仄厶平平◎⊥仄平平去◎仄平平也么哥◎仄平平也么哥◎十平去本◎十仄平平厶平平◎仄平平去卜十平去卜◎去卜叠上二字◎平平⊥仄平厶平平平厶平平◎⊥仄平平去◎仄平平也么哥◎仄平平也么哥◎十仄平平至去平◎

十八句：七乙◎七乙◎七◎五乙四◎二叠上句末二字◎七◎五◎六乙◎六乙◎四◎七◎五乙四◎二叠上句末二字◎七◎五◎六乙◎六乙◎七◎

"也么哥"三字为照例须有者，韵在其上一字。〔叨叨令〕本格此两句可不协韵；在此处则非协不可。跑字俗读上声，此处从诸韵书作平声。第六第十四两句即"海犀皮"及"折跑盘旋"两句乙式乃《长生殿弹词》所用者。瑕番两字应仄而平，但有衬字补救，详见下《弹词》此转注文。重"恰浑如"三字作衬，《长生殿弹词》效之，以后遂成定格。

转调牌名参酌《摘艳》、《雍熙》、《广正》三说析定。《摘艳》、《雍熙》首两句题〔货郎儿〕，第三句以下概题〔快活年〕，其失在疏漏,《广正》则失在牵强(全式见下附录)。《摘艳》、《雍熙》之疏漏一望可知。《广正》之牵强则在以"兔鹘"及"过去"为〔尧民歌〕第五句句首叠用之二字注,而抹杀其下海犀皮及折跑诸字,以为皆是衬字。信如其说,两个兔鹘至联珠,两个过去至龙驹,均须作一整句读,殊为累赘,此即勉强牵附之故也。如余所定,则顺适矣。

注:〔尧民歌〕第五句句首二字例可叠用,如《正音谱》所录无名氏小令此句之"云笛云笛闲拈月下吹"。

附《广正》所载转调牌名及衬字。

(〔货郎儿〕)我则见一品风流人物◎打扮的,诸余里俏簇◎(〔尧民歌〕)绣云肩胸背是雁衔芦◎系着兔鹘◎兔鹘◎海斜皮偏宜玉联珠◎无瑕荆山玉◎〔叨叨令〕骤身躯也哥◎缯髭须也哥◎(〔倘秀才〕)打着鬏胡◎(〔尧民歌〕)走犬飞鹰架着鹰鹘◎恰围场过去◎过去◎折跑盘旋骤着龙驹◎疾似流星去◎(〔叨叨令〕)那行胡也哥◎恰浑如也哥◎(〔货郎儿〕)恰便似和番的昭君出塞图◎

《广正》所载此曲文字全同《正音》原本。

校记:《雍》无我则见三字,《摘》作他。《正音》无据字,从《摘》、《雍》。俏簇《雍》作俏措。《正音》无条字,从《摘》、《雍》。系着上《摘》、《雍》俱有他字。犀《正音》及诸本均作斜,从《摘艳》,《集成曲谱》作针,形近之误。偏宜《摘》作川山。联《摘》、《雍》俱作连。无瑕上《摘》、《雍》俱有是那二字,《钞》有都是二字。无瑕下《正音》无的字,从《摘》、《雍》。身躯《雍》作身去。缯《钞》作挣。"骤身躯"二句《摘》作"那行呼也末哥整身躯也末哥"。全曲四个也么哥《正音》俱无么字,从《雍熙》。鬏胡《摘》作鬏须。走犬上《摘》衍后字。鸦鹘《正音》作鹰鹘,《摘》、《雍》俱作雕鹘,从《元曲选》。恰围场《摘》作他猎围场,《雍》作恰猎围场,《钞》作摆围场。《雍》不叠过去二字。折跑《摘》、《雍》俱作扯着辔,《钞》作这般的。疾似上《摘》有端的二字。疾似下《摘》有那字。星去《摘》作星注。"那行胡"句《摘》、《雍》俱作"那风流也末哥"。恰浑如《正音》作恰便似,从《摘艳》及《元曲选》。

〔八转〕例二 《货郎儿》《元曲选》本

据一表,仪容非俗◎打扮的,诸余里俏簇◎绣云胸背雁衔芦◎他系一条兔鹘◎兔鹘◎海斜皮偏宜衬连珠◎都是那无瑕的荆山玉◎整身躯也么哥◎缯髭须也么哥◎打着鬖胡◎走犬飞鹰架着鸦鹘◎恰围场过去◎过去◎折跑盘旋骤着龙驹◎端的个疾似流星度◎那行胡也么哥◎恰浑如也么哥◎恰浑如和番的昭君出塞图◎

"行胡"通行本均作"行朝",失去一韵,今据诸本改。此曲格式与《正音》本同。

〔八转〕例三 《长生殿弹词》

自銮舆,西巡蜀道◎长安内,兵戈肆扰◎千官无复紫宸朝◎把繁华顿消◎顿消◎六宫中朱户挂蟏蛸◎御榻旁白日狐狸啸◎叫鸱鸮也么哥◎长蓬蒿也么哥◎野鹿儿乱跑◎苑柳宫花一半儿凋◎有谁人去扫◎去扫◎玳瑁空梁燕泥儿抛◎只留得缺月黄昏照◎叹萧条也么哥◎梁腥臊也么哥◎染腥臊玉砌空堆马粪高◎

"六宫中"及"玳瑁空梁"两句平仄均用乙式。

作曲遇有格律应为仄声而所用之字为平声时,则于其字之下加一仄声之衬字以补救之,应平而仄者,则加一平声之衬字。前者例如《货郎旦》八转无瑕之瑕字,和番之番字,俱应仄而平,故于其下加仄声之的字为衬。后者如右曲"野鹿儿乱跑"之鹿字,"苑柳宫花一半儿凋"之半字,俱应平而仄,故于其下加平声之儿字为衬。此种衬字须用意义较轻之虚字,文义上可有可无,格律上则非加不可。其所以要用虚字者,因加实字容易破坏句式,例如上四下三之七言句,若于其下半段加一意义重要之实字为衬,即变成两个四言矣。曲中衬字,有为文义而加者,有为格律亦即声调节拍而加者,无论读曲作曲,不可不知此义。

"苑柳宫花"句即《货郎旦》之"走犬飞鹰"句,作此句时,即使平仄全合,亦须在其下半句三字中加一虚字为衬,因此处径作七字节拍稍嫌紧促,故加衬以缓之。《货郎旦》加着字为衬,《义勇辞金》此句云"凿井耕田乐着",《雍熙》亦加着字为衬,皆是此意。"苑柳宫花"句加儿字,既救平仄之失,又可缓和节拍,诚属一举两得。顾家相《哀思曲》此句云"硕彦耆臣相继而凋",全仿弹词作法,运用而字,似拙实巧,余作《李师师》剧八转"万里中原"句加而字为衬,即仿顾作。"玳瑁空梁燕泥儿抛"之儿字亦是必加者,《货郎旦》此句云"折跑盘旋骤着龙驹",《义勇辞金》云"传及桓灵任着奸回"皆加衬字,其理由与上述"苑柳宫花"句全同。《李师师》剧"南北黔黎"句即仿此加要字为衬。

〔**九转**〕 《货郎旦》《正音谱》本

(〔货郎儿〕首三句)我便写,生时年纪◎不曾道,差迟了半米◎未落笔花笺上泪珠垂◎(〔脱布衫〕全)长吁气,呵软毛锥◎凄惶泪,滴满端溪◎到如今十三年,不知个信息◎相别时,恰才七岁◎(〔醉太平〕首至七)那孩儿到如今方才二十◎恰便似大海内沉石◎自从洛河岸上两分离◎知他是江南也塞北◎那孩儿富像貌双耳过肩垂◎胸前一点朱砂记◎长安

解库在省衙西◎(〔货郎儿〕末句)那孩儿小名唤做春郎身姓李◎

⊥十⊥,丁平至去◎⊥十⊥,平平去本◎仄仄平平厶平平十平十仄厶平平◎⊥丁丁,⊥仄平平◎⊥丁丁,⊥仄平平◎⊥丁丁,丁平厶本平仄◎⊥丁丁,丁平至去◎丁平厶至◎⊥仄平平◎十平十仄仄平平◎丁平伞◎十仄平仄仄平平十平十卜平平厶◎十平十卜平平厶◎十平十仄仄平平◎十仄平平平去上◎

十五句:七乙◎七乙◎七◎七乙◎七乙◎七乙◎七乙◎四◎四◎七◎四◎七◎七◎七◎七

重垂字韵。

"未落笔"句平仄与〔货郎儿〕本格小异,与七转同;《长生殿弹词》则仍用〔货郎儿〕本格平仄。

"富像貌"句与〔醉太平〕本格平仄不合,又重垂字韵。《摘艳》、《雍熙》俱作"耳垂福相过肩坠",律虽较合而文法牵强;《元曲选》作"福相貌双耳过肩坠",仅改重韵,律仍不合。此句只好依《正音》之旧。《长生殿弹词》此句平仄与〔醉太平〕本格相合。作者或从《正音》(即右甲式),或从《弹词》(即右乙式)均可。

转调牌名从《广正》。《摘艳》、《雍熙》俱同《广正》,但未将〔货郎儿〕末句析出。

《北词简谱》云:"'未落笔'句忽歌散板,此是搬演家简便法,即加板唱亦无不可,入后又用紧唱,与七转相呼应,衬字宜少。"按:入后紧唱指"富像"貌以下三个七字句。

校记:我便写下《摘》、《雍》俱有与他二字。我便写《雍》作我便就写。年纪《正音》及明钞俱作年月,失韵,今从《摘艳》及《广正》、《雍》作年儿,年纪、年儿元曲中每通用。曾道《正音》作曾到,从《摘》、《雍》。差迟《广正》作差池。呵软下、滴满下《摘》、《雍》

俱有了字。到如今三字《摘》、《雍》俱无。信息《正音》作消息,从《摘》、《雍》,依〔脱布衫〕本格,此字应用去声。那孩儿三字《摘》、《钞》俱无。第二个到如今《摘》、《雍》俱作他如今。《摘》无方才二字,《雍》无才字,自从《摘》、《钞》俱作俺在那,《雍》作自从在。两分《摘》作各分。知他是《摘》、《雍》俱作知他在。南也《摘》无也字。第二个那孩儿《摘》、《雍》俱作俺孩儿。"富像貌"句《摘》、《雍》俱作"耳垂福相过肩坠"。长安上《钞》有住在二字。解库《摘》作铺席,《集成》讹作街库。在省《摘》、《雍》俱无在字。那孩儿小名《钞》作他小名儿。

〔九转〕例二 《货郎旦》《元曲选》本

便写与,生时年纪◎不曾道,差了半米◎未落笔花笺上泪珠垂◎长吁气,呵软了毛锥◎凄惶泪,滴满了端溪◎十三年,不知个信息◎相别时,恰才七岁◎他如今刚二十◎恰便似大海内沉石◎俺在那洛河岸上两分离◎知他在江南也塞北◎俺孩儿福相貌双耳过肩坠◎胸前一点朱砂记◎他祖居在长安解库省衙西◎那孩儿小名唤做春郎身姓李◎

〔九转〕例三 《长生殿弹词》

这琵琶曾供奉,开元皇帝◎重提起,心伤泪滴◎我也曾在梨园籍上姓名题◎亲向那沈香亭,花里去承值◎华清宫,宴上去追随◎俺不是,贺家的怀智◎黄幡绰,同咱皆老辈◎我虽是弄琵琶却不姓雷◎他呵。骂逆贼久已身死名垂◎我也不是擅场方响马仙期◎那些旧相识都休话起◎我只为家亡国破兵戈沸◎因此上孤身流落在江南地◎您官人絮叨叨苦问俺为谁◎则俺老伶工名唤做龟年身姓李◎

〔煞尾〕 《货郎旦》《元曲选》本

我只道他州他府潜逃匿◎今世今生没见期◎又谁知冤家偏撞着冤家

对◎你也再没的怨谁◎我也断没的饶伊◎要与那亡过的娘亲现报在我眼儿里◎

十平十仄平平厶◎十仄平平丄仄平◎十仄平平仄平厶十平十仄平平厶◎仄丁◎仄丁◎十仄平平去平上◎

六句:七◎七◎七◎二◎二◎七◎

首两句须对,但不宜与第三句作鼎足对。

此调可作〔尾声〕用,亦可联入套中。如联入套中,用一支或数支均可,但须间以他调,不能连续使用,作〔尾声〕用又可名为〔收尾〕、〔尾煞〕、〔随煞〕;联入套中则名为〔隔尾〕。

右曲饶字眼字皆不合律。《长生殿》则无一字不合。

〔煞尾〕例二 《长生殿弹词》

俺一似惊乌绕树向空枝外◎谁承望做旧燕寻巢入画栋来◎今日个知音喜遇知音在◎这相逢异哉◎怎相投快哉◎李官人呵!待我慢慢的传与你这一曲霓裳播千载◎

赏花时　杨果散套

秋水粼粼古岸苍◎萧索疏篱偎短冈◎山色日微茫◎黄花绽也。妆点马蹄香◎

十仄平平丁厶至◎十仄平平丁厶至◎十仄仄平平◎丁平𠆢厶卜至去◎十仄仄平平◎

五句:七◎七◎五◎四◎𠆢五◎

首两句均用平声韵者居多,其次用一平一上;若两句均用上声韵则极不美听,作者甚少。第四句剧套或楔子必须用韵,散套偶有不用韵者,如右曲"黄花"句。首两句对偶与否均可。有幺篇,作法同此。

此调可作首曲用,亦可联入套中。杂剧楔子多用此曲一支或连用幺篇。

赏花时例二　《梧桐叶》杂剧李唐宾噢

雨泪流红翠袖斑◎锦被分香凤枕闲◎无计锁雕鞍◎江空岁晚◎何处问平安◎

右两曲皆择一字不衬者。

1961 年,《幼狮学报》三卷二期。

附记:本篇各种符号,为予在《北曲新谱》初稿中所用者。今《新谱》已写成定稿,其中丁⊥两种符号,因过于琐碎,俱改为十号。本篇姑仍其旧。1970 年冬日记。

附录　九转货郎儿集

予在《李师师》杂剧引言中所述〔九转货郎儿〕套曲,共十一种。其中《货郎旦》、《长生殿》二种,已收入〔九转货郎儿〕谱,《游春记》一种,乃前在大陆时阅读者,在台未能觅得原书。尚余八种,汇录于此,即引言所谓"九转货郎儿集"也。《义勇辞金》为创调之作,自无可议。余七种皆清人仿《长生殿》者,或恪遵洪氏,亦步亦趋,或稍有变化,自出机杼,或则不知而作,违格舛律。今略举其大者,附识曲后,细节不一一指出,读者依〔货郎儿〕谱覆按,当自得之。予所加标点,亦各依原作之文义句法,斟酌变通,与〔货郎儿〕谱所定标准,未能尽符。各原书有分正衬者,有不分者,其分者亦宽严不一,并无准则。今悉仍其旧,不加改动。辑录既竟,略为说明如上。1970年冬日,郑骞识。

关云长义勇辞金 第四折　　朱有燉

(旦扮甘夫人引徕上云)自从跟了叔叔来到许昌,半年有余,不知刘皇叔实信。近日叔叔战败袁军,得了他的军卒,方知皇叔果在袁绍军中,今又将往汝颍。俺叔叔封了府库,还了曹公赏赐,要出许昌寻皇叔去。又恐曹公差人来追,等叔叔来时,与他商量则个。(末上与旦相见科)(旦云)叔叔,今要出许昌寻你哥哥,只恐曹公知得,差人追赶,俺母子性命兀自难保。(末云)嫂嫂放心。曹公虽则谲诈,必不残害忠良。嫂嫂试听关羽说者。(末唱)

〔正宫·端正好〕凭智力,将俊材收。假仁义,把民心结◎各施呈,英武豪杰。乱纷纷据地图功业◎恰便似闹穰穰蝇争血◎

(末云)昔人有言:秦失其鹿,天下共逐。今时亦然。袁绍在北,刘表在南,英雄各据,非止一方。今日俺寻归旧主,智者、彼必不留,愚者、吾无所惧。(末唱)

〔滚绣球〕智的,他见得别◎愚的,他不敢惹◎若去呵,称了我一生心,百年名节◎欲留下一封书,与曹操辞别◎(末做取纸笔科唱)。我这里取云笺,做书简叠◎染霜毫,将真字写◎一星星,把志诚实说◎墨花新,运动龙蛇◎(旦云)叔叔,若你哥哥与三叔往汝南去了呵,这千里路途,你独自引着俺怎么行?(末唱)子我这半年兄弟音书阻。怕甚么千里关山道路赊◎岂惮跋涉◎

(末做写书科)(末云)辞曹公书已写就了也。(旦云)叔叔试念一遍听咱。(末念书云)汉偏将军关羽拜上汉兖州牧丞相曹公府下:窃以日在天之上,心在人之内。日在天之上,普照万方,心在人之内,以表丹诚,丹诚者,信义也。羽昔受降之日,有言曰:主亡则辅,主存则归。丞相新恩,刘公旧义,恩有所报,义无所断。今主之耗,羽已知之。刺颜良于白马,诛文丑于南坡;丞相新恩,满有所报,刘公旧义,终不能忘。每留所赐之资,尽封府库之内。伏望台慈,俯垂照鉴。羽顿首再拜。(末云)今将曹公所赐,尽封府库,将此书放于厅事之上,如今便行也呵。(末唱)

〔倘秀才〕将书与,曹公告别◎把府库,封缄密者◎尊嫂贤侄稳上车◎远寻鸿雁侣。跳出虎狼穴◎关云长去也◎(末旦俫虚下)

(外扮曹公上云)为因关云长建立了功名,此人必不肯在此久留。我今做了绛红袍、白玉带、远游冠、乾皂靴,等他临行,赠与他去也。(副末扮张辽,净扮夏侯惇,将书上云。)好教主公得知,关羽引着刘备妻子,出城去了。留下一封书在此,赏赐金银都封在府库,不曾将一些去。俺每领了军马赶他回来,不可放了他去。(外念书科)(外云)好将军,好将军,若是你每被刘备得了,受了他如此厚恩,也还有念孤之心么?(副末净云)俺受明公恩宠,生死不忘,岂有敢背之理。(外云)既然如此,人各为其主,你每又要赶他怎地,你每二人就将送别筵席,与那做的一套衣服,赶上送与他,以为饶行之礼,不可有违。(副

末净领命下)(末引旦俫上云)行了一早晨,兀的望见的是八里桥也呵。(末唱)

〔转调货郎儿〕凉时候,秋风八月◎向效外,车儿慢拽◎远山遥望晓云遮◎枫林赤,雁行斜◎极目向天涯一望赊◎

(旦云)这效外秋景凄凉,好生伤感人也。(末云)过了八里桥,都是荒草坡,嫂嫂且自宽怀者。(末唱)

〔二转〕光闪闪,晴霞晖照◎清湛湛,寒波浩渺◎的溜溜,风吹落叶飘◎干此刺,枯荷被霜凋◎静巉巉,遍野连天草◎闹呀呀,断鸿哀叫◎急穰穰,心随落日遥◎(校勘:干此刺原作干些刺,据《雍熙乐府》改。)

(末云)言话中间,早来到八里桥了。嫂嫂、侄儿且歇车一歇,早膳了再行。(末唱)

〔三转〕我子见青荫荫,柳垂两岸◎下征骖,迟迟意懒◎看了他数十间茅屋枕河湾◎小车儿才歇住。将玉勒快疾拴◎向店房中,收拾一间◎松宽马鞍◎何曾得闲◎玉粳自拣◎请阿嫂侄儿将美馔飡◎

(末云)已将干粮与嫂嫂侄儿吃了,不免叫酒保打些酒吃如何。酒保有么。(净扮酒保上应)(末云)有好酒,打二百文钱来,(净云)有。有。(做递酒科)(末做饮料)(末云)酒虽好,只有些冷,你与你再荡来。(净做戏旦云)央此位大姐荡一荡罢。(末做怒打净科)(末唱)

〔四转〕打这厮,舌刺刺,狂言作戏◎口叭叭,全无道理◎握双拳待打这泼东西◎引起咱氤氲气◎你正是冲着魔祟◎撅了太岁◎打的你忍不的、吃不的、就地下弯拴着睡◎磕损头皮◎掂折大腿◎(净倒介云)凭着你的力气,打死人也!(末云)谁着你调戏人家妇女来。(唱)这是伊念彼观音力◎着重委的难挣起◎颏。再若恁的◎便休想汉将云长饶过你◎(校勘:原无颏字,据《雍熙乐府》补。)

（净大叫云）呀,元来是关大王。你要逃走,我去对曹丞相说去也。（净下）（副末净上云）俺将的茶饭衣服来赶云长,到此不见,想是去的远了。和你且在此酒店歇一歇马再赶。（做入店相见科）（副末净云）元来云长在此。曹公知将军行了,特令俺二人将茶饭衣服,到此饯行。（末云）匆匆不能面辞曹公,深知傲慢,岂敢又劳二位将军远来相饯。（末唱）

〔五转〕饯行酒,多劳礼厚◎更将这,衣服拜留◎这其间远路途霜降正逢秋◎恰便似堪御冷。鹔鹴裘◎殷勤赐来只领收◎厚感恩荣。北瞻顿首◎您众将军遥送劳台候◎饯行酒席前何须又◎待不受呵! 越显的云长话不投◎相谈相笑。相劝相酬◎将美酒连斟五六瓯◎

（旦云）叔叔少要吃酒,恐生歹心。（末云）不妨。曹公知我信义,必无他意。（末唱）

〔六转〕宽度量,能容小忿◎广机谋,方为大臣◎设筵宴开怀列芳樽◎（副末劝酒科）（末云）我醉了也!（唱）醉时,您将水轻轻噀◎我这里眼交睫将盹◎（副末云）关将军醉了也,俺们扶他歇息去。（净云）张将军好不达机变,不趁此时下手,更待何时。（副末云）使不得! 曹公怎生分付你来。（净云）你不要管我,我自做自当。（净做意科）（末惊觉喝住科）（唱）好也啰,夏侯惇心毒狠◎（末拔剑科）（净做怕科）（副末做解释科）（末唱）不由我,气扑扑恶发生嗔忿◎将你那血沥沥六阳,浇了我明滉滉钢刀敢恰证本◎

（末拿住净,净做跪科。）（末云）夏侯惇! 我与你平生无怨,往日无仇,怎生便要害我。想是你不知关羽之名,试听我从头说者。（末唱）

〔七转〕关羽自河东来聚◎奔涿郡,相从旧主◎但交兵对垒呵,不曾输◎马到处便伏◎自玄德昔为平原相。共张飞多曾同御侮◎我和他知心可腹◎他委俺统领兵卒◎袭邳城、诛车胄、占青徐◎敢扬威,能耀武◎你待来口儿甜、心儿苦、恶狠狠的生嫉妒◎引得我面皮红、胸中热、气扑扑的生嗔怒◎我这里向腰间制宝鞘、支楞楞的执昆吾◎（末做要杀净科）（副末跪云）将军请看曹公之面，饶了夏侯惇这遭。（末云）张将军请起。夏侯惇！一来曹丞相日前恩义，二来张将军跪膝告饶，且放了你者。（末做放净科）（副末净做谢科）（末唱）若不是且看曹公深恩义。我着你泼性命登时血溅土◎

（副末云）多承将军恕罪，俺二人辞了将军，回去覆曹公去也。（末云）且住。俺关羽有几句言语，说与将军知道，将军替关羽转达曹公。俺想光武创业开疆，也非容易，今日群雄各据，非止一方，正是臣子尽忠之日。（末唱）

〔八转〕炎汉室，衰微时世◎为臣子，须当尽职◎想中兴光武建皇极◎一统万里◎万里◎举英贤端士立纲维◎后来有明章能承继◎庆丰年也哥。太平时也哥。自东自西◎凿井耕田乐着雍熙◎庶民心那喜◎那喜◎到末年传及桓灵、任着奸回◎不把朝纲治◎党锢兴也哥。私卖官也哥。因此上逗引的、闹穰穰群雄鼎沸起◎

（末云）吾闻君子相别，赠之以言；况我受曹公厚赐，无以为报。今日别去，有几句劝谏之言，烦二位将军回去说俺关羽多多拜上曹公。（末唱）

〔九转〕谁肯立，孤忠直烈◎更无个，冰清玉洁◎重拜覆曹公自思些◎将忠厚，言语听者◎尊帝室，职分休奢俺◎刘玄德，虽然衰懦◎终则是，汉家枝叶◎一星星，君前细说◎一句句，你索知耶◎见如今鱼龙入海混豪杰◎谁肯立芳名建节◎学宣尼、尊王贱伯成功业◎学齐桓、诸侯九合歃盟血◎学伊周、忠诚辅相永无别◎说来的几般儿随公择◎休把做不经意的常谈不记者◎

（副末净做拜别科）（末云）多劳二位将军远来，俺关羽饶舌了

也。(副末净下)(末云)嫂嫂、侄儿、上车趱行。(末唱)

〔煞尾〕愁随烟柳千丝结◎闷拥云林万仞叠◎来到这荒郊旷野◎感叹伤嗟◎极目山遮◎早十里长亭路儿也◎

按:此剧有宣德原刊本、嘉靖刊杂剧《十段锦》本及《雍熙乐府》本。宣德本在台无从阅读,今据《十段锦》辑录,据《雍熙》校改一字,校补一字。《九宫大成谱》亦录此折,文字多妄加窜改,不足据。

森罗殿积案推情简称冥判

劝善金科第八本第十五句

    杂扮牛头、马面,各戴套头、穿门神铠、持叉。杂扮八鬼卒,各戴鬼发、穿蟒、箭袖、虎皮卒褂,持器械。杂扮八动刑鬼,各戴竖发额、穿刘唐衣、系肚囊。杂扮四判官,各戴判官帽、穿圆领、束角带、持笔簿。引杂扮第一殿阎君、第五殿阎君,各戴冕旒、穿蟒、束玉带,从酆都门上。仝唱。

南吕调套曲〔一枝花〕俺为着飞书下柴霄。一般的摇珮趋青琐◎(杂扮第二殿阎君、第三殿阎君,各戴冕旒、穿蟒、束玉带,从酆都门上。同唱。)信不的叫冤天地少,结不了疑案古今多◎(杂扮第四殿阎君、第六殿阎君,各戴冕旒、穿蟒、束玉带,从酆都门上。同唱。)尽饶他暗使喽啰◎早自己难瞒过◎(杂扮第七殿阎君、第八殿阎君,各戴冕旒、穿蟒、束玉带,从酆都门上。同唱。)非是俺冥司法太苛◎(杂扮第九殿阎君、第十殿阎君,各戴冕旒、穿蟒、束玉带,从酆都门上。同唱。)下还高,叶落归根。好和歹,花开结果◎

(众阎君白)奸奸佞佞成案,曹司积簿书。天心还慎重,一蚁不轻诛,我等、十殿阎罗是也。适奉上帝玉旨,令我等曾审积年大案;将罪犯提齐,在东岳大帝殿庭,公同审理。众鬼使!就此摆道前行。(众鬼判应科,众阎君白)鸾鹊乍衔天诏下,旌旗遥拂岳云开。(众同从下场门下。杂扮八侍从,各戴将巾、穿蟒、箭袖、排穗仪仗。杂扮四判官,各戴判官帽、穿圆领、束角带、持笔簿。引净扮东岳大帝,戴冕旒、穿蟒、束玉带、执圭,从上场门上。唱)

南吕调套曲〔九转货郎儿〕第一转　香熏透,松风古殿◎帘隐映,丹崖翠巘◎只可惜残碑无字草芊芊◎难唱里催尘世。日起处促流年◎怎教俺签注彭殇不怅然◎

韵(白)盘盘石路接天门,秩比三公岳最尊。七十二君封禅后,金泥玉桧至今存。俺乃东岳天齐大帝是也。恰才朝见玉帝,奉有玉旨,今日会齐阎君,到俺殿庭公同勘问应行发落案件。则索升座者。(内奏乐科。杂扮四宫官,各戴宫官帽,穿圆领,系丝绦,执符节、龙凤扇,从两场门分上。场上设高台、帐幔、桌、虎皮椅,东岳大帝转场升座,众侍从各分侍科。众鬼判引众阎君从上场门上。同白)金碧辉煌开宝殿,香烟缭绕卷珠帘。(作到进门科。白)大帝在上,我等众森罗参礼。(东岳大帝白)众位阎君少礼。(众阎君作参拜科。白)为定南山案,来参东岳宫。钦哉刑是恤,上帝好生同。(东岳大帝白)众位阎君,请各归公座。(众阎君白)谨遵帝谕。(场上设公案桌、椅,众阎君各入桌坐科,东岳大帝白)众位阎君!今日遵奉玉旨,会审积年大案,须要仔细详明,逐一勘问。我当奉请玉旨,定罪施行。众阎君白堂案的!可将案卷逐一呈明大帝观览。(众判官作呈簿书科。白)案卷呈览。(东岳大帝作看科。众阎君白）可将逆谋案件，细细报明。（众判官作跪科。白）奸邪卢杞一案，杨国忠一案，酷吏来俊臣一案，叛逆安禄山一案，朱泚一案，李希烈一案，逢君误国李勣一案：候大帝勘阎定罪。（东岳大帝白）看这几桩案件，俱是罪恶滔天，好生可恨也。（唱）

第二转　锦簇簇，繁华天下◎闹炒炒，几场戏耍◎惨可可葬送了长安百万家◎则待将枝节搜寻到根芽◎敢只是内奸臣、外叛贼、相勾搭◎也着他受些刑罚◎（众阎君各作怒科。东岳大帝唱。）早触怒了皋繇脸削瓜◎

（白）带这卢杞过来。（众阎君白）快带卢杞听审。（鬼卒应科。向酆都门带净扮卢杞魂，戴幞头、搭魂帕、穿喜鹊衣、系腰裙、带枷杻、作进门跪科。鬼卒白）卢杞当面。（东岳大帝白）卢杞！你貌陋心险，妒贤嫉能，毒害廷臣，不计其数。是个做宰相的么？（众阎君白）这厮罪恶多端，屡经审鞫，俱已供招，有卷一览便知。奸贼！你可将毒害廷臣缘故，再说一番。（卢杞魂白）我自想，这些勾当也没有别的缘故，算来邪正势不两立。颜真卿在朝，尤为挺正敢言，那里容得他，只得假手于贼，以杜后患。那晓得倒成就了他万古之名，我偏受九泉之苦。（东岳大帝白）小人固宠保位，一至于此，卢杞你好狠毒也！（唱）

第三转　恁可是李林甫，传的嫡血◎陷忠良，堂深偃月◎那郭汾阳，早识你心邪◎见你时回避了。众姬妾◎（众阎君白）令公果有先见。（东岳大帝唱）。直弄的兵戈遍野◎搜括的穷民怨嗟◎奸人党结◎忠臣恨切◎催趱着国破家亡好快些◎

（众阎君白）这厮罪不容诛，如何发落？（东岳大帝白）各殿速行定拟,以便回奏。(众阎君白)按律:臣下犯奸佞者腰铡。卢杞系奸佞之臣,合依律腰铡。(东岳大帝白)各殿王执法无差,便将卢杞做个奸佞的榜样。(众阎君白)众鬼使!可将卢杞押下去。(鬼卒应科,带卢杞魂作出门科,仍从酆都门下。东岳大帝白)带杨国忠过来。(众阎君白)快带杨国忠听审,(鬼卒向酆都门带杂扮杨国忠魂,戴幞头、搭魂帕、穿喜鹊衣、系腰裙、带枷杻、作进门跪科。鬼卒白)杨国忠当面。(东岳大帝白)杨国忠!你自恃椒房贵戚,权倾中外,平生罪恶,罄竹难书,我且略举一二。即如你做御史的时节,迎合奸相之意,按治韦坚等狱,深文巧诋诬蔑,被收者数百家,那些怨鬼岂肯饶你。扶风报灾,你遣使按问,致郡国水旱不敢上报,那些饿鬼岂肯饶你。洱河败后,你又兴师动众,可怜勋卒二十万,踦履无遗,那些阵亡之鬼也不肯饶你。教俺如何治汝,以雪众愤。(众阎君白)可恨!我等不禁发指,杨国忠!你还有辩处么?(杨国忠魂白)事已如此,有何分辩?只是我生察察的一身肥肉,都被军士们噉尽,更将何物抵罪?(众阎君白)你身上之肉有尽,心中之毒无穷,俺这里自有个抵罪的法儿。(东岳大帝白)杨国忠!你不如在长安市上做个无赖恶少年,了此一身,倒没有许多罪业也。(唱)

第四转　镇日里齐整整,花街柳市◎笑吟吟,憨哥浪子◎夸什么门楣靠这海棠枝◎受了些官家宠赐◎舒了些胸中郁滞◎千不合、万不合、惹了马嵬驿诸军士◎到了阴司◎吃了官司◎借不的虢国夫人势◎向这里、钱也无处使◎撕◎裂了四肢◎刚剩得一具儿骷髅跪在此◎

(众阎君白)这厮罪大恶极。如何发落?(东岳大帝白)各殿王速行定拟,以便回奏。(众阎君白)论起来,杨国忠也是一个奸相,该与卢杞同罪;但其间干连人命更多,宜加二等,应上刀山。(东岳大帝白)各殿王所拟妥协,仍候玉旨施行。(众阎君白)众鬼使!可将杨国忠押下去。(鬼卒应科。带杨国忠魂作出门,仍从酆都门下。众阎君白。)快带来俊臣听审。(鬼卒应科。向酆都门带丑扮来俊臣魂,戴纱帽、搭魂帕、穿喜鹊衣、系腰裙、带枷杻、作进门跪科。来俊臣魂作大喊起立科。白)我好不伏也!(众鬼卒作喝打科。东岳大帝白)来俊臣!你有何不伏之处,不妨说上来。(来俊臣魂白)我来俊臣最不伏的就是那叫做什么阎罗王。(东岳大帝白)休得无礼。(来俊臣魂白)我来俊臣虽是个酷吏,比那阎罗还不及万分之一,酷吏有罪,阎罗独无罪,这是死也不伏的。(东岳大帝白)各殿王恕他狂妄无知,不必计较,待俺晓喻他一番。(众阎君虚白科。东岳大帝白)来俊臣!你晓得么?人间五刑,地府十狱。人间的是杀以止杀,地府的是心所生心。若刑所当刑,地府的舂烧碓磨皆是你自心所成;若刑所不当刑,人间的一笞一杖亦是你妄加于彼。你巧伺女主,屡兴大狱,芟夷巨室,剪削宗支,罪已上通于天。何况贪婪淫秽,受赇枉法,谋吐蕃之婢,夺段简之妻,自比石勒,中怀反叛。无间地狱,正为汝辈设也。(唱)

第五转 你生捏就,萧何律令◎活脱的,张汤情性◎则见惨离离贯索许多星◎逢乳虎。畏苍鹰◎还又著成一篇罗织经◎秦国商君。汉朝宁成◎近日的周兴◎罗钳吉纲名相并◎偏带着一种风流余兴◎赴西市,可也该应◎你盖棺何处用灰钉◎剁的鱼肠快。踹的马蹄轻◎人人道恨地狱偏无十九层◎

(白)各殿王!那来俊臣径押送酆都去罢。(众阎君白)是!众鬼使,将来俊臣押下去,带安禄山过来。(鬼卒应科,带来俊臣魂作出门科,仍从酆都门下。随带杂扮安禄山魂,戴黑貂、搭魂帕、穿喜鹊衣、系腰裙、带枷扭、作进门跪科。鬼卒白)安禄山当面。(东岳大帝白)安禄山!你狼子野心,辜恩负德,辄敢称兵犯阙,以致天子蒙尘,生灵涂炭。只要问你赤心何在。(众阎君白)逆贼!你快快说上来。(安禄山魂白)禄山荷蒙开元皇帝非常恩遇,初无反叛之心,无奈杨国忠那厮必欲杀我,我恐堕其术中,矢在弦上,不得不发耳。(东岳大帝白)你久蓄异心,何须狡辩?(唱)

第六转　可记得重重叠叠,君恩天样◎怎下得狠狠毒毒,胡思乱想◎早则见密密匝匝,人人马马,逼荥阳◎便擒了嚅嚅喘喘哥舒将◎骨都骨朵。男男女女。死死伤伤◎仓仓猝猝。急急遽遽。銮舆西向◎你不顾羞羞答答。也教正衙排仗◎蹂躏那宫宫殿殿花。乱点那官官府府帐◎呜呜咽咽。箫箫管管。凝碧凄凉◎哭杀了倔倔强强。凄凄惨惨。琵琶队长◎合消受这悄悄冥冥,枭子猪儿一剑芒

(众阎君白)叛贼如此结局么?(东岳大帝白)叛贼岂但如此结局;各殿宜速行按律定拟,以便回奏者。(众阎君白)按律:叛逆者下油锅。(东岳大帝白)安禄山候玉旨径下油锅便了。其朱泚、李希烈等,都是安禄山之余氛流毒,屡经各殿王审问,不必再审,与安禄山一体治罪。也下油锅便了。(众阎君白)众鬼使,将安禄山押下去,带朱泚、李希烈过来。鬼卒应科,带安禄山魂作出门科,仍从酆都门下。随带净扮朱泚魂,戴九梁冠、搭魂帕、穿喜鹊衣、系腰裙、带枷扭,净扮李希烈魂,戴九梁冠、搭魂帕、穿喜鹊衣、系腰裙、带枷扭,作进门跪科。(东岳大帝白)二犯押回拘禁。鬼卒应科,带朱泚魂、李希烈魂,仍从酆都门下。(东岳大帝白)我想那朱泚、李希烈呵。(唱)

第七转　乘乱后,谋王夺霸◎在军中,称孤道寡◎无非是、公孙井中蛙◎(众阎君白)这等重囚,还乞大帝亲讯。(东岳大帝唱)不是咱、将重案轻批答◎也则是他业由心发◎(众阎君白)这两个乱贼,恰被两个忠义之士一打一骂,早已褫其魂魄矣。(东岳大帝唱)一从那千斤锤、博浪沙◎椎秦罢◎只有段司农这笏天来大◎和那颜常山的弟兄。一样的青史上姓名香艳杀◎

(众阎君白)带李勣听审。(鬼卒应科,向酆都门带杂扮李勣魂,戴幞头、搭魂帕、穿喜鹊衣、系腰裙、带枷杻、作进门跪科。鬼卒白)李勣当面。(东岳大帝白)李勣!你是唐太宗从龙之彦,动铭钟鼎,身画凌烟,何故罹此重辟?(李勣魂白)李勣身系重囚,何敢鸣冤。高宗皇帝谓勣奉上忠,事亲孝,历三朝,未尝有过;李勣岂敢当。至册立武后一案,只道是言亦无益,且实不能逆料后日之祸,深负昭陵。若谓勣私已畏祸,从而导之,则史臣过刻之论也。伏惟岳帝怜之。(东岳大帝白)取李勣平生善恶簿查阅。(众阎君作唤判官取簿科。二判官应科。向下各取簿,随上,至公案前跪科,分白)这是李勣善行簿,用朱书的,这是李勣恶行簿,用墨书的。(东岳大帝作看科白)李勣善行不胜纪载,其恶行甚少;至于立后一件,墨书一纸不满两三行。岂可以小眚掩其大德?各殿王也觉得轻入人罪了。(众阎君各作出公座科,白)善恶自有轻重,不论多寡。或一善可以盖诸恶,善重故也;或万善不能敌一恶,恶重故也。李勣虽善行累累,只消立武氏一事,恶已尽穷了。我等惟有上奉天条,焉敢出入。(东岳大帝白)善恶重轻,有何凭据?(众阎君白)善恶重轻,岂可臆断?只要上了天平,自然不失铢黍。(东岳大帝白)各殿王请归公座。(众阎君各作入座科,白)鬼卒们！速取善恶平过来。(众动刑鬼应科,向下扛善恶平,随上,设中场科。一判官取朱簿数十本置天平一头,作平重到地科;一判官取黑簿一本置天平一头,作平重极,将朱簿齐翻落地科。)(东岳大帝白)李勣！你一生之案自定矣。真个可怜(唱)

第八转　当日个,一意投身真主◎辛苦的,栉风和那沐雨◎绿沉枪冲阵去骤龙驹◎缨着曼胡◎曼胡◎叠锦征袍偏宜绣天吴◎雕鞍黄金镀◎好形模也波哥◎凌烟图也波哥◎攀者龙须◎倚大江山寄着心腹◎只消伊一句◎一句◎把黄台瓜,摘个无余◎枉是动劳者◎竟何如也波哥◎总成虚也波哥◎还则怕地下难饶鬼董狐◎

（白）虽然如此,各殿王,李勣毕竟在矜疑之列,须请玉旨处分。（众阎君白）是！众鬼卒且将李勣带去另行看守。（鬼卒应科,带李勣魂作出门科,仍从鄷都门下。东岳大帝唱）

第九转　都亏了,你森罗十地◎一件件,虚心的定拟◎枣叶大,须弥小、总无遗◎南山倒,铁案无移◎须明白,上达天墀◎（众阎君各作出座呈簿科,白）各案拟定罪名呈览,以便题达。（东岳大帝作看科,唱）腰斩的是奸邪,相臣卢杞◎杨国忠,等应加二◎阿鼻狱、来俊臣,一名酷吏◎（众阎君白）安禄山、朱泚、李希烈俱入油锅。（东岳大帝唱）这是那三大案反贼◎并皆付之鼎镬洎相宜◎俺只是可怜这李勣◎怎能彀奉玉旨特地赦金鸡◎（众阎君白）只是流毒甚深,法严首恶。（东岳大帝唱）他发心初岂要剪落这蟠根李◎（下座科。随撤公案桌椅科。东岳大帝白）十殿请回,我便上灵霄奏事去也。（唱）宫庭吏散夕阳西◎只有这青不了岚光相送你◎

（四宫官从两场门分下,众侍从拥护东岳大帝同从升天门下。众阎君白）东岳大帝已往灵霄奏事,我等各回殿宇,候待玉旨便了。（唱）

〔煞尾〕 回瞻山殿烟云锁◎宛似朝回散玉珂◎消豁了重重积案多◎则盼着凤下天门书报可◎(众鬼判拥护众阎君,仍同从酆都门下。)

按:乾嘉以后,唱《长生殿弹词》者,多将〔梁州第七〕及〔八转〕两曲省略不唱,遂成定例。此折与《琴叹》、《青溪笑》、《儒吏完城》,俱略去〔梁州〕而仍存〔八转〕。此种作法,几占《九转货郎儿集》之半,因〔梁州第七〕难作难唱,文人歌者皆视为畏途也。

快活山樵歌九转 《吟风阁杂剧》卷一　　杨潮观

(末扮樵夫腰斧上)日日肩担血汗钱,自然衣食不求天。只因世上多迷网,错认樵夫作地仙。自家西山下一个樵柴汉便是。安心耐苦,隐姓逃名,靠着一把破斧头养家活口,守着两间草房子吃饭穿衣。只为连日风雨,不好出门;喜得天气初晴,晓来西爽,正好上山生活去也。(行介)

(北南吕)〔一枝花〕恁天高、孤云停不飞。道的是、留伴清闲我◎渐零零、一宵风露下。乱纷纷、千叶洞庭波◎俺待把、旧斧新磨◎拾得干柴火◎一径里,拨开荆棘科◎畅好是、踏空林,啄木惊飞。立峰顶,啸声儿入破◎

你看一带苍烟断壑,红叶纷飞,俺几日不上山来,怎知秋色已是如许。

〔梁州第七〕喜的那、耸晴空,青山不老。铺平地,野草先衰◎望不断、疏林空翠寒烟外◎有的是、随身器械。趁的是、随手生涯◎尽逍遥、随天吩咐。任岖崎、随地安排◎一路行来,怎这樵友们一个厮遇不着。莫不是、隔重云,独斧轮材◎莫不是、憩孤亭,听鸟忘怀◎则这般、莽萧萧,一径樵风。有谁共采◎却笑俺、贪多力小心儿大◎又何曾、论钱卖◎只落得、满担挑来唱上街◎破笠儿歪◎按:此曲用减句格。

(小生扮书生,衣包雨伞上。)求富要得富,求贵要得贵。脚步太匆忙,跌入山凹内。(见介。)(末)这汉子为何跌倒在此,扶你起来。(小生)樵子哥,有劳搭救。俺是上京应试,下第而回,只因满肚牢骚,把那路头走错。(末)牢骚、牢骚,笑你爬高;快活、快活,深山岁月。(小生)樵子。似你打柴辛苦,镇日里摩肩擦担,还说什么快活来。(末)唉。我的快活,你所不知,你所不晓,我的快活多着哩。(小生)你且道来。(末)你听我道:世上人得福弗知。我第一件快活是感谢天地大恩,教我得了人身,免其堕落。你只看那山中的飞禽走兽,他弱肉强吞,伤弓落井,有无穷的苦厄难度哩。

(北正宫)〔货郎儿第一转〕跳不出,阴阳化孕◎数不尽的,飞潜钝蠢◎知他、轮回六道是何因◎偏我这、野头颅,无业障。托天地,有人身◎免得那、戴角披毛受转轮◎

(小生)将人比物,自然是做人的快活了,何消说得。(末)呀!相公且住。就是幸得人身,知道是男是女? 怕做了女子呵。

〔二转〕只见他、闷深闺,执雌持下◎尽妙质,备鞍为马◎半路里、知是与谁人做浑家◎甘箕帚,还得要赔茶◎幸前生占定了阳爻卦◎看镜里须眉非假◎由着俺、点勘风前种种花◎

(小生)将男比女,自然是做男的快活,从来物贱人贵,男尊女卑。(末笑介。)相公既如此说,我们这身子是又尊又贵的了,就该摆踱起来。(作满场摆去,跌倒坐下介。)哑! 才摆了不多一会,就跌倒了,难道我这样尊贵还摇摆不得么。你在傍边不要笑我，只该扶我一扶。（作扶起介。）（小生）你跌痛不曾？（末）还亏在半山边，爬得不很高，跌得不很痛；若是跌坏了手脚，连这打柴的勾当也做不成了，还有恁快活哩？你看世上一般是男子汉，那些疲癃残疾的岂少，他受用不受用哩？

〔三转〕你只道、一般的是，男儿汉好◎有几桩儿，喑聋跛眇◎免不得、篷篰俯仰橐驼腰◎恨、出胞胎留缺陷。怪、悬疣赘更蹊跷◎乍相逢、是天刑休笑◎却相怜、是人疴怎逃◎只怕、前生所招◎今生肯饶◎后生难料◎喜得俺、全受全归汉一条◎

（小生）这倒是现前的快活。（末）咳！相公，你且不要快活。你看好好的人，五官端正，气体完全，忽然疾病缠身起来，脓血之灾，床席之厄，何等苦楚。

〔四转〕叹人生、恣意儿，把七情斩丧◎历寒暑，五行争荡◎怎能彀、兼全福事百年康◎身无恙◎临官帝旺◎忽生魔障◎只要他几日个、吃不的、坐不的、挣不起头儿上◎执着药方◎靠着医王◎因恹恹乐事儿都抛漾◎到此际、由他贵家王、富家郎◎慌◎不觉的、怕了无常◎怎似俺今日呵任逍遥、步担肩挑无痛创◎

（小生）这样说来，你自身是快活的了。且问你家下还有恁人？（末）我这穷汉，上有爹娘，下有妻子，仗着打柴过活。倒也骨肉完全，并不知生离死别之苦。却想世界上那些鳏寡孤独的人儿，怎生单单另另过了日子。

〔五转〕论乐事，天伦上起◎算骨肉，团圞者希◎都只为、利名心南北更东西◎拼远别。守狐栖◎把鸳鸯拆开做两处飞◎也有的命犯孤辰。鳏夫寡妻◎也有的、无奈做僧尼◎也有的、幼年间孤露无根蒂◎也有的、白发无儿依倚◎这的是、穷民无告数都奇◎纵然他独乐也凄其！◎似俺打柴的回去呵向爹娘，供菽水。呼妻子，共盐齑◎尽

年年、厮守着柴门少别离◎

（小生）这原是天伦乐事,多半是命中所招,你何不自己寻些快活出来。（末）相公！那寻来的便不是真快活。我看世界上要寻快活的,偏会寻出不快活来。自古道：小人怀土,君子怀刑。你看那些犯罪囚徒,现世报应,就是苍蝇蚊子也只得尽情供养他。这苦楚是从何处讨来？谢天地！偏我这打柴人,信步行来；倒也无辱无荣,自由自在。

〔六转〕则看那犯罪的人呵他好似、凛冽冽,鱼游锅釜◎惨恻恻,肉临刀俎◎就是那公冶长陷在缧绁中也只好、冤冤苦苦、呜呜咽咽叫无辜◎逼得他、转转侧侧身无措◎更有那素富贵的人,到下场头也时常行呼患难,难道他都是应得的罪么,只为他受享过头了。陡然间、花花碌碌。风风雨雨◎颠颠倒倒。忽忽律律。灾来也那运去◎就是做大将军的周亚夫,也弄得、干干腽腽,俄殍同数◎对着那、恶恶狠狠的狼。做惊惊怯怯的鼠◎怎顾得、恩恩爱爱。疼疼热热。肤发妻拿◎除非是、悲悲恻恻。提提挈挈。佛天超度◎想到此处,似俺虽则打柴辛苦,这等自由自便。就是福分天堂不及吾◎

（小生）听你数来,这些快活在下都也有分,但只是公共的。（末）相公！俺穷汉那有私下的,只还有大大公共的。常言道：宁为太平犬,莫作离乱人。那刀兵乱世,天翻地覆,骨肉分离,是怎么光景！偏你我生来值着太平盛世,如今在深山内含哺鼓腹,由着我们讲这一席太平话,这就是个大造化了。想起那乱世呵。

〔七转〕积世里,苍生业重◎莽天涯,值兵凶岁凶◎下山虎斗着混江龙◎那时节、杀戮的汹汹◎更诛求的种种◎有几个得逃生出网笼◎还惊恐◎只避秦人先入桃源洞◎我和你像华胥国的人儿。怎知他凛洌洌的肉颤心惊缠怕梦◎按：此曲句法不甚合律。

（内作风起介。）（小生）甚么声响？（末）虎啸的风响。（小生）阿呀！你还只管说快活，这个害怕不害怕哩？（末）相公不要害怕，地上人行，山中虎步，有甚惊奇，只不要惹他就是了。人不起害虎心，虎那有伤人意也。（同立高处介。虎跳一同下。）

〔八转〕俺这、苦营生，健勤身手◎趁时光，晨昏卯酉◎深山无伴独相求◎正黄花晚秋◎晚秋◎路荒无、人迹罕来投◎材不材、到处山中有◎叫俐鹠也么哥◎跳猿猴也么哥◎野鹿儿旧游◎猛虎扬威、一见回头◎俺何曾念咒◎念咒◎物我都忘、有恁担忧◎只怕得一点机心漏◎卧林邱也么哥◎吼泉流也么哥◎吼泉流◎伐木丁丁山更幽◎

（小生）如此说，这里想是烂柯山，你莫非是个神仙出现。（末笑介。）呀！相公。俺明明是个樵子，你却道是神仙。

〔九转〕那神仙呵！只看这，烂柯山径◎重寻处，叫痴儿瞎等◎则剩得、樵无斧，弈无枰◎真个、有仙分，该呆汉通灵◎得仙气，该枯木重荣◎却怎生、把千年换将来俄顷◎把樵子儿，似梦魂厮迸◎把斧柯儿，与刼灰俱冷◎这不像海月空捞影◎俺只是旧生涯，耕田凿井◎蠢头颅，穿云惊岭◎挑一担，风月轻清◎也不见、揶揄山鬼路逢迎◎也不曾见，禹王的神鼎◎但守着，草鞋儿两凡夫命◎一般的巢许无名姓◎你看俺、野花斜插鬓边横◎朝朝的白木长橛三尺柄◎

（小生）你不信神仙，我却想做神仙。（末）做神仙怎的？（小生）做神仙好上天？（末）你这人想要上天，可由来。你只管往上想，上不去，自然想出烦恼来了。我只管往下想，便觉得非仙是仙。像你这等想头，岂不是无苦寻苦。（小生拍手大笑介)罢了!罢了!我一肚子的热病,被你这一服清凉散浇得来雪散冰消。从前许多烦恼,都不知那里去了。双手拓开生死路,一身跳出是非门。(末)呀!我说得快活,你也听得快活了么。

〔尾声〕俺不过、闲人自把闲情耐◎你也不要、五十功名心便灰◎须知道是、天工早已安排待◎你宽怀也该◎你操劳也该◎相公呵。俺与你、一斧头劈破了愁城观自在◎

只管在此闲话,日已平西,怕我老娘在家盼望,我要担柴回去了。你也就此出山去罢。(指路下)(小生)多蒙指引。正是:要知山下路,须问过来人。呀!转头过来,那樵子飘然竟去了,可惜他不曾留下姓名。也罢!俺就把这座山唤做快活山,有何不可?

访菊《鹤归来》传奇首出　　瞿颉

(生外老旦末俱国朝服式冠带上)
〔南中吕·菊花新〕(生)弦歌学道试琴堂◎(外)顾曲风流丐已霜◎(老旦)半野足徜徉◎(末)欣五柳家风无恙◎

(生)学生言耐思。(外)学生周少霞。(老旦)学生魏杏坡。(末)学生陶茂君。(相见揖介)(生)我等遁迹林泉,放怀诗酒,颇尽盍簪之乐,可称耐久之朋矣。(末)这几时只不见瞿菊亭,未免稍形寂寞。未知他有何事情,足迹不入城市。(外)此公近日耽于声律,惟以制曲为乐。去年撰一部《元圭记》,是少康中兴故事,推陈出新,足补史迁之缺。近日闻得又在那里做本传奇,名曰"鹤归来",想因寄兴宫商,所以杜门不出。(老旦）可晓得这本《鹤归来》又是何人故事？（外）听得就是他家忠宣公与检讨公祖孙二人之事。（生）瞿忠宣是吾邑中第一流人，吾等虽叨桑梓，但于明史内观其大节，至其家庭遗事，却未深悉。今日何不去访菊亭，就请教这本《鹤归来》。便可深知颠末。（末）耐思此言甚是有理，我们大家同去何如？（外老旦）当得奉陪。（生末）如此就请同行。（外老旦）二兄请。（同下）（小生国朝服式冠带上）

〔北正宫·端正好〕渚茶香。炉烟袅◎翻新谱，几费推敲◎却喜得门无剥啄催租扰◎述祖德、传忠孝◎

零落家门愧式微，犹存王谢旧乌衣。月明华表空山里，剩有忠魂化鹤归。小生瞿菊亭。功名蹭蹬，尚余笔墨之缘；门第衰颓，却愧簪缨之裔。想起当日留守公殉节粤西，检讨公负骸归里。萃忠孝于一门，荷伦常于万古。今蒙圣主，赐谥忠宣；天恩高厚，发潜阐幽，可谓至矣。只是古来忠臣孝子，每藉梨园演出，方能妇孺皆知。小生不揣荒陋，趁着清闲，撰成院本，名曰"鹤归来"。意欲与故人周少霞、言耐思辈，商榷一番。想我半月以来，未与诸君会面，今日天气初晴，一定有人相访。僮儿！（内应介）（小生）今日恐有贵客到来，端正烹茶伺候。（内）晓得了。（四人上）（外）听曲琴三弄，（生）论文酒一尊。（末）欲登秋水阁，（老旦）齐到藕花村。（众）来此是了。菊亭兄在家么？（小生）是那个？呀！原来是各位仁兄。（揖介）（众）久违芝宇，鄙吝皆萌。（小生）今辱高轩，周饥顿慰。各位仁兄请坐。（众）有坐。请问吾兄何以足音杳然？（小生）小弟近日在家撰得一本新剧，正要就正诸公。（外）可是《鹤归来》么。（小生）少霞兄何以知之？（外）小弟颇有所闻，所以一猜便著。(生)今日弟辈特来请教。(小生)怎奈这底本已被□□班取去,诸公若不嫌絮烦,待小弟先将大意说与诸公听者。(众)愿闻。(小生)

〔九转货郎儿〕(一转)(〔货郎儿〕)不说他为循吏,鸣琴保障◎居言路,封章频上◎也不说黄门诏狱锁银铛◎也不说春晖园游复赏◎东皋墅咏和觞◎只慢慢的把西粤情形说短长◎

(生)吾等正要请教广西的事情。但不知忠宣公几时到广西去的?(小生)是弘光元年六月到广西巡抚之任,其时南都已经失守,那边有个靖江王,自称监国,潜谋不轨。

〔二转〕(〔货郎儿〕)那其间有强藩,潜窥神器◎把一个老中丞,生生逼勒◎谁知道白刃临头也誓不依◎(〔卖花听〕)密约个焦元帅、把叛党尽诛夷◎拥戴着端藩做天子◎改元为永历◎(〔货郎儿〕)指望个王业偏安在粤西◎

(外)请问那时检讨公在于何处?(小生)忠宣公赴任之时,检讨公就要同去,因他年纪小,不许他去。后来瞒着父母,同了义友刘文华,泛海寻祖。

〔三转〕(〔货郎儿〕)那太史公生一副,过人至性◎撇不下祖父母,飘零桂岭◎背地里辞亲挈友涉蓬瀛◎亏了个碧霞君神灵护。老阇黎斧资赠◎(〔斗鹌鹑〕)才能毂济得穷途。全他身命◎骨肉团圆。祖孙欢度◎可惜邵夫人先亡过了(〔货郎儿〕)便哭倒灵帏也唤不应◎

(老旦)这也可怜。闻得检讨公在广西曾经做过郡马,不知是何人之女?(小生)就是靖江王的侄女,名唤始安郡主,是宁圣太后赐婚的。

〔四转〕(〔货郎儿〕)有一个靖藩女,在掖庭抚养◎天生就,德容无两◎那太后呵!看承得似亲生儿女不寻常◎(〔山坡羊〕)要觅个佳子弟。俊儿郎◎妇随夫唱◎偏生是高不就、低不凑、配不上鸳鸯帐◎恰好检讨公渡了重洋◎到了全阳◎好姻缘早注定三生籍上◎可正是鱼比目,凤求凰◎双◎似梁鸿得了孟光◎（〔货郎儿〕）只可惜烽火连天方扰攘◎

（丑扮童儿捧茶上）为有堂前客,忙烹雨后泉。各位老爷,茶在此。（小生）诸公请。（众）请。（末）其时大兵已到何处？（小生）那时定南王孔有德已经下了湖南,提兵将入粤境,先差人到忠宣公处,下书招降（外）不知忠宣公何以待之？（小生）不想恼了忠宣公的性儿,封也不开,就焚其书信,斩其来使。（生）呀！焚书斩使,定南王怎肯干休,岂不是自速其祸么。（小生）忠宣公也并非卤莽,早有成算在胸。

〔五转〕（〔货郎儿〕）明晓得傍卧榻,岂容鼾睡◎捋虎须,危亡立至◎单靠着丹心一片力撑持◎（〔迎仙客〕）却也曾整车甲。抚疮痍◎准备下铁马金戈来御敌◎亏一个焦元帅奋神威◎力抗王师◎保得偏隅地◎（〔红绣鞋〕）不想那陈邦传怀异志,潜通上国◎背地里、树了降旗◎把赤心虎将暗戕贼◎霎时间腹心溃。手足披◎（〔货郎儿〕）把好端端半壁江山、弄得个瓜解冰消不可为◎

（生）后来便怎么样了。（小生）到了庚寅年十一月,其时焦琏已死,陈邦传已降,定南王便破了严关,长驱直入。（生）为何无人守御呢。（小生）可笑那班动镇。

〔六转〕（〔货郎儿〕）平日里尽道是、安安稳稳,丸泥封户◎不堤防、扑扑突突,喧天战鼓◎暮地里出出律律纷纷攘攘奏边书◎（〔四边静〕）急得个上上下下都无措◎早则是喧喧嗾嗾惊惊遽遽◎只办得仓仓卒卒挨挨拶拶向滇黔逃去◎省垣中、单留个铮铮佼佼督师阁部◎（〔普天乐〕）但听得闹闹炒炒的声。号号啕啕的哭◎丢下个寂寂寞寞冷冷清清留守衙署◎刚来了急急忙忙轰轰烈烈别山总督◎（〔货郎儿〕）可怜他师和弟、画就这一幅惨惨昏昏寒夜孤

灯听雨图◎

（老旦）那时忠宣公何以不去？（小生）他是个留守，自然城存与存；城亡与亡。他有个中军戚良勋，也曾劝他走避，被忠宣公大声叱去，但叫他把兵符印剑缴还行在。恰好张司马从灵川回来，晓得城中但存留守一人，排闼而入，相期共死。（末）后来如何被执？如何殉难？请兄再说与弟辈知道。（小生）诸兄听者。

〔七转〕（〔货郎儿〕）天乍晓，大清兵到◎他二人呵铁铮铮，几曾屈挠◎把万古纲常一肩挑◎（〔小梁州〕）定南苦劝终违拗◎高歌长啸◎一编浩气联吟好◎修血表◎立志甚坚牢◎（〔货郎儿〕）甘向那仙鹤岩前领一刀◎

（外）闻得定南王曾劝二公为僧，何故不从。（小生）忠宣公说；"为僧者，剃发之别名也。"所以宁死不从。（生）文山当日愿以黄冠归里，看来忠宣公又胜一筹矣。（老旦）请问其时检讨公何在？（小生）他在行在供职。（老旦）检讨公既不在桂林，不知忠宣公殁后是何人殡殓的？（小生）亏了个故人杨硕甫。（末）那杨硕甫可就是松仙的徒弟么？（小生）正是。

〔八转〕（〔货郎儿〕）他学神仙，无心仕宦◎（末）因何到了广西？（小生）就是松仙叫他同了忠宣公去的。锦囊开，装成颠痫◎（〔尧民歌〕）后来忠宣公幽囚时节、亏着他橐饘潜纳具壶箪◎睹双忠泪潸◎泪潸◎具棺衾殡殓在空山◎不随着众幕客各自逃灾难◎（生）此公真义士也！（外）闻得此人后来不知所终，都说是跟着松仙得道去了。（〔叨叨令〕）（小生）抱忠肝也么哥◎列仙班也么哥◎高谊信非凡◎（老旦）难道检讨公不来赴难么？（小生）怎么不来赴难！他一闻桂林失守（〔尧民歌〕）便泥首宫门别圣颜◎把程途急趱◎急趱◎怎奈兵戈阻隔，道路不通，向白刃丛中两三番◎覆巢遗卵拼糜烂◎

(〔叨叨令〕)**泪汍澜也么哥**◎**历间关也么歌**◎(〔货郎儿〕)**历间关**◎**负骨宁知行路难**◎

(外)一门忠孝,可也难得。但不知吾兄所撰传奇,何以名曰"鹤归来",莫非取令威故事么?(小生)非也。(外)愿闻命名之意。(小生)哪!只为忠宣公几根劲骨。

〔九转〕(〔货郎儿〕)**在西粤,淹留三载**◎**太史公,也险遭毒害**◎**可怜他长途万里负遗骸**◎不知受了多少惊恐,吃了多少辛苦。(〔脱布衫〕)**才望见拂水岩,家山一带**◎**先是那会元坊,鹤唳声哀**◎**分明是,魂归辽海**◎(生)原来有这等奇事。(小生)**是邑乘里,煌煌记载**◎(未)闻得忠宣公曾为苏郡城隍,未知端的如何?(〔醉太平〕)(小生)**他,做明神却也应该**◎**论天理,也不用疑猜**◎(外)昔年曾蒙圣恩赐谥,可称异数。(小生)**最难得是,皇朝雨露润枯荄**◎**信圣度如天大**◎(老旦)如今吾兄阐扬祖德,播之管弦,庶儿儿童走卒,尽知名姓,当与岳忠武、杨椒山诸公,并垂不朽矣。(小生)**愧鲰生谫陋无文彩**◎**便移宫换羽也何曾解**◎(生)向来大作,弟辈素所敬服,吾兄不必过谦。(小生)**凭诸公絮叨叨苦问这由来**◎(〔货郎儿〕)**这便是《鹤归来》一本传奇的命意在**◎

(外)听兄一番叙述,弟辈已粗知梗概。但耳闻不如目击,再得优孟衣冠,逐一演出,便如亲炙前贤矣。(小生)此本新剧,□□班已经习熟,听得今日在□处搬演,诸公有兴,何不同往一观。(老旦)如此甚好,我们趁早就去。(众)弟辈告辞了。(小生)诸公先请,小弟随后就到。(众)正是:后学须知忠孝事,清芬全赖子孙扬。请了。(小生)恕不远送了。(众下)
(小生)

(煞尾)**今朝佳客清谈好**◎**细述家门不厌嘈**◎**只愁诸公今日见了这本《鹤归来》,是雍门琴调**◎**变徵声高免不得泪湿青袍**◎我想忠宣公已蒙赐

谥,检讨公尚未题旌,何日里再盼得天上纶音奖纯孝◎

按:此套首尾用〔正宫·端正好〕及〔煞尾〕,乃《义勇辞金》体而省去〔滚绣球〕、〔倘秀才〕二曲,中间〔九转〕则用《货郎旦》体。是为仅见之"合璧"作法。

琴叹《石榴记》第二十六出

(小生扮张幼谦病容抱琴上)说病何曾有病来,鳏鱼通夜目双开。书生岂下穷愁泪,(指琴介)琴到秋清响自哀。小生监禁大牢,计算也不下三五十个日子,又不见审,又不见发落。毕竟此案是何结局?心中好生委决不下。亏得禁子哥做人颇好,别的囚徒,银铐大锁,昼夜钳钛,丝毫莫想转动;独俺不甚严紧,杻械非官来亲点,可以镇日不带。不知是何缘故?(笑指手足介)散手散脚,倒也自在。(摇头介)但鼻中腥秽之气,耳中酸楚之声,目中鸠鹄之形,四围逼紧,刻难宁耐。如何是好!连日觉得抑郁无聊,茶饭懒亲,渐渐有些不大清爽之意。俺想一身被逮,六亲皆散,并左右使唤之人也无一个,如何病得!不免打起精神,乘今夜月明人静,将琴抱入狱神堂上,扫地焚香,清弹一曲,以抒幽愤,有何不可。(行介)

(北)(南宫)(〔一枝花〕)问俺为世间何等人。而久栖于此◎一般也身躯长七尺。博古善文词◎今日个潦倒如斯◎可不辱没了平生志◎古者英雄有困时◎果能如淮阴侯,拜将登坛。司马公,援经作史◎

(作到介)唉!一般也有花有石,有窗有几,尽可排遣,何必多求。待俺收拾起来,(作扫地拂席焚香介)将琴儿和起弦来。(就坐和弦介)(抚琴欢介)琴呵!世间无情之物固多,有情之物亦复不少,如你小小身躯,包罗万有。昔人云:能令江月白,又令江水深。是何神技,一至于此。

〔九转货郎儿〕(〔货郎儿〕)**为甚的声悲壮,金戈铁马**◎**声酸楚,鸾孤鹄寡**◎**为甚的边关万里泣胡笳**◎**为甚的嗷嗷雁。觅伴儿叫落平沙**◎**为甚的助幽思半夜凄啼屋上鸦**◎

(内作鸦啼介)好笑!正说到你,恰好就啼起来了。此一啼,到合着何晏故事。初,晏系狱,有二乌止于屋上。女曰:乌有喜声父必免。遂撰一曲名乌夜啼,谱入琴中。俺久系犴狴,度此良夜,一闻此声,皆不有动于中乎?琴已和就,弹什么好呢?哦,有了。(弹介)

〔拘幽操〕**殷道溷溷、浸浊烦兮,朱紫相合、不别分兮,迷乱声色、信谗言兮。炎炎之虐、使我衍兮,幽闭牢阱、由其言兮。**

此名拘幽操,乃周文王拘于羑里之作。彼乃圣人,能观爻象,休咎前知,尚不无郁厄之辞。况我何人,能豁达处之、委心任运乎?(推琴不弹介)弹来弹去,越起愁烦,弹他则甚。(起步沉吟介)俺想,为情而死,死亦何恨,就是今日如此,也是自作自受,待怨谁来。特恨不能践同盟之言,有负初心耳。

〔二转〕**俺虽不能如梁山伯,风流年少**◎**他可也比得过祝英台,幽闲窈窕**◎**一般儿也向书窗订素交**◎**几年间亲亲热热恩恩爱爱的胜似同胞**◎**使父母看见了都欢笑**◎**又可可的端阳节到**◎**生就一本石榴树儿起祸苗**◎
〔三转〕**想当日双跪了,指天说誓**◎**相偎着,也自觉风流绝世**◎**那一句句的伤心言语几人知**◎**只有个花神在。暗地里点头儿**◎**老天、如这等师兄师妹**◎**恩夫爱妻**◎**便该读书不离**◎**花朝月夕**◎**同行并立**◎**才算的美满乾坤万物宜**◎

无奈天心必不肯成全,意外生出许多枝节,教你颠颠倒倒,触着的便是网罗,踏着的都是机械。(跌足介)俺好恨那!

〔四转〕要什么延幕友,将军携带◎许婚姻,东家错爱◎生生把一株连理两分开◎苦、苦了个梁山伯。苦、苦了个祝英台◎情山义海◎央出个做美的红娘来采花、去采花、暗中把书儿带◎泪也盈腮◎愁也盈怀◎病恹恹欠下了相思债◎不还不可,还无赖◎咳◎种了祸胎◎都是色胆如天惹出来◎

〔五转〕怪只怪那老犁牛,风魔痴妄◎好端端,要为人岳丈◎你既将娇女许才郎◎也不算。矮你门墙◎为甚的刁张仪忽起欺心向楚王◎试问你凡马驽驹。何如骐骥◎直恁的听鸱鸟,谋杀鸾凰◎可知道贞松烈柏难摧枉◎君不见祅神庙,火延佛像◎望夫山,石化红妆◎相思树,人变鸳鸯◎都可做。没商量◎说什么一个风流罪过的带锁披枷公冶长◎

〔六转〕今日里凄凄惨惨,身拘囹圄◎悉悉索索,耳听桎梏◎见多少、闷闷沉沉、阴阴碜碜、病囚徒。向着那黑黑窣窣深房屋◎凭着人颠颠倒倒◎仰仰伏伏、猪猪狗狗。牛牛马马的。扳头攒足◎夜深了奇奇怪怪,难闻难睹◎少什么迷迷灭灭的灯。淅淅飒飒的雨◎支支喳喳。啼啼哭哭屋角鸺鹠◎咿咿哑哑。格格杂杂。天阴门户◎甚至于脓脓血血、还见了些披发伸舌的厉鬼图◎

(内打三鼓介)呀!已交三鼓了。这些铃柝之声,空城远布,静夜听之,宁不泪下。

〔七转〕铃与柝,随风四应◎响当当,三更五更◎墙头上月光又空明◎照碎了阶下梧桐影◎寒蛩儿丛聚苔径◎纸条儿飒飒不住的响遍空棂◎问谁禁得这萧条境◎不由人不害死销魂病◎咳!怎一家儿弄得似,风雨残花飘不定

想起俺爹爹,在军前未卜安否,谅还在那里望俺春闱捷信,怎知你孩儿龙门未跳,转跳进了虎头门么!前闻母亲着抱琴送

信去,未知去否? 若接到此信,料亦惊骇不浅,年老客途,何以堪此。(内打四鼓介)

〔八转〕想着你,桑榆景晚◎孤身寄,强兵百万◎便是才如诸葛也烦难◎况衰年懒残◎懒残◎近来书信阻关山◎禁得几个板荡中原叹◎呕心肝也么哥。苦形骸也么哥。多病少安◎况有妻孥,休戚相关◎怕此时未成眠、把凉蟾也看◎也看◎可知妻忆儿夫泪不曾干◎儿愚犯法把双亲盼◎好伤心也么哥。太凄凉也么哥。争得四五处离魂梦里团齐叙一番◎

(外扮狱卒上)(呵欠介)你这个什么张官人,真真年轻,有些书气。一夜不睡,唧唧咽咽,说些什么? 又不像念文章,又不像念灶经,镇夜说了去,炒得合监中人不安,却是为何! 依我说,还是去睡睡罢。(小生)哎哟! 禁子哥。小生苦处,三日夜说不尽,何争一夜。(外)呀! 这又奇了。坐监的人有个不苦的? 似你这等,算云眼儿里的了,还不知足么? (小生)是! 小生就去睡了。(外)有这工夫为何不去下场,颠倒把状元倒好中来了。(冷笑介)应是皋陶为主考,大牢中有读书声。真真书呆。(摇头下)(小生良久不语介)好没来由,倒被这厮抢白一场。罢了! 无知之言,且自由他。(内打五更介)坐了一夜,鸡已乱鸣,想天欲曙也。

〔九转〕听喔喔,鸡声齐至◎坐一夜,神疲欲死◎也把各种闲愁心上略略去些儿◎只有那人家,合卺良时◎这人家,父不仁慈◎逼将来,不无凄惶事◎若真个,教他尔尔◎这性命无言可辞◎我力任之◎(泣介)妻呀! 我还痴心妄想作连枝◎眼巴巴、望那长安一片纸◎早知道魁星文运只如斯◎倒不如石榴花下同寻死◎到而今天明鸡已乱啼时◎还说甚梦里功名两个字◎

（抱琴行介）

〔煞尾〕还把这琴儿抱向怀中转◎（指琴介）除尔悠悠谁与言◎琴呵！俺和你患难交情久逾见◎可怜◎可怜◎就是这一夜恩情亦非浅◎

九转词逸叟醒群芳《续青溪笑》末折　　蓉鸥漫叟

（生苍髻氅衣朱履上）絮雪凝香月满轩，主人送客独留须。为谈往事成惆怅，春雨秋风牡蛎园。老夫安峰逸叟是也。壮志烟高，逸情霞上。旁搜博采，但期读五车书；西抹东涂，也曾行万里路。阮生眼角，亦解留人；坡老肚皮，颇能容物。三十年晓风残月，肯居薄幸之名；六千场酒海诗天，偶订相思之谱。新欢蕴藉，挹来孙楚杯中；旧绪迷离，谱入桓伊笛里。这也由他。只为度岁，暂寄白门。今日瑶雰主人相招，同西楼寓公闲话，不想在秋影楼得遇葆华内史，因约了他们来。是时候了，只索先去。正是：作客天涯忘逆旅，题襟阁上拂轻尘。（行下）（小旦淡妆雅服上）花溪蟾影澄如水，钟阜螺痕淡向人。倘欲临风学飞燕，水晶盘里贮侬身。儿家瑶雰。自闭门深巷以来，热不因人，冷宜避俗。最怕闲蜂浪蝶，敢夸香草琪葩。地似冰清，喜双扉之常阖；意如花淡，爱九畹之齐芬。这几年，荷安峰逸叟看承，不以常人目我，颇契襟怀。更喜西楼寓公，题额赠诗，倍增声价。今朝风日清佳，邀请他们到此小叙，想必就来，只索坐待。（生行上作扣门进见介）呀！主人今日为何起得恁早。（小旦笑介）你老人家来迟了，倒说我起得早。昨日在何处闲行？（生）昨午本赴西楼，适过秋影楼中听琴，坐有葆华内史，说他今日也要同秋影来这里闲话。我已遣人邀寓公去了。

(小旦)如此甚好。(杂上)禀老爷。小人到西楼,与马盈门,有客在彼闲话。门上人说,不能来了。(生)罢了。(小旦)可要著人到秋影楼去邀内史?(生)不消。他们约定,少刻自来。(小旦)是!请在东轩坐罢。(同生虚下)(小生便服同旦行上)为期逸叟攀清话,同访瑶姬品素心。(作到门同进介)(生同小旦上)(小旦)二姐姐同内史来了;他老人家候久了。(小生)昨日所说瑶雰阁三字,是西楼寓公写的,今在何处?(生)在阁上,少刻再看,且在此处请坐。(各坐介)(小生)请问尊丈:来此多时,又经几番凭眺?几番题品了?(生)我此来呵。

〔一枝花〕莽云山、凌空放眼瞧◎那禁得、岁暮舒长啸◎意迟迟、红尘知己少◎恨丝丝、绿鬓替人凋◎端的是、气迸云高◎浑忘却身将老◎(旦)你老人家清健得紧哩。(生)因此上、拖游屐、度浮桥、又过新桥◎尽著这、十四楼,风月销磨。那忍见、三十年,莺花零落◎

　我想繁华满眼,去日如梭,一瞬升沉,言之不尽哩。

(〔货郎儿〕)说不了,罗浮梦快◎说不了,阆风路窄◎想当日、浮踪曾此溷风埃◎(小生)近来有好些题咏了?要领教哩。(生)我前日偶然高兴,将金陵琐事编了《货郎儿九转弹词》。我、展长笺,吟潇洒。摭琐事,意徘徊◎不觉的、把秃笔描青写出来◎

(小生旦)如此妙得紧,倒要请教了。(生)内史与秋影不嫌絮烦,待我细数从前,历言今日。且住,只是我的弹词配着琵琶韵调方好。(旦)这个容易。瑶雰妹子近时弹得一手好琵琶,何不请教他弹着,你老人家歌着,岂不是名士佳人,同赓雅调么。(小旦)姐姐又来燥皮了。(小生)一定要请教。(生)这也说不得了,你且弹起来。(小旦取琵琶弹介)(小生向旦介)你拍檀板,我倚洞箫和之。(旦拍板、小生吹箫介)(生)我想当日呵。

〔二转〕记芳年、绕城南,花天月大◎趱去路,见灯光激射◎启双扉、恰老树当门第四家◎前庭畔、莲步太夭斜◎笑吟吟、蓦地里春生乍◎遥问讯、畹如回答◎那壁是、小妹孪生唤靥花◎

> 那汤九字畹如,汤十字靥花,他是双生姊妹,真个出落得好。其时有个朱元宝家,邃阁重轩,为贮娇之所。或者花晨月夕,小舟载美,荡漾河干,说不尽的兴致哩。

〔三转〕热平康、赚得来,花情万种◎却都向,朱门坐拥◎有时、兰舟满载水云重◎那时,许寿、赵静芳、白塔西施、赛杨妃,分住河楼,各邀姊妹。又有素心兰、秋海棠、荷官等辈,同着李香佩、唐素君,都负时名。共飞琼、弹宝瑟。并飞燕、捧银钟◎觅西施、移家翠陇。访杨妃、阶分碧蓉◎更春兰韵工◎秋棠态浓◎朝荷艳涌◎映带着、仙李唐花各一丛◎

> (小生)这也算热闹的了。(生)时光荏苒,花事芊眠,渐渐的王家后起的人多着哩。

〔四转〕那其间、有王氏,玳筵乍敞◎水阁里,日辉星朗◎正好、绿珠婉娈秀瑛芳◎真个是、好因缘,金屋贮。佳作合,玉楼藏◎如珠在掌◎直弄得、人儿念着心儿痒◎独占花场◎分住仙乡◎自绿珠秀瑛去后,那翘云韵秋跟着艳瑞二人,播名河上。花朝扑蝶,好不风光哩。那姗姗翘韵又连翩上◎骈柯合,并蒂双◎厮称着、艳瑞名扬◎早谱出、四美花朝同宴赏◎

> (小旦)你老人家提他则甚。(小生)果然擅一时之盛。(生)我还想,各处风廊月榭,画幔珠帘,还舞征歌,十分兴趣。真个是,上头箫管,中流烟月,光景如在目前。秋影,你身当其际,也曾回想么。

〔五转〕随处有好妆台、傍风亭,枕雕栊儿扇◎绕云廊,引画箔双悬◎晚凉时、水月渺无边◎整宝髻。整香钿◎一阵阵、茉莉风熏翠袖偏◎猛听得、莺语滑,燕声圆◎想像煞、朱唇皓齿露微焉◎彷佛是、临江客。步虚仙◎向月宫中,遥对着十顷光明镜里天◎按:此曲较正格少数句。

（小生）真个是,欲界仙都,升平乐土。这班人也觉得太受用了。如今看来,怎么萧索了许多。（生）正是:怎得四时有不谢之花,八节有长春之草。那晓得热闹场中早抽身的还好,那不晓得趁好回头的,随波逐流,也就不堪收拾了。（旦、小旦作点头介）（生）哎。

〔六转〕恰便好、兴匆匆,看花命酒◎漫寻思、淅零零,轻霜著柳◎那觉的摇摇曳曳、飘飘渺渺、倩谁收◎则只见、玉颜改,心如灸◎则只见、萧萧槭槭。离离索索。朝朝暮暮。风风雨雨。那佳时难又◎怎得个、花花簇簇,逢场如旧◎有几个、魖魖魀魀的人。辛辛苦苦的守◎不似那、虚虚晃晃。轻轻易易。梗断萍浮◎要想起、孤孤另另。凄凄惨惨。不堪回首◎肯看那一派冷冷清清、流水斜阳黯淡秋◎

我想三二十年来,门庭半改,人事都非。那玉李、绿琴、陶酉、唐秀,早已化为异物。即初圆、玉秀、徐玉、郭心、瑟瑟、珊珊、文卿、崑仙,又都不知去向。如王寿那等人家,更弄得衣食不周了,有谁看顾他,真个可怜呵。

〔七转〕转眼见,东邻西舍◎热轰轰,太觉奢遮◎九夏三冬任消歇◎十年往事似风花瞥◎这门巷、击一双金勒◎那庭院、积半堆黄叶◎炎凉情态真休也◎叫西风、谁是疼人者◎可怜那没聊赖的朱颜。只盼着、寒瑟瑟青溪一轮月◎

（旦小旦作微叹介）（小生）似这般光景,凡我辈有情人,亦当堕泪。(生)秋影格高韵远,瑶雾性冷情闲。他两个本具慧心,早能悟彻,将来可站定脚跟了。(小生)尊丈看得不差。不知此番到来,又有月么?(生)哎!人海虚情,花场恶状,我半生阅历,厌弃不胜;怎肯再堕污尘,牵缠不了。客居无事,惟有听琴登秋影之楼,说茗上瑶雾之阁,或西楼论文,间倾尊酒;那河上华筵,一概不敢只领了。

〔八转〕旧青衫,酒痕生晕◎长干道,风光不尽◎支筇来作拗花人◎正阳回早春◎正阳回早春◎只看承秋影伴瑶雾◎林下风竟不改前时韵◎气氤氲也么哥◎话纷纶也么哥◎这答儿较胜◎河上华筵一例儿陈◎又何须去问◎去问◎那后来之秀,未尝无人,我已懒于评品了。屈指光阴一番儿新◎有几个、后起天生俊◎我步逡巡也么哥◎意因循也么哥◎任你含娇逞笑嗔◎

(旦小旦向小生介)他老人家高怀逸致,那个及得他来。(小生)正是。请问尊丈,游踪所至,有几种词翰传遍青溪了?
(生)待我自己数说几句,内史休得见笑。

〔九转〕捻霜髯、肯说道,先生休矣◎谁识我,心花放蕊◎我也曾、趁两行红粉写乌丝◎频向那,莫愁湖,湖上去游戏◎桃叶渡,渡口赴星期◎数不迭,冶春风致◎联珠传,画出当日事◎俺还有、咏花篇,细品仙姿◎知呵,拈百首,早有折柳新诗◎俺更、喜标赘笔写纷披◎并谱出青溪笑,人人赞美◎(旦向小旦介)他老人家高兴得紧,只是忒费心思了。(生笑介)俺也是、江湖飘泊闲情寄◎偶为此、高歌唤醒鸳鸯队◎恁忒煞关情,喁喁切切细问俺何为◎则要觅有情人、把九转歌词唱到底◎

(小生)似此鸿辞,定当传诵千古。(旦)我明日把这九转词谱入琴曲,何如?(小生)妙极。妙极。我想他老人家风流豪迈,韵绝一时。那拈花觅咏,赏月衔杯,有多少佳话。我风埃过客,望之似神仙中人,不胜艳美。(旦笑介)他老人家竟是一个卧雪袁安了。(小旦)姐姐又来燥皮了。(生)老夫如今呵。

〔煞尾〕俺最喜、春前瑞雪应丰年兆◎恰便是、阁上凝香作韵士巢◎那里见、有情天肯无情老◎叹当时梦抛◎喜今时兴饶◎(笑介)呵呵,秋影呀,竟让你说着了。俺只要做一个卧雪袁安、怎可道好◎

(内唤介)阁中梅花大放,请各位登阁宴赏罢。(小旦)请。(生小生旦同下)

拄杖挑云忆往时,惜花谁作有情痴。
今朝过客遥相问,九转凭谁唱我词。

颂功《儒吏完城》第四折　　许鸿磐

(净去粉墨儒服上)俺浚县学内生员是也。因俺贤父台捍贼完城,合邑感激不尽。今日又奉恩纶,俺父台衔加司马。众绅士谨治酒筵,在县署花厅内庆功贺喜。教俺弦歌新曲,以代颂扬,只索走遭也。

〔一枝花〕不堤防、承平起寇贼。逼撺的、邻境嗟危殆◎险把俺老书生、瘦骨喂狼豺◎幸遇治贼奇才◎留得咱、残生在◎才得、理弦歌,再整破书斋◎今日个,报德筵开◎播新声,同申感戴◎

(副净二杂扮绅士上)(遇净介)我等俱齐,入署去者。(至署通禀进)(生蟒补五品顶)(戴挂珠上)(迎众入花厅介)(生)诸位皆在窨乡,还要张筵治酒,心实不安。(众)无以为报,聊表寸忱。(杂禀介)同城老爷俱到。(生)请。(末外丑去粉墨)

(小生同上,各相见介。)(副净)老父母竭尽心力,留得合城性命,五中感激,难以言传。谨制成《守孤城》北曲一套,(指净介)他是学内老诸生,素通音律,弹得好三弦,因令他按谱弦歌,以代传颂扬不尽之意。(末)这定要领教。(副净)看酒。(送酒介)(生一席、外末一席、丑小生一席、副净等左右各一席。)(末执杯向净介)请教。(净饮酒)(杂递三弦)(净弹唱介)

〔货郎儿〕俺不唱,苏狪谋叛◎也不唱,王伦造反◎也不唱、林爽文聚众闹台湾◎俺只唱、癸酉年,遭兵乱。受围困,历艰难◎慢慢的、把那保守黎阳近事弹◎

此事因何而起。

〔二转〕只因为、闹白莲,贼分八卦◎反滑城、将官民害杀◎好一似、猛兽乘风弄瓜牙◎俺小平川逼近是邻家◎他枭张鸱顾真堪怕◎莽烽火,传来一霎◎弄的,满县里惊慌乱似麻◎

喜遇着俺贤父台呵。

〔三转〕这贤侯、赤紧的,惊闻谍报◎不由的,冲冠气恼◎急忙的、商量战守聚同僚◎笑孔融、才略短。赛虞诩、智谋高◎洒丹诚、人心踊跃◎发仓储、军粮裕饶◎更分开卡哨◎扼断溪桥◎防严要道◎你看他、文弱书生运六韬◎

当时情形好不危急哩。

〔四转〕那强贼、遗凶徒,分头肆抢◎先觑俺,东黎片壤◎错认做、怯鲁杲在南阳◎你看他、恣咆哮,如饿虎。逞奔突,似贪狼◎恁地猖狂◎但只见、闹嚷嚷紧一回、慢一回,昼夜里更番上◎火毁关厢◎驳裂垣墙◎似狂风叠涌长江浪◎你看、曹县破,定陶亡◎还有长垣被戕◎真个是、地动山摇难抵挡◎

盘根错节所以别利器,那时方见俺父台本事也。

〔五转〕这贤侯、展雄才,把严城卫捍◎矢丹心,忘眠废餐◎倚敌楼亲把画弓弯◎铁衣冷。剑光寒◎镇日里、立在熛枪利矢间◎亏煞你、痛断根株。先除内奸◎亏煞你、架梁栅,把碎堞完◎亏煞你、雷车打的云梯断◎亏煞你、焚贼寨,出奇乘间◎亏煞你、效迭战,铁锁连环◎亏煞你、控卫河不使浪波翻◎这的是、能应变。善达权◎向那万难中、保守的累卵孤城稳似山◎

内守既严,外援复至。当日呵。

〔六转〕正值他、闹该该,云梯乱竖◎忽听得、扑通通,隔山战鼓◎遥望见、赫赫烊烊、堂堂正正、万军趋◎吓的那、众逆贼频惊顾◎早只是、慌慌怯怯。纷纷乱乱。抢抢攘攘。挨挨挤挤。各寻生路◎城门内、霍霍闪闪,旌旗飞出◎只见、纠纠的众乡兵。桓桓的诸义旅◎腾腾跃跃。叱叱咤咤。一阵喧呼◎早荡开、昏昏暗暗。凄凄惨惨的。妖氛毒雾◎霎时间、画出一副烈烈轰轰、保据邯郸的战胜图◎

(外)凶焰之张,守御之严,战功之烈,唱来——如在目前,是好摹绘也。(净)完城之功,大者有三:一为屏藩远近。听俺唱来。

〔七转〕焰腾腾,燎原扑灭◎浪汹汹,横流断绝◎问平地风波是谁遮◎那三方邻境、尽把俺屏藩借◎东高铺,是淇县的喉舌◎南隆固,是汤阴的臂胁◎过淇门紧接朝歌野◎指黄河遥控延津掖◎若不是小黎城砥柱中流。倒只怕、铁铮铮的坚城俱溃裂◎

一为安抚流亡。听俺唱来。

〔八转〕自滑城,陡兴邪教◎满郊原,豕蛇肆扰◎千村万落半焚烧◎这灾危怎逃◎怎逃◎遇贼的、白骨委蓬蒿◎避贼的、赤足忙奔逃◎

似风飘也么哥◎似波漂也么哥◎恁颠连谁告◎门外天涯空泪抛◎赖仁人护保◎护保◎家园回首黯魂销◎险些儿化作沟中殍◎获安巢也么哥◎沐恩膏也么哥◎似这样阴功山样高◎

一为保全百姓。听俺唱来。

〔九转〕今日个、销烽燧,城门不闭◎离水火,咸登衽席◎却似那、诵招魂新自鬼门归◎一个个、幸余生痛定自思维◎感深恩不止脱身危◎且待俺,更端话起◎第一呵、爷娘蒙护庇◎第二呵、保子孙,永延血食◎第三呵、兄与弟,还得手足相依◎且喜得、夫妻伉俪免仳离◎还留下、旧相知,良朋数辈◎慢说那、田园庐舍无抛弃◎就是那、牛羊鸡犬也含生意◎纵饶你、妙形容一管灿花笔◎也述不尽保障完全的恩义美◎

今日衔加司马,正是功德之报也。

〔煞尾〕只为你劬劳留得哀鸿在◎因此上、丹凤衔将诏旨来◎你看那、白鹇绣补生光采◎恁恩德大哉◎这恩荣异哉◎谱一套纪实的《九转货郎儿》播千载◎

哀思曲并序 《勵堂乐府》　　顾家相

余以辛亥季春,解彰德郡篆,即遣眷属来寓西安。缘先考妣皆葬鄠县,不能不为秦之侨民;且前一岁已卜就寓庐,有宾至如归之乐。余旋于夏至前抵寓,三男遹光则八月下旬方到,征尘未拂,而已闻武昌警报矣。九月朔日,西安民军接踵起事,全家在危城之中,幸未遭土匪焚掠。虽仅阅数日,秩序渐复,而痛定思痛,犹觉动魄惊心。既而甘军东来,攻扰近省州县,鹤唳风声,时时在耳。迨甘军闻共和诏下,始行撤退,干戈静息,诚为一方之福。惟是京华北望,朝局已非,回首前尘,如梦如昨。忆余生咸丰癸丑,是为洪杨破金陵之岁,其时北方诸省固无恙也。同治初元,秦中乱作,屠戮之祸,惨不忍闻。乃未几而回匪荡平,东南且旋底定焉。自时厥后,或边徼用兵而中原无事,或小丑窃发而大局无妨。越南朝鲜两役,为外交巨蠹,然余在内地,又值听鼓闲居,初不相涉。庚子变起,余所宰萍乡为刘忠诚辖境,所营煤矿又为张文襄提倡,同在东南保护之中。都门诸事,可骇可笑,盖闻而知之。回銮后,入都觐见,忝膺郡守,彰德近接几疆,极欲勉图报称。无如新政日繁,民生日蹙,县官日益困苦,督责寡效,表率终虚。且默察时艰,乱萌隐伏,去志益决,非敢漫诩见几,实尚希图幸免。犹冀少罗兵革,垂老或不致再睹烽烟;方将凿井耕田,为击坏康衢之叟。何意事变忽乘,及身亲见;差幸已无官守,尚可进退自如耳。仲夏中浣,届六旬诞辰,亲友多情,欲为致祝。余既力拒其请,而悲从中来,不能自已。乃取六十年阅历兴衰之迹,援笔成文。长歌当哭,聊写牢骚,且以质之亲友。若谓上拟庾开府之哀江南,郝文忠之哀三都,则吾岂敢。

(北南吕)〔一枝花〕最难忘、髫龄值乱离。更何堪、垂老遭兵革◎受饥荒、容颜增菜色。苦奔驰、磨炼到筋骸◎饱听了、炮震枪排◎还留得残生在◎依北斗、望京华、无穷感怀◎怎比得、商山翁,皓首芝餐。权做了、东陵侯,青门也那瓜卖◎

〔梁州第七〕想当年、肇皇图,龙兴辽海◎莅中原,定鼎燕台◎喜相承、重熙累洽臻康泰◎辟版章,武功烜赫。举词科,文教宏开◎翠华巡,与情爱戴。木兰狩,蒙部绥怀◎天运穷,盛极终衰◎人事迕,措置多乖◎失藩封,被吞了缅越琉球。订约章,迷混了东边疆界◎

护朝鲜,割弃了海外珠崖◎堪哀◎可骇◎说不尽、一朝基业兴还败◎料史官、能纪载◎俺只把、切近的遭逢叙述来◎珠泪盈腮◎

〔转调货郎儿〕禁不住,惊涛灏瀚◎料不定,沧桑变幻◎谁收拾、浮沈破碎旧江山◎俺待要、抚松枝,寻夏社。歌麦秀,泣殷顽◎转盼的、六十年华似指弹◎

〔二转〕想当初、奠苞桑,大清天下◎涵帝泽偏遐陬向化◎有鲰生、诞育在邠州长武衙 先考宰长武,余生署中。似崑山片玉美无瑕◎余生时,先妣祈神庙签诗,有"且向崑山求片玉"句。我椿萱、珍重得高无价◎亲传授,经师家法◎指望着、文章蔚国华◎

〔三转〕自从那、起金田,汉池兵盗◎据金陵,江湖云扰◎蓦地里、燎原凶焰烛天高◎幸名贤,开幕府。赖儒将,赋同袍◎殄封狼,三湘年少◎荡鲸鲵,长淮俊髦◎更歼除、东西捻巢◎滇黔蠢苗◎羌回桀骜◎全仗出群才、手挽银河把氛寝销◎

〔四转〕那时节、正中兴,升平有象◎不堤防、龙归天上◎依旧是、垂帘母后莅朝堂◎选宗支,承大统。增科举,策贤良◎恩波浩荡◎引动得那文人、十八省的、千百里的、都跃向桃花浪◎鄙人呵、逐队观场◎桂杏联芳◎乙亥顺天乡试中式,丙子联捷。颤巍巍名字魁春榜◎会榜列第六名。牛刀试。骥足骧◎分发到江西豫章◎一例儿、钱谷簿书劳鞅掌◎

〔五转〕想朝廷、广招徕,辟通商口岸◎慎稽查,榷江洋税关◎任梯航万国萃瀛寰◎营租界。馆诸番◎一件件、怙冒怀柔政令颁◎争奈是、斥异排夷。遇蒙性顽◎西教先盛行于外域,而后入中国,与佛教回教同。愚民不察,以中国本有之邪教作一例观,诚为错误。然佛教迷信成俗,已数千载,儒士犹或排之;其排西教,亦无足怪。争奈是、迎与赛,敛钱难◎西教不拜多神,约章声明,华民入教者,迎神赛会概不出资。但春祈秋报,自古已然,旧俗势难改变。假如一村百户,岁需百缗,若有三十户入西教,顿少三十缗,仍须七十户加增摊忍,必非所愿。民教龃龉,此亦一大原因。争奈是、杯弓蛇影生疑案◎中国邪教,小则惑众敛钱,大则谋为不轨,自张角以后,历代有之。师巫邪术,久悬厉禁。采生折割,乃邪术之一端,前人指为白莲教所为,白莲教盛于明代,史册可征。西教设育婴堂,民间遗失孩童,辄疑为堂中诱拐,谣言传播,有挖眼剖心之谬说。同治庚午天津之案,酿祸甚巨。争奈是、听狱讼,庸流偏袒◎教士护教民,官吏畏教士,此尤通病。因此上、钟怨毒,郁积民间◎因此上、奸徒勾结起波澜◎练习了、红灯照。义和团◎看一伙儿、没下梢的圣母师兄上将坛◎

〔六转〕这不过、怒吽吽,莠民用武◎怎抵挡、气昂昂,洋兵内渡◎联合了、美英法德、日俄奥意、众师徒◎弄得个、端庄刚董都无措◎逼迫了、九重帝后。满朝亲贵。纷纷扰扰。牵牵扯扯。幸大同宣府◎百忙里才转到、迢迢递递、秦关深处◎多亏得、龙蟠虎踞的吴襟江带湖的楚◎同心协力。安安稳稳。保守偏隅◎还有个、堂堂使相。峨峨仗节。把邦交重固◎到头来、济济跄跄、捧日回光照帝都◎

〔七转〕破白浪,六鳌击楫◎辛丑,余因明保,调取引见。癸卯,请咨由海道北上。觌丹墀,双熊画车◎以知府发河南。一载睢阳郡符摄◎真除邺下在雄州列◎陈筱石中丞奏改彰德为要缺,以余请补。先委署归德事,丙午冬始到邺。几行字,考韩陵碑碣◎韩陵片石,今已无存,仅文字尚可考见。三尺土,访茂秦墓穴◎明代诗人谢茂秦葬府城南廿里,余承江叔海观察之命往访。旧碑倾侧,为筑碑楼,加题识焉。铜台歌舞凄凉歇◎铜雀等三台,在府属临漳县乡间,仅存三土堆。誊空堂昼锦开黉舍◎书院内有昼锦堂,改设中学校。自惭这二千石的官阶。并没有、一半点的涓埃报天阙◎

〔八转〕自回銮,旧邦新造◎挥戈处,虞渊日杳◎慈宫联辔返重霄◎

把繁华顿消◎顿消◎庙堂中、风雨乍漂摇◎叹绸缪牖户的孤儿藐◎教新操也么哥◎调秋操也么哥◎会党儿多少◎硕彦耆臣相继而凋◎不憖遗一老◎一老◎燕雀嬉堂大厦儿烧◎问谁能、铜柱擎天表◎起风潮也么哥◎换新朝也么哥◎换新朝。恰逢了革命成汤逊位尧◎

〔九转〕这长安、是秦汉、隋唐京邸◎历千载、销沈王气◎一自我、家君作宰到关西◎抛撇了、流觞亭、春日曾修禊◎甘领受、灞陵桥、冬雪且吟诗◎侥幸煞、少年科第◎驱宦辙、图南还北徙◎猛在那、急流中、抽身脱离◎挈眷属、可也携手同归◎忽惊听、季秋月朔动征鼙◎只得、避灾患、柴门暂闭◎眼见的、时危局险民生敝◎聊借这、高歌谱出伤心事◎若问、天下滔滔应向何处栖◎俺则愿享余年、长守着先人邱垄里◎

〔煞尾〕闻说道、宫闱陵庙都无改◎似这般、优待前朝礼数该◎对旧君故国、兀自存忠爱◎洽民心快哉◎迓天庥大哉◎漫称扬、政改共和的太平代◎

> 右曲脱稿于壬子首夏，其时优待皇室条款虽经颁布，而燕秦远隔，未悉实情。迨儿辈自都下归，缕述两宫安善，当局于优待各节均将履行，且定议驻跸颐和园，犹不忍遽请迁移。而存留太庙，永归清室奉祀，尤亘古未有之旷典。昔虞舜禅位，文命商均退处藩封，而仲尼称为"宗庙飨之，子孙保之"。今兹盛举，以视唐虞洵有加焉。薄海臣民，非特不必存鼎迁社屋之悲，或当以躬逢其盛为幸。爰附识数语，窃自笑杞人之忧为过计也。中秋后六日，勖堂自注。

> 洪昉思弹词篇，首用〔南吕·一枝花〕、〔梁州第七二〕曲，末用〔煞尾〕一曲，前后相应，盖本元曲女弹词之旧也。然元人所作

〔转调货郎儿〕,首尾有无,亦各不同;故余初稿未用之。甲寅秋杪,重入都门,虽风景不殊,钟虡无恙,而文武衣冠之异,王侯第宅之新,未免增人怅触。爰取自序及附识之意,补填三阕,置之首尾,俾与洪氏一律。长言咏叹,不自知其手之舞之,足之蹈之也。勖堂又识。

附记:这篇文章在《幼狮学报》发表时,各支曲子的标点都在行内,而押韵的双圈,为防模糊不清,用大型排印。这次编集重印,本应全部排在行外,并改为大小一致。因为我的疏忽,未能对排印者交代清楚,以致参差不齐:不押韵者用小型排在行外,押韵双圈则被误认为一种"特殊符号",仍用大型而排在行内。这种形式,甚不美观,版已排好,再改也来不及了,真是遗憾! 当然这都怪我自己。

评唐编全宋词

唐圭璋君于民国二十一二年间发愿辑全宋词；阅时未及十年，其书竟成。网罗群籍，蔚为巨观，未尝不叹其弘毅。然审读一周，则又惜其体例乖舛，校勘疏谬，未能尽满人意。今论列所未安者若干则于下方，质之唐君，或不以为忤也。

一、此书仅有作者索引，无调名及首句索引，即旧式目录亦无之，读者寻检，极为费力。

二、帝王、宗室、释道、女流，应按时代先后，与其他词人一同排列；本书则"各归其类"（见例言第二则），此种编列方式，殊嫌陈旧。

三、唐君于宋人笔记诗话，似未逐编细阅。即如王铚《默记》所载有欧阳修〔望江南〕，吴曾《能改斋漫录》（卷十七）所载有苏轼和秦观〔千秋岁〕。欧词虽是嫉者伪托（参阅《词话丛编》本《词苑萃编》卷二十），然"伪托者犹为宋人"（参阅本书例言第八则）；苏词则情真语挚，决为真笔，《朱子大全集》文集卷四十五《答廖子晦书》亦曾引其断句。二词本书均未收入，此外恐尚有遗珠。

四、是书辑录诸词，出处有两书以上者，多只注一书。即以宋徽宗词为例。〔声声慢〕"梅"词，《彊村丛书》所收曹元忠辑本注出处云"《乐府雅词拾遗》上、《梅苑》一、《花草粹编》九。"同调"官梅粉淡"一首，曹注"《乐府雅词拾遗》上、《花草粹编》九"。〔探春令〕,曹注"《乐府雅词拾遗》上、《能改斋漫录》十六"。〔念奴娇〕曹注"《乐府雅词拾遗》上、《花草粹编》十"。以上诸词,本书仅注《乐府雅词拾遗》。〔燕山亭〕,曹注"《阳春白雪》二、《词林万选》二、《草堂诗余别集》三、《花草粹编》十。"本书仅注"《阳春白雪》"。〔眼儿媚〕,曹注"《花草粹编》四、《宣和遗事》下"。本书仅注"《宣和遗事》下"。此外如赵万里所辑各家,引据出处,至为详明,有至十余种者,本书一律仅注一种。夫辑录遗文,证据出处,愈详愈佳,唐君岂不知之,又非未见原辑注文,乃竟务从简略,灭前人之苦心,彰一己之疏谬,实令人不解。

五、此书辑录诸词,时有真伪不分,作者失考之处。例如:

(一)宋高宗〔望江南〕(卷一页七下)即王铚《默记》所载无名氏谤欧阳修词之前半首而字句小异。盖当时里巷传诵之词,或高宗曾引赐婉仪,非真高宗作也。

(二)苏轼断句"曲生禅"云云(卷四十页十八下)是辛弃疾词(见本书卷一六九页七上)。

(三)杜安世〔丑奴儿〕"微风帘幙"一首(卷五十三页三上)是冯延巳词(见四印斋本《阳春集》页六上)。

(四)杜安世〔喜迁莺令〕(卷五十三页五下)是晏殊词(见卷二十六页六上)。

(五)韩世忠〔满江红〕既云"小说家言未可恁信"(卷一零二页一下)即不应载入正集,应入第二十册之附录一。

(六)刘锜〔鹧鸪天〕出《京本通俗小说·碾玉观音》(卷一零二页十上)恐是伪托,应入第二十册之附录一。

(七)陆游〔江月晃重山〕"雪意"一首(卷一五零页十上)是元人刘秉忠词(见四印斋本《藏春乐府》页七上,四库本《藏春集》卷六亦载之),唐据《花草粹编》补入陆词,非是。

复有最为孟浪者二事:

(八)欧阳修《醉翁琴趣外编》所收诸词之真伪,自来即成问题,稍谙词史者无不知之。本书于卷二十九备录《琴趣外编》诸词(仅删去重见《近体乐府》及他人词集者),跋语中复云:"欧词之'可信'者,具在于是矣。"何肯定乃尔。

(九)卷二八二页七下据《花草粹编》收董解元〔哨遍〕。竟不知此词是《西厢记》诸宫调断送引辞、董解元为金章宗时人耶?况周仪《蕙风词话》(卷三页五下)以此首为词,是前辈疏处,即使其说可从,亦未云董解元是宋人也。

六、此书于互见诸词,均为注出,又附宋词互见表,然掇拾未尽,例如:

(一)张先〔醉桃源〕(卷二十二页五上)互见欧阳修词(卷二十七页四上,调名作〔阮郎归〕)。

(二)张先〔诉衷情〕"数枝金菊对芙蓉"一首(卷二十三页二下)互见晏殊词(卷二十六页三上)。

(三)向滈〔南歌子〕(卷九十七页四下)互见张孝祥词(卷一四二页六下)。按孝祥曾官广西,向滈则未闻过岭,此词应是张作。

(四)王以宁〔临江仙〕"闻道洛阳花正好"一首(卷一一零页六下)互见陈瓘词(卷七十三页六下)。

(五)刘清夫〔玉楼春〕"柳梢绿小"一首(卷二二四页九下)《历代诗余》(卷三十二页十四下)作刘因词。

(六)王野〔西河〕(卷二二六页四下)《词律》(石印本卷十八页十六下)作王彧词。

以上诸词,本书均未注互见,亦不载于互见表。又如:

(一)《截江网》〔太常引〕"寿丈人"一首(卷二九六页十五上)是辛弃疾"寿韩南涧"词(见卷一七四页二上)。

(二)《翰墨全书》〔洞仙歌〕(卷二九七页十下)是朱敦儒词(见卷一二三页五上)。

(三)《翰墨全书》〔贺新郎〕"寄陈同甫"一首(卷二九七页十一下)是辛弃疾词(见卷一六三页四上)。

(四)《花草粹编》〔瑞鹧鸪〕(应作〔鹧鸪天〕)"拟上高楼"(卷二九八页四下)或云是辛弃疾词(卷一七四页九上,字句小异)。

(五)《花草粹编》〔木兰花〕"春思"(卷二九八页五上)是刘清夫词(见卷二二四页九下)。

以上均未检出。

七、此书凡遇互见之词,即互载其全文,已经考定为某人作者,亦皆互载。如卷一页一〔瑶台聚八仙〕"梅"词既考定其为神宗作,又于徽宗名下录其全文(卷一页五上)。此类多不胜举,在一人名下注出即可,何必如此浪费纸墨?

八、又有考定为某人作品,而其人集中反不载者,例如:

(一)宋徽宗〔雪明鳷鹊夜〕一首,唐君云"《岁时广记》作田不伐词,当从之,曹据《花草粹编》辑作徽宗词,非是(卷一页四下)";而本书田词中(卷八十八页六至七)不载此词(按此词见卷八十八页三上作万俟咏词,唐君盖误记耳)。

(二)苏轼〔江城子〕"银涛无际"一首,唐君云"是石林词,删去"(卷四十页十下);张元幹词亦收此首,唐君亦云"应作石林词"(卷八十六页十四下);而卷八十四叶梦得石林词不载此首。

（三）邓剡〔唐多令〕，唐君考定为文天祥作（卷二七二页三上）；而文词中（卷二六零页四下至六上）不载此首。

九、此书所附各家小传，过于简略，有等于无。其尤为疏谬者，韩玉竟无小传（卷二一二页六上）。按当时有两韩玉，其一始终为金人，其一金人归宋，《四库总目提要》卷一九八辨之甚详。今编《全宋词》岂得不著一字？唐君此书粗率处多类此也。

十、本书作者次序，时有错误，例如：

（一）贺铸生于皇祐四年，周邦彦生于嘉祐元年（并见本书小传），自来编词者（如依时代编次）皆先贺后周，本书编贺词于卷七十四至七十六，编周词于卷六十八至六十九。

（二）张元幹生于治平四年，卒于绍兴十三年，叶梦得生于熙宁十年，卒于绍兴十八年（并见本书小传），本书编张词于卷八十五至八十六，编叶词于卷八十四。

按：右一条所记张元幹生卒年，乃误据《三续疑年录》。前年予已考定为：生于元祐六年，卒于绍兴三十年以后。详见《幼狮学志》七卷四期拙著《宋人生卒考示例续编》。增订重编本《全宋词》亦已改定，与予说合，但无考证说明。编叶词于张前，实不误也。1971年元月识。

（三）万俟咏、田为皆大晟府旧人，其词皆作于南渡以前，故花庵选入"唐宋名贤"，乃竟编于卷八十八，在张、叶南渡诸词之后。

（四）朱敦儒、吕本中皆南渡初人，史浩至绍熙中始卒，本书编史词于卷一一八至一二一，编朱词于卷一二三至一二五，编吕词于卷一二六。

（五）黄机《竹斋词》有"次徐斯远韵寄稼轩"〔乳燕飞〕（卷二三九页三上）又有"送杜仲高"〔山花子〕（卷二三九页十三上）尽庆元嘉定间人，吴文英则咸淳中尚存，本书编吴词于卷二三五，编黄词于卷二三九。

十一、词调常有异名，于各家词中，自可各依原本，不必划一；然互见之词，则必为之说明，方不致使读者迷惘，例如。

（一）张先〔醉桃源〕（卷二十二页五上）互见欧阳修词（卷二十七页四上），而欧词调作〔阮郎归〕。

（二）张先〔相思令〕（卷二十二页七上）互见欧阳修词（卷二十九页十八上），而欧词调作〔长相思〕。

（三）毛滂〔相见欢〕（卷七十二页二十五下）跋中作〔乌夜啼〕（卷七十二页二十六下）。

（四）秦观〔长相思〕（卷五十页三下）互见贺铸词（卷七十六页十四下），而贺词调作〔望扬州〕。

十二、本书仿《全唐诗》例，以人为主，不以词集为主，故名家专集但题作者不著集名，仅于小传内注明著有××词（有时亦不注明，如朱翌《灊山诗余》，卷一〇五页九下）；或于卷尾注明右校××本××词若干首（有时亦不注明，如程垓《书舟词》，卷一九七页二十，卢祖皋《蒲江词》，卷一九八页五）；至旧有序跋，则概行删削。今按词集名称，应于作者名下大书题明，不必拘泥《全唐诗》之例，但既已注出，亦无大碍。若各家序跋，则于考订研究，裨益甚多，如晏几道《小山词》黄庭坚序及佚名跋（应是自跋）为考订几道事迹之重要资料，程垓《书舟词》王称序，梁启超据以考定作者为南宋人，非东坡中表，黄公度知稼翁词旧附其子黄沃跋，据知公度卒年及编注词集始末；此类资材，如何可以删去！既云《全宋词》，即应使读者手此一编，不必他求，若仍须参考众本，则又何贵有此乎？

十三、致语、念语、乐语、口号、破子之类，可据以考见宋时唱词之情形，在当时与词为一体，在今日为作词史之资料，自无删去之理。本书于各家词集有此数项者或删（如欧阳修词，卷二十七至二十九，周必大词，卷一五三）或存（如黄裳词，卷四十四至卷四十五，史浩词，卷一一八至一二一，洪适词，卷一三四至一三六），殊所未喻。又如韩琦〔安阳好〕九首（卷三十页七下）互见王安中《初寮词》（卷九十八页七下），本书既考定词为韩作，乃于王词中附录此九首有口号破子，韩词中反无之。盖唐君此书仅据旧本分别钞录，未详加审核校订，随处皆可见其荒率之迹也。

十四、例言末条云"详细之异文校记则以是编意主网罗，故不具录"。夫辑录旧文而不详校，则是仅作了一半工作而已。本书所收各家词应校定者甚多，而唐君于名家专集旧有校语者亦多删去不录，（如《彊村丛书》中诸集，原本均有校语，唐皆未录）。自家不肯费事，且并前人所费之事亦淹没之，必使读者于此编之外，旁求广采乃有所得，不知是诚何心也。至于唐君所校诸家，其校语皆不附于本词之下而总附于篇末跋中，一调有数首者，又多不注某一首（如王之道《相山词》卷一零四，杨炎正《西樵语业》卷一八二），唐君自图省事而读者苦矣。唐君所校，又多谬误，例如：

（一）秦观〔临江仙〕"千里潇湘接蓝浦"（卷五十二页三下）"接"原作"挼"，唐据黄校改"接"（卷五十二页十上跋文）。按："山染黛，水挼蓝"，是宋词常用语，"接"字妄改。

（二）陈与义〔法驾导引〕"自洗玉舟斟白醴"，唐据毛校改"玉尊"（卷一零二页七下），且于跋中注云"玉舟确为'玉尊'之误"（卷一零二页九下）。不知此词两"舟"字前后呼应，决不能改,若改"玉尊"则下句"月华微映是空舟"无所本矣。

(三)王之道〔江城子〕《雪词》"三日频占来岁稔"(卷一〇四页三上),唐跋云"'日'原误'白',据《四库全书》相山集本校正"(卷一〇四页二十五)。按:陶朱公书:"腊前得两三番雪,谓之腊前三白。"《朝野佥载》:"西北人谚云'要宜麦,见三白'。'白'字不误。"

(四)王之道〔满庭芳〕"野草荫长松"(卷一〇四页十上),唐跋云:"野原误作'藉',据集本校正。"(卷一〇四页二十五)按:"藉草"亦常用语,此处与"荫松"对举,应是"藉草"。"野草荫长松"与上文合读,亦不妥帖。

(五)王之道〔南歌子〕"纱幮薄露凉"(卷一〇四页二十四上),唐跋云:"露原误作雾,据集本校正。"(卷一〇四页二十五)按:"薄雾",状纱也,至为易解,何容妄改。

(六)杨无咎〔水调歌头〕"花蕊不惊秋"(卷一一七页五下),唐跋云:"原作花'药',毛校改作'蕊',精当可信。"(卷一一七页二十六)按"花药"亦诗词中常用语,改"药"为"蕊",有何"精当"可信?

(七)杨炎正〔水调歌头〕第一首"乘兴特上最高楼"(卷一八二页一上),唐跋云:"乘兴原作'发兴'据明钞本校改。"(卷一八二页六下)按:杜甫《题郑县亭子诗》云"户牖怙高发兴新",原句不误。

(八)杨炎正〔水调歌头〕"把酒对斜日"一首"故园且回首"(卷一八二页一下至二上),唐跋云:"园原作'国',据明钞本校改。"(卷一八二页六下)按此调此字从无用平声者,改"园"字误。

（九）杨炎正〔洞仙歌〕"寿稼轩"，"归来闲早"（卷一八二页四上），唐跋云："原作'闻早'，据明钞本校改。"（卷一八二页六下）按"闻早"即及早之意，词曲中常用之，今河北南部，河南北部一带，尚有此语。

（十）李好古〔菩萨蛮〕"肉红销翠春风里"，唐跋云："四印斋本作'纳红'，据典雅词改'肉红'。"（并见卷二六一页九下）按：与"销翠"对举，自应是"纳红"。

此外妄改之处尚多，乃知校勘之事，诚未易言。若夫形近误植之字，多于落叶，则是手民之误，未能尽责唐君也。

以上诸事，略举大凡，全书疵累，尚不止此。然如斯弘业，原非一手一足所能为力，吾侪于唐君亦可不必过事吹求矣。

1941年，《燕京学报》第二十九期。

附记：此文作于三十年前《全宋词》初出版时。今已有增订重编本行世，体例内容，远胜于旧；此文目标既失，本可不存。然予所指陈诸事，新本有仍旧未改者，亦有"悄然"更正而不言所出者，读者细心寻索，当自得之。存往日之辛勤，备他人之参考，此予之所以终未忍充此已陈之刍狗也。至于少年气盛，措词锐厉，则在"今是昨非"之列。1971年元月记。

评陈辑元人小令集

《元人小令集》一册，不分卷，近人陈乃乾辑，民国二十四年上海开明书店印行。此书取元明各种曲选及专集所载元人小令，互为一编，按宫调曲牌编次，颇便诵读。然尚有小疵，未能尽善，综论其失，约有六端。

一曰体例不合。此书辑录诸曲，不注出处，并一简单之引书目录亦无之，来历不明，交代不清，非撰述之体。

二曰遗漏。此书未收汪元亨作品。元亨入明尚存，不收固无不可，然其作风仍是元音而非明调，与明初阘茸端谨一派不同。《雍熙乐府》卷十七页一汪撰〔醉太平〕即注云"元人汪元亨"，是汪氏作品似应收入也。《雍熙》卷十七页六十五，有〔商调·梧叶儿〕四首，题卢疏斋撰，此书亦未收。此四首是否确为卢作，虽有问题，但即使疑而不录，亦应考证数语。此外无名氏小令，亦有遗珠。即如页十二〔正宫·叨叨令〕收无名氏作失题六首，其第三首见《雍熙》卷十九页五十六，第四五六首亦见于同卷之页五十九。《雍熙》于第三首之外尚有三首，与此首俱题别情；第四五六首之外尚有一首，与此三首俱题幽兴。此书均未收。一题四首为元明小令常见之例，风格意境以及所用语句亦均一致，其俱为一人之作无疑，自不容有所去取。又如页一零二〔中吕·普天乐〕收无名氏失题十首，（原在滕宾作品之后，漏题失名二字）。此十首见《雍熙》卷十八页五十二至五十三,原为三人唱和四时词,共十二首,而此书遗其末二首。以上系就《雍熙乐府》一书检出者,其他曲籍,未及细检,恐均不免有所遗漏。汪元亨曲,论其风格,仍以归入明初为宜;予旧说非是。1962年附记。

三曰重出稍多。例如:页二十六〔正宫·醉太平〕贯云石失题一首与页二十七钟嗣成作第四首,页五十五〔仙吕·一半儿〕胡祗遹《四季》第三首与页六十失名作第四首,页一二零〔中吕·喜春来〕姚燧失题第四首与页一三二无名氏失题第二十首,页一二八〔中吕·喜春来〕乔吉《秋望》一首与页一二九周德清《秋思》,页一四九〔中吕·满庭芳〕张可久《感兴寄王公实》一首与页一五八无名氏失题第十九首,页二二零〔南吕·四块玉〕马致远《叹世》第三四两首与页二二四刘致《游赏》第四五两首,页二九零〔双调·落梅风〕贯云石失题第一首与页二九二张可久《春日湖上》,页三七六〔双调·殿前欢〕阿里西瑛嫩云窝第二首与页三八零乔吉和作第五首,页三八零〔双调·殿前欢〕卢挚失题第四首与页三九九无名氏失题第十首,页三八九贯云石失题第八首与页三九八无名氏失题第七首,页四一五〔双调·折桂令〕张养浩《过金山寺》与页四二八赵天锡作,页四七九〔双调·清江引〕马致远《野兴》第六首与页四九七无名氏失题第五首,均系重出,共十二条。夫辑录前人作品,重出在所不免,但如此之多,则难逃疏漏之讥矣。且以上重出诸作,字句多有异同,作者原题不一,正可取资校勘,并应考定作者,陈氏未能利用,惜哉。盖陈氏辑录此书,但就现存曲籍,命人抄撮,而未曾亲加检阅也。

四曰作者失考。如页二二七〔南吕·阅金经〕失题四首,此书题刘秉忠作,实为张养浩,见《云庄休居自适小乐府》(饮虹簃刻本页二十九),曲中华鹊山、绰然亭皆养浩事,与刘无涉。又如页四八二〔双调·清江引〕《咏风》四首,此书题贯云石作,实为明周宪王朱有燉,见《诚斋乐府》(饮虹簃刻本卷一页二至三),更应删去。

五曰标点错误。标点曲作本非易事,因文义之外并须兼顾曲律。惟此书标点,有仅论文义亦属难通者。如页二七六〔双调·庆东原〕无名氏失题第一首,应标点如下:

花阴话,柳影歌,世不曾口绽些儿个。行院每炒煿,姨夫每恼聒,奶奶行收撮。落得个担儿沉,又惹得风声大。

陈氏点作:

花阴话。柳影歌。世不曾口绽些儿个行院。每炒煿姨夫。每恼聒奶奶。行收撮落得个担儿沉。又若得风声大。

又如页二八六〔双调·落梅风〕张养浩失题第一首,应标点如下:

门外山无数,亭中春有余,但沉吟、早成诗句。笑九皋禽也能相媚妩,驾白云、半空飞去。

陈氏点作:

门外山。无数亭。中春有余但沉吟。早成诗句笑九皋禽。也能相媚妩。驾白云半空飞去。

以上举其错误尤甚者，此外零星小错尚多，未必皆是手民之误。以陈氏之学力，或不致如此不通，恐是假手书记或寻常校对人员为之。学问之道，"事必躬亲"为第一要义，否则极易代人受过。

六曰校勘疏谬。此书误字触目皆是。如页一第八行双欹误双歌，第十行狂乱误王乱，第十二行瞅问误秋问，页一一第十行寒雁误寒燕，页一四第四行西泠误西林，页四三第一行妨何误方何，不醒误不醉，第五行鬼门误儿门，页六二第六行万金误黄金，页一三四第四行博得误传得，页一五二第十行涌茫茫误涌茫茫，页一六五末行邙山误邱山，页一九五第六行高卧误高攀，页二零四第十行黄柑误黄相，页三零八第二行苫三间误店三间，页三一二末行金钱误金身，页三四一第一行起舞误起我，页三九七第四行醉颜误醉翁，第六行王留误主留，伴哥误伴可，页四零一第九行敕勒误软动，页四一零第十行丽华误刘华之类：不仅鲁鱼满纸，读之不快，有时更似是而非，易惑初学。陈氏所据各原本如《太平乐府》、《阳春白雪》、《乐府新声》诸书，本来即有错误，复有排印时手民之误植，固难怪其如此。若夫取现存元明曲籍，校其异文，补缺正误，择善而从，则又是进一步事矣。

1941年，《燕京大学文学年报》第七期。

评王笺小山词

这是一部不太引人注意的书,但是读过之后,总觉得如鲠在喉,非吐不快,终于写成这篇小文。我不写文章讥评旁人著作,已近十年。本来著书立说,原非易事,无懈可击的著作,能有几部?即使是为了骗稿费而东钞西凑的玩艺,也是情有可原,何况多少费了些心思的著作,又何必去揭人家的面皮呢!但是"小山词"是宋词中我最喜欢读的,现在有人作《小山词笺》而乱来一气,这使我不得不破戒了。

这部"词笺"有两个大毛病。一是穿凿附会。现在随便举一个例子,本书第五页有一首〔点绛唇〕,原文如下:

花信来时,恨无人似花依旧。又成春瘦,折断门前柳。天与多情,不与长相守。分飞后,泪痕和酒,沾了双罗袖。

这本是一首寻常伤春怨别之词,一点也看不出有什么深意;但被王先生一笺,就热闹了。王先生说:

按范仲淹、富弼皆出晏氏之门,弼又为晏殊婿,殊同平章事,兼枢密使,荐弼为枢密副使。殊知应天府时,延范仲淹教授生徒。故《宋史》谓殊为相专以得人为急,所进者且多名士。

及殊死而人情冷落,叔原乃有所感。故既叹人情之不如花,又谓"折断门前柳","门前柳"即门前桃李也。柳不独春日方有,故感"春瘦",叔原之意,盖可知矣。

小山作词的时候,绝不会想到他这一首〔点绛唇〕,还有如此一篇大道理。这篇道理全是王先生想出来的。炎凉反覆,固然是世情之常,但绝非没有例外。我们看过所有关于晏殊的记载,并没有身后门庭冷落之语,不知王先生何所见而断定其必然如此。"花信来时,恨无人似花依旧",只是"流连光景惜朱颜"之意,也就是唐人刘希夷的名句所谓"年年岁岁花相似,岁岁年年人不同"。这与人情冷落有何关系,而如此生拉硬扯。拉扯得尤其远的是"门前柳即门前桃李也",真不知这是从何说起。根据王先生的逻辑当然可以再拉扯下去:门前桃李即范仲淹、富弼也。想不到这两位宋代名臣,身后千年,还遭此罗织;但不知他们两位谁是桃花谁是李树耳。即使这首词真如王先生所说,是有感于人情之冷落,也不能毫无根据地拿范、富两人作例而把寡情冷淡的嫌疑加在他们的头上。尤其是范仲淹,他虽出晏殊之门,年龄却比晏殊大两岁,他在晏殊死以前三年就先死了。(范卒于仁宗皇祐四年壬辰,年六十四。晏卒于至和二年乙未,年六十五。)

笺注诗词,忌讳捕风捉影,像猜灯谜似的乱猜,这是人人都能想得到的常理。但把没影儿的事情,也说得津津有味的,却好像很多。如震钧的一部《香奁集发微》,鲷阳居士的解释东坡〔卜算子〕,张惠言《词选》的解释温飞卿〔菩萨蛮〕流风余韵,至今未绝。这也很难怪,盖自汉儒毛氏之解《诗经》就是如此,根深蒂固,由来久矣。

这部词笺第二个毛病是支离琐碎。例如页九一〔好女儿〕"想旗亭望断黄昏月",旗亭只是泛用,王先生却把《集异记》所载旗亭画壁故事整段钞下来了。他丝毫没有理会到小山词意与这段故事之毫无关系;而旗亭倒底是甚么物事,不知道的人还是不知道。又如页一零五〔六么令〕调"天涯倚楼新恨"句,注引许浑诗"山鸟一声人未起,半床春月在天涯",又引赵嘏诗"长笛一声人倚楼",又引戴叔伦诗"送客添新恨,听莺忆旧游"。真不嫌麻烦。照这样注法,一部《全唐诗》都可搬来作小山词的注解了。

即使小山词真是"无一字无来历",也决不会是王先生所注的这些来历。小山词确有来历的地方,他却未注出。如页五十一〔鹧鸪天〕"莫使金尊对月空"句,明明白白是用李白《将进酒》的"人生得意须尽欢,莫使金尊空对月"而颠倒一字,这是小孩子也会背的诗,王先生并未注出,反倒引了祖咏《宴吴王宅》诗"更待西园月,金樽乐未终",又薛能诗"云卷庭虚月逗空"。相去之远,盖不可以道里计。还有前边所引刘希夷诗,"年年岁岁"两句,固然未必就是小山词所本,但用这两句来注"花信来时,恨无人似花依旧",总比王注所引陆龟蒙诗"几点社前雨,一番花信风",李中诗"空余堤上柳,依旧自垂丝"为有意义。

一部《小山词笺》里像这种的例子几于俯拾即是,这本书的价值也就可想而知了。这些,本来是无足轻重的,即使给讲成了辰州符、八卦咒,"小山词"也还是"小山词",并无损于毫末。只是看了这部笺注,就好像看见一幅气韵生动设色奸丽的名画,被妄人盖满了收藏印记,总觉得心目不快,也就不能自己而说上几句。

民国三十七年,上海东南时报。

评介世界书局本词学丛书

这部丛书共收唐五代词总集一种、别集二种,宋词别集十三种,清词别集五种、选本一种,词人传记及年谱十一种,词话、词律各一种。附在各家词集后面的词话,还有其他附录,都未计入。所收录的都是名家词集,所采用的都是精校详注的本子,或据古本影印。那些年谱、词话及其他附录,尤其是研究词学的重要资料。据本书序目说,全部共百种,分三集印行;我们非常希望二集三集早日出版。

一、《全唐五代词汇》

词汇共分两部。上编为唐五代词十五卷,收词一千一百四十余首,采自《花间》、《尊前》、《金奁》三集及《全唐诗》。下编为《敦煌曲校录》三卷、《补校》一卷,收上编所无的唐五代词五百四十余首。这五百多首词散在中、法、英、日各国所收藏的敦煌卷子里边,以前也曾有人零星校录过,如《彊村丛书》本的《云谣集》即是;这个本子则是集大成的,搜辑完备,校订精详。此本一出,传世唐五代词骤增了五百多首,约占全数三分之一弱;而且这些词的体制、音律、风格,有许多与一般唐宋词不同之处,有了这些新资料,初期的词史简直需要改写了。

关于这五百多首词,我个人有两项意见。第一,这些词大部分是平民作品,与一般文士之作,实异其趣,所谓"大辂椎轮","山肴野荻",另有其体格风味,读者要分别观之。第二,这些词的欣赏价值似乎逊于研究价值。但这一点并无损于其本值,研究文学自不能专着眼于欣赏方面;何况,如上所述,这些词的质朴风味亦能于《花间》、《尊前》之外,别成一格。

二、温飞卿、韦端己、南唐二主、冯正中、晏氏父子、姜白石、吴梦窗诸人的年谱或系年

这些年谱或系年,都是近人夏瞿禅作,是极为翔实的传记资料,搜罗完备,考订精审。原来载于上海出版的《词学季刊》,那是抗战以前的刊物,现在台湾未必能找到两三部全份的。本丛书把他们汇印在一起,是很有意义的事。此外还有《张子野年谱》,希望能在二集或三集里刊出。

三、《南唐二主词校注》、《苏门四学士词校注》、《片玉词注》

词集有注的很少,词集需要注的却不少,这是犹待努力的事业。本丛书所收几种词注都是佳作。《二主词校注》于校订文字,辨别真伪、搜考散逸,下了很大工夫,附录则是采辑各家词话、序跋。《苏门四学士词校注》,体例与二主词一样,其优点也是一样,四家都附有年谱或传记、词话、序跋及其他参考资料。其中秦少游词最为重要,编的也最好,黄山谷词次之,晁无咎词又次之,张文潜词只辑得六首,凑足四学士而已。《片玉词注》的体例与上述二书不同,上述二书并不注释典故及词句,其注文都是属于校勘考订方面的;《片玉词注》则专注典故及词中所用唐人诗句的出处,也可以说全是旧派的注法。为了读《片玉词》,这本注甚为有用,虽然其中有疏陋的地方,大体还不错,而且这几乎是硕果仅存的宋人注宋词别集(注者陈元龙是南宋人)。《片玉词》作者周邦彦是运用唐诗入词的能手;这本注把周氏所运用的唐诗原句差不多都注出来了。

使读者可以玩味比较,在修辞琢句上很有帮助。《片玉词》本来叫《清真集》,片玉之名是南宋时人改题的。本丛书把陈注未收的《清真集》外词也收入了,是周词最完备的本子。

四、《珠玉词》、《六一词》

这两种别集都是影印《毛氏汲古阁宋六十家词》原刻本。六十家词虽甚为通行,但错字颇多,不是最好的本子。《珠玉词》有唐宋百名家词本,《六一词》有林大椿校本(名欧阳文忠《近体乐府》),都胜于六十家词本。唐宋百名家词及林校《近体乐府》在台都不易得,也许本丛书编者没有找到底本。

五、《东坡乐府》、《稼轩长短句》

清末词学大家王鹏运(半塘)校印的《四印斋词》,是有名的汇刻词集,所收各种都是根据善本校刻。其中东坡词用的是元延祐云间本,稼轩词用的是元大德广信本,都还胜于通行的《六十家词》本。本丛书所收则是这两种元本的影印。《四印斋词》无论全套零种,早已成了骨董;现在居然有比四印斋本更好的影印本行世,对于我这曾经偏好苏辛词的人,这真是一件快事。

四印斋覆刻苏辛词,校勘非常精审;但见到影印元本之后,方知也有疏失之处。即如,影印本稼轩词总页数三七三页〔浣溪沙〕"台倚崩崖玉灭瘢",又一首"妙手都无斧凿瘢",四印斋本两瘢字都改从六十家本作痕字。其实瘢字是有出处的。《汉书》卷九十九上《王莽传》:"莽因曰,诚见君面有瘢,美玉可以灭瘢。"颜师古注云:"瘢,创痕也。"山崖崩塌,正像人面上有了创痕,在崩处修一座台把他填补上,即等于美玉灭瘢。这是稼轩词原意。改作痕字,意虽可通,却把出典及运用之妙淹没了,变成平凡的笨句。第二首用前首韵,自然也是瘢字。宋淳熙四卷本稼轩词,这两字也都作瘢。

四印斋本改了之后并未注明，这是很大的疏失，若无影印本，我们如何能知元本不误。东坡词我还没来得及校对，恐怕也有这种情形。即此可见影印本之可贵。

这两种影印本有个缺点，就是只有总页数而没有原来的卷数，照目录寻检，颇感不便。本丛书最后一种即万树《词律》的影印本，也有同样不便情形。希望以后出版二集三集的时候，遇有影印本，能把卷数一并印出。

六、《白石道人歌曲》

近代词人朱祖谋（原名孝臧）校印的《彊村丛书》，是与《四印斋词》齐名的词集汇刻，校勘之精详尚过于四印斋。这本《白石道人歌曲》即是《彊村丛书》本，是根据乾嘉时江研南钞本及陆钟辉、张奕枢两种刻本校印的，后面附有朱氏校勘记及张文虎《舒艺室随笔》，可谓白石词的最佳本。此本之外，还有陈柱的《白石词笺评》也很有用。

《白石词旁谱》与张炎的《词源》同为研究宋代词乐的津梁。上述《舒艺室随笔》即是研究白石词谱的。除此之外，本丛书又附录有夏瞿禅的《姜白石词谱说》、《白石十七谱译稿》、《白石词乐说小笺》等四种。夏氏根据西安民间发现的大批乐谱（其中谱式记录和白石谱十九相同），来整理白石词谱，当然能发前人之所未及。我于词乐，所知甚少，对着这些弘文，只有望而兴叹。但我仍可保证其价值。不懂电学的人总不会连电灯泡的烛数都认不出来。

七、《梦窗词》、《小笺》、《后笺》、《海绡说词》

这是影印朱祖谋的四校本。梦窗词雕章绘句，又好用生字僻典，校印时最容易出错。以前通用的《六十家词》本就有很多错误。朱氏酷好梦窗词，曾校订好几次，这是最后定本，收入《彊村遗书》，与《彊村丛书》本有些不同。《遗书》是民国二十二、三年间印行的,印本不多,早已稀如星凤。所以这是个可贵的本子。但我把四校本和丛书本对照,觉得有时丛书本又似胜于四校;校得次数多了,难免有求之过深,转失原意之处。为了一般诵读,仅用四校本也就够了;若是专门研究吴词,则有把四校本、丛书本及更在前的单行本,参合考订的必要。

附录的《梦窗词小笺》、《后笺》,是朱祖谋及夏瞿禅作,搜辑词中的人物掌故,使读者对于吴词的背景有更深的认识。梦窗名位不显,宋元史乘杂书里关于他的记载不多,《小笺》、《后笺》所未搜集到的材料恐怕没有多少。《海绡说词》是近人陈洵作的,专说梦窗词,虽有些帖括气,却能启发初学。

八、《纳兰词》、《水云楼词》、《樵风乐府》、《彊村语业》、《蕙风词》

清代是词的复兴时期,名家甚多。纳兰成德、蒋春霖、郑文焯、朱祖谋四家,虽不足以尽清词之全,却都是重要代表作家;况周仪词颇负盛名,我个人则以为他不足与上述四家并列。但为了他的名著《蕙风词话》,把他的词一并印出来,仍是有意义的事;何况喜欢蕙风词的也颇有些人。

《纳兰词》用榆园丛刻本,《水云楼词》用同治时正续集合刻本,都是完备的足本。但《水云楼词》又有上海有正书局出版的《水云楼诗词集》,汉文正楷书局的《水云楼词合集》,较之同治合刻本多词约十几首。这两种本子在台湾恐怕无从寻觅;这样可遇不可求的书只有留俟将来补充了。《樵风乐府》、《彊村语业》,都是作者自己删定的本子,自然极为精粹;将来出版二集或三集时,能根据郑的《大鹤山房全书》,朱的《彊村遗书》,把删去的作品一齐印出来也是很好的事。作者自己删定,因为情绪及兴趣变迁的关系,未必没有遗珠;我即发现其中有若干好词被删掉了。

九、《蕙风词话》、《近三百年名家词选》

况蕙风的词虽不见甚佳,他的词话却不怪朱彊村推为绝作。本来,批评家未必即是创作家,宋严羽的《沧浪诗话》是部名作,他的诗并不怎么样。《蕙风词话》无论讲源流正变的总评,或评介各家作品的分评,都极为精当透澈,这是读词的人不可不读的书。

忍寒居士的《近三百年名家词选》,选录六十七家、五百余首,上起明遗民,下至民国以后,附有词人传记及辑评。这本书的选录标准,与我个人私见很不相合。拙编《续词选》中,选录清词二百多首,与此书相同的很少。那时我并没有见过此书,只是因为眼光宗旨不同,无形之中,背道而驰。仁智之见,各有不同,本是选家常有之事。读者最好把这两种选本合读,可以多认识些不同的风格。

十、《词律》

《词律》的作者万树,生于清初词学衰微的时代,所见词籍不如后来人所见之多,而且所根据的不一定是善本,所以《词律》中每有考订疏舛之处,招致非议。但是,继起的同类书籍,虽有几部考订精详或简便适用,似乎超过《词律》,而总不能如《词律》之博大,这是《词律》一书之所以始终不废。还有,万氏是词曲作家,尤长于曲。他所作《拥双艳》传奇三种,词藻妍丽,意境清新,尤其难得的是,订律甚精,守律甚严,却又能运用自如,不为律缚。他的词集名《香胆词》,也是绮丽一派。词曲本是一理;万氏有这样的天才与写作经验,所以《词律》一书,辨析四声,特别是上去声的配合,常有很精辟的见解。他并非仅仅取古人成作比较归纳出结果来,而说明其当然;更能以音理及经验为根据,来说明其所以然。这是万书不能废的另一种缘故。本丛书所收《词律》是光绪初年恩锡。杜文澜校刻本,原本后印的多模胡不情;又有石印,错误很多,不能用。现在据初印本影印,字体虽小,却还清楚。

1961年三月七日《"中央"日报·学人副刊》。

红蕖记、南词韵选及三沈年谱合印本跋

这本书包括三部分：明人沈璟撰写的传奇《红蕖记》，他选辑的散曲集《南词韵选》，及亡友凌景埏遗著《吴江曲家三沈年谱》。三者性质不同，想不出合适的总名，若叫作什么丛书又嫌东西太少了。于是把《红蕖记》与《南词韵选》并列，而以《三沈年谱》作为附录。现在把三者的内容分别说明。

沈璟，字伯英，号宁庵，又号词隐生，明江苏吴江人，生于嘉靖三十二年癸丑，卒于万历三十八年庚戌，西元是1553至1610。万历至明末的曲坛，大致分为词藻与格律两派。词藻派大家是作《还魂记》等"四梦"的汤显祖，格律派宗匠是沈璟。显祖所居名玉茗堂，沈璟是吴江人，所以词藻派又称玉茗堂派，格律派又称吴江派。其作品文学价值之高，对于后世影响之深远，沈不如汤。在当时曲坛上的地位、声势，沈不只与汤并立，甚至驾而上之。沈一生致力于曲学、曲艺，考订创作，著述甚富。他的生平事迹、著述目录及其存佚，详见本书附录《沈宁庵年谱》，这里不再多说。《红蕖记》是他所著《属玉堂传奇》十七种之一，这十七种，现存的只有《红蕖记》、《埋剑记》、《双鱼记》、《义侠记》、《桃符记》、《坠钗记》、《博笑记》等七种；又有《十孝记》，仅在明刊本《群音类选》中有其曲文而无宾白，不能算是全存。全存的七种之中，《义侠》收入《六十种曲》，《埋剑》、《博笑》都有影印明刻本，这三种最为通行；《红蕖》、

《双鱼》有明刻本而未见影印,《桃符》、《坠钗》仅有钞本,这四种甚为难得。1966年我在美国获得《红蕖记》的全部照片,现即根据照片,影印行世。这部《红蕖记》的板式字体及插图风格,与明继志斋刻本《埋剑记》及元明杂剧数种完全一样,可确定为继志斋刻本。继志斋是明万历后期至崇祯间的南京书肆,肆主人姓陈,所刻戏曲书甚多。各书板式字体及插图,都很精雅可爱,但已失去明中叶以前的厚重古拙风味。即此一端,亦可看出国运之消长隆替。

我们印行《红蕖记》,不只因为其版本之难得,主要的原因还是在其文学价值。这本书乃是沈璟现存传奇中最好的作品,在明代即负盛誉。吕天成《曲品》云:"著意著词,曲白工美。郑德璘事固奇,无端巧合,结撰更宜。先生自谓字雕句镂,正供案头耳。此后一变矣。"王骥德《曲律》卷四云:"《红蕖》蔚多藻语,《双鱼》而后,专尚本色矣。"(按:即上文《曲品》所谓"此后一变"。)《曲律》又云:"词隐传奇,要当以《红蕖》称首。"近代曲学大师吴梅所作此剧跋语,也盛称其音律、词藻,并臻佳妙。对此剧略有微词的只有明人徐复祚的《曲论》,他说:"《红蕖》词极赡,才极富,然于本色不能不让他作。盖先生严于法,《红蕖》时时为法所拘,遂不复条畅。"我认为徐氏的见解是错误的。无论诗文词曲,要想作本色语,必须才高情深,始能生动感人;否则所谓"本色条畅"便流于浅薄浮泛,失去文学价值。沈璟之于曲,工力虽深,而才情实在不够,比汤显祖差远了。"变而趋于本色",正是用其所短。反不如《红蕖记》,至少在表面上可以撑起一个"词藻赡美"的架子。沈氏生前负一世盛名而身后几于光沉响绝,不如"临川四梦"之脍炙人口历久不衰;一方面因为他过于注重格律,另一方面因为他没有照着《红蕖记》这条路子走下去。尤其可惜的是他这部最好的作品最晚才被发现,使我们到现在才完全认识他。因此，影印流传是不能再缓了。

《南词韵选》是沈璟选辑的一部南曲选，只选散曲不收传奇。吴梅跋影印本《吴骚合编》云："余谓散曲总集莫富于《雍熙》而莫精于《南词韵选》。他如《南北宫词纪》、《太霞新奏》、《词林逸响》诸书，不过承流接武而已"。《南北宫词纪》是一部很好的散曲总集，搜罗较南词韵选宏富，选择也颇为精当，吴先生把他与《太霞新奏》及《词林逸响》等量齐观，我们未敢苟同，他也不过是顺笔一提而已。而《南词韵选》之精，则确属定论。沈璟选这本书的宗旨及标准，详见卷首的序文及凡例。他所选无论小令套数，都可以称得起是韵律精严，文字优美。从这部选本，我们得到一种启示：凡是律精韵严的作品，其文字大都是优美的，越是失律脱韵之作，其文字越是不行。由此可见，"韵律缚人，有才难展"是懒人或外行的话。有些人才气虽高却不适于填词谱曲，这是事实；但只要是此道中人，就不会被韵律束缚住，问题只在其才之大小与情之深浅。

这部曲选虽精，命运却不大好，竟无足本流传。我所知见的只有两部残本。一，"国立中央图书馆"藏，全书十九卷只存前十卷。二，吴梅旧藏，存卷一至卷十六及卷十七之大部分，缺十八、十九两卷及卷十七的套数半套小令二阕。但是根据卷首目录，十八、十九两卷一共只有小令十一首套数一套，就全书的比例来说，实在所缺无几。原书序文云："孰选之？吴郡词隐生也。孰行之？虎林维石也。"其板式字体，极像明虎林容与堂刻本《幽闺记》，"中央图书馆"善本书目定此书为明虎林刻本是对的。虎林即是现在的杭州。馆藏的半部，现存台北该馆，吴先生藏本则久已不知流落何所。亡友凌景埏曾辗转从吴先生处借钞，我又用这个钞本晒蓝一部，三十余年来，历劫犹存，至少在台湾应该是个孤本了。现在即根据这个晒蓝本及馆藏原刻本，校点印行。有几项说明，写在下面。

一、原刻本眉栏有若干批注，绝大部分是注字音的，偶尔有一两条说明唱法或考订调名。钞本把他们全部删去，今不再据原刻补录。因为原刻只有十卷，补也补不全，而且这些批注对于一般读者并没有多大用处。

二、元明以来，曲家所谓"闭口"即现代声韵学所谓双唇鼻音收尾的字，逐渐与舌尖鼻音甚至舌根鼻音混淆，到了明中叶以后，大部分人已不能辨别他们。所以原刻本遇到这种字。如今心南蓝等，都在字外加圆圈，以提醒唱者与读者，钞本则用括弧代替圆圈。其他明中叶以后所刻曲籍，也有用这种形式的。这种形式，在木刻本并不太难看。现在用铅字排印，字的形体较木刻缩小很多，而满纸都是括弧，实在太刺目，而且为了一般诵读，实无必要。所以我把这些"音符"一律删去。除了以上眉批及闭口符号两项之外，排印本完全保持原刻本形式。

三、前十卷原刻本现存，照书排印就可以了，不需要什么校勘工作。原刻本只有一个错字，在卷十，已根据其他曲选改正过来。第十一卷以下，钞本每有脱误而原刻不存，都根据其他曲选，如《新编南九宫词》、《南宫词纪》、《吴歈萃雅》、《词林逸响》、《吴骚合编》、《太霞新奏》、《南音三籁》等书，补足改正，并在曲后注明。

四、原书有若干曲题为无名氏作，今检阅上述其他曲选，如查出作者姓名，即补注于后。这些书所题作者未必完全可靠。如有疑问，亦附带提出，例如题名高明(则诚)的几套即是。明代曲家专集如陈铎的《秋碧乐府》、梁辰鱼的《江东白苎》等等，我也都查阅过了，但对于以上三四两项的校补工作并没有什么帮助。

五、原书各曲之后每附有词隐按语而并未署名，为了便于识别，我新加的按语都冠以"骞按"二字。惟有校勘字句的各条，一望而知非原书所有，用不着加上这两个字。

六、标点词曲，很难适用新式标点符号，所以我标点本书仍用旧式，只分句逗两项。断句标准，以沈自晋的《南词新谱》为主，而以钮少雅的《九宫正始》及吴梅的《南词简谱》为参考。

总起来说，我对于此书，校勘标点之外多少作了一些考订整理的工夫。但限于时间及资料，作得不够澈底，希望同好先进，惠予补充匡正。

亡友凌景埏先生，字敬言，江苏吴江人，生于民国前八年，即清光绪三十年甲辰。苏州东吴大学文学士，北平燕京大学文硕士。曾任燕京中文系讲师、东吴中文系教授兼主任。当时燕大教员职称跟现行制度不一样，副教授等于资历较浅的教授，讲师等于副教授，助教等于讲师，现在的助教在燕大叫作助理。敬言专攻词曲，而经史小学都有很好的根底。教书治学之余，喜欢下围棋，唱昆曲，喝几杯绍兴酒，颇有点苏州名士风味。但是性情淳厚，行为谨饬，对人处世外和而内刚，是个标准的品端学优之士。我与他在燕京同学同事，先后多年，过从甚密。民国1947、1948年间，我在上海暨南大学教书，他在同济大学兼课，每两星期从苏州来上海一次，我也偶然到苏州去看他。这是我们最后的聚首。1948年秋冬间我来台湾，1949年大局逆转，他因家庭及交通工具关系，未能来台，从此音信隔绝。1962年我在香港新亚书院，才听人说他已于1950年在南京逝世，死因是被运货马车撞倒而引起脑溢血或脑震荡。年仅五十七岁,一生未离开教育工作。他身体不太好,而晚年环境绝不适合于他的性情思想及生活方式;即使不遭意外,恐也会"夭其天年"。

敬言著作不多,《三沈年谱》之外,仅有词曲论文数篇,刊载于《燕京学报》及《文史杂志》。又有《董西厢诸宫调注释》一书,乃是未完之稿,身后由旁人整理印行,书中一切未必都是他的本意。《三沈年谱》分载于燕大中文系编印的《文学年报》第五六七等三期,正是我们在燕大教书的时候。他的乡土观念颇重,三沈是他的乡先贤,曲学又是他的本行,这三部年谱也就是他的精心用意之作。《文学年报》流传不广,早已不易觅得,所以我把他们付之重印,略见生死交情。更希望由此使研究词曲及文学史的学者对于这一代曲学名家也是曲学世家能有更多的认识;在此以前,没有更详尽的三沈传记。

承蒙友人王静芝先生、学棣蔡兴济先生允许由他们主持的北海出版社印行这本书,并觅人钞写,亲任校对。流通古书固然是大家共同努力的目标;为了亡友遗著和我所作的校点部分,谨在此对他们两位深致谢意!

　　　　1970年九月郑骞跋于台北寓庐之永嘉室。

天乐正音谱跋

民国三十七年，余来台北，与杭县方杰人司铎共事于台湾大学，所居比邻，时相过从。承以《天乐正音谱》一帙见示，凡南北曲九套，拟古乐歌二十章，吴渔山先生之遗著也。余于墨井道人，仅知其能诗文，擅绘事，与四王南田，齐名艺苑，崇奉景教，信道甚笃；初不知其诗画之余，兼通声乐，吹泠泠之玉笛，作琅琅之木铎。今读斯编，格律妥帖，机调圆熟，且复浑雅渊穆，声希味淡，居然于南北曲中，别开新境。乃知才人之技，洵无施而不可，陆放翁所谓"才高遇事即峥嵘"者，渔山其庶几乎。然常熟密迩吴下，顺康上接启祯，梁魏范袁，流风未沬；渔山生长其间，耳濡目染，寻声按谱，余事能工，固亦时为之，境为之。观其常以南中方音协韵，而北套未尽精纯，即一证也。抑有进者：词主抒情，曲兼叙事，俱不宜于说理，此编诸作，寓情于理，肫挚诚笃，如见耆年大德，耳提面命，自非学养深厚，艺与道合者，孰能臻此。往读元无名人所为曲自然集，杂缀道家修炼服食之言，俨同歌诀，铅汞龙虎，姹女婴儿，触目纷陈，徒能引睡；以视渔山此作，相去诚不可以道里计矣。原书为钞本，写工拙劣，脱误满纸。遂与杰人共检旧谱，分析正衬，脱者补之，误者订之，虽有阙疑，庶堪诵读。举凡形近之误，同音之讹，皆为校出，不避纤琐；则杰人保存原钞真象之深意存焉。编中多述天主教理，兼咏仪式，非教外人所能缕悉；且世变方亟，散亡可虑。杰人乃复引据经典,详为注释,付之排印,藉广流传。盖所以弘教旨,振宗风,若夫文字技巧之末,犹属第二义也。以余曾效微劳,命识数语,爰抒所见,质诸世之博雅君子。其拟古乐歌二十章,高古雅健,亦有汉魏乐府之遗风云。

  1950年仲秋,郑骞谨跋于台北龙图里寓庐。

罗著南北曲小令谱序

　　行世南北曲谱，可分两类：取传唱之曲，标注工尺板眼以供嘌唱者，谓之唱法谱，又曰音乐谱，如《遏云阁曲谱》、《集成曲谱》是。按调列曲，分其句读，示作者以规模，不注工尺板眼，或仅注板眼而无工尺者，谓之作法谱，又曰文字谱，如《太和正音》、《北词广正》、《南词新谱》等是。今罗君锦堂之《南北曲小令谱》，则作法谱而兼备曲选之用者也。旧有作法诸谱，皆仅有例曲，别无注释。一调之中共若干句，每句各若干字，某字应平，某字应仄，某字平仄不拘，仄声之中或应作上或应作去，某句协韵，某句则否；凡此诸端，不仅为操觚之准绳，亦为上口之途径。旧谱既未详细说明，学者亦惟有执例曲而反覆揣摩之，暗索冥搜，事倍功半。向来作曲者之所以常感无所适从，读曲者之每觉棘喉涩舌，正为此耳。罗君此书，于前述诸端，析订正确，解说详明，纲举目张，洪纤悉备。而定格之外，广收例曲，不惟求其规律之谨严，尤注意其文字之美妙，是即予所谓作法谱而兼备曲选之用者。初学之士，手此一编，细心阅读，则无论写作吟讽，自然如履康庄，有得心应手之乐。范围所及，虽仅小令部分，而津逮初学，即此已足；他日倘能遍及诸调，撰成全谱，以进于专门之业，则尤予所企望者！罗君英年嗜学，锲而不舍；十余年来，由学士而硕士而博士，予皆忝任导师，应求濡呴，谊兼师友,于其书之成也,固乐为之序。

癸卯岁暮郑骞序于台北寓庐。

罗著中国戏曲总目汇编序

曲在中国各种文体之中,发展最晚,地位最低。无论散曲戏曲,以前的人只拿他们当作小道末技,偶一读之,偶一为之,不成主流,更非正统。把曲的地位提高到与诗赋骈散文一样,对曲学作有系统的叙述,大规模的研究,乃是近五六十年来,中国文学受西洋影响以后的事。起初叙述研究的对象是戏曲,渐渐散曲也跟着沾了光。风气这种东西,向来是一发而不可遏止的,所谓"风起云涌"。研究曲学既成风气,于是多年沉埋的曲籍陆续发现了,有关曲学的著作逐渐增多了;而曲学著作几乎全是"述而不作",创作的东西简直是凤毛麟角。因为,曲这种文体,技巧上的要求太多,限制太严,尤其是声律方面,常使人有束手缚足之感。古人环境适宜,时间充裕,依声守律已经习惯而成自然,还是不能多产。现代人的生活已不是旧体文学所能叙述描写,现代人的思想感情已不是旧体文学所能表现;规矩比较自由、体制比较阔大的五七言古诗及骈散文,已不能完全适合现代写作的需要,何况精致而颇嫌狭窄的曲。所以,时至今日,旧体文学只是供研究欣赏的学问或艺术品,而不是供写作之用的工具,曲尤其是如此。

从事文艺创作,可以专靠天才与经验,暗中摸索,开径独行;"及其用力既久而一旦豁然贯通焉",就可以成为作家。研究学问则不能如此,必须有门径,有方法;否则事倍功半,要走许多冤枉路，有时甚致茫然无所适从。所谓目录之学，是作学问的重要门径之一，正如同到图书馆去看书，要有一份详备的书目。想要作某种学问而不知有关此种学问都有什么书，如何能行？从前的书目，如《书目答问》、《国学要籍解题》、《国学参考书目》之类，大致都不出"四大部"即经史子集的范围，曲学书籍是不登这样的大雅之堂的。曲学昌明已有半个世纪，有关曲籍的书目也出版了一些，但还没有一部综合详备的目录，这是学术界一大缺憾。罗锦堂君这本总目，即是为了弥补这个缺憾而编纂的。我虽没有看过他的全稿，但根据他寄来的目录及我十余年来对他的了解，我相信这应当是一部体例周详，网罗弘富，记录前人成果，开启后人门径，切实有用的工具书。此书一出，一般曲学研究者得以人手一编，按图索骥，左右逢源，实在是对于文学的一大贡献。两年以前，锦堂的《南北曲小令谱》出版，我曾给他作序，现在又有机会介绍这一本书，对我个人来说，这是非常愉快的事。

　　1966年春日，郑骞序于美国康州新港耶鲁大学。

中华现代学术名著丛书

从诗到曲

下 册

郑 骞 著
曾永义 编

2015年·北京

下册目录

中编

白仁甫年谱 …………………………………… 507

白仁甫交游生卒考 …………………………… 564

夏著二晏年谱补正 …………………………… 585

晏叔原系年新考 ……………………………… 617

珠玉词版本考 ………………………………… 627

冯惟敏及其著述 ……………………………… 634

陈铎(大声)及其词曲 ………………………… 663

苏东坡的先世及其亲属 ……………………… 685

苏东坡的乳母与苏子由的保母 ……………… 692

新校梨园按试乐府新声补正 ………………… 699

仙吕混江龙的本格及其变化 ………………… 729

仙吕混江龙的本格及其变化后记 …………… 749

董西厢与词及南北曲的关系 ………………… 756

记明刊本朝野新声太平乐府 ………………… 789

善本传奇十种提要 …………………………… 791

明斯干轩本琵琶记 …………………………… 826

下编

- 苏东坡的阳关曲 ········· 835
- 朱敦儒生卒年月汇考 ········· 842
- 论北曲之衬字与增字 ········· 853
- 西厢记作者新考 ········· 875
- 西厢记版本汇录补遗 ········· 923
- 评介冯沅君著古剧说汇 ········· 929
- 永嘉室札记 ········· 933
  - 彭元逊〔瑞鹧鸪〕词 ········· 933
  - 两首〔御街行〕 ········· 933
  - 王夫之〔鹧鸪天〕词及《读通鉴论》 ········· 934
  - 冯君〔定风波〕词 ········· 934
  - 关马之别 ········· 935
  - 明人改元剧之一般情形 ········· 935
  - 俗与雅　板与韵 ········· 936
  - 元杂剧曲辞不通顺处不宜改动 ········· 936
  - 敬思——教师 ········· 937
  - 北曲中之"不剌"二字 ········· 938
  - 并赃拿败 ········· 938
  - 汤显祖莎士比亚同年卒 ········· 939
  - 病秦琼 ········· 939
  - 薛仁贵征西 ········· 940
  - 常卖 ········· 940
  - 粉昆 ········· 941

- 闻早 ·· 942
- 謽 ·· 942
- 收园结果 ·· 943
- 某字作厶 ·· 943

永嘉余札 ·· 944
- 项安世解东坡〔乳燕飞〕《华屋》词 ·············· 944
- 元杂剧分四折 ···································· 945
- 元杂剧读本 ······································ 945
- 《湘绮楼日记》释旦 ······························ 945
- 大鼓书 ·· 946
- 李全妻杨氏 ······································ 946

永嘉新札 ·· 948
- 白头王建 ·· 948
- 老身 ·· 949
- 东坡松诗稼轩松词 ································ 949
- 诗词中之互体 ···································· 950
- 阿对泉 ·· 950

永嘉新札之余 ···································· 951
- 王君九与吴朣安 ·································· 951
- 生挽顾羡季联语 ·································· 952
- 顾羡季诗词 ······································ 952
- 咏蝉诗词 ·· 954
- 程垓〔小桃红〕词 ································ 954
- 行唐 ·· 955
- 六案 ·· 956

  牛皋长岳飞十六岁 ……………………………………… 957
永嘉五札 …………………………………………………… 958
  全清词钞 …………………………………………… 958
龙渊里日钞 ………………………………………………… 959
  晏小山死靖康之难？ ……………………………… 959
  辛稼轩女婿陈成父事 ……………………………… 960
  江月晃重山 ………………………………………… 961
  朱古微挽王半塘词 ………………………………… 961
  《拜月亭》杂剧之卧麻与乱麻 …………………… 962
  读剧漫语十七则 …………………………………… 963
读诗偶记 …………………………………………………… 965
  数诗 ………………………………………………… 965
跋黄嘉惠本董西厢 ………………………………………… 967
跋刘龙田本西厢记 ………………………………………… 969
跋陆贻典钞本琵琶记 ……………………………………… 972

郑骞先生学术年表 ………………………………… 何泽恒 974
郑师因百的曲学及其对我的启迪 ………………… 曾永义 979
郑因百师的词学 …………………………………… 林玫仪 1010
诗人论曲——郑因百先生的散曲学 ……………… 游宗蓉 1017
编后记 ……………………………………………… 曾永义 1058

中 编

白仁甫年谱 附白华白恪系年

前言

自明以来,论元曲者群推关、马、白、郑为四大家,众无异辞。仁甫所为杂剧,其数量似不能与关、马比;然仅《梧桐雨》一剧之"沈雄悲壮",已足冠冕一代①;则其他撰作,必有可观。而《十六种》之中仅存其二,此所谓有幸有不幸者,未可以其传世作品之少而稍轻视之也。元曲作者,类多江湖隐沦之士,韬光混俗,声闻不彰。汉卿之时代迄无定说;东篱散剧并佳,"朝阳鸣凤"②,后人于其曾为江浙行省务官之外,竟无所知;德辉小传,载于《录鬼簿》者,较关、马为详,而其家世行谊,仍多未悉。斯固读元曲者之遗憾而无可奈何者。仁甫则系出中州世家,父子、兄弟皆为名流,文献足征,事迹可考。元剧作家数十人中,可为之采撷旧闻,写成传记或年谱者,仁甫一人而已。

---

① 王国维《人间词话》卷上:"白仁甫秋夜《梧桐雨》剧,沉雄悲壮,为元曲冠冕。"
② 朱权《太和正音谱》附录《古今群英乐府格势》(即《涵虚子论曲》)云:"马东篱之词如朝阳鸣凤。"

清康熙时人王晫,曾拟为仁甫"博稽史乘,旁参百家,编列年谱"①;但闻发愿,未见成书。民国二十一年,苏明仁君乃撰《白仁甫年谱》,载于是年出版之《燕京大学文学年报》第一期,是为白谱创始之作。然苦于学力有限,复未能"博稽旁参",是以纰漏百出,殊未足为学者知人论世之助。近年,日儒吉川幸次郎氏所著《元杂剧研究》行世,于仁甫之时代背景、家世及生平,叙述甚详,前所未有②。惟仅系附及,并非专著,翔实之余,仍有未尽。予素习词曲,复嗜为谱录之学,爰不揣谫陋,就平日涉猎所及,撰为是篇,期使读仁甫作品者对此一作家能有更深切之了解。缺失谬误,固所不免,博雅君子,幸垂教焉。1969年,郑骞识于台北。

凡例

一、本谱以白仁甫为谱主,复采辑仁甫之父白华及弟白恪生平事迹,分别系年;惟后二者稍从简略。

二、仁甫父子兄弟三人皆是单名,故谱中各称其字,余人一概称名。惟元好问与白氏父子关系至为密切,屡见谱中,故亦称其字。此皆为行文便利,并无轻重敬慢之别。

三、元世祖至元八年始定国号曰元,以前则称蒙古,而后人追称颇不一致。今统称为元,以昭划一。

四、金亡以前,兼用宋金纪元,金亡以后宋亡以前,兼用宋元纪元。仁甫为北朝人,故纪元先金元后南宋。

---

① 见《九金人集》本《天籁集》王晫题记。
② 郑清茂译本《元杂剧研究》页七十七至八十七皆仁甫事迹。

生平总述

白恒,字仁甫,后改名朴,改字太素,号兰谷,小名铁山。世多以其改名及原字称之,曰白朴或白仁甫。生于金哀宗正大三年(即宋理宗宝庆二年丙戌,西元1226)。元成宗大德十年丙午(西元1306),时年八十一岁尚在;卒年未详。金亡之年,仁甫九岁;宋亡之年,五十四岁。出生前九十九年,宋室南渡;身后约六十年,元亡。

名朴,字太素,旧字仁甫,号兰谷,见王博文撰《天籁集序》。原名恒,小名铁山,及有关生卒年龄诸考证,俱详后文。

仁甫一生未仕;钟嗣成《录鬼簿》有身后赠官之说,恐不足信,详见后。

其先世居隩州河曲县。仁甫生于金之南京,幼居其地;十余岁时,随父移家真定,遂为真定人。隩州故乡,少年时或曾践履。

《金史》一一四《白华传》(以下简称《白华传》):"白华,字文举,隩州(原误作澳州)人"。华,仁甫之父也。金隩州,属河东北路,所辖只河曲一县,邬镇一镇,见《金史》二十六《地理志》。宋时为火山军,见《宋史》八十六《地理志》。今为山西河曲县。其地在山西省最西北隅,去河套蒙古甚近,再北即入绥远境,再西即入陕西境。在宋、金时本荒远屯戍之地,文化不高,详见《元遗山集》二十四《善人白公墓表》末段(以下简称《白公墓表》)。白公为仁甫祖父。康熙修、乾隆补修《保德州志》卷二古迹门:"旧隩州在州北一百四十里。本雄勇镇,宋太平中置火山军,金为隩州,元省,属保德。"同治《河曲县志》

卷三《形胜门》:"火山明焰在旧县城西五里,即宋建火山军处。山逼黄河,岩石俱赤,烟气灼人。岩有石䃕,以薪投之,轰然焰出。"观此可知火山得名之由。《河曲县志》极简陋;有关白氏之记载仅卷五《荐辟门》之"白华,贞祐三年进士,枢密院判官"一条,且系由《白华传》钞来。金南京即宋东京,今河南开封。金宣宗贞祐二年,仁甫出生前十二年,金为元人侵逼,自中都（今北平）迁都南京。仁甫生于南京,见本谱正大三年。随父移家真定见下文及本谱元太宗八年。真定,元时为真定路,见《元史》五十八《地理志》,今为河北正定县,自战国至今,皆为名都。乾隆《正定府志》无关于白氏父子之记载。仁甫幼时,河东北路诸州县屡遭元人攻略,文举方官南京,无携眷返回故乡险地之理。至仁甫二十六岁,文举请元好问为其父白公撰墓表,（事见本谱元宪宗元年）此时金亡已十四年,兵戈既息,地方秩序渐复,真定河曲,相去匪遥,文举或曾归里省墓,并以墓表刻石,仁甫兄弟当亦随父同往。

白氏之先,里贯未详,疑来自太原;定居河曲,亦不知其几代。今可考者:仁甫六世祖重信。高祖玉。曾祖仲温,曾祖母李氏。祖宗完,字全道,祖母王氏、李氏。重信至仲温,三世皆"寻常百姓",即旧时碑志文字所谓"潜德不耀"者。至宗完始知读书,"营度生理,日就丰厚"。其人"富而好礼,敦信义,乐施与",乡里称"白善人"。宗完生五子。长子彦升,读书未仕,经理家务。次贲,字君举,金章宗泰和三年进士,历官怀宁主簿、岐山县令。次华,字文举,即仁甫之父,事迹见后。次莹,出家为僧,法名宝莹,能诗。次麟,早卒。彦升,王氏所生;余四人,李氏所生。彦升有子名嗣隆。华有子四人,名见后。贲、麟后嗣未详。莹为僧,当然无后。

右列世系、名讳、诸人事迹，据下列三文。一、《白公墓表》。二、《元遗山集》二十五《南阳县太君墓志》（以下简称《南阳墓志》），太君为仁甫祖母。三、袁桷《清容居士集》二十七《朝列大夫白公神道碑》（以下简称《敬甫碑》），其人名恪，字敬甫，乃仁甫异母弟。《白公墓表》及《南阳墓志》叙白氏事始于河曲，未详其所从来。《敬甫碑》有"白于太原为令族"之语，河曲在太原西北不甚远，白氏之先可能为太原人，或即乐天之族。金元时有三白贲。其一即文举之兄仁甫之伯父字君举者。其一见元好问《中州集》卷九，原文云："白先生贲，汴人，自号决寿老。自上世以来至其孙渊，俱以经学显。"此人之孙，亦与君举之侄孙敬甫之子同名渊，诚巧合也。以上两白贲皆金人未入元者。另一白贲则为白珽之子，即《录鬼簿》卷首之白无咎学士，散曲作家。珽生于元定宗三年即宋理宗淳祐八年，少于仁甫二十二岁，故无咎年辈远较金代两同名者为晚。上述白珽生年据宋濂《翰苑别集》卷五《湛渊先生白公墓铭》。铭云珽有二子，长名贲，次名采。贲之官职为文林郎、南安路总管府经历。《录鬼簿》谓为学士，系对文人之泛称。彦升有子嗣隆，考见后。王国维《录曲余谈》已云有三白贲；予所考证较王说详确。

华，字文举，号寓斋。金宣宗贞祐三年进士。初为应奉翰林文字，累迁为枢密院经历官、枢密院判官、右司郎中。金亡，曾入宋，不久，得北归，移家真定，隐居以终。华能诗、知兵、通习吏事，有文武材，为金末名人之一。

文举登第事见《白公墓表》及《金史》本传。生平事迹及仕宦次第，见本传、《宋史·理宗纪》、《元遗山集》、刘祁《归潜志》诸书。今分别考订，附入本谱。诗作存者仅三首，俱见下文。

王逢《梧溪集》卷四下《读白寓斋诗序》云："寓斋字君举,金之隩人,登泰和三年词赋第,累迁枢府,弃官隐居教授卒,名与元遗山、赵闲闲相颉颃。……其题靖节图有云:'咄哉灵运辈,竟坐衣冠辱;谁知五柳家,春雨东皋绿。'风节可概见矣。并录酬元公八句:'梦里薰风湛露歌,花开汉苑旧经过。拾遗老去青春暮,司马归来白发多。横槊赋诗吾岂敢,短衣扣角夜如何?相逢未尽相思话,草色连云水碧波。'弟文举亦登贞祐进士第,赞戎政,著功当时。冯西岩内翰有'科第联飞光白传'之句称拟云。"按:此文多误。泰和三年登第者乃白贲,见《白公墓表》,号寓斋者乃白华,见《天籁集序》;此文误混为一人。"累迁枢府,弃官隐居教授",皆白华事迹,与贲无涉。文中所举两诗,显然为易代之后,年近迟暮时作;贲则卒于金亡之前,年寿不永,此两诗亦应属白华而非贲作。王逢为元末明初人,去白氏兄弟约近百年,传闻失实,故叙述混淆。然贲字君举,他处未见,则又赖此文以传,未可因其有误而并此亦不采也。清人顾嗣立《元诗选》癸集甲《白贲小传》、近人陈衍(石遗)《元诗纪事》三十《白君举小传》,则是合《白公墓表》、《天籁集序》、《中州集》、《梧溪集》诸说,不分正误,杂糅而成,更不足论矣。文举之诗,右引《梧溪集》所载两首外,刘祁《归潜志》十四又有集句七古一首云:"天其未厌卯金刀,池上于今有凤毛,有才不肯学干谒,便入林泉真自豪。衣如飞鹑马如狗,野饭盈盘厌葱韭,仰天大笑出门去,桃李春风一杯酒。列卿太史尚书郎,五更待漏靴满霜;何如一身无四壁,醉踏残花屐齿香。人物尤难到今世,浮云柳絮无根蒂,不须辛苦上龙门,秋水寒沙鱼得计。"《归潜志》载此诗,仅题"河东白华文举集句"八字,别无题目,观其诗意,乃赠刘祁者,故《归潜志》编附于各家投赠诗之后。

华初娶张氏,经乱失散,不知所终;继娶罗氏。张、罗各生子二人。长忱,字诚甫,小名汴阳;次即仁甫,名恒,小名铁山;皆张出。次恪,字敬甫;又有小名常山或中山者;皆罗出。故仁甫行二,有同母兄一人,异母弟二人;姊妹若干人。敬甫少于仁甫二十岁,余人年龄未详。诚甫似未仕?敬甫仕元,官至翰林待制、太常礼仪院同金,有诗文集若干卷,今佚,《新元史》卷一百八十八有传。此传即据袁桷所撰神道碑剪裁而成。

初娶张氏,继娶罗氏,见敬甫碑。张氏失踪事详见本谱天兴二年。张氏、罗氏各生二子,考见下文。敬甫碑云文举生子四人,而未列举其名。《白公墓表》云:"男孙五人:嗣隆、沈、恒、常山、中山。"文举既仅有四子,此五人中必有一人为其侄。白公二妻五子:彦升,元配王氏所生,双名;贲、华、莹、麟,继配李氏所生,皆单名。五孙中,其一仅知小名为常山或中山,余三人,忱、恒、恪皆单名,字皆从心,嗣隆独异而与彦升俱为双名,可知嗣隆为彦升之子,余四人为文举之子。《元遗山诗集笺注》卷七有示白诚甫诗。施国祁注云:"案:二十四卷白公表,男孙名忱,或即此。"骞按:此诗首两句云"之子吟爆竹,乃公欣树萱",末两句云"通家吾亦老,倚杖望高轩",全是父执对晚辈口气,且忱有诚义,诚甫为忱之字无疑。恪有敬义,故恪字敬甫。兄弟之名与字既已考定,所余只有仁甫,而仁有恒义,故知恒为原名,朴为改名;改字太素,亦取其义与朴相应。《南阳墓志》云:"男孙二人,曰汴阳、铁山,女孙一人尚幼。"《白公墓表》作于元宪宗元年辛亥,时文举移家真定已十余年,而表中有"常山、中山尚幼"之语,可知此二人为文举移居真定之后所生;《南阳墓志》则作于金亡之前,(据志文可知),此时常山、中山尚未出世,而嗣隆为前房之子彦升所生,故仅叙汴阳、铁山二人,即忱与恒,亦即诚甫与仁甫也。依次序推之,汴阳为诚甫小名,铁山为仁甫小名。依《白公墓表》所记次序,诚甫为文举长子,仁甫为次子,常山第三,中山第四;《天籁集序》亦云仁甫为文举仲子。敬甫不知为第三或第四,亦无从知其小名为常山或中山,但二者必居其一耳。敬甫碑云:"妣张氏、罗氏,君罗出也"。按:张氏于天兴二年失踪,《南阳墓志》作于其前,已有汴阳及铁山二子,《白公墓表》作于其后十余年,而云常山、中山尚幼,可知文举四子,张罗各生其二。

明初人孙作(大雅)序《天籁集》云:"寓斋生三子,先生其仲子也。"盖小名中山或常山者可能夭折,长成者仅诚甫、仁甫、敬甫三人,故孙序云尔。《白公墓表》载男孙五人之外,又云:"女孙二人,皆适士族。"此二人不知是仁甫之姊妹或从姊妹。《天籁集》上〔水调歌头〕词题云:"予儿时在遗山家,阿姊尝教诵先叔放言古今忽白首,感念之余,赋此词云。"此阿姊当即《南阳墓志》中所云"女孙一人";先叔当即僧宝莹。"放言古今忽白首"七字似有脱误无从断句。

仁甫子女未详。有孙名溟,字了南,明洪武初为姑孰郡学官。善人白公曾孙辈有名中和、泰和、安和者三人,未详所出,其中或有仁甫之子。此外诸侄,其名可考者五人:渊、沆、湛、洙、灏,皆敬甫之子。从孙八人:贞、采、暹、辟、楸、口、枢、桂。皆敬甫之孙。

孙作撰《天籁集序》云:"予以洪武甲寅(七年)春,掾姑孰郡文学,时真定白溟子南分教诸生,间示其祖兰谷先生《天籁集》。谨按:先生讳朴(同樸),字仁甫,后改字太素,姓白氏,号兰谷。

金季寓斋先生枢密院判之子也。"姑孰,今安徽当涂县。《白公墓表》云:"曾孙三人:中和、泰和、安和。"似皆小名。敬甫生于元定宗元年丙午,《墓表》作于宪宗元年辛亥,时敬甫年仅六岁,故知此三人非敬甫之子。孰为诚甫子?孰为仁甫子?则无可考矣。诸侄及侄孙等十三人名俱见《敬甫碑》。

仁甫生时,金已衰乱。哀宗天兴元年岁暮,元兵围攻开封(金南京),文举从哀宗出奔。二年正月,守将崔立叛降于元,开封大乱。仁甫时方七八岁,父既远行,母又于乱中失散,家亡国破,孤幼无依。适父执元好问(遗山)为元人拘管聊城,遂携仁甫同往。三年正月,金亡;文举入宋。仁甫即居元家,遗山抚育教养之如亲子侄。数年后,文举北归,父子重聚。时史天泽开府真定,优礼士大夫,文举全家往依之,自此占籍真定。文举与其兄贲俱登金进士第,有文名。仁甫天资高迈,家学渊源,居真定后仍习举子业,博览群书,专工律赋,以之著称于世。真定为当时大都会,乱后人文荟萃,仁甫家有名父,外有贤师友,平生学问文章,奠基于此。而始教之读书者元遗山也。元世祖中统初,史天泽将荐之于朝,仁甫逊谢。盖以"幼经丧乱,亡国失母,恒郁郁不乐。放浪形骸,期于适意,其视名利蔑如也"。南宋既亡,北人乐江南风土文物,多移家者。仁甫于至元十一二年元师大举侵宋时南下,经湖北、湖南、江西等地;至元十七年,即宋亡于崖山之次年,卜居建康(今南京),时年五十五岁。此后往来镇、扬、苏、杭,与东南名士诗酒往还,优游山水间垂三十年,寿及耄耋,以布衣终。仁甫弟恪亦官于南方,后为京官,归葬真定;仁甫似未返故乡,葬地亦未详。明太祖洪武中,仁甫之孙溟为姑孰(今安徽当涂县)学官,家于其地。后移居六安

（今安徽六安县）。武宗正德中，仁甫裔孙永盛为六安庠生。至清圣祖康熙时，仁甫裔孙驹仍居六安。康熙以后未详。

此段大部分取材于《天籁集序》。金室乱亡，文举从哀宗出奔，入宋及北归诸事本末，详见本谱金哀宗天兴元年至元太宗八年。仁甫失母居元遗山家诸事见同上。王恽《秋涧大全集》四十八《忠武史公（天泽）家传》云："真定治效，高视他郡，四方为之训。北渡后，诸名士多流寓失所，知公好贤乐善，咸来游依。若王滹南（若虚）、元遗山（好问）、李敬斋（治）、白枢判（文举）、曹南湖（未详，疑是《河汾诸老诗集》卷八之曹之谦）、刘房山（伯熙）、段继昌（子新）、徒单颠轩（公履），为料其生理，宾礼甚厚。暇则与之讲究经史，推明治道。"仁甫工律赋及史天泽荐举诸事，俱见《天籁集序》。南下后诸事见本谱至元十年至十七年。与东南名士往还诸作散见《天籁集》。敬甫归葬真定见《敬甫碑》。仁甫后裔留居南方，可知仁甫似未返真定故乡。白溟居姑孰、白永盛、白驹居六安，见谱后。钟嗣成《录鬼簿》通行本云："白仁甫，文举之子，名朴，真定人，人号兰谷先生。赠嘉议大夫，掌礼仪院太卿"。明钞本无"名朴，真定人"五字，"掌礼仪院太卿"作"太常卿仪院太卿"。明钞本所记固然不成官名，通行本亦误。据《元史》卷八十八《百官志》四所叙编制，应作"太常礼仪院太卿"。嘉议大夫则为"正三品文散官"，见《元史》卷九十一《百官志》七。仁甫之子名字无传，其非显达可知，何由封赠其父？诸侄亦无贵显者。《录鬼簿》赠官之说，殊难置信。明钞本《录鬼簿》，仁甫名下附贾仲明吊词云："峨冠博带太常卿，娇马轻衫馆阁情"。则是以"掌礼仪院太卿"为仁甫曾任之实官；其说更谬。仁甫一生未仕，王博文《天籁集序》固曾详言之也。敬甫曾官太常礼仪院同佥,或即由此传讹。

仁甫虽以律赋著称于时,而诗赋作品无存。词集有《天籁集》二卷,收小令、慢词,共百零五首。散曲、杂剧为当时新兴文体,远离庙堂,接近社会,读书人之无心仕宦或仕而不得志者,多优为之,以寄情遣兴,消胸中之块垒。仁甫为其中名手,世人亦遂以曲家称之,与关汉卿、马致远、郑元祖合称关、马、白、郑。作品现存者:散曲无专集,近人摭拾群书,仅辑得小令三十七,套数四,收入《全元散曲》,其散佚者当不在少数。杂剧有《唐明皇秋夜梧桐雨》等十六种,全剧现存者有《梧桐雨》及《裴少俊墙头马上》二种。《梧桐雨》尤负盛名,王国维所许为"元剧冠冕"者也。《董秀英花月东墙记》全剧虽存而曾经后人窜改,大非仁甫原本。《韩翠苹御水流红叶》、《李克用箭射双雕》两剧仅存残曲。余十一种全佚。

行世《天籁集》有二本:王鹏运四印斋所刻词本及吴重熹《九金人集》本。二者同出于康熙庚寅(四十九年)杨友敬刻本,收词数目次序均同而文字偶有小异,前后序跋及附录等亦互有多寡,大体言之,《九金人集》本较胜。《天籁集》附杨友敬所辑"摭遗",皆散曲,共小令及套数若干,《全元散曲》均已辑入。四印斋本删去此摭遗,因其是曲而非词也。(《天籁集》卷下有〔小桃红〕一首,亦是曲而非词。二本均存而未删。)《梧桐雨》及《墙头马上》二剧之各种版本详见拙著《元人杂剧异本提要》。仁甫所撰杂剧十六本全目如下:《秋江风月凤凰船》、《鸳鸯简墙头马上》、《萧翼智赚兰亭记》、《唐明皇秋夜梧桐雨》、《韩翠苹御水流红叶》、《董秀英花月东墙记》、《祝英台死嫁梁山伯》、《楚庄王夜宴绝缨会》、《苏小小月夜钱塘梦》、《薛琼琼月夜银筝怨》、《唐明皇游月宫》、《汉高祖泽中斩白蛇》、《阎师道赶江江》、《泗上亭长》(又名《高祖归庄》)十六曲、《崔护谒浆》(以上十五本见《录鬼簿》),又《李克用箭射双雕》(据《北词广正谱》知为仁甫所作)。有关《东墙记》之考证见拙著《元剧作者质疑》。《流红叶》剧存〔正宫・端正好〕一套、〔越调・酒旗儿〕一曲,《箭射双雕》剧存〔中吕・粉蝶儿〕一套;此两全套俱见《盛世新声》、《词林摘艳》、《雍熙乐府》诸书,〔酒旗儿〕曲见《太和正音谱》及《北词广正谱》;近人赵君《元人杂剧钩沈》均已收入。《广正谱》收〔双调・新水令〕"晚风寒峭透窗纱"曲,题为《箭射双雕》,乃《西厢记》之误。

白氏为中州世家,文举早擢巍科,仕宦贵显,声望著称于当时;仁甫生于名门,长于名都(真定),学问文章能承其先业。是以金元间名士胜流,多与仁甫父子相识。其重要可考者有下列诸人:赵秉文,文举之前辈也,仁甫儿时或曾见之。王若虚、刘从益、李献能、史学、雷渊、元好问、王鹗、李冶、张德辉、杨果、毛正卿,皆文举之友,仁甫之父执。刘祁年辈略晚于文举而长于仁甫。元初汉军四万户中之真定史氏(史天泽),为仁甫父子所"游依"者;顺天张氏(张柔)与白氏有往来;东平严氏(严实)或亦有之。王博文、王恽、胡祗遹、王思廉、李文蔚、王利用、曹元用、奥敦周卿、侯克中、卢挚、道士李道纯、僧仲璋(俗姓阎),皆仁甫朋辈;挚又为敬甫之妻兄。吕文焕、师夔叔侄,仁甫南下后亦曾与之有文字酬赠。程文海有赠敬甫诗,袁桷与敬甫同事,为撰神道碑,二人与仁甫当亦相识。天然秀高氏,则为仁甫所赏识之女伶,其名见于雪蓑渔隐之《青楼集》。统观仁甫交游,多数均为北人,虽中年以后卜居江南垂三十载,而南方知名文士与仁甫年龄相伯仲者如牟巘、方回、周密,稍晚者如戴表元、张炎、仇远,皆无与仁甫往来之迹。盖当时"混一"未久,南人、"北客",类聚群分,乃必然之势也。混一、北客,皆元初人习用语,今借用之。

赵秉文,字周臣,自号闲闲居士,磁州(今河北磁县)人。《金史》一一零有传,《元遗山文集》十七有墓铭。秉文与文举交往事迹见本谱正大八年。王若虚,字从之,自号滹南遗老,藁城(今河北藁城县)人。《金史》一二六有传,《元遗山文集》十九有墓表。若虚曾为仁甫祖父撰墓表,其文不传,事见元遗山撰《白公墓表》,盖文举、若虚同官开封时也。刘从益,字云卿,浑源(今山西浑源县)人,李献能,字钦叔,河中(今山西永济县)人,俱《金史》一二六、《中州集》卷六有传。史学,字学优,延安(今陕西肤施县)人,《中州集》卷七、《归潜志》卷二有传。从益子祁著《归潜志》卷九云:"余先子翰林令叶时,同坊州仲纯赋昆阳怀古诗,诸公多继作。……史学优、李钦叔、白文举皆有诗。余亦作一古诗也。"雷渊,字希颜,浑源人。《金史》一一零、《中州集》卷六有传。"雷、李、元、白,皆当时名士"。见本谱海迷失后元年。王鹗,字百一,又字伯翼,东明(今河北东明县)人,《元史》一六零有传。《元遗山集》卷八有诗题云:"镇州与文举百一饮。"其末联云:"眼中二老风流在,一醉从教万事休。"镇州即真定。李治(治一作冶),字仁卿,号敏斋,栾城(今河北栾城县)人,《元史》一六零有传。治曾为文举诗集作序,见王逢《梧溪集》卷四下《读白寓斋诗小序》。张德辉,字耀卿(《元史》误作辉卿),交城(今山西交城县)人,《元史》一六三有传。德辉曾荐文举于元世祖,见本谱海迷失后元年。杨果,字正卿,号西庵,蒲阴(今河北祁县)人,即《录鬼簿》之"杨西庵参政",《元史》一六四有传。余见本谱至元七年。刘祁,字京叔,从益之子,事迹见王恽《秋涧大全集》五十八《浑源刘氏世德碑铭》。《金史》一二六有传附从益传后,殊简略。《归潜志》卷十四载有文举赠祁集句诗。祁年长于仁甫二十三岁,少于文举十余岁。史天泽,字润甫,永清(今河北永清县)人,后居真定,《元史》一五五有传。天泽与仁甫父子关系详见上文,又见本谱中统元年、至元二十三年。张柔,字德刚,定兴(今河北定兴县)人,《元史》一四七有传。仁甫曾谒柔妻毛氏于其家,与柔及其子弘范等或亦曾晤面。弘范,《元史》一五六有传。毛正卿为毛氏之兄,即偕仁甫谒见毛氏者。参阅本谱元宪宗二年。严实,字武叔,长清(今山东长清县)人,后居东平,《元史》一四八有传。仁甫幼年在元家时,遗山正"游依"严氏。遗山归乡后,与严氏常有往来,秀容(遗山故乡)至东平,路经真定;以常理测之,仁甫父子可能亦与严氏有关。《天籁集》下有〔摸鱼子〕词,题云"七夕用严柔济韵"。实次子名忠济,但诸子皆以忠字排名,非以济字排,见《元史》本传;柔济盖与东平严氏无关。王博文,字子勉,自号西溪老人。《元史》、《新元史》俱无传。仅《元史》一六零《李治传》云:"今儒生有如魏璠、王鹗、李献卿、兰光庭、赵复、郝经、王博文辈皆有用之材。"同书一七五《李孟传》云:"一时名人商挺、王博文、皆折行辈与交。"数语。清顾嗣立《元诗选》癸集丙录其《登琴台》诗一首,附小传云:"博文字某某(原空二字),东鲁人。少与汲县王恽、渤海王旭齐名。至元中,累迁河东山西道提刑按察,历官正议大夫、御史中丞。"王恽《秋涧大全集》十九有挽诗两题共八首,同书六十四有祭文、路祭文、谏文各一篇,合观之可见其生平大略。据谏文知其曾任礼部尚书,为《元诗选》小传所未述及。诔文又有"从元问学,馆申作甥,二公提携,大溃于成。"之语,可见为元遗山弟子,与仁甫相识,盖亦由遗山也。此人乃当时知名之士,所撰《天籁集序》又为研究仁甫生平之最佳资料,文献不足,竟不能详考其事迹,诚属憾事。王博文、王旭、王恽,当时称"三王",见《秋涧大全集》附录神道碑。王恽,字仲谋,号秋涧,汲郡(今河南汲县)人,《元史》一六七有传。胡祗遹,字绍开,号紫山,武安(今河南武安县)人,即《录鬼簿》之"胡紫山宣慰",《元史》一七零有传。仁甫有《送王胡赴官》〔木兰花慢〕词,见本谱至元二十六年。王思廉,字仲常,获鹿(今河北获鹿县)人,《元史》一六零有传。李文蔚,《录鬼簿》云:"真定人,江州路瑞昌县尹。"其他事迹无考。《天籁集》上〔夺锦标〕词题云:"得友人王仲常、李文蔚书。"获鹿为真定属邑,相去甚近,王、李皆仁甫乡里故旧也。王利用,字国宾,通州人,《元史》一七零有传。《天籁集》上〔满江红〕词题云:"重阳后二日,王彦文并利用、秦山甫相过小饮。"彦文、山甫俱未详。曹元用,字子贞,一字光辅,汶上(今山东汶县)人,即《录鬼簿》之"曹光辅学士",《元史》一七二有传。仁甫以〔水龙吟〕调赋睡词,曹和之至三十首,见《天籁集》上。曹曾官镇江路儒学正,仁甫与之相识当在南下之后。其人年少于仁甫约三十余岁,为后辈友人,见附录交游生卒考。奥敦周卿曾任怀孟路总管府判官、河北河南道提刑按察司佥事、侍御史,见近人孙氏《元曲家考略》。《阳春白雪》卷首《古今姓氏表》中有其名。天一阁钞本《录鬼簿》有奥殷周侍御,亦即此人,误敦为殷,又脱卿字。奥敦,女真姓,又作奥屯,见《金史·国语解》姓氏类。仁甫有《和周卿韵赏梅》〔木兰花慢〕词,事见本谱至元七年。侯克中,字正卿,号艮斋,真定人。事迹略见袁桷《清容居士集》二十一《大易通义序》,又见《录鬼簿》卷上。克中所著《艮斋集》卷九有《答白仁甫》五律,卷五有《白敬甫经历有闽中之行》七律,俱见本谱至元二十九年。卢挚,字处道,一字莘老,号疏斋,涿州(今河北涿县)人,即《录鬼簿》之"卢疏斋宪使",《新元史》二三七有传,《饮红簃所刻曲》本《疏斋小令》所辑小传颇详。《天籁集》上有〔水龙吟〕词题云:"送张大经御史,就用公九日韵,兼简卢处道副使。"卢为敬甫妻兄,见敬甫碑。李道纯,字元素,号莹蟾子,亦号清庵,仪真(今江苏仪征县)人,道士。著《清庵词》一卷,收入《彊村丛书》,皆言道教修炼之术,无文学价值。仁甫与之相识当在南下之后。道纯曾和仁甫〔水调歌头〕《纪梦》词,见本谱至元二十三年。《天籁集》上〔念奴娇〕《中秋效李敬斋体》词后附录僧仲璋所作〔念奴娇〕一首,前有仁甫所作小序,其注文云:"仲璋俗姓阎,法讳志琁,号山泉道人。落魄嗜酒,滑稽玩世,颇为时人所爱。"王国维校注《录鬼簿》于"阎仲章学士"名下引此注,未下断语。骞按:仲璋与仲章不同,一为僧侣,一为学士,非一人也。仲章学士疑是阎復,其人曾官翰林学士甚久,《元史》一六零有传。吕文焕,安丰(今安徽寿县)人,师夔号道山,文焕之侄,俱宋臣降元者,《新元史》一七七有传。史传朱言师夔号道山,今据杨瑀《山居新话》所记。仁甫与二人酬赠事见本谱至元十三年、二十三年。程文海,字钜夫,号雪楼,建昌(今江西永修县)人,《元史》一七二有传。文海赠敬甫诗,事见本谱大德四年。袁桷,字伯长,号清容居士,庆元(今浙江鄞县)人,《元史》一七二有传。《青楼集》:"天然秀,姓高氏,行第二,人以小二姐呼之。母刘,尝侍史开府。高丰神艳雅,殊有林下风致。才艺度越流辈,闺怨杂剧为当时第一手,花旦、驾头,亦臻其妙。始嫁行院王元俏;王死,再嫁焦太素治中;焦后没,复落乐部。人咸以国香深惜,然尚高洁凝重;尤为白仁甫、李溉之所爱赏云。"

上述诸人之外,姓字见于《天籁集》者又有施景悦等三十余人,或偶然一见无关重要,或其人事迹无考:今俱从省略。

河曲真定白氏世系表

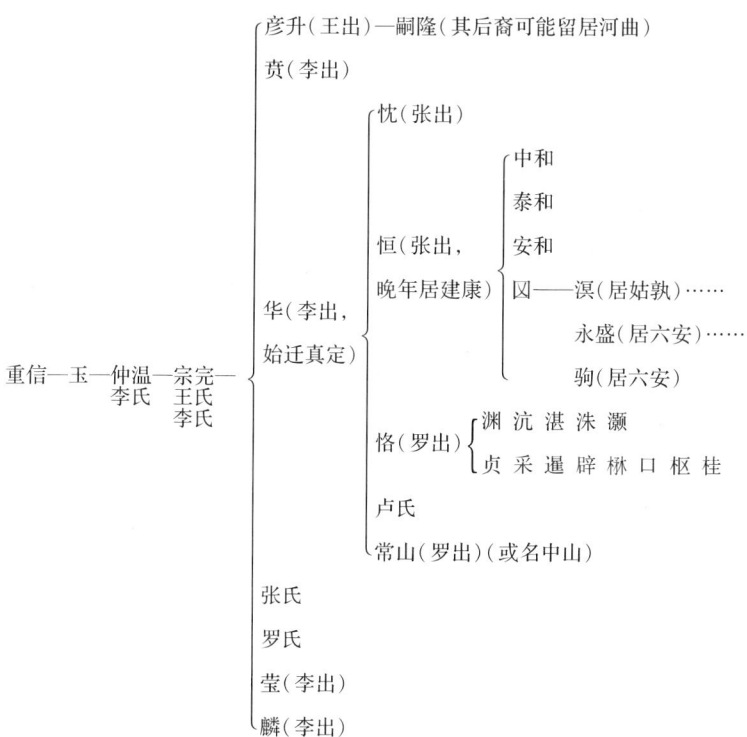

虚线表示其间不知有几世。囟可能为中和、泰和、安和三人中之一。

谱前

金熙宗皇统 四年　甲子　1144　出生前八十二年
宋高宗绍兴十四

祖父宗完生。

《白公墓表》:"崇庆壬申(1212)避地太谷,不幸遘疾,春秋六十有九,终于寓舍,实八月十九日也。"据此推算,生于甲子。

金海陵王正隆　元年　丙子　1156　出生前七十年
宋高宗绍兴二十六

祖母李氏生。

《南阳墓志》:"以大安辛未(1211)三月丙辰,春秋五十有六,终于私第之正寝。"据此推算,生于丙子。

金世宗大定二十四年　甲辰　1184　出生前四十二年
宋孝宗淳熙　十一

伯父贲生于本年前后。

《白公墓表》:"〔贲〕弱冠中泰和三年词赋进士第。"其年岁次癸亥(1203),据此上推二十年,生于甲辰。依古人行文习惯,所谓弱冠,未必恰为二十岁,但相差总不过一二年。

金世宗大定二十七年　丁未　1187　出生前三十九年
宋孝宗淳熙　十四

文举约生于本年前后。

元遗山撰《南阳墓志》,自云与文举"为弟昆之友"。《遗山集》卷二有《同白兄赋瓶中玉簪》诗,卷三十九有《与枢判白兄书》。两次均称为兄,证以"弟昆之友"语,可知其非泛称,文举实长于遗山。遗山生于金章宗明昌元年庚戌(1190),见各家《遗山年谱》,而文举之兄贲生于甲辰前后,见上,文举之生当在丙午至己酉四年中。至仁甫之生,文举已近中年矣。

金章宗承安四年
宋宁宗庆元五年　　己未　1199　出生前二十七年

文举始与元遗山相识,当在本年或稍前。

本年遗山十岁,文举稍长。郝经《元遗山墓志》云:"先生七岁能诗,太原王汤臣称为神童。年十一,从其叔父官于冀州。"《南阳墓志》云:"某自龆龀识文举于太原,与之游,为弟昆之友,今三十年矣。"《南阳墓志》作于正大六年己丑或七年庚寅,考见彼年。上推三十年为本年,与《遗山墓志》所载踪迹相合。可能稍早,但不能晚于本年,因明年遗山十一岁,已从其叔父往冀州也。此事各家《遗山年谱》均未载。

金章宗泰和三年
宋宁宗嘉泰三年　　癸亥　1203　出生前二十三年

伯父贲登进士第。

见《白公墓表》。

金章宗泰和六年
宋宁宗开禧二年　　丙寅　1206　出生前二十年

是年,元太祖成吉思汗即帝位于斡难河。是为蒙古纪元之始。

见《元史》卷一《太祖本纪》。

金卫绍王大安三年
宋宁宗嘉定四年　　辛未　1211　出生前十五年

祖母李氏卒,年五十六。

见《南阳墓志》。

金卫绍王崇庆元年
宋宁宗嘉定五年　　壬申　1212　出生前十四年

祖父宗完卒,年六十九。

见《白公墓表》。参阅下条。

金宣宗贞祐二年　甲戌　1214　出生前十二年
宋宁宗嘉定七年

是年三月,元兵攻下岚州(今山西岚县),仁甫故乡陕州(今河曲县)为其邻郡,亦遭兵燹。五月,金宣宗自中都(今北平)迁南京(今开封)以避元,七月抵汴。

《金史》十四《宣宗纪》:"贞祐二年三月壬辰大元兵下岚州。……时山东河北诸郡失守。……河东州县亦多残毁。"岚、陕两州俱属河东北路,首当兵冲,势难独全。《白公墓表》云:"崇庆壬申,避地太谷,终于旅舍。"避地即今所谓逃难,可知两年以前,岚、陕一带已被兵,但元人正式攻下岚州在本年耳。《元史》卷一《太祖本纪》云攻下岚州在去年秋,较《金史》所云本年三月,约早半年余,元骑兵往来飘忽,其攻岚州可能不只一次。

贞祐南迁事见《金史》十四《宣宗纪》、《元史》卷一《太祖纪》、《宋史》三十九《宁宗纪》。金自此不振,又二十年而亡。

金宣宗贞祐三年　乙亥　1215　出生前十一年
宋宁宗嘉定八年

文举登进士第。

见《白公墓表》。

金宣宗兴定四年　庚辰　1220　出生前六年
宋宁宗嘉定十三年

五月,元兵狗陕州,州治残破。八月,金恒山公武仙以真定降元。史天倪始开府于真定。

《金史》十六《宣宗纪》:"兴定四年五月癸卯(十四日),大元兵狗陕州。八月,恒山公武仙降大元。"同书二十六《地理志》:"陕州,〔兴定〕四年,以残破徙治于黄河滩许父寨。"观此可知仁甫出生前不久之故乡情况。《元史》一四七《史天倪传》："庚辰，还军真定，武仙降。木华黎承制以天倪为金紫光禄大夫、河北西路兵马都元帅、行府事，仙副之。"

<small>金哀宗正大二年</small>
<small>宋理宗宝庆元</small>年　乙酉　1225　出生前一年

史天倪为武仙所杀。天倪弟天泽，率兵击走武仙，复入真定。元人命天泽继为都元帅。

详见《元史》一四七《天倪传》、一五五《天泽传》及王恽《秋涧大全集》四十八《忠武史公家传》。金亡后，白氏父子移家真定，"游依"史氏，已见前。

本谱

<small>金哀宗正大三年</small>
<small>宋理宗宝庆二</small>年　丙戌　1226　一岁

是年，仁甫生于金之南京（今开封）。文举时官枢密院经历，年约四十岁。

《天籁集序》："甫七岁，遭壬辰之难。"壬辰为哀宗天兴元年（西元1232），据此上推，生于本年。《白华传》："正大元年，累迁为枢密院经历官。"正大二年、三年，皆有关于军机之奏对，正大六年权任枢密院判官，俱见本传；可见此数年中文举始终官于枢密，而故乡又已残破，眷属当然随居开封，仁甫生于其地无疑。隩州残破事及文举年龄考证，俱见谱前。

是年，赵秉文六十八，王若虚五十三，雷渊四十三，严实四十五，元好问、王鹗、张柔俱三十七，李献能、李治俱三十五，商衡三十三,张德辉三十二,杨果三十,杜仁杰约三十余,段克己三十一,段成己二十八,史天泽二十五,刘祁二十四,商挺十八,刘秉忠十一,王博文四岁。

右列段克己、成己、杜仁杰、商衡、商挺、刘秉忠等,俱金末元初人,未详是否与仁甫父子相识。因与仁甫俱为当时词曲作家,故举其年龄。余人见生平总述。本谱有关诸人之生卒年龄考证,均见附录《仁甫交游生卒考》。

<u>金哀宗正大四年</u>
<u>宋理宗宝庆三年</u>　丁亥　1227　二岁

仁甫随父母居开封。文举仍官枢密院经历。

《白华传》所叙文举与哀宗议论如何招讨李全事,原文系于正大六年,应从施国祁《金史详校》卷九之说改系本年。

是年六月,西夏为元人所灭。七月,元太祖殂于六盘山行宫;子图类(亦作拖雷)监国。见《元史》卷一《太祖纪》。王恽、胡祗遹生。

<u>金哀宗正大五年</u>
<u>宋理宗绍定元年</u>　戊子　1228　三岁

仁甫随父母居开封。文举仍官枢密院经历,曾往归德(今河南商丘)视察修城工事,又往卫州(今河南汲县)经画卫州帅府与武仙之恒山公府合并事。

《金史》十七《哀宗纪》:"〔正大〕五年八月,增筑归德,行枢密院拟工役数百万。诏遣权枢密院判官白华谕以农夫劳苦,减其工三之二。又以节制不一,并卫州帅府于恒山公府,命白华往经画之。"两事详情俱见《白华传》。往卫州事,《白华传》系于明年,施国祁《金史详校》卷九以为须改系本年;以上引《哀宗纪考》之施说是也。权枢密院判官事,《白华传》在明年,上引哀纪云在本年,两说岐异,应从传,说详明年。文举往归德及卫州,盖以枢密院经历身份,非判官也。

金哀宗正大六年　　　己丑　1229　四岁
宋理宗绍定二年

仁甫随父母居开封。二月,文举权枢密院判官;五月,往邠州（今陕西邠县）处理军务。

《白华传》:"〔正大〕六年,以华权枢密院判官。"《金史》十七《哀宗纪》:"〔正大〕六年春二月丙辰（十七）,枢密院判官移刺蒲阿权枢密副使。"文举权枢判盖继蒲阿后任,传系其事于本年,是也;《哀纪》云在去年,误。《哀纪》同卷于二月丙辰之后,三月乙亥之前,又云:"移刺蒲阿率忠孝军总领完颜陈和尚、忠孝军一千骑,驻邠州。遣白华驰喻蒲阿以用兵之意。诏枢密更给忠孝军马匹,以渐调发都尉司步卒及忠孝马军屯京西。以白华专备军须。"按:此事详见《白华传》,传云事在五月,与《哀纪》云在二三月间不同,以纪传所叙诸事时间计之,应从传。《敬甫碑》云:"唐宋枢密无判官,金天兴帝赏器之（按:谓文举）。特置职以宠。由是相仍,自郡伯始。"文举在金封南阳郡伯,故袁桷以是称之。桷以为枢密判官之职自文举始置,其说非是。据上引《哀宗纪》,文举之前已有移刺蒲阿任此职也。

本年或明年,元遗山为仁甫祖母李氏撰《南阳县太君墓志铭》。

墓志云:"〔文举〕今为枢密院判官。"又云:"文举既参机务,而赠夫人南阳县太君,因请某铭其墓。"参机务即任枢判之谓。古者职官新除,照例封赠其先世,文举权枢判在本年,真除在明年,李氏赠太君、文举请遗山铭墓,当不出此两年。

是年八月,元太宗立。《元史》卷二《太宗纪》

金哀宗正大七年　　庚寅　1230　五岁
宋理宗绍定三

仁甫随父母居开封。五月,文举真授枢密判官。

《白华传》:"〔正大〕七年五月,华真授枢密判官。上遣近侍局副使七斤传旨云:'朕用汝为院官,非责汝将兵对垒;第欲汝立军中纲纪,发遣文移,和睦将帅,究查非违;至于军伍之阅习,器仗之修整,皆汝所职。其悉力国家,以称朕意。'"录此以见枢判职责之重,与哀宗信赖文举之殷。

是年秋,元兵入陕西,攻凤翔(今陕西凤翔)。《元史》卷二《太宗纪》。

金哀宗正大八年　　辛卯　1231　六岁
宋理宗绍定四

仁甫随父母居开封。文举仍官枢判;正月,至阌乡(今河南阌乡,阌为阌之古体)。谕行省完颜合达、移剌蒲阿进兵救凤翔;五月,赴楚州(今江苏淮安)视察军务。

《金史》十七《哀宗纪》:"〔正大〕八年春正月,大元兵围凤翔府。遣枢密院判官白华、右司郎中夹谷八里门,谕行省进兵;合达、蒲阿以未见机会不行。复遣白华谕合达、蒲阿,将兵出关以解凤翔之围,又不行。"事详《白华传》。赴楚州事,《哀宗纪》不载,亦详华传。

本年,文举饭僧追荐其父,赵秉文为书《心经》。

许谦《白云先生文集》卷四《跋赵闲闲注心经》云:"院判白公饭僧以荐厥考,而闲闲赵公书《心经》以遗之。……此卷失而复得,子通其宝之,而观院判公所以孝其亲者而勉继其志。"跋后自注云:"右金正大八年,枢院判白某饭僧荐父,闲闲赵秉文亦与交,因书《心经》遗之,且自为注释。其卷失之已久,曾孙子通为御史掾,行部闽中,复得之。"

刘祁《归潜志》卷九:"赵闲闲本好书,以其名重也,人多求之,公甚以为苦。……一日,公在礼部,白枢判文举诸人邀公饮丹阳观,公将往,先谓诸人曰:'吾今往,但不写字耳。如求字者,是吾儿。'文举曰:'先生年德俱高,某等真儿行也。'公笑,又为书之。"按:赵年长于文举二十余岁,故文举云云。据《元遗山文集》十七闲闲公墓铭,知赵官礼部尚书在兴定元光间,文举求书事未能确定在何年,姑因书《心经》事,并系于此。

是年八月,元遗山自南阳县令内迁为尚书都省掾。仁甫始见遗山即在此时。

遗山本年七八月间内迁来开封,见凌廷堪撰《遗山年谱》。据谱,自丙戌仁甫出生之年至此,遗山均不在开封,元白通家至好,仁甫始见遗山当在本年。

父执雷渊(希颜)卒,年四十八。

金哀宗天兴元年 宋理宗绍定五年　壬辰　1232　七岁是年本正大九年,正月,改元开兴,四月,又改天兴。见《金史》十七《哀宗纪》。

元兵自本年正月底围攻开封,四月暂退,至秋复来,岁暮,攻势益急。十二月二十五日,哀宗自开封出奔河北,转赴归德。《金史》十七《哀宗纪》。

四月十六日,枢密院并入尚书省,文举罢枢判;十二月初,复起为右司郎中;岁暮,从哀宗出奔。仁甫随母仍居开封。至丙申年仁甫十一岁时,父子始再相见;其母则已"失踪"矣。

《白华传》:"〔正大〕九年,京城被攻。四月兵退,改元天兴。是月十六日,并枢密院归尚书省,以宰相兼院官,左右司首领官兼经历官;惟平章白撒、副枢合喜。院判白华、权院判完颜忽鲁剌退罢。忽鲁有口辩,上爱幸之。朝议罪忽鲁剌,而书生辈妒华得君,先尝以语撼之,用是而罢。"《金史》十八《哀宗纪》:"〔天兴元年〕十二月丙子朔,以事势危急,遣近侍即白华问计。华对以纪季以酅入齐之义;遂以为右司郎中。"《白华传》同此,而叙述加详。华所建议,即劝哀宗"出就外兵",与敌决战也。"遣近侍即"《哀宗纪》原作"遣近侍郎",乃形近之误,今据《白华传》改正。刘祁《归潜志》十一录大梁事:"〔正大九年〕十二月,朝议以食尽无策,末帝(哀宗)亲出东征。丞相萨布、平章巴萨、右丞完颜斡出、工部尚书权参知政事李蹊、枢密院判官白华、近侍局副使李大节、左右司郎中完颜进德、张衮、总帅图克坦、伯嘉、富察古纳、高显、刘奕皆从。……仪卫萧然,见者悲怆。"哀宗出奔,先渡黄河而北,又返南岸至归德,其事在本年年底及明年正月中旬,详见《哀宗纪》及《白华传》。丙申父子重见及失母事俱见后。

是年五月,"汴京大疫",凡五十日,诸门出死者几十余万人,贫不能葬者不在是数。《金史》十七《哀宗纪》。五月十二日,赵秉文卒,年七十四。

十一月二十日,陕州兵变,李献能为乱兵所杀。年四十一。

献能被杀事详见元好问《中州集》卷六《献能小传》,及《冀禹锡小传》,又见《金史》一一六《徒单兀典传》。

五月二十一日,周密生于富春。夏承焘《周草窗年谱》。

与仁甫同时或稍后之词家,如草窗、玉田,本谱均附记其生卒,不论与仁甫是否相识。

金哀宗天兴二年　癸巳　1233　八岁
宋理宗绍定六年

正月二十六日，开封守将崔立叛变，以城降元。时文举从哀宗在外未归。二十九日，崔立拘随驾官吏家属于尚书省；又禁民间嫁娶；搜括城中金银。仁甫之母张氏即于此时失踪。

元遗山为元人送往聊城（今山东聊城）拘管。仁甫及其兄姊，父离母失，孤幼无依，遗山遂携与同行。以四月二十九日出汴京，五月三日北渡，至聊城当在五月下旬。

崔立叛降，《金史》十八《哀宗纪》、同书一一五《崔立传》、《元史》卷二《太宗纪》，俱云在正月。《白华传》独云在三月，与同时其他事实均不合，非误刊即误叙。

《金史》十八《哀宗纪》："天兴二年正月甲戌（二十九日），崔立阅随驾官属军民子女于省署，及禁民间嫁娶，括京城财。"同书一一五《崔立传》："立托以军前索随驾官吏家属，聚之省中，人自阅之，日乱数人，犹若不足。又禁城中嫁娶，有以一女之故，杀数人者。……又括在城金银，搜索薰灌，讯掠惨酷，百苦备至。郧国夫人及内侍高祐、京民李民望之属，皆死杖下。温屯卫尉亲属八人，不任楚毒，皆自尽。白撒夫人、右丞李蹊妻子，皆被掠死。"以上纪事，又见刘祁《归潜志》十一录大梁事，所记较《崔立传》简略。文举不仅随驾，且为要员，家属当然在被拘之数，仁甫盖以幼儿幸免也。其母之为被杀、自尽或并未为崔立所拘而遭乱兵劫去，已无可考。总之，生死不明，渺无消息；以当时情形度之，死亡之可能居多。故《天籁集序》云："幼经丧乱，苍皇失母。"而文举亦继娶罗氏。金末大乱，此种家人失散情形乃常见者。程文海（钜夫）《雪楼集》二十九有

《胡景清得母诗》云:"三十余年失母慈,关山阻绝塞鸿悲。一朝相见栾河上,却话初逢离乱时。"同书五十又有《祖生得母诗》云:"二十八年南北阻,三千里外死生疑。一朝见母唐州地,昨日官军破贼时。"皆当日写实之作。惟胡祖二人之母失而复得,白母则终身未见耳。文举本年四十余岁,张氏年龄当与其夫相仿。

元遗山拘管聊城及自开封启行日期,见各家《遗山年谱》;携仁甫同行事见《天籁集序》。序文仅言仁甫,未及其兄姊,但遗山既照管白家,断无只携仁甫一人而置其余子女于不顾之理。据《天籁集》〔水调歌头〕词题"余儿时在遗山家,阿姊尝教诵先叔放言古"云云(参阅生平总述),可知其姊与仁甫同育于元家;其兄此时当亦不过十余岁,不能独自他往也。

(以上为仁甫及其母张氏事迹,以下为文举事迹。)

正月,文举奉哀宗命自归德往息州(今河南息县)送虎符。是月三十日,哀宗又遣文举往邓州(今河南邓县)召兵;遂留于邓。四月三十日邓州节度使移剌瑗降宋,文举从之。明年,宋署文举为制干,改任均州(今湖北均县)提督。自此居宋三年余,至丙申年始得北归。

《金史》一一九《完颜娄氏传》:"完颜娄氏三人,皆内族也,时以其名同,故各以长幼别之。……天兴二年正月,河朔军溃,哀宗走归德。中娄室为北面总帅,小娄室左翼元帅,收溃卒及将军夹谷九十奔蔡州。蔡帅乌古论栲栳知其跋扈,不纳,遂走息州。息帅石抹九住纳之。时白华以上命送虎符于九住为息州行帅府事。"按:送虎符事仅见于此,别无记载。

《白华传》:"〔天兴二年〕,上在归德。正月(原作三月,据《哀宗纪》及《崔立传》改正)。崔立以汴京降。右宣徽提点近侍局移剌粘古谋之邓，上不听。时粘古之兄瑷为邓州节度使兼行枢密院事，其子与粘古之子并从驾为卫士。适朝廷将召邓兵入援，粘古因与华谋同之邓，且拉其二子以往。上觉之，独命华行，而粘古改之徐州。华既至邓，以事久不济，淹留于馆，遂若无意于世者。会瑷以邓入宋，华亦从，至襄阳，宋署为制干，又改均州提督。后范用吉杀均之长吏，送欵于北朝，遂因而北归"。《金史》十八《哀宗纪》："天兴二年正月乙亥(三十日)，遣右宣徽提点近侍局事移剌粘古如徐州，相地形，察仓库虚实；白华如邓州召兵。……四月甲辰(三十日)，邓州节度使移剌瑷以其城叛，与白华俱亡入宋。"《宋史》四十一《理宗纪》："绍定六年五月庚戌(初六)，邓州移剌以城来降。"按：此与《金史》所云四月三十相差六日。同卷："瑞平元年(即明年甲午)四月庚寅(二十二)，金降人夹谷奴婢改姓同名鼎、王闻显、呼延实、来伯友、石大瑞、白华，各授官有差。"据此知文举入宋虽在本年，授官则在明年。《宋史》四十二《理宗纪》："端平三年(即元太宗八年丙申)三月，襄阳北军主将王旻、李伯渊、焚城郭仓库，相继降北。四月癸丑(二十七)，诏悔开边，责己。"按：责己诏见毕沅《续资治通鉴》一六八，中有"忽西戎之弗宁，骸北骑之深入；重以均房之叛将，发此京湖之祸机，驲茶毒于列城，至蔓延于他路"。均州、房州距襄阳甚近，观诏书云云，范用吉杀均州官吏降元，当在三月襄阳变前不久。文举北归亦即在此时。

金哀宗天兴三年
宋理宗端平元年　甲午　1234　九岁

仁甫随元遗山居聊城。仁甫曾染疫，遗山护持之得愈，其事当在今年或去年。始从遗山读书亦在此时。

本年文举在宋。

> 遗山本年在聊城,见各家《遗山年谱》。《天籁集序》云:"尝罹疫,遗山昼夜抱持,凡六日,竟于臂上得汗而愈。盖视亲子弟不啻过之。读书颖悟异常儿;亲炙遗山,謦欬谈笑,悉能默记。"染疫不知在何年,《天籁集序》紧接此事于"北渡"之后,此时仁甫已八九岁,小儿发育,年异一年,若至十岁或十一岁,已是大孩子,遗山未必能抱持之于臂。故系于本年或去年。此两年中遗山闲居无事,教仁甫读书乃情理中事。文举入宋事详见去年。

是年正月初十日,宋元会师入蔡州(今河南汝南),哀宗自缢死,金亡。

> 见《金史》十八《哀宗纪》、《元史》卷二《太宗纪》、《宋史》四十一《理宗纪》。

自壬辰冬至此一年余,国破家亡,父离母失,为仁甫一生最大变故。

元太宗七年　乙未　1235　十岁
宋理宗端平二

仁甫随元遗山居聊城。文举仍在宋。

元太宗八年　丙申　1236　十一岁
宋理宗端平三

仁甫随元遗山居冠氏(今山东冠县)。三月,襄阳、均房等地北军叛宋降元,文举遂得北归。父子相见当在夏秋间。自壬辰冬别后至此凡三年余而其间变故大矣。随父移家真定当在本年冬或此后一两年中,无从详考。

> 遗山本年居冠氏,曾往泰安(今山东泰安)会见行台严实,

见各家《遗山年谱》。北军降元文举北归事详见前天兴二年癸巳。

《天籁集序》:"数年,寓斋北归,以诗谢遗山云:'顾我真成丧家狗,赖君曾护落巢儿。'居无何,父子卜筑于滹阳(即真定)。"

元太宗九年 宋理宗嘉熙元年　丁酉　1237　十二岁

元太宗十年 宋理宗嘉熙二年　戊戌　1238　十三岁

本年秋,元遗山挈家自冠氏归秀容(今山西忻县)。

事详凌廷堪撰《遗山年谱》。谱云:"由怀孟归秀容。"怀孟即今河南沁阳孟县一带,由此路行不经真定。《天籁集序》云,白家移居真定后,遗山每过之,必问仁甫为学次第。(参阅元定宗元年丙午)故自此至丁巳遗山逝世二十年中,遗山踪迹曾至真定或疑曾至真定者,均于各该年下分别注明。

右两年中,仁甫父子踪迹未能确定,或已移家真定,或暂居他处,均无可考。然移家真定不能晚于遗山归秀容,似可断言。

张弘范(仲畴)生。

姚　燧(牧庵)生。

元太宗十二年 宋理宗嘉熙三年　己亥　1239　十四岁

此后约十年中,仁甫随父在真定家居读书;中间曾否他往,无可考。

元太宗十二年 宋理宗嘉熙四年　庚子　1240　十五岁

是年四月,元遗山自秀容往东平(见各家《遗山年谱》);曾否经由真定,无可考。东平,今山东东平县。

| 元太宗 十三年 | 辛丑 | 1241 | 十六岁 |
| 宋理宗淳祐元年 | | | |

本年岁暮，元遗山曾至真定。

据凌廷堪、施国祁两家《遗山年谱》合参：遗山本年客居东平，曾往顺天（今河北清苑），岁暮自顺天归秀容。真定乃此行必由之路。

本年十一月，元太宗殂，后乃马真氏称制。

| 元乃马真后元年 | 壬寅 | 1242 | 十七岁 |
| 宋理宗淳祐二年 | | | |

| 元乃马真后二年 | 癸卯 | 1243 | 十八岁 |
| 宋理宗淳祐三年 | | | |

本年，元遗山往来秀容燕京（今北平）间，并曾至赵州（今河北赵县），见各家《遗山年谱》。可能曾至真定。

王若虚（从之）卒，年七十。

| 元乃马真后三年 | 甲辰 | 1244 | 十九岁 |
| 宋理宗淳祐四年 | | | |

| 元乃马真后四年 | 乙巳 | 1245 | 二十岁 |
| 宋理宗淳祐五年 | | | |

| 元定宗 元年 | 丙午 | 1246 | 二十一岁 |
| 宋理宗淳祐六年 | | | |

结婚约在今年或明年。

《元遗山文集》三十九《与枢判白兄书》云："自乙巳岁往河南举先夫人旅殡，首尾阅十月之久，几落贼手者屡矣。狼狈北来，复以葬事往东平。连三年不宁居，坐是不得奉起居之间。吾兄亦便一字不相及，何也？如闻曾定襄人处寄书，然至今不曾见。但近得仲康书报：铁山已娶妇，吾兄饮啖如平时。差用为慰耳。"仁甫小字铁山，见生平总述。遗山此书未署年月，据书中"自乙巳岁往河南……连三年不宁居"之语，可推定为丁未岁晚所作，施国祁《遗山年谱》系此书于丁未，是也。

"仲康书报"云云,自是乙巳至丁未间事,据此考定,仁甫娶妇当在丙午丁未间。

《天籁集序》云:"居无何,父子卜筑于滹阳。律赋为专门之学,而太素有能声,号后进之翘楚者。遗山每过之,必问为学次第。尝赠之诗曰:'元白通家旧,诸郎独汝贤。'未几,生长见闻,学问博览。"仁甫从父居真定读书励学,约十余年;其间遗山过真定不止一二次,赠仁甫诗,集中未收,不知是何年作。姑因娶妇事,附系于此。律赋为金时考进士用者。文举曾擢巍科,此道固所优为;仁甫以此见称,秉承家学故也,惜作品一篇不存耳。敬甫碑云:"翰林承旨阎公复,持士论贤否,有言曰'白文举父子兄弟俱有文名'。"即谓文举与仁甫、敬甫。

十二月,敬甫生。敬甫碑。

元定宗二年 宋理宗淳祐七年　丁未　1247　二十二岁

仇远(仁近、山村)生。

元海迷失后元年 宋理宗淳祐八年　戊申　1248　二十三岁

本年夏,张德辉曾荐文举及其他数人于元世祖,世祖时在王邸。

苏天爵《元名臣事略》(原名《国朝名臣事略》)卷十《宣慰使张公德辉事略》:"其所游者,雷、李、元、白,皆当世名士。"谓雷渊、李治、元好问及文举也。《事略》又云:"上(元世祖)在王邸,岁丁未,遣使来召。……戊申,公释奠,致胙于王。……其年夏,公得告将还,因荐白文举、郑显之、赵元德、李进之、高鸣、李槃、李涛数人。"按:《事略》所记荐举诸人事,本于德辉自撰之《岭北纪行》,姚从吾先生有校注本载于台湾大学《文史哲学报》第十一期。文举此时饱经世变,忧患余生,自无心于新朝禄位,故虽被荐而终未出也。

敬甫本年三岁,能书八卦八字,元遗山作诗深器之。

敬甫碑云:"少警敏,三岁善作字,书八卦八字,有以见于乡先生元公好问。公作诗深器之。"苏天爵《滋溪文稿》卷三十题白太常三岁时所书字卷云:"乡先生太常白公,家世在金朝为名进士,国初,昆季并擅才名。惟先生早最敏悟,三岁即能书八卦之名,诸老见者无不惊叹。中年果以能官称;惜乎老于词林容台,而未尽大用。先生之孙,行中书掾枢,保藏所书八卦字卷。噫!白氏子孙时而观之,尚勿忘诗书之泽之所自乎。"按:遗山明年始至真定,见字作诗盖明年事也。其诗《遗山集》未收。

周密《癸辛杂识别集》上"北客诗"条:"北客有《咏前朝诗》云:'当日陈桥驿里时,欺他寡妇与孤儿;谁知三百余年后,寡妇孤儿亦被欺。'又《咏汴京青城》云:'万里风霜空绿树,百年兴废又青城'。盖大金之亡,亦聚其诸王于青城而杀之。"尾注"白敬甫"三字。不知"北客"是否即指敬甫?或敬甫所言如此而周记之?附录于此。

张炎(叔夏、玉田生)生。

是年本元定宗三年;三月,定宗殂,海迷失后摄政。

元海迷失后二年
宋理宗淳祐九年   己酉   1249   二十四岁

本年秋后,仁甫曾往燕京(今北平)。

本年,元遗山在真定,九月,往燕京。《遗山年谱》。

《天籁集》卷上有"庚戌春别燕城"〔满江红〕词云:"云鬓

犀梳,谁似得、钱塘人物。还又喜,小窗虚幌,伴人幽独。荐枕恰疑巫峡梦,举杯忽听《阳关曲》。问泪痕、几度浥罗巾,长相续。南浦远、归心促;春草碧,春波绿。黯消魂无际,后欢难卜。试手窗前机织锦,断肠石上簪磨玉。恨马头斜月减清光,何时复。"明年庚戌春日即离燕城,而词中无久客语,到燕当在本年秋后。证以元遗山本年行踪,或即与遗山同行。据"南浦还、归心促"两句,可知离燕后仍回真定。此为仁甫居真定后离家外出踪迹可考之首次。

苏谱定此词为下一庚戌即元武宗至大三年仁甫八十五岁时作,即以证明仁甫其年尚在。其说别无佐证,仅云:"'云鬟犀梳,谁得似钱塘人物。'正是暮年北返情景。"其意似谓"钱塘人物"实指仁甫在杭州所曾见者。今细读此两句,乃悬疑空想,而非追思回忆。全词均是少年初识温柔,乍经离别之情调,毫无暮年重返故乡之意。且老年人固有能作艳词者,但不能如此词之缠绵悱恻。苏谱之说,绝难成立。

二月,刘因(梦吉、樵庵)生。

四月,程文海(钜夫、雪楼)生。

元海迷失后三年
宋理宗淳祐十年　庚戌　1250　二十五岁

本年春,离燕京,归真定。考见去年。

本年二月,元遗山自真定归秀容;五月,又来真定,旋往顺天。凌廷堪撰《遗山年谱》。

刘祁(京叔)卒,年四十八。

元宪宗元年
宋理宗淳祐十一年　辛亥　1251　二十六岁

本年秋冬,元遗山在真定,中间曾往顺天(今河北清苑县),十二月,遗山为仁甫之祖撰《善人白公墓表》。

  遗山本年踪迹见年谱。《白公墓表》云:"岁辛亥十有二月,河曲白某持雁门李某所撰先大夫行事之状请于某日……"

本年六月,元宪宗即位。《元史》卷三《宪宗纪》。

元宪宗二年　壬子　1252　二十七岁
宋理宗淳祐十二

  冬,往顺天。谒张柔妻毛氏,为赋〔秋色横空〕(本名〔玉耳坠金环〕)及〔垂杨〕二词。柔子弘范时年十五岁,仁甫可能曾与相见。

  《天籁集》卷下〔垂杨〕词小序云:"壬子冬,薄游顺天,张侯毛氏之兄正卿邀予往拜夫人。既而留饮撰词:一咏梅,以〔玉耳坠金环〕歌之,一送春,以〔垂杨〕歌之。词成,惠以罗绮四端。夫人,大名路人,能道古今,雅好客。自言幼时有老尼,年几八十,尝教以旧曲〔垂杨〕音调,至今了然。事与东坡补〔洞仙歌〕词相类。中统建元,寿春榷场中得《南方词编》,有〔垂杨〕三首,其一乃向所传者。然后知夫人真承平家世之旧也。"按:张柔妻毛氏与元遗山继配毛氏为族姊妹,见《遗山集》二十八《潞州录事毛君墓表》,及同书四十《毛氏家训跋语》,正卿之名亦见于家训跋;仁甫与正卿相识;当由遗山。凌廷堪撰《遗山年谱》辛亥六十二岁引《续夷坚志》云:"辛亥秋,予与毛正卿德义昆仲、郝伯常、刘敬之诸人游顺天宝教院。"通行本《续夷坚志》无此语,不知凌氏何据?张弘范生于元太宗十年戊戌,本年十五岁。

  〔垂杨〕词序乃后来追题,故言及"中统建元"时事;观"其一乃向所传者"云云,可知词作于中统元年得词编以前。苏谱不解文义,乃系此词于下一壬子即元仁宗皇庆四年,以证明仁甫八十七岁时尚在。其说大误。不仅与原序文义不合,与毛氏年龄亦不合。张柔与遗山同庚,生于金章宗明昌元年庚戌,至皇庆壬子已一百二十三岁,毛氏之年当与其夫相若,即使少二十岁,亦已百龄有余矣。

本年可能曾随父回河曲故乡省墓。

文举求元遗山为其父作墓表,已见去冬。此诗世局平定已久,真定至太原畅行无阻,观元遗山往来多次可见。河曲距太原匪遥。墓表既已撰成,依常情论,当有省墓立碑之举。其事究竟曾否实现,是否即在本年,则无从考定。予所云云,不过揣测之词耳。

本年秋,元遗山在真定;曾与张德辉同往和林谒元世祖;冬,往东平,撰《严实祠堂碑》。年谱。

元宪宗三年 宋理宗宝祐元年　癸丑　1253　二十八岁

商衠(政叔亦作正叔)本年尚在,年六十岁,卒年未详。

元宪宗四年 宋理宗宝祐二年　甲寅　1254　二十九岁

本年,元遗山曾在真定。年谱。

段克己(复之、遁庵)卒,年五十九。

元宪宗五年 宋理宗宝祐三年　乙卯　1255　三十岁

本年,元遗山曾在真定。年谱。

不忽木生。

元宪宗六年 宋理宗宝祐四年　丙辰　1256　三十一岁

本年,元遗山在获鹿(今河北获鹿),其地距真定甚近,或曾往来。年谱。

| 元宪宗
宋理宗宝祐五 | 七年 | 丁巳 | 1257 | 三十二岁 |

九月四日,元遗山卒于获鹿,年六十八。年谱。

本年,文举仍健在。(文举系年止此。)

> 文举卒年不详。元白数十年昆季之交,如文举先卒,遗山必有祭文或挽诗,今集中二者俱无,亦无他文涉及文举身后,是为文举卒于本年以后之证。文举长于遗山数岁,享年当在七十以上。

| 元宪宗
宋理宗宝祐六 | 八年 | 戊午 | 1258 | 三十三岁 |

| 元宪宗
宋理宗开庆元 | 九年 | 己未 | 1259 | 三十四岁 |

元宪宗于前年率兵南下,去年入蜀,本年七月殂于合州,部众北还。元人侵宋数年,深入蜀境,至是其势暂缓。《元史》卷三《宪宗纪》、《宋史》卷四十四《理宗纪》。

| 元世祖中统元
宋理宗景定元 | 年 | 庚申 | 1260 | 三十五岁 |

四月,元世祖忽必烈即位,建元中统,是为蒙古有年号之始。七月,以河南路宣抚使史天泽兼江淮诸翼军马经略使。《元史》卷四《世祖本纪》。

史天泽拟荐仁甫于朝,仁甫逊谢。

> 《天籁集序》:"幼经丧乱,苍皇失母,便有山川满目之叹。逮亡国,恒郁郁不乐;以故放浪形骸,期于适意。中统初,开府史公将以所业力荐之于朝;再三逊谢,栖迟衡门,视荣利蔑如也。"《元史》一五五《史天泽传》:"中统元年,世祖即位,首召天泽,问以治国安民之道。"同书卷四《世祖纪》:"中统元年六月,召真定刘郁、邢州郝子明、彰德胡祗遹、燕京冯渭、王光益、

杨恕、李彦通、赵和之，东平韩文献、张昉等乘传赴阙。"依诸人籍贯分析，盖由真定史天泽、顺天张柔、东平严忠济（严实之子）分别荐举。其中刘郁与仁甫同为真定人，胡祗遹与仁甫相识，彰德与邢州亦均在天泽辖境。天泽拟荐仁甫当在本年奉召谒世祖前后。

本年可能曾往寿春（今安徽寿县）。

《天籁集》下〔垂杨〕词序云："中统建元，寿春榷场中得《南方词编》。"（全文见前壬子年）榷场为当时南北互市之所。词序此语可解释为仁甫本人亲在榷场中购得《词编》，亦可解释为商人购得之，至北方售与仁甫。而详其文法语意，似以后者为恰当，故难断定仁甫本年是否曾至寿春。

苏谱云：仁甫本年"在湖南，漫游衡门"。其证据为上文所引《天籁集序》中之"栖迟衡门"。初见不解所谓。再思始悟苏君似未读过《诗经》"衡门之下，可以栖迟"，又不解"栖迟"二字文义，竟误以衡门为湖南之衡州，并改栖迟为漫游。日儒吉川幸次郎氏著《元杂剧研究》（郑清茂译本八十三页）云："《苏氏年谱》还有不少可笑的地方，这里不想一一举出了。"此事即其一也。

元世祖中统二年　辛酉　1261　三十六岁
宋理宗景定二年

五月，史天泽为中书右丞相，河南军民并听节制。《元史》四《世祖纪》。

《元史》一五五《史天泽传》："〔中统〕二年夏五月，拜中书右丞相。天泽既秉政，凡前所言治国安民之术，无不次第举行。"

元世祖中统三年 壬戌 1262 三十七岁
宋理宗景定三年

秋,泊舟汉水之鸳鸯滩,赋〔念奴娇〕词有所寄赠。

词见《天籁集》卷上,题云:"壬戌秋泊汉江鸳鸯滩寄赠。"全词云:"露团渐冷,又今年孤负,中秋明月。谁念江干憔悴我,梦断芙蓉城阙。燕子东归,鸿宾南下,满眼芦花雪。行人何处,也应珠泪凝睫。常记楼上歌声,一尊酒尽,默默无言别。恨杀鸳鸯滩下水,不寄题诗红叶。聚泪鲛绡,画眉螺黛,总在归时节。百年心事,等闲休向人说。"观词意自可知寄赠者为何等人。《元史》一四七《史枢传》(附《史天倪传》后):"乙卯,败宋舟师于汉水之鸳鸯滩。"汉水流经陕南豫西鄂北,此滩确实地点俟考。仁甫自北方南下踪迹可考者,此为第一次;如中统元年曾往寿春,则彼为第一次,此为第二次。何事南下,今无可考。本年汉水流域无战事,此行似非居戎幕。

元世祖中统四年 癸亥 1263 三十八岁
宋理宗景定四年

元世祖至元元年 甲子 1264 三十九岁
宋理宗景定五年

十月,宋理宗崩,度宗即位。

元世祖至元二年 乙丑 1265 四十岁
宋度宗咸淳元年

敬甫初仕。

《敬甫碑》云:"弱冠试吏,探奸拔冤。"敬甫生于丙午,本年二十岁。其事或在明年,二十或二十一,均可称弱冠也。

元世祖至元三年 丙寅 1266 四十一岁
宋度宗咸淳二年

在真定家居,重九日赋〔石州慢〕词。

词见《天籁集》下,题云:"丙寅九日,期杨翔卿不至,书怀,用少陵诗语。"词云:"千古神州,一旦陆沈,高岸深谷。梦中鸡犬新丰,眼底姑苏麋鹿。少陵野老,杖藜潜步江头,几回饮恨吞声哭。岁暮意何如,怯秋风茅屋。　　幽独。疗饥赖有商芝,暖老尚须燕玉。白璧微瑕,谁把闲情拘束。草深门巷,故人车马萧条,等闲飘叶樽无绿。风雨近重阳,满东篱黄菊。"杨翔卿其人未详。此时南方犹是宋地,仁甫尚未南下卜居,而词后半是家居时情景,明年在真定家居,既有确证,此词盖亦在真定作。

袁桷(伯常、清容居士)生。

<small>元世祖至元四年</small>
<small>宋度宗咸淳三年</small>　丁卯　1267　四十二岁

在真定家居。八月,为真定总府作〔春从天上来〕词,祝世祖寿。

词见《天籁集》卷上,即全集之第一首,题云:"至元四年恭遇圣节,真定总府请作寿词。"词中皆颂圣语,无关弘旨,不录。世祖生于元太祖十年乙亥八月乙卯(二十八日),见《元史》卷四《本纪》,本年五十三岁。总府即真定路总管府。

<small>元世祖至元五年</small>
<small>宋度宗咸淳四年</small>　戊辰　1268　四十三岁

九月,元兵围襄阳(今湖北襄阳)。《元史》卷六《世祖纪》,《宋史》四十六《度宗纪》。

张柔卒,年七十九。

<small>元世祖至元六年</small>
<small>宋度宗咸淳五年</small>　己巳　1269　四十四岁

正月,世祖命史天泽与枢密副使忽剌出视师襄阳。二月,签民兵二万赴襄阳。《元史》卷六《世祖本纪》

《元史》一五五《史天泽传》:"〔至元〕六年,帝以宋未附,议攻襄阳,诏天泽与驸马忽剌出往经画之。……至则相要害,立城堡,以绝其声援,为必取之计。七年,以疾还。"《元文类》五十八、王磐撰《天泽神道碑》、王恽《秋涧大全集》四十八《天泽家传》并同。

张养浩(希孟、云庄)生。

元世祖至元七年 庚午 1270 四十五岁
宋度宗咸淳六年

本年春,曾往怀州,同杨果、奥敦周卿赋〔木兰花慢〕《赏梅》词。

《天籁集》卷下〔木兰花慢〕词题云:"覃怀北赏梅,同参政西庵杨丈和奥敦周卿府判韵。"杨果,字正卿,见前生平总述。《元遗山集》卷九有《寄杨弟正卿》诗,果与文举俱为遗山昆弟之交,故仁甫以丈称之。其人于至元六年自参政出为怀孟路总管,七年仍在任,八年致仕,旋卒。详见附录《交游生卒考》。覃怀为怀州古名,今河南沁阳县;此词当是作于果任怀孟总管时。果奉命出任在至元六年正月十四日,见《元史》卷六《世祖纪》,到怀时梅花已谢;仁甫赏梅赋词,不在七年春即八年春也。奥敦周卿见前生平总述。

元世祖至元八年 辛未 1271 四十六岁
宋度宗咸淳七年

是年十一月,蒙古始改国号曰元。《元史》卷七《世祖本纪》。

杨果(正卿、西庵)卒,年七十五。

元世祖至元九年 壬申 1272 四十七岁
宋度宗咸淳八年

虞集(伯生、道园)生。

元世祖至元十年 癸酉 1273 四十八岁
宋度宗咸淳九年

二月,宋吕文焕以襄阳降元。《元史》卷八《世祖本纪》,《宋史》四十六

《度宗本纪》。

王鹗(伯翼、百一)卒,年八十四。

_{元世祖至元十一年}
_{宋度宗咸淳}十年　甲戌　1274　四十九岁

夏秋间,元世祖遣史天泽、伯颜率师大举侵宋。自襄阳南下。转趋鄂州(今湖北武昌),水陆并进。

详见《元史》卷八《世祖纪》、同书卷一二七《伯颜传》、一五五《史天泽传》。

七月,宋度宗崩,恭帝(瀛国公)即位,太后称制。《宋史》四十六《度宗纪》。

本年可能随元师南下至襄阳。

仁甫至元四年在真定家居,十三年在九江作〔西江月〕词送刘牧之,词中有"置酒昔登岘首,题诗今对匡庐"之语。岘首即羊叔子所登岘山,在襄阳城南不远。据此词可知此九年之间,仁甫曾至襄阳。至元四年以前,是否曾至其地,今不可考;至元四年以后则有两次可能。一次在至元六年史天泽视师之时,一次即在本年。至元六年襄阳尚为宋人据守,岘山距城甚近,仁甫岂能深入敌境置酒游宴;然则仁甫之往当在至元十年襄阳降元之后,即本年天泽与伯颜率元师南下之时也。仁甫虽曾"逊谢"天泽之荐举,但仅未正式出仕耳;若以参佐幕僚身份随天泽南下,则极有可能。否则襄阳至九江一带为当时主要战场,仁甫一北方书生何缘至其地耶?(上文所引至元四年、六年、十三年诸事,分见各该年下。)

八月,刘秉忠卒,年五十九。

张德辉卒,年八十。

元世祖至元十二年 （宋恭帝德祐元年） 乙亥 1275 五十岁

史天泽途中得疾北归,二月七日卒于真定,年七十四。

伯颜率军渡江攻占鄂州,继续东下。

见《元史》一五五《天泽传》、《秋涧大全集》四十八《天泽家传》、《元史》一二七《伯颜传》。仁甫明年已在九江,如去年确系随军,本年当是继续东下。天泽卒后,仁甫改隶何人,今不可考。

十一月,元兵攻占江西全境。《元史》卷八《世祖纪》,《宋史》四十七《瀛国公记》。

元世祖至元十三年 （宋恭帝德祐二年） 丙子 1276 五十一岁

正月,元阿里海涯(即贯云石之祖父)率兵攻占湖南全境。二月,伯颜率军入临安;三月,执宋恭帝及太后北去。五月,宋益王昰即位于福州,改元景炎,是为端宗。《元史》卷九《世祖纪》,《宋史》四十七《瀛国公记》。

是年,仁甫在九江(今江西九江)。始识吕师夔(道山),有〔水龙吟〕、〔玉漏迟〕、〔西江月〕、〔木兰花慢〕诸词。

《天籁集》卷上〔沁园春〕词题云:"吕道山左丞觐回,过金陵别业。至元丙子,予识道山于九江,今十年矣。"吕师夔见前生平总述。〔水龙吟〕、〔玉漏迟〕、〔西江月〕、〔木兰花慢〕四词俱见《天籁集》。〔水龙吟〕在卷上,题云:"九月四日为江州(九江)总管杨文卿寿。"〔玉漏迟〕在卷下,题云:"段伯坚同予留滞九江,其归也,别侍儿睡香,予亦有感。"〔西江月〕亦在卷下,题云:"九江送刘牧之同知之杭。"文卿、伯坚、牧之三人俟考。〔木兰花慢〕在卷下,题云:"丙子冬,寄隆兴吕道山左丞。"隆兴,今江西南昌。明年冬日,有"别巴陵(岳州即今湖南岳阳)诸公"〔满江红〕词,可知明年在湖南。但〔木兰花慢〕究为自岳州或九江寄往隆兴者,词意不明;离九江赴岳州在本年冬或在明年,亦无从确考。以上诸词,〔满江红〕见明年,其余全文无甚关系,不具录。

仁甫于元军攻占江西、湖南后即往来其地,且与宋降臣中高级人物如吕师夔者周旋酬赠,可证其与元军有相当关系。

元世祖至元十四年　丁丑　1277　五十二岁
宋端宗景炎　二年

在岳州;冬,离岳东下。在岳有〔满江红〕、〔水龙吟〕、〔绿头鸭〕三词;离岳时赋〔满江红〕留别。

《天籁集》卷上〔满江红〕词题云:《用前韵留别巴陵诸公》,题下自注云"时至元十四年冬"。词云:"行遍江南,算只有、青山留客。亲友间,中年哀乐,几回离别。棋罢不知人换世,兵余犹见川留血。叹昔时歌舞岳阳楼,繁华歇。　寒日短,愁云结;幽故垒,空残月。听间阎谈笑,果谁雄杰。破枕才移孤馆雨,扁舟又泛长江雪。要烟花三月到扬州,逢人说。"此两年中往来九江岳州,故云"行遍江南"。据结尾数语,可知离岳州后沿江东下。此外之〔满江红〕题云:《题吕仙祠飞吟亭壁,用冯经历韵》。〔水龙吟〕亦在卷上,题为《登岳阳楼感郑生龙女事,谱大曲薄媚》。〔绿头鸭〕在卷下,题为《洞庭怀古》。

本年是否全年在岳州,或曾往湖南内地,无从考定。但《天籁集》中无曾到长沙等处词句,当以始终在岳未曾远离之可能居多。《题吕仙祠》〔满江红〕有"三入岳阳人不识"句,苏谱据此以为仁甫曾有数年"流离两湖",大误。三入岳阳乃吕洞宾事,世传洞宾诗云:"朝游北海暮苍梧,袖里青蛇胆气粗。三入岳阳人不识,朗吟飞过洞庭湖。"元杂剧每用为洞宾上场诗。此词题为"吕仙祠飞吟亭",故用此语,非仁甫自叙。

敬甫为江南行御史台掾史。行台时在扬州;敬甫本年三十二岁。

《敬甫碑》:"至元十四年,江南建行台,御史大夫相威公慎简所属,署君为掾史。"《元史》卷九《世祖纪》:"至元十四年七月丙午,置行御史台于扬州,以都元帅相威为御史大夫。"同书八十六《百官志》:"至元十四年始置江南行御史台于扬州。寻徙杭州,又徙江州,二十三年迁于建康。"同书六十二《地理志》同。

元世祖至元十五年　宋帝昺祥兴元年　戊寅　1278　五十三岁

是年本宋端宗景炎三年;四月,端宗殂,卫王昺即位;五月,改元祥兴。

正月十五日到扬州;时敬甫在扬。

《天籁集》卷下〔木兰花慢〕词题云:"灯夕到维扬。"词云:"壮东南形胜,淮吐浪,海吞潮。记此日江都,锦帆巡幸,汴水迢遥。迷楼故应不见,问琼花底事也香销。兴废几更王霸,是非总付渔樵。　谁能十万更缠腰,鹤驭尽飘飘。正绣陌珠帘,红灯闹影,三五良宵。春风竹西亭上,拼淋漓一醉解金貂。二十四桥明月,玉人何处吹箫。"问字原缺,拼字原误作拌;据文义补正。去冬离岳州,今年灯夕至扬,以里程计之,时间正合。离岳时所作〔满江红〕云:"要烟花三月到扬州,逢人说。"不过用李白诗句而泛言之耳。然此二语充满将游新地之欣喜语气，〔木兰花慢〕则全首无旧地重来之意，可知本年乃初到扬州。敬甫去年官于扬州，本年当仍在扬；行台初建，不会于本年初即迁地也。

是年春，赋〔水调歌头〕为吕师夔祝寿。

词见《天籁集》卷上，题云："至元戊寅为江西吕道山参政寿。"词中有"香风万家晓，和气九江春"，"墙外阴阴桃李"诸语，故知吕寿在春日。此时师夔仍在江西，仁甫已至下江，寿词盖寄赠也。

是年秋冬间，赋〔水龙吟〕词送史某镇西川。

初见《天籁集》卷上，题云："送史总帅镇西川，时方混一。"全词从略。按：《元史》真定史氏诸人传及《史弼传》，俱无镇西川事，此史总帅不知是何人，其事亦不详在何年。惟《元史》卷十《世祖纪》云："至元十五年三月甲午，西川行枢密院招降西蜀重庆等处，得府三、州六、军一、监一、县二十、栅四十、蛮夷一。……夏四月甲子，命不花留镇西川。……八月甲戌，安西王相府言川蜀悉平。……九月癸未，省东西川行枢密院，其成都、潼川、重庆、利州四处，皆设宣慰司。"证以词题"时方混一"之语，史某之镇西川，当在川蜀悉平省东西川行枢密院之后。姑系本年。

元世祖至元十六年　己卯　1279　五十四岁
宋帝昺祥兴二年

去年到扬州，明年卜居建康（今南京），本年踪迹当不出江浙一带。

是年二月，元兵攻下厓山，宋亡，元"混一"中国。（混一乃当时习用语)。

李冶卒,年八十八。

段成己(诚之、菊轩)卒,年八十一。

元世祖至元十七年　庚辰　1280　五十五岁

卜居建康。赋词多首。

《天籁集》卷上〔夺锦标〕词题云:"庚辰卜居建康,暇日访古。……"初到建康或在去年。〔夺锦标〕之外,卷上〔水调歌头〕"初至金陵,诸公会饮,因用北州集咸阳怀古韵"、"诸公见赓前韵,复自和数章"、"感南唐故宫"、"朝花几回歇"、"咸阳怀古复用前韵"等五首,同调同韵,应是本年或去年作。"咸阳怀古"一首乃赋题而非纪事,自不能据此以为仁甫曾到其地。

去年宋亡于厓山,为天下事一大转变;本年卜居建康,为仁甫个人生活一大转变。《天籁集》中,可以考定年代或地方之作品,中年以前作于北方者少,中年以后作于南方者多;且全集绝无重返故乡作品。据此可知,自本年至大德丙午,将近三十年中,仁甫踪迹似始终在江浙一带,未回北方。论其风格品藻,亦以中年以后南方诸作为佳;不仅"得江山之助",东南文物,六朝遗迹,亦足以开拓其心胸充实其作品也。仁甫撰写杂剧,恐亦是南下以后事。

元世祖至元十八年　辛巳　1281　五十六岁

敬甫本年三十六岁,授从事郎、江东建康道提刑按察司经历。

敬甫碑:"〔至元〕十八年,授从事郎、江东建康道提刑按察司经历。改荆湖占城等处行省都事。时荆湖省臣某,括财恣威福,君度不可与共事,辞不拜。后果受诛。二十四年,改浙西提刑按察司经历,迁平江。丁母罗夫人忧,以夫人丧葬于吴,将终老焉。会诏举不附权臣自晦者,有以君辞荆湖事荐于上,除福建宣慰司经历。……三十一年,丞相太传公为湖广平章,君时为都事。……大德二年,进本省理问官,推诚烛幽,莫有滞滥。"按:《元史》十六《世祖纪》:"至元二十八年五月甲辰:要束木以桑哥妻党为湖广行省平章;至是,坐不法者数十事,诏械致湖广省诛之。辛亥,诏以桑哥罪恶系狱按问;诛其党要束木、八吉等。……秋七月丁巳,桑哥伏诛。"据《敬甫碑》所记,辞湖广事在至元二十四年之前;被荐除福建经历在至元三十一年之前;以上引《世祖纪》考之,所谓"权臣"为桑哥,"荆湖省臣"为要束木,盖无可疑。此二人伏诛于至元二十八年五月及七月,敬甫赴福建任当在二十九年。《天籁集》〔木兰花慢〕题注云"时浙宪置司于平江",其时为至元二十六年。(参阅彼年。)浙宪即浙西提刑,据此题注及上引《敬甫碑》,可知至元二十六年敬甫仍官于按察司。二十九年敬甫被荐赴闽,当然母丧已满。两相参证,丁罗夫人忧应在至元二十七年。以上诸事,于仁甫兄弟出处踪迹皆有关联,汇录考证于此,以后各该年事迹,即据此系注。

元世祖至元十九年　壬午　1282　五十七岁

元世祖至元二十年　癸未　1283　五十八岁

元世祖至元二十一年　甲申　1284　五十九岁

元世祖至元二十二年　乙酉　1285　六十岁

元世祖至元二十三年　丙戌　1286　六十一岁

四月,赋《纪梦》〔水调歌头〕词及另一首。道士李道纯有〔水调歌头〕相赠。

《纪梦》词见《天籁集》上,有小序云:"丙戌夏四月八日,夜梦有人以'三元秘秋水'五言谓予,请三元之义。曰:'上、中、下也。'恍惚玩味,可作〔水调歌头〕首句;恨秘字之议未详。后从相国史公,欢游如平生,俾赋乐章;因道此句,但不知秘字何意。公曰:'秘即封也。'甫一韵而寤。后三日成之,以识其异。"全词从略。据"欢游如平生"语,可知仁甫与史天泽情分,故予以为仁甫南下可能系从事天泽军幕。此词之后又一〔水调歌头〕题云:"予既赋前篇,一日,举似京口郭义山。义山曰:'此词固佳,但详梦中所得之句,元者应谓水府,今止咏甲子及秋水篇事,恐未尽也。'因请再赋。"全词从略,郭义山未详。

李道纯清庵先生词,〔水调歌头〕《赠白兰谷》云:"三元秘秋水,微密实难量。未分清浊天地,人物一包藏。一乃太玄真水,一气由兹运化,三极理全彰。上下降升妙,根本在中黄。

兔怀胎,牛喘月,蚌含光。人明此理,倒提斗柄厈银潢。绝断曹溪一派,掀倒蓬莱三岛,无处不仙乡。谁为白兰谷,安寝感义皇。"此词首句亦用"三元秘秋水",当是仁甫《纪梦》词后不久所作。清庵先生词据《彊村丛书》本。李道纯见前生平总述。

本年,吕文焕请老还乡。仁甫有寿吕〔沁园春〕词,疑是本年作。

《新元史》一七七《吕文焕传》:"〔至元〕二十三年,文焕以江淮行省右丞请老;许之。仍任其子为宣慰使。后卒于家。"〔沁园春〕词见《天籁集》卷上,题云:"十二月十四日为平章吕公寿。"全词从略。词中有"急流勇退,黄阁难留。菟裘,喜遂归休"诸语,甚似文焕请老归家后不久所作,非今年即明年也。

贯云石(酸斋)生。

酸斋与仁甫同生丙戌年而晚一甲子,其祖父阿里海涯生于丁亥,少仁甫一岁。

元世祖至元二十四年　丁亥　1287　六十二岁

二月,王博文(子勉)作《天籁集序》。

序文见附录。序末云:"至元丁亥春二月上休日,正议大夫、行御史台中丞、西溪老人王博文子勉序。"

博文长仁甫三岁,本年六十五岁。时江南行御史台已迁至建康,见前丁丑年引《元史·百官志》。

秋,得友人王思廉(仲常)书,作〔风流子〕词寄之。

词见《天籁集》卷下,有小序云:"丁亥秋,复得仲常书,有'楚星燕月,千里相望,何时会合,以副旧游'之语。就谱此曲以寄之。"王思廉见生平总述,其人本年官同知大都留守、兼少府监事,见《元史》一六○本传。大都即今北平,本为燕山府,建康、楚金陵县也,故有"楚星燕月"之语。

敬甫四十二岁,任浙西提刑按察司经历。考证见至元十八年。

张翥(仲举、蜕崖)生。

元世祖至元二十五年　戊子　1288　六十三岁

秋日,作〔木兰花慢〕《送合道监司赴任秦中》。

词见《天籁集》卷下,题云:"戊子秋送合道监司赴任秦中,兼简程介甫按察。"词中有"渭北春天树远,江东日暮云深"之语,据知此时当是仍居建康。合道及程介甫俟考。

八月十一日,至友王博文卒,年六十六岁。

商挺(孟卿、左山)卒,年八十。

元世祖至元二十六年　己丑　1289　六十四岁

本年曾至扬州。在扬有送胡祗遹、王恽赴浙右、闽中任〔木兰花慢〕。

词见《天籁集》卷下,题云:"己丑送胡绍开、王仲谋两按察赴浙右闽中任。时浙宪置司于平江,故有向吴亭句。"词中有"相逢广陵陌上,恨一尊不尽故人情"之语,广陵即扬州。

敬甫四十四岁仍官浙西按察司。考证见至元十八年。

元世祖至元二十七年　庚寅　1290　六十五岁

丁继母罗夫人忧。

考证见至元十八年。敬甫为罗夫人所生,其年少于仁甫二十岁;罗夫人之年盖长于仁甫不多。

元世祖至元二十八年　辛卯　1291　六十六岁

二月三日,在杭州与李景安游西湖,赋〔永遇乐〕词。

词见《天籁集》卷下,题云:"至元辛卯春二月三日,同李景安提举游杭州西湖。"全词从略。李景安其人俟考。仁甫居南方甚久,游踪至杭当不止此一次。

元世祖至元二十九年　壬辰　1292　六十七岁

敬甫为福建宣慰司经历;侯克中(艮斋)有诗送之。

考证见至元十八年。侯克中《艮斋诗集》卷五《白敬甫经历有闽中之行》诗云:"里巷亲情未易疏,岂期岁晚别中吴。天衢自昔抟鹏翼,家道于今有凤雏。尊俎只宜终日戒,诗书不可片时无。洪勋大叶他年了,重绘香山九老图。"侯克中见生平总述。亦真定人,故有"里巷亲情"之语;敬甫赴闽任乃自苏州平江前往,故云"别中吴"。据此诗知本年侯在苏州。

《艮斋集》卷九有《答白仁甫》诗云:"别后人空老,书来慰所思。溪塘连辔日,风雨对床时。我爱香山曲,君奇石鼎诗。何当湖上路,同赋鹧鸪词。"读之可见两人交谊。不知何年作,附录于此。

元世祖至元三十年　癸巳　1293　六十八岁

仁甫于金哀宗天兴壬辰癸巳间,遭逢丧乱,亡国失母,至此六十年矣。

四月,刘因卒,年四十五岁。

元世祖至元三十一年　甲午　1294　六十九岁

敬甫为湖广行省都事。考证见至元十八年。

正月,元世祖崩;四月,成宗即位。《元史》十七《世祖纪》。

元成宗元贞元年　乙未　1295　七十岁

元成宗元贞二年　丙申　1296　七十一岁

元成宗大德元年　丁酉　1297　七十二岁

元成宗大德二年　戊戌　1298　七十三岁

敬甫五十三岁,任湖广行省理问官。考证见至元十八年。

元成宗大德三年　己亥　1299　七十四岁

元成宗大德四年　庚子　1300　七十五岁

敬甫五十五岁,改官江西理问;旋入官翰林院。赴江西时程文海有诗送行。

《敬甫碑》:"(大德)四年,改江西省理问官,究伪楮狱得直。于时翰林承旨阎公复,持士论贤否,有言曰:'白文举父子兄弟俱有文名。敬甫幼负俊声,老不入翰林;盍将埶执。'奏为翰林待制;复同佥太常礼仪院事。仪度闲整,赞祷禋祀,动不逾矩;苍颜玉立,真善为颂者也。"入翰林当在本年后不久,改官太常,或在稍后。其时年近六旬,故有"苍颜"之语。程文海《雪楼集》二十七《送白敬父赴江西理问》诗云:"斯人官此孰能知,江汉天成一段奇。南国树能思召伯,西风尘岂为元规。

相看未稳浑疑梦，一笑无何又别离。好泝澄江吾所饮，思君还读寓斋诗。"文海之年少于敬甫三岁，少于仁甫二十三岁；朱彝尊序《天籁集》，据此诗末句以为文海是仁甫兄弟之父执，误矣。

元成宗大德五年　辛丑　1301　七十六岁

元成宗大德六年　壬寅　1302　七十七岁

元成宗大德七年　癸卯　1303　七十八岁

元成宗大德八年　甲辰　1304　七十九岁

元成宗大德九年　乙巳　1305　八十岁

元成宗大德十年　丙午　1306　八十一岁

秋日，有《别扬州》〔水龙吟〕词。本年以后事迹无考；卒年未详。

词见《天籁集》上，题云："丙午秋到维扬，途中值雨，甚怏然。"词云："短亭休唱阳关，柳丝惹尽行人怨。鸳鸯只影，荷枯苇淡，沙寒水残。红绶双衔，玉簪中断，苦难留恋。更黄花细雨，征鞍催上，青衫泪，一时溅。　回首孤城不见，黯秋空，去鸿一线。情缘未了，谁教重赋，春风人面。斗草闲庭，采香幽径，旧曾行遍。谩今宵酒醒，无言有恨，恨天涯远。"通首全是"别"情，更无"到"意，可断定为形近之误，故径行改到为别。怏然，四印斋本作快然，与词意不合，今从《九金人集》本。何时自建康到扬州？别后又往何处？均无可考。

前一丙午为元定宗元年、宋理宗淳祐六年，仁甫二十一岁，文举尚无恙。时扬州属宋境，且为军事重镇，年甫弱冠老父在堂之北方书生，无远适其地之理。以词之风格言，则老境可能如此清丽，少作甚难如此工稳，凄婉之致尤非弱冠之年所有。且仁甫初到扬州在至元十五年(参阅彼年)。此词自应定为本年作。如丙午二字不误,仁甫八十一岁尚在,当无问题。期颐之寿,毕竟少见,其卒当在此后十年之内,即元仁宗皇庆元年壬子(1322)前后。至于苏谱所云八十七岁尚在,前已驳正之矣。

谱后

元武宗至大二年　己酉　1209

敬甫卒,年六十四。

《敬甫碑》云:"至大二年己酉四月卒于官,年六十有三。"敬甫生于丙午,见碑,本年六十四而云六十三者,生日在十二月,亦见碑,故举其足数。仁甫本年八十四岁,未详是否尚在。

元文宗至顺元年　庚午　1330

钟嗣成《录鬼簿》成书。

嗣成自叙署"至顺元年龙集庚午月建甲申二十二日辛未"。朱士凯序署"至顺元年九月吉日"。

是年去仁甫之生已105年,当然墓木已拱,故《录鬼簿》列其名于"前辈已死名公才人"。

明太祖洪武七年　甲寅　1374

仁甫之孙白溟(字子南)分教姑孰郡学(今安徽当涂县),得《天籁集》于姑孰士大夫家,以示学官孙大雅;后三年丁巳,大雅为之序。

见《天籁集》孙大雅序。

明武宗正德五年　庚午　1510

陈霆（声伯）为六安州通判,仁甫裔孙永盛时为州庠生;霆与之往来,获瞻仁甫遗像,为赋〔酹江月〕词吊之。永盛以《天籁集》请霆为梓行,霆诺而未果,后志其事于所著《渚山堂词话》。

《渚山堂词话》卷三:"《天籁集》为白朴太素所作。太素号兰若,赵之真定人,故金世家也。生长兵间,流落窜逸,父子相失。遂鞠于父执元遗山所,元公教之读书。既长,问学宏博,后以诗词显。金亡,恒郁郁不乐;遂不复求仕,以诗酒自放于山水间。予谪倅六安,于其裔孙庠生白永盛家获瞻其遗像,酒边为赋〔酹江月〕一词吊之。永盛因出词集,嘱予为登梓;宦迹蓬转,未及谐所诺。今屏退林下,无力复办此矣。感今追昔,是不惟孤永盛之托,且不肖于此,夙昔不浅,当复负此老于地下也。吊词云:'滑稽玩世,知胸藏多少,春花秋月。天籁有词人有像,还是遗山风格。松下巢由,竹间逸少,气韵真高洁。坐谈拊掌,溪山等是诗诀。见说多景楼前,凤凰台上,醉帽风吹裂。千古英豪消歇尽,江水至今悲咽。九死投荒,三年坐困,一样成愁绝。寄声知否,酒杯当酹松雪。'凡白之大略,词颇该之。"按:仁甫之号,王博文《天籁集序》、《录鬼簿》、李道纯清庵词均作兰谷,此独作兰若,当是误记或误刊。陈霆以忤刘瑾于正德二年受廷杖、自刑科给事中贬为六安州判,瑾诛,起用为山西督学,见康熙《德清县志》卷七《人物传》。瑾伏诛在本年八月,见《明史》卷十六《武宗纪》及三〇四《瑾传》。上引〔酹江月〕词云"九死投荒,三年坐困",盖到六安后三年作,即本年也,其时间自是在八月瑾死之前。此词并不甚佳,但颇能该括仁甫生平,故备录之。

清圣祖康熙四十九年　庚寅　1710

杨友敬（希洛）刊行《天籁集》，并辑仁甫散曲为《摭遗》一卷附刊。

《天籁集》朱彝尊序云："康熙庚辰八月之望，六安杨希洛氏千里造余，袖中出兰谷《天籁集》，则仁甫之词也。……白氏于明初由姑孰徙六安，是集希洛得之于其裔孙驹。将刊行，属余正其误；乃析为二卷，序其端。"观上年所引《渚山堂词话》，可知《天籁集》在明代未曾付梓，友敬本年所刊行者，乃第一次印本。杨跋题戊子冬，王皡跋题庚寅三月，相去年余，庚辰则在庚寅之前十年，不应相隔如此之久，想是竹垞笔误。白氏于明初由姑孰徙六安之说，仅见于竹垞此跋，盖友敬所述，友敬亦六安人，与白家人为友，其言可信也。《九金人集》本之仁甫遗像，云自杨本重摹，原像当即陈霆所见者。此像白氏世代相传，虽屡经重摹，究与悬拟无据者不同。四印斋刻本《天籁集》亦从杨本出而删去此像。"殊属非是"。

白仁甫交游生卒考

此篇为予所撰《金元疑年偶录》之一部分,今移附《仁甫年谱》之后,以供读者参考。篇中诸人,或为仁甫父执,或为仁甫朋辈,或为同时及时代相先后之词曲作家而非必与仁甫相识:今统以"交游"目之。全篇共三十九人,依生年先后,顺序排列。卢挚、关汉卿、王实甫三人之生卒年寿,文献不足,无从考定。姜亮夫编《历代名人年里碑传总表》,强为臆测,不可凭信。今以辨正之辞,附于篇末,庶免贻误学者。此文曾发表于台北《广文月刊》一卷一期,其中有若干疏误,现均已补正。1970年冬日记。

赵秉文　周臣(闲闲居士)　磁州　七十四

金海陵王正隆　四年　己卯　1159——金哀宗天兴元年　壬辰　1232①
宋高宗绍兴二十九　　　　　　　　宋理宗绍定五

元好问《遗山文集》卷十七《闲闲公墓铭》云:"开兴改元北兵由汉中道袭荆襄,京师戒严。……竟用是得疾,以夏五月十有二日,春秋七十有四,终于私第之正寝。"《金史》一一○本传:"正大九年正月,汴京戒严,上命秉文为赦文。……是年五月壬辰(十二日)卒,年七十四"。正大九年正月改元开兴,四

---

① 宋亡以前,并列南北纪元。其人为金元人,纪元先北后南;宋人入元者,纪元先南后北。

月又改天兴,见《金史》十七《哀宗纪》,故正大九、开兴元、天兴元宝为同一年。秉文《滏水文集》十三《学道斋记》云:"予七岁知读书,十有七举进士,二十有七与吾姬伯正父同登大定二十五年进士第。"其年为乙巳1185,自此上推至己卯一岁,下推至壬辰七十四岁,皆相符合。钱大昕《疑年录》卷二推定生卒年寿如右,姜亮夫《历代名人年里碑传总表》从之,是也。(钱书以下简称《钱录》,姜书又名《历代人物年里通谱》,以下简称《姜表》。)

刘祁《归潜志》卷一云:"天兴改元夏四月卒,年七十三。"卒月、年寿、皆与墓铭、史传及秉文自叙不合,盖传闻或钞刻之误。墓铭云"弱冠登大定二十五年进士第",一般习惯以二十岁为弱冠,此则约略言之,当然以自叙之二十七岁登第为准。《姜表》备考云:"或作大定元年辛巳生,甲午卒。"其说不知见于何书,但可断定是为"重校订纪元编"所误。此书误列开兴元年于天兴二年癸巳之后,干支随之误为甲午①或人据此误书依寿七十四推之,遂致大谬。

王若虚　从之　藁城　七十岁

金世宗大定十四年　元年　甲午　1174——金乃马真后二年　癸卯　1243②
宋孝宗淳熙　　　　　　　　　　　　宋理宗淳祐三年

元好问《遗山文集》十九《内翰王公墓表》:"岁癸卯夏四月辛未(二十五日)内翰王公迁化于泰山。……得寿七十。"③

---

① 原本纪元不误,校订本反误。
② 元世祖至元八年十一月始改国号曰元,以前称蒙古,今统称为元。
③ 各人卒年及寿数两项有明确记载见于某书者,本篇仅照录其原文,读者自可明了。旧日习用之"据此推算,生于某年",或"自某年上推若干干支,生于某年"一类字样,近于词费;今除行文上有时需要外,尽量省去不用。

刘从益　云卿　浑源　四十四

金世宗大定二十一年　辛丑　1181——金哀宗正大元年　甲申　1224
宋孝宗淳熙　　八年　　　　　　宋宁宗嘉定十七年

施国祁《元遗山年谱》附注云："刘云卿长遗山九岁"。按：遗山生于明昌庚戌1190，见彼条，长九岁应是辛丑生。《中州集》卷六小传、《金史》一二六《文艺传》、俱云云卿卒年四十四。施说未言所据，不知确否，姑从之。刘祁《归潜志·自序》云："不幸弱冠而先子殁。"祁生于泰和癸亥1103，见彼条，此所谓弱冠如为二十岁，则雲卿生卒俱应提早两年，但二十一二甚至更多亦偶有称弱冠者，未能据此以驳正施说也。手边无施著礼耕堂丛说，留俟详考。

严实　武叔　长清　五十九

金世宗大定二十二年　壬寅　1182——元太宗十二年　庚子　1240
宋孝宗淳熙　　九年　　　　　　宋理宗嘉熙四年

《元遗山文集》二十六《东平行台严公神道碑》："以庚子四月己亥（初五日），春秋五十有九，薨于私第之正寝。"《元史》一四八本传同。①

雷渊　希颜　浑源　四十八

金世宗大定二十四年　甲辰　1184——金哀宗正大八年　辛卯　1231
宋孝宗淳熙　十一年　　　　　　宋理宗绍定四年

《中州集》卷六《冀禹锡传》云："希〔颜〕长予六岁，殁于正大辛卯之八月，年四十八。"（参阅"李献能"条）。遗山生于明昌庚戌1190，见下条；希颜长六岁，应是甲辰生。《遗山文集》二十一《希颜墓铭》则云："希颜年四十六，以八年辛卯八月二十有三日暴卒。"与《中州集》不合。按：《中州集》叙述分明。

---

① 诸史列传多只记卒年而无月日；本篇所谓本传同者，但指卒年而言。

刘祁《归潜志》卷一《希颜小传》亦云："一夕暴卒，年四十八。"《金史》一一〇本传亦同。可知墓铭之四十六为四十八之误，六八两字互误，其例甚多。《姜表》云："年四十六，大定二十六年丙午生"，乃误据墓铭推算。

元好问　裕之（遗山）　秀容　六十八

金章宗明昌元年　庚戌　1190——元宪宗七年　丁巳　1257
宋光宗绍熙元　　　　　　　　宋理宗宝祐五年

大德碑本郝经撰《遗山先生墓铭》："岁丁巳秋九月四日，遗山先生卒于获鹿寓舍。……春秋六十有八。"行世《遗山年谱》数种皆据此。

王鹗　百一（伯翼）　东明　八十四

金章宗明昌元年　庚戌　1190——元世祖至元十年　癸酉　1273
宋光宗绍熙元　　　　　　　　宋度宗咸淳九年

《元史》一六〇本传："〔至元〕十年卒，年八十四。"苏天爵《国朝名臣事略》（即《元名臣事略》）卷十二引墓碑同。

张柔　德刚　定兴　七十九

金章宗明昌元年　庚戌　1190——元世祖至元五年　戊辰　1268
宋光宗绍熙元　　　　　　　　宋度宗咸淳四年

《元史》一四七本传："〔至元〕五年六月卒，年七十九。"苏天爵《国朝名臣事略》卷六同。

李献能　钦叔　河中　四十一

金章宗明昌三年　壬子　1192——金哀宗天兴元年　壬辰　1232
宋光宗绍熙三　　　　　　　　宋理宗绍定五年

《金史》十八《哀宗纪》："天兴元年十一月丙寅（二十日），元帅权兴宝军节度使赵伟袭据陕州以叛，杀行省阿不罕奴十剌以下凡二十一人。"献能即在此二十一人之内，详见《金史》一一六《徒单兀典传》。《中州集》卷六《冀禹锡传》："在京师时,希颜(雷渊)、仲泽(王渥)、钦叔、京父(禹锡),相得甚欢,外堂拜亲,有昆弟之义。而不肖徒以文字之故,得幸诸公间。希长予六岁,泽长四岁,钦与京少予二岁。希殁于正大辛卯之八月,年四十八;泽殁于明年之七月,年四十七;钦殁于其年十一月,年四十一岁;京殁于又明年之三月,年四十二。"此段为考订四人年龄之最佳资料。遗山生于明昌庚戌1190,见上条,据"少予二岁"推算,献能生于壬子,至壬辰四十一岁。

元好问《续夷坚志》卷一,"康李梦应"条:"康伯禄、李钦叔,壬辰冬十二月,行部河中。先城未破一日,康与钦叔求梦于其神。……明日城陷。伯禄争船不得上,落水死。李得船走陕县。三四日改岁。"若据此说,则钦叔至癸巳正月尚存,与《中州集》矛盾。按:河中之陷在正大八年十二月己未(初八日),见《金史》十七《哀宗纪》。《中州集》卷六《献能传》亦云:"充河中经历。正大八年河中陷,独得一船走陕州。"此文壬辰应作辛卯,遗山偶然笔误耳。刘祁《归潜志》卷二《献能小传》云:"天兴改元,陕乱见杀,年四十三。"祁年辈较晚,见闻不切,自当以遗山所记为准。《金史》一二六《文艺传》亦云年四十三,乃袭《归潜志》之误。

李冶(治亦作冶)　仁卿(敬斋)　栾城　八十八

金章宗明昌三年　壬子　1192——元世祖至元十六年　己卯　1279
宋光宗绍熙三年
(即宋亡之年)

苏天爵《国朝名臣事略》卷十三:"至元二年,召拜翰林学士。明年,以疾辞归,居元氏之封龙山。十六年卒,年八十八。"《元史》一六〇本传只云年八十八,未记卒年。

《姜表》备考云："或作生大定二十年庚子。"此说本于施国祁《元遗山年谱》，谱云仁卿长遗山十岁。遗山生于庚戌，如长十岁，自是生于庚子。然，事略云："〔仁卿〕与河中李钦叔、龙山冀京甫、平晋李长源为同年友。"同年之义有二，一为同年进士，一为同年出生。仁卿为正大七年进士，见事略；冀禹锡为崇庆二年进士，见《中州集》卷六禹锡传；李献能为贞祐三年进士，见《金史》一二六《文艺传》；李汾未尝登第。而后三人则均为壬子生。可知所谓同年友者，同生于壬子也。且仁卿于至元二年召拜翰林学士，若生于庚子则其年已八十六岁，耄龄从政，为情理所不许；至己卯卒时已是百龄人瑞，果有其事，不应全无记载。施说未附考证，不知因何致误，留俟再考。

杜仁杰　仲梁（善夫）　长清　八十岁

金章宗明昌元年/宋光宗绍熙元年　庚戌　1190 以后　金章宗承安二年/宋宁宗庆元三年　丁巳　1197 以前——元世祖至元六年/宋度宗咸淳五年　己巳　1269 以后　元世祖至元十三年/宋恭帝德祐二年　丙子　1276 以前

善夫与元遗山同时，《遗山集》卷三有《半山亭招仲梁饮诗》。生卒确年待考。近人孙君撰《关汉卿行年考》云："杜散人即杜善夫，与元遗山为侪辈，由金入元，其卒年在至元六年后、十三年前，年八十岁"。未详所据，姑从其说。三十年前曾见友人吴君所撰《杜善夫事迹考》，于善夫家世及生平，考订甚详，当时未多留意，今手边无此文，不记其与孙说之异同矣。

商衟　正叔（一作政叔）　济阴　六十以上

金章宗明昌五年/宋光宗绍熙五年　甲寅　1194——元宪宗三年/宋理宗宝祐元年　癸丑　1253 以后

《元遗山文集》三十九《曹南商氏千秋录》"正叔年甫六

十,安闲乐易,福禄方来。"文末署"癸丑二月",自癸丑上推六十年,生于甲寅。卒年未详。

此即《录鬼簿》之商政叔学士,金亡时已四十一岁,为元曲作家前辈,故所作诸曲多用古调旧格。衕为道之古体。《千秋录》云:正叔兄名衡,弟名衍。字皆从"行",故不可书作通行体道字。

张德辉　耀卿　交城　八十岁

金章宗明昌六年　乙卯　1195——元世祖至元十一年　甲戌　1274
宋宁宗庆元元年　　　　　　　宋度宗咸淳十年

苏天爵《国朝名臣事略》卷十小传云:"至元十一年卒,年八十。"《元史》一六三本传仅云年八十,未记卒年。

段克己　复之　稷山　五十九

金章宗承安元年　丙辰　1196——元宪宗四年　甲寅　1254
宋宁宗庆元二年　　　　　　　宋理宗宝祐二年

段成己　诚之　稷山　八十一

金章宗承安四年　己未　1199——元世祖至元十六年　己卯　1279
宋宁宗庆元五年
(宋亡之年)

二段《金史》无传,右据孙德谦撰年谱。

杨果　正卿(西庵)　蒲阴　七十五

金章宗承安二年　丁巳　1197——元世宗至元八年　辛未　1271
宋宁宗庆元三年　　　　　　　宋度宗咸淳七年

苏天爵《国朝名臣事略》卷十小传云:"至元六年(己巳)出为怀孟路总管,其年薨,年七十三。"钱椒补《疑年录》卷二据此推定生于丁巳、卒于己巳、年七十三。姜表从之。但,《元史》一六四本传云:"至元六年出为怀孟路总管,大修学庙。以前尝为中书执政官,移文申部,特不署名。以老致政,卒于家,年七十五。"与《事略》不同。按:《事略》又引《国朝典章》(即《元典章》)云:"尚书礼部会验旧例:内外官行移,亲王宰相不署姓,执政署姓,解亦不书名。实古礼尊贤贵德之义。照得:怀孟路总管杨少中,系前执政官,见申部文解书名,似或于礼未宜。乞依旧例,止书姓,不书名。尚书省依。至元七年十月。"此即本传所云"以前尝为中书执政官,移文申部,特不署名"。据此知至元七年尚存,并非卒于六年;应从本传之七十五岁推定卒于八年。盖致仕即在其年,旋卒于家也。

史天泽　润甫　永清(后居真定)　七十四

金章宗泰和二年
宋宁宗喜泰二年　壬戌　1202——元世祖至元十二年
宋恭帝德祐元年　乙亥　1275

《元史》一五五本传:"以〔至元〕十二年二月七日薨,年七十四。"苏天爵《国朝名臣事略》卷七同。

刘祁　京叔　浑源　四十八

金章宗泰和三年
宋宁宗嘉泰三年　癸亥　1203——元海迷失后三年
宋理宗淳祐十年　庚戌　1250

钱大昕《疑年录》卷二所定如此,姜表从之。余嘉锡《疑年录稽疑》卷二云:"王恽《秋涧集》卷五十八《浑源刘先生哀词》云:庚戌春,方负笈南迈,以遂抠衣之问,而凶讣掩至。"謇案:《归潜志自序》云:"甲午岁复于乡,盖年三十二矣。"据此诸证上推至癸亥一岁、下推至庚戌四十八岁,皆相符合。

商挺　孟卿(左山)　济阴　八十岁

金卫绍王大安元年
宋宁宗嘉定二年　己巳　1209——元世祖至元二十五年　戊子　1288

苏天爵《国朝名臣事略》卷十一小传引《清河元公撰墓碑》云:"公生于大安己巳。"又云:"〔至元〕二十五年薨,年八十。"

《元史》一五九本传:"〔至元〕二十五年,帝问中丞董文用曰:'商孟卿今年几何?'对曰:'八十'。帝甚惜其老而叹其康强。是岁冬十有二月卒。"

刘秉忠　仲晦　邢台　五十九

金宣宗贞祐四年　　　　　　　　　元世祖至元十一年
宋宁宗嘉定九年　　丙子　1216——宋度宗咸淳十年　甲戌　1274

《元史》一五七本传:"〔至元〕十一年秋八月,秉忠无疾端坐而卒,年五十九。"张文谦撰行状云:"〔至元〕十一年秋八月壬戌(十九),夜谓侍者曰:'我欲静坐,不召勿来。'侍者皆退。长歌至鸡鸣乃止。迟明,侍者入,即端坐而薨。……享年五十有九。……十二年春正月,诏赠太傅仪同三司,文贞公。"王磐撰《神道碑》、《徒单公履撰墓志铭》,俱同行状。姚枢祭文署"至元十一年九月甲戌朔、八日辛巳"。徐世隆祭文署"至元十一年岁次甲戌,冬十二月望日"。以上诸文俱见《藏春集·附录》,张、王、徒单、姚、徐皆秉忠同时人,记年相同,无可疑者。《姜表》备考云:"或作1217年生、1275年卒"。不知是何粗心人,竟以赠官赐谥之年为卒年。

王博文　子勉　山东　六十六

金宣宗元光二年　　　　　　　　　
宋宁宗嘉定十六年　癸未　1223——元世祖至元二十五年　戊子　1288

王恽《秋涧大全集》六十四,《御史中丞王公诔文》:"大元至元二十五年岁在戊子,秋八月十有一日,前礼部尚书、御史中丞东鲁王公薨于维扬之客舍。"又云:"以公寿言,六十六秩。"

王恽　仲谋(秋涧)　汲县　七十八

金哀宗正大四年　丁亥　1227——元成宗大德八年　甲辰　1304
宋理宗宝庆三年

《秋涧大全集》附录其子公孺所撰《神道碑铭》云："大德甲辰岁，六月辛丑（二十日），以疾薨于私第正寝之春露堂，享年七十有八。"又陈俨所撰《哀挽诗序》亦云："内翰秋涧公谢事之明年，终命于家，春秋七十八，实大德甲辰六月辛丑也。"

《秋涧集》卷一《蛾眉研赋序》云："乙卯春偶得是砚于贩夫之手。"其赋云："噩斋主人，行年二十有九。"卷十一《游金山寺诗跋》云："至元庚寅冬，予自福建北归，渡江作此诗，未尝示人，逮大德己亥，十年矣。……汲郡王某题，时年已七十三矣。"同卷《泰山图诗题》注云："时元贞元年（乙未）秋九月十四日作，时岁贱庚六十有九。"卷四十一《王氏藏书目录序》："不肖某今年四十有一。"此序自署年月为"至元四年（丁卯）秋七月"。附录李谦撰《寿七十诗卷序》云："公长予六年，今平头七十。"序末署"元贞二年（丙申）夏五月"。以上：乙卯二十九，己亥七十三，乙未六十九，丁卯四十一，丙申七十，均与生于丁亥相合。惟卷五《和渊明归田园诗序》："庚寅冬，予自闽中北归，年六十有五。"卷十一《杂言诗题注》云："庚寅七月二日病告中作。"其诗首句云："我今行年六十五。"公孺所撰《神道碑》云："大德元年，进中奉。明年戊戌春，以三朝旧臣，赐楮币万缗；其年七十，请老不许。"庚寅应六十四而云六十五，戊戌应七十二而云七十，均不合。前者或因从信星命家言有所避忌，后者疑是"官年"。（星命家有所谓"瞒天过海"法，即于行运凶险，可能"过不去"之年，多说一两岁。宋元时，从政者之"官年"每与实际年龄相差一两岁）。至如钱大昕《疑年录》

卷二云：生于戊子，年七十七，则与所有证据均不合，其误无疑。余嘉锡《疑年录稽疑》卷二曾辨正钱说，但颇为简略，引证仅《神道碑》及《哀挽诗序》；今为详考如上。

胡祗遹　绍开（紫山）　武安　六十九

<u>金哀宗正大四年</u>　丁亥　1227——元成宗元贞元年　乙未　1295
<u>宋理宗宝庆三</u>

近人孙君撰《关汉卿行年考》附注云："《元史》卷一百七十《胡祗遹传》云：'至元三十年卒，年六十七'。误。考《秋涧集》附录载《陈俨秋涧王公哀挽诗序》云："乙未，紫山胡公卒'。乙未乃元贞元年。又，《秋涧集》卷四十三，紫山先生《易直解序》云：'公没之三载，嗣子伯驰携所著易解，恳题其端。'此序作于大德二年，上距元贞元年，实三载。"又云："《紫山大全集》卷七，《丁亥元日门帖子》绝句有'今年六十一年人'①之句，丁亥至元二十四年，下数至元贞元年，年六十九，与《秋涧集》卷四十三《紫山胡公哀挽诗》卷小序'紫山寿几七秩'之言合。"孙说精当应从。《姜表》则沿《元史》本传之误作"宝庆三年生、至元三十年卒，六十七岁"。

周密　公谨（草窗）　吴兴（祖籍济南）　六十七

<u>宋理宗绍定五</u>　壬辰　1232——元成宗大德二年　戊戌　1298
<u>金哀宗天兴元</u>

《癸辛杂识后集》"先君出宰"条云："先君子于绍定四年辛卯，出宰富春，九月到任。……壬辰岁，予实生于县斋。"顾文斌《草窗年谱》引朱存理《珊瑚木难》、弁阳老人自铭云：生于五月二十一日。卒年则有三说。其一，钱大昕《疑年录》卷二

---

① 秋涧此序自署年月为大德二年冬十月八日。

定为至大元年戊申，年七十七。其二，顾撰年谱定为大德三年己亥，年六十八。其三，夏承焘《草窗年谱》所定如右。夏说最为详确，今从之。

张弘范　仲畴　定兴　四十三

元太宗
宋理宗嘉熙二年　戊戌　1238——元世祖至元十七年　庚辰　1280

苏天爵《国朝名臣事略》卷六："至元十七年卒，年四十三。"虞集《道园学古录》卷十四《淮阳献武王庙堂之碑》："疾革，沐浴易衣冠。……语竟，遂端坐而薨，十七年正月十日也，得年四十三。"《元史》一五六本传亦云年四十三，但上文叙事不清，颇似卒于十六年者，诸史列传每有此弊。

姚燧　端甫（牧庵）　洛阳（祖籍柳城）　七十六

元太宗
宋理宗嘉熙二年　戊戌　1238——元仁宗皇庆二年　癸丑　1313

《牧庵集》附录刘致所撰年谱云："太宗英文皇帝十年戊戌，当宋嘉熙二年，先生生。皇庆二年癸丑，先生七十六岁。……九月十有四日薨。"按：《牧庵集》卷三《冯松庵挽诗序》云："先生殁以庚子岁七月十有四日，我先人之弃其孤亦同以是岁月日。"卷十五《姚文献公神道碑》云："燧生三岁而孤。"合此二事，可知庚子燧年三岁，是为生于戊戌之明证。卷三十五〔浪淘沙〕词题云："大德丙午端月十四日立春巧连灯夕。"词中有"六十九年予治学，老病宵兴"。之语。丙午六十九，上推至戊戌一岁，下推至癸丑七十六，皆合。寿七十六则《元史》一七四本传与刘撰年谱相同，亦无疑问。

吴修《续疑年录》卷二云："七十六岁，生元太宗十一年己亥（宋嘉熙三年）。卒延祐元年甲寅"。生卒俱误迟一年。《姜表》沿误,而备考云:"或作生二年,元刘政牧庵年谱从之。"按:刘政为刘致之误。致亲炙牧庵,曾共游处,故所撰年谱至为翔实。生于嘉熙二年之说即出于此谱;何谓"或作云云而刘谱从之"?

《姜表》之谬,多此类也。

王思廉　仲常　获鹿　八十三年

元太宗十年　戊戌　1238——元仁宗延祐七年　庚申　1320
宋理宗嘉熙二

《元史》一六〇本传:"延祐七年卒,年八十三。"

相威　未详　蒙古　四十四

元太宗十三年　辛丑　1241——元世祖至元二十一年　甲申
宋理宗淳祐元年
1284

《元史》一二八本传:"〔至元〕二十一年启行,四月,卒于蠡州,年四十四。"

仇远　仁近(山村)　钱塘　八十左右

宋理宗淳祐七年　丁未　1247——元泰定帝泰定四年　丁卯　1327
元定宗二
前后

远所撰《金渊集》卷六《纪事诗题注》云:"淳祐丁未亦旱,予始生。"卷一《寄史贵质诗题注》云:"丁未同庚。"

其诗首两句云:"淳祐六十翁,生遇时节好。"卷三《丁未元日诗》云:"花甲喜循环,风霜变老颜。"方回《桐江续集》卷十二有《除夕再用韵答仁近诗》二首。其一云:"多公二十岁,筋力早衰微。"其二云:"多公二十岁,此夕感尤深。"回生于宝庆丁亥,《桐江集》中屡自言之,其后二十年正为丁未。卒年未详。苏霖《跋仁近诗稿》云:"延祐丁巳秋,予至钱塘,拜识山村仇先生于北村汤先生之读易精舍，既而屡承海益。"其年仁近七十一岁，此后尚"屡承海益"，至少享年七十余。又，钱惟善《挽仇山村诗》云："诗穷八十年，江海甚凄然。玉尘风生颊，青山雪满颠。门墙张籍俊，墓表孟郊贤。出处人皆识，哀歌彻九泉。"诗穷可解为诗道之穷，亦可解为诗人身世之穷，通观全诗应从后解，八十年谓仁近一生也。以上所引苏跋钱诗俱见钱塘丁氏刻本《山村遗集》附录；据此两证，可知山村寿约八十左右，卒年约在泰定天历间。

《姜表》云："年六十余，理宗景定二年辛酉生，卒年未详。"备考云："以方回送山村为溧阳教授序推之，当生于宋景定二年。又，《纪事诗》云：'淳祐丁未予始生。'则生1247年。"按：此序见《桐江续集》卷三十四及《山村遗集》附录。《续集》后半残缺，《遗集》附录者完全。序中与仁近年龄有关者仅有"仁近受溧阳州教，年五十八矣。归附垂三十年，始得一州教"两句；既未言得州教在何年，亦未署作序年月，何从肯定为生于辛酉？既未详卒年，何从知为六十余？且既见"丁未予始生"之语，何以不加理会而别造无稽之谈！真不可解。远字仁近，自号山村民，简称山村，《姜表》备考乃云"自号近山村民"，字与号打成一片矣。

张炎　叔夏（玉田生）　山阴　七十岁以上

宋理宗淳祐八年　戊申　1248——元仁宗延祐四年　丁巳　1317
元海迷失后元
以后

《山中白云词》卷八〔临江仙〕小序："甲寅秋寓吴，作墨水仙为处梅吟边清玩，时予年六十有七。"据此推算生于戊申，卒年未详。但,钱良祐《词源书后》云:"乙卯岁,予以公事留杭数月,而玉田张君来寓钱塘县之学舍。……因相从欢甚。……丁巳正月,江村民钱良祐书。"全文毫无玉田已下世语气,可知丁巳七十岁时尚在。(以上据冯沅君撰《玉田年谱》。年谱假定玉田卒于延祐七年庚申1320左右,其说未能确定,今不取。《姜表》备考亦引《冯谱》,而云年在六十七岁以上,盖未细读谱文。予初稿误从《姜表》,今改正。)江昱《山中白云词疏证》卷一,《疏影》词注云:玉田生于淳祐四年。其说毫无佐证,且与玉田自叙者不合。

刘因　梦吉(静修)　容城　四十五

元海迷失后二年/宋理宗淳祐九年　己酉　1249——元世祖至元三十年　癸巳　1293

苏天爵《滋溪文稿》卷八,《静修先生刘公墓表》:"〔至元〕三十年夏四月十有六日,先生终于容城,春秋四十有五。……岁在己酉二月,先生生于保定。"《元史》一七一本传同。

程文海　钜夫　建昌　七十岁

元海迷失后二年/宋理宗淳祐九年　己酉　1249——元仁宗延祐五年　戊午　1318

程世京撰年谱云:生于己酉四月十七日,卒于戊午七月十八日。

曹元用　子贞(一字光辅)　汶上　未详

生年未详——元文宗天历二年　己巳　1329

《元史》一七二本传:"天历二年,代祀曲阜孔子庙,还以司寇像及代祀记献,帝甚喜。值太禧宗禋院副使缺,中书奏以元用为之。帝不允,曰'此人翰林中所不可无者,将大用之矣'。会卒,帝嗟悼久之。"按:元用卒时,仁甫冥寿已逾百龄;而元用尚能远路代祀,卒年必非耄老。其人少于仁甫约在三十年以上。俟检元人文集详考。

不忽木　西域康里氏（汉名时用、字用臣）　四十六

元宪宗五年　乙卯　1255——元成宗大德四年　庚子　1300
宋理宗宝祐三年

　　苏天爵《国朝名臣事略》卷四小传云："〔大德〕四年薨，年四十六。"《元史》一三〇本传云："〔大德〕四年，病复作，帝遣医治之，不效。……年四十六。"

袁桷　伯长　鄞县　六十二

宋度宗咸淳二年　丙寅　1266——元泰定帝泰定四年　丁卯　1327
元世祖至元三年

　　苏天爵《滋溪文稿》卷九，《袁文清墓志铭》云："泰定四年八月三日，以疾终于家，享年六十有二。"

　　《元史》一七二本传云："泰定四年卒，年六十一。"钱大昕《疑年录》卷二据之，定为咸淳三年丁卯生。吴修附注云："修案：《甫里集》云：'伯长生咸淳丙寅，宋亡时才十有四岁。'丙寅至祥兴己卯，正十四年也。如泰定丁卯卒，当年六十二。"以墓志铭证之，《元史》本传误也。用余嘉锡《疑年录稽疑》说。

张养浩　希孟（谥文忠）　济南　六十岁

元世祖至元七年　庚午　1270——元文宗天历二年　己巳　1329
宋度宗咸淳六

　　《云庄归田类稿》附录张起岩撰神道碑："天历二年己巳秋七月二十七日，陕西诸道行御史台御史中丞济南张公薨于位。……由是致疾，迄至薨逝，年甫六十。"黄溍《金华黄先生文集》卷八《祠堂碑》："文皇御极，以翰林侍读学士召，未至，改陕西诸道行御史台御史中丞。公乃幡然就道，时公年甫六十。到官仅三阅月而薨于位，天历二年七月壬午（二十七）也。"《元史》一七五本传亦云年六十。按：《云庄类稿》二十四

《祭李宣使文》所署年月为"天历二年六月丁亥朔,越七日癸巳"。文云:"今年二月,余自历下之官西台。"又云:"余年六十,生长齐鲁富庶之乡。"同书十三□□(原缺数字)陶诗序:"余年五十二即退居农圃。"卷二十《元公神道碑铭》:"至治元年六月,余辞参议还济南。"至治元年岁次辛酉,是年五十二,上溯至庚午一岁,下推至己巳六十岁,皆合。据以上诸证(包括他人记载及养浩自叙),生卒年寿,确无可疑。《三续》卷五定为:六十一岁,己巳生,己巳卒。注云据《云庄类稿》附神道碑,而与上引诸条均不合。此种错误在《三续》中固不只一见。《姜表》沿三续之误,而列"六十岁,庚午生"之正说于备考,此亦《姜表》颠倒是非之常态也。危素撰《张文忠公年谱》,未见。

虞集　伯生　仁寿　七十七
宋度宗咸淳八年　壬申　1272——元顺帝至正八年　戊子　1348
元世祖至元九年

《元史》一八一本传:"至正八年五月己未(二十三日)以病卒,年七十有七。"欧阳玄《圭斋集》卷九《虞雍公神道碑》同。叶盛《水东日记》云年七十二,非是。说详余嘉锡《疑年录稽疑》卷二。

贯云石　酸斋　西域(居江南)　三十九
元世祖至元二十三年　丙戌　1286——元泰定帝泰定元年　甲子　1324

欧阳玄《圭斋文集》卷九,《元故翰林学士贯公神道碑》:"泰定改元五月八日,薨于钱塘寓舍,年三十有九。"《元史》一四三本传同。(本传用其原名"小云石海涯"。)

张翥　仲举(蜕岩)　晋宁　八十二

元世祖至元二十四年　丁亥　1287——元顺帝至正二十八年　戊申　1368(是年正月,明太祖即位,建元洪武,八月,元亡,故又为洪武元年)。

　　《元史》一八六本传云："〔至正〕二十八年三月卒,年八十二。"《翥跋仇远山村图卷》云："大德初元,予甫十有一。"大德元年岁次丁酉,自此上推十一年,生于丁亥。其卒下距元之亡仅五个月耳。《翥文集》已佚,《山村图跋》见《石渠随笔》卷八,又见《仇远山村遗集》附录。

卢挚　处道(疏斋)　涿州

　　生卒年未详

　　　近人孙君撰《关汉卿行年考》云："卢疏斋幼给事世祖宫中,弱冠登仕版,敭历中外垂四十年。成宗大德四年(1304)年五十余。当生于蒙古定宗或海迷失后称制时(1246—1250)。至大元年(1308)尚在。"

　　　《姜表》云："六十六岁。生,宋理宗端平二年乙未1235。卒,元成宗大德四年庚子1300。"备考引《元诗纪事》三,《新元史》卷二百三十七。按:《纪事》及《新元史》均未言生卒年寿,此外亦未见记载,姜氏何从得此定论?其为向壁虚造如"关汉卿"条,或张冠李戴如"王实甫"条(均见下),盖无可疑。孙说虽亦推测之辞,但据疏斋生平行实观之,虽不中不远。

关汉卿　己斋　大都

　　生卒年未详

　　　《姜表》云："五十一岁。生,宋理宗绍定三年庚寅1230。卒,元世祖至元十七年庚辰1280。"备考引《元史类编》卷三十六。按:《类编》所载《汉卿小传》,具体事实仅有"关汉卿,解州人,工乐府,著北曲六十本"十五字,余皆泛论元曲之文,并无任何有关生卒年寿之资料。汉卿年代为数十年来治元曲者未能确定之问题;且因文献不足,恐永远无从确定。《姜表》竟有此"重大发现",而又不能确言所据,其为向壁虚造,殆无可疑。

王德信　实甫　大都
生卒年未详

《姜表》云,宋宁宗庆元六年庚申1200生;无卒年。其备考全文云:"苏天爵元故资政大夫中书左丞知经筵事王公行状。附载。《录鬼簿》。年八十余。"(标点悉照原文)按:此说一望即知其误。第一,庆元庚申即金章宗承安五年,如生于此年,则元世祖中统元年已六十一岁,成宗元贞大德间已近百龄;就文学史常识观之,杂剧家王实甫之年代决不能如是之早。第二,实甫有此相当显赫之官阶,何以所有载籍皆未述及? 初以为系同名误认。及检阅苏天爵《滋溪文稿》,卷九果有此行状,全题与《姜表》引述者一字不差。其人则姓王名结,字仪伯,易州定兴人、徙家中山。天历二年拜中书参知政事,〔顺帝〕至元二年卒,年六十二。(据此上推生于世祖至元十二年乙亥)。除同姓外,与实甫全不相干。行状又记其谏皇太子观赏俳优事;张珪尝称之为"非圣贤之书不读,非仁义之言不谈"。此经筵讲官、道学先生,如何肯做杂剧!《录鬼簿》关于实甫之记载则只有"王实甫名德信大都人"九字及所作杂剧名目。《姜表》云云,诚未免过于离奇。

此文发表后读近人孙氏《元曲家考略》,其中关于实甫之考证云:"王实甫以《西厢记》得善誉。通行本《录鬼簿》,但记王实甫为大都人,而不著其名。及天一阁本《录鬼簿》出,学者始知王实甫名德信;惜其书不记实甫事迹,与他本同。故学者虽知其名,而仍无由知其事。余于苏天爵《滋溪文稿》中,偶发见'王德信'名。如即曲家王德信,则实甫乃王结之父。结,元名臣也,字仪伯,易州定兴人,徙家中山。(此下叙王结事迹,从略)。而《滋溪文稿》卷二十三《元故资政大夫中书左丞知经筵事王公行状》,载结事尤群。行状记其家人事云:'(上略)父德信,治县有声,擢拜陕西行台监察御史。与台臣议不合;年四十余,即弃官不复仕,累封中奉大夫、河南行省参加政事、护军、太原郡公。母张氏,封太原郡夫人。'天爵文作于重纪至元三年,记结父母皆有封而无赠。知重纪至元三年,德信与其妻张氏犹存。度其时,年至少亦近八十,可谓老寿。《元史》王结传多本天爵所为行状,独削德信事不书。幸《滋溪文稿》今存,犹可藉行状知德信始末。不读天爵文,固不能知德信是结之父也。"读此文乃知《姜表》备考云云系由孙说附会而来,又臆造庆元庚申之生年。实则孙说绝难成立。第一,《录鬼簿》于所收诸人之事迹,或多或少,均有记载,如关汉卿为太医院户、马致远为江浙行省务官之类。实甫如有此官爵,又为名人之父,不应一字不提。第二,如孙氏之说,王德信重纪至元(即顺帝至元)三年尚存,《录鬼簿》成书于至顺元年,在其前七八年,不应置其人于"前辈已死名公才人"之列。第三,作曲之王德信大都人,作官之王德信易州人、后徙中山,籍贯不同。同时同姓名之人,古今常有;上述三证,皆显而易见者;孙说之误可知。其所以如此牵强附会,盖贪多炫奇之过。余曾读天爵文,乃将"德信"之名滑过,未加深考,诚太疏略。王结《元史》有传,又有集名"王文忠集",收入《四库全书珍本》,当时亦均未检阅也。

夏著二晏年谱补正

近人夏瞿禅所著《二晏年谱》，翔实精审，著称艺苑，胜于同时问世之宛敏灏作，夏谱既出，宛谱仅供参考而已。然学问之道，本由累积。夏谱虽三易其稿始成定本，而资料之搜辑仍有未周，事实之考订或欠精确，所推小晏年岁，尤不可信，此固治考据者之所难免。予尝读二晏之词，复耽谱录之学，爰就平日涉猎所及，辑为此篇，聊作泰山拳石之助，并请益于当世。夏谱初稿载于《词学季刊》二卷一号及二号，既属草创，自欠精详；然亦有若干资料，初稿有之而后来删去者，如谱后所附颍州路歧人，及李宗易取烘柿二事是也。故初稿亦未可全废。二三两稿，相差无几，予所补正即以此两稿为对象。第二稿收入世界书局出版之《词学丛书》，附于二晏词后，第三稿收入夏氏所著《唐宋词人年谱》。今于每一纪年之下，以括弧标出原谱页数，第一数目字为《词学丛书》本，第二数目字为《唐宋词人年谱》本。读者任取其一，即可覆核。1970年冬日，郑骞识于台北温州街寓庐。

宋太宗淳化二年辛卯　（四，二〇〇）

　　原谱所定同叔生卒年寿，确无可疑。但尚有须加考辨之异说若干事，详见《幼狮学志》七卷四期拙著《宋人生卒考示例续编》页六。

太宗至道三年丁酉 （六，二〇二）

原谱云：蔡伯俙当生于真宗天禧间，少同叔二十余岁。今按：伯俙生于真宗大中祥符六年癸丑，西元1013，少同叔二十二岁。考证见《宋人生卒考示例续编》页七至八。

真宗景德二年乙巳 （八，二〇四）

《宋会要·选举》九之五："景德二年五月十五日，召抚州进士晏殊试诗、赋各一首，大名府进士姜盖试诗六篇。赐殊进士出身，盖同学究出身。后二日，召殊试诗、赋、论三题于殿内，移晷而就。擢为秘书省正字。赐袍笏，令读书于秘阁，就直馆陈彭年习诸科。时殊年十四，盖年十二，咸以隽秀闻。是日，帝亲试礼部举人，特召殊等面试，而有是命。"

此条原谱不载，今补。本年同叔十五岁而云十四，辨详《宋人生卒考示例续编》页六。

真宗大中祥符四年辛亥 （十二，二〇八）

杨察生。

察为同叔之婿，其人生于本年，卒于仁宗嘉祐元年丙申，年四十六。考证见《宋人生卒考示例续编》页七。原谱只有卒年，无生年。

七月同叔弟颖赐进士出身。

《宋会要·选举》九之六："大中祥符四年七月十三日，赐进士晏颖出身。颖，殊之弟，幼能文，东封岁尝献文业。至是殊病，帝遣中使张怀德挟医视之，因索颖文稿，颖献十卷。帝甚嘉奖，以示辅臣，尤赏其《宫沼瑞龟赋》。俄召至便殿，试三题而命焉。"楼钥《攻愧集》卷七十《跋诸名公翰墨》云："晏元献嘱其弟于人，以为不可温颜，兹非前辈之言耶。"此弟当即颖也。

原谱本年无记事,今补右两条。

大中祥符六年癸丑 （十二,二〇八）

蔡伯俙生。

原谱无此事,今补。详见前至道三年。

大中祥符七年甲寅 （同上）

杨寘生。

原谱无此事,今补。寘为察之弟,其人生于本年,卒于仁宗庆历四年甲申,年三十一,见《宋人生卒考示例续编》页七。寘为庆历二年进士第一人（俗称状元）,与王安石同年。同叔时为枢密使。参阅彼年。

真宗天禧二年戊午 （十四、二一零）

《续资治通鉴长编》九十二,天禧二年八月:"甲辰,立昇王受益为皇太子,改名祯。庚戌,以右谏议大夫知开封府乐黄目为给事中、兼太子左庶子。……〔昇王府〕记室参军、左正言、直史馆晏殊兼舍人,赐金紫。……"未言以户部舍人兼,与欧撰神道碑小异。碑不应有误,或《长编》偶遗之也。原谱未引《长编》此条。（以下俱简称《长编》）

原谱本年引《江邻几杂志》"昨天制诰,误宣入禁中"云云,乃天禧四年事,说详彼年。

天禧三年己未 （十五,二一一）

十二月,论赐外国使宴乐人词语事。

《长编》九十四,天禧三年十二月:"丙午,翰林学士钱惟演上言:'伏见每赐契丹高丽使御筵,其乐人词语多涉浅俗语,自今赐外国使宴,其乐人词语,教坊即令舍人院撰,京府衙前令馆阁官撰'。从之。既而知制诰晏殊等上章,援引典故,深诋其失。乃诏教坊撰讫,诣舍人院呈本焉。"按:此事似可窥知同叔虽亦作词,终视为小道末技也。

原谱无此记事,今补。

天禧四年庚申 (十六,二一二)

六月,被误宣入禁中,命草拜除大臣制书;辞以不敢越职,并恐泄漏机密,遂宿于学士院。

原谱于天禧二年引《江邻幾杂志》叙此事,而未能确定在何年。今按:此是本年六月丙申事,乃丁谓、钱惟演排斥寇准,见《长编》九十五。《长编》叙述远较江氏《杂志》为详,文长,不具录。

七月,又误被召命。

《长编》九十六,天禧四年七月:"……〔冯〕拯既受命,枢密院领使者凡三人,前此未有,人皆疑怪,曹利用、丁谓因各求罢。上徐觉其误,召知制诰晏殊语之,将有所易置。殊曰,此非臣职也。遂召钱惟演。……"按:此时真宗久病昏愦,故两次宣召同叔,命以非其职责;然似亦可见真宗于同叔眷顾之隆,故不久即拜翰林学士。

九月己酉,奉诏与晁迥等各举荐贤士二人。

宋朝《大诏令集》一六六,令晁迥等举文学优长履行清素者各二人诏云:"朕奉若前猷,思皇至治。敦尚儒雅,式合彬彬之风;更求端良,用流蔼蔼之咏。惟早司于翰墨,固多识于隽髦。其有修词博古之可称,絜矩践方而无玷,俾从类举,各以名闻。资该洽而复温纯,进清修而抑贪竞,繄乃荐能之效,副予育材之心。宜令工部尚书晁迥,翰林学士杨億、刘筠、晏殊,龙图阁直学士吕夷简,户部侍郎李维,知制诰李谘、宋绶、张师德,于朝官内各举有文学优长、履行清素者二人。"原注云:"天禧四年九月己酉。"此事又见《长编》九十六、同年月日。

以上三事,原谱或无之,或系年有误,今补正。

原谱:十一月戊辰为太子左庶子,据《宋史》本纪。今按:此事见《长编》九十六,在十一月甲子,其文云:"翰林学士、户部员外郎晏殊,先兼舍人,改左庶子,余官悉如故。"

原谱:"草丁谓复相制"条注文,引《宋史·刘筠传》诸书云云。今按:此书见《长编》九十六"天禧四年十一月戊辰"条。所叙同叔草制事,与《刘筠传》相同。其制词见《宋大诏令集》五十二及《宰辅编年录》卷三,劳辑《元献遗文》不载,原谱亦未录,今照录《大诏》本于下。

苍震承基,允隆乎丕业:黄扉赋政,实总于群司。属跻德之有闻,思任贤而为助,授受之际,询谋允谐。金紫光禄大夫、吏部尚书、同中书门下平章事、充玉清昭应宫使、昭文馆大学士、监修国史、上柱国、济阳郡开国公丁谓:抱器挺生,含章秀发,学洞圣门之奥,辞锵天律之和。自佐大钧,罄宣忠力。翊励精之治,责实攸先;参同德之伦,专徽斯称。外临藩翰,益树风声。因秉瑞之来庭,复登枢而赞治,荐掌机要,乃升公台,斟酌于一气之和,缉熙于百度之政,良股斯赖,崇栋在兹。俾其首辅储闱,兼登揆路,峻鸾台之茂级,冠鼎席之至荣,翊宣令猷,庶协佥议。可尚书左仆射、兼门下侍郎、太子少师、同中书门下平章事,余如故。原注云:天禧四年十月庚午。谓以戊辰同李迪罢,知河南府,翊日依旧视事,当具知河南府衔;仍用相衔,误也。

十二月乙酉,赐金二千两。

《长编》九十六、天禧四年十二月:"乙酉,赐泾王元俨银五千两。……左庶子晏殊、詹事张士逊各二千两。谕德鲁宗道、冯元各千两。"

此事原谱不载,今补。

真宗乾兴元年壬戌 (十八、二一四)

原谱引神道碑建议太后听断仪式事。今按:《长编》九十八"乾兴元年二月庚申"及"癸亥"两条,记此事甚详,可参阅。"癸亥"条注云:"欧阳修作晏殊神道碑云:'丁谓、曹利用各欲独见奏事,无敢决其议。殊建言:群臣奏事太后者,垂帘听之,皆无得见。议遂定。'附传正传俱无此,今亦不敢。"以同叔个性作风及当时情势推测,恐无此建议,"议遂定"之言更与事实不合,欧碑恐是夸饰之词。

原谱云本年迁给事中,未系月日。今按:此事在七月癸酉。《长编》九十九、乾兴元年七月:"癸酉,以翰林学士、左谏议大夫、知制诰晏殊为给事中。及上即位,殊已进官,太后谓东宫旧臣恩不称,特加命焉。"原谱引《翰苑群书》请命刘筠班在己上云云。今按:其事在十月甲子,见《长编》九十九,叙事与《翰苑群书》所引《仁宗实录》相同。

十一月癸酉,奉诏修《真宗实录》。

《长编》九十九、乾兴元年十一月:"癸酉,命翰林学士承旨李维、翰林学士晏殊修《真宗实录》。寻复命翰林侍讲学士孙奭、知制诰宋绶、度支副使陈尧佐同修。仍令内侍谕以一朝大典当谨笔削之意。"

原谱以奉诏撰《天和殿御览》与《真宗实录》并书,未系月日。今据《长编》增补修实录事。乾兴仅此一年,修实录已近岁暮,撰御览当在此以前。

十一月辛巳起,同孙奭等为仁宗讲《论语》。

《长编》九十九、乾兴元年十一月:"辛巳,始御崇政西阁,召翰林侍讲学士孙奭、龙图阁直学士兼侍讲冯元讲《论语》,侍读学士李维、晏殊与焉。初诏双日御经筵,自是虽只日亦召侍臣讲读。王曾以上新即位,宜近师儒,故令奭等入侍。上在经筵,或左右瞻瞩,或足敲踏床,则奭拱立不讲,体貌益庄,上亦为竦然改听。"按:是月丁卯朔,辛巳为十五日,即所谓只日。此事原谱不载,今补入,并备录全文,以见当时进讲情形。仁宗生于庚戌,本年十三岁。

仁宗天圣元年癸亥 (二十、二一六)

《长编》一百、天圣元年三月:"辛卯,司天监上新历,赐名崇天,保章正张奎、灵台郎楚衍等所造也。命翰林学士晏殊为历序。"按:《宋史》卷九《仁宗纪》亦云本年三月辛卯司天监上崇天历,原谱引《宋史·律历志》云事在本年八月,应从本纪及《长编》。

四月,奉诏详定吏部流内铨事,旋权制流内铨。

《长编》一百、天圣元年五月:"戊寅,诏吏部流内铨人自今出官者,并依长定格令归司。初,殿中侍御史大名李孝若言:百司吏频经庆恩,多减放选限,出官甚速,请加条约。因令翰林学士晏殊等与流内铨南曹同详定,而降是诏。"卷一〇一、天圣元年闰九月:"甲午,权判流内铨晏殊等言:'按:大中祥符三年东封赦文放选,时三千余人赴集,铨司拟注不足,始擘昼隔年预使季阙,后遂为例,常隔年奏明季阙。选人有不愿注拟之处,因循积留不补,复更预使向前远季阙次。今来待阙人非多，欲今后且用见阙、及昨奏季阙，更不隔季预划。如或全无本资，不愿折资者，即许指射季阙，上簿归乡。其告身签符等，铨司至时入递给付，候大有选人，旋即具奏前季阙发遣。'从之。"

此事原谱不载，今补。论流内铨奏疏乃同叔政治性文字之一，虽未必是亲自拟稿，总有关系，故备录之。《宋会要·职官》十一之五六云："流内铨本吏部尚书职。国初张昭为尚书，领选事，凡京官七品以下，犹属铨筦。自昭致仕，始用他官权判，颇变旧制。京官以上无选，并中书门下特除；又使府不许召置幕职，悉于铨授。今以选集者故，止自节度判官以下、州府判司、诸县令佐，按资格注拟，号流内铨。其流外选人亦用焉。"观此可知流内铨之大概情形，所谓权判，乃临时职务，非常任也。

十一月己未，奉诏覆考得解进士。

《长编》一〇一、天圣元年十一月："己未，降侍御史高弁为太常博士，职方员外郎吴济为都官员外郎，太常丞、直集贤院胥偃为著作佐郎，监察御史王轸为太常博士，监兖州、涟水、光化军、郢州酒税，左正言刘随罚铜五斤。初，弁等为开封府发解官举人讼其考试不公。上以得解进士三十八人策论，令秘阁封弥卷首，送翰林学士晏殊覆考。殊言：举人作讼以觊覆考，颇亏士风。因听止取讼者试卷看详。弁与济、偃乃坐擅拆举人卷首，择有名者居上；轸为封弥官而不以闻；随坐举人以策辞相授，随为巡捕官而不能察。故有是命。偃，长沙人也。"按：胥偃后为欧阳修岳父，本年二人尚不相识，见《欧阳文集》附录年谱。封弥今作弥封。

此事原谱不载,今补。

天圣二年甲子 (二十,二一六)

《长编》一〇二、天圣二年三月:"癸卯,王钦若等上《真宗实录》一百五十卷,上与太后设香案阅视、涕泣。命钦若等坐,劳问久之,赐燕于编修院,降诏褒谕。先是,冯拯监修,拯卒,钦若代之。于是钦若加司徒,修撰官李维、晏殊、孙奭、宋绶、陈尧佐,检讨官王举正、李淑,各迁秩,赐器币、袭衣、金犀带、鞍勒马。"按:原谱引《直斋书录》,宋绶误作李绶。

三月,奉诏与冯元编排合格进士等第。宋庠第一名,宋祁第十名。

《长编》一〇二、天圣二年三月:"礼部上合格进士姓名,诏翰林学士晏殊、龙图阁直学士冯元编排等第。乙巳,御崇政殿,赐宋郊、叶清臣、郑戬等一百五十四人及第。……郊与其弟祁俱以辞赋得名,礼部奏祁名第三;太后不欲弟先兄,乃推郊第一,而置祁第十。……"按:宋郊为宋庠本名,后改。《宋史》二八四《宋祁传》云:"礼部奏祁第一,庠第三;章献太后不欲以弟先兄,乃擢庠第一,而置祁第十。"较《长编》所记为合理。

原谱但云本年"宋庠宋祁第进士",今增改。

天圣三年乙丑 (二十一,二一七)

二月,试身言书判选人。

《长编》一〇三、天圣三年二月:"辛酉,试身言书判选人,惠州军事判官林冀等七人与京官,余四十八人第迁如故事。先是,翰林学士晏殊等以冀等名闻。上问辅臣,身言书判足以尽人才乎?王钦若对曰:朝廷设此以甄别选人,若四者悉有可采,固宜升进也。"

原谱无此事,今补。

原谱:十月辛酉迁枢密副使,附注引《学士年表》作十一月云云。今按:《宋史》卷九《仁宗纪》、《长编》卷一百三、《宋宰辅编年录》卷四,俱云迁枢密副使在十月辛酉,与原谱所引《宋史宰辅表》合。《学士年表》作十一月则别无佐证,自属非是。本年十月己酉朔,辛酉是十三日,而原谱引同叔感事诗注云"十月十四日授枢密副使",盖十三日命下,次日起生效也。同叔本年三十五岁,《宰辅编年录》云时年三十七,误多两岁。

十二月甲寅,加刑部侍郎。

《长编》卷一零三、天圣三年十二月:"甲寅,枢密副使张士逊加左丞,参知政事吕夷简加礼部侍郎,鲁宗道加给事中,枢密副使晏殊加刑部侍郎。"

原谱无此事,今补,应列于"十二月上疏论张耆不可为枢密使"之前。欧阳修撰神道碑云:"为枢密副使,迁刑部侍郎,上疏论张耆不可为枢密使。"据《长编》一〇三,知任命张耆为枢密在本年十二月乙丑,即同叔迁刑侍后十一日,欧碑叙次正合。原谱误会迁字,遂以为迁刑侍在论张耆之后,反疑欧碑为误。详见明年。

天圣五年丁卯 (二十三,二一九)

正月庚申,罢枢密副使、刑部侍郎,出知宣州;数日,改知应天府。

此条原谱作"正月庚申,罢枢密副使,以刑部侍郎知宋州,原作宣州,误。改应天府"。今改定如右。

《长编》卷一百五、天圣五年正月:"庚申,降枢密副使、刑部侍郎晏殊知宣州。先是，太后召张耆为枢密使。殊言：'枢密与中书两府同任天下大事，就令乏贤，亦宜使中材处之。耆无他勋劳，徒以恩幸极宠荣，天下已有私徇非材之议，奈何复用为枢密使也。'太后不悦。于是从幸玉清昭应宫，从者持笏后至，殊怒，撞以笏，折其齿。监察御史曹修古、王沿等劾奏：'殊身任辅弼，百僚所法，而忿躁无大臣体。古者三公不按吏，先朝陈恕于中书榜人，即时罢黜。请正典刑，以允公议。'殊坐是免，寻改知应天府。殊至应天，乃大兴学，范仲淹方居母丧，殊延以教诸生。自五代以来，天下学废，兴自殊始。"《宋宰辅编年录》记此事与《长编》大致相同；而较为简略，又庚申作己未。此事欧撰神道碑及《宋史》三一一本传亦皆有记载，而以《长编》为最详，同叔论张耆、御史劾同叔，原疏皆不传，赖《长编》存其梗概。原谱未引《长编》，而仅引《名臣言行录》（见下）及本传，殊为疏失。又惑于欧撰神道碑迁刑部侍郎之迁字，遂误认刑部侍郎为罢枢副后出知外郡之加衔，而不知在论张耆之前已迁刑侍也。诸书俱云知宣州改应天府，无作宋州者。宋州即应天府，无所谓改，必为宣州，始可云改应天府。原谱改宣州为宋州，不仅违众，且不可通。《宋史》本传云："御史弹奏，罢知宣州，数月，改应天府。"《苕溪渔隐丛话后集》卷二十亦云，惟数月作数日。证以《长编》所云"寻改知应天府"，应从《丛话》作数日为是，月字乃形近之误。依照宋代政治惯例，宰执罢官出守外郡，决不许逗留至数月之久，而同叔绝无在宣州事迹，正因命下数日即改应天，尚未及赴宣也。夏氏见同叔无宣州事迹，又泥于本传所云数月，遂奋笔改宣为宋，竟不理会宋州与应天为一地。考据之学，饾饤错杂，治之既久，遂难免有此类失误,不独夏氏为然。

原谱(页二十二,二一八)引《名臣言行录》云:"天圣中,太后以耆为枢密使。殊言:枢密与中书为两府,亦宜以中材者处之,如耆者但富贵之可也。"较《长编》少"就令乏贤"四字,不惟文法难通,且与原意大相径庭。

《东都事略》五十六本传云:"为枢密副使,上疏论张耆不可为枢密使,由是忤章献旨。坐以笏击耆,折其齿,罢。"与《宋史》本传及《长编》均不合,且亦事理所不许。原书耆字剜补痕迹显然,决是从者二字之误。盖原书底本脱去从字,校刊者见其不可通,上文适有张耆,而耆者二字形近,遂自作聪明而妄改也。

《长编》一〇五、天圣五年二月:"己亥,以大理评事、馆阁校勘王琪签书南京留守判官事。馆阁校勘无出外者,琪为晏殊所辟,特许之。"

右一条补入原谱(举王琪为府签判)注文。

天圣六年戊辰 (二十六,二二二)

原谱本年记事考证欠详审,今全部改定如左。

八月乙酉,自知应天府内召,拜御史中丞,令班翰林学士上。

《长编》卷一〇六、天圣六年八月:"晏殊之出也,上意初不为然,欲复用之。会李及卒,乙酉,召殊于南京,命为御史中丞,仍令班翰林学士上。"按宋南京即应天府。原谱仅据荐范仲淹事系召拜御史中丞于本年,未能据《长编》确定月日。

九月,论酒课事。

《长编》卷一〇六、天圣六年九月:"癸丑,诏天下酒场利簿,岁课不及百缗者,自今勿复增课。从御史中丞晏殊之请也。"原谱无此事,今补。

十二月,荐范仲淹为秘阁校理。

《长编》卷一百六、天圣六年十二月:"甲子,以大理评事范仲淹为秘阁校理。初,仲淹遭母丧,上书执政,请择郡守、举县令、斥游惰、去冗僭、遴选举、敦教育、养将材、实边备、保直臣、斥佞人,使朝廷无过,生灵无怨,以杜奸雄。凡万余言。王曾见而伟之,亦知仲淹乃晏殊客也。于是,殊荐人充馆职。曾谓殊曰:'公实知仲淹,舍而荐此人乎!已为公置不行,宜更荐仲淹也。'殊从之。"按《长编》原作十一月甲子,而其前又有十一月。是年十一月辛卯朔,无甲子,十二月辛酉朔,甲子为初四日,《长编》之十一月乃十二月形近之误,今改正。原谱未引此条,仅据《范文正公文集》附录《仲淹年谱》系其事于十二月。

举范状全文今不存,《仲淹年谱》载其略云:臣伏以先圣御朝,群才效用,惟小大之毕力,叶天人之统和。凡有位于中朝,愿荐能于丹宸,不虞进越,用广询求。臣伏见大理寺丞范仲淹:为学精勤,属文典雅,略分吏局,亦著清声。前曾任泰州兴化县,兴海堰之利。昨因服制,退处睢阳,日于府学之中,观书肄业,敦劝徒众,讲习艺文,不出户庭,独守贫素。儒者之行,实有可称。云云。欲望试春词学,奖以职名,庶参多士之林,允洽崇丘之咏。

原谱引《涑水纪闻》云云共七行,又《石林燕语》云云共四行,俱照存。"时已被召拜御史中丞"及注文四行并删。

同月,论诸州郡监等官事。

《长编》卷一百六、天圣六年十二月:"戊寅,御史中丞晏殊言:'诸州都监、都巡检、阁门祇候及内殿崇班以上,尝为公人仆隶者,自今毋得与旧所事官接坐。若职事相关,即移徙他州。其三班使臣以下监临物务者,并听公参。'从之。"原谱无此事,今补。

张知白卒。

见《宋史》卷九《仁宗本纪》及《长编》卷一百六。

天圣七年己巳 (二十七,二二三)

二月丁卯,由御史中丞兼刑部侍郎改兵部侍郎、资政殿学士、翰林侍读学士兼秘书监。

右见《长编》卷一〇七,所叙官职与欧撰神道碑同。《长编》又云:"故事,当赐袭衣、金带、鞍勒马。上曰:'殊尝辅政,赐宜有异。'特以绣鞯宠之。"原谱系此事于去年,非是。

原谱去年有"《皇朝文鉴》六十三载侍读学士等请宫中视学表,有云:'奉长乐之慈颜,缉熙万务。'谓太后垂帘,当为此时作"一段注文,应移至本年。

六月辛卯,奉敕看详转对章疏等文字,旋罢。

《长编》卷一〇八、天圣七年六月:"辛卯,命资政殿学士兼翰林侍读学士晏殊、龙图阁待制孔道辅、马季良看详转对章疏,及登闻检院所上封事,类次其可行者以闻。右司谏范讽曰:'非上亲览决可否,则谁肯为陛下极言者?'不逾月,诏罢看详。"此事原谱无之,今补。

原谱本年以女子富弼及注文云云,今补充资料如下。

道光《泰州志》卷三十五引旧志:"富弼随父至泰州,寓景德禅院读书,与胡翼之、周春卿相友善。时范文正为西溪盐仓,一见弼器之,曰:'王佐才也。'弼初名皋。晏元献谓文正曰:'吾一女,君为择婿。'文正曰:'必求国士,无如富皋者。'

元献妻之。后弼与元献俱登相府。"同书同卷引宫伟镠《春雨草堂集》:"富郑公父富言,乾兴、天圣中尝监泰州税务。州学有石刻,蒋颖叔书,云郑公尝侍其父征商于海陵。"

按:海陵即泰州,蒋颖叔名之奇,宋神宗时人,宫伟镠清人。范仲淹于天禧五年、乾兴元年、天圣元年,首尾三年中监泰州西溪镇盐仓。天圣元年,富弼曾来谒,俱见范集附录年谱,《琬琰集》中编三十九富弼撰其父墓志铭亦云"出筦海陵酤"。道光《泰州志》及《春雨草堂集》虽属晚出之书,证以蒋书石刻及范年谱富墓志,盖信而有征也。

原谱:十一月,范仲淹上疏论上太后寿及注文引《宋史》《儒林公议》等书云云。《长编》卷一〇八所记略同;惟原谱引《宋史·仁宗本纪》云癸卯冬至,乃癸亥之误。《宋史》原书及《长编》俱云癸亥,是年十一月乙卯朔,无癸卯,癸亥为初九日。

天圣八年庚午 (三十,二二六)

原谱云:"正月知礼部贡举。"今按:此事见《长编》卷一〇九,其日期为丙寅,是月甲寅朔,丙寅为十三日。《宋会要·选举》一之十则云在十二日。

原谱云:"叔原约生于此时。"今按:叔原生年不可能如此之早,原谱承教录载张某之说已略言之。予别有《晏叔原系年新考》,附于本篇之后,有关叔原之考证均见彼文。

八月癸巳,论取士。

《长编》卷一〇九、天圣八年八月:"癸巳,资政殿学士晏殊言:'唐明经并试策问,参其所习,以较才识短长。今诸科专取记诵,非取士之意也。请终场试策一篇。'诏近臣议可否;咸以诸科非素习,其议遂寝。"此事原谱不载,今补。王安石诗云:

"少时操笔坐中庭,子墨文章颇自轻。圣世选材终用赋,白头来此试诸生。"同叔盖早有此感。

天圣九年辛未 （三十一,二二七）

正月,论占城诸蛮族入贡事。

《长编》卷一百十、天圣九年正月:"庚申,资政殿学士晏殊言:'占城、龟兹、沙州、邛部州蛮族,往往有挈家入贡者。请如先朝故事,委馆伴使询其道路风俗,及绘人物衣冠,以上史官。'从之。"此事原谱不载,今补。

四月,撰太后御殿乐章。六月,长子居厚迁奉礼郎。

《长编》卷一百一十、天圣九年四月:"丁酉,诏太常寺:太后御殿乐,升坐降坐曰圣安之曲,公卿入门及酒行曰礼安之曲,上寿曰福安之曲,初举酒曰玉芝之曲,作厚德无疆之舞,再举酒曰寿星之曲,作四海会同之舞,三举酒曰奇木连理之曲。初命翰林侍讲学士孙奭撰乐曲名,资政殿学士晏殊撰乐章。至是上之,仍改"厚德无疆"曰"合德无疆"。殊子秘书省正字居厚、奭孙将作监主簿惟直,并迁奉礼郎。"《长编》原注云:"迁官在六月甲申,今并书。"此事原谱不载,今补。

七月,为三司使。

欧撰神道碑云:"知天圣八年礼部贡举,明年,为三司使。"原谱据此系其事于本年。今按:《长编》卷一百一十、天圣八年七月:"丁卯,降权三司使给事中胡则知陈州。"同叔盖代胡则也,原谱未引此条。

仁宗明道元年壬申 （三十一,二二七）

原谱:八月辛丑复为枢密副使云云。今按:《长编》卷一一一、《宋宰辅编年录》卷四记载并同。惟《编年录》拜枢副在庚子,《宋史》卷十《仁宗纪》、卷二一〇《宰辅表》与《长编》,俱云在辛丑,自应从多数。是月庚子朔,辛丑为初二,其差别亦只一天耳。辛丑至丙午仅五六日,故未就枢副职即改参政。《长编》云:"为参知政事,立位在赵稹上。"赵稹是时官枢密副使,见《宋史》二一〇《宰辅表》。

十一月癸未,为尚书左丞。

见《长编》卷一一一;原谱系于八月丙午改参知政事之下,误早三月余。

十二月,对章献太后问谒太庙服饰。

欧撰神道碑:"迁尚书左丞。太后谒太庙,有请服衮冕者,太后以问公,公以周官后服对。"《长编》卷一一一、明道元年十二月:"庚子,诏以来年二月躬耕藉田,先请皇太后恭谢宗庙,权奉罢南郊之礼。辛丑,命直集贤院王举正、李淑与礼官详定藉田及皇太后谒庙仪注。礼官议:'皇太后宜准皇帝衮服,减二章,衣去宗彝,裳去藻,不佩剑,龙花十六株,前后垂珠翠各十二旒,以衮衣为名。诏名其冠曰仪天。又言:'皇太后乘玉辂,服袆衣,九龙花钗冠;行礼,服衮衣,冠仪天冠。……'始,太后欲纯被帝者之服,参知政事晏殊以周官王后之服为对,失太后旨。辅臣皆依违不决。薛奎独争曰:'太后必御此见祖宗,若何而拜?'固执不可;虽终不纳,犹少杀其礼焉。"

据右所引《长编》,知太后谒庙在明年二月,议服饰则在本年十二月。原谱仅据欧撰神道碑及《宋史·仁宗本纪》系此事于明年,非是,叙事亦稍欠详确。

明道二年癸酉　(三十二,二二八)

原谱系谏太后服衮冕事于本年,非是,说见上年。

四月己未,罢参知政事,以礼部尚书知江宁府,寻改知亳州。

原谱略去知江宁府事,而仅于注文中叙及,今改定。《宋史》二一一《宰辅表》、《长编》一一二、《东都事略》五十六本传、《龙川别志》上俱云知江宁府;《宋宰辅编年录》四独云知江陵府,误。

至亳州后,上疏论普度僧道太滥,宜别为条约。

《长编》一一三、明道二年十月:"甲辰,命翰林学士承旨盛度等详定裁减天下岁所度僧道人数。初,晏殊出知亳州,言:'僧圆定者,尝奉诏西天取大集论,还赐紫衣,乃与其徒为劫盗里中,且比岁普度僧道皆游惰之人,宜别为条约。'故委官裁减之。"

原谱不载此事,今补。

仁宗景祐二年乙亥 (三十六,二三二)

自亳州徙知陈州,原谱系于本年二月。注文云:"徙陈州,碑传无年月。按宰辅表,此年'二月戊辰,李迪自集贤殿大学士、工部尚书、平章事,以刑部尚书知亳州。'则同叔徙陈在此年二月也。"今按《长编》一一六、景祐二年二月:"戊辰,工部尚书、平章事李迪罢为刑部尚书,知亳州。己巳,改新知亳州李迪知相州。庚午,复改授资政殿大学士,兼翰林侍读学士,留京师。庚辰,降李迪为太常卿,知密州。"戊辰至庚辰只十三天而四次迁改,实未尝赴亳州任。然据原谱注文所引蔡宽夫诗话,"公留亳逾年,而后移睢阳当作淮阳。"之语,自亳徙陈即使不在二月,亦当在其后不久。盖李迪虽未到任,而同叔则已徙陈,知亳州者另委他人也。

仁宗宝元元年戊寅 （三十七，二三三）

四月乙亥，自陈州召还，为御史中丞，充理检使。

《长编》一二二、宝元元年四月："乙亥，刑部尚书、知陈州晏殊以本官兼御史中丞，充理检使。"

七月丙辰，与宋绶等详定李照新乐。

《长编》同卷、七月："丙辰，右司谏韩琦言：'前奉诏详定钟律，尝览景祐乐记，睹李照所造乐，不合古法，皆率己意，别为律度，朝廷因而施用，识者久已为非。今将亲祀南郊，不可重以违古之乐上荐天地宗庙。窃闻太常旧乐见有存者，郊祀大礼请复用之。'诏资政殿大学士宋绶、御史中丞晏殊同两制详定以闻。绶等言：'李照新乐比旧乐下三律，众论以为无所考据。愿如琦请，郊庙复用和岘所定旧乐。旧乐钟磬不经镌磨者，犹存三县奇七虡，郊庙殿廷可以更用。'乃诏：太常旧乐悉仍旧制，李照所造勿复施用。"《宋史》一二七《乐志》同此。

十二月甲戌，复为三司使。

《长编》同卷、十二月："甲戌，刑部尚书兼御史中丞晏殊复为三司使。"

原谱本年记事欠详确，今改定如上。此点日本汉学者清水茂已指出，见《唐宋词人年谱》所附《承教录》。

原谱据宋庠、宋祁和诗，定〔诉衷情〕《芙蓉》、《金菊》二首为本年作，欠酌。《芙蓉》、《金菊》年年有之，处处有之，且二宋所和者是诗非词，不能据定〔诉衷情〕作年。

仁宗康定元年庚辰 （三十八，二三四）

三月庚辰，请命参知政事同议边事。

《长编》一二六、康定元年三月："庚辰，诏参知政事同议边事,仍书检。从知枢密院事晏殊之请也。"原谱不载此事,今补。三月戊寅始拜知院之命,此其后两日。

九月戊辰,加检校太傅,充枢密使,依前行刑部尚书。

原谱作:"九月戊辰,加检校太尉,枢密使。"注云:"《宰辅表》作'检校太傅'。宛书城曰:'查《宋史》谓唐制太尉在太傅下,宋改在太傅上。同叔所拜为太尉,欧集诗题可证。'"今按:《宋史》二一一《宰辅表》、《长编》一二八、《宰辅编年录》卷四俱作检校太傅,无作太尉者。加检校太尉乃庆历二年事(见后)。宛书城所谓欧集诗题,即《晏太尉西园贺雪歌》,见欧集卷五十三(即《外集》卷三),目录注为庆历元年作,可能系误注,或编集时追题①,不能据此孤证,推翻《宋史》及《长编》诸书而考定加太尉在本年或庆历元年。"依前行刑部尚书"七字,据《宰辅编年录》增。

除枢密使制见《宰辅编年录》卷四,原谱不载,今补录于下。

上枢之地,皇武是经,本喉舌之司,为股肱之体,顾佥谐于朝论,特宠建于使名。乃揆良辰,诞颁明制。具官晏殊:纯诚端固,敏识沉通,词挹人文之华,道资天爵之富。被知先帝,辅学冲人。入赞二司,馨敷邦画;出临方面,洽著民声;再持宪纲,更总利柄。乃眷旧臣之望,荐膺右府之资。帷幄赖于嘉谋,搢绅服其全德,宜正本兵之府,且昭与国之忠。衍邑加封,并蕃异数。於戏!佐时展用,经国须材,匪肩忠瘁之诚,曷济

---

① 宋人集中诗文题目,往往系编集时追题,故题中涉及人物之官职名位,可能是后来者,未必即为作诗时之职名。其例甚多。

几微之务。往服休命,无忘钦哉!

仁宗庆历元年辛巳 (三十九,三三五)

原谱系欧阳修《雪诗》于本年。今按:此诗欧集目录原注本年作,但加太尉系明年事(见下),如系误注作年,应是明年作,如是编集时追题,则可能是本年作。说详上年。至于原谱所云同叔罢相与此诗无关,则是确论。

庆历二年壬午 (四十一,二三七)

正月辛未,撰御书《飞白记》。

《长编》一三五、庆历二年五月:"辛未,以大相国寺新修太宗御书殿为宝奎殿,摹太宗御书寺额于石上,飞白题之。命宰相吕夷简撰记,章得象篆额,枢密使晏殊撰《御飞白书记》。"

此事原谱不载,今补。

七月戊午,自枢密使授检校太尉、依前行刑部尚书、同平章事。

原谱此条作"七月戊午,自枢密使加同平章事"。今据《宋宰辅编年录》卷四增改。除枢密使时授检校太傅;本年加同平章事,当时谓之"枢相",职位既崇,故晋授太尉,与宋制太尉在太傅之上正合。原谱于康定元年改太傅为太尉,盖因未检《宰辅编年录》也。

《长编》一三七云:"殊加同平章事,为使如故。"又云:"七月壬戌,诏晏殊班张耆之上。"

除枢相制见《宰辅编年录》卷四,原谱不载,补录于下。

帝王之业,非一士之所成;兵农之方,岂异途而可治。故总合二府之制,参寄群贤之谋,式旌旧臣,以告列位。具官晏殊:器怀端裕,业履纯深,学控圣人之原,文经天下之化。朕昔在藩邸,早闻政几,尝延宾友之良,获亲道义之益。肆纂宏绪,俾服大僚,顾枢管之本兵,方帷幄之计事。且虑众则势必审,任重则责亦深,宜视秩于上司,特进班于时宰。爰田真食,惟宠之将。於戏!邦化未孚,虏情弗谖。阜民经物,既济以皋夔之功,制胜伐谋,又申以良平之画。终伫成绩,用恢远图。

八九月间,富弼使契丹,坚不允增岁币及誓书中称献或纳字;朝廷从同叔议,许称纳字。

> 详见《长编》一三七,原谱不载此事,今补。同叔对外政策似偏于"息事宁人",观明年与韩琦论西夏事可见。原谱注文引《邵氏闻见录》所载富弼、吕夷简御前争论事,《长编》与之略同。今按:弼为同叔之婿,依当时情势及晏、富两人关系,同叔只有出言调停之一途,非党于夷简,更无所谓奸邪,弼亦是急怒而不择言耳。

是年三月,杨寘、王珪、韩绛、王安石及第。诸人来谒,同叔待安石独异。

> 《长编》一三五、庆历二年三月:"乙丑,御崇政殿,赐进士杨寘等二百三十七人及第。"《宋会要·选举》二之七:"庆历二年四月二十三日诏:'新及第进士第一人杨寘为将作监丞,第二人王珪为大理评事,第三人韩绛为太子中允,并通判;第四人王安石为校书郎。'"《宋史》十一《仁宗纪》亦云事在庆历二年,《宋史》四四三《杨寘传》亦云是庆历二年进士。王铚《默记》独云在庆历三年(全文见下),如非误记,即是刊本之误。《默记》又一条云:'王荆公于杨寘榜下第四人及第,是时晏元献为枢密使,上令十人往谢'。十人谓前十名,自然包括杨、王等四人在内。此四人惟杨寘及第后不久即卒,余三人俱位至宰相。王安石诗所谓"须信朝家重儒术,一时同榜用三人"

是也。

原谱系王安石及第来谒事于庆历三年,当是误据《默记》,今增改移置。《默记》此条全文,原谱不载,补录于下。

"庆历三年,应作二年,见上。御试进士,时晏元献为枢密使。杨察,晏婿也,时自知制诰避亲勾当三班院。察之弟寘,时就试毕,负魁天下望。未放榜闲,将先宣示两府,上十人卷子。寘因以小赋求察问晏公己之高下焉。晏公明日入对,见寘之赋已考定第四人,出以语察,察密以报寘。而寘试罢与酒徒饮酒肆,闻之,以手击案,叹曰:'不知那个卫子夺吾状元矣。'不久唱名,再三考定。第一人卷子进御,赋中有儒子其朋之言,不怿,曰'此语忌,不可魁天下',即王荆公卷子。第二人卷子即王珪,以故事有官人不为状元。令取第三人,即殿中丞韩绛。遂取第四人卷子进呈,上欣然曰:'若杨寘可矣!'复以第一人为第四人。寘方以鄙语骂时,不知自为第一人也。然荆公平生未尝略语及尝考中状元,其气量高大,视科第为何等事而增重耶。"按:此事之真实性甚为可疑。科第中兴不中,及其名次,在未放榜前自属机密,同叔素性谨慎,岂能泄露;即使泄露,杨寘虽狂,亦不敢于酒肆中公言之也。《尔雅翼》:"驴,一名为卫。"卫子即驴子。

庆历三年癸未 (四十二,二三八)

三月戊子,自枢密使、检校太尉,授依前刑部尚书、同中书门下平章事,兼枢密使、集贤殿大学士。

原谱作"三月戊子,自检校太尉、刑部尚书、同平章事,加同中书门下平章事、集贤殿学士、兼枢密使"。今据《宋宰辅编年录》卷五及《宋朝大诏令集》卷五十四改定。宋时宰相照例为大学士，原谱偶脱大字，或是排印之误。拜相制原谱不载，见《宰辅编年录》及《宋大诏》，《大诏》所载官爵较《编年录》详备，今照录于下。

古之有天下者，曷尝不畴之庶工，审求良弼，刬属时柄，协宣化风。朕承三圣之休，总万几之要，爰立作相，必惟其人。推忠佐理功臣、枢密使、开府仪同三司、检校太尉、行刑部尚书、同中书门下平章事、上柱国、临淄郡开国公、食邑九千五百户、食实封二千七百户晏殊：文经朝献，器适时用，夙事圣考，见知冲人。向以储禁之师臣，委知枢密之武事，忠劳形于夙夜，谋略制于边陲。宜正台铉之司，尚参兵幄之议。益升华于书殿，更衍食于真封，虽倚大谋，且旌旧德。於戏！百官各称其位，万物各得其宜，是谓天子之毗，非曰宰相之任。勉图丕绩，式副群赡。可特授依前刑部尚书、同中书门下平章事、兼枢密使、集贤殿大学士，加食邑一千户，实封四百户，仍赐推忠协谋佐理功臣。

据此制文，知封临淄公最晚在任枢相时；原谱系于皇祐五年，非是。

原谱（页四十二、二三八）：晏公为相至谓辞枢密使也云云。今按：《长编》一四二、庆历三年八月丁未"富弼复为枢密副使"条云："晏殊以弼其女婿，引嫌求罢相，上不许，又求解枢密使，亦不许。"是为"求去"之详细情形，非仅辞枢密使也。

原谱（页四十三、二三九）：元昊称臣至当八月前事也云云。今按：《琬琰集》中编李清臣撰《韩琦行状》云："边事虽欲讲解，元昊犹上书邀朝廷，其轻者欲自建元，为父子，呼兀卒，及令我使与陪臣为列。二府遽欲从之，公独谓不可许。数廷议,众尚不从,公持之愈坚,故晏丞相至变色而起,公守所见不易,卒杀其礼如公言。"《长编》一四二、庆历三年七月:"癸巳,元昊既不肯称臣,如定等来,又多所要请;两府厌兵,欲姑从之。独韩琦以为不可,屡奏对于上前。晏殊曰:'众议已同,惟韩琦独异。'上顾问琦,琦历陈其不便。上曰:'更审议之。'及至中书,琦持不可益坚,殊变色而起。"此两段记载较原谱所引《韩琦传》为详,录之以见同叔性格颇为"刚峻悁急",语见原谱页二、一九八。而同叔对外政策偏于"息事宁人",亦可于此见之,参阅去年韩琦上疏条陈先行七事、救弊八事,在本年七月甲午,见《长编》一四二。

原谱王安石及第来谒及注文引默记云云,应移置去年,说见前。

五月,所荐人凌景阳为欧阳修、王素奏劾。

《长编》一四一、庆历三年五月:"己巳,罢屯田员外郎凌景阳、昭信节度掌书记魏廷坚、郑州观察判官夏有章召试学士院。初,晏殊、夏竦、吕夷简各荐景阳、廷坚、有章。既得旨召试,而谏官王素、欧阳修言:景阳给婚非类,有章尝坐赃,而廷坚亦有逾滥之罪。故皆罢之。"《欧阳修文集》卷九十七《论凌景阳三人不宜与馆职奏状》:"如凌景阳者,粗亲文学,本实凡庸。近又闻与在京酒店户孙氏结婚,推此一节,其他可知。物论喧然,共以为丑。此岂足以当国家优待贤材之选。……凌景阳今已就试,乞不与馆职。"原注云:"景阳转一官知和州。……景阳,集贤晏公举。"欧阳于同叔举荐之人,如此严劾,不留余地,又频频上奏论事,同叔之不喜欧阳,似不仅为《咏雪》一诗也。欧集此奏原注云,庆历五年上,而中有"臣职在谏诤,忝司耳目"之语。本年欧正在谏院,至五年则已出任外官矣,五年断是三年之误。此事原谱不载,今补。

八月丁酉,提举删定天圣编敕。

《长编》一四二、庆历三年八月:"天圣编敕既施行,自景祐二年至今,所增又四千七百余条。丁酉,复命官删定。翰林学士吴育、侍御史知杂事鱼周询、权判大理寺杜曾、知谏院王素、欧阳修并为详定官,宰臣晏殊、参知政事贾昌朝提举。"此事原谱不载,今补。

庆历四年甲申　(四十六、二四二)

《长编》一五二、庆历四年九月:"庚午,刑部尚书、平章事、兼枢密使晏殊,罢为工部尚书知颍州。殊初入相,擢欧阳等为谏官,既而苦其论事烦数,或面折之。(謇按:参阅上年凌景阳事)。及修出为河北都转运使,谏官奏留修不许。孙甫、蔡襄遂言:章懿诞生圣躬,为天下主,而殊尝被诏志章懿墓,没而不言。又奏论殊役官兵治僦舍以规利。殊坐是黜。然殊以章献方临朝,故志不敢斥言;而所役兵乃辅臣例宣借者,又役使自其甥杨文仲,时以谓非殊之罪云。"按:《长编》记孙蔡论奏章懿(李宸妃)墓志及役兵规利诸事,与《宋史》本传同,所据必是官书,官书所据亦即孙蔡奏疏;原谱据《龙川别志》以为因宸妃墓志而罢官,乃明道二年罢参政时事;盖不然也。今补录《长编》原文如右。

宋祁所撰《罢相制词》,集中不载,原谱惜其不可见。今按:此制见于《宋大诏令集》六十七及《宰辅编年录》卷五,《宋大诏》所载官职较《编年录》详备,今照录于下。

夫乾台之任,鼎足承君,奋时谟明,均国休咸。朕既不敏,委政辅臣,冀成断金之情,以济涉渊之惧。苟昧兹道,畴为协恭。推忠协谋佐理功臣、开府仪同三司、行刑部尚书、同中书门下平章事、集贤殿大学士、兼枢密使、上柱国、临淄郡开国公、食邑一万五百户、食实封三千一百户晏殊:夙有雅才,被遇文考,实参储寀之选,因附天鳞之华。程其器能,与我朝柄,或间守屏翰,或主领剧烦。比缘枢省之劳,遂正《宰辅编年录》作遂至。冢司之总。属边场日骤,调攮《宰辅编年录》作调馕。烦兴,老师留屯,旰食焦虑。而罔念艰疚,颇图宴安,广营产以殖私,多役兵而规利。致乃公论,达于予闻。永惟宰辅之方,思全进退之礼,俾上机政,改秩冬官,仍委州邦,且迩京邑。于戏!承弼未验,罢免所宜,眷旧人之弗忘,匪至公之获已,当体恩遇,毋怠省循。可特授行工部尚书、知颍州军州事、管内劝农使、管勾开治河道事,散官、勋封、食邑、食实封如故。

庆历五年乙酉 (五十、二四六)

原谱云:本年改刑部尚书。今按:其事在皇祐元年知陈州时,本年疑是改礼部尚书,说见下。

仁宗皇祐元年己丑 (五十三、二四九)

七月癸卯,改刑部尚书。

原谱据《涑水纪闻》,以为改刑部尚书在庆历五年。今按:《长编》一六七、皇祐元年秋七月:"癸卯,礼部尚书知陈州晏殊为刑部尚书。……上方念执政旧臣,宰相文彦博因赞以推恩,故竦等十四人皆迁官加职。"竦等十四人谓与同叔同时迁官之夏竦等也。此事载在史书,自无疑问。《涑水纪闻》云:"庆历五年正月一日,见任两制以上官,尚书刑部晏殊。"此刑部应是工部或礼部之误。宋制,工部尚书例转礼部尚书,同叔庆历四年罢相,以工部尚书知颍州,而本年已是礼部,其升转当在庆历五年至本年之间。《长编》同上条又云:"侍御史知杂事何郯、监察御史陈旭等言:'伏见前任两府臣僚,继有除拜,非复差功计劳,特出一切恩命。近时典故,未见此比,物议喧然,不知其由。……惟晏殊前已为刑部尚书,朝廷若以左降岁久,自从牵复恩例。'上谕郯旭等,以'朝廷宠念旧臣,特与改官,即非常例也'。郯旭等乃不敢言。"据此可知同时迁官十四人,只有同叔合于常例。观"左降岁久"之言,亦足证明迁刑部不在庆历五年。

皇祐二年庚寅 (五十四、二五〇)

《长编》一七五、皇祐五年闰七月辛未条云:"知永兴军晏殊秩将满。"自五年秋上溯至本年秋,恰合三年一任,是为本年始知永兴军之明证。原谱未载,今补。

皇祐三年辛卯 (五十五、二五一)

辟张洞事应移置去年。《欧阳修集·送张赴永兴诗编》于去年,原谱即据以考定同叔知永兴时期。去年既已送行,自不能至本年始辟官也。《周益公集》云在皇祐三年,若非误记,即是刊本二三两字形近之误。

皇祐五年癸巳 (五十六、二五二)

《长编》一七五、皇祐五年八月:"戊申,观文殿大学士、吏部尚书、新知秦州文彦博,为忠武节度使,知永兴军、兼秦凤路兵马事。"是为同叔本年自永兴徙知河南之确期及明证,与原谱所引《宋元宪集》正合。

原谱系封临淄公事于本年,非是,说见前。

仁宗至和元年甲午 (五十七、二五三)

《长编》一七六、至和元年八月:"癸卯,诏观文殿大学士晏殊五日一赴内殿起居。壬子,诏观文殿大学士晏殊赴经筵,赐坐机如宰相仪。"

右两事原谱不载,应补为"八月疾少间侍讲迩英阁"条注文。

至和二年乙未 （五十七、二五三）

原谱云:"谥元献,苏颂为谥议。"注引《石林燕语》云:"其议今在《苏魏公集》。"而未录全文。今按:此议在《苏魏公集》卷二十,题为"司空侍中临淄公晏殊谥元献议"。予既备录同叔历官制词,今亦录此谥议于下。

大理寺丞、馆阁校勘、同知礼院苏颂。原作苏某,乃编集时其子孙避讳。议曰:终官由三品而上,得以谥易名,非特宠贵臣而假优礼,将以因邮典而示劝监。举字之美恶,视行之贤否,至公之道也。其法曰:"主善行德曰元,文贤有成曰献。"惟二义之美,合于故相司空临淄公之行为宜矣。司空神机警异,器蕴素就。初起江介,已被先帝知奖,训言敦勉,许以远至。历文馆,登掖垣,翼储闱,直禁署,宠荣便蕃,待遇莫贰。圣皇纂嗣,注意图旧,乃践枢极,乃赞冢卿,出藩入辅,垂二十年,而至于大任。若其操履端固,议论诚悫,居官任职,所至有声,谠言嘉谟,入则造膝。辟在近密,见谓忠谨,如张少孺;□居朝位,除拟公当,若崔贻孙。至于好贤乐善,特出天性,平生以风鉴自许,未尝用喜愠加人,此又人之难能也。故士或被荐用者,至有十数年间,跻显涂,置廊庙。若如范文正实同列台司,孔给事尝代为御史。又称今观文富公于上,使报辽聘,亦不以亲疑为间。昔胡广与陈蕃并为三司,汉史纪之。谢安引从子幼度往备北陲,晋人为善焉。较之前良,在我无愧,可谓能知人矣,公不私矣。始以文艺自著,资适逢世,进官早成,遍历华要。总几宥,登宰府,持宪纲,主邦计,爵禄名数极矣。而处之若无有也。遇事持正,动循规准,不为势怵,不为利回。笃志文史,老而益坚,作为文章,蹈道自信。盖得四教之忠信,三德之刚柔,礼之中和,诗之温厚。传经义以饬行事,宜乎遭会两朝,大节无玷。可谓能保躬者矣,有始卒者矣。夫委质入朝,当政任事,有知人之明而济以不私;得不谓之主善行德乎?保躬而由礼,则行己而有始卒;得不谓之文贤有成乎?前考功状司空功阀,且告葬期;请以元献谥。谨议。

道光《泰州志》载有同叔事迹数条,甚荒谬,原谱未载,今汇录于下。

卷十三《秩官表》:"晏殊,抚州人,官泰州西溪,有传。府志据雍正府志列入知军,误。"

卷二十《名宦》:"晏殊,字同叔,抚州人,尝官泰州西溪镇,民思不忘,改名晏溪镇。有书院、南风亭,皆殊建。历官观文殿大学士,终。"

卷十九《冢墓》:"晏殊墓,在州治东北一里许大宁阡之原,夫人康氏祔。"原注云:"按:殊,抚州临川人,曾监西溪盐仓。后未至此,子孙亦未迁居泰州,墓不应在此地,录之俟考。"

卷十二《祠祀门》:"晏公庙在西门内经武桥,祀水神,一在千户所,一在荻柴巷,一在北门外新桥。"

今按:同叔平生踪迹未尝至泰州,葬许州阳翟县则明见于欧撰神道碑,夫人亦不姓康,《泰州志》之谬自不待言。范仲淹曾监泰州西溪镇盐税,又曾修泰州海堰以卫民田,见《范文正公集》附录《年谱》"天圣四年"及《长编》一〇四"天圣四年八月丁亥"条,《泰州志》所载,盖皆仲淹事。晏、范为同时人,名位相埒,其姓氏读音又近,岁月既久,辗转传讹,遂致以范为晏。仲淹墓亦不在泰州,所谓晏公墓疑是另一姓晏者,民间既以范为晏,自可能以此晏为彼晏也。各地方志纂修者多为乡曲陋儒,此等讹误往往不免。

哲宗元祐六年辛未 （六十四、二六〇）

正月,知止知蔡州。三月,为少府监。

《长编》四五四、元祐六年正月:"壬午,左中散大夫、主客郎中晏知止知蔡州。"同书四五六、元祐六年三月:"辛巳,左中散大夫晏知止为少府监。"

元祐七年壬申 （六十四、二六〇）

知止知颍州。

《长编》四七〇、元祐七年二月:"辛酉,少府监晏知止知颍州。"同叔于庆历四年罢相,以工部尚书知颍州。父子先后知颍,相距四十八年。此时知止之年恐亦近迟暮矣。

右所记知止事,原谱无之,今补。

右所补正,大小约八十余事。其资料之主要来源,不出以下诸书:《宋史》、《续资治通鉴长编》、《宋会要》、《宋宰辅编年录》、《宋朝大诏令集》,而《宋会要》并未详阅。此外则《名臣碑传琬琰集》、《范仲淹年谱》、楼钥《攻愧集》、道光《泰州志》等,各采一条或数条而已。若详阅《会要》及宋人文集、笔记,所得或不止此数。以夏氏之绩学,用力既勤,用心甚细,而缺误有如此者。然此事固不能专议夏氏也。十年以前,予曾撰《陈简斋年谱》,载于《幼狮学报》,当时亦颇为朋辈所称许。其后涉猎群书,续加增补,顷已写成定稿,较之旧作,多出约五分之一。其情形与夏著、晏谱,正复相类。乃知考据之学,竟如无底深壑,欲求其毫发无遗憾,真所谓"头白可期,汗青无日"。岂非可为而不可为者乎?虽然,项莲生之言曰:"不为无益之事,何以遣有涯之生?"闻者哀之。八表同昏,六旬已过,予今为此,亦不过以之"耗壮心,消短景"而已。搜残举碎,所得几何?固未敢谓其必贤于博弈也。郑骞附记。

晏叔原系年新考

本篇为《夏著二晏年谱补正》之一部分,提出单行,以清眉目。读者须合并观之。

仁宗庆历八年戊子　西元1048　(五十二、二四八)

叔原约生于本年前后。

叔原《宋史》无传,晁说之曾为志墓,今亦不存;诸书偶记轶事,亦无有关生卒之确切资料。欲考证此一问题,仅有两项论据。其一,叔原为同叔之暮子。其二,叔原当宋徽宗崇宁四年即西元1105尚在仕途。前者久为人所共知,后者则近始发现。黄山谷作《小山词序》:"晏叔原、临淄公之暮子也。"《邵氏闻见后录》卷十九:"晏叔原,临淄公晚子。"暮、晚意同,是为前说之来源。后说则见于《宋会要·刑法四·狱空门》,其文云:"徽宗崇宁四年闰二月六日诏:开封府狱空。王宁特转两官;两经狱空推官晏几道、何述、李注、推官转管勾使院贾炎,并转一官,仍赐章服。"又云:"五年十月三日开封府尹时彦奏:'开封府一岁内四次狱空,乞宣付史馆。'从之。"叔原于崇宁四年闰二月已经过两次狱空,可知三年即已在开封推官任;五年十月仍否在任,无从查考。

暮子者,暮年所生之子也。同叔卒于至和二年(西元1055),年六十五岁。叔原如生于同叔卒前十年以上,即不得称为暮子。故可假定其生年不早于庆历五年(1045),即同叔五十五岁时。依照一般人生理状况,六十岁以后生子者较为少见,而同叔六十三四岁时即已衰病,且叔原之下尚有一弟,均见夏谱。故可假定叔原生年不晚于皇祐二年(1050),即同叔六十岁时。上下限既已大致推定,叔原生年当在庆历皇祐之间(本年之明年即皇祐元年)。

宛谱及夏谱所假定之叔原生年,俱较予说为早。宛谱于庆历元年(西元1041)云:"郑侠生。小山最迟亦应生于此年。小山平生交游之可考者,惟黄庭坚与郑侠而已。本年谱因小山生卒既不可考,只得假定与郑侠年岁相仿佛,聊志大概。按:《花庵词选》谓其于庆历中曾作〔鹧鸪天〕词,大称上意。查庆历仅八年,纵小山如乃父之七岁能文,且作〔鹧鸪天〕于庆历之末,最迟亦应生于此年,或已生数岁矣。"夏谱于天圣八年(西元1030)云:"叔原约生于此时。黄庭坚《小山词序》称叔原为同叔之暮子,而生卒年岁无考。《宋元宪集》二十五,明道二年为同叔第五子明远作可秘书省校书郎制,谓明远'率在妙龄',叔原若幼于明远,其时当未成年。又黄昇《花庵词选》三、叔原〔鹧鸪天〕注云:'庆历中,开封府与棘寺同日奏狱空。仁宗于宫中晏乐,宣晏叔原作此,大称上意。'是庆历中叔原至少已十余岁,以此互推,当生此年左右。"(页三十、二二六)。此两说均难成立,其证有三。

第一,叔原如生于庆历元年或更早,至崇宁四年已六十五岁以上,如生于天圣八年左右,则已七十六七。开封府推官职务甚繁而名位不高,以公言之,当时朝廷不能用衰老之人任此繁缺,以个人言之,叔原故相之子,"磊块权奇",亦不肯以迟暮之年屈就此职。《宋史》三三八《苏轼传》："轼退言于同列，安石不悦，命权开封府推官，将困之以事。轼决断精敏，声闻益远。"据此可知开封府推官为系剧职务，非六七十岁人所能胜任。据《东坡年谱》，其事在熙宁四年，东坡三十六岁，即叔原任推官之前三十四年。

第二，如宛说则叔原生于同叔卒前十四五年，同叔年五十左右。如夏说则生于卒前二十余年，年甫四十。与"暮子"之说显然不合。

第三，黄山谷为《小山词》作序，全是平辈而年齿相若或更稍长者语气。山谷生于庆历五年（西元1045），如宛说则叔原长于山谷五岁以上，如夏说则多至十五岁左右。依宋人习惯，年长于己七八岁即可尊为前辈，十五六岁者更不待言。叔原年龄果长于山谷，序文措词不应如此"老气横秋"。《山谷集》中与叔原唱和诸诗，亦均是平交口气。（详见后文。）

再观夏、宛两说之论据，则仅有《花庵词选》所谓叔原庆历中曾作〔鹧鸪天〕词一事。今按：此词决非庆历中作。第一，予为此遍阅《宋史·仁宗纪》、《刑法志》及《宋会要·刑法门》，庆历八年之中绝无"开封府与棘寺同日奏狱空"之记载。第二，花庵所选〔鹧鸪天〕词，今本《小山词》中亦有之，其全首云："碧藕花开水殿凉，万年枝上《小山词》作枝外。转红阳。升平歌管随天仗，祥瑞封章满御床。金掌露，玉炉香，岁华方共圣恩长。皇州又奏园扉静，十样宫眉捧寿觞。"庆历中，西有元昊之叛变，北有契丹之乘机勒索，非庆升平献祥瑞之时，仁宗尤不喜所谓祥瑞。此两句却与徽宗之好音乐、信道教完全符合；"皇州又奏圜扉静"则确是"开封狱空"。有此二证，可知《花庵》所谓"庆历狱空"，实为崇宁狱空之误传。叔原以狱空转官在闰二月,而此词云"碧藕花开",乃是夏景,盖崇宁四五年间开封府曾有多次狱空也。(见前引《宋会要》。)黄昇为南宋末年人,去叔原时代已远,辗转讹传,自属难免之事。夏、宛所据仅此孤证,又不可信,反证则多而有力,其误自不待言。

夏谱(《唐宋词人年谱》本页五一〇)《承教录》载张君之说云:"《花庵》记庆历中仁宗宣叔原作〔鹧鸪天〕词,回示疑非事实,可谓卓识。惟其词具在,未必尽诬。意《花庵》误以元献词为小山作,如晁无咎以小山'舞低杨柳楼心月,歌尽桃花扇底风'二语为元献词,未可知也。"据此知夏氏于年谱发表后亦自疑其说,但不知覆张之信所疑如何耳。至于张氏谓《花庵》误以元献词为小山作,则又是凿空之谈,节外生枝。庆历元年至四年,同叔为枢密使,为宰相,四年秋至八年则出知颍州。枢相重臣无被宣作小词之理,外郡守臣更无从宣召。总缘夏、张两氏俱未见《宋会要》之记载,故对于《花庵》之说始终疑而不决。张氏又云:"尊谱谓元丰中叔原监许田镇时年已五十余,录所为词呈韩维,维报书称叔原为郎君。以五十余岁之人,而以郎君相称,殊不近理,曩尝疑之。如将叔原生平推迟十五年至二十年,其时叔原不过三十余岁,则韩维郎君之称似无不合。"其说未为无理;但郎君之称乃韩维就其与晏氏父子之关系而言,似与年龄无关,故未采为夏说之反证。

徽宗政和末　　西元1118

叔原可能卒于此时前后,年约七十左右。

夏谱《承教录》(页数见上)载张君之说云:"吴氏《双照楼》晁元礼《琴趣外篇》卷五,有〔鹧鸪天〕词十首,序云:'晏叔原近作〔鹧鸪天〕曲,歌咏太平,辄拟之为十篇。野人久去辈穀,不得目睹盛事,姑诵所闻万一而已。'检今本晏词无此作,惟据晁词第七首'须知大观崇宁事,不愧《生民》、《下武》篇'二语,知晁序所云'叔原近作'亦必作于大观年间,是叔原大观时犹在也。尊著《二晏年谱》,定叔原约卒于崇宁五年,似乎早了一些。"夏氏附注云:"晁氏所谓叔原〔鹧鸪天〕词,当指'九日悲秋不到心''晓日迎长岁岁原引误作处处。同''碧藕花开水殿凉'诸首。前二首《碧鸡漫志》卷二云,由蔡京遣客求叔原作,当时流传必盛,故晁氏拟之衍为十首。崇宁五年之次年即为大观,则大观间叔原当尚健在。拙谱应依张先生说,改为叔原卒于大观政和间,或较近实也。"今按:夏氏所谓《碧鸡漫志》卷二,其原文云:"叔原年未至乞身,退居京城赐第,不践诸贵之门。蔡京重九、冬至日遣客求长短句,欣然两为作〔鹧鸪天〕'九日悲秋不到心'云云,'晓日迎长岁岁同'云云,竟无一语及蔡者。"《漫志》特别指出"无一语及蔡者"。当是作于蔡京权势正盛之时。据《宋史》二一二《宰辅表》,蔡京于崇宁元年七月拜相,至五年二月罢,次年即大观元年五月复相,三年六月再罢。叔原崇宁四年犹在开封推官任内,《漫志》叙蔡京求词于退居赐第之后,当是大观中作。证以晁元礼词,叔原大观中尚在,自无问题。大观仅四年,其后即为政和,政和有八年,观《漫志》之言,叔原退居后似尚有若干年优游岁月,政和以后则绝无事迹可考,其卒可能在政和之末,上距生于庆历皇祐间,享年约七十左右。此虽亦属猜测之词,无从确定,但较夏谱似更近实。"碧藕花开"一首,即《花庵词选》所谓庆历狱空时作者,夏谱既信花庵之说,又谓其为崇宁大观时作,是其说不惟失误,且自相矛盾矣。

以上于叔原生卒年大致考定,以下即据此作事迹系年。

本篇仅与叔原生卒有关之纪年加注西元,余者从略。

神宗熙宁七年 （六十、二五六）

叔原以郑侠上书事下狱,在本年岁暮,夏谱考证不误。但云叔原此时约四五十岁;从予说应改为二十六岁左右。

元丰二年、三年

此二年中,叔原在开封,与黄山谷、王稚川诸人同游唱和。

夏谱(《唐宋词人年谱》本页五一一)《承教录》载刘君之说云:"《山谷外集》卷七有《次韵答叔原会寂照房呈稚川》、《同王稚川晏叔原饭寂照房》、《次韵叔原会寂照房》、《次韵稚川得寂字》四诗,卷十四有《自咸平至太康鞍马间得十小诗,寄怀晏叔原,并问王稚川行李。鹅儿黄似酒,对酒爱新鹅:此他日醉时与叔原所咏,因以为韵》诗。前者元丰三年罢北京教官后,赴吏部,在汴京时作;后者则元丰七年由吉州太和过扬州、泗州,赴德平镇,途中所作。'鹅儿黄似酒,对酒爱新鹅',原诗已不见录,意者亦元丰三年在京时作也。内集别有《次韵王稚川客舍二首》及《欸乃歌二章戏王稚川》各诗,注:'王彀稚川、元丰初调官京师,寓家鼎州,亲年九十余矣。'此数诗均有年月可考,可补入谱。"今按:山谷诗房字韵第一首云:"月色丽双阙,雪云浮建章,苦寒无处避,惟欲酒中藏。"房字韵第二首云:"蒹葭落凫雁,秋色媚横塘。"寂字韵又有"还归理编册,长安千门雪"之语。诸诗明系秋冬两季而非同时所作。任渊注《山谷内集》目录附年谱云:"元丰三年庚申,是岁春山谷在京师,盖罢北京教官后,赴吏部改官,得知吉州太和县,其秋自汴京归江南。"三年秋已归江南,冬日之诗自是二年所作,其罢北京教官赴汴京,实应在二年而非三年春也。

此事夏谱不载,今补。

元丰五年 (六十二、二五八)

夏谱云:"叔原监许田镇,写新词献韩维,约在此时。"考证精确。但云此年叔原约五十余岁;从予说应改为三十五岁左右。今本《小山词》中有崇宁大观间作品,可知献韩维者只是其中之一部分。

元丰七年

黄山谷有小诗十首寄怀叔原。

见前引《承教录》刘君说。此十首作于本年,见史容注《山谷外集》目录。此事夏谱不载,今补。

哲宗元祐三年 (六十四、二六〇)

夏谱:"苏轼欲因黄庭坚见叔原,叔原辞之。"及附注云云。其考证大致可信。但云"叔原此时五十余岁;从予说应改为四十岁左右。更不能以《碧鸡漫志》"年未至乞身"云云为叔原生于天圣末之一证。夏氏之误,一因未能切实注意叔原为同叔"暮子",一因未见《宋会要》有关叔原之记载,而轻信《花庵词选》庆历狱空小山作词之说。如依照予所推定,叔原退居在大观中,年约六十稍过,与"年未至乞身"之语正合。(古者七十致仕)。

徽宗建中靖国元年 (六十五、二六一)

夏谱云:"《小山词》结集约在此年前。"附注云:"《小山词·自序》:'七月己巳,为高平公缀缉成编。'范姓望出高平,宋人称范仲淹、纯仁父子为高平公。梅尧臣《宛陵集》有《闻高平公姐谢述哀三首》,皇祐四年作,盖挽仲淹之诗。仲淹卒时,叔原方二十左右，词序所称高平公殆指纯仁。宛书城谓：'纯仁元祐四年知颍昌府，见《宰辅表》，盖代韩缜任。是年七月适有己巳日，或小山初写稿献缜，至是复编集献范。'按：叔原写词上府帅韩少师，是韩维而非缜，已辨于元丰五年谱。据《宋史》三一四《范仲淹传》及曾肇《范忠宣公墓志铭》，纯仁卒于此年，小山词如为纯仁缀缉成编，则必在此年之前，其时叔原已六七十岁矣。"今按：晏范世交，且必有相当高位始得以郡望而称公，高平公为范纯仁自无可疑。至于叔原为范缀缉成编并作自序，则只能云在元祐之初，不能如宛说定为元祐四年。其论证如下。第一，《砚北杂志》上引邵泽民云："元祐中，叔原以长短句行。"第二，《小山词·自序》云："叔原往者浮沉酒中。……追惟往昔过从饮酒之人，或垅木已长，或病不偶。考其篇中所记悲欢离合之事，如幻如电，如昨梦前尘。"全是中年人语气，其时至少三十五岁以上。第三，据陈垣《二十史朔闰表》，绍圣二年及三年之七月均无己巳日，至四年七月，纯仁已远谪永州。且双目失明（见后表）。据此三证，可以初步考定编集自序应在元祐元年以后，绍圣元年以前，即叔原四十左右至四十八九岁之间。依常理及古时交通邮递情形推测，叔原为范编录词集总应在两人同处一地之时。今据《宋史》十七《哲宗纪》、二一二《宰辅表》、三一四《纯仁传》及《续资治通鉴长编》诸书，为元祐绍圣首尾十二年中，纯仁出处踪迹列一简表，以期更进一步求得较为确切之编集作序年分。表列纪年上加圈者其年七月有己巳日，加×者无之。

〇元祐元年闰二月，同知枢密院。纪表。

〇二年，在知院任。

○三年四月，自知院拜相。纪表。

○四年六月甲辰(初五日)，罢相知颍昌。纪表。

○五年五月，自颍昌移知太原。《长编》四四二。

○六年十一月，自太原移知河南。《长编》四六八。

×七年，在河南任。

×八年三月，自河南移知颍昌。《长编》四八二。

七月，自颍昌召还拜相。纪表。

○绍圣元年四月，罢相知颍昌。纪表。

×二年九月，自陈州移知随州。《长编拾补》十二。何时自颍昌移陈州未详。

×三年，在随州任。

○四年二月，自随州谪永州，时已失明。纪表本传。

此时期中纯仁踪迹已详右表。叔原踪迹虽难考定，但以苏东坡欲因黄山谷见叔原一事证之，元祐元二三年叔原当在开封，(参阅夏谱页六十四、二六〇)。此三年正为纯仁在朝执政之时，而各年七月又均有己巳。故予以为编集自序当不出此三年，山谷所作《小山词·序》亦可能与《自序》同时。虽文献不足仅能猜测，而去事实或不甚远。宛书城以为在元祐四年，则可能性不大。纯仁于其年六月初五日罢相出知颍昌，而七月己巳是初一日，二者相距不及一月，编集之事无论纯仁索阅或叔原自动投赠，无论面交或邮递，均不应如此促迫。

《小山词》之结集，至少有三次。第一次为元丰五年手写投赠韩维，第二次为元祐初为高平公缀缉成编，第三次则为今日通行之本。今本为叔原手定，或后人编录，无从查考，但其中有崇宁大观间作品，已见前文，当然非投赠韩范之稿。而韩范两稿相去五六年,其间自亦有所增删改易。夏谱云《小山词》结集约在建中靖国元年之前,其言殊为含胡笼统。若云赠韩赠范之稿,则非足本全集;若云今本,则与事实不符矣。

崇宁四年 （六十五、二六一）

闰二月,叔原在开封府推官任,以两经狱空,转一官,并赐章服。

八月,设大晟府。

> 狱空转官事详前。《宋史》二十《徽宗纪》:"崇宁四年八月辛卯,赐新乐名大晟,置府建官。"同书一二九《乐志》则云在九月。据王国维《清真先生遗事》,周邦彦提举大晟府在政和六年,其时叔原是否尚在,无从确定。

综观上文:叔原生年至早在庆历之末,卒年至早在政和之初。其年龄盖少于东坡,长于方回美成,而与山谷、少游相伯仲,实为北宋后期词人。但因系同叔之子,其作品之风格、形式,又近于前期宋词,遂易使人发生错觉耳。

珠玉词版本考

晏殊《珠玉词》的版本,我见过的有五种:明吴讷《唐宋名贤百家词》本,毛氏汲古阁《宋六十名家词》本,清《四库全书》本,晏端书辑本,民国林大椿校印本,都是一卷;此外,清胡亦堂辑、劳格补辑本《元献遗文》附有词二十余首,虽非全帙,却有若干处可供校刊。我没见过的有一种:《明钞十六家词》本。

吴讷的《唐宋名贤百家词》,流传不广,清朝很少人知道有此书,民国以后才发现天津图书馆有一部旧钞本,四明范氏天一阁旧藏。此本目录有一百家,实存九十家,宋人之作居多。汲古阁的《宋六十名家词》即取材于此书,吴讷是毛子晋的乡先辈。北平图书馆照钞一部,此书才得重与世人相见(附记)。此书收《珠玉词》一卷,共一百三十九首,其中有〔采桑子〕三首重出,实数一百三十六首。陈振孙《直斋书录解题》著录宋时长沙刻本一卷,卷数与此相合。在宋人选本上见到的大晏词,此本未收者很少,所据也许就是宋长沙刻本。《四库全书提要》云:

>《名臣录》称殊词名《珠玉集》,张子野为之序。子野,张先字也。今卷首无先序,盖传写佚之矣。

这是说毛本,吴本亦无张序,也许是传写遗漏,也许宋时印《珠玉词》即未收张序。总之，现存《珠玉词》各本要以吴本为最早，错误也最少。

毛氏汲古阁本《六十家词》，原刻之外，有光绪时汪氏覆刻本，上海书坊影印本，中华书局《四部备要》本，商务印书馆《学生国学基本丛书》本，杂志公司《文学珍本丛书》本，书运颇为亨通。可惜原刻校勘不精，翻印诸本陈陈相因，实在不算善本。此本不但流传最广，而且上承吴本，下启四库、晏端书、林大椿诸本，是现存诸本的中枢。此本共收词一百三十一首，目录次序和吴本全不一样，所收的词也小有出入，乍看好像是别有所据，细加考查，实在是改编吴本，不过添些错字而已。

毛本比吴本多〔清商怨〕一首，但毛氏在此调题下注云："向误入欧集。按诗话'或问元献公雁过南云'云云，确是公作，今增入。"毛本比吴本少〔浣溪沙〕（吴本题〔摊破浣溪沙〕）一首、〔诉衷情〕一首、〔蝶恋花〕二首、〔渔家傲〕一首、〔阮郎归〕一首，共六首。但毛氏在此诸调之下均注有"旧刻若干首，考某首是某人作，今删去"等字样，其注明删去者即是上文所举六首之五；只有〔阮郎归〕未注明，在毛刻《六一词》里却有这一首，注云"或刻晏同叔"。此外，吴本重出的三首〔采桑子〕，毛本也把他们删去。如此看来，收词不同，是毛氏自行增删的结果，并非另据其他本子。

吴本有〔鹊踏枝〕二首、〔蝶恋花〕七首，这是同调异名，毛本合并题为〔蝶恋花〕，于调名下注云："旧七首，考'玉椀水寒消暑气'是子瞻作，'梨叶疏红蝉韵歇'是永叔作，今删去。又末二首向另刻〔鹊踏枝〕，考是一调，今并入，仍七首。"毛氏删去的两首，吴本均在〔蝶恋花〕调下；所谓末二首，即"槛菊愁烟"及"紫府群仙"，吴本此二首正是题为〔鹊踏枝〕。这一点更可证明毛本是改编吴本而成。

至于目录,各调孰前孰后的次序虽与吴本不一样,每调中诸词的次序却完全相同。可见目录次序之不同也是毛氏按调之长短改编,并无旁的依据。

一般目录及校勘学者反对任意改变旧本次序,有时有些道理。但像吴本《珠玉词》的次序,既非编年,又非按调之长短,毛氏把他改编,似无不可。不过他删去若干首词,有些武断。宋初词人作品,互见的很多,没有确证,不能断定属于某人,岂可任意删削?尤其字句之间,毛本错误很多,翻印诸本,都未改正,今举出数例于下。

> 酒阑人散草草,闲阶独倚梧桐。记得去年今日,依前黄叶西风。(〔清平乐〕)

换头第一句"草"字不协韵,〔清平乐〕从来无此作法。《历代诗余》作"酒阑人散匆匆",晏端书本从之,韵是对了,但仍是臆改。吴本及元献遗文均作"忡忡",方是正文。"忧心忡忡"是《诗经》成句,宋人词用"忡忡"的另外还有几处。当初不过因为忡忡与草草二字的别体"艸艸"形近而误。

> 烛飘花,香掩炉,中夜酒初醒。画楼残照两三声,窗外月胧明。(〔喜迁莺〕)

炉字应仄而平,中夜而有残照,且以声计,均不可通。我曾疑炉是烬之误,照是点之误,后见吴本,证明确是如此。此外诸本,只有晏端书本改炉为烬。

>静对西风脉脉,金芯绽,粉红如滴。向兰堂莫厌重新,免清液微寒渐逼。(〔睿恩新〕)
>
>红丝一曲傍阶砌,珠露下,独呈纤丽。……向晚群花新悴,放朵朵似延秋意。(同上)

"向兰堂莫厌重新",单讲已觉费解,与下句更连接不上,吴本作"向兰堂莫厌重深",意思便与下句联贯。吴本一曲作一簇,描写清楚得多。"群花新悴",意虽可通,但新字应仄,吴本作"欲悴",的确比"新悴"起调。

>留花不住怨花飞,向南园情绪依依。可惜倒红斜向一枝枝,经宿雨,又离披。(〔凤衔杯〕)
>
>柳条花颗恼青春,更那堪飞绿纷纷。(同上)

"倒红斜向",讲不下去,胡亦堂辑本及《花草粹编》均作"斜白",此词又见杜安世寿域,词亦作"斜白",如此便无疑问。吴本亦作"斜向",可见沿误已久。自古以来,只有飞红,并无飞绿,吴本作"飞絮",可知是形近之误。

>荷叶初开犹半卷,荷花欲拆须微绽。此叶此花真可羡,秋水畔,青凉绿映红妆面。(〔渔家傲〕)
>
>粉面啼红腰束素,当年拾翠曾相过。密意深情谁与诉,空怨慕,西池夜夜风兼露。(同上)

"青凉绿映红妆面",令人目迷五色,莫名其妙。吴本绿作缴,这就对了。青凉缴比荷叶,红妆面比荷花,很生动。(青凉缴是宋时名词。赵令畤《侯鲭录》云:"刘子仪三入翰林,不怿。……移疾不出。朝士问候者继至,询之,曰:'虚热上攻。'石表从在座,曰:'只消一服清凉散。'意谓两府始得用青凉伞也。"缴即伞之本字)。"相过"的过字不协韵,仿佛记得某书说是借协闽音;吴本作"相遇",不借闽音即可协韵了。

  嘉宴凌晨启,金鸭飘香细。凤竹鸾丝,清歌妙舞,画呈游艺。(〔连理枝〕)

"画呈"不通,吴本作"尽呈",正是总结上文两句。晏端书本作"画堂",意虽能通,却甚勉强,远不如"尽呈"生动,显然是臆改。

  以上不过举出毛本错误之一部分,此外诸本异文可资比较的还很多。宛敏灏的《二晏及其词》里,附有《珠玉词笺校勘记》,很精详,但他没见过吴本,所以尚有遗漏之处。

  《四库全书》收《珠玉词》一卷,全同毛本,没有讨论的必要。晏端书是清咸丰时人,作过河督,是晏殊的后裔。他在扬州刊印《珠玉词》一卷,题为《珠玉词钞》。从他的自序里知道,他是先从《历代诗余》钞出若干首,后来又见到毛本,去其重复,合并而成此书,并没有见过旁的本子。所以次序和吴本毛本都不一样,所收词也多出六首。《历代诗余》是不可靠的书,常把作者弄错,又常乱改字句。《珠玉词钞》多出来的六首词便是从《历代诗余》钞出来的;多半是误收,字句与他本不同处,也是根据《历代诗余》校改,甚而还有晏端书个人的臆改。所以,《珠玉词钞》只是《历代诗余》和毛本二位一体的化身而加上些误收、误校,不算《珠玉词》的别本,更不能算善本。晏本较吴本及毛本多出来的六首是:〔如梦令〕、〔玉楼春〕、〔破阵子〕、〔玉楼人〕各一首,〔忆人人〕二首。只有〔玉楼春〕确是大晏作品,有赵与旹《宾退录》所载晏小山和蒲传正问答之语可证。〔如梦令〕见于《草堂诗余》,〔破阵子〕见于《唐宋名贤绝妙词选》,都是宋人选本,比较可信。〔玉楼人〕和〔忆人人〕等三首便靠不住了。这三首见于黄大舆编的《梅苑》,原无作者名,因为在各词前面的一首恰好都是大晏词,于是辑《历代诗余》的人认为也是大晏作品;不知《梅苑》上有很多无名氏的词,与其前一首的作者并无关系。《梅苑》还有〔六么令〕及〔蝶恋花〕各一首,题"晏丞相作",《历代诗余》并未录入,晏本因之也就没有。这两首词又见晏几道《小山词》,风格意境也极似小晏,黄大舆误子为父了。

  林大椿校本由商务印书馆出版,全依毛本,只多出补遗三首,即上文所举〔玉楼春〕、〔如梦令〕及〔破阵子〕。字句略有校勘,而毛本错误完全照旧,只算重印毛本罢了。胡亦堂、劳格所辑《元献遗文》收入李氏宜秋馆印《宋人甲乙丙丁集》中,所收诸词,字句多有与各本不同处,不知所据为何?但强半是因为看不懂原词而妄改的。例如:"一向年光有限身",辑本一向作已是;"人生几度三台",辑本竟改三台为楼台;"争奈向千留万留不住",辑本改争奈向为争奈何,而且注云"毛刻作向,非是"。这是个不全的辑本,无关重要,但妄改之处不可不辨。

  上述我见过的数种之外,还有我未见过的一种:《明钞十六家词》本。此书现藏江苏省立国学图书馆,旧藏钱唐丁氏八千卷楼,见于丁氏的《善本书室藏书志》。据宛敏灏撰《二晏及其词》第十五及十九两章所述:此书所收《珠玉词》也是一卷,也没有张先序,词数及目录次序完全和吴本一样,连吴本重出的三首〔采桑子〕,也照样重出,字句间小有异同,而大体上不如吴本。从以上几点看来,此本与吴本确是同出一源,或者就是从吴本钞出也未可知。我既未见过此本,当然不能多谈,留待将来见到时再说吧。但既与吴本一样,将来能见到固好,见不到似也不甚重要。(宛氏并未见过吴本,上述一切,我是从他所列此本与毛本目录对照表及校勘记推测得知的。)

  附记:这是我的一篇旧稿,作于1934或1935年,曾载于天津《益世报》,1967年深秋,改订重写。我作此文时,吴讷的《唐宋名贤百家词》只有钞本;其后不久,商务印书馆即将此书排印出来;所印不多,现在已不易得。还有,文中所说"一般目录及校勘学者反对任意改变旧本次序,有时有些道理"。照我近年的见解,应改"有时有些道理"为"很有道理",或"自有其道理";但为保存我以前的见解,并未改动。我修改其他旧稿时,也是这种态度:如非绝对错误,尽量保持原状。

《大陆杂志》三十五卷十二期

冯惟敏及其著述_{本篇各条注文均在其本段之后}

引论

　　世之谈曲者,每以为元人制作,独有千古,审谛此言,实非确论。杂剧传奇,不在本文范围之内,未遑具说;若夫散曲,则朱明一代,别擅胜场,绝非元人所能笼罩。元人散曲,高浑灏烂①,不能不推为精品妙制。然以体制言,则小令大佳,而套数犹未发展至成熟完备之域。以内容言,则几乎千篇一律:吊古也,厌世也,警悟也,散诞逍遥也,林泉逸兴,风月柔情,摇笔即来,触目皆是。拟之于词,与五代宋初之作,适相仿佛。五代宋初之词,非不高妙,然若无东坡少游以后诸大家,词之为词,固未可知! 东坡为豪放之首,少游开婉丽之宗。自是以后,各家作品涵盖所及,乃不止于风花雪月,离合悲欢;盖凡作者之性情、思想、学问、生活,皆可于词中求之,不仅慢词长调,为前此所稀见。词之一物,得与于著作之林,文艺之府,岂不以此哉! 准是推论,散曲之发扬光大,固不能无待于明人矣。

---

　　① "灏烂"二字见贯云石《阳春白雪序》。

明初散曲,传世者稀,且多偏于"端谨严密"①之一派,平钝阘茸,所不能免。论其内容,亦无以大异于元人。至正嘉之世,昆曲将兴,古调渐废,而散曲作家,忽然辈出。婉丽则有王磐、金銮、沈仕,豪放则有康海、王九思、冯惟敏。而康、王、冯之作,描写其个人之生活,表现其个人之性情、风格、理趣,面目各殊,尤为超出元人,而非同时婉丽一派之所能及。至是而散曲境界始宽,堂庑始大,体制内容乃臻完备;明人之所以别于元人者,固在此耳。

三人之中,冯氏又为杰出,善乎近人任君之论曰:

> 冯惟敏《海浮山堂词稿》四卷,生龙活虎,犹词中之有辛弃疾,有明一代,此为最有生气,最有魄力之作矣。王世贞、王骥德辈之品评,皆嫌冯氏"本色过多,北音太繁","多侠寡驯,时为纰颣":盖皆昆腔发生以后,南曲盛行时之议论,殊不足据也。② 冯氏之长处,正在本色与寡驯;惟其如此,乃能豪辣。若论其失,有因恣肆之极伤于犷悍者,有因任情率性之极,词意近于颓唐,不能凡百兴会者。至于全集之中,豪辣者多,而进一步浑涵于灏烂之境者犹少,是亦其成就上之缺憾;惟诸家之中,独冯氏斯足责也。冯之意志,亦极怨愤,所异于康王者,在怨愤便索性将全部怨愤痛快出之以示人,较少做作。而才气之横溢,笔锋之犀利,无往而不淹盖披靡,篇幅虽多,各能自举,不觉其滥,亦非康王一派之所及也。(《散曲概论》卷二,页四十)。

---

① 参阅《散曲概论》(《散曲丛刊》本)卷二《派别第九》。
② 二王之论,俱见后文。骥德论冯曲固多贬词,世贞之论,则誉多于毁。世贞与惟敏同时,非昆曲盛行后人物。

冯曲之风格价值,既如上述。而其所以能到此地步者,其来固有自焉。惟敏父裕,生具刚直之性,以理学名家,出为循良,退耽风雅,所生四子,皆以文采学行,著称于时。① 惟敏秉遗传,承庭训,植身立行,酷肖其父。其思想、学术,则纯粹儒家者流也。其性情、生活,则诗人之性情生活也。少年踪迹,遍游五岳,南入黔,北渡辽,已得助于江山。屡上春官,辄摧劲翮,复失意于科举。出为令倅,则守正爱民,不畏强御。退处山林,则诗酒啸歌,亦有以自乐其乐。守正爱民而遭恶势力之摧抑,故悲愤;诗酒啸歌而故乡擅林壑之美,故恬适。蕴蓄既厚,内容充实,此其所以能卓然特立,自成一家。孟子曰:"颂其诗,读其书,不知其人,可乎?"爰搜采群籍,写为此文,惟敏生平,于兹略见,聊供读冯曲者之参考云尔。

传

冯惟敏字汝行,自号海浮山人。其先世居山东之临朐。明初,募中国人实塞下,有名思忠者,徙辽之广宁,是为惟敏高祖。② 传至惟敏父裕,服官内地,携家属还居山东,遂复临朐旧籍。③ 临朐与益都接壤,同属青州府;裕家曾寓益都;惟敏兄弟以益都籍应乡试;④ 裕卒葬益都城北十里之新店,惟敏兄弟祔焉。⑤ 故冯氏又占籍

---

① 冯裕事迹见下。
② 明刻本李维桢《大泌山房集》卷六十五《冯氏家传》。
③ 光绪《临朐县志》卷十四上《冯裕传》。
④ 光绪《山东通志》卷九十二《学校志·举人表》。
⑤ 康熙《益都县县志》卷四《陵墓》;同卷《驿递》云"新店在城北十里"。

益都。

裕字伯顺,少孤贫,刻苦读书。喜理学,师事义州贺钦,得白沙陈献章之传。成正德三年进士。历官南北,所至有循声惠政;在贵州久,威德怀苗夷。以贵州按察副使致仕。家居讲学,复好吟诗,与海岱耆宿结诗社,"所唱和多清雅可观"。其曾孙琦辑为《海岱会集》;又编其自所为诗曰《方伯集》,俱传于世。裕性重厚刚介,当官伉直有裁断,"白首耆艾,魁垒之士"也。生五子,少子惟直早卒;其四人皆知名当世,称"临朐四冯"。长惟健,次惟重,三即惟敏,四惟讷。惟健、重、讷俱能诗,有集今存。①

惟敏正德六年辛未(1511),生于晋州官舍,时裕方知晋州也。② 数岁,裕迁南京部曹,惟敏随任,居南京者十二年。③ 裕出守甘肃平凉,旋改贵州石阡,惟敏皆随往。④ 盖自孩幼迄弱冠,足迹所至,已半中国矣。惟敏能承家学,聪颖过人;⑤父课以六经诸子史,含咀英华;⑥复多所博观外家之语;⑦诗文雅丽闳肆;⑧虽在弱龄,已警长

---

① 裕事迹详见《冯氏家传》、《临朐县志》、康熙《益都志》卷七、《皇明分省人物志》卷九十七、冯溥《佳山堂诗集》王士禛序。《海岱会集》见《四库提要》一百八十九。《方伯集》及惟健、重、讷诗集详后著述。
② 俱见后年表。
③ 俱见后年表。
④ 诸书俱未言惟敏曾至平凉。但惟敏自云"五岳皆有冯生踪"(《石门集·题间山观音阁七古》),若未至平凉,无由登西岳也。《临朐志·冯裕传》云:"命子惟健以眷属居郡城,而独之平凉。"今按惟重《大行集》有在平凉所作诗,可证《临朐志》之误。惟健、惟讷则奉母居青州,见惟健《陂门集》。随任石阡事见家传。
⑤ 康熙《益都县志》卷九《惟敏传》。
⑥ 家传,光绪《临朐县志》卷十四上《惟敏传》。
⑦ 康熙《益都志传》,家传。
⑧ 康熙《益都志传》,家传。

老。在贵州七年,①从父归临朐,声誉噪一时。② 晋陵王慎中督学山东,自谓无书不读,少所推许,及见惟敏文,大赏异,自以为逊其才也。③ 嘉靖十六年举于乡。④ 其明年,次兄惟重、弟惟讷俱成进士。⑤ 惟敏与长兄惟健屡试南宫不第,乃营别墅于临朐海浮山下之冶源居焉。⑥ 临朐在万山中,而水源四出,实奥衍之区。⑦ 冶源在城南二十五里,尤为邑中胜地。碧湖清泉,烟水篂霭,古木千章,修竹万个,夏不知暑,冬有余青,虽处北地,而风物之美,不殊江南。⑧ 惟敏游钓其间,浩歌自适,忘怀息机,有终焉之志。

嘉靖丁巳、戊午间,段顾言巡按山东,为政贪酷,民甚苦之。惟敏亦被逮治,良久乃解。⑨ 惟敏既慨"在邑"之"多纠缠",⑩应试春官,复久而无望,遂以嘉靖壬戌,入京谒选。是年,授直隶涞水知县,时年五十二,⑪盖家居垂三十年矣。⑫ 在官廉静不扰,每出行,

---

① 见后年表。
② 《临朐志传》。
③ 《临朐志传》。
④ 光绪《山东志·举人表》。
⑤ 光绪《山东通志》卷九十《学校志·进士表》。
⑥ 家传。
⑦ 光绪《临朐县志》三上《山水》。
⑧ 冶源之胜详见郦道元《水经注》"巨洋水"条(王先谦刻戴校本卷二十六),惟敏侄孙琦《游冶源记》(万历刻本《北海集》卷十二)、《山左明诗钞》卷九引张廷寀语(陈田《明诗纪事》戊签同),光绪《临朐县志》卷三《山水》,同书卷四"古迹门亭馆类"。惟敏诗《石门集》有《七里溪别墅》,《海浮山堂词稿》卷二有《环山别墅》,未详各在何地。
⑨ 见后年表。
⑩ 俞宪《盛明百家诗》本《冯海浮集·七里溪别墅》诗云:"非无五亩宅,在邑多纠缠。"《石门集》有《怀凤洲使君》诗云:"君子违吾邦,民今竟无禄,苛吏日睢盱,文学遭斵朴,遂令避世人,不敢留空谷。"
⑪ 见后年表。
⑫ 见后年表。

以壶飧自随,不烦里甲。① 时十年饥馑,百废相仍,惟敏居阅岁,学宫、台署、治厅、城池、邮舍、道路,以次修治。多树榆柳,繁茂成阴,行旅歌咏之。百里改观,治迹核最。② 然县去京师近,豪民为将军,为校尉,为力士,为执金吾,为中贵人,兼并田地无算,而多逋租。惟敏摘其最负者惩之,贫民以为德,而势族群不便,谤诟四起。③ 部使者亦愤惟敏异己而深忌之,密遣人侦惟敏过失,无所得,乃诬以卖酒卖柳,与民争利。当事者知其枉,谕以量才改邑。吏部覆奏,以惟敏"疏简不堪临民,文雅犹足训士",遂谪镇江府学教授。④ 镇江故多佳山水,教授官闲事简,惟敏于府学建仰高亭,春秋佳日,觞咏其中,生涯胜于在涞水时,而郁积不平之气,终有未释者也。⑤ 聘典云南乡试,录文多出其手。⑥ 稍迁保定府通判;奉檄修府志,集杨忠愍继盛遗文行于世。陈郡利害十六事,皆中綮繁。⑦ 时惟敏年已六十,迈往之气,稍稍衰矣,莼鲈之思,无时或已。⑧ 会左迁鲁王府官,遂自免归。⑨ 构亭冶源别墅,命之曰即江南,日与朋辈,觞咏欢燕。⑩ 每当天日清澄,风雪暝霭,时棹烟艇上下,自歌所为北调新

---

① 光绪《益都县图志》卷四十九《惟敏传》。
② 乾隆《易州志》卷十七《重修三义祠碑记》(惟敏撰),《海浮山堂词稿》卷四附录〔双调·新水令〕套序,〔南吕·一枝花套〕跋,家传。
③ 家传,《临朐志传》。
④ 《词稿》卷四附录〔双调·新水令〕套序,〔南吕·一枝花〕套跋,卷一〔仙吕·点绛唇〕"改官谢恩"套序,家传。
⑤ 参阅《词稿》卷一在镇江诸曲。
⑥ 家传。
⑦ 家传。
⑧ 参阅年表及《词稿》卷一卷二在保定所作诸曲。
⑨ 见年表。
⑩ 家传。

声,优游卒岁。① 如是者近十载,遘疾卒。②

惟敏名位不显,自放山水间,不与世接,类任达旷骧者流。然家居独娴礼法,每岁首与子侄家宴,为诗歌道天伦乐事,必加勉勖。卒之日,侍者以朱衣进,摇首曰:"不当服此。"时盖有期丧云。③ 在官勤政爱民,锄奸剔蠹,勇于任事,廉峻自守,则又所谓循良之吏。惟敏弟讷与人语诸兄学行,亦多推惟敏。④ 若夫诗酒风流,谣歌遣兴,间为"狎邪之鼓吹",则又文士之所以异于道学家者也。

惟敏有子四五人,可考者二,子复,子升。⑤ 孙瑗,万历乙未进士,官至山西参政,补开原道,有声于时。⑥

年表

明武宗正德六年　辛未(1511)　一岁

九月初旬,生于晋州官舍。

《词稿》卷一〔双调·新水令〕"庚午春试笔"套序:"余生于正德辛未。"〔仙吕·点绛唇〕"郡厅自寿"套序:"己巳菊月,

---

① 《临朐志传》。
② 家传;参阅年表。
③ 《临朐志传》,家传。
④ 俞宪《盛明百家诗》本《冯海浮集·序传》。
⑤ 《石门集》七歌行云:"年来生长四五子,玄冬落寞空山里,大者依希识姓名,别时弱婴病欲死。"诸书均云惟敏有子名子升,据《词稿》卷二《归田小令》末一首《鸿门奏凯歌补子复名》。
⑥ 光绪《临朐县志》卷十四上,康熙《益都志》卷七,光绪《益都县图志》卷四十九俱有《冯瑗传》。

余至保郡越半年矣。……自筮仕壬戌岁,初度皆有述,在郡无与偶者,乃赋此以自广。"〔黄钟·醉花阴〕"仰高亭自寿"套〔喜迁莺〕曲:"正值着清秋天道,数重阳屈指非遥。"

光绪《晋州志》卷五《官寮志》:"知州冯裕正德六年任。"是否携眷,虽难确考;然裕自正德三年至本年,始终服官于外,若未携眷,则无从生育;此时冯氏尚未回居临朐,故乡远在辽左,眷属除随任外,亦无他处安顿也。

父裕三十二岁。

裕享年六十七岁,卒于嘉靖二十五年丙午(详见彼年)。

长兄惟健九岁;次兄惟重八岁。

惟重卒于嘉靖十八年乙亥,年三十六(详彼年),据此推算,生于弘治十七年甲子;家传云"惟重少伯兄一岁",可知惟健生于弘治十六年癸亥。

王九思(敬夫)四十四岁。

明刻本《渼陂集·南曲次韵自序》题"嘉靖乙巳春碧山七十八翁",据此推算生于成化四年戊子。

康海(德涵)三十七岁。

马理《康对山墓志》(乾隆本《康对山集》附录):公生成化乙未六月二十日。

杨慎(用修)二十四岁。

弘治元年戊申生(见程封改编《杨文宪公年谱》)。

李开先(伯华)十一岁。

弘治十四年辛酉生,见陆心源《三续疑年录》。

正德七年　壬申　二岁

弟惟讷生。

《盛明百家诗》本《冯海浮集》,《舍弟留滞陇西屡岁不迁山居驰念怅然有作诗》云:"弟乃齐余肩,少余一岁强。"盖惟敏生于去年秋,惟讷生于今年冬也。

正德十年　乙亥　五岁

随父裕往南京。

家传:"裕自知晋州迁南京户部员外郎。"《晋州志》云,裕后任知州尚继美正德十年任。《词稿》卷一〔双调·新水令〕"留别邢雉山"套序:"仆垂髫随宦,皓首重来。"(参阅后文嘉靖六年)

正德十六年　辛巳　十一岁

徐渭(文长)生。(见吴修《续疑年录》)

世宗嘉靖四年　乙酉　十五岁

《盛明百家诗》本《冯海浮集》,《舍弟留滞陇西……》诗自叙儿时生活云:"七岁娴礼仪,洒扫辟中堂,八岁问奇字,十岁谐宫商,十二受遗经,十五气飞扬。"

汪道昆(伯玉)生。

见王世贞《弇州四部续稿》卷三十九《赠吴大参明卿序》(凌景埏《词隐先生年谱》,《燕京大学文学年报》第五期引)。

嘉靖五年　丙戌　十六岁

王世贞(元美)生。(钱大昕《弇州山人年谱》)

嘉靖六年　丁亥　十七岁

在南京。父裕调甘肃平凉知府,携眷自南京赴任。道出青州,上冢,会亲故。留惟健、惟讷奉母居青。携惟重、惟敏赴平凉。至是冯氏遂复旧籍。

自乙亥至此,居南京首尾十二年;中间或曾至凤阳。在南京时,兄惟健、惟重与诸名士结文社,惟敏与焉,识许石城、邢雉山诸人。

家传云:裕"迁南京户部员外郎,督储中都(凤阳)稍迁郎中,久之,迁知平凉府,以后期改知石阡。"《石门集·宦适轩赋序》云:"嘉靖戊子春,余方束发,从家君薄游南中,盖自司徒大夫出守平凉,寻调石阡。"既云"寻调",在平凉当不足一年,明年已游南中矣,调平凉事,应在本年无疑。《词稿》卷一〔双调·新水令〕"留别邢雉山"套作于嘉靖四十五年丙寅(详后),序中有"仆垂髫随宦,皓首重来"语,曲中有"忆金陵佳丽帝王州,四十年,感时怀旧"语,自丙寅上溯四十年,正本年也。冯惟重《大行集》在固原及平凉所作诗,皆言雪景,到平凉当在秋冬间,道经青州,则夏日事。

过青上冢,留眷居青事,见光绪《临朐县志》卷十四上《冯裕传》,光绪《益都县图志》卷四十九同(参阅前文本传及注释第十二条*)。家传叙还居临朐事于官南京户部郎中时,与诸书皆不合,盖约略言之,不如两志之翔实。

光绪《益都县图志》卷四十九《冯惟健传》云"从父官南京,与诸名士结文社";康熙《益都志》卷九《惟重传》云:"宪副公(裕)官留曹,公从之留都,与许石城、邢雉山诸公讲业青溪之上。"《词稿》别邢曲之前,有"赠许石城"〔南吕·一枝花〕套,亦丙寅作,别邢曲序中,又有"慨旧识之无多,乐新知之毕聚"语。据以上诸事,可知惟敏与邢许为老友,其相识则在此数年中结文社时。

---

* 参见本书第637页注释4。——编者注

嘉靖七年　戊子　十八岁

自甘肃平凉随父往贵州石阡。（见上年）

长兄惟健举于乡。（见光绪《山东通志》卷九十二《举人表》）

嘉靖十二年　癸巳　二十三岁

父裕自石阡知府升任贵州按察司副使，随往贵筑。兄惟健自山东来省亲。

> 惟健《陂门集·南征赋》叙石阡父老歌其父之功德云："太守之来也，六载于兹矣，……今持宪台，省核廉墨。"继云："于是乎我仆彷徨，乃临睨夫牂牁之江，见闾山夫子于贵竹之馆。"闾山，裕自号也。据此赋可知裕守石阡六年而升任按察副使。《陂门集》又有《圣泉赋》亦本年省亲时作。

嘉靖十三年　甲午　二十四岁

父裕致仕，从归临朐。

> 康熙《益都县志》卷七《冯裕传》云："出守贵州，迁按察司副使，后先七年。"家传云："自贵州致仕归。"证以前引《陂门集·南征赋》，七年之说可信也。自戊子下数七年，应在本年。

次兄惟重，弟惟讷并举于乡。（见光绪《山东通志·举人表》）

张献翼（幼于）生。

> 王世贞《弇州集》卷十八（康熙二十一年《郢雪书林》本）张幼于生志云："世贞长幼于八岁。"世贞嘉靖五年丙戌生（见前），据此推算。《石门集》有《赠幼于》诗。

嘉靖十六年　丁酉　二十七岁

秋，举于乡。（光绪《山东通志·举人表》）

> 《词稿》卷四，〔正宫·端正好〕"吕纯阳三界一览"套序，叙本年春就一道士处扶箕询休咎事，可参阅；此套序中亦言本

年秋领乡荐,与《山东通志》合。

晋陵王慎中时为提学佥事,赏识惟敏文,自以为不及。

事见前文本传。嘉靖《山东通志》(万历丙辰续刻)卷十《职官》:"佥事王慎中嘉靖十五年闰十二月到任,管理学道事。"

嘉靖十七年　戊戌　二十八岁

与兄惟重、弟惟讷同赴北京会试。惟重、惟讷成进士。惟敏落第。长兄惟健亦在北京,但未应试。

惟重、惟讷本年登第,见光绪《山东通志·进士表》。惟敏去年已领乡荐,本年兄弟皆赴会试,自无独居不往之理。《陂门集》有《三月十五日群士应制吾视弟于阙门遇雨》诗,又《十九日传制两弟为余道其事喜而述焉》诗,后一首即叙两弟登第事,诗中无应试不第语意,盖屡试不第,已绝意进取,其入京乃监护诸弟也。

至广宁省墓。

事见《词稿》卷二《归田小令》末一首〔鸿门奏凯歌〕自注,当在落第之后。

嘉靖十八年　己亥　二十九岁

次兄惟重卒于庐江,年三十六。

家传:"惟重举进士,授行人。肃皇帝南狩,奉命告湖湘,走烈暑中,乃庐江而疽发于背,遂卒。"光绪《益都县图志》卷四十九《惟重传》云:"年仅三十六。"按:嘉靖南巡在本年春夏间,见《明史》卷十七《本纪》。

嘉靖十九年　庚子　三十岁

康海(德涵)卒,年六十六。(乾隆刻本《康对山集》附录《墓志铭》)

嘉靖二十五年　丙午　三十六岁

父裕卒，年六十七。

家传："裕卒年六十七。"又云："惟讷官扬州府同知，以父丧归，服除，除松江。"检雍正及嘉庆《扬州府志·秩官表》均未载惟讷在官年月。嘉庆《松江府志》卷三十六《职官表》："同知冯惟讷嘉靖二十七年任。"（惟讷《光禄集》有诗题云："余解阳羡十年矣，己酉夏，分牧吴淞以吏事再至。"己酉为嘉靖二十八年，似与《松江志》不合。但细审文义，所谓己酉夏，乃再至阳羡之年，非始至松江之年）。《松江志》记二十七年任同知者，惟讷之前，尚有一毕某，惟讷到任，当在是年秋冬间，自此上溯二十七个月，裕卒当在本年。《陂门集·南省》诗序云："先府君尝令华亭，爰历三纪，季弟惟讷复佐松郡。裕令华亭在正德戊辰、己巳间，见光绪《华亭县志》卷十一《职官》，自此下数三纪，应是甲辰、乙巳间，与《松江志》及《光禄集》均不合，盖举成数言之，非恰为三纪也。

《方伯集·幽居》诗云："解绶二十载，卜筑此屋庐。"裕自甲午致仕，至此首尾仅十三年，"二十"恐是"十二"之误，否则亦是举成数也。

嘉靖二十九年　庚戌　四十岁

汤显祖（义仍）生。（近人徐君撰《汤显祖年谱》）

嘉靖三十年　辛亥　四十一岁

王九思（敬夫）卒，年八十四。（《列朝诗集小传》）

嘉靖三十一年　壬子　四十二岁

与临朐知县王家士创修县志。

光绪《临朐县志》卷十三《宦绩》："知县王家士，字汝希，河南光山人，举人，嘉靖二十六年任。(按：嘉靖三十二年去职，见卷十一《秩官表》。)兴学举废，好以儒术饰吏治。县故无志，旧闻阙如，家士始与邑人冯惟敏征文考献，勒为成书。"同书凡例："旧志创于明嘉靖三十一年，董其事者知县王家士，总纂者邑人冯惟敏；今不存。"

嘉靖三十二年　癸丑　四十三岁

沈璟(伯英)生。(凌景埏《词隐先生年谱》，《燕京大学文学年报第五期》。)

嘉靖三十五年　丙辰　四十六岁

王世贞为青州兵备副使。

> 见《青州府志》卷三十六《名宦传》。《石门集·有怀凤洲使君诗所云》云：(引见前文)，盖凤洲去后之思，兼致憾于段顾言也。(见下年)

嘉靖三十七年　戊午　四十八岁

段顾言为山东巡按，贪虐无厌，齐鲁之民苦之。惟敏亦被逮至历城，久之乃解。时俞宪为山东左参政，因得纵观惟敏诗文。

> 俞宪《盛明百家诗·冯海浮集序传》："予参东藩，海浮忽为一巡院所虐，逮系省城，因得纵观其诗文。……其所指巡院，即'七歌行'自注，'墨吏扇祸齐鲁间，六郡甚苦之，余亦致至历下，良久乃解'者也。盖嘉靖丁戊间，段侍御顾言云。《七歌行》见《石门集》。《词稿》卷二〔醉太平〕"戊午感事"，卷四〔正宫·端正好〕"三界一览"，〔般涉调·耍孩儿〕"骷髅诉冤"，又"财神述冤"，皆为段作也。嘉靖《山东通志》(万历丙辰续刻)卷十《职官》："巡按监察御史，段顾言，字汝行，遵化人，进士，嘉靖三十六年任。裴天裕，三十七年任。"《词稿》

"财神述冤"套自注云:"独留二年,六郡之财悉归私室而后去。"段之任期盖去年今年两整年;段去裴来,当在本年岁杪。

据嘉靖《山东通志》知段顾言前任巡按为毛鹏,其人以正直廉洁称,即今京剧"四进士"中之一进士。〔醉太平〕"戊午感事"曲云:"包龙图任满,于定国迁官。"即谓毛也。

嘉靖三十八年　己未　四十九岁

杨慎(用修)卒,年七十二。(见程封改编《杨文宪公年谱》。予原稿误作六十六岁。)

嘉靖四十一年　壬戌　五十二岁

春,入京谒选。六月,授直隶涞水县知县。

入京时,道经历城,遇沈仕(懋学)。

家传:"谒选,授知涞水县事。"《词稿》卷一〔仙吕·点绛唇〕"郡厅自寿"套序:"自筮仕壬戌岁,初度皆有述。"《词稿自序》:"壬戌春,余策款段出山中,遂浪迹风尘云水间。"《光禄集·发涞水后寄别家兄》诗序:"壬戌仲夏,家兄海浮解褐补涞水令。"《词稿》卷一〔双调·新水令〕"访沈青门乞画"套序:"青门之名,余耳之旧矣,壬戌早春,历城邂逅,西馆燕嬉,时余犹书生也。"

嘉靖四十二年　癸亥　五十三岁

在涞水任。秋,解官归临朐。

在涞水政绩及罢官详情,见前文本传。诸书皆以涞水解官及改镇江教授二事连书。今按《词稿》卷二有〔朝天子〕"解官至舍"二十首,自注云:"余以癸亥秋解官,自分优游山水,无意世事。"《词稿》卷一〔双调·新水令〕"仰高亭自寿"套自注:"余以乙丑冬客润州。"据此二事,知本年解官后,曾归临朐闲住年余。

嘉靖四十四年　乙丑　五十五岁

改镇江府学教授。春,自临朐入京陛谢。在京访沈仕(懋学)乞画。至晚于冬日到镇江。

《词稿》卷一〔仙吕·点绛唇〕"改官谢恩"套自序:"初解邑绶,台章谕以量材改邑。章下天曹,覆奏谨按:臣敏'疏简不堪临民,文雅犹足训士。'制曰:'可!'遂摄镇江教事。昧爽陛谢,喜而制此。"〔双调·新水令〕"访沈青门乞画"套自序:"余今以旷官赴调,复得周旋谈笑京邸间,因乞作画。"其上文叙壬戌邂逅历城事,京邸乞画,当在本年陛谢时。曲中有云"故园此日花如绣,兰舟荡漾闲春画",可知入京在春日。据上文所引"余以乙丑冬客润州"之语,知到镇江最晚在冬日。

嘉靖四十五年　丙寅　五十六岁

在镇江任。春,至南京参谒留台,与许石城、邢雉山诸人话旧。识金銮(白屿)于友人席上。是年,作仰高亭于镇江府学。

《词稿》卷一〔南吕·一枝花〕"赠许石城"套自序:"丙寅春,余以移官京口,参谒留台,过访奉常许石翁。"〔双调·新水令〕"留别邢雉山"套自序:"仆垂髫随宦,皓首重来,慨旧识之无多,乐新知之毕聚。"〔黄钟·醉花阴〕"酬金白屿"套序:"秋润雅招,春园好会,得白屿之老友,聆黄钟之希声,……恨相知之既晚,计信宿之无由。"三曲衔接编次,自是同时之作;金銮固常住南京也。〔双调·新水令〕"仰高亭自寿"套自注:"丙寅,作仰高亭于尊经阁之北,旧膳堂遗址也。……丙寅之秋,自寿于亭中。"

闰十月,刻《山堂辑稿》、《海浮山堂词稿》。(见《词稿》自序;

详后著述。)

穆宗隆庆元年　丁卯　五十七岁

　　在镇江任。应聘典云南乡试。

　　　　家传"聘典云南试,录文多出其手。"〔双调·新水令〕"仰高亭自寿"套自注:"丁卯应滇闱之聘。"

　　侄子履举于乡。(光绪《山东通志·举人表》)

　　　　子履,惟重子,光绪《临朐志》卷十四有传。

隆庆二年　戊辰　五十八岁

　　在镇江任。

　　李开先(伯华)卒,年六十八。(《三续疑年录》)

　　　　据《词稿》卷一〔中吕·粉蝶儿〕"辞署县印"套,知在镇江时曾兼摄丹徒县,不知事在何年,附识于此。

隆庆三年　己巳　五十九岁

　　春,自镇江教授调保定通判。是秋,婴脑疾。

　　　　家传:"自镇江教授,稍迁判保定府。"《词稿》卷一〔仙吕·点绛唇〕"郡厅自寿"套序:"己巳菊月,余至保郡阅半年矣。"〔双调·新水令〕"庚午春试笔"套序:"自去秋出城,毒雾淫于五内,医慎宣泄,遂婴脑疾。虽勉慕微禄,时时强起,然风寒易薄,勤力不任,从此矣。"(末句似脱一字。)

隆庆四年　庚午　六十岁

　　在保定任。修府志。集杨继盛遗文行世。陈郡利害十六事。(见家传。事或在明年,或在去年,姑系于此。)署满城县事,旋辞。石臻为作写真,及《海浮山村图》。

　　　　《词稿》卷二〔醉太平〕"庚午郡厅自寿"第六首云:"正管著府厅,又署著满城。"卷一有〔中吕·粉蝶儿〕"辞署县印"

套,可参阅。〔正宫·端正好〕"六秩写真"套序云:"林山山人数年前以绘事谒余于涞水,今年至保州见余,山人谓余貌犹昔也。……因问之曰:'若能为海翁画像乎?'山人笑而诺焉。乃作画二幅,其一则《海浮山村图》云。山人石臻,行唐人。"

隆庆五年　辛未　六十一岁

在保定任。春,弟惟讷自江西左布政使入觐,寻以光禄卿致仕归临朐。惟敏送之雄州,约同归隐。岁暮,改鲁王府审理所审理,辞免未赴;明年早春,遂去官归临朐。(详下年)

隆庆六年　壬申　六十二岁

春,自保定归临朐。构即江南亭于冶源别业(家传)。

《词稿》卷一〔商调·集贤宾〕"舍弟乞休"套序云:"舍弟少洲子,辛未自江省左辖入觐。……乃请老。"〔仙吕·点绛唇〕"量移东归述喜"套序云:"是年春,舍弟得旨东归,余是以有雄州之会,相将同隐南山中。弟不可,曰:'不告而去,非礼也。'……至是,擢鲁士师,遂行。"此两套之间,夹〔双调·新水令〕"送李阁老南归"一套,序称"石鹿翁","贤相"曲云"状元归去","两朝元老",盖李春芳也。春芳致仕在辛未五月,见《明史》卷一百一十《宰辅表》。可知三曲均辛未作,〔点绛唇〕序中之是年,盖蒙〔集贤宾〕序中之辛未而言。《词稿》卷二《归田小令》〔胡十八〕曲题,亦云"辛未量移东归"。据此,则惟敏兄弟归田,均在辛未矣。然《词稿》卷一〔商调·集贤宾〕"归田自寿"套序,又云"壬申归田",卷二《归田小令》〔朝天子〕"将归得舍弟书"亦云:"去春啊你回,今春啊俺归。"可知奉量移之命,在辛未岁暮,自保定启行,则已在壬申早春也。

〔点绛唇〕"量移东归"套曲文,有"佐的是千里邦畿头一郡,辅的是九朝藩国上十王,端的是长沙太傅江都相"之语。家传叙此事云"左迁王官"。可知所谓鲁士师,盖鲁王官属。嘉靖《山东通志》(万历续刻本)卷九《封建》:"鲁王开府兖州,王府官属有审理所,置审理正一人,审理副一人。"顾名思义,鲁士师盖即鲁王府审理也。〔点绛唇〕曲文又云:"启贤明一字王,感仁恩千岁昌,代陪臣上表章,赐山人归故乡。"家传云:"左迁王官,遂归。"可知未赴兖州,即归临朐。

弟惟讷卒,年六十一。

《词稿》卷一〔商调·集贤宾〕"归田自寿"套序云:"壬申归田,而是岁余弟不禄。"惟讷生于正德七年壬申,见前。其人归田仅年余也。

神宗万历元年　癸酉　六十三岁

侄子咸举于乡。(光绪《山东通志·举人表》)

子咸,惟健子;光绪《临朐志》卷十四上有传。

集中套曲题干支者,止于本年,此后只有〔双调·新水令〕"题刘伊坡寿域"一套。盖家居恬适,无话可说,无事可写,故不再作套曲也。

万历二年　甲戌　六十四岁

除名。

《词稿》卷二《归田小令》有"阅报除名"〔折桂令〕四首,编于"甲戌新春试笔"〔仙桂引〕之后。

冯梦龙生。(容肇祖《冯梦龙的生平及其著述》)

万历四年　丙子　六十六岁

侄孙琦举于乡。(光绪《山东通志·举人表》)

《词稿》卷二《归田小令》有"送琦孙乡试"〔折桂令〕。琦,惟重孙,子履子;《明史》卷二一六有传。

万历五年　丁丑　六十七岁

侄孙琦成进士。(光绪《山东通志·进士表》)

《词稿》卷二《归田小令》有"夜闻琦捷口占"〔朝天子〕二首。

万历六年　戊寅(一五七八)　六十八岁

命男子复至广宁省墓。

《词稿》卷二《归田小令》有"复儿度辽省墓"〔鸿门奏凯歌〕二首,编于"戊寅试笔"〔清江引〕之后,自注云:"余戊戌东归一展墓,逮今四十年,始遣子复。"

是年卒?

《词稿》卷二共分两部,首为《归田小令》编至《度辽省墓》〔鸿门奏凯歌〕为止;自"解任后闻变有感"〔仙子步蟾宫〕以下,原本另题"海浮山堂词稿小令",中皆庚午以前之作。全集纪年,无较戊寅更晚者,戊寅所作曲,亦仅"试笔"〔清江引〕及"省墓"〔鸿门奏凯歌〕两题十二首,或即卒于本年。"或即",原稿作"盖即",太肯定。编集时改正。

著述

(一) 专著

《临朐县志》

未见传本。详年表四十二岁。

《保定府志》

未见传本。详年表六十岁。

(二) 文

《矿洞议》(见光绪《临朐县志》卷十六《杂记》,似非全篇。)
《重修三义祠碑记》(见乾隆《易州志》卷十七《艺文》)
《海浮山堂词稿自序》(见《词稿》卷首)

家传称惟敏为文闳肆,万言可立就,王慎中自以为逊其才。又云:"其文不为刻削语,情事若指掌上。"然惟敏文只存以上三篇,余文未见。(套曲小序多成篇者,以非专文,故未计入。《词稿》(原刻本)卷四附录〔南吕·一枝花〕套题注云"有引见文稿",此文稿当是惟敏自编,曾否付刻,今不可考。《词稿·自序》云,"刻山堂辑稿于润州",辑稿今佚,其中或有文耶?)

(三) 赋、诗

《石门集》一卷(又名《别驾集》)

万历二十四年丙申,康丕扬选,侄孙琦校刻本;与兄惟健《陂门集》(又名《孝廉集》)、惟重《大行集》、弟惟讷《光禄集》合称《四冯先生集》,有康丕扬序,冠以父裕《方伯集》(前附家传),称《五大夫集》。光绪《临朐县志》卷九上《艺文》著录。原本写刻颇精,燕京大学图书馆藏。

《冯海浮集》一卷

隆庆中俞宪编刻《盛明百家诗》本,前有俞撰序传,题隆庆戊辰夏。时惟敏方在镇江。

《石门集》为选本,《盛明百家诗》刻于惟敏生前,故皆非全集,而互有异同。《石门集》收赋二篇,诗一百五十四首;《盛明百家》收诗一百五十三首。两本相合,去其重复,得赋二篇,古近体诗二百四十三首;乾隆《易州志》卷十八又有七律一首,题为"仙台",为两本所无。传世惟敏诗赋,盖尽于此矣。《临朐县志》又著录《山堂诗稿》,无卷数,其书未见,或即《山堂辑稿》耶?

附录诗话:

"海浮词虽逸而气弱,律虽协而调卑。"(朱观㸌《海岳灵秀集》(原书未见),此据陈田《明诗纪事》戊签卷八所引。王兆云《皇明词林人物考》卷九云:"词虽逸而气未雄,律虽协而调少逊。"似即袭用朱氏之言。)

"冯汝行如幽州马客,虽见伉俍,殊乏都雅。"(王世贞《艺苑卮言》卷六)

"惟敏诗虽未工,亦齐鲁间一才人也。"(钱谦益《列朝诗集》丁集二)

"临朐四冯,朱中立首推汝强诗;王秋史谓汝威为四集之冠;朱竹垞谓汝言诗'华整可观,其贾氏之伟节乎?'余谓终不若汝行之才气纵横也。"(陈田《明诗纪事》戊签卷八)

(《明诗综》,《静志居诗话》,《山左明诗钞》诸书,或钞录上述评语,或记载冶源风物,于惟敏诗无所论列,均不录。)

(四)词

未见。《词稿》卷二小令中有〔浪淘沙〕,然此调词曲两用,词稿所载亦是曲体,非词体,惟敏遂无一词传后也。

(五)曲

一、散曲

《海浮山堂词稿》四卷

冯氏家刻本 《散曲丛刊本》(中华书局出版) 明汪氏环翠堂刻坐隐先生选本。

卷一:大令(即套数)三十二套,皆北曲。

卷二:(1)《归田小令》二百二十七首,(外〔耍孩儿〕"十自由",《散曲丛刊》本移于卷四之末。)(2)《海浮山堂小令》一百六十六首。

卷三:击节(或作筑,非是)余音:散套十一套,南北俱有,内《僧尼共犯》第一折,与附录重,实得十套。杂曲小令一百三十九首,(原本一百三十六首,《散曲丛刊》本据汪刻选本增补三首),内南〔倚马待风云〕"悼妓琴仙"四首,南〔黄莺儿〕"赠妓仙台"四首,重见卷二,实得一百三十一首。此卷皆狎邪谑浪之作,明人结习,存而不论可也。

卷四:附录(1)套数五套,皆悲愤寓言之作。《散曲丛刊》本移卷二之〔耍孩儿〕"十自由"于此。(2)杂剧二本:《玉殿传胪》、《僧尼共犯》。《散曲丛刊》本删去此二种。

冯氏家刻本,前有惟敏手书自序,署"丙寅闰月",嘉靖四十五年也。序云:"余弟往在秦州刻诗纪,以其羡刻《石门乐府》;余今刻《山堂辑稿》于润州,既讫工,乃别辑此卷刻之,亦惜其羡耳。"今所见本,载丙寅以后曲甚多,自是后来印本。全书依年分类,编次井然,各曲后时有自记,盖惟敏晚年手订本,而仍用原序耳。全书四卷,卷为一册,每册封皮皆有写刻题签曰"海浮冯先生词稿",盖冯氏后人印本。观其刻工字体,至晚在万历末年,而书中所收万历初年作品甚多,故可定为万历中叶刻本。传世冯曲旧刻,只有此本,且甚稀见;或题嘉靖刻本,盖据卷首旧序也。嘉靖丙寅原刻,今已不可复见。光绪《临朐志》卷九上《艺文》著录《山堂词稿》,注云:"旧志云四卷,今考原书只二卷";旧志之四卷,当即今所见者,二卷之原书,或即丙寅刻本耶?抑即四卷本之前二卷耶?无从稽考矣。

《散曲丛刊》本,即据家刻本覆印,误字尚不甚多;惟有较大错误三端,不可不辨:

一、卷二,卷三有重出之曲八首,(见前)未能校出删去。

二、卷四附录散套,皆悲愤寓言之作,故归附录。《丛刊》移卷二之〔耍孩儿〕"十自由"于此,风格性质,全不相同,殊失编次原意。且〔耍孩儿〕原在《归田小令》中,系依年编入者,冯氏原意,盖以之为重头,而不以之为套数,故原刻本仅有〔耍孩儿〕总题,每支曲并未冠以第几煞字样,末曲亦无尾声字样,《丛刊》擅为添入,更嫌武断。

三、卷二之《归田小令》止于〔鸿门奏凯歌〕"复儿度辽省墓",自〔仙子步蟾宫〕"解任后闻变有感"以下,原刻本另题"海浮山堂词稿小令";书口记页数处,于《归田小令》则云"田若干页",于《海浮山堂小令》则云"小若干页",页数各为起讫。二者虽居同卷,实分两部。后者百余首,皆归田以前作,其中有题干支者,有未题者。《丛刊》删去"海浮山堂词稿小令"一行字样,连接排印,页数亦直数下去,遂若此一卷小令,皆是归田以后所作,原来编次,为之紊乱。

汪氏环翠堂刻坐隐先生选本,原书余未之见,见于《曲谐》卷一(《散曲丛刊》本)。《曲谐》曾据校原刻本,异文附于《散曲丛刊》本各曲之后,共约五十条,多妄改处,今附举十例如下:(卷数页数据《散曲丛刊》本)

一、卷一页十下,八煞:"又无狱囚'干系'担惊怕。""干系"一语,至今北方仍有之,即关系、责任之意,因恐狱囚逃逸,故常担惊怕,是作官人感慨语。汪本改"干系"为"枉系",似是因恐枉入人罪而担惊怕,变成作贼心虚,去原意未免太远。

二、卷二页五下,"灌园":"行人笑俺抬高价"。原刻本"行"字上有"路"字,《南宫词纪》同;汪本删去"路"字,《丛刊》从之。今按,"路行人"三字,北地方言中常用之,此句加一衬字,音调亦较谐婉,不应删去。

三、卷二页十五下:"止不过蜗角虚名,又不是都督王侯。"语气悲愤雄直。汪本改作:"只今日远离风尘,落得个高卧林丘。"语气缓懈,原意全失,且与上文合读,文义亦不贯串。

四、卷二页二十一上,"苦雨":"恰才庆雨泽,岂料为民害。""泽"字借入为平,叶皆来韵,此例北曲中甚多。汪本改作"颜才得雨开,心转忧霖害。"邻于不通矣。

五、卷二页二十二下第三行,"街前翻巨浪"以下数句,虽近粗俚,却是字字本色。汪本所改,涂饰太甚,凡脂俗艳,令人不快。此等处改者或犹自鸣得意也。(原文太长不录)

六、卷二页二十五下"书虫":"捻著你命难饶。""饶"字有"很"像。汪本改作"命难逃",太老实矣。

七、卷二页三十五下〔朝天子〕:"小则小合爻象。"谓房屋之合格局者为"合爻象",至今北京尚有此方言,特说话时音转为"爻性"耳。汪本改为"玄情罔",盖不识原意也。

八、卷二页四十二上〔对玉环带过清江引〕:"万柳千莺,终朝不住鸣,一水孤清,通宵不断声。"写冶源景物也。冶源以泉竹胜,故有孤清,水声不断之喻。汪本改作"柳岸千莺,终朝睍睆鸣,渔浦杨舲,通宵欸乃声。"词则美矣,奈非本地风光何!

九、同卷同页〔雁儿落带得胜令〕:"传锣的紧紧筛,喝号的哀哀叫。"确是北方旅夜,情景逼真。汪本改作"雨珠儿紧紧倾,雁阵儿哀哀叫",诚所谓向壁虚造。

十、卷三页二十三下《四景闺词》:"画堂深,清昼永。"汪本改"清昼"为"春昼",因上文有"清幽"字也,不知此为《四景》第二首所说是夏天耶?

其他类此者约当全部异文十分之九,点金成铁,如此之多,诚冯曲诸刻之最劣者。其所改又多似是而非,更易贻误后学,余所以不惮为之指出也。

二、剧曲

《梁状元不伏老玉殿传胪记》

《海浮山堂词稿》附录本　《盛明杂剧二集》本

此为五折杂剧。惟敏父裕、次兄惟重、弟惟讷,皆成进士,独惟敏与长兄惟健屡试不第,是为惟敏一生最大憾事。《词稿》卷二〔仙桂引〕"思归"曲云:"好功名少了半截。"此剧之所为作也。

《僧尼共犯》

此剧除词稿附录外,未见第二本。原题《僧尼共犯》传奇,实四折杂剧。此剧与《击节余音》中之"劝色目人还俗"套,俱可见惟敏之学,纯宗儒家,不以他教为然,非纯为滑稽戏谑之作也。曲文质朴,颇得元人本色之妙。按:此剧已收入《孤本元明杂剧》,其书为本文发表后印行者,故未之及。

附录曲话:

"北调,近时冯通判惟敏独为杰出。其板眼务头,撺抢紧缓,无不曲尽,而才气亦足发之。止用本色过多,北音太繁,为白璧微颣耳。"(王世贞《弇州山人四部稿》卷一百五十二《艺苑卮言》附录一(明刻足本,通行本《艺苑卮言》无此卷))。

"填词尤号当家,西北人往往被之弦索。"(家传)

"王渼陂、冯海浮〔咏鞋杯〕诸曲,亦多巧句,亦未免间以粗豪语,不无遗恨耳。"(王骥德《曲律》卷三《论咏物》)

"冯才气勃勃,时见纰颣,常多侠而寡驯。"(同书卷四)

"康对山、王渼陂、常楼居、冯海浮,直是粗豪,原非本色。"(同上)

"元人俱娴北调,而不及南音。……康对山、王渼陂二太史,俱以北擅场,并不染指于南。……章邱李中麓太常亦以填词名,与康王俱□□□友,而不娴度曲。……且不知南曲之有入声,自以中原音韵叶之,以致吴侬见诮。同时惟临朐冯海浮差为当行,亦以不作南词耳。"(沈德符《顾曲杂言》)(按惟敏集中非绝无南曲,特数量极少。)

"冯侍御绮笔鲜妍。"(郁蓝生《曲品》卷上)

按《曲品》著录不作传奇而作散曲者二十五人,中有惟敏名,复于二十五人各系评语。此二十五人中,无第二姓冯者,上引评语,当然系指惟敏。惟敏未作过侍御,想是传误;"绮笔鲜妍"之评,于冯曲作风亦不相合,或专指所作南曲?

"余所见《梁状元不伏老》杂剧,当在王渼陂《杜甫春游》之上。"(钱谦益《列朝诗集》丁集二)

"《蜗亭杂订》云:'或谓冯汝行《梁状元不伏老》杂剧,当在王渼陂《杜甫游春》之上。'《四友斋丛说》云:'渼陂《杜甫游春》杂剧,虽金元人犹当北面,何况近代。'"(焦循《剧说》卷三)

"曲始于元,大抵贵当行不贵藻丽。明如汤菊庄、冯海浮、陈秋碧辈,虽无嵩本,而制曲直闯其藩,元音未绝。"(李调元《雨村曲话》卷下)(按调元似未见冯撰杂剧,故云无嵩本。)

"海浮,山东人,故所作粗豪之气,咄咄逼人,是大宜于北曲者,以之为南曲,乃嫌叫嚣矣。"(《曲谐》卷一)

"海浮曲全是一团拴缚不住的豪气。然排奡而能妥帖,词中之辛稼轩,陈迦陵也。"(同上)(按以冯曲拟辛词似觉稍逊,若陈其年之词,叫嚣粗犷,其中索然,不能比拟辛、冯也。)

"此公下笔,无论为'丹丘体豪放不羁',为'淮南体趣高气劲',为'草堂体山林泉石',为'香奁体脂粉钗裙':都异样写得出,说得透,不仅'骚人'一体,嘲讥戏谑者,颠狂欲绝也。"(同上)

"海浮曲有硬语盘空,呼叱而出者,如〔醉太平〕'遂闲'(原曲见《词稿》卷二页八下)。然尚嫌旷达之中,多愤激之气,文字亦觉过于急迫,乏安雅之致。如〔塞鸿秋〕'乞休'(原曲见《词稿》卷二页四十六)则较为闲静,不病乖张,且结语紧得刚好,有风起云从,水流花逐之概也。"(同上)(按:旷达之中若无愤激,则非海浮曲矣)。

"以曲为家训,海浮之创作也,论其词,尚警切清新,不同腐俗。"(同上)

"论才情横溢,气象万千,明曲中真罕有敌海浮者。〔鸿门奏凯歌〕'谢诸公枉驾'(原曲见《词稿》卷二页三十二下),前调'谢会友枉顾'(原曲见同上),高趣涵空,英姿飒爽,又纯以跌宕风流,渊雅沉穆胜,而本来踔厉蹈扬之面目,则收拾净尽,一毫不露,才人之笔,直无往而不可也。"(同上)

"海浮情词,具本来面目者,〔玉胞肚〕(原曲见《词稿》卷三页三十五上),其较为蕴藉者,如〔倚马待风云〕'悼琴仙'前半(原曲见《词稿》卷二页五十六上),花开三句,凄婉无限,在南词柔茜一派中,的是当行。〔月儿高〕'闺情''月缺重门静'云云(原曲见《词稿》卷二页五十七下),虽是南词,而确传元人敷粉作色,钩勒点染之秘,斯不可多得也。"(同上)

1940年,《燕京学报》二十八期。

陈铎(大声)及其词曲

北曲盛于元,南曲盛于明,这是人所共知的事实。元曲作品,无论散曲、杂剧,都是北曲,只在元末二三十年,也就是顺帝一朝,才有少数南曲。入明以后,洪武、建文、永乐、宣德,这一段时期,北曲始保持优势;当时大曲家周宪王朱有燉所作杂剧、散曲,教坊所编杂剧,都是用北曲写的。直到成化、弘治、正德、嘉靖百年之间(西元1465—1566),北曲才逐渐消沉,南曲开始盛行;嘉靖后期,北曲更露衰相,到了隆庆、万历,遂一蹶不振,从此南曲发展,如日中天。所以,论到明代南北曲的升沉消长,当以上述四朝百年为其枢纽。陈铎即是这百年中前半期的曲家。他生长于南北交替时期,北歌犹盛,南调方兴,所以他的曲子兼擅南北。正如同五四以来数十年中,大多数人文言、白话都拿得起来。明人提到陈铎,多称赞他的南曲,只有沈德符说他南北并长;梁辰鱼则说他"精专北调,脱略南歌,楚学齐言,殊非本色,婢作家妇,终不似真"(以上沈、梁两说,全文见后)。我很赞同梁氏的见解。他的南曲或不致如梁氏所说的那样"外行",其北曲之精丽工整,确实胜于所作南曲,但为明代多数人所忽略。而且,现存他的两部曲集《秋碧乐府》与《梨云寄傲》,只收录了他的少数作品,大部分北套数及若干南套,散见于明代各种曲选,读者无从荟萃而观其全。因此,本文主旨即在叙述他的生平,择要辑录前人对他作品的评论,考定他的著作,并辑补他的作品。南北曲之外,他的词曾经近人况周仪在《蕙风词话》上极力推崇,许为明代第一,而深慨于他的词集"得而复失",未能刊布流传。究竟他的词是否真已"失传",是否真如况氏所说那样了不起,则是本文所要谈到的另一主题。在这里,我先透露一句:他的词集并未失传。

陈铎事迹及作品评论辑要

陈铎《明史》无传,其生平事迹大略见于钱谦益《列朝诗集小传》,此外,明人笔记及曲话里又有若干关于他的记载及评论,现在把上述资料择要钞录于后。各条次序,按照其内容性质排列,而不拘于原书作者时代的先后。据《八十九种明代传记引得》,万斯同的《明史列传稿》卷三百八十七、曹溶的《明人小传》卷二,都有《陈铎传》,手边无此二书,只好留俟他日增补。如遍翻明人文集笔记,可能还有若干资料,也可能没有;总之,我不想那样做。体力渐衰,余年无几,有许多更重要更有意义的工作等待完成,我不能再做那种"搜残举碎"的傻事了。——"搜残举碎"是姚惜抱讥评乾嘉考据末流的话。

> 陈铎,字大声,下邳人,家于金陵。睢宁伯文之曾孙,都督政之孙,以世袭官指挥。风流倜傥,以乐府名于世。所为散套,稳协流丽,被之丝竹,审宫节羽,不差毫末。居第之南,有秋碧轩、七一居,精洁绝尘,通人胜流,过从谈谑。山水仿沈启南,自为诗题其上。人知大声善乐府,不知其能画,又不知其

工于诗也。成化中,江阴卞华伯序其《香月亭》诗,以为用意和平,不务雕刻,深入虞、杨、范、揭之阃奥,而渐登盛唐作者之阶梯。广陵张佐曰:"大声屏纨绮之习,耽于吟咏,其于经、传、子、史、百家、九流,莫不贯穿。尝见《可斋乐府》,有甲乙交叉之句,出于珞琭子《消息赋》,非但求为押韵,而拾此成语,贯之词意,不加雕琢;非所蕴渊博,能尔哉?"周晖《金陵遗事》载其《斋居》诗云:"晚树低分霁,春云淡隔城。"《夜行》云:"山月巧窥人影瘦,夜凉先向客衣生。"《送毛都督》云:"刁斗夜严山月冷,旌旗晴散野云平。"皆可诵也。(钱谦益《列朝诗集小传》丙集)

合肥陈文者,南北征伐,累立战功,亦(蔡)迁亚也。文少孤,事母至孝。元季,挈家归太祖,积官都督佥事,卒,追封东海侯,谥孝勇。明臣得谥孝者,文一人而已。(《明史》一三四《蔡迁传》。按:《列朝诗集小传》称文为睢宁伯,当是生前封爵。《明史》一六八另有一陈文,英宗时人,乃文人而非武臣。)

陈政,洪武初从征,骁勇过人,所向有功,累迁中府都督。(《邳州志》十五)

大声为武弁,尝以运事至都门。客召宴,命教坊子弟度曲侑之。大声随处雌黄,其人拒不服,盖初未知大声之精于音律也。大声乃手揽其琵琶,从座上快弹唱一曲。诸子弟不觉骇伏。跪地叩头曰:"吾侪未尝闻且见也。称之曰乐王。自后教坊子弟无人不愿请见者。归来,问馈不绝于岁时。"(顾起元《客座赘语》"髯仙秋碧联句"条指挥陈铎以词曲驰名。)偶因卫事,谒魏国公于本府。徐公问:"可是能词曲之陈铎乎?"陈应之曰:"是!"又问:"能唱乎?"陈遂袖中取出牙板,高歌一

曲。徐公挥之去。乃曰:"陈铎金带指挥,不与朝廷作事;牙板随身,何其卑也。"(周晖《金陵琐事》)

陈铎,字大声,有《秋碧乐府》、《梨云寄傲》、《公余漫兴》行于世。《咏闺情》〔三弄梅花〕一阕颇称作家。所为散套,稳协流丽,被之丝竹,审宫节羽,不差毫末。(周晖《金陵琐事·曲品》)

陈大声金陵将家子,所为散套,既多钞袭,亦浅才情;然字句流丽,可入弦索。〔三弄梅花〕一阕,颇称作家。(王世贞《曲藻》。按:〔三弄梅花〕系〔中吕·粉蝶儿〕南北合套,见《秋碧乐府》。)

陈秋碧南音嘹亮。(吕天成《曲品》)

近日为词者(以下叙北曲作家,无大声名字,从略):南则金陵陈大声、金在衡、武林沈青门、吴唐伯虎、祝希哲、梁伯龙,而陈梁最著。……陈梁多大套,颇著才情。然多俗意陈语,伯仲间耳。(王骥德《曲律》卷四)

沈青门、陈大声辈,南词宗匠,皆本朝成化弘治间人。

今人但知陈大声南调之工耳。其北〔一枝花〕《天空碧水澄》全套,与马致远百岁光阴,皆咏秋景,真堪伯仲。又题情〔新水令〕"碧桃花外一声钟"全套,亦绵丽不减元人,本朝词手似无胜之者。陈名铎,号秋碧,大声其字也,金陵人,官指挥使。今皆不知其为何代何方人矣。(以上两条俱沈德符《顾曲杂言》。《天空碧水澄》套见《秋碧乐府》,《碧桃花外》套见后北曲补辑。)

白下陈公,南都侠客,凝情于可雪,寄傲于梨云,实声苑之通侯,词林之开士也。但其精专北调,脱略南歌。楚学齐言,

殊非本色,婢作家妇,终不似真。(梁辰鱼《江东白苎》上卷初夏题情改定陈大声原作套小序)

综合以上资料,概述如下:陈铎,字大声,号秋碧。祖籍合肥(今安徽合肥县),迁居下邳(今江苏邳县),最后定居金陵(今南京),其时当在洪武年间,到了陈铎这一代,已在南京住了几十年。他是明朝开国勋臣之后,世袭指挥使,①这是武职,所以有些书称他为将家子,武弁。他本人则是一位学问渊博,能诗善画,精音律,工词曲的文人名士。家境大概相当富饶。他的生卒年寿,难于确考。《列朝诗集小传》说:"成化中,江阴卞华伯序其《香月亭》诗。"既然诗已成集,成化中他至少二十几岁。《顾曲杂言》说他是成化弘治间人。《千顷堂书目》卷二十二把他的集子列于正德年间。据此推测,他如果享年七十左右,大约生于正统之末,卒于嘉靖之初。以西历纪元而言,他在世的时间约为十五世纪后半及十六世纪早期。关于他作品的评价,留待下文著作考中再讲。

陈铎著作考

陈铎的著作,《明史·艺文志》不收,今据《千顷堂书目》等记载,考定其名目及存佚如下:

---

① 据《明史》七十六《职官志》,南北两京俱有指挥使司,其下分为若干卫,每卫各有名目,如锦衣卫、济州卫之类。职掌拱卫宫制,守护京城。大声世居南京,任职当在其地。《千顷堂书目》二十二"秋碧轩集"条注文云,大声世袭济州卫指挥,陈贻被《金陵园墅志》云是锦衣卫指挥,未详孰是。

《秋碧轩集》五卷。《香月亭集》不分卷。(俱诗文集)

《千顷堂书目》二十二《集部·别集类》著录:"陈铎《秋碧轩集》五卷,又《香月亭集》。"按:大声居第有秋碧轩、七一居、香月亭、雪秀亭,卞华伯曾为《香月亭》诗作序,俱见前引《列朝诗集小传》,又见《金陵园墅志》。这两部列入别集而不入词曲类,当然是诗文集,可能都是诗集,惜未见传本。

《草堂余意》(和宋人词)

《千顷堂书目》三十二《集部·词曲类》著录:"《草堂余意》一卷",注云"陈铎选宋词,附以已作"。按:此书现存,分为上下两卷,详见下文。

《秋碧乐府》。《梨云寄傲》。《公余漫兴》(俱曲集)

《千顷堂书目》三十二《词曲类》著录:"《秋碧乐府》二卷,又《梨云寄傲》词一卷。"周晖《金陵琐事·曲品》:"陈铎,字大声,有《秋碧乐府》、《梨云寄傲》、《公余漫兴》行于世。"按:《秋碧乐府》与《梨云寄傲》现存,各一卷,收入《饮虹簃所刻曲》,下文另详。《公余漫兴》未见传本,既与上两书一同列入"曲品",当然也是南北曲集。

《碧秋轩稿》。《可雪斋稿》。《月香亭稿》(俱曲集)

《千顷堂书目》三十二著录此三书,各一卷,没有作者姓名,但紧接在《秋碧乐府》及《梨云寄傲》之后。原书未见,不知内容如何。梁辰鱼《江东白苎》云:"白下陈公,南都侠客,凝情于可雪,寄傲于梨云。"(全文见前)据此知《可雪斋稿》亦是大声曲集,前引《列朝诗集小传》张佐所说《可斋乐府》,盖即此书。碧秋轩与秋碧轩,月香亭与香月亭,都是颠倒二字,显然是"故作狡狯",这两部书与《可雪斋稿》接连并列于词曲类,其为曲集,大概无问题。

《七一居士滑稽余音》（曲集？）

《千顷堂书目》二十二《词曲类》著录此书二卷，注云不知撰人。今未见传本。据前引《列朝诗集小传》，大声居第有七一居，可知此书亦大声所撰。《北宫词纪外集》所载大声游戏小令，如《嘲秃子》、《瞎子》等，大概都在此书中。

综合以上记载，大声的著作有诗文集两种，词集一种，曲集七种，共十种。未见传本的是：《秋碧轩集》、《香月亭集》、《公余漫兴》、《碧秋轩稿》、《可雪斋稿》、《月香亭稿》、《七一居士滑稽余音》等七种，"存而不论"；以下就现有传本的三种分别作一较详的叙述。

《秋碧乐府》与《梨云寄傲》

这两部曲集收入卢氏《饮虹簃所刻曲》，原本已不易得，现有台湾世界书局影印本，卢氏未言所据，大概是明刻本。《千顷堂书目》著录《秋碧乐府》是二卷，今本则不分卷，照今本形式来看，应是合并而非残缺。这个集子共收南套数六套：〔商调·莺啼序〕"孤帏一点残灯"、〔仙吕·山坡羊〕"风儿疏刺刺吹动"、〔南吕·香遍满〕"因他消瘦"、〔南吕（应作仙吕）·一封书〕"池冰泮乍暖"、〔中吕·好事近〕"兜的上心来"、〔中吕·好事近〕"天气暖如春"。北套数三套：〔双调·夜行船〕"减尽容光知为谁"、〔商调·集贤宾〕"敞南楼夜深帘半卷"、〔南吕·一枝花〕"天空碧水澄"。南北合套二：〔南吕·梧桐树〕"漫漫瑞雪铺"、〔中吕·粉蝶儿〕"三弄梅花"。南小令四十八首：〔中吕·驻云飞〕、〔中吕·锁南枝〕、〔双调·风入松〕、〔二犯江儿水〕、〔南吕·一江风〕、〔仙吕·醉罗歌〕、〔商调·黄莺儿〕、〔中吕·驻马听〕、〔商调·娇莺儿〕、〔中吕·普天乐〕,以上〔驻云飞〕及〔醉罗歌〕各八首,其余各四首。北小令十八首:〔双调·胡十八〕八首、〔双调·水仙子〕四首、〔双调·河西六娘子〕六首。这部曲集,编次很乱,南、北、令、套,错综杂出,看不出有什么标准。

《梨云寄傲》,《千顷堂书目》作《梨云寄傲词》,明人习惯,常是管曲叫作词,宋人则有时管词叫作曲或曲子,词字之有无,并无关系,今本无之,反觉爽快些。此书全收小令,没有套数。共计北小令一百零四首:〔小梁州〕十八、〔沉醉东风〕二十五、〔寨儿令〕二、〔蟾宫〕(即〔折桂令〕)十六、〔梧叶儿〕十一、〔水仙子〕二、〔落梅风〕七、〔雁儿落带得胜令〕三、〔脱布衫带小梁州〕一、〔满庭芳〕三、〔朝天子〕十三、〔清江引〕二、〔一半儿〕一(以上次序依原书,一调数见者合并计算)。南小令则只有〔锦屏乐〕四首,此书本是一部北小令集,所以原书在〔锦屏乐〕调名上特加"南词"二字。

以上《秋碧乐府》、《梨云寄傲》两书合计,只有南套六、北套三、南北合套二、南小令五十二、北小令一百二十二。小令还算不少,套数则共只十一套,区区之数,殊与作者的鼎鼎大名不相称。他的七种曲集只存其二,这种情形自不足怪。好在明代各种曲选收录他的作品不少,可以辑补。民国三十六七年间,我在上海暨南大学教书,有一位同事黄先生,他是教数学的,却对词曲很有兴趣,他曾编有"陈大声曲辑录",我那时意不在此,未曾传钞,连目录也没有钞存。二十年来,音讯隔绝,每一念及,耿耿莫释。现在我自己辑录了一部,分为南曲、北曲两部分,目录见后。小令辑补不多,套数则多出四十余套,约为《秋碧》、《梨云》两集所收的四倍。庶几可以弥补多年来的遗憾。有几部明代曲选,如《吴歈萃雅》、《珊珊集》等,在台无从觅读,这个补辑可能不十分完备,但遗珠极少,可以断言。

《草堂余意》

这是陈铎的词,取《草堂诗余》所载唐宋人作品,依韵和作,分为春夏秋冬四意,所以名为《草堂余意》。我最初知道陈词,是从况周仪的《蕙风词话》上看来的。《词话》卷五有这样一段:

> 陈大声词,全明不能有二。坐隐先生《草堂余意》,甲辰春半唐假去,即付乎民,盖亦契赏之至。写样甫竟,半唐自扬之苏,婴疾遽殁;元书及样本并失去,不复可求。其词境约略在余心目中:兼乐章之敷腴,清真之沉着,漱玉之绵丽。南渡作者,非上驷未易方驾。明词往往为人指摘,一陈先生掩百瑕而有余。是书失传,明词之不幸,半唐之隐恫矣。(以下叙大声生平及著述,甚简略,无出前引诸书之外者,不具录。)

清末词人王鹏运,别号半塘,有时亦作半唐;甲辰是清光绪三十年即民国前八年。况周仪晚年,避清宣统帝溥仪的名字,改名周颐。况在清末民初,词名颇盛;他的词实在并不太好,比同时的郑文焯、朱孝臧差多了;他的《蕙风词话》却有些精辟独到的议论。他把陈词捧得这样高,我当然很想能有机会遇到这本"全明第一"的词集。直到1965年,也就是初读《蕙风词话》以后二十多年,我在"中央研究院"历史语言研究所图书馆看到这本书的显微胶卷,才知道并未"失传"。当时商得该馆同意,复制了一份照片。原书是明刻本，国立北平图书馆藏书，对日抗战期间，与其他善本珍籍存放在美国国会图书馆，现已运回台湾，没有运回以前，台湾、香港两地只有这些书籍的显微胶卷。抗战之前两三年，我撰写《辛稼轩年谱》及《稼轩词校注》，常到北平图书馆，那时还未读过《蕙风词话》，即使知道该馆藏有此书也不会注意。我阅读全书照片之后，却不禁大为失望，因为照每首词下所题作者姓名去看，大多数是宋人词，有几首唐五代作品，只有少数题名陈大声。（当时只有一个大概印象，未曾细数，最近逐首统计，全书一百四十七首，只有三十五首题陈作。）于是我怀疑这本《草堂余意》是否况蕙风所说的那一本。其后不久，我去美国教书，这个问题也就搁下了。

从美国回来又两年多，偶然翻阅明人陈霆的《渚山堂词话》，其中有三条批评大声的词，录出如下。

江东陈铎大声尝和《草堂诗余》，几及其半，辄复刊布江湖间。论者谓其以一人心力而欲追袭群贤之华妙，徒负不自量之讥。盖前辈和唐音者，胥以此故为大力所不许。大声复冒此禁，何也？然以其酷拟前人，故其篇中亦时有佳句。四言如"娇云送马，高林回鸟，远波低雁。"（〔水龙吟〕）五言如"飞梦去江干，又添驴背寒。"（〔重叠金〕）"饥鸟啄琼树，寒波净银塘。"（〔红林擒近〕）"香浮残雪动，影弄寒蟾小。"（〔早梅芳〕）六言如"长日余花自落，无风弱柳还摇。"（〔西江月〕）"杨柳倚风清瘦，花枝照水分明。""明月为谁圆缺，浮云随意阴晴。"（俱〔八六子〕）七言如"花蕊暗随蜂作蜜，溪云还伴鹤归巢。"（〔浣溪沙〕）"欲将离恨付春江，春江又恐东流去。"（〔踏莎行〕）"千里青山劳望眼，行人更比青山远。"（〔蝶恋花〕）"秋水无痕涵上下,浮云有意遮西北。"(〔满江红〕)散句如"东风路,多少小燕闲庭,乱莺芳树。"(〔瑞龙吟〕)"绿云尽逐东风散,惟有花阴层叠。"(〔酹江月〕)"九十韶光自不容,何必憎风雨。"(〔卜算子〕)"暮山高下暮云平,行人不渡,只有断桥横。"(〔临江仙〕)"清溪流水,斜桥淡月,不减山阴好。"(〔青玉案〕)"春城晚,霏霏满湖烟雨。断肠无奈,落花飞絮。"凡此皆颇婉约清丽,使其用为己调,当必擅声一时;而以之追步古作,遂蹈村妇斗美毛施之失。盖不善用其长者也。(所引断句下括弧内调名,原书无之,今查明注出。)

欧公有句云:"平芜尽处是春山,行人更在春山外。"陈大声体之作〔蝶恋花〕,落句云:"千里青山劳望眼,行人更比青山远。"虽面目稍更,而意句仍昔;然则偷句之钝,何可避也。予向作〔踏莎行〕末云:"欲将归信问行人,青山尽处行人少。"或者谓其袭欧公。要之,字语虽近而用意则别,此与大声之钝,自谓不侔。

"金猊瑞脑喷香雾,向晚寒多深闭户。窗明残雪积飞琼,风起乱云飘散(按:《草堂余意》作败)絮。锦帏细看霓裳舞,小玉银筝学莺语。梅香满座袭人衣,谁道江桥无觅处。"此陈大声《冬雪词》也,〔寄木兰花令〕论者谓其有宋人风致,使杂之《草堂集》中,未必可辨也。虽然,大声和草堂,自予所选数首外,求其近似者盖少。(按:学莺语之莺字应用仄声,若改为燕语,又非原意。)

陈霆与陈铎是同时人,他对于大声作品颇有微辞,与《蕙风词话》大相径庭。此事引起我的兴趣,于是又把那份照片拿出来翻阅，这一来才见到此书真相。我发现开卷第一首〔瑞龙吟〕作者题周美成，却不像我所记忆的那一首周词，取《清真集》对照，原来这首〔瑞龙吟〕与周作词句全异而押韵全同；再对一对第二首题为黄山谷作的〔蓦山溪〕也是一样情形。当时我已明白这是怎么回事，索兴把《草堂诗余》跟此书各词逐一核对，果然，题名宋人或唐五代人的都是韵同词异；题名陈大声的我也都依照韵字找到了原作，只有七首找不到，也不见于所题原作者（欧阳永叔、秦少游）的本集，可能是大声所见《草堂诗余》与今本不同，《草堂诗余》本来是有许多版本的。总之，这部书是陈大声依韵和草堂诸词，已无问题。王半塘的"隐恫"、况蕙风的"遗憾"，终于弥补上了。

"坐隐先生"不是陈铎，乃是汪道昆的别号，汪是嘉靖万历间人，讲时代是陈的后辈，其人有点狂妄，见于《列朝诗集小传》丁集。他曾选刻冯惟敏的《海浮山堂曲》，妄改原文之处甚多，详见拙著《冯惟敏及其著述》（哈佛燕京学社《燕京学报》第二十八期，民国二十九年出版）。这本《草堂余意》一定是他刊行的，所以全名是《坐隐先生精订草堂余意》，加了"精订"二字。但《渚山堂词话》所引〔木兰花令〕及一切断句，都在其内，文字也只有〔木兰花令〕散字与败字不同；《草堂诗余》原书共收词三百六十四首（据四印斋覆刻陈钟秀本），《草堂余意》共一百四十七首，《渚山堂词话》说大声所和几及其半，这个数目也相符。可见汪道昆对此书颇为忠实，没有像选印冯海浮曲那样乱改，也没有删削。至于同是陈大声的和词而或题原作者或题大声，以致把后人搞胡涂了而误以为这部书大多数是宋人作品；则不知是大声原刻本即已如此，或是坐隐先生精订的"妙事"。其实，这一点在第一次见到此书时就应当看得出来，而我竟未加理会，固然是粗心之过，但也因为那时我正在办理出国手续,既忙且乱,根本定不下心去细看。我所以断定汪刻之前有原刻本,则是根据《渚山堂词话》,《词话》作于嘉靖九年庚寅,见作者自序,其时代在汪道昆"坐隐"之前,序中已云"辄复刊布于江湖间"。汪刻本分作两卷,《千顷堂书目》著录为一卷,只题《草堂余意》,没有"坐隐先生精订"字样,可能即是原刻本。千顷堂于题下注云"陈铎选宋词,附以己作"。好像也是或题原作者或题陈大声;又像是录原作于前,附己作于后。未见其书,只好存而不论了。

前面已提到《蕙风词话》与《渚山堂词话》对陈词所持看法不同。读过《草堂余意》全书之后,我以为《蕙风》未免溢美,《渚山堂》则是持平之论。但明代是词的衰落时期,真正像样的作品没有几首,陈词比起五代两宋当然差得很远,在明词之中却也要算第一流作品。二陈同时,难免有些文人相轻;况蕙风是后代人,看厌了明词之后,忽见陈作,自然视为凤毛麟角了。至于陈的南北曲,在当时虽负盛名,却只能算第二流。他的曲只是如《金陵琐事》、《曲品》所谓"稳协流丽"而已,并没有新词藻、新意境,更看不出什么性情襟抱。王世贞《曲藻》说他"既多钞袭,亦浅才情",即是此意。他只能与沈仕、王磐等并驾齐驱;较之康海、王九思、冯惟敏、金銮、梁辰鱼诸人,是颇有逊色的。

陈铎南曲辑补目录

引据书目及其简称
南九宫词(九宫)　万历初三径草堂选刊
南词韵选(韵选)　万历中沈璟编选
南宫词纪(南纪)　万历三十三年陈所闻选刊

吴歈萃雅（萃雅）　万历四十四年周之标选刊
词林逸响（逸响）　天启三年许宇编选
太霞新奏（太霞）　崇祯中香月居顾曲散人选刊
吴骚合编（吴骚）　崇祯十年张旭初选刊
南音三籁（三籁）　崇祯中凌初成选康熙七年刊

套数十六套

〔仙吕·一封书犯〕：惊一叶坠井。（《韵选》十五。《南纪》一。《九宫》无作者名，但其前一套题为陈作。）

〔仙吕·桂枝香〕：画楼频倚。（《萃雅》元卷。《逸响》风卷。《三籁》上。）

按：此套杂用支思、齐微、鱼模三韵，而词藻意境仍甚平凡，可见作者才情之枯窘，恐非陈作。

〔正宫·锦庭乐〕：被儿余。（《南纪》一。《萃雅》亨集。《逸响》花卷。《吴骚》一。《三籁》上。）

〔正宫·普天乐〕：四时欢千金笑。（《逸响》风卷）

此套《九宫》、《南纪》一、《三籁》上俱题无名氏，《吴骚》一题李东阳，《逸响》则云陈作：未详孰是。

〔中吕·黑麻序〕：点检梅花。（《韵选》十一。《南纪》一。《萃雅》元卷。《逸响》风卷。《吴骚》四。《三籁》下。）《逸响》收入仙吕入双调。

〔中吕·榴花泣〕：佳期重会。（《萃雅》亨集。《三籁》上。《南纪》一题无名氏。）

〔中吕·泣颜回〕：万卉花王。（《逸响》花卷）

此套他书不载，词语庸俗，恐非陈作。

〔南吕·梧桐树〕:香醪为解愁。(《韵选》十六。《南纪》一。《吴骚》三。) 《吴骚》收入商调,首曲名〔金梧桐〕。《逸响》花卷题郑虚舟作。

〔南吕·梧桐树〕:深深绣幕遮。(《韵选》十四。《南纪》二。《太霞》十一。)

〔南吕·梁州贺新郎〕:西园暮景。(《韵选》十三。《南纪》一。《吴骚》二。《三籁》上。)

此套《韵选》、《南纪》俱题为"陈秋碧作梁少白改定";《吴骚》、《三籁》则径题陈作未云梁改。按:此套亦收入梁撰《江东白苎》卷上,题云"初夏题情改定陈大声原作"。并有小序,说明改定之由。序中有云:"因原词而稍易其字,仿旧谱而略损其烦。"可知所改不多。今诸书所载词句互有异同,无从考定孰为原作、孰为改笔。

〔黄钟·画眉序〕:花月满春城。(《南纪》二)

〔越调·小桃红〕:暗思昔日配春娇。(《萃雅》元卷。《逸响》风卷。《吴骚》三。《三籁》下。)

按:《吴骚》云王元和作,《萃雅》、《逸响》、《三籁》俱云陈作,未详孰是,似应从多数。

〔商调·集贤宾〕:今年牡丹花较迟。(《韵选》四。《南纪》一。《逸响》花卷。)

〔商调·二郎神〕:芭蕉里。(《萃雅》元卷。《三籁》下。)

〔双调·十二红〕:伴孤灯。(《南纪》一。《吴骚》四。)

〔仙吕入双调·步步娇〕:昨夜春归。(《萃雅》元卷。《逸响》风卷。《三籁》下。)

《南纪》一载此套,题王雅宜。按:王宠,字履吉,号雅宜山人,正嘉间苏州人。有《雅宜山人集》十卷行世，只收诗文，不收词曲。故此套及后小令〔仙吕·二犯桂枝香〕四首俱未能确定究为陈或王作。但以词藻风格言，轻倩流丽，似与大声其他作品不同。文澂明《甫田集》三十一王履吉墓志铭及《雅宜集》诸家序跋，俱不言其能词曲，盖偶然弄笔，作品不多，且亦不欲以此自见也。

以上十六套：其中〔仙吕·桂枝香〕、〔中吕·泣颜回〕、〔仙吕入双调·步步娇〕三套恐非陈作，〔正宫·普天乐〕、〔中吕·榴花泣〕、〔越调·小桃红〕三套亦有问题。《九宫》及《韵选》五俱载〔南吕·梧桐树〕"漫漫瑞雪铺"套，乃摘录此一南北合套中之南曲部分，全套见《秋碧乐府》。《吴骚》三亦载此，题云："陈秋碧作王百谷改。"曲调文字，均与《秋碧乐府》小异，想即百谷所改，重编《秋碧乐府》，当以此改本附入。《韵选》十三及《吴骚》二俱载〔中吕·泣颜回〕"薄幸忒情杂"套，乃摘录〔中吕·粉蝶儿〕"三弄梅花"之南曲部分，全套亦见《秋碧乐府》。《九宫》载〔中吕·好事近〕"谈笑有鸿儒"套，乃摘录〔中吕·粉蝶儿〕"万卷图书"之南曲部分，见后北曲辑补。

小令二十八首

〔仙吕·二犯桂枝香〕四首："韶光似酒"，"池塘昼永"，"月悬冰镜"，"鸳鸯霜重"。

右四曲分咏春夏秋冬四景，自是"重头"。《萃雅》亨集、《逸响》花卷及《三籁》下，四首全录，俱云陈作；《吴骚》一全录，题文衡山（徵明）；《南纪》四摘录第一及第四曲，题王雅宜；《韵选》十六录第一，卷一录第二第四，云无名氏。按：大声南京人,雅宜、衡山俱苏州人,右曲第四有"最苦才酣睡,寒山寺已钟"两句,乃苏州本地风光。当然南京人亦可用苏州事,又无从证明大声未到过苏州;但就词藻风格观之,此四首似与大声其他作品不类,而颇似《南纪》一题为雅宜作之〔仙吕入双调·步步娇〕套(见前)。至于文衡山,所撰《甫田集》中只有诗文并无词曲,其笔墨亦与曲不近。此四首似应属雅宜。

〔中吕·驻云飞〕四首:"旧日张郎","懒上妆楼","数尽归鸦","薄分刘晨"。

右四首《南纪》四全录,第一首在一处,余三首在另一处,四首词意亦不相属,当非"重头"。《韵选》二录第一、十三录第三、卷七录第四。《太霞》十四录第三。诸书俱云陈大声作。

〔中吕·驻云飞〕四首:"那值残春","独上妆楼","今夜伤离","许配雄雌"。

右四首《三籁》下全录,题陈大声,他处未见。《三籁》调名下注云"集古曲句"。按:四首词意联贯,且均系集古曲句,自是重头。

〔中吕·驻云飞〕:"皓齿纤腰"。(《韵选》十一)

〔中吕·驻马听〕:"满腹才学"。(《太霞》十四)

〔双调·风入松〕四首:"想才郎一去杳无凭","想才郎一去了许多时","想才郎一去不回来","想才郎一去半年余"。

右四首见《太霞》十四,与《秋碧乐府》所载"想才郎心性似杨花"等四首合题"风情八曲",盖重头也。第一首又见《韵选》十五,第三首见《韵选》六,第四首见《韵选》五;韵选未收第二首,乃因韵杂支思、齐微之故。

〔仙吕入双调·玉抱肚〕四首:"安排青眼","春云遮映","愁心遥送","莺啼时候"。

右四首《三籁》下全录,调名下注云"咏柳",题陈大声作。《南纪》四录第二、三、四,《韵选》十五录第二、卷一录第三、卷十六录第四,两书俱题无名氏。《萃雅》亨卷录第一、二、四,云是陈作。按:此四首俱为咏柳,自是重头;《南纪》及《韵选》不录第一首,想是因其韵杂之故(眼、年、南、残、看等五字押韵)。至于是否陈作,无从考定;其词藻风格颇近似或题为王雅宜作之〔二犯桂枝香〕(见前)。

〔仙吕入双调·玉抱肚〕四首:"君心忒忍","危楼独倚","湘帘高挂","罗衣宽褪"。

右四曲《萃雅》亨集及《三籁》下全录,俱题陈作。《三籁》与前"安排青眼"等四曲同列,有附注云:"前四曲咏柳,后四曲闺情,时本混刻,今查正。"可知此亦是重头曲。《南纪》四录第四曲,题无名氏。

〔仙吕入双调·玉抱肚〕两首:"陌头杨柳","绿窗低亚"。

右两曲见《三籁》下,低格夹附于《闺情》四首之间,注云:"时本有之。"《萃雅》亨集则与前"君心忒忍"等四曲同列,径题陈作。《南纪》四题无名氏。

右小令二十八首。其中〔仙吕·二犯桂枝香〕四首及最后两首〔玉抱肚〕,恐非陈作。

陈铎北曲辑补目录

引据书目及其简称
盛世新声(盛世)　正德十二年北京书坊刊行

词林摘艳(摘艳)　嘉靖四年东吴张禄刊行
雍熙乐府(雍熙)　嘉靖四十五年郭勋刊行
北宫词纪(北纪)　万历三十二年陈所闻编选
吴骚合编(吴骚)　崇祯十年张旭初编选

套数三十六套(内两套存疑)

〔黄钟·醉花阴〕七套:"窗外芭蕉战秋雨",(《摘艳》九。《雍熙》一。《北纪》六。《吴骚》四附录。)"柳杨横塘淡烟锁",(《盛世》二。《摘艳》九。《雍熙》一。《北纪》一。)"破镜重圆带重结",(《摘艳》九。《雍熙》一。《北纪》五。)"雨顺风调万民喜",(《雍熙》一。《北纪》一。)"深浅荷花二三里",(《雍熙》一。《北纪》一。)"帘卷轻寒杏花雨",(《北纪》六。)"今岁江梅试花早"。(《北纪》六。)

〔正宫·端正好〕一套:"珊枕畔麝兰香"。(《北纪》六。《吴骚》四附录。)

〔仙吕·村里迓鼓〕两套:"淮水上采舟无数",(《盛世》四。《摘艳》四。《雍熙》四。《北纪》一。)"正值着太平时序"。(《盛世》四。《摘艳》四。《雍熙》四;《雍熙》此套首曲题〔节节高〕,即〔村里迓鼓〕之别名。)

〔南吕·一枝花〕十套:"皇都锦绣城",(《盛世》六。《摘艳》六。《雍熙》八。)"草堂外岚光映日妍",(《雍熙》九。《北纪》一。)"清风卧榻孤",(《雍熙》九。《北纪》三。)"不沾朝野名",(《雍熙》九。《北纪》三。)"清光乱乳鸦",(《雍熙》九。《北纪》四。)"包含着世外情",(《雍熙》九。《北纪》五。)"正杨柳成阴覆短墙",(《雍熙》十。《北纪》一。)"诗成夺锦袍",(《北纪》一)"劝金杯竹叶香",(《北纪》二)"千金玉体轻"。(《吴骚》四附录。按:此套仅见《吴骚》载之,词语庸俗,恐非陈作。)

〔中吕·粉蝶儿〕两套:"万斛秋香",(《北纪》一)"冷雨梧桐"。(《北纪》六)

〔商调·集贤宾〕两套:"忆吹箫玉人何处也",(《摘艳》七。《雍熙》十四。《北纪》六。《吴骚》四附录。)"琐窗寒井梧秋到早"。(《摘艳》七。《雍熙》十四。《北纪》六。)

〔越调·斗鹌鹑〕两套:"帝业南都",(《盛世》八。《摘艳》十。《雍熙》十三。《北纪》一。《北词广正谱》引此套之〔青山口〕曲。)"珠履琼簪"。(《盛世》八。《摘艳》十。《雍熙》十三。《北纪》六。)

〔双调·夜行船〕两套:"缺月风帘碎影筛",(《雍熙》十二。《北纪》六。)"席上催花送酒筹"。(《北纪》一。按:《雍熙》十二有"射覆分题换酒筹"一套,全用大声此套韵,不知谁作。)

附辨:《摘艳》五收〔夜行船〕"花柳乡中自在仙"套,题为"西湖",作者陈大声;《雍熙》十二收此套,题为"送景贤回虎林",无作者名,《北纪》四题为"送杨景言回杭州",作者汤菊庄(式)。按:杨遥字景贤,一作景言,元末明初人,见《录鬼簿》,与菊庄同时,大声时代远在其后,菊庄所撰《笔花集》中有此套,自是汤作。

〔双调·行香子〕一套:"朝也相思"。(《北纪》六)

〔双调·新水令〕四套:"碧桃花外一声钟",(《摘艳》五。《雍熙》十一。)"白苹风细一丝轻",(《雍熙》十。《北纪》三。)"绿杨溪上木兰桡",(《雍熙》十一。《北纪》四。)"枕痕一线粉香残"。(《雍熙》十一。《北纪》六。)

沈璟曾翻此套为南〔中吕·石榴花〕,见《吴骚》卷二,云是"元词",《吴骚》卷四又云是周秋汀作。按:沈德符《顾曲杂言》曾称许大声此套,已见前引录,李开先所撰《词套》亦云是大声作。此套仍属大声为是。

〔黄钟·醉花阴〕南北合套:"帘卷东风画堂晓"。(《雍熙》一。《北纪》一。)

《雍熙》题云:"富文堂,陈大声、徐子仁联。"《北纪》题云:"富文堂初夏讌集,陈大声、徐子仁联。"题下注云:"徐讳霖,号九峰,一号髯仙,秣陵人。"通行本《北纪》此处有残缺,今据新印增补本。按:两人联句,可能一人作北曲,一人作南曲,陈徐孰南孰北,已无可考。顾起元《客座赘语》曾记富文堂陈徐联句事,但非此套,详见后〔双调·新水令〕合套。

〔中吕·粉蝶儿〕南北合套:"万卷图书"。(《雍熙》六。《北纪》一。)

《雍熙》题云:"富文堂,陈大声作。"《北纪》题云:"富文堂讌赏",作者亦为大声。

〔双调·新水令〕南北合套:"富文堂内四时春"。(《雍熙》十一。)

此套仅见于《雍熙》,题云"富文堂",无作者名。按:顾起元《客座赘语》"髯仙秋碧联句"条云:"黄琳美之元宵宴集富文堂,大呼角伎,集乐人赏之。徐子仁、陈大声二公称上客。……于是子仁与大声挥翰联句。甫毕一调,即令工肄习,即成,合而奏之。至今传为胜事。"右〔黄钟·醉花阴〕套为初夏宴集而非元宵,〔中吕·粉蝶儿〕套为大声独作而非联句。此〔新水令〕套有"花炬晕方温,炉香火正炖,饫口膻荤,聒耳笙簧"诸语,甚似元宵景物,疑即起元所叙者。未能肯定,姑收录之。

以上共三十六套,其中〔南吕·一枝花〕"千金玉体轻",〔双调·新水令〕"富文堂内"两套存疑。

小令十六首

〔正宫·小梁州〕二首:"酒坊","茶肆"。

〔正宫·醉太平〕二首:"烧丹","赶脚"。

〔中吕·满庭芳〕五首:"秃子","哑子","瞎子","瘸子","豁子"。

〔中吕·红绣鞋〕三首:"弹棉花","裁缝","磨镜"。

〔双调·水仙子〕三首:"嘲妓泥人儿","嘲风月"二首。

〔双调·沉醉东风〕:"咏蚊蚤"。

以上小令十六首见《北纪外集》卷二,疑皆七一居士滑稽余音中作品。

1969年,《国语日报·书和人副刊》。

发表后续有增改,1970年冬定稿。

苏东坡的先世及其亲属

本文所谓先世，包括东坡的远祖到曾祖，都是他没有见过面的；亲属则从他祖父到他的孙辈，一共五代。包括本房和别房，男的及女的。文中叙述，都经过考证，为了篇幅及本刊性质，考证过程均略去不谈；遇有必须解释之处，在文后分别注明。

东坡的籍贯是眉州眉山，即现在四川省眉山县。苏氏原是北方大族：周朝时居住于河南、河内，为"河南、河内苏氏"①，苏秦属于这一支；汉高祖时迁入关中，称为"扶风苏氏"②，这一支的名人是苏武；东汉顺帝时，扶风苏氏的苏章，作冀州刺史，改任并州，他的子孙即住在赵郡，从此又有了"赵郡苏氏"。眉州在中国西南角上，是个僻远的地方，中原人士很少去，苏家人首先来到其地的是唐朝的苏味道。味道是赵郡栾城县人③，武后时，以文学起家，官至凤阁侍郎、同凤阁鸾台平章事，乃宰相之职。后来因事贬为眉州刺史，又改益州长史，他去上任，死在半路。(《旧唐书》卷九十四、《新唐书》卷一百十四有传。)他的一个儿子(不知其名)回不去北方，留在眉州，子孙世居其地，这就是"眉州苏氏"的始祖。

---

① 河南、河内：今河南省洛阳及其以北一带。
② 扶风：今陕西长安附近。
③ 栾城：今河北栾城县。元末名学者苏天爵，即是栾城人。赵郡，见前篇。

从初唐到五代,约三百年,眉州苏氏始终僻处边远,没有出过什么人物。东坡的高祖名祐,是五代时人;曾祖名杲,死时已是宋太宗淳化五年。苏祐这个人,生于唐昭宣帝天祐二年(西元905),即朱温篡唐之前年余,死于周世宗显德五年(西元958),即赵宋继周之前年余,一生五十四年,恰好"与五代相终始"①。这两个人都是眉山的寻常百姓,不见经传,只从苏洵的《苏氏族谱》知道他们的名字及一些事迹。东坡生于仁宗景祐三年(1036)②,已近北宋中叶,没有见过他的高祖及曾祖。

常有些人,像祖父更过于像父亲。这在遗传学上怎样解释?我不懂。我只是从史传记载及个人耳闻目见,理会到这种情形。读了东坡祖父苏序的几篇传记③,使我觉得东坡的性格才能以及行事,很像他祖父。可以说东坡是他祖父的扩展:读书比他祖父多,眼界比他祖父广,本质则是大致相同的。苏序跟他的祖先一样,终老故乡,没有出来作事;因为他儿子苏涣作官,朝廷照例授给他一个虚衔,大理评事,身后又赠职方员外郎。苏洵在《族谱后录》里说他:"先子少孤,喜为善而不好读书。晚乃为诗,能自道,敏捷立成,凡数十年,得数千篇。上自朝廷郡邑之事,下至乡闾子孙畋渔治生之意,皆见于诗。观其诗虽不工,然有以知其表里洞达,豁然伟人也。"这数千首诗如能传到现在,在文学史上也许没有多大意义,在社会农村风土人情的史料上一定很有价值。可惜的很!

---

① 与五代相终始:语见苏洵《嘉祐集》卷十三《苏氏族谱后录》下篇。
② 东坡生日是阴历十二月十九,阳历已是1037年1月8日;但普通仍作1036年生。
③ 苏序的传记有:苏轼《东坡全集》卷十六《苏廷评行状》,曾巩《元丰类稿》卷四十三《苏君墓志铭》及《苏氏族谱后录》下篇中的一段。

苏序的夫人史氏,也是眉山人,他们有三个儿子:苏涣是老二,苏洵最小,老大名叫苏澹,早卒,没有什么事迹可叙。苏涣则是眉山苏氏头一个读书登第,声名官职相当高的人物。他是宋仁宗天圣二年进士。作过祥符县知县衡州太守,最后作利州路提点刑狱,死在任上。他是一个很能干正直的官吏,好读书,能诗,有诗文集若干卷,现已失传。这个人没有特别出色之处,比起他的兄弟和两个侄儿,差的很远。但在他以前,不仅苏家,全眉山县像他这样读书仕宦的人也很少。三苏父子兄弟离开故乡而向外发展,总是受了他的影响启发。①

苏澹有两个儿子:位、佾。两个孙子:不知其名。苏涣有三子:不欺、不疑、不危。四个女儿。十二个孙子:千乘、千运、千之、千能、千里、千秋、千经、千杰、千寻、千亿、时、晖。十个孙女。十二个曾孙男女。这些都是东坡的从兄弟、从侄、侄孙等。苏澹一房人丁稀少;苏涣一房颇为兴旺,可是一个知名之士也没有。有一个叫苏元老的,是东坡的侄孙,《东坡文集》中有给他的四封信,不知是那一房的。

洵、轼、辙,这三苏的事迹,一般人都很熟悉,而且不是三言两语所能写完,所以本文只叙述他们的亲属及与亲属有关事项。老泉夫人姓程,眉山人,大理寺丞程文应的女儿,比老泉小一岁,十八岁时出嫁。程家很富有,苏家经济情形不大好。老泉读书甚晚,不尽是因为"少不喜学";家境不裕,需要他谋生养家,也是原因之一。他发愤读书之始,还在顾虑到家庭经济问题。程夫人把她自己的妆奁等物卖掉,用作资本来经营生计,数年之间,居然渐成富有,老

---

① 苏涣事迹见苏辙《栾城集》卷二十五《伯父墓表》。

泉才得以"专志于学,遂成大儒"。可见程夫人是个很精明能干的妇女。她又"喜读书,皆识其大义",东坡兄弟幼年时,曾受过很好的母教。后来两人同年登第;不幸得很,程夫人在他们登第之后不过月余就去世了,年仅四十八岁。①

程夫人共生三男三女:老大景先②去世很早,只剩下东坡、子由两人。于是东坡就成了"长公""大苏"。三女都是东坡的姐姐。最小的最长寿,也只有十九岁,出嫁不久就死了,其余两姊妹都是早亡未嫁。小说戏剧所传苏小妹、秦少游的故事,完全是编造出来的,③真正是"齐东野人之语"。

东坡这个人真是天生的"克妻命",两妻一妾都先他去世。这三人恰好都姓王。他的原配王弗,眉州青神县人(今四川县名),乡贡进士王方的女儿。后来封为通义郡君,故称通义君。她比东坡小三岁,十六岁结婚,死时只有二十七岁。东坡〔江神子〕词"十年生死两茫茫",即是为通义君作。继配王闰之,是王弗的堂妹,封同安郡君,故称同安君。比东坡小十二岁,结婚大概是在她二十一岁时,不能确定。比她堂姊活得长,但也不过四十六岁。王朝云,钱塘人,她最初到苏家时只有十二岁,后来东坡纳之为妾。东坡南迁时,同安君已去世一年,朝云随同前往,不久,死于惠州(今广东惠阳),年三十四。东坡已是周甲老人,此后即未再娶。通义君生了

---

① 程夫人事迹见司马光《温国文正公文集》卷七十六《苏主簿夫人墓志铭》。(要看《四部丛刊》本,《四部备要》本只有十四卷,非全书。)本段引号内诸语,皆见墓志。

② 景先一作景山。

③ 有关东坡三个姊姊及俗传苏小妹故事的考证,非本文所能容纳;此处只说明其事实。

一个儿子,名迈;同安君生迨、过两人;朝云生子名遯,两岁夭折。东坡没有女儿。①

苏家祖孙三世四人,序、洵、轼、辙,夫妻偕老而同享大年者只有苏辙跟他的夫人史氏。史氏也是苏家的同乡,少于子由两岁。子由十七岁,史氏十五岁,就结婚了,这样的早婚,在以前并不希奇。子由享寿七十四,史氏七十七,婚后生活五十七年,可谓长久。他们有三个儿子,女儿多少未详,只知道子由四十一岁谪筠州时已有七女,其中一个谪筠后不久夭折。

东坡有三子:迈、迨、过。十二孙:箪、符、箕、筌、筹五人是迈的儿子;箫、籍、节、筊、竿、篷、筒七人是过的儿子。② 迨无子。东坡生前见到的是箪、符、箕、箫、筌、筹六人。子由也是三子:迟、适、逊(原名远)。六孙:筒、策是迟的儿子;籀、範是适的儿子;筠、筑是逊的儿子。每人每个。

东坡殁后,葬在汝州郏城(今河南郏县),但他有些田产在常州(今江苏武进县);子由也葬在郏城,他晚年则住在颍昌(今河南许昌县)。所以他们的子孙分住于这三个地方。从东坡弟兄以后,对眉山的老家就渐渐疏隔了。东坡殁于徽宗建中靖国元年(西元1101),下距高宗建炎元年(1127年)宋室南渡不过二十六年;子由殁于徽宗政和二年(1112),距南渡十五年。因此小辈诸苏大部分

---

① 通义君事迹见《东坡全集》卷十五亡妻王氏墓志铭,朝云墓志铭见同卷,同安君无墓志,事迹散见东坡集中。

② 这里所说东坡十二孙,是根据苏辙《栾城后集》卷二十二《亡兄子瞻墓志》及《宋史·苏过传》(附东坡传后)。宋人傅藻撰《东坡纪年录》则云东坡十四孙,较本文所述多出二人:箕、籈。箕的名字又见于韩元吉的《南涧甲乙稿》。东坡可能不止十二孙,附志于此,以俟详考。

都从北宋进入南宋；只有苏过，确知其死于南渡之前三年余。

东坡的子侄及诸孙，比较有名的是过、迟、符、籀四人，恰好是一子一侄一孙一侄孙。

苏过，字叔党，自号斜川居士，是东坡最小的儿子，也是他最喜欢的儿子。他曾随父到海南岛，是衰年远谪中的惟一慰藉。东坡身后不久，党禁大兴，苏过因之始终不甚得意。曾作过郾城知县；晚年作定州通判，上任途中遇见强盗，迫他入伙，他当然不肯，又跑不掉，于是不停的喝了一夜酒，就这样醉死了，年五十二岁，时间是徽宗宣和五年（1123）。他的文章翰墨，颇有父风，当时称为"小坡"，有《斜川集》六卷，现存。①

苏迟，字伯充，是子由的长子。南渡以前事迹不详，南渡初年，官至工部侍郎。高宗绍兴五年告老，充徽猷阁待制，提举江州太平观；这在当时叫作奉祠，只是个名义，拿点俸禄，并无实际职务。他是苏门中最长寿的一个。英宗治平四年（西元1067），欧阳修作《苏老泉墓志》，叙述老泉的孙子，有他和苏迈两人，可见他最晚生于1067，卒年则明见于《建炎以来系年要录》，是绍兴二十五年（1155），至少活了八十九岁，身历英仁哲徽钦高六朝。东坡诗里曾有几处提到他，东坡卒时他已三十多岁了。他曾作过婺州太守，退休后就同家人住在那里，死后葬在州属兰溪县，即现在浙江金华、兰溪一带，他的后裔从此就成了金华人。②

苏符是东坡第二孙，字仲虎，他在高宗朝，赐同进士出身，后来作过中书舍人，资善堂赞读、翊善，礼部侍郎，权礼部尚书，权是暂

---

① 苏过事迹见通行本《斜川集》附录晁说之撰墓志及王明清《挥麈录》等书。
② 苏迟事迹见清人陆心源辑《宋史翼》卷四及元人吴师道《敬乡录》卷七。

代的意思,礼部尚书之职,他祖父也曾作过。他做事时,正赶上高宗崇尚东坡文学,所以官运颇顺,官职颇高。后来因为不赞成和议,大受秦桧压制,只是奉祠闲居,偶然派作外任官。他晚年归蜀,绍兴二十六年死在四川,是苏氏后人还乡终老的。他作的中书舍人是文学侍从之臣,赞礼、翊善是教太子读书的,学问文章当然不差,但和苏迟一样,没有什么作品流传下来。①

苏籀,字仲滋,他作过太府监丞、将作监丞,都不是什么大事情,这个人是以文字传的。他从十四岁到二十三岁,一直跟着他祖父子由在一起,家学渊源,幼承庭训,可惜才气不够,否则会大有可观。他著有《双溪集》十五卷,诗文不少,但没有什么必传的佳作。又有《栾城遗言》一卷,记载他祖父晚年生活及议论,是研究子由生平的资料之一。

南宋初年至中叶,苏氏后人可考者还有东坡曾孙峤、岘,侄曾孙谔、诵、诩,侄玄孙林等,都不是什么"要人","君子之泽、五世而斩",也就不必详述了。

---

① 苏符及下文苏籀事迹俱见《宋史翼》卷四。

苏东坡的乳母与苏子由的保母

苏东坡所作的墓志铭并不甚多,全集所收只有十几篇,其中有两篇很短的:《乳母任氏墓志铭》、《保母杨氏墓志铭》。这两篇各只一百多字,篇幅虽短,文字却很精切;更可考见苏氏家庭情形之一部分,使一般人知道东坡子由兄弟有这样两个乳母和保母。从前人研究文学作家的身世,写作家传记,对于他们的家庭情形、私人生活,尤其是他们家里的女性,往往不甚注意,这是不对的。现在先将这两篇文章录出,加上简单注释,然后合起来作一评介。同时我又参考各项资料,写了一篇《苏东坡的先世及其亲属》,可与本篇合读。

乳母任氏墓志铭①

赵郡②苏轼子瞻之乳母任氏,名采莲,眉之眉山人③。父

---

① 此文见《东坡集》卷三十九(七集本),据志文知作于元丰三年,其年东坡四十五岁。任氏,宋人王宗稷编《东坡年谱》作王氏,乃形近之误,苏集诸本均作任氏。

② 赵郡,今河北赵县。这是眉山苏氏的祖籍,所以东坡作文常自称"赵郡苏轼"。详见另篇《苏东坡的先世及其亲属》。(一般辞典所谓古时某州或某郡即今某县,是指该州郡的首县而言;本篇即用其例。苏氏祖籍是今河北栾城县,古时属赵郡,所以苏子由的文集称《栾城集》。)

③ 眉之眉山,今四川眉山县,宋时属眉州。任彩莲跟苏家是同县人。

遂，母李氏。事先夫人三十有五年①，工巧勤俭，至老不衰。乳亡姊八娘与轼，养视轼之子迈、迨、过，皆有恩劳。从轼官于杭、密、徐、湖②，谪于黄③。元丰三年八月壬寅④，卒于黄之临皋亭。享年七十有二⑤。十月壬午⑥，葬于黄之东阜，黄冈县之北。

铭曰：生有以养之，不必其子也；死有以葬之，不必其里也；我祭其从与享之，其魂气无不之也⑦。

保母杨氏墓志铭⑧

先夫人之妾⑨杨氏，名金蝉，眉山人。年三十始隶苏

---

① 东坡的母亲程夫人，也是眉山人，生于宋真宗大中祥符三年（西元1010），卒于仁宗嘉祐二年（1057），年四十八岁。事迹详见《苏东坡的先世及其亲属》。任氏比程夫人大一岁（参阅本页注⑤）。从四十八岁往上推三十五年，程夫人十三岁、任氏十四岁时，即开始主仆关系，一定是陪嫁使女。程夫人十八岁出嫁，二十七岁生东坡，任氏到苏家在东坡出生之前九年。程夫人十三，任氏十四，系按足年计算，参阅后记。

② 宋时杭州，今浙江杭县；密州，今山东诸城县；徐州，今江苏铜山县；湖州，今浙江吴兴县。东坡曾作过杭州通判及其余三州太守。他也作过杭州太守，那是后来的事。

③ 宋神宗元丰二年秋天，东坡在湖州任上，因为作诗讥讽新法，被免官下狱。其年十二月二十九日（小除夕）定案，谪黄州。第二年即元丰三年二月初一日到黄，先住在定慧禅院，又搬到临皋亭。《后赤壁赋》："步自雪堂，将归于临皋。"任氏即卒于此地，见下文。

④ 元丰三年是西元1080，其年八月辛卯朔，壬寅是十二日。

⑤ 据享年七十二推算，任氏生于宋真宗大中祥符二年（西元1009），长于程夫人一岁，长东坡二十七岁。苏老泉与任氏同岁。

⑥ 元丰三年十月己未朔，壬午是二十四日。

⑦ 刘向《论起昌陵疏》："骨肉复归于土，命也；魂气则无不之也。"此铭是隔句押韵：第一三五句养、葬、享三字押仄声韵，第二四六句子、里、之三字平仄通押。

⑧ 此文亦见《东坡集》卷三十九，据志文知作于元丰八年，其年东坡五十岁。

⑨ 妾字有二义。一是臣妾之妾，即地位较高的女佣人；一是妻妾之妾，即现在所谓姨太太。古时女子自己谦称为妾，等于男子自称为仆。这里所谓妾，当然是女佣人。（按：此注有问题，详见后记。）

氏①,颓然顺善也②。为弟辙子由保母。年六十八,熙宁十年六月己丑,卒于徐州③,属纩不乱④。子由官于宋⑤,载其柩殡⑥于开元寺。后八年,轼自黄移汝⑦,过宋,葬之于宋东南三里广寿院之西,实元丰八年二月壬午也。⑧

铭曰:百世之后,陵谷异位⑨;知其为苏子之保母,尚勿毁也⑩。

---

① 隶是属的意思,东坡用这个字,显示杨氏在苏家的地位比任氏低。据熙宁十年六十八岁推算,杨氏与程夫人同年,长于东坡二十六岁,长子由二十九岁,她三十岁正是子由降生之年,即仁宗宝元二年(西元1039)。极可能是因为程夫人又多了一个孩子而找她来作保母。

② 《礼记·檀弓》上:"颓乎其顺也。"注云:"颓,顺也。"疏云:"颓然,不逆之意也。"

③ 熙宁,宋神宗年号,熙宁十年是西元1077;其年六月己卯朔,己丑是十一日。杨氏卒于徐州,可知东坡知徐州时,任氏、杨氏都随在任上。子由其时亦在徐州,见第本页注⑤。

④ 纩是新棉絮。古代习俗,人将死时,把新棉絮放在其人口鼻上,看棉絮是否被呼吸气吹动,以验其何时死亡。因为人快死时,呼吸急促,棉絮易被吹动,等到棉絮不动,即可知呼吸已停。《礼记·丧大记》:"疾病男女,改服,属纩,以俟绝气。"注云:"纩,今之新棉,易动摇。置口鼻之上,以为候。"所以人临终时称为属纩。属纩不乱是说临终照常安定,不紧张慌乱。

⑤ 宋时应天府,旧名宋州,今河南商邱县。子由熙宁十年在其地任佥书南京判官。当年六月,子由到徐州去看东坡,杨氏死时,子由、东坡都在身侧。(宋朝四京:东京开封府是首都,即今河南开封;应天府是南京;西京河南府,今河南洛阳;北京大名府,今河北大名。)

⑥ 殡字作名词用是已入殓的棺材;此处作动词用,即停放棺材。

⑦ 东坡谪居黄州四年多,到元丰七年,朝廷命他到汝州去居住。汝州即今河南临汝县,气候、交通、生活环境,一切都比黄州好。这种情形,当时叫作"量移",往往是恢复任用的第一步,行动也就比较自由。东坡奉命后,先由黄州东下到筠州(今江西高安)去看子由,回程经过应天,顺便埋葬杨氏。旋奉命常州居住,即从应天到常州(今江苏武进),始终没有到汝州去。葬杨氏时,子由在绩溪(今安徽绩溪)知县任上。

⑧ 元丰八年二月乙丑朔,壬午是十八日。

⑨ 《诗·小雅·十月之交》:"高岸为谷,深谷为陵。"刘向条灾异封事:"陵谷易处,列星失行。"此铭改处字为位字,乃是为了押韵。

⑩ 此铭也是隔句押韵。一三两句,后与母押,二四两句,位与毁押。后、母两字都是有韵,与现代读音小异。

像这样一百多字的短篇,墓主不是寻常妇女即是夭折的青年,事迹既少,无可叙述,篇幅当然不长。这是枯窘的题目,文章很难出色;东坡却作得很好。但要仔细看,并且放大来看,才能欣赏领会。

这两篇比较起来,当然是任氏墓志更好,文字简炼而叙述周到,情意深挚。此文连志带铭共一百四十三个字,一个闲字没有,这是短篇文章的必要条件。叙事方面,能写出一个终身寄食,以他人之家为家①,以他人之子孙为子孙,"不识不知",诚恳勤俭,跟着少主人南来北往而终于客死异乡的老太太。另一面则又从字里行间流露出东坡对于他这位老乳母的感念。他特别点出"事先夫人三十有五年",使人知道此人从十儿岁就和他的母亲在一起,在他未出生之前就来到苏家。数十年中,乳哺他和他姊姊,养视他的三个儿子。名分虽是主仆,情义却等于家人骨肉。"工巧勤俭,至老不衰",写任氏的性行;"皆有恩劳",写任氏对他们两代的爱护。"恩劳"二字下得重而恰当,如不是乳母,东坡不会用这两个字。东坡最小的儿子苏过生于熙宁五年(西元1072),东坡时在杭州通判任上,那时任氏已六十四岁。二十八九岁时乳哺东坡,六十多岁时又养视他的小儿子,真是"至老不衰"了。从官、杭、密、徐、湖的时候,太守的乳母总该很神气;东坡湖州被逮,进京下狱,这一段期间,老太太一定也像关怀自己的亲生子一样忧急。可惜她年纪大

---

① 任氏一生,十四岁以前在母家,十四岁到四十九岁服事东坡的母亲,六十三四岁到七十二岁跟随东坡游宦谪居。只有五十岁到六十三岁这十三四年,程夫人已故,老泉父子在外,任氏踪迹不明,可能在夫家,也可能仍在苏家。综计七十二年之中,在苏家至少四十几年。

了,在东坡初谪时就死去,没能见到东坡再起而更为显达。东坡始为翰林学士时年五十一,任氏若在,年七十八,也还不算太老。铭文起首两句是说:奶起来的孩子①,一样可以奉养她,不必是她自己的孩子。中两句说:死有葬身之地也就行了,不是必须归葬故里。这四句无形中显示出任氏暮年的心情。末两句则表示东坡会永远祭祀她,她的魂气也会随时随地享受这祭祀。读此两句,仿佛听见《招魂》的声音:"魂兮归来!"

杨氏是子由的保母,但她在子由出生之年即来苏家,东坡比子由只大三岁,也是她看着长起来的。安葬那年,子由远在绩溪,葬事由东坡料理,墓志铭也就由东坡来作。这篇文章似不如任氏墓志,也实在比任志难作。此人在苏家"年资"较浅,与苏氏母子兄弟的关系也较疏,既非陪嫁使女,保母当然也不如乳母亲近。作她的墓志更为无话可说,无事可叙;但仍可看出东坡的写作技巧。全篇志铭合计共一百二十字,恰好志文一百字,铭文二十字,也是一个闲字没有。正面写杨氏只有"頹然顺善"、"属纩不乱"八个字,却能看出这个老太太的性格。我想任氏一定比较能干、热情,杨氏则比较老实、沉静。我们可以从这两篇墓志的简单描写,想像两位老太太数十年共处的情形。古人讲究"分有亲疏、爱有差等",东坡作此两文,在用字造语上即显示出这个意思。叙任氏年龄说享年七十二,杨氏则只说年六十八而不用享字;"恩劳"那样的字面在杨志里找不到;铭词也比任铭差多了,但是这短短的二十字却表现出东坡所特有的"兀傲自负"之气。这两篇铭词造句之雅炼,用韵之精整,配上志文之修洁切当,语浅意深,情文并茂,都是精心用意

---

① 奶字作动词用,包括乳哺及养视二义,今北方俗语如此。

之作。

任氏墓志提到她的父母,却没有提到她的丈夫和子女。从前,随小姐出嫁的使女,其归宿不外两途。或由小姐的丈夫纳为姬妾;或由主人代为择婿出嫁,而嫁出之后常是仍与主人家保持关系。任氏如为老泉之妾,与东坡的关系就不止是乳母,她的归宿一定是后者。可能是夫家生活清苦,或与丈夫不和,或者丈夫死去,儿女养不了她;所以依靠苏家,随着少主人游宦四方。杨氏"年三十始隶苏氏",一定是结婚之后来的,但墓志也没有提到她的丈夫子女。其所以跟着苏氏兄弟在外面跑,也总不出上述几项原故。关于此点,东坡既然未提,我们也就只好揣测了。

后记

此文及上篇《苏东坡的先世及其亲属》,在1968年五月份《国语日报》副刊"古今文选"上发表,原系课本性质,今改为论文形式。去年偶然翻阅近人丁传靖辑录的《宋人轶事汇编》,其卷十二记东坡早年事迹诸条之后有丁氏的一段按语:"东坡乳母任氏名采莲,子由保母杨氏名金蝉。东坡所作两铭,皆无夫姓,当即是老苏妾。于任氏谓'事先夫人三十五年',卒时七十二年(当作岁),然则为苏妾时,年三十八矣。"这段按语的后一半实在荒唐。所谓"事先夫人三十五年",当然要从程夫人逝世之年往上算,丁氏竟从任氏死的那一年往上算!如果任氏死时程夫人尚在,自可如此算法,而实际上程夫人已死去二十九年了。而且,任氏比东坡大二十七岁,如三十八岁始为苏妾,则是东坡十一二岁时还要吃奶。若云:"任氏先为他人之妻,来苏家作干母,乳东坡及其姊,到三十八岁时又为老泉之妻。"情理事实虽有此可能,已近于"想入非非";何况"事先夫人三十五年"一端还是说不过去。丁氏所算,真是一笔岂有此理的胡涂账。但他所谓:"皆无夫姓,当即是老苏妾。"则与我在此文中的说法可以并存,毋宁说更为近于事实。因为,我也只是推测,并无确证;而任、杨两氏终身在苏家,又无夫姓,自可能是老泉之妾。古时士大夫的姬妾,其身份本来就是在主奴之间,任、杨既无所出,在家庭中自然更没有正式地位。1970年记。古人文字所谓若干年,有时是十足年数,有时是首尾合计,后者即虚一年。我前文说任氏初事程夫人年十四、程年十三,是照十足三十五年计算。丁云"任氏为苏妾时年三十八",则是首尾合计。

新校梨园按试乐府新声补正

　　《梨园按试乐府新声》，简称《乐府新声》，为元无名氏所编散曲选集，全书三卷，上卷收套数三十二套，中下两卷收小令五百零八首。（原书标题分调时有错误，此所谓五百零八首系经过整理改订后之统计。）有元刊本，原藏常熟瞿氏铁琴铜剑楼，由商务印书馆影印，收入《四部丛刊三编》。元代散曲作家今知其姓名者，数约二百，而有专集者不过三五人，绝大多数之作品皆赖选集保存以传于今；故欲研究元代散曲，舍选集无由。现存元人编选散曲集共有四种：杨朝英之《乐府新编阳春白雪》简称《阳春白雪》，及《朝野新声太平乐府》简称《太平乐府》，合称"杨氏二选"，最为有名；此外则胡存善之《类聚名贤乐府群玉》及此书。（现存《乐府群玉》恐系残本，是否即胡存善所辑之原本亦无定论，详见《散曲丛刊》本任中敏跋语。）杨、胡皆元末人。此书原无序跋，不著编者时代姓名，而原本字体板式与元刻"杨氏二选"及其他元代坊刻书完全相同，所收诸曲亦绝无明代作品，其为元人编选，无可置疑。中有张小山作品颇多，小山为元末作家，此书编者盖与杨、胡两人同时。《阳春白雪》收套数六十二，小令五百三十三（据九卷本目录统计）。《太平乐府》收套数一百四十一，小令一千零七十三，（据卢前校本分人目录统计）。《乐府群玉》专收小令，共六百二十七首。此书所收作品最少，而颇有出于三书之外且亦不见于其他曲籍者。上卷之套数三十二，其不见于他书者即有十九套之多，小令予未细核，仅大略观之，已发现甚多作品为此书所独有。此独有之套数小令，名家佳作甚多，其与他书互见之作，文字亦时有异同，可资校勘，且常较他本为胜，是诚研究元代散曲之要籍也。

《阳春》、《太平》俱有数种版本行世；《群玉》有明钞本，近人任中敏氏重校，收入《散曲丛刊》，亦颇易得。此书则《四部丛刊三编》之外别无单行，流传不广。且原本多元代坊刻之简体俗字，又时有脱误，不便诵读。丛刊本虽附校记而过于疏略。校订整理，重印单行，以使此散曲要籍普及于世，固为曲学急务。予久蓄此志，因循未果。顷见近人隋育楠氏新校本，以元刊为底本，而以其他曲集曲谱多种校订之，凡二百九十余条，精确周详，极便学者。惟校订古籍，向有如扫落叶之喻，校订元曲，尤非易事。隋氏之于此书，用力甚勤，成就甚弘，而终有若干脱误未能校出，疑问未获解决，以及误为改订之处，固非毫发无遗憾者也。爰以一月之力，重读全书，为之补阙、决疑、正误，共得二百二十条，依原书次序，疏列于后，以为读此书者之一助。新校以补正原本脱误为主，他书异文可以并存者均未校出，今仍其例。穿凿疏漏，仍所难免，所冀博雅君子有以教我。至于一般校订元曲所应采用之方法体例，与夫校订者所应具备之条件，非此文所能详，当另为一文以申述之。

卷上

双调行香子（原本一　新校一一二）

〔碧玉箫〕：觑只先黄花瘦。　只先原作只头，新校据《广正谱》

及《九宫大成谱》改。按：只先与只头同样费解，不如仍旧存疑。

〔离亭宴带歇指煞〕：香醪羨笔。 《北词广正谱》曾引此曲，羨作旅。按：旅为旋字形近之误。羨旋两字通用。羨字又见无名氏〔沉醉东风〕曲，其句云："桃蕨羨煮羹。"（原本卷中八页新校六十一页）。又见无名氏〔迎仙客〕曲，其句云："酒频沽，橙羨刬。"（原本卷下十四页新校一二三页。）三者并观，知羨即今语"临时现作""临时现买"之现字。诗词曲中则均作旋，其例甚多，其见于曲者，如马致远〔四块玉〕云："酒旋沽，鱼新买。"羨现二字，国语均读ㄒㄧㄢ音，旋字国语读ㄒㄩㄢ音（三字均读去声）；但古今南北语音不同，今河北南部及山东一带，每云现买现作，犹读ㄒㄩㄢ音，羨、现、旋三者盖音近借用字也。（本文所谓同音假借或音近借用，或据北方通行语音，或据中原音韵，与各种字典所注标准读音有时不同，附识于此。）

双调乔牌儿（原本一　新校二—三）

原本此套仅有〔锦上花〕、〔清江引〕、〔碧玉箫〕三曲，且误接于前套之后。新校据九卷本《阳春白雪》补出作者关汉卿姓名，及〔乔牌儿〕、〔夜行船〕、〔庆宣和〕、〔歇指煞〕四曲。按：《广正谱》双调套数分题引此套套式，又引〔庆宣和〕曲，《正音谱》引〔锦上花〕、〔碧玉箫〕二曲，均注关汉卿作，可为《阳春白雪》之佐证。详见九卷本《阳春白雪校注》（世界书局本一七一——一七二页）。以下凡引《阳春白雪》均指九卷本。

〔锦上花〕：古往今来、你须尽知。　原作"古往今来你尽知"，新校据《阳春白雪》及《正音谱》补须字。（说见下。）

〔锦上花幺〕：受用了一日、一日是便宜（按：了字、是字均是衬字）。　原作"受用了一日是便宜"（按：了字是衬字）。新校据《阳春白雪》补一日二字。(说见下。)

附注:幺为后字之简写,即其右半之上部,元明曲籍多以形近作么。后人不明本义,解说纷纭,从无定诂。张相《诗词曲用语汇解》始定为后字之简写,其说最为精允可从。新校诸曲于此字仍从旧日习惯作么,应悉改作幺。

同曲:人活百岁、七十者稀。 原作"人活百岁七十稀",新校据《阳春白雪》补者字。按:以上三者,据谱均应两个四字句,原书均并为一个七字句,新校增补,不惟与谱相合,且有他书可据,本无问题。但北曲原有并两个四字句为一个七字句之例,汉卿作曲尤多不拘常格。此三个七字句文义均通,其究为刊印脱误,或作者偶然并句,实难确定。似应仍原书之旧,而注他书异文于校记中,不必径补。《词林摘艳》戊集及《雍熙乐府》卷十二所载无名氏霁景融和套,其〔锦上花幺〕之第五六两句,等于此处"人活百岁、七十者稀"两句,即并为一个七字句云"芳草和烟绿渐齐",是亦可以并句之一证。

〔碧玉箫〕:休争闲气。 此句下《阳春白雪》及《广正谱》俱有一四字句云:"幸有几杯。"新校仅在校记中注出,未据增补。按:〔碧玉箫〕本格共十句,其第九句为一字句,可变为四字,但此句照例可有可无。此"幸有几杯"四字即第九句,新校仅注出而未增补,即因其可有可无也。

〔歇拍煞〕:得时间早弃迷途。 间应作闻,形近致误。闻早即及早或趁早之意,词曲中常用语。作间早,费解。勉强解释则须读为"得时间,早弃迷途",变成上三下四,与本调句法不合。

般涉调哨遍(原本一 新校三—四)

二:此曲是〔耍孩儿幺篇〕,应改题煞。

三：此曲是〔煞〕，应依照习惯改题一煞或仅题煞字。

双调新水令（原本一一二　新校四一五）

〔驻马听〕：相思最是难熬症。　症原本作证，新校改症，所据系《阳春白雪》，无校记。按：此字不应改。症候病症，字本作证，通作证，症是后起俗字，即元刻曲籍中亦少有用之者，其通行恐在明代以后也。

〔得胜令〕：翠弯眉黛远山青。　据此下三句"红馥馥"云云，应重弯字，原本及《阳春白雪》均不重，显系脱误。

〔梅花酒〕：废忘餐泪珠倾。　"废忘餐"三字不成辞，废下应有寝字；但多此一字则成上四下三之七言，〔梅花酒〕此句，从无作七言者。《阳春白雪》改为"朝忘餐"，文义亦甚勉强。只可存疑。

南吕一枝花（原本二　新校六）

〔南吕·一枝花〕：吕原本作宫，新校改吕。校记云："南吕原作南宫，元明曲书仅见本书省称南吕宫为南宫，兹从一般曲书省称南吕。"按：此字不应改。南吕宫固无称南宫者，但〔南吕·一枝花〕则可称〔南宫·一枝花〕或〔南宫·一枝〕。此为科举时代之吉祥语。南宫借喻礼部试之南宫，士人登第赴闻喜宴例均簪花；〔一枝花〕又名〔占春魁〕，即是此意。元代虽有长时期废科举，唐宋以来民间习俗固未改也。本书所收〔一枝花〕凡五套，皆作南宫，即此亦可知其非偶然而不应轻改。其余四套新校皆改宫为吕；总识于此，不具校。

二十换头双调新水令（原本二一三　新校七一九）

〔新水令〕：玉骢丝鞚金鞍鞑。　金，《词林摘艳》及《北宫词纪》均作锦，《雍熙》同此作金。新校未校出。按：此字必须用仄声，应作锦。

〔山石榴幺〕：当时月枕歌眷恋。　眷恋原作眷变，费解，新校从任中敏辑《元四家散曲》改。按:此句第六字须用平声,眷恋两字俱去声且叠韵,甚不美听,歌眷恋三字亦不甚通顺,手边无《元四家散曲》,不知任氏何据,恐只是就字形及文义推测。《正音谱》、《词林摘艳》、《雍熙乐府》、《北宫词纪》中此句均作"当时月枕歌声转",似可从。

〔一锭银〕:却子待欢解动凄然。 此句费解。《正音》、《雍熙》、《北宫词纪》俱作"望解劝凄然"。无却子待三字。新校未校出。按:动字是劝字形近之误,自无可疑。欢字若改为望字则须依《正音》等删却子待三字,否则意思重复。疑应作"却子待解劝凄然",原本误劝为动,又衍一与劝字形近之欢字。

〔不拜门〕:此调名《正音》、《广正》两谱俱作〔小拜门〕。《正音》注云:"即〔不拜门〕。"《广正》注云:"小一作不。"元代坊刻曲籍常误小为不,《元刊杂剧三十种》中其例甚多。此调名显然系与另一调〔大拜门〕相对,作小为是。

〔唐兀歹〕:斩眼不觉得绿窗儿外月明却又早转。 原本无觉字,《正音谱》此句作"不觉得纱窗外月儿转",新校据增觉字。按:此字不应增。斩眼《摘艳》作晰眼,《雍熙》作展眼,今北地方言犹有此语,如"斩眼的工夫",意谓快速也。实即眨眼;斩与眨为一声之转,晰字不见字书,为元人所造,展则是与斩同音通用。原本"斩眼不得"四字一逗,与"下手不得""开口不得"等常用语同一语式。全句意谓"还没容斩眼的工夫,月亮早转到西边去了",极写良宵之苦短。《正音谱》上无斩眼二字,下无却又早三字,故可云不觉得,新校保留此五字而又增觉字,殊为累赘,盖不明斩眼不得四字之语式也。

〔尾〕:据谱,此曲是〔鸳鸯煞〕,应改题。

同曲:尽老同眠、也者也强如雁底关河路儿远。 新校本如此断句,非是。也者二字应属上读,改为"尽老同眠也者,也强如雁底关河路儿远"。眠字是韵,也者二字是句尾衬字。北曲中此种衬字,略同楚词之兮字些字,用于韵字之下,但用者甚少耳。新校本拘于眠字是韵而不知韵下可加衬字,牵强断句,遂使文义难通。

双调新水令(原本三—四 新校九—十一)

〔新水令〕:粉悴烟憔。 烟应作胭,形近致误。"粉悴胭憔"是曲中常用语,胭谓胭脂。

〔雁儿落〕:懒将烟粉施。 烟应作胭,说见上。

〔挂玉钩〕:谁承望拆散鸾交。 据文义,折应作拆,乃形近之误。《四部丛刊》本所附旧校(下称旧校)散字下增了字。

〔乱柳叶〕:天开眼自然报。 报原本作招,平仄失律,文理不通,新校从《摘艳》、《雍熙》、《广正》诸书改报。按:此字《正音》作照,似较胜。照即鉴察之意,谓上天有眼自能鉴察其人之负心违誓。原本招字形近致误。报字虽亦可通,但与招字字形不近,又不如照字委婉,此套情意缠绵,不宜有强硬语气。

〔收江南〕:相思满腹对谁学。 旧校此句上增多应是三字。

双调夜行船(原本四 新校十二)

〔庆宣和〕:投至狐纵与兔穴。 纵诸书均作踪,应据改。

同曲:魏耶晋耶。 旧校此句上增知他二字。

〔落梅风〕:没多时。 旧校作不多时。

〔离亭煞〕:《雍熙》作〔离亭宴煞〕,《摘艳》及《北宫词纪》作〔离亭宴带歇拍煞〕,《正音》作〔离亭宴带歇指煞〕。按:〔离亭煞〕为〔离亭宴煞〕之省称,〔离亭宴煞〕与〔离亭宴带歇指煞〕则为不同之两调,东篱此曲系后者,应从《正音》改题。歇拍与歇指一字之差,元明曲籍向来歧异,《九宫大成谱》云应作歇拍,吴梅《南北词简谱》则痛驳其说,以为当作歇指。吴说似较长,故从之。

同曲:爱秋来时那些个。 诸书俱无个字。多此一字,不合句法,似应删去。但东篱作曲好用句尾衬字,此个字或亦其例。

双调新水令(原本四　新校十三)

〔不拜门〕:调名原本题〔阿那胡〕(胡亦作忽),新校据《广正》及《九宫大成》改。"画苔墙划损短金钗"句原本无损字,新校据《广正》及《九宫大成》增。按:原题调名不误,《广正》、《大成》误,损字亦不应增,增此字不合句法。

〔阿那胡〕:原本题〔不拜门〕,新校云据谱改,但未云所据何谱。按:此曲是〔一锭银〕,原本及新校俱误。以上两条说详予所撰《北曲新谱》〔小拜门〕、〔阿那忽〕、〔一锭银〕三调注文。

〔步步娇〕:转疑回。 回字不可解,应从《正音》作惑,原本乃同音假借,惑字本入声,《中原音韵》作平声用,入齐微韵,与回字同音,今山东方言尚如此,但转为去声。

〔离带歇拍煞〕:原本离字下脱亭宴二字,新校未校出。但此曲句法是〔离亭宴煞〕而非〔离亭宴带歇拍煞〕,元明曲籍中此二调常有时混题,不止此书。

同曲:免强。免应作勉。

醉春风(原本四—五　新校十四)

〔幺〕:相莲花阵侧。 莲应作怜,同音借用。

〔卖花声煞〕:此曲是〔卖花声煞〕之又一格。首两句似有误字。

同曲:难摘应作离摘,离摘即分离之意。原本作难,正是离之简体,左旁少一点作难者方是难之简体。

越调斗鹌鹑(原本五　新校十五)

〔小桃红〕:帘纤雨。 帘应作廉,音同形近致误。

〔金蕉叶〕：有分受些枕冷衾寒。地狱海誓山盟、肺腑对何人告诉。　新校本如此断句，非是。应改为"有分受些枕冷衾寒地狱。海誓山盟肺腑、对何人告诉。"狱、腑二字是韵。

〔眉儿弯煞〕：难由绪。　此句费解，《广正》亦同此，待校。

同曲：悄受苦。　悄原作俏，新校据《广正》改。按：此字不必改。张相《诗词曲用语汇释》"诮字"条注云："诮犹浑也，直字，字亦作悄、作俏。……诗中多用悄字，在词曲中则诮、悄、俏随意用之。"所引例证甚多。新校者之意，盖误以俏为俊俏之意，悄为静悄之意，而不知其可以通用。

南吕一枝花（原本五　新校十六）

〔梁州第七〕：此曲用〔梁州第七〕旧格，与通行格式不同，说详予所撰《北曲新谱》。

同曲：极纠勤儿。　极纠二字费解，应从《雍熙》作村纣，极、村形近致误。村纣是元曲常用语，粗俗执拗之意。

同曲：撞声打怕。　怕应作拍，打拍见《紫云亭》杂剧，未详其义。

同曲：查核相。　核《雍熙》作胡，同音借用（核心之核现代国语音合，北平语音胡）。查音扎（扎字依国语音读），查胡为北方方言，张皇浮躁之意，即张皇一声之转。

同曲：钦不定冷笑孜孜。　钦字费解，《雍熙》作脸，仍不可解，疑是敛字，意谓每见村沙谎厮，即不觉冷笑而不能收敛。原本形近致误。

同曲：为他十分吃尽不肯随时。变除此外没瑕玼。　变字应属上读。新校如此标点，《雍熙》亦然，盖拘于通行格式而不知其为旧格，遂致文义难通。

〔赚煞〕:此调与〔仙吕·赚煞〕名同实异。《广正谱》改题〔隔尾随煞〕,《九宫大成》题〔隔尾煞〕,恐俱非是,不如仍旧名,说详予所撰《北曲新谱》〔南吕·赚煞〕注文。

南吕梁州第七(原本五——六　新校十六——十七)

〔梁州第七〕:佈满天涯。　佈原作布,新校改佈,无校记。按:布是本字,佈是后起字,不必改。此曲用旧格。

同曲:细捻琼系。　系应作丝,原本是其简体。

同曲:壁灯儿、巧画。过街灯照映纱灯戏灯机关妙。　新校如此断句,非是。应改为"壁灯儿巧画、过街灯照映、纱灯戏灯机关妙。"方合句法。映字偶然失韵,新校误断句即由于此。纱灯原作沙灯,新校改纱,无校记。按:此字不应改。予儿时,北京上元节放灯,有所谓沙子灯者,详细形状已不复记忆,但确记其可藉机关转动而变幻明灭。当时北京风物,尚有沿袭元明旧俗者,曲中所云,当即指此。若纱灯则甚寻常,与机关妙无涉。

〔幺〕:赏茗媛。　茗应作名,形近致误。

同曲:吴姬。　校记云:"姬字失韵,疑应作娃。"按:此无可疑,径改可也。

〔赚煞〕:婉英扶下马。　下应作上。此乃回忆从妓馆带醉还家情形,自应作上马。婉英是妓女名,与上曲之云英及绛英,即题中所谓三英。妓女无送客还家之例,如作下马,则婉英变成其家人矣。晏小山〔玉楼春〕词:"来时醉倒旗亭下,知是阿谁扶上马。"周美成〔瑞鹤仙〕词:"不记归时早暮,上马谁扶;醒眠朱阁。"当即此曲所本。晏、周之词则又本于古诗之"阿谁扶上马,不省下楼时"。

南吕一枝花(原本六　新校十七——十八)

〔一枝花〕:妆洴。　洴字待校。

〔菩萨梁州〕:不堤防暗使锹掘。 掘应作镢,同音借用。"暗使锹镢"是元曲常用语。

〔随煞〕:他个聪明的小姐。 此系独立之句,姐字是韵,其下应有标点,新校无之,或是排工遗漏。

仙吕点绛唇套(原本六　新校十八——十九)

〔点绛唇幺〕:原本未分幺篇,新校分出。按:此幺篇可不必分。此曲系用〔点绛唇〕之南体,与宋词全同,不分幺篇,犹是宋词习惯。说详予所撰《北曲新谱》〔点绛唇〕注文。

〔穿窗月〕:青骢马。 《正音》、《广正》俱作骢,《九宫大成》作骏,新校从《大成》。按:此字必须用平声,骏字仄声失律,青骏马亦不成词,自系错误。但应从《正音》、《广正》作骢,青骢马元曲中常见,青骏马则未见用者。《大成》为晚出之书,且于旧本文字每有臆改妄动,未宜轻据。

〔元和令〕:×从绝雁书。 缺处新校拟补自字。按:补"一"字亦通,且与下句对仗工切。

双调夜行船(原本六　新校十九——二十)

〔夜行船幺〕:锦机情词。 锦机应作锦织,以与下句之石镌对文,义亦较长,原本形近致误。

〔尾声〕:俏家风说与那小后生。 说与那原作兑那与,新校据《广正》谱改。按:此三字疑当作兑与那,兑即兑现之兑,交付之意,如此亦可讲通,不必改为说字。

双调风入松(原本六—七　新校二十——二十一)

〔离亭宴煞〕:宴原本作燕,新校据谱及他曲改,无校记。按原本有多处如此,宴会之宴原可作燕。

双调夜行船(原本七　新校二十一)

〔挂玉钩序〕:人瞧。　原作人憔,新校据《广正》改。按:憔瞧俱为形近之误。应作人噍,下文幺篇之娘噍可证。《集韵》:"噍,声急也。"又云:"燕雀声。"其字亦可作谴责解。《新书·傅职篇》云:"赋与噍让不以节"是也。合此以观,可知噍为絮聒责怨之意。人噍与下文之"女伴哨"、"闭家哨"、"柳青行冷句儿搬调",语式一致,语意一贯,皆谓旁人之闲言闲语。

〔挂玉钩序幺〕:目下别离。　目原本作日,新校据《广正》改。按:此字不应改。日下为宋元时俗语,与今语之即日或即时意义相同,日下别离谓仓卒别离。

同曲:觅殴寻争叫。　殴原作呕,新校据《广正》改。按:此字不应改。《集韵》:"呕,怒声也。"引申为吵嘴之意。殴则是打架。二者一为动口,一为动手,意义不同。呕吐、呕歌之呕,与此是同字异训。

〔尾声〕:离散买休多。　校记云:"买,《雍熙乐府》作实。"按:买休是元曲常用语,实字是形近之误。

双调夜行船(原本七　新校二十二)

〔夜行船幺〕:多绪多情病身。　此句照例须七字,无作六字者,应是"多绪多情多病身",原本脱一多字。

同曲:眼角排情。　排应作挑,形近致误。

双调新水令(原本七　新校二十二——二十三)

〔新水令〕:愁×画。　校记云:"中间疑脱白字。"按:此无可疑,应补。

〔步步娇〕:何下手。　此三字费解,待校。

〔离亭宴煞〕:可喜娘。　此是独立之三字句,娘字下应加一标点。

双调新水令(原本七　新校二十三)

〔新水令〕:绣帘拢。　拢应作栊,形近致误。

〔驻马听〕:玉瓶插紫珊瑚。　此句应作七字,瓶字下疑脱一字。七字句例可减为六字折腰句,此句文义亦足,故不能断其必有脱落。

〔落梅风〕:踅衬足。　此三字待校。

〔离亭宴煞〕:此曲是"收尾",应改题。

双调风入松(原本八　新校二十四)

〔风入松〕:鸳帏惭冷。　应作"鸳帏渐冷"。此处须用仄声字,渐、冷两字去上连用,尤为起调。惭字文义不如渐字自然,且失律,盖形近之误。

〔搅筝琶〕:带喉舌。　带应作代,同音借用。

〔离亭宴煞〕:自敝自焦。　自敝二字不通,应作自憋,形近致误。憋,愁闷不舒之意;焦,焦急也。

仙吕点绛唇(原本八　新校二十四——二十五)

〔醉中天〕:教人断肠。　教原作交,新校改教,无校记。按:以交为教,唐诗中已有之,宋词、元曲则到处皆是,不必改。以下同样情形甚多,不具校。

般涉调哨遍(原本八——九　新校二十五——二十七)

〔哨遍〕:百年几度聪明暗。　聪应作窗。陈简斋诗:"百世窗明窗暗里",此用其意。窗字亦作牕,与聪字形近致误。

〔哨遍幺〕:出凡笼。　凡应作樊,同音借用。

〔耍孩儿幺〕:抛持尽。　此系一个三字句,尽字下应加标点,新校无之,或是排工遗漏。

〔一煞〕:水低俱淹。 低应从《广正》作底,形近之误。

〔二煞〕:慎矣公侯伯子男。 慎字不可解,应作傎,形近致误。《穀梁传·僖二十八年》:"晋文公之行事为已傎矣。"傎,胡涂愚傻也,今作颠,如疯颠、颠狂。

〔五煞〕:苍木黄菁。 应作苍术黄精,形近致误。二者皆道家服食药物,曲中常见。

南吕一枝花(原本九　新校二十七——二十八)

〔梁州第七〕:生把俺殃及做顶老。 "生把俺殃及"是一句,"做顶老"三字属下句;新校标点与文义及句法均不合。殃及亦作央及,即央求或烦扰之意,元曲常用语。

〔赚煞〕:禽唇撮口由闲可。 禽疑当作噙,噙唇与撮口对文。由即犹字,同音借用。

双调风入松(原本九　新校二十八——二十九)

〔风入松〕:心绪杂。 《雍熙》作心绪交杂,应据添交字。此句须作上三下四之七字句,无交字不合句法,文义亦颇牵强。

〔离亭宴煞〕:早是可曾经。 依文义,经字下应断句。此曲句法不似〔离亭宴煞〕,待考。

南吕一枝花(原本九　新校二十九——三十)

〔一枝花〕:无斤两的风云怛。 怛应作担,形近致误。

〔梁州第七〕:阑纷纷。 阑应作闹,形近致误。

同曲:赴一簪。 赴应作付,同音借用。

〔随煞〕:对勘的嵒。 嵒应作岩,同音借用。

中吕粉蝶儿(原本九——十　新校三十——三十二)

〔醉春风〕:直睡到日斋高。 斋字待校,疑当作齐。

〔斗鹌鹑〕:坎柴的扰。 坎应作砍,形近致误。下曲〔红绣鞋〕

坎字同此。

〔上小楼〕:荫子封妻。　原本荫作阴,新校改荫,无校记。按:作庇荫子孙解,两字通用,不必改。

〔上小楼幺〕:稍间跑药。　跑字读平声,掘也,俗作刨,元曲中亦作刨。读上声作奔驰解,乃后起音义。

〔满庭芳〕:论天写来。　来字费解,且此句必须押仄声韵。据文义及韵应是"论天写表"。原本表字极似来字之俗体,新校误认。

〔鲍老儿〕:您持凌烟阁上。　持应作待,形近致误。

〔鲍老儿幺〕:调名应改题〔古鲍老〕。此曲与〔鲍老儿〕平仄及句法完全不同,而与〔古鲍老〕完全相同。〔鲍老儿〕从无用幺篇者,北曲各调之幺篇亦绝无与始调全异者,其为〔古鲍老〕无疑,《广正谱》中吕套数分题引此套,于〔鲍老儿〕后接以〔古鲍老〕,是也。

〔后庭花〕:原本只题一后字,新校据《广正》改题〔后庭花〕。按:此曲非〔后庭花〕,乃〔古鲍老幺篇〕也。广正收此曲为〔后庭花〕第六格,大误,说详予所撰《北曲新谱》〔古鲍老〕及其幺篇注文。

同曲:玄关一窾。　原本窾作窍,不误,新校恐是误排。

〔随煞尾声〕:《广正》中吕套数分题引此作〔啄木儿煞〕,乃是一调两名。

正宫端正好(原本十一　新校三十二——三十四)

〔叨叨令〕:崎崎呕呕。　呕呕应作岖岖,形近致误。

同曲:信白田茅舍。　信应作这,形近致误。白田疑应作石田。杜诗:"石田茅屋荒苍苔"。

三:鹤背霜。　此曲首两句对仗甚工,不应以霜对往,疑是翔字。但霜字阴平,极响,易为阳平之翔字则声调顿哑,以文义言亦是霜字较胜,故不能谓为必误。

收尾:复两相。　相应作厢,形近致误。

双调新水令(原本十一——十二　新校三十五——三十六)

原本题马致远撰,《摘艳》、《广正》俱题王伯成,细审全套风格词藻应属东篱。

〔新水令〕:布江山自然如画。　布原本作不,新校据《雍熙》改布。按:不字较胜。此句从东坡〔念奴娇〕"江山如画"句翻出,江山代表雄壮之风景。作者之意,言西湖清丽幽雅,不必有雄壮之江山而自然如画。用不字则湖水是实景,江山是虚设,有跌宕之致;用布字则二者皆实,重复而平板。

〔挂玉钩〕:原本题〔挂打沽〕,新校从《雍熙》改题。按:此是一调两名,不必改。《正音谱》〔挂玉钩〕调名下注云"即〔挂搭沽〕"(搭打音近通用)。《广正谱》调名下注云:"一名〔挂搭沽〕,误。"二说相反,《正音》是而《广正》误,说详予所撰《北曲新谱》〔挂玉钩〕调注文。吴梅先生《北曲简谱》主《广正》之说而以《正音》为大谬,实未详考。

〔石竹子〕:《雍熙》作〔石竹花〕,想是此调别名。

黄钟醉花阴(原本十二　新校三十六——三十八)

〔喜迁莺〕:困腾腾。　此三字是一句,腾字是韵,其下应加标点。

同曲:伤情处。　此是二字句,情字是韵。《摘艳》、《广正》俱无处字,与律相合。但有处字似觉语气更为酣畅,盖偶然变格,视作句尾衬字亦可。此等情形在北曲初期作品中每有之。

〔刮地风〕:两泪盈盈。　原本及《摘艳》、《雍熙》俱作雨泪,两字恐是误排。

〔古水仙子〕:甚识曾。　此三字待校。

〔块玉节节高〕:原题〔接接高〕,《广正》改题〔节节高犯〕,《九宫大成》改题〔块玉节节高〕,新校从《大成》。按:接接与节节同音通用。此曲与〔节节高〕本格有异,《广正》认为前半〔犯南吕四块玉〕后半为〔节节高〕,故加犯字,其说近于臆测,未知确否。《九宫大成》则又据《广正》之说而杜撰新名。自以仍用原题,存疑为是。元时恐无〔节节高犯〕之名;〔块玉节节高〕乃用南曲集调题名办法,更非元代所有。

同曲:绣帏帐。跳金鞍。　应从《广正》作"绣帏空跨金鞍"。

〔挂金索〕:淹行失信行。　淹应作俺,形近致误。上行字读杭音,与娘行、伊行之行同。

〔黄钟〕:各谱均无此调名,谓是黄钟尾又不相类,且其后另有尾声,疑应作〔黄钟煞〕。

〔尾〕:大薄幸。　大应作太,形近致误。

卷中

满庭芳(交人笑倒　原本一　新校四十)

谁不怕俺娘焦。　焦为噍字之省,絮聒责怨之意。参阅卷上〔双调·夜行船〕"院宇深沉人静悄"套〔挂玉钩序〕曲。

满庭芳(花残暮春　原本一下　新校四十)

婆婆处分特很。　很原作限,新校改很。校记云:"限字失韵。"按:据文义应改很字,乃形近致误,失韵非正确理由。宋词每有以限字入真文韵者,元曲虽未见例证,总有可能。

满庭芳（娘毒似蝎　原本一下　新校四十）

把冷鼻凹偝者。　偝应作绷,形近致误。

满庭芳（乾坤草庐　原本二　新校四十二）

误嫌得读书。　嫌似应作赚。

水仙子（退毛鸾凤　原本二下　新校四十三）

十硕力。　此三字待校。

水仙子（满城风雨　原本三　新校四十四）

不到底辜负了秋光。　此句文义费解,不到底,疑应作不道的。

水仙子（临行愁见　原本三　新校四十五）

我记不的。　原本作"我不记的",新校误倒。

水仙子（一春鱼雁　原本三下　新校四十五）

长出皴纹。　皴应作皱,形近致误。皴纹义虽可通,不如皱纹现成,且此字须用仄声。

水仙子（画桥斜映　原本三下　新校四十六）

直吃的画醉方归。　归字失韵,应是休字,虽与上文重韵,但元曲重韵之例并不少见。

水仙子（恰才相见　原本三下　新校四十六）

才得欢㑸。　㑸应作娱,形近致误。

昨日个舞榭歌台。　"舞榭歌台"四字须作"平平十仄",此曲失律,改为"歌台舞榭"即合,当是原本误倒。（十表示平仄不拘）

水仙子（暗香浮动　原本三下　新校四十六）

怨杀东风。　风字失韵,应作东君。

水仙子（罗围宽褪　原本三下　新校四十六）

美饭刚推三四匙。　"美饭刚推"四字,似通不通,应是"羹饭刚捱",形近致误。

水仙子(娘心里烦恼　原本四　新校四十七)

　　伏不是。　伏不是即认错之意,伏,亦作服,今北方犹有此语。校记云"是疑应作定",误解原意。

水仙子(夕阳西下　原本四　新校四十七)

　　好教我惮梳妆画眉。　此句不合格律,在画字上添一懒字始合。

水仙子(喻镜　原本四　新校四十七)

　　徒您如今。　徒您应作陡恁,形近致误。新校云"徒疑应作陡",是也。但未校改您字,作你解,您恁二字有时通用;作如此解,必须作恁。

水仙子(喻敌　原本四　新校四十八)

　　到褪。　到应作倒,音同形近致误。

水仙子(喻纸鸢　原本四下　新校四十八)

　　被狂风一任刮。　刮原作括,新校改刮,无校记。按:刮风之刮,元曲中每作括,此等两可之处,自应从原本。

十棒鼓(将冠簪戴了　原本五　新校五十)

　　麻袍宽超。　超应作绰,音近借用。(绰字本入声,《中原音韵》作上声用,音炒,入萧豪韵。)

　　沿门儿花得。　此谓化缘也,花应作化,形近致误,下句同此。

　　散但逍遥。　但应作诞,同音借用。

折桂令(杜鹃声啼破南柯　原本五　新校五十)

　　天津老树。　卢前辑疏斋小令作"天津树老",应从,但不知所据何书。此句与上句"金谷花飞"对文,花飞树老,对仗工整,树老二字去上连用,亦较老树之上去连用为起调。

折桂令(笑征衣伏枥悲吟　原本五下　新校五十一)

笑征衣伏枥悲吟。　征衣《乐府群珠》作征西,应从。此句用曹操事。操尝自云"欲望封侯作征西将军",见所作《自明本志令》。又操所作乐府:"老骥伏枥,志在千里,烈士暮年,壮心未已。"此与下第之《敕勒歌》,皆是寻常典故,文学名作,以新校者之学识,不应不知,盖偶然疏忽耳。

软动歌残。　软动应作敕勒,形近致误。《敕勒歌》为北齐之民歌,即"敕勒川,阴山下"云云。

折桂令(记元戎洄曲奇勋　原本五下　新校五十二)

谁杂声沉。　谁杂应作淮雅,形近致误。此曲咏李愬之平淮西,柳宗元有《平淮夷雅》,即歌颂此事。

吟断兰生。　此句文义不明,生字又出韵,待校。

折桂令(道南宅岂识楼桑　原本五下　新校五十二)

昭代车书四方。　校记云:"按谱此句应七字,疑昭代下脱一字。"按:此为上三下四之七字句,照例可减为六字,但详其文义,确似脱一字,惟应在句首而不应在昭代之下。

折桂令(倚夕阳麋鹿荒台　原本五下　新校五十三)

伏节英才。　此句谓伍子胥,下句倾国佳人谓西施,皆吴国故事。伏节二字屡见古书,如《春秋繁露》天地之行云"伏节死虽不惜其身",《汉书·诸葛丰传》云"伏节死谊之臣"。《乐府群珠》作仗节,若非形近之误,即是后人妄改。

折桂令(记当年六代豪夸　原本六　新校五十三)

台城畅望。　畅字义亦可通,但作怅望较胜。

折桂令(鹿门山尽好幽栖　原本六　新校五十四)

须曰书痴。　须曰《乐府群珠》作顷白,均不可解,疑应作颁白,意谓老书呆子。

折桂令(恰西园锦树花开　原本六　新校五十五)

自芬尘埃。　芬字不可解,且此字须用仄声,待校。

折桂令(映横塘烟柳风蒲　原本六下　新校五十五)

琼立冰壶。　校记云:"立《太平乐府》作注。"按:应从《太平》。

折桂令(江城歌吹风流　原本六下　新校五十六)

按锦瑟佳人劝酒。　按原本作快,新校改按,无校记。与下句"齐按梁州"重复,快字似亦可通。

殿前欢(夜如何　原本七下　新校五十九)

谁家见月明多。　此六字应删。无论连上或连下读,句均太长,北曲虽可加衬字,无此衬法;若断开独立,则较〔殿前欢〕本格多出一句,不合格律。且无论如何断句,文理均不通顺,其为涉上下文而衍无疑。

沉醉东风(饮竹叶金杯兴阑　原本八　新校六十)

海马春愁压绣鞍。　海马费解,应作满马,形近致误。

沉醉东风(渔得鱼　原本八　新校六十一)

渔得鱼平生愿足。　鱼原作渔,新校据《阳春白雪》改。按:此字不应改。得渔之渔字与下得樵之樵字皆作抽象名词用,谓渔夫得其所以渔,樵夫得其所以樵。上句两渔字,下句两樵字,整齐一致。若必欲改为具体名词之鱼字,则下句亦须改作樵得柴矣。

五官士大夫。　五官应作峨冠,音近致误。某元人杂剧中有同样之例,一时不记是何剧,书俟详检。

落梅风(炊烟细　原本八　新校六十二)

古寺清。　清原作晴,新校从《阳春白雪》改。按:晴字亦有意境,可以并存。

山堂月明人静。 校记云:"按谱此句应七字,疑山堂上脱一字。"按:此系上三下四之七字句,照例可减为六字。此句文义已足,不似有脱字。

山坡里羊(林泉高攀 原本九 新校六十四)

林泉高攀。 攀字失韵,应是卧字之误。

山坡里羊(争夸聪慧 原本九下 新校六十六)

争夸聪慧。 慧原作惠,新校从《群珠》、《雍熙》改。按:慧字古通作惠,不必改。

山坡里羊(生涯虽旧 原本九下 新校六十六)

生涯虽旧。 原作"生须依旧",新校从《群珠》、《雍熙》改。按:虽字颇费解,似当仅改须字作"生涯依旧"。

山坡里羊(天于人乐 原本九下 新校六十六)

未央宫罹惹韩侯过。 罹原作罗,新校从《群珠》改。按:罗字不误。罗惹之义略同罗织,此曲之外,又见于尉迟恭《三夺槊》剧:"划地胡罗惹斩在云阳。"《群珠》形近误罹。

梧叶儿(瀑布倒银汉 原本九下 新校六十七)

白莲陶令诗。 此句末一字原本模糊不清,新校补诗字,元人小令集及九十五家小令补社字。按:此字须平声押韵,补诗字是。

梧叶儿(风雨西津渡 原本十 新校六十八)

脚根下。 根原作跟,新校改根,无校记。按:元刊书籍此字无论作名词或动词用多作根,后始改用跟字,但原本既是跟,不必改。

梧叶儿(九里青松路 原本十 新校六十九)

洞口山如甸。 如甸费解,应作如靛,同音借用。以靛喻山色,元曲中常见。

呆偉看猿。　偉应作猙,形近致误。

梧叶儿(腰肢瘦　原本十　新校七十)

相思症候。　症原作证,新校改为症,无校记。按:证是本字,症是后起俗字,不必改。

卖花声(登楼北望　原本十一下　新校七十三)

冷凄凄霜凌古岸。　霜字必须用仄声,去声尤佳;霜凌盖霸陵之误。李广饮田间夜归,为霸陵醉尉呵止,又有射虎事,见《史记·李将军列传》。

庆东原(花阴话　原本十二　新校七十六)

行院每炒煿。　煿应作煿,形近致误。煿即爆字,见《集韵》,煿字不见字书。

叨叨令(不思量　原本十三　新校七十七)

尤在心头记。　尤应作犹。

一半儿(见佳人缟素　原本十三下　新校七十八)

一半儿蹇。　蹇应作瀽,洒也,北曲常用字。此首少第三个七字句,无从校补。

卷下

朱履曲(搬兴废　原本一　新校八十)

东升玉兔。　升原作生,新校改升,以求与坠字对。按:生字亦可与坠字对,虽习惯多用升字,但不必改原本也。

朱履曲(这场怪 原本一 新校八十一)

扯拽揪摔。 校记云:"揪摔二字原本模糊,兹据《乐府群珠》补。"按:应作揪搩,原本尚依稀可辨。揪搩是元曲常用语,揪摔二字则未见连用者。且搩字是韵,作摔则失韵矣。《群珠》形近致误。

快活三朝天曲(芝兰种不生 原本一 新校八十三)

赶不上休争竞。 争原本作击,新校从《乐府群珠》改。按:此字应作急,急竞为元曲常用语,躁急之意。击字音近借用。

朝天曲(画堂绮窗 原本二 新校八十四)

春风枉羡杜韦娘。 枉字原本作往,羡字原本模糊不清,又似事字,新校改定为枉羡,无校记,疑当作往事。

朝天曲(楚阑小蛮 原本二 新校八十四)

楚阑。 阑应作兰。楚兰、小蛮俱古歌女名。

×月。 缺处拟补淡字,与下句疏星对文。"淡月疏星"为曲中常用语。

快活三朝天曲(抛离了花月朝 原本二下 新校八十五)

有力的姨夫闹。 的原作程,新校从《群珠》改。按:程字与的字音形俱不相近,不知是否确为误字,疑力程是当时俗语。

步步娇(得得他来三更至 原本二下 新校八十六)

得得他来。 得得应作待得,形近之误。

四换头(冲寒乘骑 原本三 新校八十七)

泄漏了春消息。 泄漏原作漏泄,新校从《群珠》、《雍熙》改。按:二者俱为成词,不必改。

西番经(太平谁能见 原本三 新校八十八)

绿芸无尽天。 芸应从《阳春白雪》作云,音同形近致误。

西番经（海棠秋千架　原本三下　新校八十八）

　　故宫惊落花。　惊原作耕,新校从《阳春白雪》改。按:此字不应改。"故宫耕落花"即故宫禾黍之意而境界更为新颖。盖故宫大部沦为农田,而旧时卉木遇有存于丘垄间者,于是宫花蔓草同此锄犁。予昔游北平之圆明园废墟,即曾见此情景。惊字字面甚猛而语意平凡,无论新宫、故宫,落花乃寻常事,有何可惊。改此一字而原作感慨之意全失,盖同音之误。（北地方言惊耕同音）

西番经（夜来秋风里　原本三下　新校八十八）

　　夜来秋风里,九天雕鹗飞。　里原本作力,新校从《阳春白雪》改。按:《乐府群珠》此句作"夜来西风劲",西字与秋字可并存,劲字应从。据文义,此两句须一气读下,力字不甚顺,里字虽顺而太平实,劲字则顺而有力。劲字去声亦较里字上声起调,（此句末一字宜用去声,必不得已,始用上声）。盖劲字误省其半变为力字,又以音近而变为里字。雕鹗,《阳春白雪》作鹏鹗,《乐府群珠》作雕鹗,应从《群珠》。杜甫诗:"鄠杜秋天失雕鹗。"鹗字乃形近之误,鹗鸟无与雕齐飞九天之理,且此字应用仄声,鹗字平声失律。

一锭银（欲卜终焉　原本三下　新校八十九）

　　校记云:"此首又见本书马致远〔新水令〕四时湖水套"。按:此曲语意不完,其为套数中之一曲无疑。元明曲选中每有此种情形,谓之"摘调"。

十二月过尧民歌（静惨惨烟霞岭外　原本四　新校九十）

　　静惨惨。　应作静巉巉,是北曲常用语,惨惨为音近之误。

十二月过尧民歌（一个个青鸦鸦　原本四　新校九十）

　　散但逍遥。　但应作诞,同音借用。

沽美酒过快活年(黄超廝恋缠　原本四　新校九十一)

天索告圣贤。　天字是押韵一字句,其下须加标点。下一首"听恰才敲二更"之听字同此。

沽美酒过太平令(休休休　原本四　新校九十二)

休休休说甚的。　的原本作底,新校改,无校记。此两字曲中通用,不必改。

清江引(东篱本是风月主　原本五　新校九十二)

晚节园林趣。　原本作"晚咸园成聚",新校从《太平乐府》改,校记引原文误为"晚咸园咸聚"。按:此句不应改。原文应是"晚岁园成聚",岁字形近误咸。《史记·五帝纪(舜纪)》云"一年而所居成聚",此用其语,谓至晚岁而所居之园已成聚落;而此聚落不过下文所云"一枕葫芦架,两行垂杨树"而已。以夸大为嘲讽,是文学上习用之法。"晚节园林趣",似是后人所改,但与原文可以并存,元人散曲固常有可并存之异文也。

清江引(婆娑一庭　原本五　新校九十三)

唤得鹤未到。　校记云:"未疑应作来。"按:此字应用平声,决是来字,形近致误。

醉太平(原本五　新校九十三——九十四)

题后校记云:"以下只前四首是〔醉太平〕小令,皆王元鼎作,见《太平乐府》。后半〔货郎儿〕、〔脱布衫〕、〔醉太平〕、〔货郎煞〕四曲为一篇,咏仕女秋千,似系套数而非小令带过;惟套数中未见以〔货郎儿〕起者,末曲〔货郎煞〕又仅一句,疑有讹脱。"按:此曲为北曲变格,略同南曲之集曲。以〔货郎儿〕全调六句分列首尾,("静悄悄"至"绿杨烟"为其前五句,〔货郎煞〕为其末一句),中间转入〔脱布衫〕、〔醉太平〕两全调,合为一曲,其正名为〔转调货郎儿〕,

仍系小令,非套数亦无讹脱。说详予所撰《北曲新谱》〔正宫·转调货郎儿〕注文。此转调中之〔醉太平〕,汗漫漫应作汗浸浸,形近致误。

齐天乐过红衫儿(农家畏日　原本六　新校九十六)

　　悲意忘形。　此句费解,待校。

　　盏盏乾乾燕。　燕应作嚥。

寨儿令(红锦衣　原本六下　新校九十七)

　　打着练搥。　搥应作槌或锤,搥是动词,槌或锤是名词。

寨儿令(鸳帐里　原本六下　新校九十八)

　　鬼使跟随。　跟原作根,新校改,盖以为根是名词,跟可作动词用。按:元刊书籍此字无论名词动词,作根者较多,故不必改。

寨儿令(有钱时　原本七　新校九十九)

　　响钞精钞。　下钞字应作银。此字须平声押韵,钞字失律又失韵。"响钞精银"是元曲常用语。

普天乐(一瓢贫　原本七　新校一百)

　　何必枉图。　枉原作往,新校改。按:此字须平声,应作狂。

普天乐(画偏长　原本七　新校一百)

　　钓头锦鲤。　钓应作钩。

骂玉郎过感皇恩(牛羊犹恐　原本八　新校一零三)

　　紧遮拦。　遮原本作邀,新校从《乐府群珠》改。按:邀拦亦是元曲常用语,不应改。

　　德胜将马顽犇。　元曲中得胜之得常借用德字。犇字失韵,改作犇顽又不通顺,待校。

骂玉郎过感皇恩(才郎远送　原本八　新校一零四)

　　心长怀去后。　后原作程,新校从《太平乐府》改。按:此字平仄不拘,程字义较长,去后与下文"去后思量悔应晚"重复,仍作去程为是。

骂玉郎过感皇恩(钱塘自古　原本九　新校一零五)

　　荷蒲视鱼。　花港观鱼为西湖胜景之一,但此处须仄声,故改为视鱼,非误字。

　　遇西林。　应作过西泠,遇过形近,林泠音近。西泠在西湖北岸。

雁儿落过德胜令(燕琯琯　原本九　新校一零六)

　　燕琯琯。　琯琯应作关关。此字须平声,琯字作平声读,义为似玉之石,不能以形容燕声。《诗经》:"关关雎鸠。"

小桃红(玉龙高卧　原本十下　新校一零九)

　　宝镜青光透。　青原本作清,新校从《太平乐府》改。惟审其文义,清字较胜,不应改。

小桃红(杏花开候　原本十下　新校一一零)

　　杏花开候。　候疑应作后。

快活年(袅袅婷婷　原本十一　新校一一一)

　　宝髻偏相美。脸儿多风韵。　新校如此断句。按:此两个五字句之末一字,均须去声,且均须押韵,甚少例外。美字如属上句,不但失律失韵,文义亦费解,"美脸儿"则是元曲常用语不应分开。盖原本相字下脱去一字,儿字是衬,新校者未想到此点,乃以下句之美字移上,勉强凑成五字句。今拟于相字下补称字(去声),美字属下读,改为"宝髻偏相称,美脸儿多风韵",则韵、律、文义,三者俱合。

快活年(疑撒金莲　原本十一　新校一一一)

　　推把衫扣。　衫下应补儿字,此句应五字,补儿字,始合句法。

下句把衫扣三字叠上文,亦应改为衫儿扣。

醉中天(老树悬藤挂　原本十一下　新校一一二)

獭设设。　应作懒设设,原本獭字不成字形,新校因之,恐是不明设设二字之义也。

四块玉(雁北飞　原本十二下　新校一一六)

人北望。　此是明妃思汉之词,似应作"人南望"。

黑河远。　远应从《乐府群珠》作边。

四块玉(画不成　原本十二下　新校一一七)

便索他学楚大夫。　此句文理不顺,似应作"便索学他楚大夫"。

四块玉(子孝顺　原本十三　新校一一八)

妻贤惠。　惠原本作会,新校改。按:元曲中多作贤会,已成惯用之假借。

青歌儿(水壶瑶台天远　原本十三下　新校一二零)

水壶。　原本是冰壶,新校误排。

青歌儿(梧桐初凋金井　原本十三下　新校一二零)

闲只管银河问双星　校记云"闲字疑衍"。按:"闲只管"是元曲常用语,闲字非衍。

迎仙客(万木枯　原本十四　新校一二三)

橙羑剂。　参阅卷上〔双调·行香子〕套〔离亭宴带歇指煞〕曲,即本文第二条。

梧叶儿(清和节　原本十四下　新校一二四)

近洺时。　洺字待校。

梧叶儿(香闺静　原本十四下　新校一二五)

玉壶结冰澌。　原本壶下有内字,新校误脱。

梧叶儿(全不见　原本十四下　新校一二六)

全不见白髭鬓、才四十整。有家珍无半点儿心肠硬。醇一味、庞道儿。×锦片也似好前程、到健如青春后生。　原本缺处尚余手旁可辨,此字须押韵,应是撑字。撑为美丽漂亮之意,元曲中常用以形容人之容貌身材,"庞道儿"即今语所谓面孔,元曲中亦云庞儿。到应作倒。新校如上标点,文理不顺,句法全非,且失去一韵,全为缺一字且不解"庞道儿"意义之故。补撑字后,改定标点为:"全不见白髭鬓。才四十整、有家珍。无半点儿心肠硬。醇一味庞道儿撑。锦片也似好前程。倒健如青春后生。"则文从字顺,句法押韵俱合。

以上全书三卷补正二百二十条。

1965 年,香港文学世界。

仙吕混江龙的本格及其变化

〔仙吕·混江龙〕是个值得研究的曲调①。北曲约有四百多个调子②,其中用得最多的要算〔混江龙〕。格式变化最多的也要算〔混江龙〕。杂剧③第一折照例须用〔仙吕宫·点绛唇〕套④,这种套式的第二支曲子就是〔混江龙〕。〔点绛唇〕有时还可改用〔八声甘州〕⑤,〔混江龙〕则非用不可。所以,有多少本杂剧就有多少支〔混江龙〕⑥。现存元明及清初的杂剧⑦,约有三百二十多

---

① 曲调也称曲牌,为了别于宫调之调,似应采用后者;但在习惯上,总是文人称调,伶人称牌,结习难除,只好从雅。
② 《辍耕录》收二百二十五调,《太和正音谱》收三百三十五调,都欠完备;《九宫大成谱》收五百六十八调又嫌芜杂,有若干南曲搀在里边;《北词广正谱》收四百四十一调,比较适当。
③ 本文所谓杂剧,限于谨守元人矩范,每本四折或五折的北杂剧。
④ 第一折不用仙吕宫的,元人只有三本:《燕青博鱼》用大石,《双献功》用正宫,《西厢记》第五本用商调。明人共有九本:《娇红记》次本、《鱼儿佛》用中吕,《眼儿媚》、《桃花面》、《花舫缘》、《春波影》用双调,《再生缘》、《红莲债》用越调,《英雄成败》用黄钟。清初没有。《西厢》第五本没有仙吕宫;其余仍有仙吕,只不在第一折而已。
⑤ 用〔点绛唇〕的占绝大多数。用〔八声甘州〕的只有五本:《梧桐雨》、《西厢》第二本、《金安寿》、《萧淑兰》、《西游记》第三本。
⑥ 《西厢记》第五本除外,因为根本没用仙吕宫。
⑦ 乾隆以后,花部渐兴,南北曲面目全非,杂剧更无规律可言。

本①，加上散曲和明清著名传奇，我们今日所看到的〔混江龙〕总有四百支之谱②，数量之多在北曲中要占第一位。这些〔混江龙〕的格式，从最短九句四十四字到最长七十七句一千三百五十八字（俱见后），其间增减变化，五花八门，真有洪波起伏，神龙夭娇之势。试把本文所引各种例子汇观一过，便知〔混江龙〕不愧为〔混江龙〕。但〔混江龙〕既为曲调，当然有他的固定格式，即所谓本格；增减变化虽多，也总有迹可循，绝非随意挥洒。如果以往的北曲谱曾经详明的指示给我们，那就省事多了。可惜所有北谱都是相当疏谬③，以致无论作曲读曲，遇到这个曲调常感无所适从。我把前述四百余支〔混江龙〕逐一看过，排比归纳之后，这个调子的本格和种种变化已竟粲然在目，现在把他们逐步列举出来，并加以说明。即能认清了他的本形和变态，无论诵读写作，自然不会再感困难了。

---

① 根据现在通行的杂剧总集、别集、单行本来计算：《元曲选》一百本，《元刻古今杂剧》十七本，《元明杂剧》七本，《孤本元明杂剧》一百三十八本，《盛明杂剧初二集》十三本，《清人杂剧初二集》七本，《世界文库》二本（以上总集），《西厢记》五本，《西游记》六本，《娇红记》二本，《诚斋杂剧》三十一本（以上单行本和别集），共三百二十八本。（各书互见部分，都已除去。《盛明杂剧三集》，手边无原书，未及计入。）（《后记》九）

② 这个数目的来源如下：杂剧三百二十七支（三百二十八本除去《西厢》第五本），《太平乐府》、《阳春白雪》、《乐府新声》、《词林摘艳》、《雍熙乐府》、《北宫词纪》等总集共五十五支，明人别集共十八支，明清著名传奇如《琵琶记》、《长生殿》等，及不守四折规律的北杂剧如《雌木兰》、《霸亭秋》等，共十六支。以上共四百一十六支。

③ 现存北曲谱有以下四种：《太和正音谱》（明宁献王朱权撰，简称《正音》），《北词广正谱》（清李玄玉、钮少雅等撰，简称《广正》），《九宫大成南北词宫谱》（清周祥钰等撰，与南谱合编，简称《大成》），《南北词简谱》（近人吴梅撰，与南谱合编，简称《简谱》）。至于明末的《啸余曲谱》和清朝的《钦定曲谱》，则完全用袭《正音谱》。这些北谱的漏误，细说起来要占很多篇幅；读者试加比较，便可看出本文所列各种格式变化，十之八九是各谱所没有的。

仙吕混江龙的本格及其变化

一 〔混江龙〕的本格

〔混江龙〕的本格有四种。第一种是最初的格式，其余三种则是根据第一种略为改变。这四种格式必须切记，才能闹清以后种种增减变化。

一、最初①也是最简的格式：②

丁平⊥厶・丁平⊥仄仄平平◎丁平⊥仄・⊥仄平平◎⊥仄丁平⊥平仄平仄・⊥平丁⊥仄平平◎※平平去・丁平⊥仄・⊥仄平平◎

---

① 此处所谓最初，是从元朝说起。金董解元《西厢记诸宫调》，即所谓《董西厢》，有一支〔羽调・混江龙〕，是有幺篇的，全曲云："两情方美・断肠无奈晓楼钟◎临时去幽情脉脉・别恨忽忽◎洛浦人归天渐晓・楚台云断梦无踪◎空回首・闲愁与闷・应满东风◎（幺）起来搔首・数竿红日上帘栊◎犹疑虑实曾相见。是梦里相逢◎却有印臂的残红香馥馥。偎人的粉汗尚融融◎鸳衾底・尚有三点・两点儿红◎"此曲始调（即前叠）、幺篇（即后叠），都和九句四十四字格相同，这才是真正最早的〔混江龙〕。但只见这一支，入元以后，幺篇即被省去不用，因此我仍以九句四十四字为最初格式。《董西厢》此曲属羽调，又牵涉到南北曲分合问题，容另文详述。（《后记》十）

② 下面所用符号，是我在拙作《北曲新谱》里拟定的，说明于下；其中有几项符号本文没有用到。（《后记》十一）
平　仄　上　去（凡注明上列四声处必须遵守）　十（平仄通用）　丁（应平可仄）
⊥（应仄可平）　至（应平可上或平上通用）　夲（应上可平）　卜（应上可去）
厶（应去可上）　◎（协韵之句）　・（协韵与否均可之句）　△（句中暗韵）
∧（暗韵协否均可）""引号中为增句　※可增句处
小字是衬字。下面有圆点的是摊破字。——北曲句法是可以摊破的。例如五字句可以摊破为折腰六字句，七字句可以摊破为两个五字句等等。因摊破而多出的字，性质介乎正字与衬字之间，向来也算他们作衬字，似欠清楚，但又没有专名，姑且名之曰摊破字。

庾楼高望·桂华初上海涯东◎秋光宇宙·夜色帘栊◎谁使银蟾吞暮霭·放教玉兔步晴空◎人多在·管弦声里·诗酒乡中◎朱庭玉"可爱中秋"套。①

这也就是所谓九句四十四字格,照此去作的只有元人散曲的一部分;以下三种是常用格式。他们与最初格式的分别有两项:其一,第一句、第七句必须协韵而不是可协可否。其二,第七句字数加多或竟变为两句。此外完全相同。所以我只把第七句的平仄写出,并在各例第七句(包括变为两句者)之下加一黑线。

---

① 三、四两句,明人有作五字的,如徐翙《春波影》杂剧云:"一生迷锦绣,半世萎花钿。"蘐芜室《再生缘》杂剧云:"漠南齐解辫、百粤会王正。"(元人也有作五字的,但都是上一下四,仍是双式句法,与上述单式不同。)这里附带驳正《广正谱》一件错误。第七句最初是平平去三字,以后无论怎样变化,折腰六字句也好,七字一句或两句也好,其末三字总是平平去。间或有用平平上的,有把这句根本减去的;但从来没有人改作仄平平或两字句。《广正谱》竟有这样的谬说:"第七平仄三字句又三格:'倚雕栏'(关汉卿《绯衣梦》剧变仄平平),'牛粪'(关汉卿《调风月》剧变平仄二字),'风流'(石子章'天涯羁旅'套又变平平二字)。"《大成谱》又因袭了他的错误。今按《绯衣梦》剧〔混江龙〕曲云:"玉芙蓉相间◎战西风疏竹两三竿◎一年四季。每岁循环◎守紫塞征夫嫌夜永·倚亭轩思妇怯衣单◎消宝串。(偶协)冷沉檀◎珠帘簌。玉钩弯◎纱窗静。绿闺闲◎身独自。倚雕栏◎看池塘中、荷擎减翠。树梢头。梨叶添颜。◎"(末句颜字应作殷)显然可以看出"倚雕栏"三字是增句末一句,第七句则是脱掉或竟减去。《调风月》剧《元刻古今杂剧》本原文是"干牛粪",《广正》不知根据什么本子脱去干字。只有"天涯羁旅"套,确是两字,《阳春白雪后集》二,《雍熙乐府》卷五都是如此。我想这多半是原文脱去一字,即使不然,也不能拿这孤例节外生枝;要知道,四百多支〔混江龙〕,没有一支是这样作的。

二、第七句变为折腰六字句：① 仄十十·平平去◎

　　长想着少年时候◎拈花摘叶甚风流◎见了些春风谢馆·夜月秦楼◎马上抱鸡三市门·袖中携剑五陵游◎<u>八个字,非虚谬</u>◎玲珑剔透◎软欸温柔◎赵彦晖"万种闲愁"套。

三、第七句变为七字句：丁平上仄平平去◎

　　相思慰闷◎绣屏斜倚正消魂◎带围宽尽·消减精神◎翠被任薰终不暖·玉杯慵举几番温◎<u>鸾钗半觯忪蝉鬓</u>◎长吁短叹·频揾啼痕◎贯云石"花落黄昏"套。

四、第七句变为七字两句,须作对偶,于是全调共有十句： 丁平上仄仄平平·丁平上仄平平去◎

　　俺可便疾忙行动◎怕的是五云楼畔日华东◎俺如今偷临凡世·私下天宫◎这其间风弄竹声穿户牖·更那堪月移花影上帘栊◎俺本是<u>冰块素魄不寻常</u>·要甚么<u>金童玉女相随从</u>◎又没甚幽期密约·止不过明月清风◎吴昌龄《张天师》剧。

这三种变化,显然是文势和唱腔的关系。第七句是个独立的句子②,

---

① 六字句有两种。其一,普通所谓六言,上四下二或上二下四,例如"三十六陂春水"。其二,折腰六字句,上三下三,例如"八个字、无处谬"。折腰六字若作对偶,也可说是两个三字句,例如"察地理、观天象";但在歌唱或吟讽时的口气,还是当作一句,只在当中微顿而已。

② 有少数作品连下文为一句,如上面所举朱庭玉作。

作用在承上启下。其下所启虽只两句,其上所承却有六句之多,仅有三个字的短句,大有承接不住之势;尤其重要的是,这句正是唱者"耍花腔"的地方,所谓"板密宜加衬字"。为了这两个缘故,作者总要在这句上加些衬字,不但文势匀称,而且虚腔变为实字,便于歌者。如《后庭花》剧此句云"谁敢道违了方寸◎",《救风尘》剧此句云"_{黑海也似难寻觅}◎"。"谁敢道""黑海也似",都是衬字,却已有了折腰六字和七字句的形式。这两剧都是元剧初期作品;后来弄习惯了,可加可否的衬字变成照例应有的正字,这个三字句也就变成折腰六字句或七字句。至于变成七字两句则有两种原故。其一,这是个整齐匀称的调子,三四、五六、八九诸句都是两两对称,一二两句字数虽不对称,也还是两句连为一组,只有第七是个独立的单句;这固然有错综之美,但弄整齐了岂不也好。其二,到后来有了多数增句,更需要一对整齐的联语,方能承接得住,陪衬得过。综上所述,三种变化各有理由,所以都很通行。

二 〔混江龙〕的增句

北曲有一部分调子,可以在本格诸句之外再增加若干句,《太和正音谱》载有十四调,《北词广正谱》载有十八调,① 都有〔混江

---

① 《太和正音谱》所载十四个调子是:〔正宫·端正好〕、〔货郎儿〕、〔煞尾〕、〔仙吕·混江龙〕、〔后庭花〕、〔青哥儿〕、〔南吕·草池春〕、〔鹌鹑儿〕、〔黄钟尾〕、〔中吕·道和〕,〔双调·新水令〕、〔折桂令〕、〔梅花酒〕、〔尾声〕。《北词广正谱》多出〔仙吕·六么序〕,〔南吕·玄鹤鸣〕、〔收尾〕、〔双调·搅筝琶〕等四调,而将〔黄钟尾〕改入黄钟宫。〔端正好〕入仙吕可以增句,入正宫不可增句,二谱仍把此调归入正宫,殊误。

龙〕在内。所谓增句,并不是漫无标准的随便增加。在那里增句?可以增多少句? 增什么样的句子? 这一切都有一定规律。现在分别说明。

一、增句的位置:必在第六句下,前列格式有＊号处。

二、增句的数目:多少不拘,但必须是双数,要作对偶。

三、增句的形式:

甲、增四字句。这是最通用的形式,例如:

眼前清供◎玉人降谪笑相逢◎敲金击玉·咏月嘲风◎三峡泉鸣新咳唾·千章诗着旧题封◎"春风杨柳。秋水芙蓉◎温柔典雅。剔透玲珑◎"销人魂梦广寒宫·迷人踪迹桃源洞◎友朋每如兄如弟·亲眷每非虎非熊◎顾君泽"四海飘蓬"套。

乙、增三字句。① 例如:

管弦拖拽◎王孙仕女门豪奢◎梨花院、秋千蹴鞠◎牡丹亭、宝马香车◎唤游人芳树啼残锦鹧鸪·采香蕊粉墙飞困玉蝴蝶◎"杨柳映。杏花遮◎东风外。酒旗斜◎"四时中惟有春三月◎光阴富贵·景物重叠◎无名氏《百花亭》剧。

丙、先增四字句,再增三字句。例如:

韶华将尽◎三分流水二分尘◎闷恹恹、人闲白昼◎静巉

---

① 增三字句也可以说是增折腰六字句,因为增句必须双数,每两三字即等于一个折腰六字。但自来作者所增三字句,常是每句独立自成一意,而且必须用对偶;还是说增三字句较为适当。

巉、门掩青春◎白鹦鹉频传花外语・锦鸳鸯将避柳边人◎"唻晓日、莺声恰恰。舞香风、蝶翅纷纷◎映楼阁、青山隐隐。（偶协）漾池塘、绿水粼粼◎过节序、偏增感叹。对莺花、谩自伤神◎桃似火。草铺茵。◎歌声歇。笑声频◎"则为我眼中不见意中人・因此上今春不减前春闷◎流泪眼、桃花脸瘦・锁愁肠、杨柳眉颦◎李唐宾《梧桐叶》剧。

丁、增六字句。例如：

消磨了、圣人之教◎几时得经纶天地整皇朝◎时遇着、山梁雌雉・急切钓不的、沧海鲸鳌◎泪洒就长江千尺浪・气冲开云汉九重霄◎"胸次包罗天地。肺腑卷（原缺一字）江河。笔尖能摇山岳。剑锋可摘星辰。"叹英雄何日朝闻道◎盼杀我也玉堂金马・困杀我也陋巷箪瓢◎金仁杰《追韩信》剧。①

四、增句的平仄：四字每两句为"⊤平⊥仄。⊥仄平平◎"三字为"⊤⊥仄。仄平平◎"六字为"⊥⊥⊤平⊥仄。⊤⊤⊥仄平平◎"

五、增句的协韵：

甲、与本格诸句协韵，每两句一韵。这是常用的方法，例如前面甲乙丙诸曲。

乙、完全不协韵，例如：

---

① 乔吉《扬州梦》杂剧增有五字句，但只有两句，把他们分析正衬，也可以勉强算作四字句，所以没有列入。

> 布袍宽袖◎乐然何处谒王侯◎但樽中有酒·身外无愁◎数着残棋江月晓·一声长啸海门秋·◎"山间深住。林下幽居。清泉濯足。强如闲事萦心。"淡生涯一味都参透◎草衣木食·胜强如肥马轻裘◎不忽麻"身卧糟丘"套。

这样作的最多增八句，而且只有一例（无名氏《云窗梦》剧），普通都是四句或两句。这是自然的道理，不协韵的句子太多了，还成什么曲子呢。

丙、自协一韵，不与本格同韵。例如：

> 遥望见雁门紫塞◎黄沙漠漠接天涯◎看了这山遥路远·更和那日炙风筛◎一骑马直临苏武坂·半天云遮尽李陵台◎"一川烟草。数点寒鸦（换韵）◎半竿红日。几缕残霞（换协）◎"悠悠羌笛在这晚风前·呀呀归雁遥天外◎增添旅况·萧索情怀◎陈以仁《雁门关》剧。

丁、每句与本格协韵，只见一例。

> 这楼啊！起初修盖◎也不知费他府藏偌多财◎上面有御书的玉札·钦赐的金牌◎莫说朝省里官员皆下马·便是春秋天子也要降香来◎"只听的闹垓垓◎越急的我气哈哈◎脚忙抬◎步难捱◎"半合儿行不出宅门外◎我这里挡不住夫役·奔不的尘埃◎无名氏《谢金吾》剧。

增句的性质，介于曲与白之间，所以协韵与否可以随便。无论歌唱或是诵读,其速度要比本格原有诸句快,这在北曲里叫作带唱①。〔混江龙〕增句全不协韵,就是带唱的最初形式,其后进而自协一韵,再进而与本格诸句同协一韵,就成了通行格式。(《后记一》)(《后记》是我十余年来为本文所作各项补正,见另篇)。

三 〔混江龙〕在明代前期的变化

明初,北曲和在元朝一样流行;成化以后,受南曲影响,逐渐衰落;在嘉靖时又来了一次回光返照②;到了隆庆、万历,则几乎全是南曲世界,北曲从此销声匿迹。所以,讲到明代南北曲盛衰,都拿嘉、隆之际作为分界。本节所谓明代前期,即指洪武初年到嘉靖末年。〔混江龙〕在这一时期的新变化,约有以下四项。

一、增七字句③。例如:

军书十卷◎书书卷卷把俺爷来填◎他年华已老·衰病多缠◎想当初搭箭追雕穿白羽·今日呵扶藜看雁数青天◎"呼鸡喂犬。守堡看田◎调鹰手软。(偶协)打兔腰拳◎提携咱姊妹。梳

---

① 带唱见《元明杂剧》本《梧桐雨》第三折,〔沉醉东风〕、〔拨不断〕、〔搅筝琶〕诸曲。
② 明朝有名北曲作家:康海、王九思、张炼、金銮、陈铎、常伦、冯惟敏等都是嘉靖朝人。
③ 四字增句,和其他四字句一样,照例可以加三个衬字,变成上三下四的七字句,例如前引《梧桐叶》剧"哄晓日莺声恰恰"诸句;此处所谓增七字句,专指上四下三而言。前者为双式,后者为单式,性质不同。七字增句是从三字增句变来的,正如本格第七句可以由三个字变为七个字。

掠咱丫环◎见对镜添妆开口笑。听提刀厮杀把眉攒◎"长嗟叹◎道两口儿、北邙近也。女孩儿、东坦萧然◎徐渭《雌木兰》剧(《四声猿》之一)。

二、增句改到第四句下。例如：

自那日恩荣榜放◎却才知峥嵘发迹是寻常◎玉堂金马·锦服牙章◎"栉风沐雨。冒雪凌霜◎"攘攘劳劳成底事。兢兢战战为谁忙◎觑金章许史门奢华·羡巢由卞务赢高尚◎正这里凄然有感·早那壁产地谋殃◎康海"少日疏狂"套(下文所引《琵琶记》增句亦在第四句下)。

三、减句。元人作〔混江龙〕，都以九句四十四字为基础，字句有增无减。到了明朝才有减句；但减句之后，照样还可以有增句。
甲、减去第五六两句。例如：

也是俺六邦辐凑◎英雄战将仗俺机谋◎俺这里捷音奏凯·他那里弃甲包羞◎"秦商鞅、昨宵兵败。魏苏秦、今日封侯◎光明明的玉带。黄灿灿的幞头◎将朝衣抖擞。(偶协)遥拜在螭头◎"山呼万岁将头叩◎愿吾王万载·落得千秋◎苏复之《金印记》传奇第二十八出。[1](《后记二》)

---

[1] 末两句，《大成谱》分析正衬作"愿吾王万载落得千秋◎"虽似合于文法，却不合于格律，遂使此曲少了一句。今为订正。落得二字普通均用作衬字，但亦不能一概而论，在此处为了格律关系，只能作正字看。清初高一苇订本《金印记》，以落得两字为正字，是对的。

乙、减去第七句。例如：

他可也乐天知命◎不通姓字不言名◎渔樵伴侣·鸥鹭闲盟◎欢乐较多愁较少·道情为重利为轻◎"身不离、棋枰药里。口常谈、酒颂茶经◎"满面儿春风和气·一腔儿秋水澄清◎金銮"四海高情"套。

四、末两句各变为七字？如：

官居官苑◎漫道是天威咫尺近龙颜◎每日间亲随车驾·只听鸣鞭◎"去螭头上拜跪。随着豹尾盘旋◎朝朝宿卫。早早随班◎"作不得卿相当朝一品贵·先随着朝臣待漏五更寒◎空嗟叹◎山寺日高僧未起。算来名利不如闲◎高明《琵琶记》传奇第十五出（一本作第十六出）。

这样作的，只此一首。明凌濛初刻本《琵琶记》，分正衬为"山寺日高僧未起。算来名利不如闲◎"仍是两个四字句。《九宫大成谱》卷五把这十四个字都算作正字，则是两个七字句。凌刻主格律，《大成谱》主文义：究竟怎样算对，没有第二个例证，颇难决定。姑且依照大成谱吧。我想这只是借用成语的关系，偶然之作，不足为法。两个四字句改为两个七字句，在曲律上总是讲不通的。

四　汤显祖与〔混江龙〕

万历以后,也就是明代后期,南曲大盛;一般作者对于北曲,不是屏弃不用,就是变更规律。汤显祖正是这一时期的作家。他是个才华横溢的人,作曲无论南北,都不大拘守绳墨,这是人所共知的事实。但他的曲律的确很熟,神明变化,并非乱来。在他的名著"四梦"里,共有四支〔混江龙〕:《还魂记》、《南柯记》各有一支,《邯郸记》有两支。只有《南柯记》那一支用通行最简的格式,其余三支,都是汤氏独创的作法。

《还魂记》的〔混江龙〕,见于第二十三出《冥判》,增句多至四十句,①全曲长至六百五十八字,是空前的作品。现在先把全曲录出。②

> 这笔。架在那落伽山外◎肉莲花高耸案前排◎捧的是功曹令史◎识字当该笔管儿是◎手想骨、脚想骨、竹筒般锉的圆滴溜·笔毫啊! 是牛头须、夜叉发、铁丝儿揉定赤支腮◎"这笔头公、是

---

① 我计算句数,只算正字,例如"真乃是《鬼董狐》落了款,《春秋传》、某年某月某日下,崩薨葬卒大注脚。"按文义可分三句,但正字只有"崩薨葬卒大注脚"七字,便算他作一句。以下汤派诸作的句数,都是这样计算。

② 此曲形式特殊,正字太少,前面所说正衬摊破的分别和标示办法,在这里已不适用;另订如下。一,正字下面加黑线。二,其余那些字都算作衬字,酌量文义口气的轻重,或用小字,或不加任何标识。下面《邯郸记》合仙曲同此。冰丝馆刻本《还魂记》和钮少雅的《格正还魂记》词调,析定此曲正衬,颇为精简,可以参看。我在这里只是要把每句的正字指出来,所以采用简单方法。

遮须国、选的人才。这管城子、在夜郎城、受了封拜◎啸一声、支兀另汉钟馗、其冠不正。舞一回、疏喇沙斗河魁、近墨者黑◎喜时节、奈河桥、题笔儿要去。闷时节，鬼门关、投笔归来◎俺也曾考神祇、朔望旦、名题天榜。摄星辰、井鬼宿、俺可也文会书齐◎作弗迭鬼仙才、白玉楼、摩空作赋。陪得过风月主、芙蓉城、遇晚书怀◎便写不尽、四大洲、转轮日月。也差的着、五瘟使、号令风雷◎有地分、则合北斗司、阎浮殿、立俺边傍。没衙门、却怎生东狱观、城隍庙、也塑人左侧◎便百里城、高拱手、让大菩萨好相庄严乘坐位。怎三尺土、低分气、对小鬼卒清奇古怪立基阶◎但站脚一管笔、一本簿、尘泥轩冕。要润笔十锭金、十贯钞、纸陌钱财◎则见没掂三、展花分、鱼尾册。无赏一、挂日子、虎头牌◎真乃是鬼董狐落了款、春秋传某年某月某日下、崩薨葬卒大注脚。假如他支祈兽上了样、把禹王鼎各山各水各路上、魍魉魑魅细分胆◎看他子时砚、忆忆察察乌龙蘸眼显精神。听丁字牌、冬冬登登金鸡梦剪追魂魄◎但点上格子眼、串出四万八千三界有漏人名、乌星砲粢。怎按下笔尖头、插入一百四十二重无间地狱、铁树花开◎哎也！押花字、止不过发落簿、锉烧春磨一灵儿。登请书、左则是那虚无堂、瘫痪蛊膈四正客◎发称竿、看业重身轻、衡石程书秦狱吏。肉鼓吹、听神啼鬼哭、毛钳刀笔汉乔才◎这时节呵你便是没关节包待制、人厌其笑。怎风景谁听的无棺椁颜修文、子哭之哀◎哎！楼炭经、是俺六科五判。刀花树、是俺九棘三槐◎脸娄擞、风髻赳赳。眉剔竖、电目崖崖◎少不得中书鬼考。录事神差◎比着阳世那金州判、银府判、铜司判、铁院判、白虎临官、一样价打贴刑名催伍作。实则俺阴府里注湿生、喋化生、准胎生、照卵生、青蝇报赦、十分的磊齐功德转三阶◎"威凛凛、人间

掌命・颤巍巍、天上消灾◎(《后记三》)

这支曲与通行格式不同之处,有以下四点:其一,减去第七句。这是有例可援的(见前)。其二,增句特别多,因而篇幅特别长。〔混江龙〕的增句固然多少不拘,但元人最多不过增三十句,全曲两百九十四字(纪君祥《松阴梦》剧①);从来没有像这样洋洋洒洒,下笔不能自休。其三,增句协仄声韵。元人增句都协平声韵,只有明初杨文奎《儿女团圆》剧有两句协仄韵;汤氏此曲则有四句协仄声韵。其四,增句形式特殊,这是此曲的最大特点。当然这是因为每句都有很多衬字的关系。但是衬字虽多,却没有改变了增句的基本形式:三字、四字、七字(《后记四》)。三字句只有两句,大部都是四字、七字。吴梅《简谱》云:"明清作家,往往以四字句作六七联,然后再间七字句一二联,虽违本章增句成式,顾亦可从。"即指汤氏此曲和他的仿制品而言。至于衬字之多,则是从元明旧作脱胎而来。就像乔吉《扬州梦》剧、宫天挺《范张鸡黍》剧、②朱有燉《赛娇容》剧、无名氏"天淡云孤"套,都是汤作的雏形。不过像"真乃是鬼董狐……""但点上格子眼……"那些句,衬字如是之多,则确是汤氏独创的办法。(《后记五》)

《邯郸记》第三十出《合仙》,有一支〔混江龙〕,全曲如下:

---

① 全剧久佚,残存〔仙吕・点绛唇〕一套,见《雍熙乐府》卷四,原题"亚圣乐道"。其中〔油葫芦〕曲有"人无百岁人,枉作千年调"之语,见于《北词广正谱》〔油葫芦〕调下注文,云是纪氏此剧。
② 《扬州梦》要看《元明杂剧》本,《范张鸡黍》要看《元刻古今杂剧》本;《元曲选》本是臧懋循改过的,增句有删节。

这里<u>望前征进</u>◎<u>明写着碧桃花下海仙门</u>◎到时节<u>三光不夜</u>·那其间<u>四季长春</u>◎"就里这海涛中、有三番十五众鳌鱼转眼。到的那山岛上、<u>止一斤十六两白虎腾身</u>◎你道是仙人岛、有三万丈清凉界、<u>全无州郡</u>。比你那鬼门关、八千里烟瘴地、<u>远恶州军</u>◎剪径的无过是走傍门、提外事、贪天小品·跳鬼的有得那出阳神、抛伎子、<u>散地全真</u>◎有一个汉钟离、双丫髻、<u>苍颜道扮</u>。一个曹国舅、八采眉、<u>象简朝绅</u>◎一个韩湘子、弃举业、<u>儒门子弟</u>。一个蓝采和、他是个打院本、<u>乐户官身</u>◎一个挂铁楞的、李孔目、<u>带些残疾</u>。一个荷饭笊、何仙姑、<u>挫过了残春</u>◎他们无日夜、演禽星、看卦气、<u>抽添水火</u>。有时节、点残棋、斟寿酒、<u>笑傲乾坤</u>◎虽则是受生门、绿眼睛、红脑子、仙风道骨。也恰向修行路、按尾闾、通夹脊、<u>换髓移筋</u>◎你可也有福力开了头、崔氏宅、<u>夫荣妻贵</u>。无业障拓了脚、唐家地、<u>荫子遗孙</u>◎可是你三转身、单注着邯郸道、禄尽衣绝。一瞚眼、猛守的清河店、<u>米沸汤浑</u>◎早则是火传薪、半灶的烧残情檞柮。却怎生风鼓鞴、<u>一锅儿吹醒睡馄饨</u>◎也因你有半仙之分能消受遇着我<u>大道其间细讲论</u>"眼睁着<u>张果老</u>、把眉毛褪◎虽不是<u>开山作祖</u>·<u>仙分里为尊</u>◎

这支〔混江龙〕不像《还魂记》那样热闹,但比起元明旧作还是洋洋大观,增句格式也和《还魂记》略有不同。还有,《还魂记》减去第七句,此则减去第五六两句,这与减七字句一样是有例可援的(见前)。所以此两曲的特点都在增句而不在减句。

《邯郸记》第十五出《西谍》,又有这样一支莫明其妙的〔混江龙〕:

仙吕混江龙的本格及其变化

　　打番儿汉◎俺是打番儿汉◎（叠句）哨尖头、有俺的正身迭办◎祖贯南番◎到这无爷娘田地甘凉畔◎顺风儿拜别了冈摩山◎你收了这小番儿在眼◎一名支数口粮单◎小番儿身材轻巧。小番儿口舌阑番◎小番儿曾到羊同党项。小番儿也到那昆仑白兰◎小番儿会吐鲁浑般骨都古鲁。小番儿会别失巴的毕力班阑◎小番儿会一留咖喇的讲着铁里。小番儿也会剔留秃律打的山丹◎但教俺穿营入塞无危难◎白茫茫、沙气寒◎将一领答思叭儿头毛上按◎将一个哨弼力儿唇绰上安◎敢则是夜行昼伏。说什么水宿风餐◎止不过敲象牙、抽豹尾，有什么去不得也那颜◎这场事、大难大难◎你着俺、行反间◎向刀尖剑树万层山◎你教俺赳也不赳◎顽也不顽◎太帅呵！你教俺没事的诳人反◎将何动惮◎着什么通关◎天也！你教俺两片皮、把镇胡天的玉柱轻调侃◎三寸舌、把架瀚海金梁倒放翻◎俺其实有口难安◎则将这纸条儿纸条儿窣地的庄严看◎须不比知风识水俏红颜◎倒使着寒江枫叶丹◎你道滩也么滩◎透燕支、山外山◎怀揣着片、醉题红锦囊出关◎扑着口星去星还◎到木叶河湾◎则愿迟共疾、央及煞有商量的流水潺颜◎好和歹、掇赚他没套数的番王着眼◎

　　这支曲和通行格式相差太多，怎样也比附不到一起，无法辨识那是本格，那是增句。正衬字也无从确定；我见过的几种明刻本《邯郸记》，都是不分正衬，记得刘氏暖红室刊本是分正衬的，手边又无其书；上面只是我以意析定，谈不到对与不对。这真是地道的"汤式"〔混江龙〕，前无古人，后无来者。臧懋循改本眉批云："此曲有可以意加损者，在第六句起，临川从第二句便懵然，特为审定，以授歌者。"他的改本（原文从略，《后记六》）很合〔混江龙〕的格式，却失去了原作的特点。清代以来的曲谱,像《纳书楹曲谱》、《集成曲谱》,都收有《番儿》一出,即是《西谍》改名,文字略同原作,只把原题〔北绛都春〕的一曲改题第一段,〔混江龙〕自首句至"水宿风餐"题第二段,自"止不过敲象牙"至"有口难安"题第三段,自"则将这纸条儿"至末题第四段。可知汤氏原作并非不能被之管弦,授之歌者,只是大家都无法承认他是〔混江龙〕而已。清初坊刻剧选《醉怡情》,则把这支曲题为"胡拨四犯",结尾处多出几句,句法也有改变。这个调名各种曲谱都没有,也没见有人用过。既有"犯"字,当然是集曲,这倒很像,但又不能逐句找出本调;只好"阙疑俟考"了。(《后记七》)

五 汤式〔混江龙〕的流行和清初又一变化

《邯郸记》那两支〔混江龙〕,只在歌场传唱,对于〔混江龙〕的写作无甚影响,我没见过有人学这两种格式(《后记八》)。《还魂记》那一支则影响颇大;此曲一出,给〔混江龙〕别开生面,给后来的文人,开了一个逞才学弄笔墨的法门。像尤侗的《读离骚》杂剧第一折(四十六句,七百五十六字),洪昇的《长生殿》传奇第四十六出《觅魂》(七十一句,七百三十六字),蒋士铨的《临川梦》传奇第十九出《说梦》(七十七句,一千三百五十八字),吴锡麒的《有正味斋散曲》"中元夕观盂兰会"〔仙吕·点绛唇〕套(三十三句,六百六十字),都是模效汤氏的大作。讲篇幅则是后来居上,只有吴曲比汤作少四个字,其余都比汤作字句多,《临川梦》长至一千三百五十八字,超出汤作一倍有余了。实在说,从汤氏起就是坠入魔道:有谁能唱,又有谁能听、能读这样的大块文章,而不感觉厌倦呢?

这些仿作,尽管篇幅比汤作还长,增句衬字比汤作还多,都没有什么新的变化。惟有尤侗的《黑白卫》杂剧,其第一折的〔混江龙〕,全曲二十七句一百九十九字,篇幅不算长、增句也不多,但有他的独创之处。全曲如下:

这剑呵炼成离坎◎芙蓉初发七星衔◎须记取炉开太乙。电扇飞帘◎铤生赤堇甕·砺淬若耶潭◎"说什么吴湛卢。越巨阙。魏飞影。楚龙渊。有一个老刘邦登山醉赶长蛇斩◎有一个小倪飞涉江怒把老蛟劓◎有一个莽荆庄乘城麾白敌军头。有一个狠专诸伏窟抉碎蛮王胆◎这剑!可也无名号。休问占◎大古是精廉为锷。忠圣为镡◎豪侠为铗。知勇为函◎卓一下冷森森霜花绣出斑犀艳◎啸一声厮琅琅雷轰惊起鱼龙惨◎舞一回忽刺刺电焱照破虹蜺焰◎"战退那山魈木魅一时啼。搅翻了天关地轴平空撼◎细看这金心缦缦·好付与玉手掺掺◎

这支曲特点有四。其一,第五六两句各减为五字。(前六句词意联贯,第六句下搀入另外一人念白,以下另起新意,所以知道"铤生"和"砺淬"两句不是增句)。其二,增句是单数,十七句,末三句作鼎足对。其三,增句协韵不规则,或四句一协,或四句三协,或两句一协,或一连三句全协。其四,增句协仄韵。以上只有第四项是汤派共同作法,其余三项都是尤西堂首创,以后也没见有人学他。

尤作此曲,虽变成规,音节却颇谐婉。他生于明末清初,曲子仍在全盛时期,音律腔调,晓然胸中,所以能自出机轴,变而不悖。乾隆以后,旧法渐失,或则谨守成规,有因无创,或则漫无准绳,不知而作,本格变体,都谈不到。〔混江龙〕的变化,到了尤西堂就算告一段落。本文也就此结束。

1950年,台湾大学《文史哲学报》第一期。

仙吕混江龙的本格及其变化后记

此文写成于1950年；十几年来，陆续发现其中若干缺误。有些是写作时的疏忽，有些是因为当初资料不够，有些则是前后见解的不同。本想彻底改作，但又想保存以前的见解与所用的方法；于是写成若干条补正，作为后记。这篇《混江龙》，连后记在内，虽费了我许多事，总觉其态度傻，方法笨，支离琐碎，自己并不满意。只是为了"念旧"之情，存之以供学者参考而已。1967年春记于惜余室。

（一）此文发表后数年，我看到了三种影印明本郑德辉《倩女离魂》杂剧；《古名家》本、《古杂剧》本、《柳枝集》本。这三种彼此相同而与通行的《元曲选》本有许多异点，异点之一即是第一折的〔混江龙〕。《元曲选》本那一支是通行的十句体再加增句，其书常见，不必钞了。三种明本如下：

> 断人肠正是这暮秋天道·尽收拾心事上眉梢◎镜台儿何曾览照·绣针儿不待拈着◎常恨夜坐窗前烛影昏。一任晚妆楼上月儿高◎"这鸳帏幼女。共蜗舍书生。本是夫妻义分。却做兄妹排行。煞尊堂间阻，俺情义难绝。他偷传锦字。我暗寄香囊。都则是家前院后。又不隔地北天南。空误了数番密约。虚过了几度黄昏。无缘配合。有分熬煎。"情默默难解自无聊◎冷清清谁问

他孤吊◎"病厌厌赢得伤怀抱◎瘦岩岩则怕娘知道◎"观之远天宽地窄·染之重梦断魂劳◎

此曲仍是十句体而增句比《元曲选》多,是因为《元曲选》有所删节;这一点与本格无关,增句本来是多少不拘。但在第八句下又多出两句,即"病厌厌"、"瘦岩岩"两句,其平仄与第八句一样,等于是把第八句作了三遍,这却是只此一家独特的作法,已开后来汤临川那一派增句用七字的先河,应作为〔混江龙〕之又一体。元人所作〔混江龙〕虽多,而不守本格者只此一首;我怀疑这多出来的两个七字句是明初人加上去的。

(二)明初传奇《拜月亭》(又称《幽闺记》)第七出有一支〔混江龙〕,暖红室覆刻明罗懋登本不分正衬,武进陶氏影印明凌延喜刻本所分正衬及句读如下:

大金主上。怨着大金主上。恼恨杀。听谗言佞语。杀害我忠良。把俺忠孝军都杀尽。教俺一身逃难。离了家乡。朝廷忙传圣旨。差使命前往他方。把兴福图形画影。将文榜遍地里开张。拿住的请功受赏。但人家不许窝藏。却教俺走一步一步回头望。望着俺爹和娘。走得俺筋舒力乏。谎得俺魄散魂扬。

照此去读,与〔混江龙〕本格殊不相合。我认为:"大金主上"句叠用,乃是唱时花腔,与本格无关。"恼恨杀"三字,罗本根本没有,有之,也应作衬字看。"把俺忠孝军都杀尽"句是"带白",并非曲文。"忙传圣旨"至"不许窝藏"都是四字增句。"望着俺爹和娘"句,因娘字押韵之故,乍看好像多此一句,其实也是唱时花腔与本格无关。凌本视同衬字,是对的。所以,此曲正衬句读应当改定如下。凌本每句都用"。"号,右面系照钞;以下重定则用我《北曲新谱》所用各种符号,说明已见前文附注第十二*。

  大金主上。怨着大金主上。恼恨杀、听谗言佞语杀害我忠良◎把俺忠孝军都杀尽。教俺一身逃难。离了家乡◎"朝廷忙传圣旨。差使命前往他方◎把兴福图形画影。将文榜遍地里开张◎拿住的请功受赏。但人家不许窝藏◎"却教俺、走一步一步回头望◎望着俺爹和娘。走得俺筋舒力乏·谎得俺魄散魂扬◎

如此析定,即与《金印记》的〔混江龙〕一样,只是较《金印记》增加了些花腔,并非别体。《拜月亭》此出第一支曲是双调引子〔金珑璁〕,其后为北〔仙吕·绛都春〕(即〔点绛唇〕而末句句法小异)、〔混江龙〕、〔油葫芦〕等,全出共二十一曲。汤显祖《邯郸记·西谍》出是学《拜月》此出开头时形式,全出共只四曲:〔金珑璁〕、〔绛都春〕、〔混江龙〕、〔尾声〕。但只〔金珑璁〕、〔绛都春〕两曲依照《拜月》旧格,〔混江龙〕则独出心裁,与《拜月》及任何格式都相差很远(见下),〔尾声〕亦与《拜月》不同,《拜月》用的是南尾,《西谍》用的是北尾。《拜月亭》此出又有〔混江龙〕后一曲,罗凌二本都未分正衬,今试为分析如下:

  望神圣将身隐藏◎兴福撮土为香◎祷告上苍◎但愿得俺兴福离了天罗。脱了地网◎

---

* 本版第731页注②。——编者注

这样,即是五个四字增句,但不知道我的分析对不对？凌刻有眉批云:"〔混江龙〕亦无分先后之法,姑存以俟知者。"骞按:《董西厢》有一支〔混江龙〕是分前后两叠的,见前文,但董曲前后一致,《拜月》此曲则相差太远,似是只有增句。《拜月》旧本原多错乱脱落之处,此曲则文义完全,不似残缺。别无资料,只好"姑存以俟知者"。

(三) 臧懋循改本《还魂记》〔混江龙〕曲在第十三折,其文如下。臧改未分正衬,今仍之,句读亦用普通标点符号。下文《西谍》〔混江龙〕臧改本同此。

这笔、架在落伽山外,肉莲华高耸案前排。捧的是,功曹令史,识字当该。笔管儿、是手想骨、脚想骨、竹筒般剉的圆滴溜,笔毫啊、是牛头发、夜叉发、铁丝儿揉定赤支愢。"喜时节、奈河桥题笔儿要去,闷时节、鬼门关投笔归来。俺也曾、考神祇朔望旦、名题天榜,俺也曾、摄星辰井鬼宿、文会书斋。便八宝台高捧手,让大菩萨独登坐位,怎三尺土低气分,和小鬼卒对立基阶。但站脚、一管笔一本簿、尘泥轩冕,要润笔、十锭金十贯钞、纸陌钱财。待点上格子眼、串出四万八千三界有漏名、乌星炮粲,早按下笔尖头、插入一百四十二重无间狱、铁树花开。脸娄搜、风髩飒飒,眉剔竖、比电目崖崖。少不得、中书鬼考,录事神差。"比着阳世那、金州判、银府判、铜司判、铁院判、白虎临官、恶森森一样价号令似雷轰,实则俺阴府里、注湿生、牒化生、准胎生、照卵生、青蝇报赦、另巍巍十分的功德如天大。威凛凛、人间掌命,雄纠纠、世上消灾。

臧氏批注云："此曲在北调原无定句,然太长则厌人,故为删其繁冗者。"骞按："无定句"谓增句无一定句数,非谓本格无定。臧改甚合格律,但有斫小巨木、削圆方竹之感。

（四）七字句在元人作品中并非增句基本形式,此处系指汤作而言。

（五）《还魂记》这一支〔混江龙〕,开阖铺叙,全是赋笔,一排一排的对偶句,很像唐律赋及宋四六。但只能当文章读,不能当曲子唱。钮少雅《格正还魂记词调》评此曲云："……今本曲太繁,殊为失体。……今欲以他调几种拟作带过,因其句法未必一一皆协,故仍从原本录此。但若此长篇,不惟歌者疲倦,恐闻者亦未免厌憎也。"单就歌唱而论,钮氏所说,乃是确评。后来各种传唱曲谱,将这支曲大加删削,才能制谱歌唱。钮氏《格正还魂记》及其他各种刻本所分此曲正衬都不一致,本无标准,当然无法求其一致。今一概从略不录。

（六）臧懋循改本《邯郸记》〔混江龙〕曲在第十四折,其文云：

> 打番儿汉,俺是那打番儿汉,论根生土长本南番。也没有的名籍贯,也不支半口粮单。每日价、打盘旋不离河陇地,长则是、顺风儿出没在闷摩山。"小番儿身材轻巧,小番儿嘴舌阑班。小番儿也曾到、羊同党项,小番儿也曾到那、黑海白兰。小番儿也会一留咖喇的讲他铁里,小番儿也会剔溜秃律的打着山丹。止不过夜行昼伏,怕甚的水宿风餐。你教俺穿营入寨,直走上剑树刀山。将何动惮,着甚通关。天那。怎教俺两片皮、把架瀚海的金梁、实丕丕放倒,三寸舌、把镇胡天的玉柱、赤力力推翻。"也不用、争驰白马铁关西,则消俺、亲题红叶

寒江畔。好和歹、要啜赚他没套数的番王着眼,迟共疾、先央及煞有商量的流水也那潺颜。

此改本原想略去,但既作《后记》,索兴把他与《还魂记》那一支的改本一并钞录,以供参考。臧氏有批注,已见前文。我从前藏有冯梦龙墨憨斋改本《邯郸记》,在通行《墨憨斋十种曲》之外,是很少见的本子。此书早已出手,当初没注意到"混江龙"问题,现在已不记得冯氏对于这一支曲是怎样处理。士礼之刊未成,而廛中已无一宋,思之怃然。

(七)《纳书楹谱》及《集成曲谱》第四段结尾处也是较汤氏原作有所增改,但与《醉怡情》又不一样。原作最后两句多少还有点像〔混江龙〕,经《醉怡情》、《纳书楹》增改之后,更不像了(《集成谱》本于《纳书楹》)。《九宫大成南北词宫谱》卷二十八把这一支〔混江龙〕分为六曲,都是越调。自首至"数口粮单"为〔绵搭絮〕,自"小番儿身材轻巧"至"打的山丹"为〔绵搭絮〕又一体,自"穿营入寨"至"着甚么通关"为〔青山口〕,自"两片皮"至"有口难安"为〔圣药王〕,自"则将这纸张条儿"至"山外山"为〔庆元贞〕,自"怀揣着片"至末为〔古竹马〕。最后一段即〔古竹马〕,增改文字与《纳书楹》相同,并注明系将原曲改作。《纳书楹》时代略晚于《九宫大成》,《九宫大成》又晚于《醉怡情》;可知增改此曲始于清初,至乾隆时又改一次。《九宫大成》分为六曲以后,其句读正衬念起来非常牵强,只顾凑合乐律,完全不管文理,而且与改题的诸调还是合不到一起。《醉怡情》、《纳书楹》、《九宫大成》三种改题,以《九宫大成》最为拙劣。若使汤临川见之,一定又要说"彼恶知曲意哉"。

(八)合仙〔混江龙〕固未见有人仿作,臧改本干脆把此曲删去。

《西谍》〔混江龙〕则有洪昇《长生殿》第十七出《合围》"紫缰轻挽"曲为其嗣响,后来乾隆时张坚撰《玉燕堂四种曲》中的《梦中缘》第四十三出《牝网》,《梅花簪》第三十七出《进宝》,《怀沙记》末出《升天》,又都是仿《长生殿》。我以前说没有人学《西谍》〔混江龙〕,此语不确。不过,《合围》此曲最后一段乃是模仿前述的《醉怡情》改本而非全仿临川。调名则《长生殿》原本从《醉怡情》题为〔越调·胡拨四犯〕,后来传唱曲谱从《九宫大成》分题〔越调·绵搭絮〕等六曲。

(九)《盛明杂剧三集》又名《杂剧新编》,我本有董氏诵芬室覆刻此书全部及顺治原刻零种,未带来台湾。此文发表后约十年,我买到影印本。全书共收明末清初杂剧三十四本,其中四本与《清人杂剧初集》重复,实得三十。所以前文"共三百二十八本"应改为"共三百五十八本"。

(十)羽调属南曲,北曲无此宫调,盖与仙吕合并,所以北曲〔混江龙〕属仙吕宫。《董西厢》号称北曲之祖,其实是南北曲初分而未全分时的作品,故其中曲调兼包南北,详见我所撰《董西厢与词及南北曲的关系》一文。

《董西厢》此曲中的"临时去""犹疑虑"六个字我以前定为衬字,后来觉得可能是正字。如果真是这样,则最早的〔混江龙〕较九句四十四字体多三个字而成为十句四十七字,前后两叠一样。

(十一)附注十二*所列各种符号,系《北曲新谱》初编所用者,后来改稿,稍有变动:此文及《董西厢与词及南北曲的关系》,均仍其旧,用资比较。

---

* 本版第731页注②。——编者注

董西厢与词及南北曲的关系

《董西厢》是个简称,这部书的正名应当叫作《西厢记诸宫调》,但是这个简称流传已久,为一般人之所熟稔,所以我采用他。这是一部硕果仅存,完整无缺的诸宫调,其文学价值之高,以及在近古文学史上地位之重要,早有定论,不必再说。现在只讨论这部书的体裁问题;体裁既明,就更可以证明他的价值和地位。这是一部从词到曲蜕变时期的作品,也是南北曲将分未分时的作品。往上说与词有关;往下说不只为北曲之祖[1],与南曲也有极密切的关系。然而,《董西厢》与南曲的关系却一直被忽略了。明清旧说也好,近人论著也好,都没有提到这一点。不是含糊其辞,就是认为他是纯粹北曲。于是《董西厢》在词曲之间承先启后,综括南北的地位,大为削弱,大为缩小。另一方面,《董西厢》与词及北曲的关系到底如何,虽曾有些人提到,也都是语焉不详。这是近古文学史上一件重要事情,当然不能任其含糊错误下去。要想说明这些关系,主要论据自然在体裁上边;所谓体裁,包括宫调、曲调、尾声[2]、套式四项。本文主旨,即在用排比归纳的方法,从这几项上找出

---

[1] 元钟嗣成《录鬼簿》卷上,董解元名下注文云:"大金章宗时人,以其创始,故列诸首。"明朱权《太和正音谱》卷上,董解元名下云:"仕于金,始制北曲。"

[2] 尾声本亦可算为曲调之一部,但董曲尾声,格式虽多而无专名,除错煞(又名绪煞)之外,其余均只题尾字,若与曲调合为一项,便夹杂不清,是以提出分叙。

《董西厢》与词及南北曲的关系。既以排比归纳的结果为根据,自然要有些个统计目录之类;若是放在相关的本文里边,容易弄得支离夹杂,所以我把他们都附录在后边,本文只作概括叙述。本文的基础,我所用的功夫,本文与旧说的异同,全在这些附录。虽然枯燥烦琐,但若没有他们,本文便成了无征不信的空话。其中有一部分以前有人作过①,都不精确,我是全部重作的,前人漏误之处都已补正。有些统计好像与本文无关,却与进一步研究《董西厢》有关,也就顺便作出,附在一起。

一 《董西厢》与词的关系
(附论与唐宋其他歌曲的关系)

《董西厢》是一部诸宫调,这种说唱并用的文体,起于北宋熙宁元祐之间,至元末而渐衰②,其流行时期,也就是词的全盛时期。二者时代相同,诸宫调供歌唱的部分又与词性质相同,他们之间当然

---

① 如清人凌廷堪《燕乐考原》,称《董西厢》为金院本。近人冯沅君《天宝遗事辑本题记》,收入《古剧说汇》,商务版。日本青木正儿《刘知远传》诸宫调考。《北平图书馆馆刊》六卷四期。
② 宋王灼《碧鸡漫志》卷二:"熙丰元祐间,兖州张山人以诙谐独步京师,时出一两解;泽州孔三传者,首创诸宫调古传,士大夫皆能诵之。"孟元老《东京梦华录》卷五"崇观以来在京瓦肆伎艺"条有"孔三传、耍秀才诸宫调"之语。合观全书所记,诸宫调似不一定起于北宋中叶,若云起于北宋之末,似更为确实。因王书"熙丰元祐"之语,是否专指张山人诙谐,或直贯下文之诸宫调,文义不明;孟书则明记孔三传诸宫调于"崇观以来在京瓦肆伎艺"条下。元中叶尚有王伯成撰《天宝遗事》诸宫调,成弘以后,关于诸宫调遂绝无所闻;其衰落当在元末明初戏文传奇渐盛之后。

会有关系。《董西厢》共用曲调一百二十九章①，详见附录一。其中有三十八章是词调，详目见附录二。合全数百分之三十。这个比例数已显示了《董西厢》与词的关系；有两件事更足以显示其关系之密切。（一）《董西厢》采用词调都保留原来形式，两叠还是两叠，绝无例外。南北曲则不然，他们也都采用了若干词调，但大部分只用前叠，两叠全用的极少。（二）《董西厢》里的词调大部分是独用的。所谓独用，即是一章自成段落，没有尾声，也不与他曲联为一套。这样，就保持了词的本质；因为词调本来都是独用，只有曲才有联套，这是词曲主要区别之一，若夫宋代的大曲、传踏，虽有联套的形式，却与词不是一件东西。再进一步说：《董西厢》里词调以外的曲调，也都是两叠或者三叠、四叠，只有十五章单用一叠，不过全部曲调十分之一强。详目见附录七。南北曲则单用一叠的调子居大多数。这件事实证明《董西厢》是词曲蜕变时的作品，在大段体裁上已经是曲非词，其中每个单位的大部分却还保持着词的形式。

至于唐宋其他歌曲，如唐曲、宋大曲②、唱赚、鼓子词，《董西厢》与他们也都有相当关系。唐曲、宋大曲，大多数名存实亡，《董西厢》与他们的关系只是有些曲调名目相同而已，见附录二。实际是否相同，其形式演变的情形如何，都已无从说起。关于赚词则尚有话可说。第一，赚词是成套的，有引子，有尾声，《董西厢》里的长套，其组织与之相同。第二，"赚"这个调子为赚词的中坚，《董西厢》

---

① 《太和正音谱》、《北词广正谱》等书，都称曲调单位为"章"，今从之。

② 宋教坊曲有大曲、小曲之别，见《宋史》卷一四二《乐志》十七；其小曲二百七十章，无一与董曲同名者。唐崔令钦《教坊记》载曲名三百二十四，中有四十六章原注"大曲名"，二百七十八章未注类称，似未便即援《宋志》之例称之为小曲，《教坊记》不载之曲如〔文序子〕，更难定称，今总称为唐曲。

屡曾采用①。第三,现存赚词两套②的尾声,其格式与《董西厢》所用尾声基本格式相同。见附录四。综观三事,可知二者之间颇相关联。鼓子词则与诸宫调为同类型的东西,都是用叙述体,说唱相间,都是承袭变文而来。所不同者,鼓子词只有一调反复使用(如赵令畤的《商调·蝶恋花》),诸宫调则使用若干不同的宫调,不同的曲调,组成长篇,其繁简巨细,自不可同日而语。

二 《董西厢》与南曲的关系

先从宫调上说。《董西厢》用宫调十五种,详目见附录一。其中有羽调。羽调为无射羽的俗名③,南曲有此宫调,照例可与仙吕合用,(其实也可以与黄钟合用);北曲则无此宫调。固然可以假定在北曲里原来也是有的,而后来与仙吕合并了;在《董西厢》里惟一属于羽调的曲子〔混江龙〕,后来收入北仙吕而不入南曲,似更足以证实此说。但是关于两调合并的痕迹,除此以外一点也找不到;假定毕竟只是假定,羽调之北无南有则是事实俱在。还有道宫,这是南北都有的。但北曲无论小令、散套、杂剧都没有用道宫的。所以《中原音韵》、《太和正音谱》都不收道宫。直到清初李玄玉诸人作《北

---

① 董曲有〔正宫赚〕、〔道宫赚〕、〔中宫赚〕、〔太平赚〕(入般涉),皆与宋代赚曲大同小异。南曲各宫调多数有其独用之赚,大体实无甚差别,盖与董曲皆由宋赚来也。

② 普通只知王国维《宋元戏曲史》引《事林广记》所收"圆社市语"一套,我最近在南宋初沈瀛所作竹庵词中又发现一套,题为"野庵曲",共七曲一尾,其中第五六两曲为赚。我另有专文详论。

③ 见宋张炎《词源》卷上。

词广正谱》。才行收入,但举例仍不出《董西厢》;换言之即是《董西厢》之后北曲作品没有用道宫的。南曲道宫则尚有若干后人所作之曲,即沈自晋《南词新谱》及钮少雅《九宫正始》所引诸例。以上事实证明《董西厢》中的道宫,沿用于南而不用于北。

再从曲调上说。《董西厢》所用曲调一百二十九,其中有五十四章后来南北曲全都不用,不必管他;下余七十五章,用于南曲者二十五,用于北曲者三十五,南北合用者十五。详附录三。从这些数字上,显然可以看出《董西厢》在曲调方面与南曲及北曲的关系相差不远。至于这些曲调在《董西厢》时代,与归入南曲或北曲之后,唱法上有无异同? 则旧声已亡,无从解答。照道理来讲,自然没有一成不变之乐,南曲袭用了一些《董西厢》的曲调,却不一定要袭用他们的唱法,正如昆山腔起来之后,北曲唱法即不与嘉靖以前相同。但这只是想像而已。周祥钰等撰《九宫大成南北词宫谱》把董曲全部都制成有乙凡的北工尺谱,好像这些曲子全都是地道北曲,则全属杜撰。如果《大成谱》是明中叶以前之作,我们对这些工尺谱还有考虑承认之余地;但《大成谱》编纂之时去古已远,其本身又是一部"模胡夹杂,贻误后学"①的东西,实在令人不能置信。一定是编者惑于旧说,先有了《董西厢》纯为北曲的成见,于是就都给打上了北工尺。这决不是旧谱。全部《大成谱》制谱所依据的都是昆腔盛行以后的腔调,至于弦索调的《董西厢》应当如何唱法,明中叶即已失传,《大成谱》的编者上那里去发掘这一套古董?

第三,从尾声格式上说。《董西厢》所用尾声共有九种格式。

---

① 语见近人吴梅跋屠隆刻本《董西厢》(《新曲苑》本《霜崖曲跋》卷一)。原文专指《大成谱》所收董曲而言;其实《大成谱》整个如此,不只董曲部分。

其中第一式之乙即是南曲〔不绝令煞〕①；第一式之庚即是南曲〔喜无穷煞〕②；第二式之甲是南曲〔三句儿煞〕，不过平仄稍异。以上俱详附录四。南曲这三种尾声，不但与《董西厢》所用格式相同，所隶属的宫调也相同，足见是一直沿用下来的。而且，董曲尾声九式，除去第八第九两式之外，其余七式，都是从宋金两代通行的七言三句格而来，小有变化，大致不差。南曲尾声格式虽多，也不出七言三句的范围。北曲尾声则不然，其基本格式虽也是七言三句，而变化之繁，增句之多，却非南曲与《董西厢》所及。所以说：《董西厢》与南曲的尾声，都是直承宋金两代通行格式，北曲尾声则有他自己的发展。

　　最后，从套式组织上说。《董西厢》全部是用只曲、短套、长套三者组成，三者区别详附录五。这些形式随宜地联缀使用。南戏传奇很普遍的袭用这种组织法；北曲则不然。北杂剧全部没有只曲，也没有一曲一尾的短套（这在《董西厢》里是最常用的）；只是每本四折，每折要包含三曲③以上组成的长套，其组织远不如《董西厢》之活泼变化。只曲长短套并用，本是写作戏曲的正当办法，南戏很自然的沿用了，北剧则弄得那么死板，放着方便法门不用，却找来一面枷把自己套上。

---

①　本文涉及南曲处，以沈自晋《南词新谱》为主，参以钮少雅《九宫正始》。东山钓史《九宫谱》定。（吕士雄《南词定律》、吴梅《南北词简谱》均是好书，此地无从觅读。）涉及北曲处以李玄玉等《北词广正谱》为主，参以朱权《太和正音谱》。〔不绝令煞〕沈谱入南吕宫，钮谱入正宫。

②　〔喜无穷煞〕沈、钮俱入中吕宫，惟钮谱改名为〔三句儿煞〕。

③　现存元人杂剧一百七十余本中，一折三曲者只有《追韩信》与《圯桥进履》两本，一折四曲只有《十控子》一本，其余诸剧每折均在五曲以上（《追韩信》疑有脱误，原本恐不只三曲）。

综上所述，《董西厢》与南曲的关系已可明了。但他与北曲的关系要更大一点，所以自来被误认为纯粹北曲。下边一节就要谈到《董西厢》与北曲的关系，说明他何以称为北曲之祖。

三 《董西厢》与北曲的关系

第一，宫调方面。《董西厢》所用十五宫调之中有般涉调，合只曲、长套、短套并计，共用了十四次。这个宫调南北都有。但在南曲里有等于无，简直没有人用。读者试阅《南词新谱》卷十及《九宫正始》第十册所载般涉部分，就可看出这个宫调零落不能成军的样子。北曲则不然。北散曲初期，也就是元代前期，般涉调使用颇广；《朝野新声太平乐府》卷九，整卷都是般涉套，其中包括许多名作。到了元代后期，特别在杂剧，般涉夷为正宫及中吕的附庸，但属于他的曲调如〔哨遍〕、〔耍孩儿〕，仍旧很普遍的在正宫套、中吕套里使用，仍像在南曲里，连附庸的地位都没有。般涉调在《刘知远传》及《董西厢》里，使用既多又有独用的尾声，附录四。可知他在金朝是个流行的宫调；而继承使用这一宫调的则是北曲而非南曲。此外还有小石调，在南曲里也极少用，但在北曲也是如此；这是个不拘南北同样冷僻的宫调，不足以为《董西厢》与南北曲关系如何的例证。

第二，曲调方面。前边已经说过，《董西厢》所用曲调一百二十九章，中有三十五章后来用于北曲，数目较用于南曲的为多。但我们要注意的远不在数量之多少而在创调。这三十五章里有十九章（〔正宫·脱布衫〕、〔道宫·大圣乐〕、〔南吕·三煞〕、〔黄钟·柳叶儿〕、〔赛儿令〕、〔四门子〕、〔黄莺儿〕、〔双调·文如锦〕、〔搅琵琶〕*、〔庆宣和〕、〔商调·玉抱肚〕、〔定风波〕、〔越调·斗鹌鹑〕、〔青山口〕、〔雪里梅〕、〔般涉·急曲子〕、〔中吕·乔捉蛇〕、〔仙吕·赏花时〕、〔羽调·混江龙〕)从来不见经传①,不只唐宋词曲里没有,与《董西厢》同为诸宫调而时代较早的《刘知远传》里也没有。这些极可能是董解元的创制,他们在北曲里普遍使用,而且所属宫调大部相同。用于南曲的二十五章则大半与词或赚词相同。可能是董氏创制的不过五分之一。

第三,尾声格式方面。北曲黄钟尾声即是《董西厢》尾声第二式之甲(黄钟格),大石随煞即是第二式之乙(大石格),仙吕随煞、双调本调煞均是第二式之丙(仙吕格)。附录四。不仅格式同,所属宫调亦同(仙吕、双调本可通借)。于此可知董曲北曲一脉相承。董尾第五式是般涉专用的;北曲则《太平乐府》卷九所收般涉调二十四套均用此尾,而正宫、南吕、中吕、越调也都可以通用此式。又可见其规律之一致及董尾在北曲中沿用之广泛。董尾第八九两式则开北尾增句之先河。附录四。

第四,套式组织方面。一曲一尾的套式,在《董西厢》里使用的次数极多,占全部套数的三分之二强,附录五。《刘知远传》使用此式尤为普遍,可知这是诸宫调所用的主要套式。这种套式在北散曲的初期,用得相当多,例如:《太平乐府》卷六马致远等〔赏花时〕六套,卷七贯云石〔好观音〕一套,卷九朱庭玉〔哨遍〕四套,《阳春

---

* 疑误,当作〔搅筝琵〕。——编者注

① 〔大圣乐〕、〔黄莺儿〕、〔玉抱肚〕、〔定风波〕等四章,虽与词调同名,而格式相差甚远。

白雪后集二》杨果等〔赏花时〕六套,《后集三》吕侍中〔六么令〕一套①,都是这种套式。〔赏花时〕套尤可注意。这个调子《董西厢》以前从没见过,在《董西厢》里却是用的比任何调子都多,凡十二次见附录一。而且每支都很精彩;即使不是董解元个人创制,也是他那个时期流行的新调。上述那些短套也以用〔赏花时〕的为最多,这可以证明其间的直接关系。南曲无论在那一时期,无论散曲传奇,用这种一曲一尾套式的非常之少。依照南曲惯例,只用一个曲调或两个曲调,都不必用尾声②,偶有一曲一尾的都是例外之作。这个惯例与《董西厢》恰好相反。

第五,音乐用韵及方言俗语。《董西厢》诸曲怎样唱法,久已失传,但其为弦索调,或云挡弹调,则自明以来无异说。北曲没有被昆山腔淹没以前,所用乐器以琵琶、三弦为主;今日流行北方的大鼓书,实为北曲遗音,也用三弦伴奏。所以在唱腔及伴奏乐器上,《董西厢》与北曲是相同的。至于董书与北曲用韵相关之点,则为四声通押。宋词无四声通押之例,南曲偶尔有之,属极少数;董曲则与北曲一样,四声通押极为普遍。试以开卷第一套引辞为例:这一套所用韵字为"化、暇、甲、洽、猩、价、咱、涯、花、罢、家、剥、下、他、捺、马、雅、花、话"。共十九字,四声全有,要用北音去读才能协韵,完全是北曲的办法。方言俗语,则如"腌、撑、掇、肩、打、脊、鹘、鸰、渌、老、放二四、没揪三、兀底般、颠不刺的"之类,《董西厢》中所在多有;这些都是北地通行用语,后来北曲常用,极少见于南曲。

---

① 《阳春白雪》〔六么令〕套无作者名,《雍熙乐府》卷五亦然;《北词广正谱》曾引其中〔赚煞〕数句,据知作者为吕侍中,盖其官名,本名俟考。
② 见《南词新谱》卷三附录各调总论及《九宫谱》定卷首总论。

以上三项虽然简单,却为《董西厢》与北曲关系最为密切之处。

宫调、曲调、尾格、套式之被沿用,曲调之创制,尾声增句的先导,音乐、用韵及方言俗语的相同:这一切构成了《董西厢》与北曲的密切关系。所以自元以来即说《董西厢》是北曲之祖,甚至忽略了他与南曲的关系。但我们不要忘记《董西厢》之前还有部《刘知远传》。本文所述《董西厢》与词及南北曲异同之点,在《刘知远传》里都能找到。如说《董西厢》是北曲之祖,《刘知远传》该是远祖,但元明人都不曾提到过他。我疑心这部书从元以来就没人见过;同时也是因为《董西厢》的浩瀚精丽,把其余作品给压得黯然无光;于是董解元就独占了创始北曲之名。其实那一种文体会是一个人创始的呢?

综合以上各节,证明《董西厢》是一部从词到曲蜕变时期的作品,也是南北曲将分未分时的作品。上接唐宋词,下开元明曲,承先启后,综括南北,为词曲史上一大枢纽。他的曲体,非南非北,亦南亦北;所以上文说到他与南曲或北曲的关系,都是反正两面的。不过他与北曲的关系尤为深切。因为诸宫调创始于山西人,流行于河南山东[①],董解元又是北方人,这些都与北曲有地域上的直接关系;而《董西厢》的写作,正好在胡乐流传已久,北曲渐兴的金朝中叶。

附录一　董书所用宫调曲调总目

说明:(一)原书若干曲调,有时加缠令二字,或仅加一缠字,如

---

① 同第 757 页注②。

〔点绛唇〕、〔点绛唇缠令〕、〔点绛唇缠〕之类。这是同一个调子。缠令二字是用以指出全套的套式及唱法的,与本曲格式无关;缠则是缠令的简称。① 又有加断送二字的,加赚字的,如〔梁州令断送〕、〔安公子赚〕,也是指示唱法的,与调的格式无关。② 以前统计董曲者如凌廷堪《燕乐考原》,冯沅君《天宝遗事辑本题记》,都把这些算作另一调;《九宫大成北词宫谱》也犯这个错误,凡加缠令等字样的都与本调分为两体。本总目于调名加缠令或断送等字样的均行删去。(二)调名后的阿拉伯码子为此调在《董西厢》中使用次数,后仿此。(三)注文简单的附注调名之后,否则另注于全文之后。注中凌为凌廷堪,冯为冯沅君,青木为日人青木正儿,后仿此。(四)附注中简单注语与论文不同,为求方便,有时用文言。(五)全部附录中各项,乍看似嫌烦琐,但细思之后,即能从其中想出若干结论。本文限于篇幅及时间,于此各项尚未能充分利用也。

一、正宫,曲九章:〔虞美人〕冯失收。〔应天长〕4 与南吕不同故两收之。〔万金台〕〔文序子〕3〔甘草子〕6〔脱布衫〕4〔梁州〕3 亦名〔梁州令〕。〔梁州三台〕2③〔赚〕

二、道宫,曲五章:〔解红〕〔凭栏人〕〔赚〕〔美中美〕〔大圣乐〕

三、南吕宫,曲六章:〔瑶台月〕2〔一枝花〕2〔应天长〕与正宫不

---

① 缠令的解释,见冯沅君《说赚词》(《古剧说汇》)。但冯君不知缠令二字之与本调格式无关,故《天宝遗事辑本题记》中统计董曲,遇有加缠令二字者即视为另一调。

② 断送的解释,其说不一,青木正儿释为"关于乐曲奏法的术语",最为允当:见所著《中国近世戏曲史》第二章第一节(商务版王古鲁译本)。

③ 董曲有〔梁州三台〕,又有〔三台〕,核其句法,完全相同,今并为一调。使用次数亦为合并计算。

同。〔傀儡儿〕〔转青山〕〔三煞〕①

四、黄钟宫,曲十四章:〔侍香金童〕2〔柳叶儿〕3〔快活年〕②〔出队子〕6〔双声叠韵〕4〔黄莺儿〕3〔降黄龙衮〕2〔刮地风〕3〔整金冠令〕〔赛儿令〕2〔神仗儿〕2〔四门子〕2〔间花啄木儿〕③〔整乾坤〕

五、大石调,曲九章:〔伊州滚〕4 亦名〔伊州令〕详附录二。〔蓦山溪〕3〔吴音子〕4〔梅梢月〕〔玉翼蝉〕8〔红罗袄〕3〔还京乐〕2〔洞仙歌〕3〔感皇恩〕

六、双调,曲九章:〔文如锦〕5〔豆叶黄〕2〔搅筝琶〕2〔庆宣和〕2〔惜奴娇〕2〔月上海棠〕〔御街行〕4〔芰荷香〕2〔倬倬戚〕

七、小石调,曲一章:〔花心动〕

八、商调,曲两章:〔玉抱肚〕2〔定风波〕2

九、越调,曲十二章:〔上平西〕4 亦作〔上西平〕。〔斗鹌鹑〕5〔青山口〕4〔雪里梅〕5 即〔雪里梅花〕,亦作〔雪儿梅〕,冯误分为三调。〔厅前柳〕〔蛮牌儿〕〔山麻楷〕〔水龙吟〕〔看花回〕2〔揭钵子〕〔叠字玉台〕疑当作〔叠字三台〕。〔渤海令〕

一〇、般涉调,曲十一章:〔哨遍〕4〔耍孩儿〕〔太平赚〕〔柘枝令〕3〔墙头花〕5〔夜游宫〕2〔急曲子〕4〔沁园春〕2〔长寿仙滚〕2〔麻婆子〕3〔苏幕遮〕

一一、中吕调,曲十六章:中有三章借自其他宫调,未计入数内。〔香风

---

① 〔三煞〕并不作尾声用,《董西厢》原书〔三煞〕之后另有〔尾声〕一支,通行诸本漏刻尾字而与上文连接,一般学者遂误以此为〔三煞〕是尾声。

② 原作〔快活尔缠令〕。缠令二字与本格无关,已见上文;尔字则确为年字之误。此调与《刘知远传》及《天宝遗事》所用〔快活年〕格式全同。

③ 董曲〔间花啄木儿〕共八支,联入一套,格式大同小异,今作一调计。

中编

合〕2①〔墙头花〕借般涉。〔碧牡丹〕7〔鹘打兔〕4〔牧羊关〕3借高平。〔乔捉蛇〕〔木鱼儿〕〔石榴花〕〔棹孤舟〕〔双声叠韵〕2借黄钟。〔迎仙客〕〔满庭霜〕即〔满庭芳〕。〔粉蝶儿〕〔古轮台〕4〔踏莎行〕〔千秋节〕〔安公子〕〔赚〕〔渠神令〕

一二、高平调，曲五章：〔木兰花〕5②〔于飞乐〕2〔糖多令〕〔牧羊关〕〔青玉案〕

一三、仙吕调，曲二十八章：中有一章，借自其他宫调，未计入数内。〔醉落魄〕4〔整金冠〕借黄钟。〔凤吹荷叶〕6〔赏花时〕11 卷一"西洛张生"曲，原题〔赏花花〕。系〔整花冠〕之误。〔点绛唇〕6〔醉奚婆〕4〔惜黄花〕2〔恋香衾〕5〔整花冠〕2 其一即"西洛张生"曲，原误题〔赏花时〕。〔绣带儿〕5〔剔银灯〕2〔哈哈令〕3 省作〔台台令〕，误作〔哈哈令〕，前人皆误为两调或三调。〔一斛叉〕〔满江红〕3〔乐神令〕2〔醍醐香山会〕〔胜葫芦〕2〔六么实催〕〔六么遍〕〔瑞莲儿〕3〔河传〕〔乔合笙〕〔临江仙〕〔朝天急〕〔六么令〕〔相思会〕〔喜新春〕〔香山会〕〔天下乐〕

一四、黄钟调，曲一章：中有三章与黄钟宫合用，未计入数内。〔侍香金童〕2〔四门子〕〔柳叶儿〕以上三章与黄钟宫合用。〔喜迁莺〕③

一五、羽调，曲一章：〔混江龙〕

以上共计十五宫调，一百二十九曲调。

---

① 董曲有〔香风合缠令〕，又有〔风合合缠〕，核其格式，完全相同，风合合盖香风合之误；前人多分为两调，非是。

② 原书卷三、页二十三（暖红室第一次刻本）有〔木兰花〕一支，漏刻宫调，恰好在〔中吕·古轮台〕套之后，遂有人误以此调分属高平中吕两宫调；不知〔木兰花〕在古轮台套尾声之后，自不能与之并为一谈。

③ 黄钟宫与黄钟调，本为两个宫调，元明以后始行合并；统计金人作品仍须将二者分开。

附录二　曲调来源

一、出于唐曲者二十章：参阅本文第一节第二段及注六＊。

〔虞美人〕〔吴吟子〕董曲作〔吴音子〕。〔红罗袄〕〔还京乐〕〔洞仙歌〕〔感皇恩〕〔定风波〕〔墙头花〕〔麻婆子〕〔苏幕遮〕〔木兰花〕〔临江仙〕〔天下乐〕〔凉州〕宋以后作〔梁州〕。董曲有〔梁州令〕、〔梁州三台〕。〔伊州〕董曲有〔伊州滚〕。〔柘枝〕董曲有〔柘枝引〕。〔迎仙客〕〔安公子〕〔绿腰〕一作〔录要〕一作〔六么〕。董曲有〔六么遍〕、〔六么令〕、〔六么实催〕。以上十九章并见唐崔令钦《教坊记》；〔绿腰〕以下六章为大曲。〔文序子〕①

二、出于宋大曲者六章：参阅本文第一节第二段及注六＊＊。与唐大曲互见者是否完全相同，则唐宋大曲俱亡，无从比较。

〔梁州〕〔伊州〕〔绿腰〕以上三章互见唐大曲。〔大圣乐〕〔长寿仙〕董曲有〔长寿仙滚〕。以上五章见《宋史》卷一四二乐志十七，俱教坊大曲。〔降黄龙〕见张炎《词源》。董曲有〔降黄龙滚〕。

三、出于词调者三十八章：与唐曲互见者是否完全相同，无从比较。

〔虞美人〕〔伊州滚〕即〔伊州令〕，万树《词律》误作〔伊川令〕。〔洞仙歌〕〔感皇恩〕小异。〔木兰花〕小异。〔苏幕遮〕〔安公子〕〔六么令〕

＊　本版第758页注②。——编者注

①　唐段安节《乐府杂录》"文叙子"条云："长庆中，俗讲师文叙善吟经，其声宛畅，感动里人。乐工黄米饭状其念四声观世音菩萨，乃撰此曲。"宋王灼《碧鸡漫志》卷五引《卢氏杂说》云："文宗善吹小管，僧文溆为入内大德，得罪流之。弟子收拾院中籍入家具，犹作师讲声。上采其声制曲曰文溆子。"灼附识云："溆字或误作序并绪。"两说虽小不同，其为唐曲则无疑问。

＊＊　本版第758页注②。——编者注

〔临江仙〕〔天下乐〕以上十章互见唐曲。〔一枝花〕〔侍香金童〕〔蓦山溪〕〔惜奴娇〕〔月上海棠〕〔御街行〕〔芰荷香〕〔花心动〕〔上西平〕一作〔上平西〕,即〔金人捧露盘〕。〔厅前柳〕〔水龙吟〕〔哨遍〕小异。〔沁园春〕〔夜游宫〕〔碧牡丹〕〔满庭霜〕即〔满庭芳〕。〔粉蝶儿〕〔踏莎行〕〔千秋节〕即〔千秋岁〕,后半小异。〔于飞乐〕〔糖多令〕〔青玉案〕〔醉落魄〕〔恋香衾〕〔点绛唇〕〔剔银灯〕〔惜黄花〕〔喜迁莺〕

四、出于赚词者两章:参阅本文第一节第二段及注七。

〔赚〕〔鹘打兔〕①

以上共六十六章。中有互见者十三章;梁州包括〔梁州令〕、〔梁州三台〕两章,六么包括〔六么遍〕、〔六么令〕、〔六么实催〕三章,赚包括〔正宫赚〕、〔道宫赚〕、〔太平赚〕、〔中吕赚〕四章。故应减十三加六,实得五十九章。

五、来源不详者七十章,细目从略。惟其中有与词调名同实异者十章,录出如下:

〔应天长〕正宫南吕均收之,格式不同,作两调论。〔甘草子〕〔解红〕〔黄莺儿〕〔玉抱肚〕〔看花回〕〔满江红〕〔河传〕〔绣带儿〕,又有〔梁州令〕、〔三台〕即〔梁州三台〕。〔大圣乐〕、〔还京乐〕、〔红罗袄〕、〔定风波〕六章,亦均与词调名同实异,已入唐曲项下。

附录三　曲调去路

说明:(一)各调归入南曲或北曲后,所属宫调如有改变,都分

---

① 圆社市语中之〔鹘打兔〕,与《董西厢》所用者,差别甚大;市语此曲似有脱误,无从考订。

别注出；不注的即是没有改变。（二）凡与词调相同的，都并在一起，冠于各类之首；与词名同实异的则列在其他诸曲调一起，注明与词不同。（三）南曲与北曲常有名同实异的调子，如〔一枝花〕、〔点绛唇〕，南北都有而格式不同，本统计各归其类，并注明与南不同或与北不同，以前做此工作的人都没有注意到这一点，是他们统计不精确的最大原因。（四）词与曲、南与北，或同或异，应当举例说明，但那样一作篇幅太长了；我打算另作一篇董曲订律，把董书诸曲逐一归纳出一个格式来，再与词及南北曲比较其异同。本篇中姑且从略。

一、用于南曲者二十五章：

〔正宫·虞美人〕南吕宫引子。〔南吕宫·一枝花〕引子。与北不同。〔大石调·蓦山溪〕慢词。① 〔双调·惜奴娇〕引子。〔小石调·花心动〕双调引子；《九宫正始》云亦可借入小石调。〔般涉调·沁园春〕中吕调慢词。〔中吕调·安公子〕正宫调慢词。② 〔满庭霜〕即〔满庭芳〕。中吕宫引子。与北不同。〔粉蝶儿〕中吕宫引子。与北不同。〔踏莎行〕《南词新谱》不收；《九宫正始》收入，不知宫调引子。〔仙吕调·点绛唇〕黄钟宫引子。与北不同。〔临江仙〕南吕宫引子。〔黄钟调·喜迁莺〕正宫引子。与南小异。与北不同。以上十三章皆与词调相同。

〔正宫赚〕见注七。〔黄钟宫·双声叠韵〕黄钟宫过曲。小异。〔间花啄木儿第一〕《南词新谱》不收；即《九宫正始》所收〔黄钟宫·啄木儿〕第二格。惟董书尚有第一至第八曲，大同小异；俟考。〔般涉调·太平赚〕见注七。〔中吕调·牧羊关〕南吕调近词。即〔牧阳关〕。与北不同。〔赚〕见注七。

---

① 慢词即引子，近词即过曲：见明王骥德《曲律》卷一"论调名"条。
② 《南词新谱》误作〔公安子〕。

〔古轮台〕中吕宫过曲。〔仙吕调·河传〕慢词。与词不同。〔满江红〕正宫过曲。《南词新谱》作〔满江红急〕。与词及南吕引子皆不同。〔黄钟宫·快活年〕黄钟调慢词。与北不同。〔大石调·伊州衮〕近词。与词〔伊州令〕同。与北〔小石·伊州遍〕不同。〔红罗袄〕近词。与词不同。以上三章,俱见南曲十三调音节谱,有目无词。《新谱》及《正始》,或存其目而注一缺字,或并其目亦不收。是否与董曲相同,无从考订。姑附于此。①

二、用于北曲者三十五章:

〔黄钟宫·侍香金童〕与南不同。〔双调·月上海棠〕与南不同。〔高平调·木兰花〕与南南吕调不同。〔仙吕调·六么令〕与南不同。董曲仙吕调之曲北曲皆入仙吕宫。以上四章皆与词调相同。

〔正宫·甘草子〕与词不同。〔脱布衫〕〔道宫·解红〕与词及〔南道宫调·解红序〕俱不同。〔赚〕②〔大圣乐〕与词及南南吕宫不同。〔南吕宫·瑶台月〕入般涉调。与南异。〔三煞〕入般涉调。〔黄钟宫·柳叶儿〕与南不知宫调不同。〔黄莺儿〕与词及南商调俱不同。〔降黄龙衮〕与南〔降黄龙〕不同。〔赛儿令〕〔四门子〕小异。〔双调·文如锦〕〔搅筝琶〕〔庆宣和〕〔商调·玉抱肚〕与词及南仙吕入双调俱不同。〔定风波〕与北小异。与词不同。〔越调·斗鹌鹑〕〔青山口〕〔雪里梅〕〔看花回〕与词不同。〔般涉·墙头花〕〔急曲子〕〔中吕调·乔捉蛇〕入中吕宫。〔仙吕调·赏花时〕〔六么遍〕〔羽调·混江龙〕北无羽调,此章入仙吕宫。〔道宫·凭栏人〕南中吕调。〔大石调·还京乐〕与词不同。〔感皇恩〕南入大石调;北入南吕宫。与词小异。〔般涉调·耍孩儿〕以上四章;俱见南曲十三调音

---

① 有目无词者即有此调而未见前人作品,不能举出实例明其格式之意。
② 董曲有〔正宫赚〕、〔道宫赚〕、〔中宫赚〕、〔太平赚〕(入般涉),皆与宋代赚曲大同小异。南曲各宫调多数有其独用之赚,大体实无甚差别,盖与董曲皆由宋赚来也。

节谱,有目无词;北曲则有目有词;故入北曲而不入南北合用。〔耍孩儿〕南中吕亦有之,但与董曲格式不同。

三、南北合用者十五章:

〔般涉调·哨遍〕与北般涉同;与词及南般涉慢词小异。〔高平调·于飞乐〕北高平;南南吕宫引子。〔糖多令〕北高平与词小异,亦入越调与词同;南仙吕宫引子。〔青玉案〕北高平与词小异,亦入双调与词同;南中吕宫引子。〔仙吕调·剔银灯〕北中吕宫与董同;南中吕宫过曲与董小异。以上五章皆与词调相同。〔正宫·梁州令〕即〔北正宫·小梁州〕;南正宫引子。与词不同。〔道宫·美中美〕与北同;与南仙吕过曲小异。〔黄钟宫·出队子〕南过曲。南与北小异。〔神仗儿〕南过曲。南与北小异。〔刮地风〕南过曲。〔双调·豆叶黄〕南双调引子,仙吕入双调过曲。① 〔般涉调·麻婆子〕北般涉;南中吕宫过曲。〔中吕调·鹘打兔〕北中吕宫;南中吕宫过曲。〔迎仙客〕北中吕宫;南中吕调近词。〔仙吕调·胜葫芦〕北仙吕宫;南仙吕宫过曲。与南北俱小异。

四、去路不详即南北曲俱不用者五十四章,细目从略。惟其中有与南曲或北曲名同实异者八章,录出如下:

〔正宫·应天长〕与北商角不同。〔南吕宫·应天长〕与北商角不同。〔大石调·玉翼蝉〕与北大石及南黄钟调近词俱不同。〔越调·山麻秸〕与南越调过曲不同。〔渤海令〕与北〔中吕宫·播海令〕不同。〔般涉调·长寿仙滚〕与南大石过曲〔长寿仙〕不同。〔中吕调·石榴花〕与北中吕宫及南中吕宫过曲俱不同。〔仙吕调·乔合笙〕与南中吕宫过曲合笙不同。

---

① 《南词新谱》双调引子不收〔豆叶黄〕,《九宫正始》收之。两谱仙吕入双调过曲俱收〔豆叶黄〕,去其叠句即与董曲相同。

附录四　尾声格式

近时学者多以为董曲尾声格式简单，不出七言三句，以前学者均如此说。实则格式甚多，各宫分用，格律颇严，并非如一般人所说之简单；不过大致以七言三句为基础耳。今遍观诸尾，归纳为九式如下。

第一式　七言三句。此为各宫调通用格式，但仙吕及般涉用者较少。各句平仄视宫调而异，分列于下。各种符号说明见附注三四。

甲、正宫用：

十丁⊥仄平平仄◎⊥仄平平仄仄丁◎十仄丁平仄⊥仄◎

乙、南吕及道宫用：（即南〔南吕宫·不绝令煞〕）

仄仄平平仄平平／平平仄仄平平仄◎平平仄平平／仄仄平平仄平仄◎十仄丁平十仄至◎

丙、黄钟用：

十仄平平仄十仄◎十平仄平十仄仄◎十仄仄平平仄丁◎

丁、大石用：

仄仄丁仄平平去◎仄平十仄丁仄⊥◎平仄十平仄丁去◎

戊、双调用：

十平⊥仄平平仄◎丁⊥仄仄平平仄◎仄仄平平十平仄◎

己、商调用：

十平仄丁仄平仄◎仄十平十平仄仄◎十平仄平十仄上◎

庚、中吕用：（即南〔中吕宫·喜无穷煞〕。宋赚词两套所用尾声与此大致相同）

平平仄⊥十仄至◎十仄丁平十仄丁◎十仄平平⊥仄至◎

辛、仙吕及般涉用:(甚少见)

十平⊥仄仄平平◎十仄丁平仄平本◎十平平仄仄平平◎

七言三句为曲中一切尾声之基本形式,应用既广,平仄之变异遂多;其最重要之区别在末句末三字,因其与各宫调之杀声有关也。

第二式 七言三句,惟第二句为上三下四。此为黄钟·高平·大石·仙吕所用格式;平仄视宫调而异,分列于下。

甲、黄钟高平用:(即南曲〔黄钟宫·三句儿煞〕而平仄小异;亦即北曲〔黄钟宫·尾声〕。)(高平仅一见,即卷一"倘或明日"曲,原题中吕尾,今从《广正谱》说。)

仄仄平平仄丁仄◎仄十丁仄,仄平平平◎仄十仄平平去本◎

乙、大石用:(即北〔大石·随煞〕)

仄仄平平平平仄◎仄十仄,仄平平平◎⊥仄平平仄平仄◎

丙、仙吕用:(即北〔仙吕·随煞〕双调本调煞)

十丁十⊥平平仄◎仄十仄,平平平仄◎十平⊥仄平平仄◎

第三式 三句:首句七字,次句六字,三句七字。仙吕专用。

平平仄仄平平仄◎十仄平平丁仄◎十平平仄平平仄◎

第四式 三句:第一二句各三字,第三句七字。中吕专用,南吕偶尔借用。

丁仄仄·仄⊥平◎平仄平丁平厶至◎

以上三式,均不出七言三句之范围,但句式或字数略异耳。

第五式 四句:第一二句各三字,第三四句各七字。般涉专用。

(北正宫、南吕、中吕、越调、般涉均可用此尾;但末句为"⊥仄平平去平上◎"与此异。)

十仄⊥◎十仄本◎十丁⊥仄丁平去◎⊥仄平平去厶本◎

此式摊破七言三句之第一句为两三字句。

第六式　四句:第一二句各三字,第三句上三下四,第四句七字。仙吕专用。

仄平平◎丁平仄◎十⊥仄,丁平十仄/⊥仄平平◎丁平⊥仄平平厶◎

此式摊破第一句为两句,并改第二句之句式为上三下四。

第七式　四句:第一句七字,第二三句各四字,第四句七字。中吕专用。

平平丁仄仄平◎⊥平平仄仄·平平平去·仄仄平平⊥去至◎

此式摊破七言三句之第二句为两四字句,此两句均不押韵,格律特殊。

第八式

甲、四句:第一二句各七字,第三句二字,第四句七字。仙吕用,中吕偶尔借用。

十平⊥仄仄平至◎⊥平十仄平平厶◎平平◎⊥平丁仄仄平平◎

乙、四句:第一二句各七字,第三句三字,第四句七字。南吕、黄钟、越调、仙吕用。

丁丁十仄仄平至◎十⊥⊥平平仄◎⊥平仄◎十平十仄仄至至◎

丙、四句:第一二句各七字,第三句四字,第四句七字。仙吕用,南吕、黄钟偶尔借用。

十平⊥仄仄平至◎⊥平十仄平平厶◎平平平厶◎⊥平十仄仄平平。

此为增句式,在七言三句之第二句下增一句,最初为两字,进而三字、四字①,再进而不只增一句,遂成下列之第九式;是皆北曲尾声增句之先导也。

第九式　八句:第一二句各七字,第三四五六句各四字,第七句三字,第八句七字。越调专用。

丁平⊥仄仄平至◎⊥仄平平平去至◎十仄平平,十平⊥仄◎仄平平仄◎十⊥仄平◎仄平⊥◎十仄平平⊥仄至◎

董曲尾声,只题尾字,俱无专名,此式则名错煞,又名绪煞,有时亦仅题尾字。为长套专用格式。此式在七言三句之第二句下增四个四字句一个三字句。

尾声诸式如各举实例则篇幅太长,容收入董曲订律。

附录五　只曲及套式统计

《董西厢》的套式,有一曲一尾组成的,也有二曲以至十几曲一尾组成的。怎样算长套,怎样算短套,好像无法确定;其实有一个标准。题为缠令之套,都是二曲以上,绝没有一曲一尾的,这是因为二曲以上成套即可有一曲是引子而构成缠令的形式,一曲一尾则不能。同时,一曲一尾之套使用次数特别多,二曲以上的很少,

---

① 《刘知远传》仅有增两字者,《董西厢》始有增三字四字者,故知增两字为最初形式。

在《董西厢》与《刘知远传》里都是如此。凡此都可证明一曲一尾的是一类。二曲以上的又是一类。所以我称一曲一尾的为短套，二曲以上的为长套。还有，那些独用的只曲，有人把他们也算作套，冯、郑、青木都如此；这个我不能赞同。套数固然可以没有尾声，总须包括两支以上不同调的曲子；一曲成套即等于个人而称团体，那是讲不通的。如果那样，宋词的每一首，南北曲小令的每一支，都成了一套了。

一、只曲独用者曲调三十二章，曲文五十二支。

此三十二章属于黄钟宫者一，大石六，双调五，小石一，般涉一，中吕三，高平三，仙吕十一，羽调一。正宫、道宫、南吕、商调、越调、黄钟调俱无只曲。

曲调名目从略，即附录六独用之只曲二十五章，加与长短套合用之七章。中有屡见者，共曲文五十二支。冯误五十四。

二、短套九十四套。冯误一百。

属于正宫者二套，道宫一，南宫三，黄钟宫五，大石十六，双调九，商调四，般涉五，中吕十六，仙吕三十一，黄钟调二。石、羽调俱无套数；越调、高平俱无短套。

〔正宫·应天长〕〔文序子〕〔道宫·解红〕〔南吕宫·一枝花〕〔应天长〕〔瑶台月〕2〔黄钟宫·出队子〕4〔降黄龙小衮〕〔大石调·伊州滚〕3〔蓦山溪〕2〔吴音子〕3〔玉翼蝉〕4〔红罗袄〕2〔还京乐〕2〔双调·豆叶黄〕〔搅筝琶〕〔文如锦〕5〔芰荷香〕2〔商调·玉抱肚〕2〔定风波〕2〔般涉调·墙头花〕〔麻婆子〕3〔沁园春〕〔中吕调·碧牡丹〕5〔鹘打兔〕2〔牧羊关〕3〔乔捉蛇〕〔粉蝶儿〕〔古轮台〕4〔仙吕调·赏花时〕12〔点绛唇〕〔朝天急〕〔恋香衾〕5〔整花冠〕〔绣带儿〕5〔剔银灯〕2〔惜黄花〕〔胜葫芦〕〔六么令〕〔醉落魄〕〔黄

钟调·侍香金童〕2 每套俱有尾声,故只题曲调名,尾字从略;长套同此。

三、长套四十六套冯误四十三套。

属于正宫者六套,进宫一,南吕一,黄钟宫五,大石一,双调一,越调七,般涉六,中吕六,高平一,仙吕九,黄钟调一。小石、羽调俱无套数;商调无长套。

二曲者十套,冯误十三。三曲者二十三,冯误十八。四曲者五,五曲者四,六曲者二,冯误一。八曲者一,十五曲者一。题缠令有※号。者卅三,断送二,赚一,不加题者十。

〔正宫·甘草子〕〔脱布衫〕。〔南吕·瑶台月〕〔三煞〕。〔大石调·伊州滚〕※〔红罗袄〕。〔般涉调·哨遍〕※〔急曲子〕。此式二见〔中吕调·香风合〕※〔墙头花〕。〔香风合〕※〔石榴花〕。〔高平调·糖多令〕〔牧羊关〕。〔仙吕调·点绛唇〕※〔天下乐〕。〔河传〕※〔乔合笙〕以上二曲者十套。〔正宫·虞美人〕※〔应天长〕〔万金台〕。〔文序子〕※〔甘草子〕〔脱布衫〕。〔梁州令〕※〔甘草子〕〔脱布衫〕四叠〔南吕·一枝花〕※〔傀儡儿〕〔转青山〕。〔黄钟宫·降黄龙衮〕※〔双调叠韵〕〔刮地风〕。〔快活年〕※〔出队子〕〔柳叶儿〕。〔侍香金童〕※〔双声叠韵〕〔出队子〕。〔双调·豆叶黄〕〔搅筝琶〕〔庆宣和〕。〔越调·上平西〕※〔斗鹌鹑〕〔雪里梅花〕。〔斗鹌鹑〕※〔青山口〕〔雪儿梅〕。〔厅前柳〕※〔蛮牌儿〕〔山麻秸〕。〔般涉调·哨遍〕※〔长寿仙滚〕〔急曲子〕。〔苏幕遮〕〔柘枝令〕〔墙头花〕。〔中吕调·碧牡丹〕※〔木鱼儿〕〔鹘打兔〕。〔碧牡丹〕〔鹘打兔〕双声叠韵。〔安公子赚〕〔赚〕〔渠神令〕。〔椁孤舟〕※〔双声叠韵〕〔迎仙客〕。〔仙吕调·醉落魄〕※〔整金冠〕〔风吹荷叶〕。〔醉落魄〕※〔风吹荷叶〕〔醉奚婆〕。〔点绛唇〕※〔风吹荷叶〕〔醉奚婆〕。此式二见。〔点绛唇〕※〔瑞莲儿〕〔风吹荷叶〕。〔黄钟调·喜迁莺〕※〔四门子〕〔柳叶儿〕。以上三曲者二十三套。〔正宫·梁州令〕※〔应天长〕〔甘草子〕〔梁州三台〕。〔道宫·凭栏人〕※〔赚〕〔美中美〕〔大圣乐〕。〔越调·上平西〕※〔斗鹌鹑〕〔青山口〕〔雪里梅〕。此式二见。〔仙吕调·点绛唇〕〔哈哈令〕〔风吹荷叶〕〔醉奚婆〕。以上四曲者五套。〔越调·上平西〕※〔斗鹌鹑〕〔看花回〕〔青山口〕〔渤海令〕。〔水龙吟〕〔看花回〕〔雪里梅〕〔揭钵子〕〔叠字玉台〕。〔般涉调·哨遍断送〕〔耍孩儿〕〔太平赚〕〔柘枝令〕〔墙头花〕。〔沁园春〕〔墙头花〕〔柘枝令〕〔长寿仙滚〕〔急曲子〕。以上五曲者四套。〔正宫·梁州断送〕〔应天长赚〕〔甘草子〕〔脱布衫〕〔三台〕。〔仙吕调·六么实催〕〔六么遍〕〔哈哈令〕〔瑞莲儿〕〔哈哈令〕〔瑞莲儿〕。以上六曲者二套。〔黄钟宫·侍香金童〕※〔双声叠韵〕〔刮地风〕〔整金冠令〕〔赛儿令〕〔柳叶儿〕〔神仗儿〕〔四门子〕。以上八曲者一套。〔间花啄木儿〕〔整乾坤〕第二〔双声叠韵〕第三〔刮地风〕第四〔柳叶儿〕第五〔赛儿令〕第六〔神仗儿〕第七〔四门子〕第八以上十五曲者一套。

附录六　曲调使用类别

一、只曲独用者二十五章：

〔大石调·洞仙歌〕3〔感皇恩〕〔双调·惜奴娇〕2〔月上海棠〕〔御街行〕4〔小石调·花心动〕〔般涉调·夜游宫〕2〔中吕调·踏莎行〕〔千秋节〕〔满庭霜〕〔高平调·木兰花〕5〔于飞乐〕2〔青玉案〕〔仙吕调·临江仙〕以上十四章与词调相同。

〔黄钟宫·黄莺儿〕3〔大石调·梅梢月〕〔双调·倬倬戚〕〔仙

吕调・一斛叉〕〔满江红〕3〔乐神令〕2〔醍醐香山会〕〔相思会〕〔喜新春〕〔香山会〕〔羽调・混江龙〕

二、短套用者十九章：

〔双调・芰荷香〕2〔中吕调・粉蝶儿〕〔仙吕调・恋香衾〕5〔剔银灯〕2〔六么令〕以上五章与词调相同。〔道宫・解红〕〔南吕宫・瑶台月〕2〔应天长〕〔大石调・还京乐〕2〔双调・文如锦〕5〔商调・玉抱肚〕2〔定风波〕2〔般涉调・麻婆子〕3〔中吕调・乔捉蛇〕〔古轮台〕4〔仙吕调・赏花时〕12〔整花冠〕〔绣带儿〕5〔朝天急〕

三、长套用者六十二章：（甲为引子，乙为过曲。①）

〔正宫・虞美人〕甲〔梁州令〕甲3〔越调・上平西〕甲4〔厅前柳〕甲〔水龙吟〕甲〔般涉调・哨遍〕甲4〔苏幕遮〕甲〔中吕调・安公子〕甲〔高平调・糖多令〕甲〔仙吕调・天下乐〕乙〔黄钟调・喜迁莺〕甲以上十一章与词调相同。〔正宫・万金台〕乙〔甘草子〕甲1乙5〔脱布衫〕乙4〔梁州三台〕乙2(即〔三台〕)〔赚〕乙〔道宫・凭栏人〕甲〔赚〕乙〔美中美〕乙〔大圣乐〕乙〔南吕・傀儡儿〕乙〔静青山〕乙〔三煞〕乙〔黄钟宫・柳叶儿〕乙4 黄钟宫3 黄钟调1。〔快活年〕甲双声叠韵乙6 黄钟宫4 中吕调2。〔刮地风〕乙3〔整金冠令〕乙2 黄钟宫1 仙吕调1〔神仗儿〕乙2〔四门子〕乙3 黄钟宫2 黄钟调1〔赛儿令〕乙2〔间花啄木儿〕甲1乙7〔整乾坤〕乙〔越调・斗鹌鹑〕甲1乙4〔青山口〕乙4〔雪里梅〕乙5〔蛮牌儿〕乙〔山麻秸〕乙〔看花回〕乙2〔揭钵子〕乙〔叠字玉台〕乙〔渤海令〕乙〔般涉调・耍孩儿〕乙〔太平赚〕乙〔柘枝令〕乙3〔急曲子〕乙4〔长寿仙滚〕乙2〔中吕调・香风合〕甲2〔木鱼儿〕乙〔石榴花〕乙〔棹孤

---

① 引子即长套之第一曲，过曲即第二以下诸曲。此系借用南曲名词以作董曲之类称，但求方便，未计其是否妥当也。

舟〕甲〔迎仙客〕乙〔赚〕乙〔渠神令〕乙〔仙吕调·风吹荷叶〕乙6〔醉奚婆〕乙4〔哈哈令〕乙3〔六幺实催〕甲〔六幺遍〕乙〔瑞莲儿〕乙〔河传〕甲〔乔合笙〕乙

四、长短套合用者十六章：

〔南吕宫·一枝花〕长短各1〔黄钟宫·侍香金童〕长2(黄钟宫)短2(黄钟调)〔大石调·伊州滚〕长1短3〔般涉调·沁园春〕长短各1〔中吕调·碧牡丹〕长2短5〔仙吕调·点绛唇〕长5短1。以上六章与词调相同。

〔正宫·应天长〕长3短1〔文序子〕长2短1〔黄钟宫·出队子〕长2短4〔降黄龙衮〕长短各1〔大石调·红罗袄〕长1短2〔双调·豆叶黄〕长短各1〔搅筝琶〕长短各1〔般涉调·墙头花〕长4(般涉3中吕1)短2〔中吕调·鹘打兔〕长短各2〔高平调·牧羊关〕长1(高平)短3(中吕)

五、只曲及长短套合用者七章：

〔大石调·蓦山溪〕只1短2〔仙吕调·醉落魄〕只1长2短1〔惜黄花〕只1短1 以上三章与词调相同。

〔大石调·吴音子〕只1短3〔玉翼蝉〕只4短4〔双调·庆宣和〕只1长1〔仙吕调·胜葫芦〕只1短1

附录七　只有一叠之曲

董曲只一叠者共十五章，皆长套用曲，无一词调，多后来用于北曲之调。盖皆董解元个人或金代歌坛所创制之新调也。目列下。(〔间花啄木儿〕八曲大同小异以一曲论)

〔正宫·脱布衫〕黄钟宫〔双声叠韵〕〔刮地风〕〔赛儿令〕〔神仗儿〕〔四门子〕〔间花啄木儿〕〔整乾坤〕〔整金冠〕〔般涉调·急曲

子〕〔仙吕调·风吹荷叶〕〔醉奚婆〕〔六么令〕〔瑞莲儿〕〔乔合笙〕(另有〔黄钟宫·出队子〕及〔柳叶儿〕两章,有时两叠,有时一叠,未计入。)

附各种符号说明:

平:必用平声。　十:平仄不拘。　⊥:宜仄可平。

仄:必用仄声。　丁:宜平可仄。　上:必用上声。

至:平上不拘。　去:必用去声。　◎:押韵。

夲:宜上可平。　厶:宜去可上。　卜:宜上可去。

此为予所编《北曲新谱》初稿所用之符号;今北谱已写成定稿,符号略有调整,本篇姑仍其旧。

1951年,《台湾大学文史哲学报》第二期。

朝野新聲太平樂府卷一 〔小令〕 青城澹齋楊朝英集

正宮

鸚鵡曲 俗名黑漆弩

馮海粟

〔序云〕白無咎有鸚鵡曲云儂家鸚鵡洲邊住是箇不識字漁父浪花中一葉扁舟睡煞江南烟雨覺來時滿眼青山抖擻綠蓑歸去笑從前錯怨天公甚也有安排我處余壬寅歲留上京有北京伶歸御園秀之屬相從風雪中恨此曲無續之者且謂

书影一 明刊本《朝野新声太平乐府》

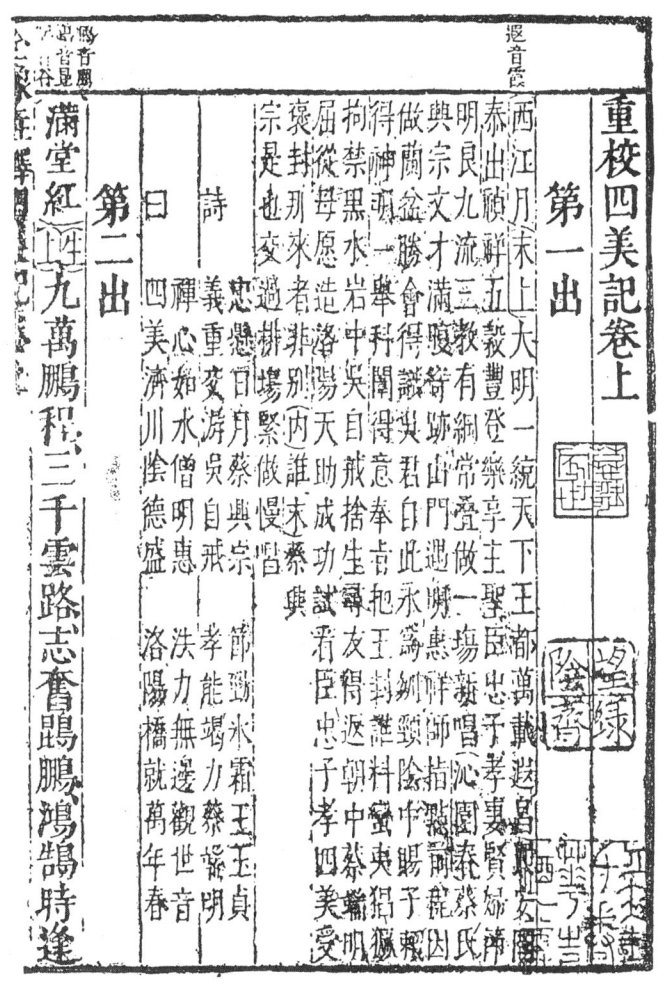

书影二　文林阁刻本《四美记》

中 编

书影三 《四美记》第十出《封王》

董西厢与词及南北曲的关系

重校劍俠傳雙紅記上卷

第一齣　家門顛末

【西江雙月】傳奇本供歡笑，何須故作酸辛？刑因通虞与遭兵，凍餒流離顛窘。○魂斷窮途絕塞，護疎節孝忠貞，令人泪眼更愁顰，却替古人躭悶。○到底雖狀懺慶其間痛楚雖禁，從今丟罷怨和嗔，特闡風情俠性。○笠是忘分離金非干不觧哀忻，要令觀者畫神。忽作楚囚悲憤。【問答科】

漢宮春俠士見輪更劍仙紅線蓝謫凡塵天遣為奴作婢忍辱俙嗔千牛鳳月遇紅綃手語傳情虧磨勒

书影四　德聚堂刻本《双红记》

中 编

书影五 《双红记》第十二出《窬垣毙犬》

记明刊本朝野新声太平乐府（书影一）

元代曲家杨朝英（澹斋）编选之《朝野新声太平乐府》与《乐府新编阳春白雪》，世称"杨氏二选"，为元人散曲总汇，流传既广，版本遂多。《阳春白雪》之版本，刊钞合记，共有八种，详见《散曲丛刊》本《阳春白雪》弁言。《太平乐府》则共有四种：刊本三，钞本一。

其一为元刊小字本，亦可云此书之祖本，乌程蒋氏密韵楼藏，商务印书馆影印，收入《四部丛刊初编》。又有武进陶氏涉园覆刻本，行款字体，悉照原书，纸墨精良，甚为悦目，惜偶有讹误，未能如商务影印本之存真。其二为何梦华钞本，江苏国学图书馆即盋山精舍藏，较元刊多出小令若干首，为后人所增益者，文字亦时有异同，不知所据何本。吴瞿庵先生取校元刊，为校记一卷，附于陶氏覆刻本之后。其三为明活字本，常熟瞿氏铁琴铜剑楼藏，卢冀野据以校订元刊，颇有异文；且补出元刊卷九脱文一大段，多至八百余字，其有功于此书者，实非浅鲜。卢氏校本由商务印书馆排印行世，收入《国学基本丛书》，为此书最佳最便之读本，惜有误植之字，标点亦时有错误。今台湾世界书局印行者，即此本。

此三种之外，予曾见番禺罗氏所藏明刊大字本，残存卷一至八，半叶十行，行二十字，字体板式颇似正德本《盛世新声》，刊印年代当在正嘉之间。假归校元刊本，卷数次第悉合，异文则有七百余条,与吴先生所校何钞及明活字两本亦不尽同。其中脱误多同于元刊,异文则有足以是正元刊者,亦有臆改或妄改而致误者,盖即从元刊出,而曾校以他种曲籍或今所未知之《太平乐府》其他版本者也。此本从来不见著录,近代治曲学者均未之见,洵为珍籍,惜佚去末卷,未能据以校勘卢冀野据明活字本补出之八百余字。

《阳春白雪》之版本虽有八种,而较其内容,实止二源。且所谓八种者,乃统计黄丕烈藏书题跋所得之数,原书实未尽显于世,中有四五种,历时既久,存亡已不可知。《太平乐府》之四种版本则原书具在,可以覆按。是则吾人所知见之《太平乐府》各种版本。其数量实更多于《阳春白雪》也。

《太平乐府》为予阅读元人散曲之启蒙书籍,未读此书之前,予固懵然不知散曲为何物,故对之印象特为亲切。而架上所有,不过寻常影印覆刻之本,既睹珍秘,欣喜可知;曾以转让商之罗氏,未犹允可,仅摄存书影一帧而已。时为1936年丙子,1960年庚子暮春,偶见当时所为校勘记,后曾发表于1939年四月出版之《燕京大学文学年报》第五期者,事隔二十余年,宛同昨日,遂信笔书此于炳烛惜余之室。校记数百条,精义并不甚多,惮其烦琐,不再重录,年报原刊具存,读者可取阅也。

善本传奇十种提要

小引

杂剧传奇为元明文学之中心,三百年间,作家辈出,流风余韵,至清未绝。乾嘉以后,俗乐即兴,雅音渐息。学士大夫则狃故守常,不加重视。及洪杨之乱,东南丘墟,戏剧发源荟萃之区,文物荡然。曲学文献,未获流通,复遭浩劫,故籍旧制,沦佚殆尽矣。二十年来,治曲之风大起,公家私室,群力搜罗,向之湮没不彰者,稍稍复出。惟是珍籍孤本,最易散亡,世乱频仍,识者兴惧。影印重排既非易成之举;取希见之曲籍,考其作者,述其内容,评论其文章,鉴定其板本,固当今之急务也。比年以来,公私各家藏曲,或经迁徙,或遭幽闭,展读多不可能。乃取个人耳目所及者十种,就前列四项,逐一叙述;或于当世学人,不无拳石滴水之助;后有所见,当赓续为之。1938年冬,郑骞识于成府村居之清书堂。

中 编

目录

一、《四美记》 明文林阁刻本　二、《双红记》 明末德聚堂刻本
三、《清忠谱》 康熙树滋堂本　四、《化人游》 清初刻本
五、《赤松游》 康熙煮茗堂本　六、《蚺蛇胆》 顺康间刻本
七、《扬州梦》 康熙刻本　　　八、《寒香亭》 乾隆怀古堂本
九、《如意缘》 道光钞本　　　十、《西川图》 咸丰钞本

一、《四美记》 明金陵唐氏文林阁刻本(书影二、三)

《四美记》上下二卷,四十三出,《曲海总目提要》卷十七著录,云:"明初旧本,不知谁作。"此外明吕天成《曲品》,高奕《新传奇品》,清姚燮《今乐考证》,均未著录,各家曲话,亦无谈及之者。宣统中,王静安先生(国维)得《文林阁刻本传奇十种》,中有此剧,乃收入《曲录》卷四。原刻亦无作者名,故迄不知出于谁手。剧中用韵颇杂,支思、齐微、鱼模、皆来四部相混,犹是元明间风气。联套规律,亦与后来不同,一出之中,宫调错乱,韵部屡更。如第二十六出,共曲五支:〔点绛唇〕支思韵,〔驻云飞〕庚青,〔滴溜子〕二支尤侯,又一支则为先天。且每出均甚短,用曲十支以上者不过四五出,余则多者五六支,少者仅二三支。宾白亦质俚简略,极类元明间南戏《赵氏孤儿记》,与《香囊》以后之繁缛典雅者异。凡此数

事,皆成化至万历传奇鼎盛期中所绝不经见者。其为成化以前旧本,固毫无疑问。而剧中有根据宣德间泉州太守蔡锡事迹之处,此剧之成,当不出宣德末至天顺中三十年间。

剧情略云:蔡兴宗,晋江人,家贫,寄读邑之紫云寺,与寺僧明惠友善。又于寺中得识邑人吴自戒,二人生同年月日,蔡占时略早,因结为兄弟。蔡旋赴京应试,僧亦他去,吴则留居邑中。蔡登第后,奉使辽东,国王欲妻以女。蔡拒之,被留,安置黑水府阿骨寺中,自此与家中音问隔绝。蔡别家时,其妻王玉贞已怀孕,既行数月,玉贞贫无以自存,遂还母家,经洛阳江渡,登一小舟。先一日,舟人夜闻水底鬼语云:"明日有舟过渡,舟中人俱合溺死,除蔡状元在可救。"乃遍询同舟,惟玉贞夫家姓蔡,且已有娠。时估客催行急,舟人私计腹中儿或即所谓蔡状元者,遂行。中流风浪大作;闻空中有神语云:"蔡状元在舟中。雅神野鬼,勿得惊动。"风浪顿息。达岸,舟人乃以所闻鬼语告众,群谢玉贞。玉贞因誓于神:己所生子果能中状元,必修洛阳桥以便行旅。既至母家,偶出采芹,为吴自戒所见。自戒丧偶有年矣。悦玉贞貌,且以为孀也,使媒媪强氏往议亲。媪贪谢金,强纳彩币,玉贞被迫,乃割去一耳以明志。自戒闻之,亲往慰藉,始知为故人妻,益自愧悔,因废婚约,且力供玉贞及其母薪水焉。玉贞生子,名襄,字端明,幼聪敏力学。母病,割股焚香,期延母寿。既长学成,赴京应试,果魁天下。吴自戒同科登第,以女妻襄。自戒念兴宗久淹异域,上表乞使辽东,便中觅友。襄则留任京职,迎母至京。母告以旧誓,乃乞为"洛阳太守",以完修桥之愿。自戒至辽,请于国王,许同兴宗归国。及至黑水寺,则云三日前与一游僧他去矣。盖此僧即明惠,本黑水寺出身,倦游归来,偶遇兴宗,乃设计使兴宗伪为游方道人,与之同遁也。自戒怅然而归,行至榆关,竟遇僧及兴宗,乃偕兴宗归家,中途又与襄赴任之舟相值,夫妻父子始得团聚。襄到任后,即议修桥,然资用不敷,且风浪险恶,施工甚难。观世音闻之,鉴其诚,乃化身醵金十万为助,复令东海龙王息潮助工;并使以潮退之期告蔡。襄既得资,方苦潮退无期,思以询之龙王,命皂吏夏得海者,下海投文。夏惧溺死,又不敢违命,彷徨无计,醉卧海滨。醒则有文书在侧,盖龙王遣夜叉所置者也。夏以书覆命;拆视但一醋字。襄曰:"酉者八月,昔者廿一日也。"遂以其日安桥垛,潮果不至;又得鲁班幻形为舟子,教工匠以安垛之法,桥始落成。邑人感襄之德,为立生祠,公闻于朝,旨下,升礼部侍郎。复以兴宗奉使不屈为忠,襄克成亲志为孝,玉贞不嫁为节,自戒寻友为义,敕为两家立"忠孝节义四美牌坊"焉。此剧开场诗云:"忠悬日月蔡兴宗,节劲冰霜王玉贞,义重交游吴自戒,孝能竭力蔡端明。……"点出甚明,《曲海总目提要》乃云:"以蔡襄母子夫妇忠孝节烈为四美也",殊误。国立北平图书馆藏本书封面有叶德辉题字云:"国朝高奕撰,又名《四美坊》。"高奕《新传奇品》著录自撰剧本有《四美坊》一种,其书不传,或亦演蔡端明事;然此剧风格规律,决非明末作品,不得云即高书。叶说毫无佐证,盖因四美牌坊之说,附会而来。

同治重刊乾隆二十八年修《泉州府志》卷八,《山川门三》云:

> 洛阳江在晋江县东北,距城二十里,晋惠二邑界江也,东入于海。江上有桥,名万安桥。《广兴记》:"唐宣宗微行,览山川之胜,叹曰,大类吾洛阳。"此洛阳江之由来,今世传述蔡状元修桥事,有以为河南洛阳者矣。

同书卷十《桥渡门》云：

> 万安桥在晋惠交界，跨洛阳江，一名洛阳桥。宋皇祐五年，郡守蔡襄建石桥，长三百六十余丈，广一丈五尺，左右翼以扶栏，为南北中三亭。

《宋史》三百二十《蔡襄传》云：

> 知泉州。距州二十里万安渡，绝海而济，往来畏其险。襄立石为梁，其长三百六十丈。种蛎于础以为固，至今赖焉。闽人刻碑纪德。

襄自为《万安桥记略》云：

> 泉州万安渡石桥，始造于皇祐五年四月庚寅，以嘉祐四年十二月辛未讫功。累址于渊，酾水为四十七道，梁空以行。其长三千六百尺，广丈有五尺。翼以扶栏，如其长之数而两之。縻金钱一千四百万，求诸施者。

皇祐五年为癸巳，嘉祐四年为己亥，《曲海总目提要》引此记删去"四月"及"十二月"，竟似庚寅辛未各为其年之干支矣。大谬！癸巳至己亥，首尾七年，始成一桥，其难可想。据此诸书，可知修桥实在情形。而所谓鬼神相助，当日民间亦确有此种传说。明王慎中《遵岩家居集》卷四《万安桥记》云：

桥之巨与万安埒与亚之者,在泉州所以三四数。民皆由焉,而不言,而独好言万安。其言往往多异。以谓撰时揆日,画基所向,锲址所立,皆预檄江水之神而得其吉告。至于凿石伐木,激浪以涨舟,悬机以弦牵,每有危险,神则来相;址石所累,蛎则封之。而公自为记无是也。岂其驾长江之洪流,凭虚以构实,其役有足骇人者,昧者惊焉,而言之异;亦以贤者之所为,兴事起利,人乐其成而赖其功,故托于神以美之耶。

可资证明。第不知襄母渡江设誓,是否亦为当日传说之一耳。至遣吏下海投文,得一醋字之说,则为蔡锡事,与襄无干。《鄞县志》卷三十三《人物传八》:

明蔡锡,字廷予。仁宗朝授兵科给事中;升知泉州府。时洛阳桥圮,发故石有刻文云:"石头若开,蔡公重来。"遂议修之。然桥本跨海,无所施工。锡患之,乃自为文檄海神,募能赍往者。忽一醉卒踉跄而前曰:"公但饮我善酒,我能赍檄往。"遂益饮,大醉,卧于岸上。仿佛若出没海中,遂持檄还,上判一醋字,锡意曰:"是期我八月二十一日也。"即以是日举工,潮旬余不至,遂成,民德之,立祠配享襄。

《泉州府志》卷三十《名宦传》二引旧志及闽书,所记同此。石上刻文作"石摧颓,蔡再来";又云锡知泉州在宣德中。今剧以前蔡后蔡混为一谈,盖因蔡锡之名不及襄之盛且久,民间传说遂一并归之于襄。且关于襄者固已有"预檄江水之神而得其吉告"之传说也。《曲海总目提要》云:"本为蔡锡作而托其事于蔡襄。"恐未必然。

至兴宗奉使,玉贞守节,端明割股,自戒寻友诸事,当是凭空点缀之笔;或当时果有此传说,文献无征,不能详考。蔡襄字君谟,仙游人,举进士,仕至端明殿学士,俱见《宋史》本传;此剧云字端明,晋江人,状元。襄母卢氏,见《忠惠别纪》;此剧云王氏。《琅玡代醉篇》云,"蔡兴宗五代宋人",与襄无涉;此剧乃引为其父。洛阳本江名;此剧乃云襄为洛阳太守。凡此谬悠荒唐之处,为元明戏剧中之所常见。其体制既与史传有别,正确固佳,错误亦自有其风趣。然"蔡状元"修洛阳桥一事,则至今流传民间,皮黄秦腔皆有《洛阳桥》一剧;此《四美记》固五百年前之祖本也。

此剧分叙忠孝节义四美,故蔡兴宗、蔡襄、王玉贞、吴自戒四人,均可谓为主角。然各人登场唱白,又均不甚多,遂有全无主脑之感。比较言之,惟蔡襄与其母玉贞,唱白较繁,兴宗唱白最少。今以生扮兴宗,旦扮玉贞,小生扮蔡襄,吴自戒为四美之一而以净扮之,角色分配,殊欠妥当。盖玉贞只能以旦饰,又拘于南戏传奇必以生先出场及正生正旦多为夫妇之例,遂不能不以兴宗为生,而襄反居于次要之小生地位矣。全剧每出皆极短,虽多至四十余出,尚无支离繁琐之弊。但略伤平铺直叙,无奇突巧妙之关目穿插;剧情亦不甚动人,故今日演洛阳桥者,多以杂耍或戏中串戏为号召。宾白质俚简略,前已述及。曲文则除韵杂宫调错乱外,以文字论,可称中驷,然亦不过辞藻清利而已,深刻语、本色语,则未尝一见也。

此剧文林阁刻本之外,无第二种板本。半页十一行,行二十字;曲文大字,宾白科介小字双行;精图十二页。王国维先生之一部后归日本帝国大学,此外仅北平图书馆藏有二部。书中每折皆作第几出,盖出之假借字,近世钞本戏曲,多数沿用,或以为伶工俗体,得此本为证,乃知古已有之。

二、《双红记》 明末金陵德聚堂刻本（书影四、五）

《双红记》上下二卷,二十九出,原题《剑侠传双红记》。明吕天成《曲品》,高奕《新传奇品》,清姚燮《今乐考证》,王国维《曲录》卷四,均著于录。各本并题无名氏作;惟《今乐考证》著录有两本,一在著录五,云更生氏作,一在著录七,云无名氏作,注云二本不同。《千古丽情》曲目亦云《双红记》更生氏作。二书未云更生氏是何许人,他书亦无记载,则亦等于佚名也。《新传奇品》云:"双红合红绡、红线而成,亦佳,但词多剿袭。"按:旧本南戏有《磨勒盗红绡》一本,今不传。明梅鼎祚有《昆仑奴》杂剧,谱盗红绡事,梁辰鱼有《红线女杂剧》,谱盗金盒事,并见《盛明杂剧初集》。此本第八出《记室草笺》,全抄梁剧第一折,第二十八出《青门饯别》,合梁、梅二剧第四折,裁剪而成,当是《新传奇品》所著录之无名氏本,非更生氏作。梁、梅均万历时人,此剧至早成于万历末年。

《昆仑奴》、《磨勒盗红绡》事,见《太平广记》一百九十四引《裴铏传奇》,红线女盗金盒事见同书一百九十五引袁郊《甘泽谣》。梁作梅作,剧情悉同本传。此本合二事为一,故多添改关目,与本传及梁、梅二作不甚相合。今考其异同,约有六端:

一、本传及梅剧均无崔千牛之名与字;此云名庆字天祐。

二、崔千牛与薛嵩,本无关联,此云二人为莫逆交。

三、红线与红绡,薛嵩与郭子仪,本无来往;此云薛嵩尝携红线往谒子仪,双红因得相晤。

四、本传及梅剧并云昆仑奴磨勒为崔生家旧仆,不详其所自来。此云磨勒本列仙籍,以未能忍性练魔,被谪尘世为奴,上帝命猿公化为老叟,引磨勒幻形至崔生家求为仆,生奇其状貌,收用之。

五、本传云红线前身本男子,行医,误药杀人,阴司降罚,使为女身,生长薛嵩家,为司记室,盗金盒后始辞主求仙。此云红线前身亦天上仙人,名栽杏叟,以误药杀人,与磨勒同时被谪,上帝使车中女子化身老妪,引叟化形女子至薛嵩处求依门下,嵩因以为女记室。(梁作第四折红线自述曲中有"我是董奉门前栽杏叟"之语,此拟红线前身之名,盖从梁作出也。)

六、据本传及梁、梅二作,磨勒在青门仙去,崔千牛、红绡、郭子仪诸人为之送行;红线辞主求仙,薛嵩亦为饯行,则在节度堂中,座客有冷朝阳、刘禹锡诸人,与崔、郭、红绡无涉。此本则云磨勒、红线同时在青门登仙,崔、绡、薛、郭诸人均来饯送,无冷、刘等。

上述六端之外,情节关目,俱同本传。《昆仑奴传》云红绡之主人为"盖代之勋臣一品者",此云即郭子仪。传云磨勒仙去后,"一品悔惧,每夕多以家童持剑戟自卫,如此周岁方止"。并无至青门送别事,亦与此本不同。凡此二事,皆自梅作已然,故未列入上述异点。《太平广记》为习见之书,二事又为世所习知,原文甚长,不具引。

双红事本无关涉,作者强合为一;又未能全舍本传别寻机轴,故穿插关目,多不相照应之处。双红除郭府一面之外,毫无往来。仅首数出将剧中人一一引出,第二十八出合全剧人物于一处。此外则上卷全为磨勒盗红绡事,下卷全为红线盗合事,令人有截为两剧之感。剧中以生扮崔千牛,旦扮红线,小生扮薛嵩,贴扮红绡,外扮郭子仪,小外扮昆仑,净扮田承嗣。角色分配,大体尚为适宜;但生角事迹,殊嫌冷落。不如以生扮磨勒,旦扮红线,多叙二人事,两相照映,再以崔生与红绡陪衬其间,英雄儿女并传,岂不更胜。然明人作剧,拘于成格,自不肯如此分配耳。至于全剧文字,除录旧之二出外,均平庸无甚足取,盖明末俗手所为。

此剧有文林阁刻本,亦叶德辉旧藏,今归北平图书馆。此德聚堂刻本,半页十行,行二十字,曲文大字,宾白小字双行,精图八页。书皮上有木印题签"双红记"三字,封面题"新镌绘像传奇"、"双红"、"德聚堂梓"。德聚堂为明末清初金陵书肆,余所见十卷上图下文本《封神演义》,单行一百十五回本《水浒》,朱琦序本《云合奇踪》,皆此肆所刻,或题金陵德聚堂,或题古吴。各书均附插图,然此本刻工最精雅,且全书无烂版缺字,较文林阁本之漫漶,似胜一筹。明清间书肆多有袭用他人板片改换字号者,如德聚堂之《云合奇踪》又有三乐堂本,映秀堂之《精忠传》又有藜光楼本,两衡堂之《三国演义》又有遗香堂本,其实为同一板刻。此本版本、刻工、字体、图像与继志斋刻《埋剑记》完全相同,或即继志斋原板也。

三、《清忠谱》 康熙苏州树滋堂刻本

《清忠谱》上下二卷,二十五折,清初李玉撰。高奕《新传奇品》、《曲海总目提要》卷十九、《今乐考证》著录八、《曲录》卷五,均著于录。

玉字玄玉,后避清圣祖讳改元玉,自号苏门啸侣,所居曰一笠庵,吴县人,副贡生。生卒年月无考。然玉所著《人兽关》、《永团

圆》二种均有冯梦龙改本,冯于顺治二年乙酉殉鲁王之难,可知明亡时玉已有传奇行世。假定此时玉年三十五岁,盖生于万历末年;吴伟业序玉所作《北词广正谱》云:"甲申之后,绝意仕进",其卒当在康熙中。玉著传奇甚多,复精音律,所著《北词广正谱》,虽有漏误,但至今制曲者仍奉为圭臬。吴伟业序云:

> 李子玄玉,好奇学古士也。其才足以上下千载,其学足以囊括艺林。而连厄于有司,晚几得之,仍中副车。甲申以后,绝意仕进。以十郎之才调,效耆卿之填词,所著传奇数十种,间以其余闲,采元人各种传奇散套,及明初诸名人所著中之北词,依宫按调,汇为全书。复取华亭徐于室所辑,参而订之。予至郡城,尝过其庐,出以相示。

玉之名不见于苏州府及吴县诸志,他书亦无记载。惟焦循《剧说》卷四云:

> 玄玉系申相国家人,为申公子所抑,不得应科试。因著传奇,好抒其愤。其《一捧雪》极为奴婢吐气。

据梅村序文,玉固久困场屋者,何云"不得应科试"?梅村与玉同时同郡,言必非诬,焦说恐不足据。玉中副榜,当在明末。序中"晚几得之",若作晚年解,明亡时,玉年当不止三十五岁。然作序文时玉尚在,且在甲申以后,去其中副榜之时至少应有十余年,不得以前事为晚年。晚字应作近字或后字解,与玉之年龄无关也。

玉作剧三十余种,详目见李斗《扬州画舫录》卷五、《曲海目》及高奕《新传奇品》、姚燮《今乐考证》诸书。诸书著录,小有出入,原剧亦不尽传,当另文详考。玉作剧之多,既为明清第一,其品亦不失为中上。《新传奇品》云:"李玄玉之词如康衢走马,操纵自如。"

钱谦益亦深爱其曲,至比之柳屯田。吴梅《顾曲麈谈》第四章评玄玉之作云:

> 其词虽不能如梅村西堂之妙,而案头场上,交称便利,亦老斲轮手也。《占花魁》一剧为得意之作,〔劝妆北〕词更为神来之笔,其〔醉归南〕词一套,用车遮险韵,而能游刃有余,亦才大不可及也。惟《昊天塔》、《清忠谱》稍不称耳。

又《中国戏曲概论》卷中云:"一人永占直可追步奉常,且眉山秀剧,雅丽工练,尤非明季诸子可及。"其言似嫌溢美。若以雅丽工练而论,玉所作剧似尚不及吴炳、万树。至于临川诸剧之意境词藻,断非玉所能追步也。

此《清忠谱》剧略云:明天启中,苏州乡宦周顺昌以忠直忤魏忠贤,被逮入京。苏人义愤,殴毙缇骑。顺昌卒死东厂狱中;苏人为首者五亦以倡乱之名被戮。后忠贤败,顺昌与五人者乃得昭雪。苏人毁忠贤生祠,即创祠时顺昌所曾痛骂者,就其址改建顺昌祠,以五人从祀。崇祯帝用瞿式耜为顺昌等讼冤疏中语,赐额云"清忠风世",故剧名《清忠谱》。事详《明史》二百四十五顺昌本传,及张溥所作《五人墓碑记》。剧中事皆据实,间有史传不载,或相歧异者,亦十九有据;《曲海总目提要》叙列甚详,兹不具引。惟提要云:

> 剧云毛一鹭欲嗾李实奏屠城,城隍将草稿涂抹,一鹭改稿

略轻,而不如徐吉疏之宽。通政使徐如珂先进吉疏,后进一鹭疏,遂获止坐五人。

今本无城隍改稿事,所述一鹭奏疏,正言请旨屠城,未尝略轻。此盖因昔人作传奇,每有数稿,作提要者所见,或与今本不甚相同也。

此剧前有吴伟业序,中有云:

> 逆贤败,逆案既布,以公事填词传奇者凡数家;李子玄玉所作《清忠谱》最后出。事既按实,其言亦雅驯。虽云填词,目之信史可也。

足以尽玄玉此剧。所云数家,今俱佚不可考。此本题名作李玉元玉甫,刻书当在康熙以后。然吴序仍作玄玉,且不缺末笔,序中又称明为先朝。可知书成于顺治时,且当时已有刻本。此为后来翻刻,但序文仍用旧板,故玄字未改。此剧虽不及一人永占四种,但穿插关目,曲文宾白;皆流利稳妥;且"言必核实,事皆有据",而能生发变化;不愧"操纵自如"四字。曲文最佳者,当推《述珰》、《骂像》、《忠梦》、《魂遇》四折,文长不录。《缀白裘》第九集选此剧之《书闹》、《拉众》、《鞭差》、《打尉》四折。又《创祠》、《骂像》二折,昆曲班中亦有演之者,其余诸折,久已无人道及。通唱之《创祠》、《骂像》二折,曲文犹是旧观。《缀白裘》之《书闹》为原剧第二折;《拉众》为第十折,原题《义愤》;《鞭差》、《打尉》则析第十一《闹诏》折为二者。曲文大致相同,宾白多异;原剧宾白多用文言,间以"官话",《缀白裘》则删改原文典雅之处,力求通俗,并增入苏白。此《缀白裘》之常态,当时歌场风气,原自如此。原剧不失为案头之书,《缀白裘》改本则纯为场上之曲。

姚燮《复庄今乐府选总目》收此剧,似曾见全书。近数十年来治曲者多未获读,亦不见于国内公私各家收藏目录。仅日本久保天随有霜英堂刻本一部,今归台北帝国大学;见董康《书舶庸谭》及《帝大戏曲书展览目录》。① 吴梅《顾曲麈谈》曾及此剧而语焉不详,未知是否曾窥全豹。此苏州树滋堂刻本,余前年得之厂肆,前有封面式如下:

姑蘇忠義傳奇

| 霜露後人心 | 旌揚前代典 | 清忠譜 | 一笠庵彙編 |
| | | | 金閶樹滋堂梓行 |

旌扬两句为篆刻朱文木印。半页九行,行十八字,曲文大字。宾白小字,刻工甚精,是明末清初流行风格,盖康熙初年刻本。全

---

① 台北"帝大"即今台湾大学之前身。余作此文时,台湾尚未光复,及来台大,得观久保藏本,与余藏者实为一本,但经书坊改换内封面耳。1960 年附注。

书附眉批甚多,解释名物之外,多记当时掌故,有他书未载者。是否出于玉手,固不能定,然必苏人所为。题名云"苏门啸侣"李玉元玉甫著。同里叶时章雉斐、毕魏万后、朱㿥素臣同编。三人皆清初苏州曲家,各有传奇行世。《新传奇品》著录毕氏名,作毕万侯;王国维《曲录》卷五作毕万侯字晋卿。马隅卿(廉)曾云:"一说名魏字万后",今见此本,得一确证。盖用"毕万之后必大"事。朱㿥亦多误作朱确;王氏《曲录》则只知朱素臣而不知其名㿥。数人合作一本传奇,明清间常有此例。玉曾与朱佐朝等合著《埋轮亭》、《一品爵》二种。此剧之成,或叶等三人亦曾有所参与耶?

四、《化人游》 清初刻本

《化人游》一卷十出,清丁耀亢撰。原题野航居士漫著。《扬州画舫录》卷五、《曲海目》著录,注云:"原有姓名,失记。"王国维《曲录》卷五同;姚燮《今乐考证》著录九从原刻本题名。今据《诸城县志》卷十三《艺文考》,及康熙刻本《西湖扇》卷首附载耀亢子慎行所作《重刊西湖扇传奇》本末,知出于耀亢手。耀亢字西生,号野鹤,山东诸城人。《诸城县志》卷三十六有传云:

> 耀亢少孤,负奇才,倜傥不羁。弱冠为诸生,走江南,游董其昌门。与陈古白、赵凡夫、徐闇公辈联文社。既归,郁郁不得志。取历代吉凶诸事,类作《天史》十卷,以献益都钟羽正,羽正奇之。明季,乡国盗起;时益都王遵坦用刘泽清兵捕土贼。耀亢素善遵坦,过于日照境,更为募数千人,解安丘围。

顺治四年入京师,由顺天籍拔贡充镶白旗教习。其时名公卿王铎、傅掌雷、张坦公、刘正宗、龚鼎孳皆与结交,日赋诗陆舫中,名大噪。陆舫者,耀亢所筑室而正宗名之者也。后为容城教谕,迁惠安知县,以母老不赴。为诗踔厉风发,少作即饶丰韵,晚年语更壮浪,开一邑风雅之始,县中诸诗人皆推为先辈。六旬后病目,自署木鸡道人,更著听山草,卒年七十二。

余曾见耀亢手批正德刻本《李杜合集》,朱蓝满楮,书法奇伟。卷尾有跋云:

……顺治癸巳,余卜居海村,借而读之。甲午赴容城教署,携为客笥。……感而书之。琅玡丁耀亢题于容之椒轩,时五十六。(下有"丁耀亢印"及"陆舫"两朱印)

甲午为顺治十一年,据此及《诸城县志》本传推定,耀亢生于明神宗万历二十七年己亥,卒于清圣祖康熙九年庚戌。

同治壬申,湖北崇文书局重刊耀亢所撰《蚺蛇胆表忠记》传奇,后有族裔守存,跋所述耀亢事迹有《诸城志》不载者,略云:

野鹤先生为存七世伯祖,生明季,以明经老。学问渊雅,著作甚富,尤娴音律,名著齐鲁间……传有所辑《天史》一书,历采史乘所载因果实事,卷帙浩繁,以彰天道,励人心。版已漫灭,印本尚有存者,未之见也。传奇十三种亦多散佚。其他诗古文词,尤不多观。惟沈归愚先生所选《国朝诗别裁集》载七律一首而已。先生生平多异迹,有铁色珊瑚一枝长尺有咫,贻自海藏龙君,事尤奇诡。先生自撰《出劫记略·山鬼谈》一篇记其详,曾见刻本。铁珊在诸邑小天台山宗祠中,为世守之珍,不诬也。

耀亢所著《逍遥游诗集》自云明末避乱,曾数浮于海,遍历海上诸山;得铁珊事,即在此时。耀亢自记,言之凿凿,然其事终涉怪诞,存而不论可也。

耀亢著述甚富,《诸城县志》卷十三《艺文考》著录:

《逍遥游》一卷 《陆舫诗草》五卷 《椒丘诗》二卷 《江干草》一卷 《归山草》二卷 《听山亭草》一卷 《天史》十卷 《西湖扇》传奇二卷 《化人游》传奇一卷 《蚺蛇胆》传奇二卷 《赤松游》传奇三卷

丁慎行《重刊西湖扇始末》,记耀亢著述,于上列十一种之外,又有《漆园草诗集》及《非非梦》、《星汉槎》两种传奇。通行之《续金瓶梅》小说,亦耀亢所撰,①合之丁守存跋所记之出劫记略及传奇十三种,北平图书馆所藏之《家政须知》,共二十余种。今惟北平图书馆藏康熙煮茗堂刻本丁野鹤先生诗词稿残帙存:

《逍遥游》二卷 《陆舫诗草》五卷附补遗 《椒丘诗》二卷 《丁野鹤先生遗稿》三卷 《化人游》一卷 《赤松游》三卷 《表忠记》二卷 《西湖扇》二卷 《家政须知》一卷

---

① 《西湖扇》传奇题西湖紫阳道人撰,《续金瓶梅》题名相同。

《逍遥》、《陆舫》、《化人》、《赤松》、《表忠》五种,私人亦有藏本。此为耀亢著述之仅存者,其余未见传本。煮茗堂本诸书卷数与《诸城志》间有异同,《家政须知》亦不见于《诸城志》,煮茗堂本当系晚出,所谓《丁野鹤先生遗稿》三卷,或即包括《江干》《归山》《听山亭》《漆园草》数集在内。丁守存所云传奇十三种,今合存佚计之,不过六种,其余七种,目亦不存。耀亢之诗虽不足颉颃古今名家,在当时实负盛名。所作传奇则沈雄清丽,兼而有之,远胜于六十种曲中之寻常作品。然流传不广,录曲诸家亦多不之及,至今遂在若存若亡之间。文章传否,固有幸有不幸也。

此剧略云:有何生者,名皋,字野航,浙中吴山人。才气过人而不得志于时,愤世嫉俗,因思乘桴而浮于海。至海滨,已有渔翁舣舟相待。历述此舟神妙莫测,幻化无穷。生异之,登舟欲发,又来二人,求附乘,许之。生复以寂寞为苦,思集古今名士才人,丽姝美女于舟中,共为笑乐。舟子及二人并云能为召请。于是曹植、刘桢、李白、杜甫、东方朔、陆羽、西施、赵飞燕、张丽华、莫愁、薛涛、桃叶、凌波诸人,翩然并至。复得昆仑奴为司护卫,易牙为掌烹饪。生大喜,解舟入海,纵饮酣歌。正行间,忽遇巨鲸,吞舟入腹。生不知也,但觉若至一地,天日昏暗,舟与诸人俱不知何往。独行踽踽,骤有所悟;乃静坐修炼,仿佛久历岁时,不生不灭,大道将成。有鱼骨大王,嫉生成道,命剑客以鱼肠剑刺之。生方趺坐静息,剑既著肤,段段化为莲花,生已证仙果矣。剑客大惊,生亦醒,乃问此为何处。盖生入鱼腹以来,剑客为其第一次所见之生物也。剑客告以此鱼腹之国,寥廓万里虚无叵测,只楚大夫屈原寄居已千余年,此后则再无人来,生乃命剑客为导,往谒屈原,共赋《离骚》,快谈甚洽。屈命人以橘饷生,剖视之,中有二叟对弈,见生大笑。生方惊视而屈原与二叟俱不见矣。恍惚中又若乘空而行,至南海鱼骨寺,与番僧惠广谈禅。忽闻有人大叫云:"何生!何生!你梦好醒也!"醒则舟子与向求附乘之二人均在焉。盖舟子为玄真子张志和,二人为左慈、王阳,俱奉成连之命,来渡何生者也。生仙道既成,乃凌虚而去云。耀亢生平好道家言,时见于著述,而遭逢丧乱,半生不偶,奇情郁气,无所寄托。此剧乃其自为写照,故何生字野航,著者即题名野航居士。《列子·周穆王》篇:"周穆王时,西极之国,有化人来,"谓幻化之人,即此剧命名所本。耀亢得铁珊事,恐即此剧之背景。

余所藏此剧刻本,与煮茗堂本板式字体均异。半页九行,曲文大字,每行二十四字,宾白小字低一格,每行二十三字。字体圆中带方,明末清初刻工风气如此,盖初刻单行本。封面题"野鹤斋传奇秘本","化人游词曲","啸台新咏"。前有顺治丁亥龚鼎孳、戊子宋琬二序。丁亥为顺治五年,成剧当在明末。

五、《赤松游》 康熙煮茗堂刻本

《赤松游》三卷四十六出,丁耀亢撰。王国维《曲录》卷五据《传奇汇考》著录,无作者名氏。《史记·留侯世家》,张良既佐汉高定天下,乃曰:"愿弃人间事,从赤松子游。"后人以此事谱剧者,元杂剧有王仲文之从赤松张良辞朝,明传奇有无名氏之《赤松记》。耀亢此剧亦演良事,以楚汉兴亡及吕后、韩信诸事穿插其中。全剧史传。惟剧中以赤松子渡化张良为线索,即以圯下老人与黄石公俱为赤松所幻,既授良以天书,使为帝王师,功成后,复渡良夫妇仙去,与史传不合。留侯升仙,固世人之所艳称;然仅言神仙,又不足以尽此剧也。耀亢自述作剧始末云:

> 昔吾友王子房慕汉留侯之为人,因自号子房。既通朝籍,见逆闯起于秦,乃抱椎秦之志。明癸未,请兵灭闯而及于难。余悲子房之亡,欲作《赤松》以伸其志。至甲申而中原沦于闯,我大清入而扫除秦寇,真有汉高入关之遗风焉。……今来长安,遇西楼词客,北岳樵史,传余以音律之秘,共相倡和,续前数年未完之业。计作于明之癸未,成于今之己丑。可以勉忠孝,抒愤懑,作福基,长道力。

据龚鼎孳及沈复曾所作《逍遥游序》,知耀亢曾参王子房戎幕,固亦有椎秦之志者。此剧盖以秦政喻李闯,韩喻明,汉喻清,张子房喻王子房兼以自喻。托古寄慨,纪念故友,且以抒其故国之思,全剧沈雄悲壮,良有以也。癸未为崇祯十六年。己丑为顺治六年,此剧盖耀亢任镶白旗教习时所完成。身虽仕清,迄未能忘怀故国,与灌隐主人有同慨也。

全剧三卷,上卷一至十六出,叙张良椎秦不成,进履受书诸事,至刘项起兵止。中卷叙张良佐汉灭楚诸事,至保全太子止。下卷叙吕后杀韩信,张良辞爵访道诸事,至良夫妇及铁椎力士白日飞升止。虽长至四十六出,而穿插关目,丝毫不乱。曲文佳处甚多,或沈雄悲壮,或清丽缠绵,不愧诗人之作。

此剧煮茗堂刻本,半页九行,曲文大字,每行二十二字,宾白小字双行低一格,每行二十一字,刻工甚精。前有顺治壬辰查继佐序,及耀亢自叙作赤松游本末,俱大字写刻。次为赤松游题辞及啸台偶著词例数则,皆耀亢自撰。

六、《蚺蛇胆表忠记》 顺康间刻本

《蚺蛇胆表忠记》二卷三十六出。录曲诸书均不收;仅见于丁氏《八千卷楼书目》。清初无名氏(或云曹寅)有《虎口余生表忠记》,故称此剧必用全名或《蚺蛇胆》,始免混淆。剧为丁耀亢官容城教谕时撰。本拟进呈;后以中有讥切明时政治语,触清人不许擅议先朝之禁,耀亢又不肯改定,遂不果。事详郭棻所为序文。略云:

> 曩如《鸣凤》诸编,亦足劝忠斥佞。独是以邹林为主脑,以杨夏为铺张,微失本旨。今上几务之暇,览观兴叹,思以正之。嗣以词曲非本朝所尚,虑有旁咨,未涣纶音。相国冯公,司农传公,相顾而语曰:此非丁野鹤不能也。于是札属殷重。野鹤受书,屏居静室,整衣危坐,取公自著年谱,沈心肃诵,作十日思。阅数月而兹编成。曰蚺蛇胆,志实也;曰表忠,飏美也。缮写装演,质之二公。会有以后疏一折,借黄门口吻,指前代敝政,搢绅随习,过于贾生之流涕,有如长孺之直戆。复属笔窜,慎重入告。无如野鹤五十年来,目击时事、发指眦裂者,非伊旦夕。往往见之悲歌感叹。兹幸从事编纂,得少抒积衷,方掀髯大叫,辗然以喜。乃欲令之引嫌避忌,顿焉自更,野鹤然乎哉? 于是敛藁什袭,拟付名山。

今按后疏为此剧第二十二出,攻击明朝敝政陋俗,自永乐骂起,骂至嘉靖为止,若非此剧所演为嘉靖时事,将一直骂到崇祯矣。

此剧谱杨继盛事,继盛明容城人于嘉靖时以参严嵩十大恶被杀,忠直之声满天下,详见《明史》二百九继盛本传及继盛自为年谱。其事为世所习知,不具引。继盛劾严忤旨,议廷杖一百。王世贞使人以"蚺蛇胆"贻之,云能壮胆护心,通血活脉,服之受杖,可以不死。继盛挥去之云:"杖而不痛仍是欺君,且杨某之胆大于蚺蛇胆也。"故剧以"蚺蛇胆"为名。明人旧有《鸣凤记》,亦谱继盛事。然其主旨乃为表彰当时前后劾严谏臣八人,故开场诗有"前后同心八谏臣;朝阳丹凤一齐鸣"之语。继盛虽亦饰以生角,而事迹甚少。盖以事为主而不重个人,故其剧并无确定主角,邹应龙、林润不过事迹较多,亦难谓之主角。此剧则专以继盛为主;劾严之外,于继盛一生学问事功,自幼时牧牛苦读,至劾严被杀,逐事详述无遗,大体皆依王世贞所作继盛墓碑及继盛自为年谱。间有装点铺张之处,然皆有依据,非凭空虚构者可比。此外于被严所害之夏言、沈练,劾严成功之邹、林,阿附严氏之赵文华、鄢茂卿诸人,亦各有铺叙。盖即《鸣凤记》之缩本,而增益继盛事迹,使为主角者也。

全剧结构谨严,关目生动,词藻尤清丽遒健,远胜于《鸣凤记》之拉杂散漫,不止"文省于前,事增于旧"而已。第二十一出修本,第二十二出后疏,曲文袭用《鸣凤》之第十四、十五两出,宾白则多有增易。良以此二出为《鸣凤》精华所在,故为存之。第十六出《谪遇》即《鸣凤》第十一出《驿里相逢》,以原作"词与关目俱欠生动,故为改作",则洵为点铁成金。

此剧煮茗堂本外,尚有两种传刻本:(一)顺康间刻本。半页九

```
                丁野鶴先生編

┌─────────────────────────────┐
│                             │
│       新編楊椒山表           │
│       忠蚺蛇膽               │
│   茲刻一脫鳴鳳記枝蔓專用忠愍爲正脚起孤忠於地 │
│   下留正氣於人間全摹年譜不襲吳趨本奉       │
│ 命                           │
│   進呈未敢自炫姑公之海內以補忠經云爾       │
│                             │
└─────────────────────────────┘
```

行,曲文大字,每行二十字,宾白小字低一格十九字。封面式如下。前有顺治己亥(十六年)保阳郭棻芝仙序。卷首题"拟进呈杨忠愍《蚺蛇胆表忠记》,容城县教谕琅玡丁耀亢编,忠愍裔孙金容杨远条校。"每出后附耀亢自为评注。(二)同治壬申湖北重刻本。耀亢七代侄孙守存任湖北道员时据前本重刻,附杨忠愍公全集之后。封面题《表忠记》传奇,郭序之外,增题词三阕,皆守存同官所为。卷首题琅玡丁耀亢撰,删去容城教谕字样。若无原本,后人将不知此剧为耀亢在椒山故乡所作。此虽小节,亦足见翻刻旧书之不可妄加删削。

此文发表后数年,偶于他书中发见耀亢事迹三则,补录于下。

徐东痴言:少时于章丘逆旅见一客,袴褶急装,据案大嚼,旁若无人。见徐年少,呼就语曰:"吾东武丁野鹤也。顷有诗数百篇,苦无人知,子为我定之。"因掷一巨编示徐。尚记其一律云:"陶令儿郎诸葛妻,妻能炊黍子蒸藜。一家命薄皆耽隐,十载形劳合静栖。野径看云双屦蜡,石田耕雨半犁泥。谁须更洗临流耳,戛戛幽禽竟日啼。"野鹤晚游京师,与王文安铎诸公唱和,其诗亢厉,无此风致矣。(王士禛《池北偶谈》十二)诸城丁野鹤耀亢,官椒丘广文,忽念京师旧游。策长耳驴,冒风雪,日驰三四百里,至华严寺陆舫中,召诸贵游山人,琴师剑客,杂坐酣饮,笑谑怒骂,淋漓兴尽,策驴而返。(查为仁《莲坡诗话》上)

丁野鹤在椒丘,每晏起不冠,搦管倚树,高哦得佳句,呼酒,秃发酣叫,傍若无人。间以示椒丘诸生,多不解,因抵地,直上床蒙被而睡。(《今世说》七)

七、《扬州梦》 康熙刻本

《扬州梦》二卷,清岳端撰。《曲海总目提要》卷四十,王国维

《曲录》卷五,俱著于录。提要云无名氏作,①《曲录》注云:

> 国朝慎郡王撰,王讳岳端,字兼山,号红兰主人,安和亲王第三子。

今按杨钟义《白山词介》卷一:

> 宗室蕴端,初名岳端,字正子,一字兼山,号红兰主人,多罗安郡王岳乐子,封固山贝子,有《玉池生稿》。

李桓《耆献类征·文艺九》"宗室文昭"条亦云,蕴端初名岳端。牟其汶《宗室王公世职章京爵秩袭次全表》云:

> 太祖第七子为和硕饶余敏亲王,名阿巴泰;阿巴泰子为多罗安和郡王岳乐;岳乐有子二十人,第十八子蕴端,康熙二十三年正月,封授多罗勤郡王,二十九年二月,降为固山贝子,三十七年四月缘事革退,无袭。

《曲录》云岳端为安和亲王第三子,封慎郡王,且未言革爵事,误。礼亲王昭梿《啸亭杂录》卷六"红兰主人"条云:

---

① 《曲海总目》云,子春世为扬州巨商。又云,子春改祖居奉老君像,登仙时,诸亲毕集,见像顶出白云三朵,中坐老君,左子春,右韦氏,冉冉上升而去。俱与此剧不同。按上述二事见于《醒世恒言》,此剧叙事于《恒言》原文略去处甚多,不止此二事。总目为诸剧作提要,有小说可据者多依之,有时且直录原文,与剧本却不尽相合。故虽未书作者姓名,仍可知其即是此本。

红兰主人讳岳端,安亲王子,安节王弟也①,善诗词。崇德癸未时,饶余王曾率兵伐明,南略地至海州而返。其邸中多文学之士,盖即当时所延致者。安王因以命教其诸子弟,故康熙间宗室文风以安邸为最盛。主人喜为西昆体,尝延朱襄、沈方舟等为上宾。方舟妻某,迟方舟久不归,作《杭州图》以寄之,当时传为佳话。主人尝选孟郊、贾岛诗为《寒瘦集》以行世。以宗藩贵胄之尊,而慕尚二子之诗,亦可谓高旷矣。

陶之典序《玉池生稿》略云:

　　岁庚申,之典伏蒙安和亲王自长沙军中,载之后车,使珥笔备诸贤王顾问。维时我红兰主人年甫十龄,每授书百行,读一二过即背诵不遗。时时取唐人绝句,钞写吟咏以为乐。凡宜贵习所耽嗜者,悉无所近。……自恭辞讲席,越十有六载。侧闻层楼耀莩,既唱埙和篪;而主人且日引韦素之有材艺者,开日华以坐之,相与欣赏良辰,追逐云月;惊人寡和之调,自丛桂而出,殆无虚时。……顷儿子煊入觐朱邸,乃窃读其《玉池生稿》。

查为仁《莲坡诗话》卷上云:

---

① 据《宗室王公世职章京爵秩袭次全表》,岳端之兄为多罗安懿郡王,名玛尔浑,安节郡王名华玘,玛尔浑次子,岳端之侄也,《杂录》误。

宗室红兰主人岳端，尝自撰《扬州梦》传奇，遍招日下诸名流赏之，会者百余人。内有少年王生善集唐，即席诗成。结句云："十年一觉扬州梦，唱出君王自制词。"主人大喜，以黄金十四链，白玉卮三，奉酒为寿，曰："一字一金也。"生饮酒受金，即以金分给梨园十四人，曰："同沾君惠。"是日，主宾欢洽，轰饮而散。主人又号玉池生，善画。尝有句云："凄凄满地王孙草，漠漠一天神女云。"又号东风居士，因有"东风无力不飞花"句，为辅国将军博问亭尔都所赏也。

据此三则，知岳端为清初贵胄中能文好客者，为人与纳兰成德相近。庚申为康熙十九年，据此上溯，岳端生于康熙十年辛亥；卒年无考。成德生于顺治十一年，卒于康熙二十四年（据墓志铭），长于岳端十七岁，成德卒时，岳端甫十五龄也。

康熙中，嵇永仁亦有《扬州梦》传奇，演杜牧事，与元乔梦符《诗酒扬州梦》杂剧相同。此剧则演唐人小说杜子春事。① 因子春既与牧同姓，其少年时期之性格生活亦类牧之豪华，而其时子春又居扬州。后则资财荡尽，感悟学仙。故开场词云："小杜有诗堪借用，十年一觉扬州梦。"子春事见唐李复言《续玄怪录》（《太平广记》卷十六引），及《醒世恒言》卷三十七，二书所记，微有不同。此剧关目穿插，略同《恒言》，不具引。惟剧以子春前身为关令尹喜，随老子仙去后，忽念其妻子久坠轮回，乃辞老子下凡，复生人世，欲度其妻；

---

① 《曲海总目提要》卷二十三收《广陵仙》传奇，胡介祉撰，亦演子春事，内容穿插与此剧及小说均不同，提要叙之甚详，而原作不存，无从比勘。介祉亦康熙时人，年辈长于岳端。《广陵仙》成书或在此剧之前。

乃一到尘寰,遽为七情所困;故老子自下凡度子春,而令麻姑度其妻韦氏;与《续玄怪录》及《醒世恒言》皆不相符,盖作者所添出也。① 曲文淡远自然,全用白描,与剧中冲穆之意境相称,于明清传奇中,别具风格。以诗拟之,决非西昆,而与郊、岛之寒瘦相近。较成德之纳兰词,异曲同工,略无逊色,满人中异才也。

此剧传本极少,《曲录》所收云是全集本。此康熙刻本,前有尤侗、洪昇序,朱襄跋。半页九行,行二十二字;曲文大字,宾白小字,刻工与汲古阁初印《六十种曲》相同,精整过之。今世所传《玉池生稿》为写刻者②,此本板式行款,与之均异,似非所谓全集本。朱襄跋云,岳端为此剧后三年,顾砚山携其稿归吴门,将镂板行世,新安俞瑶章为董其役;末署康熙辛巳。顾携稿至吴门,实为庚辰五月,见洪序,自庚辰上溯三年为康熙三十七年戊寅,岳端年甫二十八岁,是年四月革爵,其为此剧,或因被革而有所感触欤?《玉池生稿》成于二十六岁时,见陶之典序,此外更未闻有其他作品事迹,岳端享年似不甚永。

八、《寒香亭》 乾隆怀古堂刻本

《寒香亭》四卷,清李凯撰。姚燮《今乐考证》收入著录九,注云:"凯字图南,号雪崖,鄞县人。"

---

① 《曲录》云此剧演老子尹喜事,盖由未检杜子春小说,但据此剧第三折之叙事也。
② 《玉池生稿》极难得,曾见琉璃厂邃雅斋有一部,不知为何人购去。燕京大学图书馆藏旧钞本。

今按《鄞县志》卷四十二《人物传》十七云：

> 李凯，字图凌，中雍正八年进士，乾隆十九年为绍兴教谕。能诗，尤工词曲。少与范梧交，梧精于音律，尝出所作《红玉燕》传奇相示。凯亦拟《寒香亭》传奇示梧，梧自叹不及。平居孝友；女兄弟三人俱家贫，每年各赡银米，没身不衰。季父殁后，从兄弟俱幼，凯以银米按季给赡，至各成立乃罢。卒年六十九。

本书卷首载范梧序，略云：

> 岁乙未，始与李子雪崖定交，雪崖齿少于予，帖括而外，兼业诗古文词，尤工声律。因相与上下其议论。其于五声七音八十一调，无不剖豪芒，穷窅眇。且间出所谱宫曲相示，于移宫换羽之际，予虽积数十年之精力，尚有未经深究者。……最后见其所填《寒香亭》传奇，其叙致之妙，研辨之精，视其少作，弥益精当。而雪崖方殚力于经史之旨，欲绍闽洛之微传，则此犹特一斑之豹耳。

又钱维乔跋云："雪崖起家甲科，以司铎老。"综此数则，李氏生平略可考见。本书题"鄞江图凌李凯填词"，与《鄞志》同，《今乐考证》云凯字图南，恐误。

此剧略云：有谭素者，字栖霞，秣陵人，少年才俊，父母俱殁，未娶；思"弃产辞家，壮游南北"。适闻其友虞翙盛赞江都卫吏部之女凌波秀美而文，方随任燕京，乃动遐想，决计往燕访之，云有年伯谢平江,名练,在京,可为良媒也。既至燕京,寻得寓所,寓中有亭,环植梅树,名寒香亭。同寓有苗仰峰者,告谭云,有魏礼部者居此数年,其女甚美,今已他徙矣,谭则漫应之。俄于寓中空舍,得诗稿一册,署云女史凌波笔,大喜,因思苗言,悟所谓凌波者实魏礼部女,虞生云卫吏部者,音近而讹也。乃依韵和其《寒香亭咏梅》诗;适有老媪,自称魏府崔婆,以移徙时遗落小姐诗卷,奉命来觅,生遂以诗稿还之,潜置和作于内,以为藉此可为进身之阶。然魏礼部与卫吏部实为两人,魏名思,卫为其妹丈,已殁,遗女凌波奉母寄居舅家,复同徙新寓,故其诗卷遗落于寒香亭寓中。崔婆既得诗卷,以付魏女凝烟。女亦美而擅吟咏,见生诗甚喜,复潜询崔婆,知生少年秀美,乃补和一首,与生作并置诗卷中,以还凌波。凌波见之,惘然心动,而无从觅谭生踪迹,遂亦置之。时卫母久客思乡,遂携女返江都故里。谭生则浼谢练向魏礼部处作伐,谢许之。适魏以疏劾奸相段维凝,被贬山东滋阳知县,谢至,魏方欲起行,以深信谢故,未见谭面,即行许婚。谢旋至谭寓,拟告以婚事已成,至则惟苗仰峰在,云谭已于前两日南归矣。盖谭自谢处回寓,值虞翔自南来京,乃知凌波实姓卫而不姓魏,且已随母返江都,谭遂于当日出京追之,故谢来不及见也。谭既至江都,赁屋于卫氏园旁,冀得一见,一日,拾得诗笺二纸,即谭前所和凌波诗及凝烟补和,凌波置于楼窗之侧,为风吹堕者也。凌波既失诗笺,命婢至谭处寻觅,谭乃告以我即和诗之谭素,于是以婢为介,与凌波得一晤面。越数日,凌波忽为扬州守鱼得计强劫以去,欲送至京献于段维凝。谭闻之,昼夜追舟,至滋阳运河渡口,见女舟停泊岸侧,奋然曳缆,思移舟近岸,而用力过猛;舟竟覆,凌波溺焉。舟人大哗,缚谭送县,请治以杀人罪。县令即前此被贬之魏思,见谭生名,固其未婚婿也,且县署中已先有一谭素在,乃大惊异。此伪谭素即苗仰峰,因闻谢练告以魏谭婚事已成,又知谭已南返,乃至滋阳自称谭素,图冒亲;魏方疑其不类,使暂居署中,既见真谭素,更疑莫能决。时崔婆随任在署,闻有二谭素,潜窥之,崔固曾识谭于寒香亭者,乃告魏以犯人为真谭素,先来者伪。魏于是潜召谭至后衙询之,备悉其情。遂遣送谭至署之舟人先回扬州覆命,谭生留署候惩。舟人既去,阴纵谭赴京会试,而以苗仰峰伪为谭素,杖責逐去,以掩人耳目。谭至京与虞翔俱中进士,因对策劾段维凝鱼得计之奸恶。先是高丽叛将哈力巴请降,维凝力主收纳,至是高丽王称兵犯境,以朝廷纳其降将为名;帝方恶维凝前此之多事,既得谭疏,乃立黜段鱼,起复魏思为帅,谭虞为参军,共讨高丽。乱平回京,谭复往谒谢练,练告以有女拟嫁与谭,谭却之,且言为卫氏惨亡故,即魏凝烟亦不迎娶。谢不允,强订吉期,至期,花轿二乘至门,其一为魏凝烟,一则卫凌波也。盖凌波堕水后。适逢谢自籍进京之舟,被救不死,谢以为己女,共至京。魏思征高丽回京;晤谢得知其情,乃与谢议以己女及凌波同归于谭,而故不使谭知,既至洞房,谭始知凌波未死,又得凝烟,喜过望云。

此剧意境殊不甚佳,在今日尤为时代落伍者。且情节关目,全袭万树之《风流棒》,而词句之清新,结构之灵巧,远不逮之,未为佳作。特作者颇有偏才,其谪订一出以监咸窄韵填〔混江龙〕长至数十句,亦颇壮丽也。

此怀古堂刻巾箱本,半页九行,行二十字,宾白小字低一格。有眉批,多称美剧中辞藻。首雍正辛亥(九年)范梧序,乾隆丁酉(四十二年)罗有高序,乙巳(五十年)钱维乔跋,周埙题词。成书当在雍正初元,印行在乾隆末叶。

九、《如意缘》 道光十三年钞本

《如意缘》上下二卷，二十出，清信天斋癯道人撰。不见著录。前有乾隆壬寅（四十七年）自序，云晚年为此剧。剧中多用北京旗人语插科打诨，作者当是雍乾时京旗人。

剧演乔太守乱点鸳鸯谱事，详见《醒世恒言》及《今古奇观》。剧情悉依本传，不具引。明沈璟所作"四异记"及无名氏所作《碧玉串》（又名《双玉串》），亦演此事，见《曲海总目提要》卷五，盖本嘉靖间昆山实事而稍加变化。二剧今皆不存，演此事者，此剧为硕果矣。

全剧规律，俱仿明人正格，穿插结构，生动整齐，词藻亦清丽稳妥。惟当行本色处，殊不甚多，望而知为清人手笔。剧以生扮孙润，旦扮刘慧娘，余则外末丑净贴旦小生，分配颇为适当。惟全剧太著重生旦，所唱曲文至多，登场次数亦繁。且局于本传，殊少波澜。若登场汇演，生旦二角未免太累，更易使观众厌倦。此其所以未能流行歌场。以为案头之曲，则尚可诵耳。

此剧未见传刻。马隅卿先生（廉）藏有钞本，仅存半部。此本系旧钞，有忠信堂徐印记，似是伶工钞本。目录后有"道光十三年岁次癸巳"九字，当是钞书之年。半页九行，曲文大字，每行二十四字，宾白小字（单行）低一格二十三字。有朱笔眉批、旁批及圈点甚多。观其行款格式，似从刻本钞出。

十、《西川图》 咸丰九年钞本

《西川图》三十出,不分卷,清无名氏撰。《扬州画舫录》卷五、《曲海总目》著录,王国维据收入《曲录》卷五,姚燮《今乐考证》据焦氏《曲考》著录,诸书均作清无名氏撰。明代录曲谈曲诸书及各家笔记均不之及,当非明人旧本。《缀白裘初集》卷三收《芦花荡》一出,云出《西川图》,今按即此剧之第二十九出《气周》,可知乾隆时剧已传唱于世,成书当在康熙中。剧演三国时刘备东吴招亲事;《曲海总目提要》卷三十七亦收《西川图》,所演为明太监刘永诚及其嗣子聚征西事,与此同目异本。诸书著录,语焉不详,各为何本,无从考定。

清礼亲王昭梿《啸亭续录》卷一,"大戏节戏"条云:

> 乾隆时……命庄恪亲王谱蜀汉《三国志》典故,谓之《鼎峙春秋》。……抄袭《西川图》诸院本。

今世传《鼎峙春秋》有二本:乾隆原本及嘉庆时改定本①,均有孙刘结亲事,然曲白关目,与此剧大异;此剧除孙刘结亲外,又无他事。

---

① 孔德学校所藏《鼎峙春秋》与琉璃厂某书店藏本不同之处甚多。孔德本末出〔醉太平〕云:"早除了绝域氛霾,早平了几千处黄花寨,早开了二万里恒沙界。"某书店本云:"早除了三省氛霾,早平了几千处白莲寨,早清了川陕蜀蚕业界。"前者指乾隆时征服外藩,后者谓嘉庆时平定三省白莲教。故知一为乾隆原编,一为嘉庆时改本。

不知《鼎峙春秋》抄袭《西川图》之语,何所依据。以意度之,有两种可能之结论:(一)今本《西川图》为《鼎峙春秋》所抄旧本之缩改本,(二)演蜀汉事之《西川图》,原有两本,即《鼎峙春秋》所抄者及此本。

《回荆州》为今日皮黄班中流行之剧,世所习知。此剧情节穿插,完全与之相同,盖即皮黄本之前身。曲文宾白,清利可诵。《气周》一出,词句关目,与今日通唱之《芦花荡》相同;惟衬字较少,宾白亦简略,犹是近古之本。

此剧未见传刻,余所藏为咸丰九年钞本,半页九行,曲文大字,宾白小字,每行二十五六七字不等。有目录,题新编《西川图》目录上卷,实不分卷,原剧应是上下二卷,为钞者所并耳。书法尚佳,惟多别体减笔,是伶工钞本。凡珠字皆缺末笔,当是钞者私讳。

此文发表后,复阅《曲海总目提要》,其卷三十二收《锦绣图》剧,注云一名《西川图》。提要略云:"演刘先主及诸葛亮谋取西川事。……此记与《草庐记》相仿佛,因先主三顾草庐则曰《草庐记》,因张松献《西川图》则曰《西川图》也。其事皆接在古城以后,本于演义者尽多,如张飞、夏侯惇事及三气周瑜等,皆与正史不合,兹不具载。"按:余所藏本仅叙东吴招亲一事,取西川、献地图等皆不载,与剧名不合,而亦有气周事。可知此本极有可能为《锦绣图》即《西川图》之缩改本;而非《西川图》有二本。

1938年,《燕京学报》第二十四期。
此为发表后四五年中陆续增订之稿。

此篇所记十种,实皆寒斋旧藏,当时有所避忌,故托言"个人耳目所及";予所藏善本戏曲小说亦远多于此。三十年来,屡经流徙,士礼之刊未成,而廛中已无一宋。抚今追昔,感慨系之,倘亦唐人诗所谓"旧业已随征战尽"之比耶!1970年冬日附识。

明斯干轩本琵琶记

　　元明杂剧传奇影响最深流传最广的有两部,《西厢记》和《琵琶记》,正好一部是北剧一部是南戏。它们影响所及包括各阶层人士,流传的时期则自明初直到清末,始终不衰。正因如此,它们的板本也就特别多。《西厢》板本不在本文范围之内,可以不谈。《琵琶记》就我个人所知见的明代及清初刻本即有十余种,属于毛声山批七才子本系统的各种覆刻本并不在内。毛批本是经过增删窜改的,与原作的本来面目有相当距离,关于这一点,需要另作专题讨论。此外明代及清初诸本,没有一本内容与他本完全相同,也没有一本是大不相同;但仅就这些本子所有的差别而论,却有若干是很重要的。所以读《琵琶记》一定要讲求板本。这些明清刻本正如其他戏曲旧本一样,都是难得的古董,其中只有三种因为有影印或覆刻本的缘故比较容易见到。一种是"陈眉公批评本",万历时刻本,有刘氏暖红室覆刻,又有坊间石印及排印本,此本分上下两卷,每卷又分上下,共是四卷。一种是"凌濛初刻臞仙本",天启或崇祯时刻本,有上海蟫隐庐影印,此本分为一二三四等四卷。一种是"南溪斯干轩校正巾箱本",刊印年代详后,有武进董氏诵芬室影印,此本分上下两卷。三种之中,以末一种斯干轩本最为重要,它在《琵琶记》现存诸本之中时代最为近古,也确实有佳胜之处。本文主旨即是要简单介绍这一个本子。

斯干轩本与陈、凌二本不同处要分四点说明。第一是出数不同。陈眉公本四十二出,凌濛初本四十四出,斯干轩本则为四十三出。陈本第八出斯干没有,斯干第四十一出陈本没有,陈本第四十二出斯干分为两出;增减分合相抵,斯干比陈本多一出。凌本第三十九出斯干没有,其余完全相同,所以斯干较凌本少一出。其中可注意的是陈本的第八出,标目是"文场选士",斯干及凌本都没有。这一出关目既嫌冗赘,文字亦甚俗陋,凌本凡例第二条云:"时本《琵琶》,大加增减;如考试一折,古本所无。"据此可知斯干与凌氏所谓古本相同。但凌本的第三十九出眉批云"此折为时本所删",斯干恰好没有这一出,则是又与凌氏所谓时本相同了。可知出数之或增或减并不能确定本子之早晚,古本或时本云云,也不过是凌氏个人的意见而已。所以文场考试一出之有无与斯干轩本之时代早晚尚无密切关系。(凌本出皆作折,本文为求一致均改为出。)

第二点是:斯干轩本宾白较之陈、凌二本不仅内容简单,文字也较为古朴。斯干的曲子也与陈、凌二本有许多文字上的差别,有时字句稍异,有时整支曲子不同,而这些异文常是斯干较胜,尤其胜于陈本;陈本在三本之中最为逊色,不幸的是此本流传最广。还有一件事:陈本第三十四出,即凌本第三十三出,都有"佛赚"一曲,不论腔调文字,都与全书其他各曲不类,也可以说根本不是南曲正调,这显然是后人所加,斯干就没有这支曲子,这是斯干轩古于陈凌二本的有力证据。

第三点是:斯干没有标题出目,如陈本的"副末开场"或"高堂称庆"之类,而只有第一出或第二出字样。这一点斯干与凌本是相同的。凌本凡例第八条云:"历查诸古曲,从无标目,其有标目者皆后人讹增也。且时本亦互相异同,俱不甚雅;从臞仙本不录。"元明戏曲本来都是只题折数或出数而不标题出目的,后来为了演唱时作为标识并供伶人记忆之用,才有所谓出目。早期作品如《琵琶记》、《拜月亭》等标目,都是后人加上去的,故有如凌氏所谓"时本亦互相异同,俱不甚雅"。到隆万以后,标题出目成了习惯,于是作者便自己撰写出目,其文句也就比较精雅,花样也就层出不穷。如孙钟龄(仁孺)的《东郭记》,便以《孟子》成句作为出目。斯干轩本不标出目,正与凌刻所据的臞仙本一样,乃是明人传奇的原始形式。

第四点是:斯干轩本所有曲子都不注明宫调。例如〔瑞鹤仙〕陈、凌二本都注明是正宫引子,〔锦堂月〕陈、凌都注明是双调过曲,斯干则仅题〔瑞鹤仙〕或〔锦堂月〕而不注明正宫或双调。凌本凡例第五条讥评这种不注宫调的办法云:"曲有宫调;东嘉所作引子过曲时不用一宫,时本混刻,难以辨调。"我却以为不注宫调正是古本旧刻的本来面目。嘉靖以前刻本的传奇,除这一部斯干轩《琵琶记》之外,据我所知见还没有第二部,无从求证,但我们可以从旧刻北杂剧触类旁通。北杂剧的旧本多数是不注宫调的。《元刊杂剧三十种》如此,一直到弘治本《西厢记》还是如此。因为各个曲牌所属宫调,如〔点绛唇〕属仙吕,〔一枝花〕属南吕之类,在当时的作者、歌者以及大部分听众,都是熟习的。如是内行,不注明也会知道;如是外行,注了之后还是莫名其妙。所以早期的本子多不注宫调。到后来,为了清楚起见才一一注明,而且大家一律照注,这不妨说是一种进步的办法,但原来并非必须如此。所以,斯干不注宫调,正是其为旧本的一项明证。

以上是就斯干轩本的特点加以简单说明;以下要谈一谈这个本子的板式行款及刊刻年代。

明斯干轩本琵琶记

这个本子的全题是"新刊巾箱蔡伯喈琵琶记",署名处平列两行"东嘉高先生编集","南溪斯干轩校正"。半页十行,每行十八字,曲文大字单行,科介宾白小字双行,曲调名用阴文刻,小黑口。板框略呈宽扁形,这是一般巾箱本的共同形式。斯干是《诗经·小雅》篇名,暖红室覆刻陈眉公本跋语提到这个本子作斯于轩,是不对的。原书是清嘉庆中吴县藏书家黄丕烈士礼居旧藏,光绪中归端午桥(方),端氏又转送给翁松禅(同龢),现归"国立中央图书馆",编入馆藏善本书目甲编卷四集部词曲类。书后面有黄氏跋语三则,其一云:

> 余向从华阳桥顾氏得陆勅先手钞《琵琶记》,其标题曰"新刊元本蔡伯喈琵琶记"。后有觏庵跋云:"遵王固有二本,其一元本,其一郡肆翻刻本。"盖元本者,文三桥识云"嘉靖戊申七月四日重装本也";郡肆翻刻本者,苏州府阊门内中街路书铺依旧本命工重刊印行之本,亦嘉靖戊申岁刊者也。然钞本照元本缮录,计叶二十八行,行三十字,与此刻异矣。此刻楮墨古雅;疑是元刻,却与遵王所藏不同,词句亦多与陆钞本间异,未敢定彼是而此非。此本亦为顾氏物,最后散出。卷端有陆贻裘冶先印,当是陆贻典勅先兄弟行,何觏庵跋语未之及。惟云"定远丞称花边本,已从求赤得之",而此本有钱孙保印,未知即此本否?以余并藏钞刻,可云合璧,未容轩轾于其间。装成因志数语于后。嘉庆乙丑春二月四日,荛翁黄丕烈识。

黄跋所云陆勅先钞本,钱遵王所藏元本,及嘉靖戊申郡肆翻刻本,我都没有见过;陆钞本据闻仍在人间,后二者存亡不得而知。黄跋所云花边本即是现在"中央图书馆"所藏金陵唐晟刻本,唐氏所刊戏剧书,板框都刻有花纹,故称花边本。以上四本或存或亡都与本题无直接关系,可以不必管他。至于黄氏对于斯干轩本则只称其"楮墨古雅疑是元刻",而并未确定其为元为明。不过在黄氏藏置此书的匣子上则刻有"元本"字样。藏书家对于自己的藏本往往提前年代抬高身价,这是不足怪的。而在跋语中他却不作断语,可见其仍有分寸,并未鉴定此书确为元刻。而且,高明写成《琵琶记》的年代总在元顺帝至正十年以后,下距元亡最多不过二十年。当时江浙一带已经很不太平,此书殊少付刻可能。所以我认为各《琵琶记》根本没有元刻本,历代藏书家所谓元本至多是明初刻本。

有些人认为此本不仅不是元刻,而且要晚到明中叶即正德嘉靖之间。其所持理由是:这个本子的字体,不管是从整个字的形体上看,或者从笔画的锋棱上看,都是方方正正的,与元代及明初的圆润生动不同,而极像正嘉时期流行的刻工字体。一般说来,正嘉时期所刻的书,与元代及明初刻本,其分别确是如此;而这个斯干轩本《琵琶记》与嘉靖时刻的《清平山堂话本》的确有些相像。所以说斯干轩本是正嘉刻本未尝不可。即此已是现存《琵琶》的诸本中最早的了,因为其余诸本都是万历至天启崇祯或清初时的东西。再进一步说,我们还可以把斯干轩的时期更提早一些。文学或艺术上的某种风格形式,其演进完成都是由渐而来,决不是短时期的事情。这种方体字在嘉靖时已很流行,其开始自然会更早。我曾把斯干轩本《琵琶记》与元延祐庚申刻本《东坡乐府》比较对看,二者的刻工很像,都是方体字,不过后者还稍有一些圆体的痕迹而已。尤其巧的是二者都是半叶十行每行十八字,刻书的行款常是与时代风气有相当关系。所以我们可以说斯干轩本的这种刻工字体及半叶十行每行十八字的行款在元朝已经有了。但在万历以后这种刻工字体即甚少见。因此我们可以说斯干轩本的年代不会晚于嘉靖而可能早到明初。此书题为"东嘉高先生编集"而不称其名，也多少可以证明刻书年代去高氏并不太远。"国立中央图书馆"著录此书，题为"明初叶刊本"，不说是元本也不说是正嘉时刻本，我以为这种说法是对的。因此，斯干轩确为现存《琵琶记》最早刻本。

和其他善本古书一样，斯干轩《琵琶记》原书是藏书家的珍秘，一般读者很难见到，自从童氏诵芬室影印之后，才得与世人相见，算来也有三十年了。董氏影印或覆刻的明清善本戏曲很多，纸张印工都很精美，这本《琵琶记》也是如此。不过董氏把明末凌濛初刻本的插图影印出来，装在斯干轩本的前面而未加一字说明。这样会使没见过凌刻及斯干轩原书的人以为这就是斯干轩本原有的插图，而误会在明初或嘉靖时已有了这样精美工致的板画；其实斯干轩本并没有插图，原书具在，可以证明。像这样含糊不明甚至有作伪嫌疑的办法，是影印古书的大忌。从前已经有人作专文批评董氏此举的失当了，不过那篇文章仍袭旧说认为斯干轩是元本，这是不对的。

暖红室主人刘世珩曾见到过斯干轩及另外一种明刻本，在他覆刻的陈眉公本之后附有跋语，详述斯干轩本的收藏经过及板式行款。刘氏仍从旧说称斯干轩为元刻本，并据斯干轩及上述明本校勘陈眉公本，成札记二卷，作为覆刻陈本的附录。刘氏这部札记，亦即校勘记，并不很好，不够谨严，不够清楚，有琐碎的地方，又有遗漏的地方。即如第一出，陈本第一页下半第一行至第三行一段问答科白，即"且问梨园子弟……戏文大意"云云，斯干轩本无此一段而刘氏札记并未校出。此外还有若干处校语纠缠不清，令人不知所云。刘氏本非专门学者，自无怪其如此。以斯干轩校其他明本的工作是很重要的，但刘氏的札记不能用，需要另作。本文则限于篇幅及时间，只能约略举出斯干轩本的几项特点；详尽的校勘，要俟之异日。还有一点要提到的是：斯干轩本虽有许多佳胜之处，但原本字迹稍嫌模糊。若为一般诵读，蟫隐庐影印凌刻本是很好的本子，胜于陈眉公本及一切排印石印本。

      1965年，《香港文学世界季刊》九卷二期。

  后记：近已有人根据陆钞本，校注重印，我这篇文章因之须稍加修改，但大体不差，姑且存之。1970年冬日记。

下 编

苏东坡的阳关曲

苏东坡曾说他自己平生三事不如人：饮酒、著棋、唱曲子。著棋即现代所谓下棋，东坡指的是围棋而非象棋。词，本来就是唐宋时歌唱的曲词，其性质跟汉魏六朝时的乐府一样，所以宋朝人管词又叫作曲子，好古者就称之为乐府或新乐府。东坡只说不如人，并非完全不行。宋人费衮《梁溪漫志》云：

> 东坡《和渊明饮酒诗序》云："吾饮酒至少，尝以把盏为乐，往往颓然坐睡。人见其醉，而吾中了然，盖莫能名其为醉其为醒也。在扬州时，饮酒过午则罢；客去，解衣盘礴终日，欢不足而适有余。因和渊明饮酒诗，庶几仿佛其不可名者。"东坡虽不能多饮，而深识酒中之妙如此。

东坡对于下棋胜负，曾说："胜固欣然，败亦可喜。"成为后人传诵的名言，这八个字当然是由对局经验中体会出来的。到现在，下围棋的人还管与对方下相对位置的著法叫作"东坡棋"；这虽然只是一种传说，总该有所根据。所以，东坡不是滴酒不沾，而且很喜欢"小饮"，也不是一著棋都不会下，只是酒量不大，棋艺不高而已。

饮酒著棋二者与本文无关，以上只算是一段"入话"，本文所要讨论的是第三项——唱曲子，因唱曲子而引出"守律"问题。词既然是要歌唱的,作某一牌调时当然要遵守这个牌调的声律去作;声律不合就不能唱,即使能唱也不会美听。东坡生前身后,词名极盛,但与他同时的人往往认为他的词虽好而声律不协,因为他"不能歌",后世的人也就人云亦云的说东坡词不守律。东坡既自云唱曲子不如人,似乎也承认这一点。实则并不尽然。陆游《渭南文集》有一段话,是讨论本题的重要文献,其文云:

> 世言东坡不能歌,故所作乐府辞多不协。晁以道谓绍圣初与东坡别于汴上,东坡酒酣自歌古阳关。则公非不能歌,但豪放不喜裁剪以就声律耳。试取东坡诸词歌之,曲终觉天风海雨逼人。

古阳关即是王维的《送元二使安西》"渭城朝雨浥轻尘"云云。本来是一首七言绝句,唐人常把七绝当作乐歌唱,这首诗也被唱来作送别之用,名为《渭城曲》,又称《阳关三叠》;宋人用为词调,名〔阳关曲〕;元朝人编的曲选《阳春白雪》,收有〔大石调·阳关三叠〕,用右丞原作四句,加上许多衬字、衬句,又当作曲子唱了。这是一首亦诗、亦词、亦曲,自唐以后一直传唱传诵的名作。晁以道名说之,是苏门四学士之一晁补之的族弟,著有《嵩山景迂生集》,南渡初年尚在。他所说"东坡酒酣自歌古阳关",决非妄谈,下引东坡自己的话可为佐证。汲古阁本《东坡题跋》卷二"记阳关第四声"条云:

> 旧传阳关三叠。然今歌者每句再叠而已;通一首言之,又是四叠;皆非是。或每语三唱,以应三叠之说,则丛然无复节

奏。余在密州,有文勋长官,以事至密,自云得古本阳关。其声宛转凄断,不类向之所闻;每句皆再唱,而第一句不叠;乃知唐本三叠盖如此。及在黄州,偶读乐天对酒诗云:"相逢且莫推辞醉,听唱阳关第四声。"注:"第四声,劝君更进一杯酒。"以此验之,若第一句叠,则此句为第五声矣;今为第四声,则第一不叠,审矣。①

《阳春白雪》所载〔阳关三叠〕云:

> 渭城朝雨,一霎浥轻尘。更洒遍客舍青青,弄柔凝,千缕柳色新;曾洒遍客舍青青,千缕柳色新。休烦恼,劝君更尽一杯酒;人生会少,自古功名富贵有定分,莫遣容仪受损。休烦恼,劝君更尽一杯酒。只恐怕西出阳关,旧游如梦,眼前无故人;只恐怕西出阳关,眼前无故人。

正是第一句不叠,其余三句叠唱,只是多加了些衬字及衬句。可见东坡所说的唱法不止于古有所据,而且后有所传。至于唐朝当时、宋朝、元朝以及现代,还有些什么其他唱法,则与本题无直接关系,此处不作讨论。无论如何,东坡既然得到文勋长官的传授,再证以晁以道的话,他会唱〔阳关曲〕应该是毫无问题。至于唱得"字正腔

---

① 白诗见宋本《白氏文集》卷二十六,全诗云:"百岁无多时壮健,一春能几日清明。相逢且莫推辞醉,听唱阳关第四声。"原注云:"第四声,劝君更尽一杯酒,西出阳关无故人。"语意含糊,无从确定所谓第四声到底何指。东坡所引原注只有"劝君"句,没有"西出"句,不知是所见白集与今本不同,还是东坡"断章取义"。这只是唱法问题,与东坡曾否唱此曲无关,不去管他了。

圆",或者是"荒腔走板不搭调",乃是另一件事。

正因为东坡懂得这首曲词的唱法、腔调,把它摸熟了,所以他自己作的三首〔阳关曲〕,对于平上去入四声,分别遵守,甚为严格。这就是守律,因为严辨四声乃是守律的第一要义。现在,先把所谓严辨四声作一简单解释,再来分析统计右丞东坡这四首阳关诗词,以证明东坡只要想守律,就能守得很严。

严辨四声的意思是:句中诸字不仅要分平仄,该用仄声的字还要分上去入,加上该用平声的字即是四声。这四声的分配,各有一定,不能混淆。但不是每个仄声字都要分上去入,而是有些字可以通融,有些字必须严格。换句话说,最宽的地方,连平仄都可以不拘,严的地方,四声必须分明。万树《词律》凡例第十二条云:

> 平仄固有定律矣;然平止一途,仄兼上去入三种,不可遇仄而以三声概填。盖一调之中,可概者十之六七,不可概者十之三四,须斟酌而后下字,方得无疵。此其故当于口中熟吟,自得其理。夫一调有一调之风度声响,若上去互易,则调不振起,便成落腔。尾句尤为吃紧……盖上声舒徐和软,其腔低,去声激厉劲远,其腔高,相配用之,方能抑扬有致。按:万氏所谓十之六七、三四,乃专指一调之中当用仄声之字而言。

同书凡例第十三条云:

> 上之为音,轻柔而退逊,故近于平。今言词则难信,姑以曲喻之。以下举例从略。如此等甚多,用上皆可代平,却用不得去声字。但试于口吻间讽诵,自觉上声之和协而去声之突

兀也。

王季烈《螾庐曲谈》卷一：

> 入声本与平声相近，入声长吟，便似平声。……上声则出口先当低唱，方能逐渐向上，去声则出口即高唱，始能远送。高低迥异，故不能相替也。

万氏只谈上去，王氏又兼论入声，合此两说，所谓严辨四声，其原理已经很清楚了，现在来看右丞东坡这四首〔阳关曲〕的四声。

送元二使安西

渭去城平朝平雨上浥入轻平尘平。客入舍去青平青平柳上色入新平。劝去君平更去尽上一入杯平酒上。西平出入阳平关平无平故去人平。

注：尽字本上声，今语读去声。舍字作动词用上声，作名词用去声。

阳　关　曲（赠张继愿）　苏轼

受去降平城平下上紫上髯平郎平。戏去马上台前平古上战去场平。恨去君平不入取上契入丹平首上。金平甲入牙平旗平归平故去乡平。

注：下字作低下解读上声，作下降解读去声。今语两义均读去声。

下　编

阳　关　曲（答李公择）　　苏轼

济上南平春平好上雪入初平晴平。行平到去龙平山平马上足入轻平。使上君平莫入忘去雪入溪平女上。时平作入阳平关平肠平断去声平。

阳　关　曲（中秋月）　　苏轼

暮去云平收平尽上溢入清平寒平。银平汉去无平声平转上玉入盘平。此上生平此上夜去不入长平好上。明平月入明平年平何平处去看平。

统计右丞东坡这四首，可以定出〔阳关曲〕的格式如下：

仄疑当作去平平上仄平平。十仄平平上仄平。仄平仄仄入平上。平入平平平去平。

注："仄"表示上去入不拘，"十"表示平仄不拘。

按照万树《词律》可概不可概之说及右列格式，这首〔阳关曲〕四声宽严的情形有如下述：

一、全首二十八字，只第二句第一字可以不拘其余二十七字，平是平，仄是仄，平仄分明。

二、这二十七个字，平声十四、仄声十三。十三仄声之中，可以不拘上去入的有六个，第一句第五字，第二句第二字、第六字，第三句第一字、第三字、第四字。必须分别上去入的也有六个，第一句第四字，第二句第五字，第三句第五字、第七字，第四句第二字、第六字。有问题的一个字，这个有问题的是第一句第一字。右丞所用的渭,东坡所用的受、暮,都是去声。济字则是上声,因为济南城在济水之南,而济水的济应读上声。但济字在他处都是去声,我怀疑东坡可能把它作去声用,也许因为济南是地名,无法改动,既然这个字的本音是去声,也就姑且通融了。如果我所猜正确,则此曲第一句第一字应作去声。

综观以上的统计分析,〔阳关曲〕的四声分配是相当均匀而谨严的。而除了有问题的济字不谈,其余必须分上去入的六个仄声字,东坡都严格遵守了右丞原作。于此可以证明,只要东坡想守律,他就可以守得很严格。重要的是,他守得很自然,行所无事。也就是王半塘鹏运评论刘秉忠《藏春乐府》所说:"周旋于法度之中,而声情识力常若有余于法度之外。"特别是"暮云收尽"那一首,多么自然!简直像是冲口而出的白话,若不点破,谁理会到他是在这样束缚之下作成的。所以东坡词偶有不协,只是"豪放不喜裁剪以就声律"而已,"是不为耳,非不能也。"其实所谓不协,只是在精微的地方,并没有大违格律之处。

最后我们要了解,谨守声律而又能游行自在的作品,如东坡的"中秋月",是可遇不可求的,所谓"妙手偶得之"。能作得很好,却无法可以作得很多;固然精严,却很难雄阔。从正面说,"虽小道亦有可观者焉";从另一方面说,虽有可观而毕竟是小道。这就是词曲所以不足与诗相提并论的最大原故。

朱敦儒生卒年月汇考

《樵歌》作者朱敦儒,字希真,洛阳人,是宋词大家之一。他生存于宋朝南渡前后,半生在北,半生在南。他的生卒年,对于研究他的时代背景、作品风格,很有助益。从前因为资料不足,仅凭推测,曾误以为他活了九十多岁。果真如此,他便成为词史上甚至文学史上最长寿的人物。近年来发现若干有关资料,才知道他只活了七十九岁。其生卒年月经考定如下:

> 宋神宗元丰四年辛酉正月某日生于洛阳。高宗绍兴二十九年己卯正月初九日卒于秀州。(公元1081—1159)

洛阳今为河南省属县,在宋朝称西京河南府洛阳郡。《宋史》卷四四五《朱敦儒传》说他是河南人,乃指宋朝的河南府,亦即洛阳。秀州又称嘉禾郡,后升格为嘉兴府,宋时属两浙西路,即今浙江省嘉兴县。上文所列生卒年月,不是我的"创获",只是综述近人成说,包括新、旧、正、误,再加以补充考证,所以题为"汇考"。

七十九岁,虽不如旧说之克享期颐,也可以算是高龄长寿,历代作家很少人活到七十五岁以上。在同时作家中,他是年龄较长的。他少于叶梦得四岁,汪藻两岁;与孙觌同庚;长于吕本中、曾几、李清照各三岁,陈与义九岁,张元幹十岁。稍晚的诗人如尤袤、杨万里、范成大、陆游,词人如张孝祥、辛弃疾,都是他的后辈。诸人之中,陆放翁年纪最长,也要比他小四十四岁,辛稼轩则相差五十九年之多。姜亮夫《历代人物年里碑传综表》据《三续疑年录》云张元幹生于宋英宗治平四年丁未,其说大误,应作生于哲宗元祐六年辛未,考证见拙著《宋人生卒考示例》。

旧说以为朱敦儒活了九十多岁,始于胡适之先生的推测。他说:

> 他的生卒年岁不可考。他的《樵歌》三卷里,只有两首词有甲子可考。最早的是政和丁酉(1117)洛阳西内造成,他代洛阳人作望幸之曲。〔望海潮〕题。又绍兴丁丑(1157)有中秋赏月的柳梢青词。此外无甲子可考的,有"七十衰翁,告老归来",〔沁园春〕。"好笑衰翁年纪,不觉七十有四",〔如梦令〕。"屈指八旬将到",〔西江月〕。"今年生日,庆一百省岁"。〔洞仙歌〕。大概他活到九十多岁。《宋史》说他绍兴十九年(1149)告归;以"七十衰翁,告老归来"之句参考起来,他大概生于神宗元丰初年,约当1080;死于孝宗淳熙初年,约当1175。商务版《胡适词选》页一八八。

胡先生只是推测,未作定论。世人沿袭其说,只是因为未曾发现相关资料。首先根据新资料以考定敦儒生卒年寿的是近人王学初。他所著《李清照集校注》云:

> 公元1159年绍兴二十九年己卯。正月甲申,左朝奉郎致仕朱敦儒卒于秀州。见《建炎以来系年要录》卷一百八十一、赵与旹《宾退录》卷六。

> 朱敦儒生于何年？得年若干？尚未有人考定过。据《建炎以来系年要录》绍兴二十九年载："左朝奉郎致仕朱敦儒卒于秀州"，是其卒年已可确定；惟生年则无明文记载，以《朱跋唐太宗赐韩王元嘉兰亭帖》自云绍兴十六年时年六十六推之，当生于元丰四年（公元1081年）至绍兴二十九年（1159年）卒，享年当为七十九岁。有人谓朱生于元丰间，淳熙初卒，不知何据。台北文源书局版，页二七〇。

王说证据充足，推论正确，但考证过于简略，对于他所提出的两项重要证据，《宾退录》及所谓《朱跋唐太宗赐韩王元嘉兰亭帖》都未能交代清楚。及门黄文吉君在他所著《宋南渡词人》中曾作更详细的考证。黄书说：

> 近人王学初根据《建炎以来系年要录》卷一八一与赵与旹《宾退录》卷六，论定他是卒于绍兴二十九年（1149）。我们查广雅书局本《建炎以来系年要录卷》一八一绍兴二十九年系事，将会发现如此记载："左朝奉郎致仕宋敦儒卒于秀州。"则"宋"乃"朱"字形近而误。另外《四库全书》本（即《永乐大典》本）《建炎以来系年要录》错的更离谱，除"朱敦儒"误作"宋郭儒"外，"卒"字之下又脱去"于秀州"三字。《宾退录》卷六述说朱敦儒去世的经过甚详："朱希真梦记略云：'绍兴戊寅（二十八年）除夜，体中不佳，三更方得睡。至一山馆。以下梦境略。忽惊起，索灯火，目想神思，纵笔为记。'次日，己卯（二十九年）岁旦，子孙环侍，朱出此记示之，且云：'所游甚乐，悔不便为住。'计后八日，又自云：'好去好去，自有快乐。'三更初，端坐启手足，神色不

乱,寂然而逝。七日方敛,举体柔软,气貌如生。"时间亦与要录吻合。这种怪事在当时流传颇广,所以陆游《渭南文集》卷十五《达观堂诗序》云:"朱公敦儒之逝甚异,世以为与尹先觉、谯天授、苏养直俱解化仙去。"由以上记载,可确定朱敦儒卒于绍兴二十九年,实际只活七十九岁。他词云"屈指八旬将到",还说得过去,至于说"今年生日,庆一百省岁",这个"省"字未免太有弹性了,难怪善于考证的胡适先生要误以为他活到九十多岁。台北学生书局版,页一五四。

黄说虽本于王而更为详细。他指出《要录》朱宋形近之误,引录了《宾退录》原文;但重要的《兰亭帖》问题他并没有提到。还有几项细节,王黄都没有提。现在把我个人的补充考证分述于下。

首先,要证明宋敦儒确为形近之误。王说根本没理会《要录》原文宋字而径改为朱,照考据法则说,这是不对的。黄说则仅云形近而误,未提出佐证。今按,佐证有二事。第一,朱晚年致仕后居秀州,见周必大《二老堂诗话》及《至元嘉禾志》。宋代多数府州另有郡名,如绍兴府称会稽郡、黄州称齐安郡之类。秀州称嘉禾郡,后升格为嘉兴府,见《宋史》卷八十八《地理志》。秀州、嘉禾、嘉兴是同一个地方。第二,《要录》于朱敦儒事迹屡有记载,自建炎二年至绍兴二十九年共有八条。包括"卒于秀州"一条。宋敦儒之名则始终未见,可知并无其人。

其次,《要录》云,敦儒卒于绍兴二十九年正月甲申,《宾退录》则云卒于是年岁旦后八日。其年正月丙辰朔,《要录》及《宋史·高宗纪》并同,甲申是二十九日,岁旦后八日则是初九日甲子。《要录》晚了二十天,王黄都未看出;我认为应是初九。《要录》所记甲申乃是秀州地方官报告到达朝廷之日而非正确的死亡日期。《要录》所记外地人员卒日，常有此情形。

其三，《樵歌》卷上〔洞仙歌〕词云："今年生日，庆一百省岁，喜趁烧灯作欢会。"卷下〔如梦令〕词云："好笑山翁年纪，不觉七十有四。生日近元宵，占早烧灯欢会。"他的生日应在正月初十以后、十五以前。其卒下距七十九岁生日只有几天。王、黄两说都只提到卒日而未提生日。

其四，有许多人并不一定生于本籍；而敦儒则是生于本籍洛阳。《樵歌》卷上〔临江仙〕词云："生长西都逢化日，行歌不记流年。花间相过酒家眠。乘风游二室，弄雪过三川。"洛阳是宋朝西京，可知他不但是洛阳人，而且生于洛阳本籍。太室山、少室山合称二室，伊水、洛水、黄河合称三川，都在洛阳附近。根据此词及《樵歌》中其他作品，参考有关资料，他南渡前踪迹似未出洛阳区域。建炎元年南渡，他四十七岁，至七十九岁卒于秀州。南渡以前四十六年，南渡后三十三年，所以我说他半生在北，半生在南。

最后要谈到所谓《朱跋唐太宗赐韩王元嘉兰亭帖》。此跋是考定朱敦儒生年惟一资料，重要无比，王说既未详引原文，又未注明见于何书；读者心中已有"今年生日庆九十省岁"的影子，对此内容不详、来历不明的跋文很容易将信将疑，这是王说的最大疏漏。王说只是《李清照事迹编年》的一项附录，难怪他语焉不详。今按：此跋见于桑世昌《兰亭考》卷五。此书辑录很多宋人兰亭帖题跋，朱敦儒题跋共有六篇，其中一篇与本题有关，文云：

绍兴十六年十一月七日乙夜展阅。时借得石本六，并予家摹二石，参较各有所长，要之，失真远矣。昭陵埋没，可胜叹耶！时雨雪寒甚，书于会稽官舍和乐堂。希真六十六，已为请宫祠计，欲归老浙西。

这就是王说的根据，其来历总算找到了。但是，古人书画碑帖题跋往往有伪造的，此跋真伪，自须考证。经过与《建炎以来系年要录》对照，此跋一定是真的。敦儒于绍兴十四年二月初四日乙酉。被任命为浙东路提点刑狱，见《要录》卷一五一，至十六年十一月二十五日辛卯。罢免，见《要录》卷一五五；浙东提刑司治所则在绍兴府会稽。此跋云，绍兴十六年十一月七日书于会稽官舍，年月日及地点，都与《要录》符合，题跋在罢免之前十八天。而敦儒于绍兴十九年致仕，见《要录》卷一六〇，致仕后居秀州，见上文，秀州属浙西路。此跋云绍兴十六年"已为请宫祠计，欲归老浙西"，亦与后来事实相符。作伪绝不可能如此精密正确。

附记：兰亭考辑录各家题跋，并无标目，行款段落也不清楚，往往几篇跋接连，混为一篇。这篇朱跋即与另一篇署名朱希真的跋接连。我细读卷五诸跋，发现朱跋者乃是司业汪氏所藏，而非唐太宗赐元嘉之本，王说标目"唐太宗赐韩王元嘉"云云，错了。原书接连混合，加以王说错误标目，令人见到兰亭考还是不易找到朱跋。考据之学真是"无底洞"；然而，费了许多事之后，"一旦豁然贯通"，乐在其中矣。

此跋真伪既无问题，自可据以推定朱敦儒生于元丰四年，至绍兴十九年致仕，六十九岁，与《樵歌》卷上〔沁园春〕词"七十衰翁，告老归来，放怀纵心"相合，也合于古代七十致仕的惯例。绍兴二十五年复出为鸿胪少卿，年七十五，不算太老，还可以胜任官职。若不信此跋而泥于"一百省岁"之语，仍认为他活了九十多岁，则要把生年提早至少十岁，致仕在八十以上，任鸿胪少卿在八十五以上,太不近情理。秦桧虽是奸臣,处理一般事务总还要遵循常轨,他不会容许职官到了八十岁才致仕,也不会强迫将近九十的人复出作官。《要录》云:"敦儒已告老,(秦桧)强起之。"见后附录。

〔洞仙歌〕词"今年生日,庆一百省岁"之语,确实费解,难怪引起误会,以为是九十几岁。"一百省岁"极可能是当时俗语,语意应该是说"人生七十古来稀",有几个人活一百岁? 能到七八十岁已等于是百年上寿了。这只是我的猜想;也许有一天能在某一本宋人笔记或文集上遇到这句话的正确解释。此事可遇而不可求;反正朱敦儒只活七十九岁已是考定无讹的事实了。

附录

李心传《建炎以来系年要录》有关朱敦儒资料十条;
桑世昌《兰亭考》及俞松《兰亭续考》辑录朱敦儒跋六篇

建炎二年二月乙卯朔。丁卯十三日,进士胡昭特补登仕郎,何烈、王彦、詹至,并将仕郎,用从官部刺史荐也。先是,诏举草茅才德之士,得昭、烈、彦、至、朱敦儒等五人,令中书省策试。敦儒,河南人,靖康中尝召至阙,命以初命官,与学校差遣,辞不就。至是,淮西使者荐其有文武全才,乃再召之,敦儒卒不至。《要录》卷十三。

绍兴三年九月壬子朔。已巳十八日,河南布衣朱敦儒特补右迪功郎,令肇庆府以礼遣敦赴行在。初,敦儒策试不就,已见建炎二年二月丁卯,避乱抵南雄州。张浚将西行,奏赴军前计议,敦儒卒不起。至是,宣谕官明橐言其深达治体,有经世之才。参知政事席益、吏部侍郎直学士院陈与义又交称其贤,乃有是命。《要录》卷六十八。

绍兴五年十二月己亥朔。辛亥十三日,右迪功郎朱敦儒赐进士出身,守秘书省正字。敦儒既受官,上命德庆府以礼敦遣赴行在。既至,入对,遂有是命。《要录》卷九十六。

绍兴六年十一月乙丑朔。辛卯二十七日,秘书省正字朱敦儒兼权兵部郎中,行在供职。《要录》卷一〇六。

绍兴十四年二月壬午朔。乙酉初四日,左朝郎奉江南东路制置大使司参议官朱敦儒为两浙东路提点刑狱公事。《要录》卷一五一。

绍兴十六年十一月丁卯朔。辛卯二十五日朝散郎、两浙东路提点刑狱朱敦儒罢。右谏议大夫汪勃论敦儒专立异论,与李光交通,望特赐处分。上曰:"爵禄所以励世。如其可与,则文臣便至于侍从,武臣便至于建节;如其不可,虽一命亦不容轻授。"于是敦儒遂罢。《要录》卷一五五。

绍兴十九年十月己酉朔。丙辰初八日,左朝请郎、主管台州崇道观朱敦儒守本官致仕。从所请也。《要录》卷一六〇。

绍兴二十五年十月乙亥朔。庚辰初六日,右朝散郎朱敦儒特引对。秦桧喜敦儒之才,欲为其子孙模楷,敦儒已告老,强起之。既至,落致仕,仍诏陈乞过恩泽免追夺,日后致仕,更不推恩。比对,即除鸿胪少卿;人始少其节。建炎中,废鸿胪寺,及是复置。敦儒落致仕在是月丙子。《要录》卷一六九。丙子为十月初二日。

同年同月丁酉二十三日,权尚书户部侍郎兼知临安府曹泳特勒停,新州安置。右朝散郎守鸿胪少卿朱敦儒令依旧致仕。枢密院编修官兼权检详文字薛仲邕、右朝请郎江淮等路提点坑冶铸钱王彦传、左奉议郎提举两浙西路常平茶盐公事杜师旦、并放罢,日下押出门。《要录》同上卷。

按：此项处置乃罢黜秦桧余党之第一步，即在桧死次日，亦云速矣。《要录》原文尚有一大段，叙此五人罪名，今从略。敦儒本非秦党，秦桧强使复出，当时人皆知之，且任职仅十八天，初六至二十三，故处分最轻。其罪名则仅有"如朱敦儒者乃赵鼎之心友"十一字，不似曹泳诸人之连篇累牍。赵鼎为当时共称之贤相正人，秦桧之政敌，遭桧窜逐者也。"赵鼎心友"竟成秦桧党人之罪名，可笑孰甚？读者欲知敦儒晚年复出始末，可看周必大《二老堂诗话》"朱希真出处"条。

绍兴二十九年正月丙辰朔。甲申二十九日，左朝奉郎致仕朱敦儒卒于秀州。《要录》卷一八一。

按：《要录》原文作"宋敦儒"，乃形近之误。甲申为秀州地方官报告到达朝廷之日；敦儒卒于是月初九日甲子。有关本条之考证均已见前。

以上《建炎以来系年要录》十条。

《兰亭考》及《兰亭续考》所收敦儒六跋：

右兰亭从毛雍玉唐人所临本上双钩摹写。亡兄无悔昔与雍玉相遇于汝州教授陈和夫官舍，大热挥汗，自旦至暮，极其精思，较他本为胜。敦儒后三十年见雍玉之婿黄君，再见此本，跋尾皆是，而兰亭旧物非矣。览之慨然。壬戌八月，会稽。

绍兴丙寅十月晦日，会稽宪司见张季章所得李文定家二本、冯达道东都所得晁美叔家四本，并余家所收石本、摹本，共十本，较之亦各有长短。要是皆失真远矣。遥想昭陵埋没至宝，使人慨叹。世间幻事，那得不变灭耶。第二本系朱无悔摹唐人本。

按：《兰亭考》辑录各家题跋，未加标目，行款段落亦多混淆不清。右两跋原本接连直下，混为一篇，今依文义析出。壬戌为绍兴十二年,其前三十年为徽宗政和二年壬辰,中原方承平也。第二跋虽未署名,而与第一跋接连,跋尾注文乃桑世昌所加,亦云"朱无悔摹唐人本",与第一跋同。会稽为绍兴府之别称,宪为提点刑狱之别称,绍兴丙寅十六年。十月,敦儒正在绍兴府浙东提刑任所,时地相合。综观诸证,不俟署名而知为朱跋。朱无悔、他处未见,不知是名是字。敦儒家人亲属:其父名勃,绍兴谏官,见《宋史·敦儒传》,《二老堂诗话》云是其祖;其兄无悔;秦桧用其子为删定官,名未详;余人无考。

右兰亭,洛人杨景范所藏。杨君多法书,米元章最爱之。与其子微之相继死,其妻、李西台孙,予丘娉也,故得此书。冯堂世、晁无咎诸公有跋尾,妙处颇胜石本。朱希真记。

绍兴十六年十一月七日乙夜展阅,时借得石本六,并予家摹二石,参较各有所长,要之,失真远矣。昭陵埋没,可胜叹耶。时雨雪寒甚,书于会稽官舍和乐堂。希真六十六,已为请宫祠计,欲归老浙西。第三本。

按:右四跋见《兰亭考》卷五。第三第四两跋原本接连直下,情形与第一第二两跋相同,今析为两篇。第四跋前文已引;重录,取便观览。娉即嫂字。丘嫂解释有二说,一云长嫂,一云"兄亡空有嫂也",即寡嫂之意。此杨氏疑即朱无悔之妻。桑世昌注文所云第二本、第三本,谓司业汪氏所藏四本中之第二、第三,与朱跋无关。此两本盖敦儒身后转归汪氏。

兰亭叙逸少得意书,后贤多临写。石本数十,以定武本为胜。石归薛氏,乱后便复杂得;熟阅怅然。雒阳朱敦儒题于钱塘。

右跋见《兰亭考》卷七。雒阳原作维扬,形近误刊。汉以火德王,忌水,洛为东都,改洛为雒,后人好古,每袭用之。敦字原缺,有注云:"犯同光宗讳"。按:光宗名惇,敦是嫌名。

傅明赴镇上饶,相遇嘉兴,观定武旧本兰亭,真气凛然。

绍兴中甲子九月十四日,洛阳朱敦儒题。

右跋见俞松《兰亭续考》卷一。吴说,字傅明,绍兴时名书家。甲子为绍兴十四年,敦儒在浙东提刑任,浙东浙西,相去不远,当是因事偶至嘉兴。

以上《兰亭考》及《兰亭续考》六跋。

论北曲之衬字与增字

第一节 概述

曲为配乐之诗,首重协律,自须有其固定之格式,然后写作歌唱以及诵读始有轨可寻,有迹可求,而不致漫无标准。各种曲调,如〔端正好〕、〔油葫芦〕之类,亦即各种格式之名称也。所谓格式,包括六项要目。(一)句数:全曲共若干句。(二)字数:全曲共若干字,每句各占多少。(三)句式:句中之字如何分配。例如:同为五字句而有上二下三与上三下二之别,同为七字而有上四下三与上三下四之别。(四)调律:句中某字须平,某字须仄,某字平仄不拘;而有时平声须辨阴阳,仄声必分去上。(五)协韵:某句必协韵,某句必不协韵,某句可协可否。(六)对偶:某些句必须对偶,某些句必不对偶,或可对可否。凡此六项,必须亦步亦趋,严格遵守,否则写作漫无准绳,歌唱失其尺度,是长短句之诗而非审音协律之曲也。时至今日,所谓南北曲已甚少有人歌唱,然其乐歌性质则依然存在,且将永远存在。即以诵读而言,如不明格式,自无从领略其音节之美妙,更无论循音节以了解欣赏其意境神味;有时甚至感觉钩辀格砾,难分句读,数曲未终而兴趣索然矣。至于写作,尤不待言。

　　所谓格式者,不仅曲有之,词亦有之,〔西江月〕、〔念奴娇〕诸词调是也,诗亦有之,五七言律是也。然诗词之格式甚为固定,简单明确,易于辨识遵守;曲则不然。南曲格式出入尚不太大,北曲则几乎每个牌调亦即每个格式皆有相当之伸缩变化,使人不易认清其本来面目,而有无所适从之感。此种情形,在杂剧中为尤甚。而其所以如此者。则为北曲例可增句及使用衬字、增字之故。换言之,增句、衬字、增字三者,实即北曲格式伸缩变化之由来也。北曲牌调共约四百,其中可以增句者仅十八调,问题较衬字简单,且此十八调之名称及其增句之方法规矩,已另详拙著《北曲新谱》;故本篇专论与衬字及增字有关之各项目。请先举例证,以明吾说。

　　予在《北曲新谱》中,根据元人所作〔正宫·端正好〕全部一百余曲,归纳其固定格式如左:下文简称本格。仅列句数及各句字数,平仄协韵与衬字及增字无关,故从省略。

　　五句:三。三。七乙。七。五。七乙为上三下四之七字句。

马致远《陈抟高卧》杂剧此曲云:

　　　　下云台。来朝会。不听的华山里,鹤唳猿啼。道人非为苍生起。只是(报)圣主招贤意。

乔吉《扬州梦》杂剧此曲云:

　　　　(衫袖湿)酒痕香。(帽檐侧)花枝重。似这等宾共主,和气春风。一杯未尽笙歌送。就花前唤醒游仙梦。

元人所作〔仙吕·油葫芦〕全部约有二百曲,予归纳其本格如左:

　　九句:七。三。七。七。七。三。三。七。五。

关汉卿《玉镜台》杂剧此曲云:

> 还有那苦志书生才学广。(一年年),守选场。早熬的萧萧白发满头霜。几时得出为破虏三军将。入为治国头厅相。只愿的圣主兴。世运昌。把黄金结作漫天网。(收)俊杰、揽贤良。

王实甫《西厢记》杂剧此曲云:

> 九曲风涛何处显。(则除是)此地偏。这何(带)齐梁(分)秦晋隘幽燕。(雪浪拍)长空、天际秋云卷。(竹索缆)浮桥、水上苍龙偃。(东西)贯九州。(南北)串百川。归舟紧不紧如何见。恰便是弩箭乍离弦。

试取此四曲与本格对照诵读,即可发现其似同似异,并不一致。〔端正好〕两支及〔油葫芦〕第一支尚可谓为与本格"大同小异";第二支〔油葫芦〕则几于"大异小同"。但如将旁加圆点*及括弧中诸字除开,所余字句即与本格完全符合。而除开诸字后,全曲之文义即不复畅达完整,文气亦欠活泼生动,此即衬字与增字之性质及其作用之所在也。

右列四曲,旁加圆点者皆衬字也,括弧内者皆增字也,下余者

---

* 本版改为"下加圆点",余同。——编者注

名为正字。正字即本格所必有之字,其总数及各句字数,与定格完全相同。衬字及增字则为写作时视文义或文气之需要而添出者。向来治曲学者,皆以增、衬二者并为一谈,统名之曰衬字。实则增之与衬甚有区别;认清此种区别,为读曲作曲之要务。下文即就增、衬两项,分节论述其规矩与方法。盖无论增衬,虽均为临时添出之字,但绝不能随意为之,否则音节错乱,格式全非,不仅非曲,抑且非词,而成为李易安所谓"句读不葺之诗"矣。昔人每云"北曲正衬难分",虽专家学者,有时亦作此言。若能认清增字与衬字之区别,熟习其规矩与方法,则一切困难自可迎刃而解。

第二节　论衬字

写作诗词以凝炼含蓄为贵;曲则不然,务须明白显豁,曲折详尽,以求其生动活泼。如死守固定格式,不求变通,则甚难达到此项目标。是以在不妨碍腔调节拍情形之下,可于本格正字之外添出若干字,以作转折、联续、形容、辅佐之用。此添出之若干字,即所谓衬字,盖取陪衬、衬托之意。亦有名之为衬垫字者,见元人周德清所著《作词十法》,垫即俗语"垫起来"之垫,音义并同;又有名之为添字者,见明人施绍莘著《花影集》凡例。此二名词,前人甚少使用,衬字一词则最为普遍。衬字,南北曲皆有之。惟南曲衬字极少,诵读之时易于辨识,写作之时易于运用,向来不成问题;北曲则除去少数牌调之外,大都可以多加衬字,甚至衬字数目反较正字为多,参差错综,令人目眩。前文所举〔油葫芦〕第二支即是如此。今再以〔正宫·叨叨令〕为例。此调本格,首四句皆是七字,而下列三曲殊不一致。

> 黄尘万古长安路。折碑三尺邙山墓。西风一叶乌江渡。夕阳十里邯郸树。(无名氏小令)
>
> 想他腰金衣紫青云路。笑俺烧丹炼药修行处。俺笑他对妻荫子叨天禄。不如逍遥散诞茅庵住。(杨朝英小令)
>
> 见安排着车儿马儿不由人熬熬煎煎的气。有甚心情将花儿靥儿打扮的娇娇滴滴的媚。准备着被儿单枕儿冷则索昏昏沉沉的睡。从今后衫儿袖儿都揾湿重重叠叠的泪。(王实甫《西厢记》杂剧)

第一曲全同本格,一字不衬;第二曲衬字甚少,且易辨识;第三曲则衬字反较正字为多。同一牌调,而各家作品相去如此之远,初学之士欲求认清本格,分析正衬,以为诵读习作之标准者,焉得不望而却步。

明清曲籍,对于衬字问题甚少说明,仅明人王骥德伯良所著《曲律》卷二及凌濛初编选《南音三籁》凡例,各有一条专论衬字。近代则吴梅瞿安、王季烈君九、许之衡守白三家所著书,皆曾涉及此事。然皆短章片语,含糊不清;且仅就腔调板眼立论,过于专门,不解音乐者读之,依旧不得要领。今迻录数条于后,以见一斑。

> 古诗余无衬字,有之,自南北二曲始。北曲配弦索,虽繁声稍多,不妨引带。南曲取按拍板,板眼紧慢有数,衬字太多,抢带不及,则调中正字反不分明。大凡对口曲不能不用衬字,各大曲及散套只是不用为佳。细调板缓,多用二三字尚不妨;

紧调板急,若用多字,便躲闪不迭。凡曲自一字句起,至二字、三字、四字、五字、六字、七字句止;惟〔虞美人〕调有九字句,然是引曲,又非上二下七,则上四下五;若八字十字以外,皆是衬字。今人不解,将衬字多处亦下实板,致主客不分。王骥德《曲律》卷二第十九条。

曲每误于衬字。盖曲限于调而文义有不属不畅者,不得不用一二字衬之,然大抵虚字耳。如"这、那、怎、著、的、个"之类。不知者以为句当如此,遂有用实字者,唱者不能抢过,而腔戾矣。凌濛初《南音三籁》凡例。

南词重板眼,北词重弦索,此世所通知者也。惟北词调促而辞繁,下词至难稳惬。且衬字无定法,板式无定律,初学填词,几于无从入手。吴梅《顾曲麈谈》第一章第四节。按:吴先生所谓南词、北词、填词,皆指曲而言,明清人往往如此。例如李玄玉之《北词广正谱》,沈自晋之《南词新谱》,皆曲谱也。

于无可遵守之中而思一法,则取近来时伶所熟悉诸套用之,切忌生套。谓不常见之套数。此其间有数便也:腔格既熟,滞齿棘喉之音自然可免,一便也。若者为衬,若者为正,谱中所聚讼之处,可就脚本中工尺旁谱中决之,二便也。凡衬字,歌者必速速带去,俗谓之抢,此南北曲皆然,惟北曲中间有加一二板者。板之疏密处既可检得,而于填词用衬字时,何处可增,何处可减,亦可以自行去取,三便也。……虽然,此特画依样之葫芦耳;至于自辨谱体,则须多看多较,方有把握。同上。按:删节处系第四便,论曲文脱稿后填配工尺之法,与衬字无关,故从省略。

曲之有衬字,既使文义条鬯,且令歌时有疏密清新之致。但必须加于板式繁密之处,且须加于句首或句之中间;至句末三字之内,与板式疏落之处,决不可妄加衬字。又衬字每处至多不宜过三字,且宜用虚字,不宜用实字。王季烈《螾庐曲谈》卷二《论作曲》。

上所言衬不过三,且衬字必加于板密之处,此就南曲言之。若北曲则衬字毫无限制。盖北曲之板无一定,衬字多,仅可于衬字上加板,非若南曲不许点板于衬字也。故作曲者宜按南曲谱看清句读然后下笔。有时用衬字,只可用虚字,万不可用实字,致与正字相混。总以正衬分明,句法不乱,为第一要义也。许之衡《曲律易知》卷下《论声韵衬字》。

南曲句读固须严守谱法,北曲亦然。惟北曲衬字多少不拘,虽虚实字并用亦无妨,衬字不拘四声。南曲衬字总以勿过三字为妙,盖南曲有一定之板,衬字上不能加板,衬字过多则抢板不及。北曲无一定之板,衬字上亦可加板故也。同上。

南曲有赠板之曲,虽频用衬字亦尚无妨;若无赠板之曲,总宜少用衬字。盖此时唱法既急,衬字多则窒碍也。又宜填曲时检谱看明板式;两板相距贴近,则中间多著些衬字固无碍,若两板相距较远,则中间总以勿著衬字为宜。同上。按:两板相距贴近,即所谓板式繁密之处,两板相距较远,即所谓板式疏落之处。

右所论列,略通曲学音律者读之,固可一目了然,初学之士则恐未有不堕入五里雾中者。吴先生"衬字无定法",许先生"衬字毫无限制"之说,尤为误人。其实何尝无定法,何尝毫无限制。吴先生为近代曲学大师,然其学实深于南曲,至于北曲,则不肯遍取元人作品"多看多较",细心探索,遂致发此含糊武断之论。王、许两先生所论较为具体明确,而总觉其尚隔一层。盖前人论此,皆偏重音律而不从文字着手,是以愈论愈深,愈说愈远,而使人不得要领,无所适从。今请撇开音律上之唱法不谈,而专从字句之读法分析说明,订立条款,以使无论初学、浅学,皆能明了,再反而求之音律,细心体验,则一切疑难皆可涣然冰释矣。

《曲律易知》论声韵衬字又有一条云:"平仄四声固应遵谱,惟有时平仄错叶尚可通融,而句式尤为重要。如上三下四万勿作上四下三,上四下三者万勿作上三下四;是两句者万勿误作一句,本是一句万勿误作两句。"此处提出"句式"两字,最为切要。予所云撇开音律专论文字,即谓欲明衬字之性质及使用衬字之方法规矩,与其讲"板式",不如讲"句式"。盖板式纯属音律问题,不明音律无从了解,句式则凡能诵读词曲之文字者皆能辨识也。

然则何为句式?句式者,一句中所应有之字数,及此若干字之如何分配是也。例如:同为七字句而上四下三者为一式,上三下四者又为一式;同为六字句而上四下二者为一式,平分两段每段三字者又为一式。此即所谓句式。无论文诗词曲,其所谓"句",并不表示意义之完成,而系语气音节之一段落;此种段落不能太长,是以每句字数始一终七,前引王骥德《曲律》已言之。一字、二字、三字,字数既少,语气短促,不必亦不能再分小段,故不发生句式问题。四、五、六、七,字数既多,语气舒缓,可以再分小段,于是有所谓句式。如上文所举之例,七字为一句,而又可分为上四下三或上三下四两小段,即此意也。

句式之大别,可分为二,曰单与双。五字、七字者,单式也;四字、六字者,双式也。单式句,其声"健捷激袅";双式句,其声"平稳舒徐",吾侪读《楚辞》与《诗经》,觉其音节韵味迥然不同,即缘《楚辞》单式句多,而《诗经》双式句多之故。例如:

入不言兮出不辞,乘回风兮载云旗。悲莫悲兮生别离,乐莫乐兮新相知。《楚辞·九歌》。皆七字句,单式;如去掉兮字,则为两个三字句,仍为单式。

关关雎鸠,在河之洲;窈窕淑女,君子好逑。《诗经·关雎》。皆四字句,双式。

《诗》、《骚》如此,词曲亦然。例如:

平戎策,从军什,零落尽,慵收拾。刘克庄〔满江红〕。皆三字句,单式。

但、凄凉顾影,频悲往事,殷勤对佛,欲问前因。辛弃疾〔沁园春〕。皆四字句,双式;但字是"领调字",照例不算数。

和风闹燕莺,丽日明桃杏。长江一线平,暮雨千山静。刘致〔雁儿落〕。皆五字句,单式。

霸业成空,遗恨无穷,蜀道寒云,渭水秋风。查德卿〔折桂令〕。皆四字句,双式。

不仅《诗》、《骚》词曲,他如参差错落之散文,整齐平衡之骈文,莫不如此。单式句读之有跳动之立体感,双式句有舒展之平面感,是为中国一切文体之共同情形,但曲之音乐性特强,句式之必分单双更为必要耳。

既知何谓单双,再谈句之分段。一二三字之短句无须分段,亦不能再分,前已言之。四五六七字句则均须分段,以调节语气之轻重疾徐。而句式之究竟为单为双,即视其下段所含之字数为定。

盖无论诗词曲,两句为一联者,其音节之重点恒在下句,两段或三段为一句者,音节之重点恒在下段故也。兹举例说明如下。

四字双式:分两段(二、二。)

　　翠羽、摇风。淡月、疏篁。俱贯云石〔折桂令〕。

　　右两句下段二字,双数;故为双式。

四字单式:分两段(一、三。)

　　揾、英雄泪。系、斜阳缆。俱辛弃疾〔水龙吟〕。

　　右两句下段三字,单数;故全句之字数虽双,而应属单式。

五字单式:分两段(二、三。)

　　殷勤、红叶诗。冷淡、黄花市。乔梦符〔雁儿落〕。

　　右两句下段三字,单数;故为单式。

五字双式:分两段(三、二。一、四。)

　　对人娇、杏花。扑人飞、柳花。白朴〔庆东原〕。

　　建、中兴庙宇。载、青史图书。周德清〔满庭芳〕。

　　右四句,其下段或为二字,或为四字,均是双数;故全句之字数虽单,而应属双式。以下六字、七字,均仿此,不再解释。此式,予撰《北曲新谱》定名为五乙。解说见下。

六字双式:分两段或三段(四、二。二、四。二、二、二。)

　　客坐松根、看水。鹤来庭下、观棋。张可久〔沉醉东风〕。

　　雨过、分畦种瓜。旱时、引水浇麻。卢疏齐〔沉醉东风〕。

　　蔬圃、莲池、药栏。石田、茅屋、柴关。张养浩〔沉醉东风〕。

六字单式:分两段(三、三。)

　　长醉后、妨何碍。不醒时、有甚思。白仁甫〔寄生草〕。

　　此式旧名六字折腰句,谓自中部平分也;予撰《北曲新谱》定名为六乙句,因六之数目本为双,故双式为六字句之正格,此单式则

862

其双格也。上文所谓五乙,下文所谓七乙,均同此意。四字句单式,曲中用者极少,故未立四乙之名。

七字单式:分两段或三段(四、三。二、二、三。二、五。)

　　秋风远塞、皂雕旗。明月高台、金凤杯。张可久〔水仙子〕。

　　朝吟、暮醉、两相宜。花落、花开、总不知。孙周卿〔水仙子〕。

　　酩淹、千古兴亡事。麴埋、万丈虹霓志。白仁甫〔寄生草〕。

上二下五之七字句,上段太短,下段太长,故一般习惯均读为上四下三。其第二字为仄声者,尤须读为四、三,因仄声短促,更为停顿不住也。例如杜甫《秋兴》之"请看石上藤萝月,已映洲前芦荻花",上句读为二、五,尚属无妨,下句读二、五,则甚不美德,必读四、三,始觉其声响流利自然,即因"映"字仄声之故。

七字双式:分两段(三、四。)

　　楚天秋、万顷烟霞。丘士元〔折桂令〕。

　　占清高、总是虚名。钟嗣成〔水仙子〕。

　　此式,《北曲新谱》定名为七乙。

至此,读者于句式之单双及分段与句式之关系,当已完全明了。而单式、双式二者声响之不同,或为健捷激袅,或为平稳舒徐,如前文所述者,尤须辨认清楚。诗中五言、七言皆用单式,古风拗句偶可通融或故意出奇,近体如用双式即为失律。词曲诸调如仅照全句字数填写而单双互误,则一句有失而通篇音节全乱。前引《曲律易知》所云:"句式尤为重要,如上三下四万勿作上四下三,上四下三者万勿作上三下四。"即此意也。

音节为词曲之生命,而句式与音节之关系又如此密切。是以,作曲时使用衬字,读曲时辨识衬字,其主要原则为:"认清句式,确守单双,不使之因加衬而有所改变。"欲维持此项原则,其细节如下。

一、衬字乃供转折、联续、形容、辅佐之用，故凡句中表示主要意义之字，无论其为名词或动词，均须置于正字部分，不宜用为衬字。名词尤不可用，因其最易破坏句式，前人常云衬字要用虚字，勿用实字，即是此意。

二、杂剧中诸曲，衬字或多用或少用，可酌量为之。散套尤其小令，则衬字愈少愈好。周德清《作词十法》以无衬字者为佳曲，即专指小令而言。因小令之体裁作用与词相近，词中用衬字者固绝少也。

三、衬字须尽量用仄声，少用平声。无论诵读、歌唱，衬字皆要轻快带过。仄声较短促，与此适合，平声则平稳悠长，恰得其反。

四、衬字只能加于句首及句中。句首衬字，冠于全句之首，如水桶之提梁；句中衬字须加于句子分段之处，如庖丁解牛，在关节缝隙处下刀。前引《螾庐曲谈》云："句末三字之内不可妄加衬字。"即因此三字为一整段，不能分开。

五、句尾不可加衬。仅〔哪吒令〕第一三五等三句偶有加句尾衬字者。例如：《丽春堂》杂剧之〔哪吒令〕，其首六句云："俺如今要取讨呵。有普察副统。要辨真呵。有得满具中。要作准呵。有完颜内奉。"第一三五等三句句尾均衬"呵"字。

六、句首衬字，其作用常有时贯穿以下诸句。如前条所引《丽春堂》〔哪吒令〕之"俺如今"三字，即贯穿数句。

七、一字、二字、三字之短句，无从分段，故不能加衬，但可以增字。详见后文增字原则第一二三四五诸条。

八、每处所加衬字以三个为度。所谓"衬不过三"，虽为南曲说法，实亦适用于北曲。一句之中所加衬字之总数，则可多于三个，但须分布各处。例如前引《西厢记》〔叨叨令〕曲:"见安排着车儿马儿不由人熬熬煎煎的气。"衬字至十个之多,然集中一处者仅"不由人"三字,其余或一字或两字,零星分布。(马儿之"儿"字属上读,与"不由人"不算集中一处。)

九、旧说多含糊笼统,以为南曲不可多加衬字,北曲可以多加。实则北曲牌调有可多加衬字者,如〔正宫·叨叨令〕、〔仙吕·油葫芦〕;有衬字愈少愈好者,如〔仙吕·点绛唇〕、〔黄钟·侍香金童〕等。下列三种牌调均不宜多加衬字:套数首曲用者、散套专用者、小令专用者。

十、一调之中,某句可多加衬字,某句不可,均有一定。例如〔仙吕·金盏儿〕,第三四两句均为七字,第四句可多加衬,第三句则否。《薛仁贵》杂剧此曲云:"这的是功劳簿上无差误。射不着罢官也那卸职、射着的玉带上挂金鱼。"第三句只衬"这的是"三字,第四句则共衬十一字。此为板式关系,即前人所谓"板式繁密处可加衬,板式疏落处不可加衬"。

十一、加衬字不仅须保持原句句式,且须保持全调句数。如前引《西厢记》〔油葫芦〕曲:"雪浪拍长空、天际秋云卷。竹索缆浮桥、水上苍龙偃。"本是两个七字句,加衬以后竟变成四个五字句。仅极少数牌调有此情形,故《北词广正谱》于〔油葫芦〕调下特加说明。

十二、有时一曲之中有甚多毫无意义甚至文理不通之衬字,乃伶人歌唱时之"记音字",与普通所谓衬字并非一事。王季烈《论脉望馆钞本杂剧》云:"此书亦为明代伶工传习之钞本,而多叠床架屋不可通之衬字,以与有刻本者(如《锁魔镜》及与《元曲选》重复之各本)相较,则刻本固文从字顺,其衬字远比钞本为少。乃知钞本中不可通之衬字系皆伶人妄增,以字代腔,使便记忆,非撰曲时所本有也。"骞按:刻本杂剧有时亦有此种衬字,但较不常见。

学者如能执此十二条规律,取元人作品循普通吟诵诗词之天然声调,熟读玩味,句式既明,再进而求之乐律,明悉各调之板式。则无论吟诵写作,由衬字生出之难题大体可迎刃而解矣。

第三节 论增字

如上所述,衬字既为专供转折、联续、形容、辅佐用之"虚字",似应容易看出。但常有时全句浑然一体,字数虽较本格应有者为多,而诸字势均力敌,铢两悉称,甚难从语气上或文法上辨识其孰为正孰为衬。前人每云北曲正衬难分,即谓此种情形。细推其故,实因正字衬字之外,尚有予所谓增字。从前皆以增衬二者并为一谈,衬字之性质作用遂致混淆;于是强为分别,治丝愈棼矣。

北曲板式活动,句之长度亦随之而生弹性,字数可以酌为增减,此乃北曲与南曲不同之处。南曲只能稍加一二衬字,句之本身并无弹性,故其字数亦无所谓增减。北曲减字情形极为少见,不过"六字双式可减为四字","七字单式可减为六乙"等两三种减法,其影响甚少,可置不论。故本节专讲增字。此名词为予所创立,试为下一定义,即"依照句子弹性之幅度而增加之衬字"也。故前人皆以增字与衬字并为一谈;亦可谓增字为衬字之一种;予之所以创立此一名词,不过为叙述便利而已。惟其与句子弹性之幅度相合,故可与正字分庭抗礼,同占句中主要地位,不似纯粹衬字之仅居次要。此其所以似衬似正,难于分析也。

增字既须合于句子弹性之幅度,故必有一定之规律作为标准,否则随意增加,"泛滥成灾",终致全调大乱矣。予遍读元人散曲、杂剧,比较归纳,定出增句原则十二条,下文即将详细列出,今先举两例以为说明。其一,〔正宫·端正好〕首两句,本格皆只三字,前文所引《扬州梦》杂剧云:"衫袖湿、酒痕香。帽檐侧、花枝重。"则为两个六乙,又似四个三字,其中当然有衬字。但衫袖湿与酒痕香,帽檐侧与花枝重,皆是浑然一体,不能分开,自无法定其孰为正孰为衬。然吾辈诵读北曲既久,即可发现一条原则:"三字句可再增三字变为六乙。"上述两句恰合此例,于是问题解决,衫袖湿、帽檐侧六字既非正,亦非衬,而是增字。其二,〔仙吕·油葫芦〕第三句,本格为七字,前文所引《西厢记》第一折,此句为"这河、带齐梁、分秦晋、隘幽燕"十一字,这河二字是衬,一望而知;一般均认为带、分二字亦是衬,即有问题。此句除这河二字外,其余九字平分三段,鼎足而立,带、分、隘三字之性质作用完全相同,难为轩轾,何以只认带、分二字为衬?如谓为音节格律关系,则只能解决问题之一半;实则带分二字亦是增而非衬,因此又可发现一条原则:"七字句可加两字变为九字,但须平分三段。"

综上所述,增字与衬字之区别大致已可了然。加衬字固有规律,但并非绝对严格,增字则必须遵照原则。今举其重要者十二条,附以实例,详列于后。如仅将可作实例之单句举出,自较简明,但不读全曲不易体会出文义及音节;故下文选出六调,每调各选三曲。第一曲为全依本格无衬无增之作品,余两曲则为有衬有增可作实例者,所有原则十二条,全部包括在内,引号内者为例句,句上所示号码,即原则之号码。

增字原则十二条:

1. 一字句增两字变为三字。见后〔阅金经〕第二曲及第三曲之第四句。

2. 二字句再增两字变为四字,上二下二。〔朝天子〕第二曲首两句。此式用者较少。

3. 二字句增三字变为五乙,上三下二。〔朝天子〕第三曲九十两句。

4. 三字句增两字变为五字,上二下三。〔寄生草〕第二曲首两句,〔沉醉东风〕第三曲三四两句。

5. 三字句再增三字变为六乙,上三下三。〔寄生草〕第三曲首两句,〔沉醉东风〕第二曲三四两句。

6. 四字句增一字变为五乙,上三下二或上一下四。〔醉太平〕第二曲、第三曲首两句,第三曲末句。

7. 四字句增三字变为七乙,上三下四。〔赏花时〕第二曲、第三曲第四句。

8. 五字句增一字变为六乙,上三下三。〔朝天子〕第二曲第三句第八句,第三曲第三句,〔赏花时〕第二曲、第三曲第三句。

9. 五字句增三字变为八字,上三下五。〔赏花时〕第二曲、第三曲末句。此式用者较少。

10. 六字句增一字变为七乙,上三下四。〔沉醉东风〕第二曲、第三曲首两句。

11. 七字句增一字变为八字,上三下五。〔醉太平〕第三曲第五六七等三句。

12. 七字句增两字变为九字,平分三段。〔寄生草〕第三曲第三四五等三句。

实例十二首(旁加点者衬字,括弧内者增字):

阅金经一　　张可久

杨柳沙头树。琵琶江上舟。雁去衡阳水自流。愁。玉人休倚楼。黄花瘦。晓霜红叶秋。

阅金经二　　张可久

若耶溪边路。四山环翠微。春去人间总不知。1."(莺乱)啼。"满川烟树迷。先生醉。葛洪丹井西。

阅金经三　　卢挚

梦中邯郸道。又来走这遭。须不是山人索价高。1."(时自)嘲"虚名无处逃。谁惊觉。晓霜侵鬓毛。

朝天子一　　张可久

瘿杯。玉醅。梦冷芦花被。风清月白总相宜。乐在其中矣。寿过颜回。饱似伯夷。闲如越范蠡。问谁。是非。且向西湖醉。

朝天子二　　张可久

2."(瓜田)、邵平。"2."(草堂)、杜陵。"8."五柳(庄)、彭泽令。"牵牛篱落掩柴荆。犬吠林塘静。树顶蟾明。水面风生。8."(听)渔歌、三四声。"小亭。野景。动著我莼鲈兴。

朝天子三　　张养浩

挂冠。弃官。8."(偷)走下、连云栈。"湖山佳处屋两间。

掩映垂杨岸。满地白云。东风吹散。却遮了一半山。3."(严子陵)、钓滩。"3."(韩元帅)、将坛。"那一个无忧患。

寄生草一　　无名氏

枯荷底。宿鹭丝。玉簪香惹蝴蝶翅。长空雁写斜行字。御沟红叶题传示。东篱陶令酒初醒。西风了却黄花事。

寄生草二　　白朴《墙头马上》

4."(榆散)、青钱乱。"4."(梅攒)、翠叶肥。"轻轻风趁蝴蝶队。霏霏雨过蜻蜓戏。融融沙暖鸳鸯睡。落红踏践马蹄尘。残花酝酿蜂儿蜜。

寄生草三　　无名氏

5."(问甚么)、虚名利。"5."(管甚么)、闲是非。"12."想着他(击)珊瑚、列)锦帐、石崇势。"12."则不如(卸)罗衫、(纳)象简、张良退。"12."学取他(枕)清风、(铺)明月、陈抟睡。"看了那吴山青似越山青。不如今朝醉了明朝醉。

沉醉风东一　　任　昱

有时江山信美。无情岁月相催。东里来。西邻醉。听渔樵,讲些兴废。依旧中原一布衣。更休想,麒麟画里。

沉醉东风二　　张养浩

10."(郭)子仪、功威吐蕃。"10."(李)太白、书骇南蛮。"5."(房玄龄)、经济才。"5."(尉敬德)、英雄汉。"魏征般,敢言直谏。

这的每都不满高人一笑看。因此上,功名意懒。

沉醉东风三　　卢挚

10."(挂)绝壁、枯松倒倚。"10."(落)残霞、孤鹜齐飞。"4."(四围)、不尽山。"4."(一望)、无穷水。"散西风,满天秋意。夜静云帆月影低。载我在,潇湘画里。

醉太平一　　张可久

黄庭小楷。白苧新裁。一篇闲赋写秋怀。上越王古台。半天虹雨残云载。几家渔网斜阳晒。孤村酒市野花开。长吟去来。

醉太平二　　张可久

6."(裹)、白云纸袄。"6."(挂)、翠竹麻条。"一壶村酒话渔樵。望蓬莱缥缈。涨葡萄青溪春水流仙棹。靠团标空岩夜雪迷丹灶。碎芭蕉小庭秋树乡风涛。先生醉了。

涨葡萄、靠团标、碎芭蕉等三组衬字协韵,乃偶然弄笔,与格律无关。

醉太平三　　张可久

6."(洗)荷花、过雨。"6."(浴)明月、平湖。"暮云楼观景模胡。兰舟棹举。11."(泝)凉波、似泛银河去。"11."(对)清风、不放金杯住。"11."(上)雕鞍、谁记玉人扶。"6."(听)、新声乐府。"

兰舟句本格五字,上一下四,此减去上一字,是为减字之例。

    赏花时一   杨果

  秋水粼粼古岸苍。萧索疏篱偎短冈。山色日微茫。黄花绽也。妆点马啼香。

    赏花时二   石君宝《曲江池》

  赴选皇都将俺学业酬。正是男儿得志秋。8."(题)金榜、占鳌头。"7."这(万言策)、须当应口。"9."直著那(状元名)、喧满凤凰楼。"

    赏花时三   马致远《汉宫秋》

  四海平安绝士马。五谷丰登没战伐。8."寡人待(刷)室女、选宫娃。"7."你(避不的)、驱驰困乏。"9."看(那一个)、合属俺帝王家。"

  一句之中,可以增衬兼有,右所举者皆为增字作例,故尽量选取衬字不多之作品,以清眉目,小令遂居多数。学者可将此原则十二条、实例十八首,多读若干遍务求纯熟。然后以此法推广及于各个常用牌调,每调多觅实例,须包括小令、杂剧二者,小令观其谨严,即增衬字少。杂剧观其变化,即增衬字多。是为诵读及写作北曲之入门捷径,明体辨格,全在于此。

  此外尚有须说明者数事。其一,分别衬字与增字,不能只看字数,更重要者为较本格多出之字之性质作用。例如前引卢挚〔阅金经〕之"须不是山人索价高",张养浩〔朝天子〕之"却遮了一半山",骤视之似合于"七字增一字变为八字上三下五","五字增一字变为六乙"之原则;但上句多出之"须"字,下句多出之"了"字,其性质为可有可无之虚字,在句中作用甚小,故只能视为衬字,不能视为增字。其二,句式与腔调节拍大有关系,前文已屡言之,故字数可增而句式不能变。例如三字句可增为五字,而不能增为四字,五字句可增为六乙,而不能增为六字。因三增为五,五增为六乙,仍为单式,若增为四字、六字,则成为双式,与原句式不合。其三,北曲并非各调每句皆可增字,有时因调而异。例如〔正宫·醉太平〕调中之四字句均可增字,〔越调·斗鹌鹑〕中之四字句增字者极少见。有时因句而异。例如〔仙吕·油葫芦〕第一第三第四第五等句,同样均为七字,但作者于第一句大都恪守本格不增不减,第三四五等句则增字甚多,观前引《西厢记》"九曲风涛何处显"曲可见。此为腔板关系,各调各句,腔板既异,作法当然不同。其四,明清曲籍有三种印法。第一,衬字用小字,增、正均用大字。第二,衬、增均用小字,正字用大字。第三,不分正、增、衬,一样大小。予以为第一种印法最佳。因增字与正字在句中之分量大致相等,难分轩轾,自应同样大小;衬字则纯属附带陪衬,自应较小。第三种亦可,因格律熟者自能分析正衬,无需以字之大小为提示。第二种必致将完整曲文弄得忽大忽小,支离破碎,最为不便。至于本篇,增字外加括弧,则为解说便利易于辨识起见,刊印曲籍当然不能如此。

综合本文全篇,结论如下:

正、增、衬三者皆是曲文之一部分,在文义上原不必分,但为明辨格律以为诵读写作之标准,仍有分别认明之必要。论其定义,则本格所必有者为正字,较本格多出之字合于上述十二原则而语气文义重要者为增字,其不合增字原则,或虽合而语气文义较轻,甚至可有可无者,皆是衬字。而欲求分别三者,明确清晰,则惟有取同调作品多首,比较对照,熟读深思,舍此别无途径也。

附记:1950年,予曾撰有《北曲格式的变化》一文,载于当年出版之《大陆杂志》一卷七期,距今二十三年矣。右文与彼篇题旨相同,而范围扩大,叙述加详,资料与方法增改颇多,似更有助于初学者对此一问题之了解,且可供专家参考;爰在本刊发表,以就正于同好之士。1973年春日,郑骞附记。

西厢记作者新考 附《西厢》版本汇录

前言

张君瑞与崔莺莺的故事,从元稹的《会真记》开始,流行于各阶层社会中已逾千年,家喻户晓。搬演这个故事的剧本《西厢记》则是一部最著名的杂剧,在明朝时甚至被称为《春秋》[①],明清两代此剧的覆刻覆印即有八九十种,见本文所附"版本汇录",流传之广可

---

① 明人单宇《菊坡丛话》云:"《西厢记》人称为《春秋》。或云,曲止有春秋而无冬夏,故名。"李开先《词谑》云:"《西厢记》谓之《春秋》,以会合以春,别离以秋云耳。或者以为《春秋》经笔法之严者,妄也。"虽有此三种不同解释,《西厢》之被称为《春秋》则是一样的。又有无名氏撰〔越调·小桃红〕曲一百首,咏张生莺莺事,名为《摘翠百咏小春秋》,见《雍熙乐府》卷十九。《词谑》记有《西厢》称《春秋》之笑话两条,附录于下。

尹大学士直兴中,望见书铺标帖有《崔氏春秋》,笑曰:"吾止知《吕氏春秋》,乃知崔氏亦有《春秋》乎"!亟买一册,至家读之,始知为崔氏莺莺事。

一贡士过关,把关指挥止之曰:"据汝举止,不似读书人。"因问治何经,答以《春秋》;复问《春秋》首句,答以"春王正月"。指挥骂曰:"《春秋》首句乃'游艺中原',尚然不知,果是诈伪要冒渡关津者。"责十下而遣之。贡士泣诉于巡抚台下。追摄指挥数之曰:"奈何轻辱贡士?"令军牢拖泛责打。指挥不肯输伏,团转求免。巡抚笑曰:"脚根无线如蓬转。"又仰首声冤。巡抚又笑曰:"望眼连天。"知不可免,请问责数。曰:"'先受了雪窗萤火二十年',须痛责二十。"责已,指挥出而谢天地曰:"幸哉!若是'云路鹏程九万里',性命合休矣。"

以想见。但是这部名剧的作者究竟是谁？却成为中国戏剧史上的问题。元朝时还比较简单，元末钟嗣成的《录鬼簿》，在王实甫名下著录"崔莺莺待月西厢记"①，此外并无异说。入明以后便众说纷纭，没有定论。有人说王实甫作；有人说关汉卿作；或云王作前四本关续第五本；或云关作前四本王续第五本。从明朝后期到现代，又逐渐趋于简化，而成为王作与王作关续两说并立之局，或称"王实甫西厢"，或称"王关西厢"；关作及关作王续两说，已无人提起了。

如上所说，问题本似已竟解决，而我个人却有一个新的假设：我以为《录鬼簿》王实甫名下著录的《西厢记》，亦即王作原本，久已失传，从明朝到现代流行的《西厢》，其作者既非王实甫，更非关汉卿，而是元末明初的一个失名作家，但其中可能有若干部分因袭实甫原作。这个假设，在戏剧史上说是新的，在我个人却并不新，我有此想法已逾三十年，偶然也曾对朋友或学生简单谈起，只是因循散漫，又不能十分自信，始终没有把它写出。最近感觉到既有此意见，不管对与不对，总应该发表出来供戏剧学者讨论，所以决心写这篇《西厢记作者新考》。内容分为两部：第一章胪列各种旧说，酌加按语；第二章举出六项理由，作为我这个假想的论据。

在没有进入本题之前，先要说明我撰写本篇所根据的版本。《西厢》版本虽多，实是大同小异，通行而重要的则有五种。

一、弘治十一年戊午金台岳家刻本（弘治本）

二、万历早期刘龙田刻本（刘龙田本）

---

① 通行诸本《录鬼簿》如此。明天一阁钞本著录简名"西厢记"，其下注题目正名云"郑太君（原误作太后）开宴北堂春、张君瑞待月西厢记"。

三、万历四十二年甲寅王骥德校注本（王伯良本，又称香雪居本）

四、天启间凌濛初校刻本（凌本，又称即空观本）

五、顺治间金圣叹评本（六才子本）

弘治本是现存最早的版本，也就最接近《西厢记》本来面目，刘龙田本虽稍晚出，但是没有后人改动的痕迹，与弘治本小有歧异却属于同一系统。王伯良、凌濛初、金圣叹三本彼此差别虽多，性质则属相同，都是经过批校评注者亦即王、凌、金三人改动的。王、凌两本改动较少；金本改动较多，也最为谬妄，不幸的是此本最为通行，清初以后，一般人所读都是此本，直到民国，各种明代旧本才逐渐流通于世。我们讨论《西厢》作者，当然要根据时代较早而接近原作未经改动的版本，所以我用的是弘治及刘龙田本，而以其余三本为参考。弘治本现有台湾世界书局影印，很易得；刘龙田本也有影印，我去年曾由美国带回全部照片。

第一章　有关《西厢记》作者的各种旧说

　　元代杂剧在当时的地位不过等于现在的流行小说、戏词、唱本，并非圣经贤传。所以，其剧本都是辗转传钞；偶有印本，其刻工、字体、印刷、纸张，都很拙劣草率，而且都没有作者的名字。现存的元代刊印本杂剧，虽只有《元刊杂剧三十种》，已可看出上述情形。刊本既无姓名，钞本又不可见，要考定各剧的作者，除去元钟嗣成的《录鬼簿》及明宁献王朱权的《太和正音谱》之外，别无依据。因此，若干杂剧的作者往往成为问题。我旧作《元剧作者质疑》（收入《景午丛编》上集）即曾考订有问题者十八种。上文已说过，

下 编

《西厢》的作者即有四种说法：王作、关作、王作关续、关作王续。本章主旨即在胪列此四种说法的来源，及前人或我个人对于他们的解释或评论。辑录资料限于元明，清人讨论此问题者不多，而且都是沿袭旧说，并无新义，所以从略。只把清初金圣叹、毛西河两家之说附在后面。①

一、认为王实甫作者 共六条

钟嗣成《录鬼簿》王实甫名下著录有《西厢记》。

两种《录鬼簿》，通行刊本与天一阁钞本，都有此著录而正名文字小异，见前言及注二*。这是元代有关《西厢》作者的惟一记录。以下低两格印者是我所作的按语。

明宁献王朱权《太和正音谱》附群英所编杂剧，王实甫名下著录有《西厢记》。

何良俊《四友斋杂说》：近代人杂剧以王实甫之《西厢记》、戏文以高则诚之《琵琶记》为绝唱。以下引录诸书，照钞原文者，都不加引号。

同书又云：王实甫才情富丽，真词家之雄。但《西厢》首尾五卷，曲二十一套，始终不出一情字，亦何怪其意之重复，语之芜类耶。今乃知元人杂剧止是四折，未为无见。

王世贞《王氏曲藻》：《新曲苑》本，即《艺苑卮言》之论曲部分。今世所

---

① 三十多年前上海出版的《逸经杂志》，有魏复乾及退翁等人讨论《西厢》作者的几篇文章，在台湾找不到。不过我确记得其内容不出上述四种说法，又添上些传说之辞，如王实甫写到"碧云天黄花地"曲就累死了，以及关汉卿曾经给乡人托梦说《西厢》是他作的，诸如此类的齐东野语。等有机会能找到这些文章，再为补述。

* 见本版第876页注①。——编者注

演者,《北西厢记》出王实甫,《马丹阳度任风子》出马致远。余从略。

《曲藻》另一条又主张王作关续之说,见下,可知王氏对此并无定见。

凌濛初即空观本《西厢记》凡例:《北西厢》相沿以为王实甫撰,《太和正音谱》于王实甫名下首载之。

凌氏主张王作关续,见后王作关续项下所引凡例另一条;右所云云,乃是引录旧说,并非凌氏个人意见。

二、认为关汉卿作者 共五条

王世贞《王氏曲藻》:《西厢》久传为关汉卿撰。……

此亦是引录旧说,王氏之意倾向王作关续,详见后王作关续项下所引《曲藻》此条全文。

明人咏《西厢》散套〔煞尾〕曲云:董解元古词章,关汉卿新腔韵,参订《西厢》的本。晚进王生多议论,把围棋增。

右曲全套未见,今据凌濛初即空观本《西厢记》凡例转引。凌氏云此曲是元朝人作,并没有证据;相反的,元人作曲都严格遵守中原音韵,此曲庚青与真文并用,元人无此押韵之法,所以我定为明人作品。晚近王生显然是另一人而不是王实甫,他所作的一折"围棋闯局",见于弘治本及即空观本附录,情节既属多余,笔墨也与全剧不类。右曲所谓"把围棋增",与关作王续之说没有关系;凌濛初与毛西河把他们混为一谈,是错误的。毛说见后。

刘丽华《西厢记题辞》:董解元、关汉卿辈,尽取其事为《西厢》传奇。

此题辞全文见于王伯良校注本《西厢记》附录。伯良有附注云:"按:刘丽华字桂红,金陵富乐院妓也。刘有口传古本《西厢记》,此其题辞。"她说到董解元、关汉卿,而不提王实甫,可知是主张关作之说。我颇怀疑这篇题辞是文人假托的,所谓口传古本《西厢记》,未必确有,姑取其说而已。

张羽《古本董解元西厢记序》:《西厢记》者,金董解元所著也。辞最古雅,为后世北曲之祖,迨元关汉卿、王实甫诸名家者,莫不宗焉。……关氏春秋,世所故有,余既校而刻之矣。而董记号为最古,尤不可少者。

张羽校刻的《古本董西厢》,现在已有影印,张序原文很长,节录与本题有关者如右。序文先说"关汉卿、王实甫诸名家者,莫不宗焉。"后边又单称《西厢》为"关氏春秋"而不及实甫,乍看似是自相矛盾,其实不然。"莫不宗焉"承上文"为后世北曲之祖"而来,他的意思是说关、王及其他元曲名家都宗法董解元而作北曲,并不是说关、王两人都宗之而作《西厢记》。从"关氏春秋"这个名词,可知他是主张关作之说的。明人称《西厢》为《春秋》,见前言及注一*。

黄嘉惠《董解元西厢引》:乐府自南词兴而北曲遂辍。北曲惟《西厢》独传,今仍以南词著。梨园不复知有关汉卿,奚问汉卿所从出。

黄嘉惠刻《董西厢》,现有传本,但极不易得。他所谓"仍以南词著",指明代李日华、陆天池等人的《南西厢》,所谓"汉卿所从出",是指《董西厢》。他只称汉卿而不提实甫,可知亦是主

---

* 见本版第875页注①。——编者注

张关作。

总观以上五条：王世贞是嘉靖时人，他说"《西厢》'久'传为关汉卿撰。"刘丽华题辞署嘉靖辛丑（二十年）。张羽《董西厢序》署嘉靖丁巳（三十六年）。咏《西厢》散曲时代未详，可能很早。只有黄嘉惠《董西厢引》晚出，此引虽无年月，却曾提到天启间闵刻朱蓝套印本《董西厢》而自称"迩得苕上善本"，可知在天启之世。据此五条的时代，可以大致断定，关作之说只盛行于嘉靖以前。

三、认为王实甫作关汉卿续者 共六条

蒋一葵《尧山堂外纪》：《西厢》是王实甫撰，至草桥惊梦而止，此后乃关汉卿足成者。

王世贞《王氏曲藻》：《西厢》久传为关汉卿撰，迩来乃有以为王实夫同甫者；谓至邮亭梦而止，又云至"碧云天黄花地"而止，此后乃汉卿所续也。初以为好事者传之妄；及阅《太和正音谱》，王实夫十三本以《西厢》为首，汉卿六十一本 原作六十一首，今改定。不载《西厢》，则亦可据。

徐复祚《三家村老曲谈》：《新曲苑》本，即徐著《三家村老委谈》及《花当阁丛谈》两书中之论曲部分。马东篱、张小山自应首冠，而王实甫之《西厢》直欲超而上之。盖诸公所作，止于四折，而《西厢》则十六折，多寡不同，骨力更陡，此其所以胜也。……《西厢》后四出定为关汉卿所补，其笔力迥出二手。且雅语、俗语、措大语、白撰语，层见叠出。至于马户尸巾云云，则真马户尸巾矣。且《西厢》之妙，正在于草桥一梦，似假疑真，乍离乍合，情尽而意无穷；何必金榜题名，洞房花烛，而后乃愉快也。

金圣叹批《西厢》，痛斥后四折，人或以为创见，其实徐氏已先发之。明人有时称一折为一出或一齣。

胡应麟《庄岳委谈》：《少室山房笔丛》之一。今王实甫《西厢记》为传奇冠。北人以并司马子长，固可笑；不妨作词曲中思王太白也。关汉卿自有《城南柳》、《绯衣梦》、《窦娥冤》诸杂剧，声调绝与郑恒问答语类；邮亭梦后或当是其所补。虽字字本色，藻丽神俊，大不及王；然元世习尚颇殊，所推关下即郑，何元朗亟称第一。今《倩女离魂》四折，大概与关出入，岂元人以此当行耶？要之，公论百年后定，若顾陆之画耳。

金圣叹以《史记》及《西厢》各居六才子之一，向来多许为创见，实则是明代北方人论调。《城南柳》非关汉卿作，胡氏误记。杂剧分四折之折，明人偶写作摺。

王骥德《校注古本西厢记例言》：元剧体必四折。此记作五大折，以事实浩繁，故创体为之，实南戏之祖。旧传实甫作至草桥梦止，直是四折，按：此谓四大折。汉卿之补，自不可阙。

王氏所谓大折，即杂剧合四折为一本之本，五大折即五本之意。我认为《西厢记》体裁，实受南戏影响，并非南戏之祖，王氏之言，倒因为果。

凌濛初《即空观本西厢记凡例》：徐士范重刻西厢则云，"人皆以为关汉卿，而不知有实甫。盖自草桥惊梦以前，作于实甫，而其后则汉卿续成之者。"更又不知何据。……但细味实甫别本如《丽春堂》、《芙蓉亭》，颇与前四本气韵相似，大约都冶纤丽。至汉卿诸本，则老笔纷披，时见本色，此第五本亦然，与前自是二手。俗眸见其稍质，便谓续本不及前，此不知观曲者也。兹从周本，以前四本属王，后一本属关。

周本即凌氏所谓"周宪王本",这是凌氏假托的,实则并无其书,近人郑西谛在《西厢记的本来面目是怎样的》文中考辨甚详。凌氏所谓"徐士范重刻西厢",现在亦未见传本。

右列诸条,蒋一葵是明代前期人,王世贞、胡应麟是中叶人,凌濛初的时代是天启、崇祯。可知王作关续之说在明朝始终流行,较其他三说为盛。

四、认为关汉卿作王实甫续者_{共三条}

都穆《南濠诗话》:近时北词以《西厢记》为首,俗传作于关汉卿,或以为汉卿不尽其词,王实甫足之。余阅《点鬼簿》,乃王实甫作,非汉卿也。按:《录鬼簿》亦称《点鬼簿》。

这一段包含三种说法:关作、关作王续、王作。今虽录全文,实只取关作王续一说,其余两说,并无新义,所以不再分录于各该项下。

明人《西厢十咏》〔满庭芳〕曲第九首:多才汉卿,广收故事,洞晓新声。移宫换羽真堪听,义理兼明。一句句,包含着媚景,一篇篇,酝酿出深情。无疵病,不俗易省,万载播芳名。第十首:聪明实甫,胸藏锦绣,口吐玑珠。清新乐府真无数,压尽其余。翻腾就,尤云带雨,显豁出,寄束传书。多佳趣,超今越古,堪与后人述。

此两曲语意含混不清,只说关、王两人都作《西厢记》,没有说谁先谁后,但就其排列次序看来,应是主张关作王续。

明人《西厢十咏》〔满庭芳〕曲(又一作者)第九首:汉卿不高,不明性理,专弄风骚。平地里褒贬出村和俏,卖弄你才学。瞒天谎、说来不小,拔舌罪、死后难饶。著人道,虚空架桥,枉自笔如刀。第十首:王家好忙,沽名吊钓誉,续短添长。别人肉贴在你腮颊上,卖狗悬羊。既没有、朱文公肚肠,又没有、程夫子行藏。忒狂荡,用心一场,上不的庙和堂。

此两首关作王续之意较为明显。以上〔满庭芳〕四首见《雍熙乐府》卷十九。

五、本章总论

右面所引四项二十条,可以归纳为下列四点。第一,《西厢》为王实甫作之说,见于最早记录,即元代的《录鬼簿》及明初的《太和正音谱》。第二,明代前期,有关汉卿作《西厢》之说,且似驾王作之说而上之。第三,王作前四本关续第五本之说,在明代流行最广且久,其主要论据是第五本与前四本笔墨不同。前四本藻丽,后一本质朴。有人认为后一本远逊于前四本,见前徐复祚说。有人认为各有千秋。见前凌濛初说。第四,关汉卿作王实甫续之说最不通行,持此说者只有都穆《南濠诗话》和那四首语意并不太明确的〔满庭芳〕。〔满庭芳〕《西厢十咏》见于《雍熙乐府》之外,又见于弘治本《西厢记》,都穆卒于嘉靖四年,见《国朝献征录》等书,此说之起至晚当在成化年间。我以为此说只是王作关续的颠倒讹传,最不足信。

在这二十条文字资料之外,还要看一看实际刊本的题名。现在所见到的明刻本《西厢记》,或者根本没有题署作者姓名,或题王实甫撰,或题王实甫撰关汉卿续,没有一本题关汉卿撰或关撰王续。这种情形容易解释。因为现存明刻诸本,除弘治本未题作者姓名外,其余都是万历以后刊行;在此时期,关汉卿撰《西厢记》之说已成过去,此说只流行于嘉靖以前,已见上文;关作王续之说始终未能正式成立；盛行于世者只有王作及王作关续两说，刊本题名也就不出此二者。到现代，有些人虽然承认王作关续，而毕竟王作部分多关续部分少，为了简单省事，无论写文章或谈话，提起此书来就说"王实甫西厢"，而把关汉卿省略掉了，所以表面似乎是王作之说占优势，其实此两说乃是势均力敌。

六、附论金圣叹毛西河两家之说

前面已经说过，本章引录有关《西厢》作者的各种资料，以元明为限，清人及近代，因袭旧说，并无新义，所以从略。但有两个清初人，金喟圣叹与毛奇龄西河，他们的意见较为突出，而且去明未远，不能不提，现在附论于后。

金圣叹批本《第六才子书》卷八，即《西厢记》第五本，圣叹名之为"续之四章"，卷首有总评数条，今录其中三条如下。

> 此续《西厢记》四篇按即四折，不知出何人之手。圣叹本不欲更录，特恐海边逐臭之夫，不忘膻芥疑当作膻腥，犹混弦管，因与明白指出之。且使天下后生学者观之，而益悟前十六篇之为天仙化人，永非螺蛳蚌蛤之所得而暂近也者。因而翻卷更读十百千万遍，遂愈得开所未开，入所未入。此亦不可谓非续者之与有其功也。

> 人即爱好，何至向西施颦眉；人即多财，何至向龙王比宝；人即予圣，何至向孔子徐步；人即增上慢，何至向释迦牟尼呵呵大笑。乃今世间又偏多此一辈人，可怪也。

> 我不知其未落笔前，如何忽然发想欲续此四篇；我又不知

> 其既脱稿后,如何放胆便敢举以似人;我又不知当时为有人丧心病狂,大赞誉之,因而遂误之;我又不知当时为有人亦曾微讽使藏过之,彼决不听,因而遂终出之。此四不知,我今日将向何人问耶?

王作关续之说盛行于明代,金圣叹是明末清初人,不会不知道,而他说"不知出何人之手"。我想可能是他不喜欢这四折而又不敢痛骂大名鼎鼎的关汉卿,所以装不知道。也许是他不承认这四折出于汉卿,故意不提其名以贬低这四折的声价。总之,"不知出何人之手"并非真话。因此,我们不必认为又有"王实甫撰无名氏续"之一说。金圣叹是一个"小有才而未闻君子之大道"的妄人。他批点唐诗、杜诗、《水浒》、《西厢》,不出八股文窠臼,眼光并不见得高明,而其文字及态度则颇为"讨厌",从右边所录三条评语即可看出,尤其是末一条。他于《西厢记》不但妄批,而且还有许多妄改。这一切与本文主题无关,顺便提及,不必多说。

毛西河论定本《西厢记》卷一开首有几条西河的按语,都是讨论《西厢》作者的,全文颇长,其书无论原刻或董氏影印,现在已不易得,所以我把它附在本篇后面,作为参考资料之一。毛氏引用的前人成说,不出我所引四项二十条的范围,他自己的结论,归纳起来是这样的:《西厢记》不能确定为何人作,所谓王实甫或关汉卿,都有疑问;王作关续或关作王续之说,更难成立;《西厢》作者虽不知为谁,但必定是出于一人之手。毛氏推翻一切旧说,而并没有提出任何具体可靠的新意见,他对于《西厢》作者问题,答案只是"未详",我们也就不必对之多作讨论;但却未尝不是我所定新假设的一个提示。

第二章　新的假设及其论据

在本论文的前言里已经说过,我对于《西厢》作者的新假设是:"《录鬼簿》王实甫名下著录的《西厢记》,亦即王作原本,久已失传;从明朝到现代的《西厢记》,其作者既非王实甫更非关汉卿,而是元末明初的一个失名作家,其中可能有若干部分因袭实甫原作。"这确实是一个"大胆的假设"。王实甫《西厢》或王关《西厢》之说,流传已三百余年,深入人心,根深柢固;而且,王氏其他作品,《丽春堂》并不甚佳,《丝竹芙蓉亭》只存残剧,实甫之名实赖《西厢》而传,如说现存的《西厢记》不是他作的,几乎是把这个作家的存在抹杀了。再说,把这样一本名剧划归"无名氏"项下,也多少有一些杀风景。所以,我这个假设不是一般人容易接受的。但是我确有理由怀疑此一问题,决非无风起浪,标新立异。还是前言里的一句话:"既有此意见,不管对与不对,总该发表出来供戏剧学者讨论。"下面是我所持的六项理由,亦即我这个假设的论据。

一、题目正名与《录鬼簿》不同

元杂剧每本都有题目正名,或两句或四句,两句者前一句为题目后一句为正名,四句者前两句为题目后两句为正名。题目正名总括全剧纲领,当然要与剧本内容相符,如有差异,即可证明不是同一剧本,或剧名虽同而非同一作者。近人孙楷第即曾根据两种《西游记》杂剧题目正名的互异再加上若干其他理由,考定今本二十四折的《西游记》作者是杨景贤而非吴昌龄，吴作是另一本，现只存两折。孙说见所撰《吴昌龄与杂剧西游记》，载于民国二十八年出版之《辅仁学志》八卷一期。我之所以怀疑《西厢记》作者，最初的启示即是孙氏此文，因为《西厢》有二十一折，《西游记》二十四折，篇幅之长与其他元代杂剧迥异，在这一点上，两剧之可疑情形是一样的。而本节从题目正名的异同上考订作者，也是由于孙说的启示。

通行本《录鬼簿》著录各家所作杂剧，照例只举出正名一句，王实甫名下著录十四种，其第六种云：

崔莺莺待月西厢记

天一阁钞本《录鬼簿》则题目正名两句俱全：

郑太君开宴北堂春 _{太君原误作太后。}
崔莺莺待月西厢记

二者并无不同，只是通行本省去前一句。今本《西厢记》则五本各有四句题目正名，共二十句，现在据弘治本钞录，并校录刘龙田本异文于其下：

第一本：老夫人闭春院 _{闭误作闲。}
　　　　崔莺莺烧夜香
　　　　俏红娘怀好事 _{小红娘传好事。}
　　　　张君瑞闹道场
第二本：张君瑞破贼计

莽和尚生杀心

小红娘画请客画误作书。

崔莺莺夜听琴

第三本：老夫人命医士小红娘传书简。

崔莺莺寄情诗张君瑞害相思。

小红娘问汤药老夫人命医士。

张君瑞害相思崔莺莺寄情诗。

第四本：小红娘成好事

老夫人问由情老夫人问原因。

短长亭斟别酒长亭上送君瑞。

草桥店梦莺莺草店里梦莺莺。

第五本：生几谢将军成始终小琴童捷传报（几谢当是感谢之误）。

旦多承老母主家翁崔莺莺寄汗衫。

夫夫荣妻贵今朝足郑伯常干舍命。

外愿得鸳帏百岁同张君瑞庆团圆。

弘治与刘龙田二者的题目正名，前四本只有文字或次序上的细微差别，第五本则截然不同。弘治本的四句完全不像杂剧的题目正名而同于传奇的下场诗；但我们并不能以此为《西厢》非王实甫作之一证。因为所有明清诸本的题目正名都与刘龙田本大同小异①，只有弘治本的第五本与众不同，显然是书坊或戏班中人所改。

---

① 王骥德校注本第五本题目正名云："郑衙内施巧计、老夫人悔姻缘、杜将军大断案、张君瑞两团圆。"与弘治本、刘龙田本及所有明清诸本俱不同，盖王氏改作。王本《西厢》有很多托古作伪之处，孙楷第所撰《辑雍熙乐府本西厢记序》论之甚详。

我们取《录鬼簿》所载题目正名与各种刊本的《西厢》相较：《录鬼簿》只有两句，也就是一本的，各本《西厢》则有二十句，也就是五本的。而且，《录鬼簿》的两句，其文字与各本《西厢》的二十句无一相同①。如果明朝以来的《西厢》是王实甫原作，何以《录鬼簿》只载一本的题目正名而不全载其五？何以文字无一句相同？这是我怀疑《西厢》非王实甫作的第一项理由。

二、折数特别多而《录鬼簿》未注明

元杂剧照例是每本四折，例外之作没有比四折少的，比四折多的则有八种：《赵氏孤儿》、《东墙记》、《五侯宴》、《降桑椹》各有五折，《赛花月秋千记》六折，《西厢记》共五本二十一折，《西游记》共六本二十四折，《娇红记》共两本八折。据我考证：《赵氏孤儿》第五本是明朝人添作的，《东墙记》是元末明初人根据白朴原剧改作，《五侯宴》旧题关汉卿、《降桑椹》旧题刘唐卿，其实都是明人作品，至早是明初。以上四剧的考证详见拙著《景午丛编》上册《元剧作者质疑》。《西游记》的作者已由孙楷第考定为元末明初人杨景贤，《娇红记》的作者刘兑时代比杨还要晚；《西厢记》的作者为本文讨论的主题，暂且不谈。所以，毫无问题的真正元人杂剧只有《秋千记》超过四折。《秋千记》是张时起所作，原剧不存，只根据《录鬼

---

① 王校本第五本题目正名四句之后又有所谓总目四句云："张君瑞要作东床婿、法本师住持南赡地、老夫人开宴北堂春、崔莺莺待月西厢记。"王本以外诸本都没有这四句总目，杂剧而有总目，亦不见于他书，一定又是王氏根据《录鬼簿》的两句再添上两句杜撰出来的，凑足东南西北，造伪之迹尤为显明。既非《西厢》原本如此，当然不足为凭。王本多作伪处，见上注④（即第889页注①——编者注）。

簿》的附注知其为六折,本节所要提出的疑问就在这里。《录鬼簿》既因《秋千记》折数突出而加以注明,何以对于折数更多情形更突出的《西厢记》反而一字未注?换言之,《赵氏孤儿》等六剧或有后人添改,或者根本是后人作品,当然《录鬼簿》无注,因为钟嗣成并未见过这些添改本或后人作品。如果二十一折的《西厢记》是王实甫所作而钟嗣成也曾见过,何以不与同为元人作品的《秋千记》一样注明折数?这是我怀疑《西厢》非王实甫作的第二项理由,与上述第一项理由都是根据《录鬼簿》而生出来的疑问。

三、多用长套

元杂剧照例是用北曲,每折唱曲一套,每套包括曲调若干,曲调少者为短套,多者为长套,套之长短大约以十一二曲为分界。本节主题即是从《西厢》各折所用套之长短来观察其写作时代。

无论用于散曲或杂剧,北曲套式的发展有一种趋势:初期每套用曲较少,也就是说套式较短,中期以后用曲渐多套式较长,到了后期则流行长套。这种趋势可能与音乐发展及剧场演唱情形有关,也可能只是风气的转移,不一定有什么道理可讲。我最近由台湾艺文印书馆出版一本《北曲套式汇录详解》,汇辑所有元代北曲套式,包括散套与剧套,加以分析统计。据我统计的结果,元杂剧初期及中期作品,每折少者不过五六曲,多者十二三曲,甚少超过十五曲的长套,后期杂剧每折用曲才多起来,但也很少到达十五六曲以上。这是元杂剧各折用曲数量多少亦即套式长短的一般情形。

《西厢》各折用曲,根据后附参考资料二"各折套式汇录"统计,二十一折之中,十一曲者一、十二二十三曲者各四、十四十五十六曲者各二、十七曲者一、十九曲者三、二十曲者二。最少者也有十一曲,最多者达二十曲,绝无十曲以下的短套,而十五曲以上者有十折。全剧二十一折共三百一十五曲,平均每折也恰为十五曲。以上统计可以肯定说明《西厢》各折是普遍使用长套的。这是元杂剧后期的现象,而王实甫是早期作家,那时使用长套的风气还未兴起,如此多的折数,如此长的套式,恐非当时歌者及听众所习惯接受。王实甫是"书会才人",他不会不随着环境风气写作剧本。这是我怀疑《西厢》非王实甫作的第三项理由。

四、不守元杂剧一人独唱的成规

元杂剧的规矩,照例是全剧由同一个角色独唱到底,其余角色只能说白不能唱曲。换言之,一本之中,末角唱就始终由这一个末角唱,旦角唱就始终由这一个旦角唱,所以有末本与旦本之分;一折之中更不能有两人唱曲。元人守此规矩极为严格。[①] 但我们综观《西厢》全剧,其破坏这种成规却很利害。现在根据附录参考资料三《各折主唱角色汇考》,拣出与本节有关部分,依次列述于下。

一、第四折梵王宫殿套,莺莺(旦)唱〔锦上花〕,红娘(另一旦

[①] 不守独唱规律者只有三剧。《张生煮海》,旦唱三折末唱一折;《生金阁》,末唱三折旦唱一折;《货郎旦》,正旦唱一折副旦唱三折。此外还有两剧都不能算:《东墙记》旦末俱唱,但此剧是元末明初人改作,并非白仁甫原本,我另有考证;《升仙梦》不止旦末俱唱而且用南北合套,则是因为作者贾仲名至永乐时尚存,此剧要算是明杂剧,不能以元剧规律衡量。

角)唱〔幺篇〕,张生(末)唱其余诸曲。

二、第五折恹恹瘦损套与第六折不念法华经套同属一本,而莺莺(旦)唱第五折,惠明(末)唱第六折。

三、第七折半万贼兵套,张生(末)唱〔快活三〕,红娘(旦)唱其余诸曲。

四、第八折若不是张解元识人多套,张生(末)唱〔庆宣和〕、〔雁儿落〕、〔得胜令〕等三曲,红娘(另一旦角)唱〔江儿水〕,莺莺(旦)唱其余诸曲。

五、第十三折彩笔题诗套,张生(末)唱〔调笑令〕,红娘(旦)唱其余诸曲。

六、第十七折望蒲东萧寺套,莺莺(旦)唱〔乔木查〕、〔搅筝琶〕、〔锦上花〕、〔清江引〕、〔水仙子〕等五曲,张生(末)唱其余诸曲。

七、第十八折虽离了眼前闷套,红娘(另一旦角)唱〔挂金索〕,莺莺(旦)唱其余诸曲。

八、第十九折从到京师套与第二十折仁者能仁套同属一本,而张生(末)唱第十九折,红娘(旦)唱第二十折。

九、第二十一折玉鞭骢马套,红娘(旦)唱〔乔木查〕、〔甜水令〕、〔折桂令〕等三曲,莺莺(另一旦角)唱〔沉醉东风〕及第二支〔雁儿落〕、〔得胜令〕等三曲,群唱〔沽美酒〕、〔太平令〕两曲,使臣唱〔锦上花〕,不知何人唱〔清江引〕、〔随尾〕两曲,张生唱其余诸曲。

综观以上各条:甲,有一本之中旦末各唱全折者,如第二、第八条。乙,有一折之中旦末俱唱者,如第三、第五、第六条。丙,有一折之中两个旦角俱唱者,如第七条。丁,有一折之中末与两个旦角俱唱者,如第一、第四条。戊,更有一折之中末与两旦及其他角色俱唱者,如第九条。由此五项,可知《西厢记》是如何大量破坏了一人独唱的成规。这种多人唱曲的情形显然是受了南戏的影响。南戏萌芽虽在南宋之世,其正式发展流行则在元末明初,元朝前期及中叶则全是北杂剧的天下,这是治中国戏剧史者所公认的事实。王实甫的时代,最晚是元中期,因为中后期之间的钟嗣成作《录鬼簿》,已把他归入"前辈已死名公才人"之列。写作剧本是供给优伶表演观众视听的,不能脱离环境及风气的限制。在实甫当时,南戏尚未流行,北剧正处于全盛,他不会违反习惯而凭空想出这种多人俱唱的新法来破坏大家正在严格遵守的成规。这是我怀疑《西厢》非王实甫作的第四项理由。

五、体制篇幅极像《西游记》及《娇红记》

我怀疑《西厢记》非王实甫作的第五项理由是:《西厢》体制篇幅极像杨景贤的《西游记》及刘兑的《娇红记》,而杨、刘都是元末明初人;这三种杂剧可能是同时相先后的作品。前文曾说过,我怀疑《西厢》作者是受了孙楷第考定《西游记》作者的启发,就是因为这"二西"太像了;《娇红记》则是较"二西"具体而微的作品。《西厢》之像《西游》及《娇红》,可分四项。

一、《西游》二十四折分为六本,《西厢》二十一折分为五本,同为元代未有的长篇杂剧。《娇红》八折两本,篇幅虽不及《西游》、《西厢》,却也比正规元杂剧长一倍。

二、《西游》六本、《娇红》两本、每本各有题目正名,《西厢》五本也是如此。

三、《西游》、《娇红》俱不守一人独唱的成规,①《西厢》之不守此成规,已见上文第四节。

四、三剧曲文风格相类。

右列第二项是随着第一项而来的,不太重要,第四项详见下文第六节;第一、第三两项,篇幅长及多人唱曲。则是这三种剧本的最大特点,因其全非元杂剧科范而纯为南戏规模。南戏发展流行在元末明初,上文已言及,而《西游》与《娇红》乃元末明初作品又为确定事实,《西厢》体制篇幅既异于正规元杂剧而与此二剧极相类似,自可推定其为同时期作品,王实甫则是远在这个时期以前的作家。当然我们可以假定实甫写作《西厢》是独开风气之先,但要知道任何人开创风气,必在这种风气的形成条件都已具备之后,不可能"平地起孤堆"。王实甫之不能写出长至五本二十一折而且严重破坏独唱成规的《西厢记》,正如同清朝咸同年间人写不出民国以来各种形式的小说。

六、曲文属元剧末期风格

考订一件文学作品的时代及作者,要有具体的证据,也要有抽

---

① 《西游记》第二本四折,旦唱者一、末唱者三;第三本旦末各二;第四本第五本俱为旦三末一;第六本旦末各二(最后一折唱者飞仙系女性)。仅第一本四折全由旦唱。《娇红记》第三折共十三曲:"〔黄钟·醉花阴〕、〔喜迁莺〕、〔出队子〕、〔幺〕、〔幺〕、〔幺〕、〔刮地风〕、〔四门子〕、〔水仙子〕、〔山坡羊〕、〔寨儿令〕、〔神仗儿〕、〔尾〕。"旦唱第二、第三〔幺篇〕及〔刮地风〕等三曲,末唱其余十曲。第五折〔中吕·粉蝶儿〕套共二十三曲,调名从略,末唱二十二曲,另〔蔓菁菜〕一曲末旦合唱。合唱乃南戏唱法,北杂剧从无此例。

象的证据。上文所举五项都是具体的,本节要谈到一项抽象证据——曲文风格。

末期元杂剧,其曲文风格与早期有所不同。简单地说,末期作品比较藻丽、精致、流畅、工稳,而缺乏早期所特有的质朴面目与雄浑苍莽的气势。这是一切文体由发展而趋成熟的共同现象。我们读过《西厢记》之后,会感觉到这个剧本的曲文风格有如下几点。

一、辞藻雅丽,对仗工巧,而缺少朴拙之致。

二、流畅稳妥,无生硬不顺之处。

三、细腻风光,沙明水净。

四、全属细笔,缺少粗线条的描写。

这几项是《西厢记》曲文的特点,却正是元末以至明初杂剧所以异于早期作品之处。尤其是《惠明下书》折那一套〔正宫·端正好〕,极力想表现"莽和尚"的雄劲之气,也就是所谓"粗线条",却显得非常吃力而不自然,这正是时代不同勉强摹拟的现象。试取《西厢记》与早期的关汉卿、白仁甫、马致远之作及末期的乔梦符、郑德辉、贾仲名之作个别比较,便可看出《西厢记》之成熟细致的风格同于后者。而王实甫的时代即使比关、白、马稍晚,也远在乔、郑、贾之前。《西厢》曲文风格既与乔、郑、贾诸人作品类似,当然有理由怀疑其不出于王实甫。再进一步看,王实甫自己作的《丽春堂》,与《西厢记》也不似同一人的笔墨。

根据文字风格来考订某件文学作品的时代,看似抽象笼统,实则往往较其他论据更为正确。他种论据,有时并不完整,有时可以作不同解释,有时会有正、反两面的证据同时出现而又无其他资料,使人难于取舍。文字则各时代有各时代的风格面目,勉强造作不来。无论什么样的"开明前进"之士,也不能无中生有在风气未开之前有成熟的创作。所以本节虽属抽象,却是一项颇为有力的论据。

结论

综观上文所举六项论据,虽强弱不同,但六项合起来足够支持我的假设:《录鬼簿》王实甫名下著录的《西厢记》,亦即王作原本,久已失传,从明朝到现代所见到的《西厢记》,其作者既非王实甫,更不是关汉卿,而是元末明初的一个失名作家,其中可能有若干部分因袭实甫原作。

天一阁钞本《录鬼簿》所载贾仲名吊王实甫〔水仙子〕曲云:"新杂剧,旧传奇,《西厢记》,天下夺魁。"实甫所撰《西厢》既已流行于世,何以又有人撰写另一本《西厢》呢?我想这与元末明初戏剧写作风气有关;崔张故事本身的普遍性也有关系。元末明初杂剧作家往往取前人旧本重作。无论曲文、宾白、关目、排场,大部分另起炉灶,小部分也许因袭旧本;剧名则或改新名,或仍其旧,改名者如谷子敬《城南柳》之于马致远《岳阳楼》,仍旧者如朱有燉《曲江池》之于石君宝《曲江池》,无名氏《东墙记》之于白朴《东墙记》。这是当时的一种风气。崔张故事则自唐以来久已脍炙人口,历经唐宋金元四朝,不断有人用各体文体咏写其事;唐元稹撰《会真记》、宋赵德麟撰《商调蝶恋花》、金董解元撰《西厢记》诸宫调、元王实甫撰《崔莺莺待月西厢记》杂剧。到了元末明初,南戏既已流行,北杂剧受其影响,于是有某一作家,采用这种流传既久且广的题材,根据王实甫的四折《西厢》,扩编改写,成为我们现在所见五本二十一折的《西厢》，新本既行，实甫原本遂废。正因为不知这个新本作者为谁，所以入明以后，众说纷纭，莫衷一是。以上这段推论，虽近于猜测之词，却合乎文学演变的轨迹及元末明初的杂剧写作风气，加上前文所举六项论据，是可以自信的。杨景贤在吴昌龄写过《唐三藏西天取经》杂剧之后，又写了六本二十四折的《西游记》；我认为《西厢》之被扩编改写，与《西游》是同样情形。

不过，王实甫作《西厢记》之说，毕竟流传已久，根深柢固，不容轻易推翻。我的假设虽然持之有故言之成理，却因文献不足，不能像孙楷第考证《西游记》作者那样确凿分明。我撰写这篇论文，只是把胸中所疑写出来，供治曲学者参考，无意强人信我。最后还要声明：我考证《西厢记》作者，只因为它是本名作，而不是我怎样喜欢这本杂剧。我对于此剧只有客观的了解而没有主观的欣赏。我甚至曾发过"《西厢记》盛行乃元杂剧之不幸"的怪论。我的意思是说，《西厢》盛行遂使一般读者误以为元杂剧只是些风花雪月、儿女私情，而忽略了关、马、白、郑以及其他作家各种内容各种风格的佳作。至于金圣叹乱批妄改的六才子本之流传独广，则又是《西厢记》之不幸了。

附记：本篇脱稿以后，忽然想起《元曲选》本《张生煮海》旦唱三折末唱一折，乃臧晋叔所改，旧本四折都由旦唱，见《柳枝集》此剧孟称舜眉批。所以不守独唱规律者实只《生金阁》、《货郎旦》二剧。不及追改，附记于此。

参考资料一：毛西河论《西厢》作者语录

原本不列作者姓氏，今妄列若著若续，皆非也。说见左。

或称《西厢》为王实甫作,此本涵虚子《太和正音谱》也。涵虚子为明宁王臞仙,其谱又本之元时大梁钟嗣成《录鬼簿》。故王元美《卮言》亦云:"《西厢》久传为关汉卿作,迩来乃有以为王实甫者。"

明隆万以前,刻《西厢》者皆称《西厢》为关汉卿作,虽不明列所著名,然序语悉归汉卿。如金陵富乐院妓刘丽华刻口授古本《西厢》在嘉靖辛丑,尚云董解元关汉卿为《西厢》传奇。而海阳黄嘉惠刻《董西厢》在嘉隆后,尚云《董西厢》为关汉卿本所从出,且引"竹索缆浮桥"等语为汉卿袭句,则久以今本属关矣。但《正音谱》载元曲名目,其于汉卿名下凡载六十本而不及《西厢》,不可解也。

或称《西厢》是关汉卿作王实甫续。他不可考,尝见元人咏《西厢》词,其〔满庭芳〕有云:"王家好忙,沽名吊誉,续短添长。别人肉贴在你腮颊上。"又〔煞尾〕云:"董解元古词章,关汉卿新腔韵。参订《西厢》有的本。晚进王生多议论,把围棋增。"则是在元时已有称王续关者。但今按《西厢》二十折,照董解元本填演。其在由历,不容增围棋一关目;而在套数又不容于五本之外特多此一折也。且围棋一折久传人间,亦殊与实甫所传杂剧手笔不类。则意汉卿亦曾为《西厢记》,有何人王生者增围棋一折,故有此嘲。实则汉卿《西厢》非今所传本,王生非实甫,增一折亦非续四折也。故词隐生云:"向之所谓王续关者,则据元词王增关之说而傅会之者也。今之所谓关续王者,则即向时王续关之说而颠倒之者也。"此确论也。

或称《西厢》为王实甫作,后四折为关汉卿续。此见明周宪王所传本。又《点鬼簿》目标王实甫名则云:"张君瑞闹道场、崔莺莺夜听琴、张君瑞害相思、草桥店梦莺莺。"标关汉卿名则云:"张君瑞庆团圆。"故徐士范重刻《西厢》则云："人皆以为关汉卿,而不知有王实甫。盖自草桥以前作于实甫,而其后则汉卿续成之者也。"且《卮言》亦云："或言实甫作至草桥梦止,或言至碧云天止。"于是向以为王续关者,今又以为关王,真不可解。

　　《西厢》作法断不得止碧云天者。元曲有院本、有杂剧,杂剧限四折,院本则合杂剧为之,或四剧、或五剧,无所不可。故四折称一剧,亦称一本。碧云天者,第四本之第三折也;而谓剧与本有止于三折者乎?若其不得止草桥者。《西厢》关目皆本董解元《西厢》,草桥以后原有寄赠争婚以至团圆,此董词蓝本也。元例,传演皆有由历;由历一定,即李白吓蛮本传所无,张仪激秦与史乖反,亦不得不照由历,所谓主司授题者,授此耳。今由历在董,董未止,何敢辄止焉。且院本虽合杂剧,然仍分为剧,如《西厢》仍作五本是也。但每本之末,必作〔络丝娘煞尾〕二语,缴前启后,以为关锁,此作法也。今《西厢》第一本〔煞尾〕已亡,第二、第三、第四本犹在也。第四本〔煞尾〕云:"都则为一官半职,阻隔得千山万水。"此正起末剧得官报喜之意,而谓梦觉即止作者阁笔耶!且《西厢》闺词也,亦离合词也,不特董词由历不可更易,即元词十二科中,有所谓悲欢离合者,虽白司马《青衫泪》剧,亦必至完配而后已。公然院本,而离而不合,科例谓何!

　　《西厢》果属王作,则必非关续。按:王与关皆大都人,而关最有名,尝仕金,金亡,不肯仕元。虽与王同时,而关为先进。关向曾为《西厢》矣,恶晚进者增一折,而纷纷有词,岂肯复为后进续四折乎?且今之据为王作者,以《正音谱》也;若据《正音谱》,则并无可为续者。按谱所列,每一剧必注曰一本,一本者四折也。今实甫《西厢记》下明注曰五本,则明明实甫已全有二十折矣。且两人成一本,元实有之,如马东篱《岳阳楼》剧第三折花李郎,第四折红字李二,范冰壶《鹔鹴裘》剧第二折施君美,第三折黄德润,第四折沈拱之类。然皆有明注,此未尝注曰后一本为何人也。凡此皆所当存疑以俟世之淹雅有卓识者。今不深考古而妄肆褒弹,任情删抹,且曰若编若续,若佳若恶,若是若否,嗟乎,吾不知之矣。

按:《点鬼簿》即《录鬼簿》,前人多有此称,并非两书。惟西河所录王实甫及关汉卿名下之标目,及"实甫《西厢记》下明注五本"之说,则不见于《录鬼簿》任何一种版本,恐是此公所臆造。其对于院本之解释亦大谬;院本之体裁及性质,近人论之甚详。末条最后数语似为金圣叹而发。

参考资料二:各折套式汇录

本节据弘治及刘龙田本汇录。刘本只有两折与弘治小异,今分别注明。

第一折:游艺中原仙吕,十三曲。

〔点绛唇〕、〔混江龙〕、〔油葫芦〕、〔天下乐〕、〔节节高〕、〔元和令〕、〔上马娇〕、〔胜葫芦〕、〔幺〕、〔后庭花〕、〔柳叶儿〕、〔寄生草〕、〔赚煞〕。

第二折:不做周方中吕,二十曲。

〔粉蝶儿〕、〔醉春风〕、〔迎仙客〕、〔石榴花〕、〔斗鹌鹑〕、〔上小楼〕、〔幺〕、〔脱布衫〕、〔小梁州〕、〔幺〕、〔快活三〕、〔朝天子〕、〔四边静〕、〔哨遍〕、〔耍孩儿〕、〔五煞〕、〔四煞〕、〔三煞〕、〔二煞〕、〔尾〕。

第三折：玉宇无尘越调，弘治本十五曲，刘本十六曲。

〔斗鹌鹑〕、〔紫花儿序〕、〔金蕉叶〕、〔调笑令〕、〔小桃红〕、〔秃厮儿〕、〔圣药王〕、〔麻郎儿〕、〔幺〕、〔络丝娘〕、〔东原乐〕、〔绵搭絮〕、〔拙鲁速〕、〔幺〕、〔尾〕。刘龙田本〔小桃红〕共两支，故多一曲。

第四折：梵王宫殿月轮高双调，十二曲。

〔新水令〕、〔驻马听〕、〔沉醉东风〕、〔雁儿落〕、〔得胜令〕、〔乔牌儿〕、〔甜水令〕、〔折桂令〕、〔锦上花〕、〔幺〕、〔碧玉箫〕、〔鸳鸯煞〕。

刘龙田本套后有〔小络丝娘煞尾〕；弘治本无之，后来诸本亦有缺此曲者，俱非是。〔小络丝娘煞尾〕系联贯前后两本承上启下之曲，不属于本套，故未计入。后同此。

以上第一本四折。

第五折：恹恹瘦损仙吕，十三曲。

〔八声甘州〕、〔混江龙〕、〔油葫芦〕、〔天下乐〕、〔那吒令〕、〔鹊踏枝〕、〔寄生草〕、〔六么序〕、〔幺〕、〔后庭芳〕、〔柳叶儿〕、〔青哥儿〕、〔赚煞〕。

第六折：不念法华经正宫，十一曲。

〔端正好〕、〔滚绣球〕、〔叨叨令〕、〔倘秀才〕、〔滚绣球〕、〔白鹤子〕、〔幺〕、〔幺〕、〔幺〕、〔幺〕、〔收尾〕。

第七折：半万贼兵中吕，十六曲。

〔粉蝶儿〕、〔醉春风〕、〔脱布衫〕、〔小梁州〕、〔幺〕、〔上小楼〕、〔幺〕、〔满庭芳〕、〔快活三〕、〔朝天子〕、〔四边静〕、〔耍孩儿〕、〔四煞〕、〔三煞〕、〔二煞〕、〔收尾〕。

第八折：若不是张解元识人多双调，十六曲。

〔五供养〕、〔新水令〕、〔幺〕、〔乔木查〕、〔搅筝琶〕、〔庆宣和〕、

〔雁儿落〕、〔得胜令〕、〔甜水令〕、〔折桂令〕、〔月上海棠〕、〔幺〕、〔乔牌儿〕、〔江儿水〕、〔殿前欢〕、〔离亭宴带歇拍煞〕。

第九折：云敛晴空越调，十四曲。

〔斗鹌鹑〕、〔紫花儿序〕、〔小桃红〕、〔天净纱〕、〔调笑令〕、〔秃厮儿〕、〔圣药王〕、〔麻郎儿〕、〔幺〕、〔络丝娘〕、〔东原乐〕、〔绵搭絮〕、〔拙鲁速〕、〔尾〕。〔络丝娘煞尾〕。

以上第二本五折。

第十折：相国行词仙吕，十三曲。

〔点绛唇〕、〔混江龙〕、〔油葫芦〕、〔天下乐〕、〔村里迓鼓〕、〔元和令〕、〔上马娇〕、〔胜葫芦〕、〔幺〕、〔后庭芳〕、〔青哥儿〕、〔寄生草〕、〔煞尾〕。

第十一折：风静帘闲中吕，十九曲。

〔粉蝶儿〕、〔醉春风〕、〔普天乐〕、〔快活三〕、〔朝天子〕、〔四边静〕、〔脱布衫〕、〔小梁州〕、〔幺〕、〔石榴花〕、〔斗鹌鹑〕、〔上小楼〕、〔幺〕、〔满庭芳〕、〔耍孩儿〕、〔四煞〕、〔三煞〕、〔二煞〕、〔收尾〕。

第十二折：晚风寒峭透窗纱双调，十三曲。

〔新水令〕、〔驻马听〕、〔乔牌儿〕、〔搅筝琶〕、〔沉醉东风〕、〔乔牌儿〕、〔甜水令〕、〔折桂令〕、〔锦上花〕、〔清江引〕、〔雁儿落〕、〔得胜令〕、〔离亭宴带歇拍煞〕。

第十三折：彩笔题诗越调，十二曲。

〔斗鹌鹑〕、〔紫花儿序〕、〔天净纱〕、〔调笑令〕、〔小桃红〕、〔鬼三台〕、〔秃厮儿〕、〔圣药王〕、〔东原乐〕、〔绵搭絮〕、〔幺〕、〔收尾〕。此下有〔小络丝娘煞尾〕，未计入，说见前第四折梵王宫殿套注文。

以上第三本四折。

第十四折：伫立闲阶仙吕，十七曲。

〔点绛唇〕、〔混江龙〕、〔油葫芦〕、〔天下乐〕、〔那吒令〕、〔鹊踏枝〕、〔寄生草〕、〔村里迓鼓〕、〔元和令〕、〔上马娇〕、〔胜葫芦〕、〔幺〕、〔后庭花〕、〔柳叶儿〕、〔青哥儿〕、〔寄生草〕、〔煞尾〕。

第十五折：夜去明来越调，十四曲。

〔斗鹌鹑〕、〔紫花儿序〕、〔金蕉叶〕、〔调笑令〕、〔鬼三台〕、〔秃厮儿〕、〔圣药王〕、〔麻郎儿〕、〔幺〕、〔络丝娘〕、〔小桃红〕、〔小桃红〕、〔东原乐〕、〔收尾〕。

第二支〔小桃红〕应题为〔幺篇〕，今从原题。

第十六折：碧云天黄花地正宫，十九曲。

〔端正好〕、〔滚绣球〕、〔叨叨令〕、〔脱布衫〕、〔小梁州〕、〔幺〕、〔上小楼〕、〔幺〕、〔满庭芳〕、〔幺〕①、〔快活三〕、〔朝天子〕、〔四边静〕、〔耍孩儿〕、〔五煞〕、〔四煞〕、〔三煞〕、〔二煞〕、〔一煞〕、〔收尾〕。

第十七折：望蒲东萧寺暮云遮双调，十五曲。

〔新水令〕、〔步步娇〕、〔落梅风〕、〔乔木查〕、〔搅筝琶〕、〔锦上花〕、〔清江引〕、〔庆宣和〕、〔乔牌儿〕、〔甜水令〕、〔折桂令〕、〔水仙子〕、〔雁儿落〕、〔得胜令〕、〔鸳鸯煞〕。（此下有〔小络丝娘煞尾〕，未计入，见前第四折梵王宫殿套注文。）

以上第四本四折。

第十八折：虽离了我眼前闷商调，十二曲。

---

① 〔满庭芳〕共十句，各种版本之《西厢》及其他曲籍皆不分始调、幺篇，弘治、刘龙田二本其余各折此曲亦均不分，右折两本俱分前五句为始调，后五句为幺篇，乃仅见之例，应是误刻，故虽仍其旧而作十九曲计算。

〔集贤宾〕、〔逍遥乐〕、〔挂金索〕、〔金菊香〕、〔醋葫芦〕、〔幺〕、〔梧叶儿〕、〔后庭花〕、〔青哥儿〕、〔醋葫芦〕、〔金菊香〕、〔浪里来煞〕。

第十九折:从到京师中吕,十九曲。

〔粉蝶儿〕、〔醉春风〕、〔迎仙客〕、〔上小楼〕、〔幺〕、〔满庭芳〕、〔白鹤子〕、〔二煞〕、〔三煞〕、〔四煞〕、〔五煞〕[①]、〔快活三〕、〔朝天子〕、〔贺圣朝〕、〔耍孩儿〕、〔二煞〕、〔三煞〕、〔四煞〕、〔尾〕。

第二十折:买弄你仁者能仁越调,十二曲。

〔斗鹌鹑〕、〔紫花儿序〕、〔天净纱〕、〔小桃红〕、〔金蕉叶〕、〔调笑令〕、〔秃厮儿〕、〔圣药王〕、〔麻郎儿〕、〔幺〕、〔络丝娘〕、〔收尾〕。

第二十一折:玉鞭骢马出皇都双调,二十曲。

〔新水令〕、〔驻马听〕、〔乔牌儿〕、〔雁儿落〕、〔得胜令〕、〔庆东原〕、〔乔木查〕、〔搅筝琶〕、〔沉醉东风〕、〔落梅风〕、〔甜水令〕、〔折桂令〕、〔雁儿落〕、〔得胜令〕、〔落梅风〕、〔沽美酒〕、〔太平令〕、〔锦上花〕、〔清江引〕、〔随尾〕。

以上第五本四折,全剧共二十一折。

参考资料三:各折主唱角色汇考

本节据弘治及刘龙田本汇录参订,两本相同者注"同"字,不同

---

① 〔白鹤子〕后之二三四五煞,即第二三四五支〔白鹤子〕之意,与煞无关,故煞字均应删去。

者分别注明各为何本。各折有两个以上角色唱者,标题下注"合"字。楔子均只有一曲,不成套,故未列入。

第一折:游艺中原

全折张生唱。(同)

第二折:不做周方

〔耍孩儿〕莺莺唱,〔五煞〕红娘唱,余曲张生唱。(弘治)

全折张生唱。(刘龙田)

按:〔耍孩儿〕及〔五煞〕两曲,观其语气,应从刘本作张生唱,弘治本误,故此折未注"合"字。

第三折:玉宇无尘

全部张生唱。(同)

第四折:梵王宫殿月轮高(合)

〔锦上花〕莺莺唱,〔幺篇〕红娘唱,余曲张生唱。(同)

按:〔锦上花〕及其〔幺篇〕两曲,确是莺莺、红娘口气,而且曲文与宾白语意相连,其为此二人所唱无疑,且弘治与刘龙田两本相同,决非窜乱。此折为一折之中旦本俱唱之例。

以上第一本四折,是末本而有旦唱。

第五折:恹恹瘦损

全部莺莺唱。(同)

第六折:不念《法华经》

全部惠明唱。(同)

按:刘龙田本及王骥德校注以五六两折并为一折,大谬。元代及明初杂剧,从无一折包括两套曲之例。

第七折:半万贼兵(合)

〔醉春风〕、〔快活三〕两曲张生唱,〔脱布衫〕张生与红娘分唱,

余曲红娘唱。(弘治)

〔快活三〕张生唱,余十五曲红娘唱。(刘龙田)

按:〔醉春风〕、〔脱布衫〕两曲语气亦是红娘唱,而非张生,右应从刘龙田本。此折为一折之中旦末俱唱之例。

第八折:若不是张解元识人多(合)

〔庆宣和〕、〔雁儿落〕、〔得胜令〕三曲张生唱,〔江儿水〕红娘唱,余曲莺莺唱。(弘治)

〔庆宣和〕、〔雁儿落〕、〔得胜令〕三曲张生唱,〔殿前欢〕红娘唱,余曲莺莺唱。(刘龙田)

按:观各曲语气,〔庆宣和〕、〔雁儿落〕、〔得胜令〕三曲确为张生所唱,〔江儿水〕应属红娘唱,〔殿前欢〕应属莺莺唱,右应从弘治本。此折为一折之中旦末俱唱之例,且有两旦角俱唱。

第九折:云敛晴空

〔麻郎儿〕、〔幺篇〕两曲张生唱,〔络丝娘〕、〔煞尾〕未注唱者,余曲莺莺唱。(弘治)

全部莺莺唱,仅〔络丝娘煞尾〕张生唱。(刘龙田)

按:据宾白,〔麻郎儿〕及〔幺篇〕两曲应属莺莺唱,弘治本误为张生。〔络丝娘煞尾〕为联贯前后两本承上启下之曲,不属于本套,似为场上另一人或即"按呵"者所唱,非张生亦非莺红,故本折不作为旦末俱唱之例,亦未注"合"字。

以上第二本五折,是旦本而有末唱,且有末唱全折。

第十折:相国行祠

全部红娘唱。(弘治)

全部红娘唱,但〔青歌儿〕前三句张生唱。(刘龙田)

按:刘本与〔青歌儿〕有关之宾白亦与弘治本不同,如照弘治本宾白,即不必由张生与红娘合唱此曲,可知此曲之合唱乃龙田所改,应从较早之弘治本作全部红娘唱。

第十一折:风静帘闲

全部红娘唱。(弘治)

〔四边静〕、〔脱布衫〕两曲莺莺唱,余曲红娘唱。(刘龙田)

按:此两曲语气是红娘唱,刘本误。

第十二折:晚风寒峭透窗纱

全部红娘唱。(弘治)

〔新水令〕莺唱,〔乔牌儿〕张唱,余曲红唱。(刘龙田)

按:刘本〔新水令〕、〔乔牌儿〕两曲有关之宾白与弘治本不同,如照弘治本宾白即不必由莺莺、张生唱此两曲,可知此亦刘本所改,与前第十折之〔青歌儿〕曲情形相同,应从弘治本作全部红娘唱。

第十三折:彩笔题诗(合)

〔调笑令〕张生唱,余曲红娘唱。(同)

按:弘治本〔调笑令〕注"生对红说"四字,未题"唱"字,刘本则径题为张生唱。观其语气,确属张唱,并非窜乱或误题。此折为旦末俱唱之例。

以上第三本四折,是旦本而有末唱。

第十四折:伫立闲阶

全部张生唱。(同)

第十五折:夜去明来

全部红娘唱。(同)

第十六折:碧云天黄花地(合)?

〔四边静〕、〔耍孩儿〕两曲张生唱,收尾未注谁唱,余曲莺莺

唱。(弘治)

〔小梁州〕、〔四边静〕、〔耍孩儿〕、〔四煞〕等四曲张生唱,〔朝天子〕、〔收尾〕两曲红娘唱,余曲莺莺唱。(刘龙田)

按:张生及红娘所唱诸曲,观其语气,皆可由莺莺唱,疑原本全部是莺莺唱,而弘治、刘龙田两本皆属误题。此折似不能作为旦末俱唱之例,故于"合"字下加一"?"号。

第十七折:望蒲东萧寺暮云遮(合)

〔乔木查〕、〔搅筝琶〕、〔锦上花〕、〔清江引〕、〔水仙子〕等五曲莺莺唱,余曲张生唱。(同)

按:〔乔木查〕等五曲,文意与宾白相连,确是张生梦中之莺莺所唱。此折为旦末俱唱之例。

以上第四本四折,旦唱末唱之分量几于相等,已难说是旦本或末本。此为破坏独唱成规之甚者。

第十八折:虽离了我眼前闷(合)

〔挂金索〕红娘唱,余曲莺莺唱。(同)

按:此折为两旦角俱唱之例。

第十九折:从到京师

全部张生唱。(同)

第二十折:仁者能仁

全部红娘唱。(同)

第二十一折:玉鞭骢马出皇都(合)

〔乔木查〕、〔甜水令〕、〔折桂令〕等三曲红娘唱,〔沉醉东风〕及第二支〔雁儿落〕、〔得胜令〕等三曲莺莺唱,〔太平令〕"齐唱",〔清江引〕及〔随尾〕二曲未云何人唱,余曲张生唱。(弘治)

〔乔木查〕、〔甜水令〕、〔折桂令〕等三曲红娘唱,〔沉醉东风〕及第二支〔雁儿落〕、〔得胜令〕等三曲莺莺唱,〔沽美酒〕、〔太平令〕两曲"群唱",〔锦上花〕使臣唱,〔清江引〕及〔随尾〕二曲未云何人唱,似亦是使臣,余曲张生唱。(刘龙田)

按:"齐唱"与"群唱",意义相同,〔沽美酒〕、〔太平令〕系带过曲,不应分属,右应从刘龙田本。此折诸曲语气各殊,确非同一人所唱,弘治与刘龙田两本所题角色亦同,可知是原本如此,并非后人窜乱或误题。

以上第五本各折有全部旦唱者,有全部末唱者,有两旦角俱唱者,有旦末俱唱且有各种角色"群唱"者,如此混淆,破坏独唱成规最甚,直是南戏规模。

统观全剧二十一折:旦或末独唱者十三折;两旦俱唱者一折,旦末俱唱者六折,其中一折即第十六折可能为旦角独唱。旦末俱唱且有"群唱"者一折。综计破坏独唱成规者八折或七折,共占全剧三分之一,不为不多。

附:《西厢记》版本汇录

《西厢记》各种版本之著录,如于台湾世界书局出版大兴傅氏所撰《元人杂剧考》,即傅惜华撰《元代杂剧全目》。本篇即以傅考为底本而有所增添或删并,并另行分类,重新排列,增加考证及说明,似较傅考为整齐详审。恒钉微勤,弃之可惜,附于作者新考之后,聊备观览。

一、明刻本 四十种，共分四类。

第一类：其书原本现存，或兼有覆刻影印之本流传者，共二十二种。

奇妙全相注释西厢记五卷附录二卷

弘治十一年戊午（西元1498）金台岳家刻本。今有台湾世界书局影印本。金台即今北京。此本为《西厢记》现存最早刻本，近年始发现流传，前人均未之见。因系最早刻本，故附注西元，以下从略。本篇所列各种版本，其罕见者，原书藏弆处所俱详见傅氏《元人杂剧考》，今从略，傅考未注或误注者则为之补正。

重刻元本题评音释西厢记二卷附录不分卷

万历间余泸东校乔山堂刘龙田刻本。今有影印。观此本刻工版式，应是万历早期刻本，在现存诸本中，时代仅晚于弘治本。

元本出相北西厢记二卷

万历三十八年起凤馆刻本，李贽、王世贞评。明本戏曲小说题为某某人评者，多系书坊影射假托，甚少真出其人之手。

新校注古本西厢记五卷附录不分卷

万历四十二年香雪居刻本，王骥德伯良校注。有民国十九年北平富晋书社影印本，又1973年台湾艺文印书馆影印本。此本文字多经王氏臆改，更多伪托所谓"古本"，用力虽勤，反不如坊本之近真。近人孙子书《雍熙乐府本西厢记序》论之甚详。

北西厢二卷附会真记傅考未著录。

万历四十四年何璧校刻本。原题"渤海逋客校稿"，即璧之别署。今有影印本，题"明何璧校本北西厢记"。

重校北西厢记二卷附录二卷

　　万历间刻本,罗懋登注。懋登之名不见经传,所注戏曲小说颇多,而注文多庸俗谬误,盖当时书坊中人。

新刊合并王实甫西厢记二卷

　　万历间周居易校刻本。此本又题屠隆校,屠为当时名士,恐亦是书坊伪托。

元本出相西厢记不分卷

　　万历间环翠堂刻本,汪廷讷校。环翠即廷讷堂名,此人校刻词曲颇多,刻工版式均甚考究,但好以己意妄改,如所刻冯惟敏《海浮山堂词稿》即是,详见予旧作《冯惟敏及其著述》,收入《景午丛编》下集。

田水月山房北西厢藏本二卷

　　万历间王起侯校刻本。田水月为徐渭文长别署,此本或即从王骥德校注所谓徐天池本出见后,天池生亦为文长别署。

新刊考正全像评释北西厢记四卷

　　万历间金陵文秀堂刻本。

西厢记正本二卷

　　万历间金陵胡氏少山堂刻本。

西厢记分五本不分卷

　　天启间乌程凌氏朱墨套印本。此本在明代诸本中最为易得,乃即空观主凌濛初校注,故又称即空观本。今有民国五年贵池刘世珩暖红室覆刻本。此本多驳斥王骥德校注,然其托古臆改则一也。凌、王皆戏曲名家,自与坊肆陋儒不同;但皆不免于明代文人逞才师心不知而作之结习,故两家校注《西厢》,均有极精当处,亦有颇谬妄处,须分别观之。

西厢记四卷续西厢一卷

　　天启间乌程闵氏朱墨套印《六幻西厢》本,闵齐伋校注。

朱订西厢记二卷

　　天启崇祯间朱墨套印本,诸臣校,孙鑛评。

新镌绣像批评音释王实甫北西厢真本五卷

　　崇祯三年文立堂刻本,郑国轩校。

张深之先生正北西厢秘本五卷

　　崇祯十二年刻本,张道濬深之校,陈洪绶老莲绘图。今有影印本。此本文字多臆改之处;陈老莲之画在当时颇负盛名,予殊不能欣赏。

李卓吾先生批点西厢记真本二卷附录不分卷

　　崇祯十三年西陵天章阁刻本,李贽评。

鼎镌陈眉公先生批评西厢记二卷

　　崇祯间书林萧腾鸿刻本,陈继儒评。此本有清乾隆间修文堂重刻本,故入"六合同春"。又有民国五年国学扶轮社覆印本。傅考以萧腾鸿为万历时人,疑当在崇祯时,姑置于此。

三先生合评元本北西厢五卷

　　崇祯间汇锦堂刻本。徐渭、李贽、汤显祖评。此三先生名气太大,其评恐无一真者。

重刻订正元本批点画意北西厢五卷附录不分卷

　　崇祯间刻本。

新刻魏仲雪先生批点西厢记不分卷

　　崇祯间陈长卿校刻本,魏浣初评,李裔藩注。此本又有存诚堂覆刻本,"国立中央图书馆"藏,傅考未著录。

北西厢记二卷

　　崇祯末汲古阁刻《六十种曲》本,原题"绣刻北西厢记定本"。

《六十种曲》原版初印极少见,普通所见后印或道光补刻本字迹多漫漶不可辨。民国二十四年上海开明书店重排本亦多缺字。今有台湾开明书店据原刻初印重排本,完整可读。

第二类:仅据著录知有其本而未见原书者,共十四种;其中若干种恐永远不能复见。

嘉靖二十年辛丑金陵富乐院妓刘丽华本傅考未著录。

原题"口传古本西厢记",仅存丽华题辞,见王骥德校注本附录,疑为文人假托。

本类各种未见原书,故题名及卷数均未详。

嘉靖二十二年癸卯碧筠斋刻本

万历十六年戊子朱石津校刻本

徐天池渭本

金在衡銮本

顾玄纬本

以上五种俱见王骥德校注本例言,徐、金、顾三本傅考未著录。

万历间徐士范校刻本

见凌濛初即空观本凡例。

王凤洲李卓吾合评本

闵振声校刻本

以上二种见近人董康影印《千秋绝艳图》目录。《绝艳图》收此二种插图各二十幅,观其画法刻工,当在万历后期至天启崇祯间。王李评本傅考未著录。《绝艳图》说明见后附记。

万历间金陵富春堂刻本

万历间熊氏刻本

万历间日新堂刻本

汤显祖沈璟批评朱墨套印本

此本荟萃玉茗、吴江两派大师评语,当有可观,但其真实性恐不大耳。

王思任评本

以上五种见傅考,傅氏未见原书,其所著录当是得自传闻。

第三类:仅有曲文,无宾白科介者,共三种。

雍熙乐府本

二十一折曲文俱全,散见《雍熙乐府》各宫调中;有近人黎劭西、孙子书辑录本,民国二十二年北平立达书局出版。弘治本未发见之前,此为《西厢》曲文最早之本,文字与万历后诸本常有异同。

内府词林摘艳本 傅考未著录。

仅有二十折曲文,无惠明下书折,散见各宫调中。予曾据以校勘《雍熙乐府》本,备录异文于上;其最大不同处为此本衬字较《雍熙》加多,可以窥见唱腔之演变。《内府词林摘艳》刊于万历二十五年,仅北平图书馆藏有孤本,内容与通行之张禄所编《词林摘艳》不同。张禄本《摘艳》及其前身《盛世新声》于《西厢记》一折未收。

弦索辨讹本 傅考未著录。

明沈宠绥校录,与《度曲须知》合刻,二十一折曲文俱全。有崇祯十二年原刻本;商务印书馆影印《度曲须知》未附《弦索辨讹》。

以上三种:《雍熙乐府》刊于嘉靖末,《内府词林摘艳》刊于万历中,《弦索辨讹》刊于崇祯中,恰好代表三个时期。

第四类:改编本一种

西厢定本二卷附录不分卷 傅考未著录

明末刻本,槃迈硕人增改。有影印本,题"槃迈硕人增改定本西厢记"。其人姓名、履贯未详,影印本跋文考定为天启、崇祯时人。王骥德、凌濛初诸本文字虽或小有更动而大体与原本无别；此本增为三十折，曲文、宾白、关目、排场改动太多，面目全非，且多妄改妄作，非元非明，不南不北。此乃"槃迈硕人"之《西厢记》也！今别为一类，附明代诸本之后。

附记：千秋绝艳图傅考未著录。

近人董康辑明代及清初刊本《西厢记》八种之插图共九十五幅又莺莺画像五幅，影印成书，名为《千秋绝艳图》，上下二册，署名"忏绮生集珍"。其八种之目为："王伯良香雪居本图二十幅，徐天池本图十幅，王凤洲、李卓吾合评本图二十幅像一幅，李卓吾评本图十幅像一幅，闵振声本图二十幅像一幅，凌初成本图十幅，张深之本图五幅像一幅，毛西河本像一幅。"本篇已分别著录。其书印行不多，今已不易得；但仅有图像而无文字，不能作为《西厢》版本之一种，故未入正录，附记于此。

二、清刻本及旧钞本 三十七种，共分四类。

第一类：清初刻本二种。

详校元本西厢记二卷附录不分卷

顺治间含章馆刻本，封岳校。

西厢记五卷附录不分卷

康熙间学者堂刻本，毛奇龄西河评注。有民国初年武进董氏诵芬室影印本。

以上两种清初刻本，大致仍沿明代通行本之旧。但含章馆本不载题目正名，为明代诸本所未有之形式；毛本评注校订甚详，且时出己意改动，与王骥德、凌濛初两本同一性质。较毛本稍早之金圣叹批六才子则改动颇多,为另一系统。其后金本盛行,明代旧本遂少见,毛本亦至近年始为人知,清代及民国初年一般人阅读之《西厢记》,皆金本也。

第二类:金批六才子本,共三十二种。

贯华堂第六才子书西厢记八卷

顺治间贯华堂原刻本,金人瑞圣叹评。此为金本原刻,以下诸所谓六才子本,皆从此出,但或另加注释或否耳。明本《西厢》,或作二卷,或作五卷,或不分卷,作八卷者自金本始;然此八卷乃兼读法二卷及附录一卷合计,正书仍是五卷。清代金本虽极为通行,而原刻本颇罕见。

贯华堂绘像第六才子书西厢八卷

康熙八年刻本。

贯华堂第六才子书八卷 傅目未著录。

康熙间积秀堂刻本。寒斋藏。此本无刻书年月,但内封面是明末清初款式,插图与启祯间黄嘉惠本《董西厢》全同,神采犹存,足证去明未远,当是康熙初年刻本。

贯华堂第六才子书八卷

康熙间四美堂刻本。

贯华堂第六才子书西厢记八卷

康熙间世德堂刻本。世德堂为明代南京书肆,刻有戏曲多种,予旧藏《赵氏孤儿记》即是其一。据此六才子知其肆入清尚存。

怀永堂绘像第六才子书八卷

康熙五十九年怀永堂刻巾箱本。第六才子书不题"贯华堂"者自此本始,雍乾以后遂无一本题此三字,盖文网渐密矣。此本有嘉道间覆刻,傅考另行著录,今附记于此,不另录。

成裕堂绘像第六才子书八卷

  雍正十一年成裕堂刻巾箱本。

静轩合订评释第六才子西厢记文机合趣八卷

  乾隆十七年新德堂刻本,郑温书编。

香琴堂绘像第六才子书八卷

  乾隆三十二年松陵周氏琴香堂刻本。

西厢记八卷

  乾隆四十五年文德堂刻本。

西厢记八卷

  乾隆五十六年书业堂刻本。

增补笺注绘像第六才子西厢释解八卷

  乾隆间致和堂刻本,郑汝宁注。

云林别墅绘像妥注第六才子书六卷附录不分卷

  乾隆间刻本,邹圣脉注。第六才子书贯华堂以次诸本及郑注皆八卷,惟邹注作六卷或七卷。

楼外楼订正妥注第六才子书七卷

  乾隆间楼外楼刻本,邹圣脉注。

楼外楼订本妥注第六才子书六卷

  乾隆间九如堂刻本,邹圣脉注。

绣像妥注第六才子书六卷

  乾隆六十年尚友堂刻本,邹圣脉注。

此宜阁增订全批西厢六卷

  乾隆六十年此宜阁朱墨套印本。

第六才子书八卷

  乾隆间五车楼刻本。

第六才子书西厢记八卷

　　嘉庆五年文盛堂刻本。

槐荫堂第六才子书八卷附录不分卷

　　嘉庆二十一年槐堂刻本。

增补笺注绘像第六才子西厢释解八卷附录不分卷

　　嘉庆间五云楼刻本,郑汝宁注。

吴山三妇评笺注释第六才子书八卷

　　嘉庆间致和堂刻本,简称三妇本。

吴山三妇评笺注释第六才子书八卷

　　嘉道间文苑堂刻巾箱本。吴山三妇又有《评本牡丹亭还魂记》,颇为通行,《西厢》评本流传较少。

西厢记八卷

　　嘉道间会贤堂刻本。

西厢记八卷

　　嘉道间四义堂刻本。

第六才子书西厢记八卷附录不分卷

　　道光二十九年味兰轩刻巾箱本。

增像第六才子书五卷附录不分卷

　　光绪十三年石印本,原题"古越全城后裔校刊"。

增补笺注第六才子书西厢释解八卷

　　光绪十三年上海石印本,郑汝宁注。

增像第六才子书五卷附录不分卷

　　光绪十五年润宝斋石印本。

绘像第六才子书八卷附录不分卷

　　光绪间广州朱墨套印巾箱本。

增像第六才子书六卷

　　光绪间石印巾箱本,印行书局名未详。

增像第六才子书五卷附录不分卷

　　傅考著录此本,无年代及书肆名,似可删去,姑附于此。

　　以上金圣叹批六才子之各种版本,卷数虽异,内容实同,但分有无评注耳。诸本皆有金批,此所谓评乃指金批以外者,如三妇评等;注则有邓汝宁与邹圣脉两家,邹注较为通行。二家之注,与明代坊本注释同一性质,皆陋儒所为,不登大雅之堂者,与王骥德、凌濛初不能相提并论。

　　第三类:清人评本二种,皆钞本。

西厢记不分卷

　　旧钞,朱璐评,似即朱评稿本,璐年代未详。

西厢引墨二卷

　　光绪六年戴问善评,稿本。

　　以上清人评本二种,皆未见传刻,今据傅考著录;两人所据底本未详。

　　第四类:改本一种。

桐华阁校本西厢记不分卷

　　道光二三年间长白冯氏刻本,吴兰修订,封面仍题"第六才子书"。兰修自序云:"曲用旧本十之七八,科用金木十之四五,虽非实甫之旧,而首尾略完善矣。"今按:吴所谓"科用金本"乃兼宾白言之。此本杂取旧本及金本,定以己意,虽不似槃迈硕人本之妄为增改,究非《西厢记》原貌,故别为一类,附于清代诸本之后。

三、曲谱　共七种。皆全谱者,单折不录。

北西厢订律不分卷

　　明崇祯间袭芳楼稿本,胡周冕订。

校定北西厢弦谱二卷

　　清顺治间刻本,沈远程清订。

太古传宗琵琶调西厢记曲谱二卷

　　清乾隆十四年内府刻本,朱廷镠、朱廷璋订。桐华阁本《西厢》吴兰修序所谓"琵琶本"当即指此;所谓"叶氏本"当即《纳书楹谱》。

纳书楹西厢记全谱二卷附续西厢记谱一卷

　　清乾隆四十九年写刻本,叶堂订;又有乾隆六十年重订本。后者有台湾大华书局影印。此两种纳书楹谱、傅考分别著录,今归并之。

原本北西厢二卷附续西厢一卷

　　民国初年赵逸叟稿本。

双忽雷阁汇订全本曲谱第一种西厢记不分卷

　　民国十年贵池刘氏赐书台写样待刻本,近人刘富梁订。"中央研究院"史语所藏。傅考云:"闻已毁于抗战时期。"按:此书现在台湾"中研院"史语所,实未毁也。

北曲南唱西厢记曲谱不分卷

　　近人张某编,仅闻有稿本,未见。

　　右明清两代《西厢记》版本,合正书及曲谱计之,共八十四种。桐华阁本附载吴兰修与秀子璞书云:"顷在扬州,闻黄修存明经云:

某氏藏《西厢记》至八十余种。"书尾署:"癸未灯节后五日。"兰修是嘉道时人,此癸未为道光三年。证以右所著录,黄某之言非妄。某氏所藏八十余种,当有今所未见者,合道光三年以后诸本计之,《西厢》版本至少在百种以上。虽有若干本陈陈相因,大同小异,亦可谓洋洋大观矣。民国以后,随社会风气、文学思潮之演变,《西厢》一书,渐趋没落;数十年中,新印标点校注之本不过五六种,研究论文亦极少见,较之鼎盛时期,大有光沈响绝之感,尚不及《红楼梦》之犹有所谓"红学"也。

西厢记版本汇录补遗

予旧作《西厢记版本汇录》,共收明清两代《西厢》版本八十四种,载于《幼狮学志》第十一卷四期。发表以后,获见日人傅田章撰《西厢记》版本考之明刊本部分,其中有二十七种为予作所无,乃据以补充而成本篇。合前后两目,共得一百一十一种,中有数种可能重复,尚待详考,其在百种以上则无问题。

(一) 明刻本第一类

其书原本现存或兼有覆刻影印之本流传者,原录二十二种,今补十七种。

重刻元本题评音释西厢记二卷附录不分卷

徐逢吉校,徐逢吉、程巨源撰序。程序署万历八年上章执徐庚辰。民初刘世珩《暖红室汇刻传剧》,《西厢记考据》引录徐、程两序全文。此本当即凌初成即空观本凡例所谓徐士范本。原书藏者未详。

重刻元本题评音释西厢记二卷附录不分卷

余泸东校正,万历二十年忠正堂熊龙峰刊本。日本内阁文库及东北大学附属图书馆均有藏本。近年影印流行之刘龙田刊行本,亦题余泸东校正,与此当是一本两刻。熊龙峰为万历时建安书商,所刻戏曲小说,今存数种。

重校北西厢记五卷附录不分卷

万历二十六年戊戌秣陵继志斋陈邦泰大来校刊。日本内阁文库藏。传田引录其凡例、总评等,颇有助于考证。此本与《琵琶记》合刊。

李卓吾先生批评北西厢记二卷附录不分卷

万历三十八年庚戌虎林容与堂刊本。日本宫内厅书陵部藏。传田引录其各出末总批。此本与《玉合记》、《幽闺记》、《红拂记》等三种传奇合刊。容与堂、继志斋,皆为万历时大书肆,容与在杭州,继志在南京,两家所刊杂剧传奇甚多,今但存若干零种,《西厢》、《琵琶》皆是也。当时究有若干,无从查考。

李卓吾批评合像北西厢记二卷附录不分卷

万历间游敬泉刻本。日本天理图书馆藏。

李卓吾先生批评西厢记二卷附录不分卷

万历间潭阳太华刘应袭刻本。藏者未详。

以中绘图徐文长本

万历三十九年辛亥款书刊本。藏者未详。

传田著录如右。此本疑即予前作已著录之《画意北西厢记》,因原书插图题款云:"万历辛亥冬日虚受斋漫笔。"其下有"以中"二字小印,见传田所引。而《画意北西厢记》亦有"虚受斋重刻"字样也。

新订徐文长先生批点音释北西厢二卷附录二卷

崇祯间刊本。北平图书馆藏。

新刻徐文长公参订西厢记二卷附录四卷

崇祯间刊本。北平图书馆藏。

右二本标题不同。据传田考云："新订本附录为《会真记》及《蒲东诗》各一卷,有图;新刻本附录为《会真记》、《蒲东诗》、《钱塘梦》、《园林午梦记》各一卷,无图。"故知确是两种刊本。傅目著录北平图书馆藏,无此二种,盖成书后入藏者。

重校北西厢记二卷

万历间刊本,有图。日本无穷会图书馆藏。

重校北西厢记二卷附录不分卷

万历间三槐堂藏本,有图。日本天理会图书馆藏。此本又题"李卓吾先生批评西厢记"。"国立"台湾大学图书馆久保文库藏"班超投笔记"亦为王氏三槐堂梓行,惜未能与此本互较其版式行款。

北西厢记二卷

万历间刊本,殳君素绘图。上海图书馆藏,残存上卷。姜绍书《无声诗史》卷七云："殳君素,字质夫,姑苏人。钱叔宝、文休承入室弟子。王弇州谓其盘礴处有出蓝之美,所恨不能舍蹊径而上之;盖质夫亦侯夷门、朱子朗之流亚也。"传田全引其文。

新刻徐笔峒先生批点西厢记二卷

徐奋鹏评。万历间笔峒山房刊本。北平图书馆藏。据传田引录之日本内阁文库所藏"笔峒生新悟"等书,奋鹏自署"硕人迋中徐奋鹏白溟甫",不知与有影印本之"槃迈硕人评改本"有无关联。观传田所引奋鹏著书有"纂定古今大全"、"重刻四书统补便蒙注解"等,其人盖书坊礼聘之冬烘先生也。予虽未见其所批点,已知《西厢》之厄不始于金圣叹。傅目未收此本,当是后来入藏。

西厢会真传五卷附录一卷

汤显祖评。天启间乌程闵氏刊朱墨蓝三色套印本。"国立中央图书馆"藏。此本见"中央图书馆"善本书目增订本一三八七页。传田题为"汤若士本"。

北西厢记二卷

崇祯四年辛未,李告辰刊本,陈洪绶老莲绘图。传田据《燕京学报》第十二期《北西厢记展览会目录》著录。未详现藏何所。

北西厢五卷

崇祯间山阴延阁主人李廷谟刻本,有圆形图。北平图书馆、上海图书馆藏。《明刊戏曲小说》插图作圆形者皆为明末刻本。清初沿用其式,如康熙刻本李玄玉"一人永占"四种及李渔《笠翁十种曲》,皆圆图。

仇文书画合璧西厢记不分卷

旧题:文澂明书、仇英绘图。民国初年上海文华图书公司影印。文、仇伪迹遍天下,此本盖亦坊贾伪托者。姑据传田目照录。

(二)明刻本第二类

仅据著录知有其本而未详原书情况者,原录十四种,今补八种。

周宪王本

此本久佚。仅见凌初成即空观本凡例及陆采《南西厢记》序文等引述;凌氏且自言其所校刊悉遵此本。近人多疑凌氏托言古本以抬高其刊本之价值,而实为子虚乌有。予以前亦颇主此说;近来则认为文献不足,实难论定,姑存其目可耳。宪王为北杂剧大作家,去元未远,旧范犹存,观宣德刻本宪王自作《诚斋杂剧》可知;如确曾刊印《西厢》,其形式与文字必与明中叶以后诸本大有不同。

龙洞山农本

万历十年壬午龙洞山民序刊本。此本久佚,仅存龙洞山民序,载于继志斋陈氏刻本卷首,传田引录其全文。

徐尔兼藏徐文长本

此本已佚,详见传田四十一至四十二页。传田既未见其书,乃云是万历间刊,殊为无据;是刻本或钞本,亦无从考定。

夏某本

此本已失。传田据王伯良本卷二〔脱布衫〕曲注文著录,并云疑是万历间刊本。

尊生馆刊本

此本传田仅引据长泽规矩也《双红堂文库》分类目录云有其书,而语焉不详,亦未云原书现藏何处。尊生馆主人名黄正位,万历时人,即刻杂剧集《阳春奏》者。

赵氏本

此本已佚,传田据凌初成即空观本第二本第三折〔庆宣和〕曲校语知有其书。校语云:"查旧惟赵本同,今徐、王二本皆是。"

汪然明本

此本已佚,传田据毛西河本卷末释语著录。毛云:"临安汪然明于崇祯甲申岁刻《西厢记》,其发凡有云:'崔郑元配墓志,崇祯壬申方发于古冢。'则知伪本叠出,复有在前所称数本之外者,考古之宜慎如此。"甲申为崇祯十七年,即李自成破北京,清人入关之年。所谓"郑恒墓志",乃明末人伪造。壬申为崇祯五年。

陈实庵本

此本已佚,传田据毛先舒《诗辩坻》著录。并引《诗辩坻》卷四云:"此《西厢》古本,陈实庵点定者为佳,别本多所改窜,浸离其故。"传田云此系明末清初刊,并无依据,"想当然耳"。

(三) 曲谱类

原录七种,今补二种。

较正北西厢谱二卷

明娄梁散人辑,崇祯间刊本,残存上卷,北平图书馆藏。传田据《西谛书目》著录。

新镌增定古本北西厢弦索谱二卷

旧题袁晋于令撰,明末清初刊本,日本京都大学文学部中国语学中国文学研究室藏。

右共补三类二十七种。

右《西厢记》版本汇录及其补遗,仅就大兴傅氏所撰《元人杂剧考》,即《元代杂剧全目》。及日人传田章撰《西厢记》版本考之明刊本部分,增添删并而成。其中现存诸本,多未获亲见,故无从综合比较,作深入明确之考订。亦难免重复、遗漏。实为予所作考据文字中最不满人意者。本拟径行删弃,但以所定分类方法及若干零星意见,不无可供治曲学者参考之处,故仍存稿入集。

评介冯沅君著古剧说汇

冯沅君先生著的《古剧说汇》,是商务印书馆三十六年度出版新书之一。这是一部很好的戏剧史料,冯先生十几年来研究古代戏剧的论文,都收辑在这里。全书共收论文八篇:

(一)《古剧四考》:内分"勾阑考","路歧考","才人考","做场考"等四节。

(二)《说赚词》:内分"赚词溯源","赚词的成立","南宋的赚词"等三节。

(三)《金瓶梅词话中的文学史料》:内分"俗讲的推测","小说蜕变的遗迹","曲的盛行","笑乐院本的一个实例","演剧描写的启示","清唱的曲词与唱法"等六节。

(四)《南剧拾遗补》:内收关于《浣纱女》等十六种南剧的新材料新意见若干事。

(五)《天宝遗事辑本题记》:内分"引言","宫调","曲调","联套","体制","结论"等六节。

(六)《金院本补说》:内收关于《柳青娘》等五种金院本的考证。

(七)《元剧中二郎斩蛟的故事》:内分"引言","二郎斩蛟故事的分析","灌口二郎斩蛟的故事"等三节。

（八）《古优解补正》：这是冯先生对于她已出版的著作《古优解》的补正。

八篇以外，还有两篇附录，《记女曲家黄峨徐媛》，《记女曲家吴藻》。这八篇文章的前六篇，都有一篇跋文，在本文写成之后，又有什么新材料，新意见，都收在跋文里边。这六篇跋文，与本文同样重要，如《古剧四考跋》，其精博且更甚于本文，所以原书把这六篇跋文和本文平行并列。

从大体上说，在这本书里边，零碎的考证多于系统的叙述；也许有人要想何以若干年来研究戏剧史以及小说史的人，总是在零碎的考证上用功夫。殊不知这是无可奈何的。俗文学史的研究是一种新兴的学问，还在筚路蓝缕的时期，就戏剧史来说，虽有几部系统叙述的专著如王国维先生的《宋元戏曲史》，日本青木正儿的《中国近世戏曲史》之类，那只是粗具大纲的间架，需要补正的地方还多得很。尤其是所谓古剧方面，即南宋、金、元三百年间，更有许多存疑待决的问题。正需要一般学者爬罗剔抉，旁搜博采，方能弄出些头绪来。如果这部分功夫没有做到，则叙述半天还是不实不尽。所以现在研究戏剧史还是只能从搜集史料考证零星问题上着手，不是不想作系统的叙述，而是还没有到时候。正如同盖房子，即使间架算是有了，门窗户壁甚至房子的顶盖都还不完全，若嫌锯木头搬砖瓦琐碎麻烦，而马上就想要一所完整的房子来住，不亦太性急乎？本书的体制是只能如此的，我们只要看冯先生治学的方法态度究竟如何。

首先，我要说，本书研究的对象是正确的。在《古剧四考》里，"勾阑考"和"做场考"是考证古代舞台的构造和上演的情形。"路歧考"和"才人考"是考证古剧的演员和编剧人。《古优解补正》是叙说古代优人的一切。当然,这都是研究戏剧史的正当对象。此外诸篇所讨论的是俗讲、赚词、诸宫调、院本、杂剧、南戏。这也都是南宋、金、元三百年间戏剧上的重要部门,为后世一切戏剧杂耍的根源。冯先生抓住这些主题来探讨考索,是所谓"探骊得珠"。近些年来研究戏剧史的人,常爱犯一种毛病:务广而荒,不得要领。例如为一种了无可取的清人传奇或无关重要的所谓之戏曲作家,而博采群书大作其考据,真是"可怜无补费精神"。这些与戏剧史有什么关系呢? 初治此道,才上瘾的学者很容易看什么都好,什么都重要,不只研究戏曲为然。冯先生是前辈,当然不会犯这种学问幼稚病。所以冯先生此书最可钦佩的地方还在用力之勤与用心之细。

马幼渔先生曾说,现在治戏曲小说要用乾嘉诸老治经治史的精神、方法。这是对的,愈是新兴的学问愈需要如此。冯先生写这些篇论文,其勤劬与精密的确值得效法。从材料的排比统计上,处处看出"良工心独苦"。《金瓶梅》的篇幅那样浩瀚,她把其中有关的文学史料几乎全部采集出来。即看其中关于"清唱曲辞"七十六条的搜辑,便是十足的乾嘉朴学精神。又如在《天宝遗事辑本题记》里边,把现存三种诸宫调一种完全,两种残缺。所用的宫调曲牌一条不遗的用表排列起来,然后统计比较,据以推测三种诸宫调的时代和体制,使我们了解自金初至元中叶诸宫调演变的痕迹,以及北曲宫调曲牌的变化。这种做法,在聪明人也许以为笨事,其实近些年来戏剧小说的研究所以没有突飞猛进,正是因为肯这样笨做的人太少,有些肯笨做的人又往往游骑无归,把精力时间浪费在无关弘旨的小题目上。

《古剧四考》和《南戏拾遗》都是在民国二十五年完成的,《古剧四考跋》作于三十四年,《南戏拾遗补》作于二十八年,《南戏拾遗补跋》又是作于三十四年。《古优解》完成于三十一年,《古优解补正》作于三十三年。其余诸篇,本文与跋文相去近者两三年,远者七八年。从这里可以看出冯先生治学锲而不舍的精神。而且的确每篇的跋文都对原文有充分的补正,就是篇与篇之间,也都是后来居上,如《金瓶梅词话中的文学史料》和《天宝遗事辑本题记》就胜于《古剧四考》,这种进步是不容易的,我们要知道冯先生自民国二十七年以后,始终辗转内地,直到三十五年才复员回到北方。这本书里的论文大部分是在这八年中写成的。在"流亡和书荒双重压迫之下",冯先生书中的话。能有这样的成绩,的确值得钦佩。何况在这期间还有旁的著作如《古优解》和《孤本元明杂剧题记》之类。

现在冯先生还是在那里不停的工作,希望不久能有《古剧说汇二集》以至三集四集问世,本着以往的精神方法作后学的领导。更希望一般治戏剧的朋友要集中精力,认清目标,不要把精力时间消费在不值一顾的小题目上。这于他们自己以及戏剧研究本身都是无益有害的。我们应当快点进步,虽说此道还在筚路蓝缕的时期,总希望这时期不要延长得太久。

永嘉室札记

彭元逊〔瑞鹧鸪〕词

元人彭元逊〔瑞鹧鸪〕词云"东洲游伴寄兰桡,人日晴时不用招。微雨来看杨柳色,故人相遇浴龙桥。　愁如春水年年长,老共东风日日消。几欲作笺无可寄,双鱼犹自等归潮。"迷离怅惘,予甚爱之,尤喜其末两句。正不知有多少人,其一生之情感生活即在此迷离怅惘之境中度过。秋明师诗所谓:"桃花红过柳丝白,人生有情深自惜。"

两首〔御街行〕

《词律拾遗》卷二载无名氏〔御街行〕云:"霜风渐紧寒侵被,听孤雁、声嘹唳。一声声送一声悲,云淡碧天如水。披衣起告,雁儿略住,听我些儿事。　塔儿南畔城儿里,第三个、桥儿外。濒河西岸小红楼,楼外梧桐雕砌。请教且与,低声飞过,那里有、人人无寐。"风致甚佳。《董西厢》有一首〔御街行〕云:"须臾唤得仆人至,嘱咐你、些儿事。蒲州东畔十余里,有敕赐普救之寺。法堂西壁,行廊背后,第三个门儿是。　　见妻儿太君都传示,但道我、擢高第。教他休更许别人,俺也则、不曾聘妻。相烦你且,叮咛寄语,专等风流婿。"董曲颇似从无名氏作脱化而来,但自然之致不减。两首皆是曲体,非词体也。

王夫之〔鹧鸪天〕词及《读通鉴论》

予年十四岁时,于同学林君处见《船山遗书》,卷首有船山画像,自题〔鹧鸪天〕云:"把镜相看认不来,问人云此是薑斋。龟于朽后随人卜,梦未圆时莫浪猜。谁笔仗?此形骸,闲愁输汝两眉开。铅华未落君还在,我自从天乞活埋。"当时虽不甚了解其意义,却能领会其神理,一读即能成诵。至今五十三年,记忆犹新,龟形待朽,梦境将圆矣。

船山《读通鉴论》,文字极生动警炼。若其议论,则善读者得其透辟,不善读者得其苛刻;善读之益人神智,不善读之坏人心术。史论坏人心术,谓其有伤忠厚也,是近人某君语,似即山阴平步青。此条早于前条数年,连类附录。

冯君〔定风波〕词

旧友冯君培,新诗人也,四十年前有《沉钟》、《昨日之歌》等新诗集行世；偶作小词，亦极有风致。予至今能诵其〔定风波〕云："灯意凄迷酒意寒，低头微觉夹衣单。细数年来哀与乐，只说，藕花香里梦伊难。　纵使一朝相见了，却道，花须凋落叶须残。不及风前长想象，惆怅，芳名题遍百花笺。"超逸如其人。

关马之别

关汉卿是戏剧家；马致远是诗人。关是客观作家；马是主观作家。关作是《人间词话》所谓无我之境，以物观物，不知何者为我，何者为物；马作是有我之境，以我观物，借物抒我。关作多本色；马作多典丽。关剧曲旦末本俱全，散曲多闺情；马剧曲少旦本，散曲少闺情。

明人改元剧之一般情形

明人改元剧，失败者居多，臧晋叔所改最多，失败亦最甚。其一般情形，大致如下：

一、改质朴为华靡，古拙为纤巧，奇倔为平凡，爽快为忸怩，简切为浮泛，超脱为庸俗。

二、铺叙点缀、题外生姿之曲多被删去。

三、难唱之调多被删去；长套多遭删节。

四、合并数曲为一曲。

五、添作若干曲，此种情形，均见于臧氏《元曲选》。

六、可以增句之曲，如〔仙吕·混江龙〕，其增句多被删减，臧选删减尤甚。

七、衬字大为加多，此为唱腔改变之故。

八、元代俗语俗字多改为明代者或较近文言者。

以上各点，为十二三年前所记，其后在《臧懋循改订元杂剧评议》及《元明钞刻本元杂剧总集九种提要》两文中亦曾述及，而文字略有不同，姑并存于此。壬子新正附记。

俗与雅　板与韵

《柳枝集》本《青衫泪》剧孟称舜批语云："用俗语愈觉其雅，板语愈觉其韵，此元人不可及处。"予谓：臧晋叔改元剧，专改俗语，欲求其雅而更俗，专改板语，欲求其韵而转弱。孟之论曲作曲，其眼光手笔均似高出晋叔一筹。惜《柳枝》、《酹江》两集收剧既少行世又不广也。

元杂剧曲辞不通顺处不宜改动

元杂剧旧本谓《元曲选》以前诸本。曲辞，每有不通顺或生硬之句，此等处如木之瘿，如人之瘤，若生于致命之处，即不可动，若因此而有古拙之致，则不应动。臧晋叔不明此理，必欲求其文从字顺，故所改曲辞往往有浮泛庸弱处。昔人论诗云：宁使句拙，不使句弱。予谓曲理亦然。

敬思——教师

钟嗣成〔醉太平〕曲云"穷不了俺风流敬思",敬思二字,思之多年,不得其解。顷读《罗李郎》杂剧,其第三折〔后庭花〕曲首三句,《古名家杂剧》本作:"人都道你敬思,人都道你浪子,上长街百十样风流事。"《元曲选》作:"人都道你是教师,人都道你是浪子,上长街百十样风流事。"改敬思为教师,与浪子相对,文从字顺,意义明了。始悟敬乃教字形近之误,思乃师字音近之误。此种讹误,流行既久,遂成定型而大家照误,故钟曲、罗剧及《西厢记》见下。均作敬思。三曲言教师皆称其风流,盖江湖艺人之教师皆是风流潇洒者也。

《西厢记》第三本第一折即〔仙吕·点绛唇〕相国行祠套。〔后庭花〕曲云:"忒风流,忒敬思,忒聪明,忒浪子。"如依前说改敬思为教师,则风流与聪明俱为形容词,教师与浪子俱为名词而作形容词用,隔句属对,错综有致,是《西厢》文字细腻处。此二字,最早之弘治戊午刊本及《雍熙乐府》均作敬思,可知旧本如此。万历以后及清代诸本,不明敬思之意义,遂多臆改臆解。有作三思者,如王伯良、毛西河等二本。有作煞思者,如刘龙田、即空观、何璧、槃迈硕人、《弦索辨讹》、《六十种曲》、金圣叹、桐华阁等八本。刘龙田本注云:"太甚曰煞,今京师犹有此语。"即空观本袭用刘注"太甚曰煞"云云,又增注云:"煞思者,有意思之思,非思量之思也。"按:此字须仄声,且以去声为佳,三字平声,不合律,故作煞思者居大多数,几成定本。然无论三思、煞思,如何解释,其为牵强难通且破坏原文属对之工整则无二致。近人吴氏注本作敬思,但注云"值得尊敬",虽从旧本,仍是不得其解而望文生义。《西厢》版本极多,手边仅有此十种,无从遍校;但总应不出敬思、三思、煞思三者。

北曲中之"不剌"二字

北曲常用之"不剌"二字,为加强语气之语助词,其上为何字即照其字之意义解释之,此二字本身并无意义。例如"怕人不剌的"、"唬人不剌的"、"颠不剌的",皆是也。颠字疑即现代上海话谓女人娇媚为"嗲"之嗲字,颠、嗲二字一声之转。然《董西厢》云:"教普天下颠不剌的浪儿每许。"则又以形容男子之风流浪漫,不尽形容女性也。

并赃拿败

元人《魔合罗》杂剧第四折〔快活三〕曲云:"并赃拿败更推谁。"《元刊三十种》本如此,《元曲选》作"今日个、并赃拿贼更推谁。"今日个三字是后加衬字,无甚关系;改拿败为拿贼,义似可通,实乃妄改。《元刊三十种》本《周公摄政》第四折〔甜水令〕曲云:"对证无差,并同併。赃拿败,须是你福去一时来。"《董西厢》商务《人人文库》影印汤评本卷三。〔急曲子〕云:"思量可煞作怪,夜静也、私离了书斋。走到寡妇人家里,是别人、早作贼捉败。"此两曲败字均是韵,不能改为他字,可知拿败或捉败,金元时实有此语。并赃拿败即今语人赃并获之义。

汤显祖莎士比亚同年卒

汤临川与莎士比亚为同一时代之两大戏剧作家,分处东西,珠辉玉映。莎翁卒于西元1616年4月23日,即明神宗万历四十四年丙辰阴历三月初八;临川卒于是年阴历六月十六日,即阳历七月二十九,或云九月二十一,即阳历十月三十一。如前说则汤晚卒九十余日,如后说则半年有余。汤生于明世宗嘉靖二十九年庚戌(西元1550),莎生于1564即嘉靖四十三年甲子,汤长于莎十四岁。旧说云汤卒于万历四十五年,误迟一年,今从近人徐君著汤显祖年谱。徐谱云:卒于六月十六之说可信,九月二十一之说恐误。

病秦琼

宋人王谠辑《唐语林·语言门》:"武卫将军秦叔宝,晚年常多疾病。每语人曰:吾少长戎马,经百余战,计前后出血不啻数斛,何能无疾乎?"按:此条出于唐人李肇国《史补》。元以后戏曲小说家言,多衍其事。如元人吴昌龄《西游记》杂剧第一折,非通行杨景贤本。有"病秦琼加利害"之语。元无名氏或云尚仲贤。尉迟恭《三夺槊》杂剧第二折,形容秦之病体云:"秋气重,金疮越发作。"又云:"折倒的黄甘甘的容颜,白丝丝的鬓脚,展不开猿猱臂,撑不起虎狼腰。"皆本于上述记载。予儿时听佣人说"隋唐",谓秦有吐血疾,晚年愈甚,其病源为在美良川与尉迟恭三鞭换两锏,暗受内伤云云,则又因袭旧说而加以渲染也。

薛仁贵征西

《薛仁贵征西》小说叙仁贵与西番交战屡败,被困于锁阳城,卒病死军中云云,其说亦有所本。仁贵于唐高宗咸亨元年率师西征吐蕃,大败于大非川,军士死伤略尽,仁贵仅以身免,械送交师,免死除名。事见《唐书》本传及《通鉴》。是即小说所本。小说以仁贵此行为奉唐太宗亲征,君臣俱被围困,则甚荒谬,此时太宗死久矣。小说又言西番用妖术,故唐师不能敌,则以当时战场在今青海境内,其地气候、人物,异于中原。吐蕃即西藏,至今固仍以秘术闻也。

常卖

孟元老《东京梦华录》"京瓦伎艺"条有"尹常卖《五代史》"之语。近代撰写小说史者引录此语,或以尹常为其人之名,卖字作动词用,实则非也。刘延世《孙公谈圃》卷上:"王青,晏元献公门下常卖人,自号王实头。"赵彦卫《云麓漫钞》卷七:"朱勔之父朱冲者,吴中常卖人。方言,以微细物博易于乡市中自唱曰常卖。"周密《志雅堂杂钞》卷上:"嘉兴华亭市中有小常卖铺。"观此可知常卖为当时一种行业,或出入人家第宅,或沿街巷,或自设店铺,以贩卖杂货为生者也。尹某之说五代史，其为兼业或"改行"，则无从查考矣。

粉昆 补注予旧编曲选

予旧编《曲选》，录何瑭〔双调·新水令〕自述套，《曲选》卷三页一一三至一一五。其〔川拨棹〕曲云："想前人陷粉昆，怪权臣机变紧。事往愁新，玉石谁分。参透了盈虚益损，富和贫到底匀。"注文云："粉昆未详，疑是误字。"后读《宋史·刘挚传》，始得其解。今录刘传原文于下：

> 初，挚与吕大防为相，文及甫居丧在洛，怨望。服除，恐不得京官，抵书邢恕曰："改月遂除，入朝之计未可必。当涂猜怨于鹰扬者益深，其徒实繁。司马昭之心，路人所知也，济之以粉昆，必欲以眇躬为甘心快意之地，可为寒心。"其谓司马昭者，指吕大防独当国久。粉昆者，世以驸马都尉为粉侯，韩嘉彦尚主，以兄忠彦为粉昆也。恕以书示蔡硕、蔡渭，渭上书讼挚及大防等十余人陷其父确谋危宗社，引及甫书为证。时章惇、蔡卞诬造元祐诸人事不已，因是欲杀挚及梁焘、岩叟等，以为挚有废立之意，遂起同文馆狱，用蔡京、安惇杂治，逮问及甫。及甫元祐末复德大防，除权侍郎，又忠彦虽罢，哲宗眷之未衰，乃托其亡父尝说："司马昭指刘挚，粉谓王岩叟面白如粉，昆谓梁焘字况之，况犹兄也。"又问实状；但云疑其事势如此。《宋史》卷三四〇。

《宋史》卷二百《刑法志》及朱熹《三朝名臣言行录》卷十二之一刘挚事迹末条,记载与比略同,不具录。据此所载,粉昆之解释有二。第二说"王岩叟面白如粉"云云,乃文及甫之遁辞,牵强不足采,何曲用此典,应是取第一说,即谓驸马之兄也。同文馆狱为宋代大狱之一,何曲所指,盖明代某一狱案,或即与当时某驸马有关,详阅明史,可能考出。

闻早

宋金元词曲中常用"闻早"二字。如宋辛弃疾〔柳梢青〕词云:"白发苍颜,去时曾劝,闻早归来。"金段成己〔木兰花〕词云:"人生行乐须闻早。"元白朴〔庆东原〕曲云:"忘忧草,含笑花,劝君闻早冠宜挂。"此类成例甚多。近人任中敏校《阳春白雪》,于白氏此曲云:"闻早待校,闻疑是归之讹。"此校非是。闻早即及早之意,亦即现代语所谓趁早。今河北省南部、河南省北部一带,尚有此语;词曲中闻字多作平声,今两河方言则读去声。闻字训及,唐时已然。白居易《晚起》诗云:"闻健且闲行。"陈与义《至陈留》诗用其语云:"闻健出关来。"《四库全书》本《陈简斋诗集》改闻健为老健,亦由不知闻字之义。

譻

明赵南星芳茹园乐府慰张巩昌罢官〔仙吕·点绛唇〕套〔赚煞〕

曲云："论为人謽不过流年太岁。"中华书局单行本及《饮虹簃所刻曲》本俱有吴梅校语云："謽字当误，疑是拗。"此校非是。謽字《集韵》三十六养收之，注云："词不屈也。"今北方俗语尚谓执拗为謽，但读去声，如将帅之将，与《集韵》之读上声不同。

收园结果

收园结果，通行语也。一般引用，多写作收圆或收缘，尝疑其牵强费解。后见明人散曲中用之，皆作"收园结果"，方知其本字。

某字作厶

元代坊刻书如《杂剧三十种》、《太平乐府》、《阳春白雪》之类，凡遇某甲某乙之某字，多刻作厶。初以为是当时俗体简字，顷读陆游《老学庵笔记》卷六云："今人书某为厶，皆以为俗从简便，其实古某字也。《穀梁·桓二年》：'蔡侯郑伯会于邓。'范宁注曰：'邓厶地。'陆德明释文曰：'不知其国，故云厶地，本又作某。'"乃知此字由来甚古。

永嘉余札

项安世解东坡〔乳燕飞〕《华屋》词

项安世《项氏家说》卷八云："苏公〔乳燕飞〕《华屋》之词兴寄最深,有《离骚》经之遗法,盖以兴君臣遇合之难,一篇之中殆不止三致意焉。瑶台之梦,主恩之难常也;幽独之情,臣心之不变也;恐西风之惊绿,忧谗之深也;冀君来而共泣,忠爱之至也。其首尾布置,全类《邶·柏舟》。或者不察其意,多疑末章专赋石榴,似与上章不属;而不知此篇意最融贯也。予又谓'枝上柳绵吹渐少,天涯何处无芳草',此意亦深切。予在会稽,尝作《送春诗》云:'堕红一片已堪疑,吹到杨花事可知。借问春归谁与伴?泪痕都付石榴枝。'盖用两词之意。书生此念,千载一辙也。"项氏此段议论,龙榆生笺《东坡乐府》未及采入。其说可谓穿凿附会,但亦未尝不可谓为借他人酒杯浇自家胸中垒块,项氏固热中功名之士而生平不甚得意者也。与铜阳居士解〔卜算子〕"缺月挂疏桐"词之全出附会毫无感兴者似有差别。使为王渔洋所见,或不致同被讥为"村夫子"耶?

元杂剧分四折

《元刊三十种》各剧四折连接，并不分开。宣德刊《娇红记》、宣德正统间刊周宪王朱有燉《诚斋乐府》，均仍元刊旧式。印本杂剧四折分开始见于弘治本《西厢记》。惜《永乐大典》所收杂剧无一存者，无从知明初钞本作何形式。嘉靖绍陶室刊杂剧《十段锦》亦不分折，在弘治之后，乃保存古风者。元剧分四折乃固定体制，元人钟嗣成撰《录鬼簿》，于马致远等四人合作之《黄粱梦》剧已注明某折是某人作。明初宁献王朱权撰《太和正音谱》，所选例曲亦皆注明某剧某折，上文所述，仅就现存刊本之形式言之。

元杂剧读本

元剧以宾白之故，一套中之各支曲文，每被隔开，至有前后两曲相隔一两页者，失去联贯，不便诵读。拟选出若干剧，四折俱佳者录全本，否则录其佳者某单折，删去宾白，仅存曲文，作为元剧读本。宾白有"曲白相生"作用者酌留之，愈少愈好。此种办法只为诵读方便，与曲白俱全之原本可并行不悖。

《湘绮楼日记》释旦

《湘绮楼日记》"光绪五年三月十六日"条："看宋人小说，言优人名目有末泥、副净、副末,而所演名艳段。段即今旦也,正杂剧名两段,皆以旦为主,故声转段为旦。见耐得翁《古杭梦游录》。"按:湘绮为学,本不长于考据,小说戏曲,尤为外行,日记所言,真是"匪夷所思"。《古杭梦游录》即《都城纪胜》,湘绮云云,与《纪胜》原文了不相涉。

大鼓书

今之大鼓书,审其腔调词句,实与元明北曲有关,惟用久而敝,已成僵尸朽骨。正如时装衣饰,方其流行城市间,固甚华美都丽,至城中人日久生厌之后,乡妇村姑乃取而穿之戴之,适足以彰其丑耳。予喜读北曲而厌听大鼓,职是故也。凡一种文体,沿用既久,未有不由衰敝而腐朽者;惟其全盛时期之作品,则千古常新。

李全妻杨氏

汤临川撰《牡丹亭还魂记》叙李全事云,全妻杨氏,"能使梨花枪,万人无敌,夫妻上阵,大有威风"。语见第十九出。周密《齐东野语》卷九记全及杨氏事甚详,其涉及杨氏者云:

> 淄青界内有杨家堡,居民皆杨氏,以穿甲制靴为业。堡主曰杨安儿,有力强勇,一堡所服,亦尝为盗于山东,聚众至数万。有妹曰小姐姐,或云其女,后称曰姑姑,年可二十,膂力过

人,能马上运双刀,所向披靡。全军所过,诸堡皆载牛酒以迎,独杨堡不以为意。全知其事,故攻劫之。安儿亦出民对垒,谓全曰:"你是好汉,可与我妹挑打一番,若赢时,我妹与你为妻。"全遂与酣战,终日无胜负,全忿且惭。适其处有丛筱,全令二壮士执钩刀夜伏筱中。翌日再战,全佯北,杨逐之,伏者出,以刀钩止,大呼,全回马挟之以去。安儿乃领众备牛酒迎归成姻。遂还青州,自是名闻南北。

所叙大有小说风味,与《水浒传》宋江攻扈家庄擒一丈青扈三娘事颇相类。所不同者,宋江未自擒自娶一丈青,擒之者为林冲,娶之者则为矮脚虎王英。《宋史》卷四七六《李全传》亦有杨安儿及杨氏事,惟云安儿起兵败死,其妹四娘子狡悍善骑射,代统其众,称曰姑姑,李全以其众来附,杨氏遂嫁之,与《野语》记述不同。盖草莽之事,传闻异辞,而李全妻姓杨则无问题。

永嘉新札

白头王建

张籍《赠王建》诗云："于君去后交游少,东野亡来箧笥贫。赖有白头王建在,眼前犹见咏诗人。"晏几道演其意为〔临江仙〕词云："东野亡来无丽句,于君去后少交亲,追思往事好沾巾。白头王建在,犹见咏诗人。　　学道深山空自老,留名千载不关身,酒筵歌席莫辞频。争如南陌上,占取一年春。"此一诗一词,予皆喜读,《永嘉室札记》中曾述及之。顷读晁说之《嵩山集》,卷九《闻富季申迁校书郎诗》自注云："卷里诗过一千首,白头来作校书郎:为王建云。"按:此亦籍诗,见《四部丛刊》本《张司业集》卷六,全诗云："爱闲不向争名地,宅在街西最静坊。卷里诗过一千首,白头新受秘书郎。"诗题则为"题杨秘书新居。"王建曾官秘书丞,但为其早期官职,头尚未白,且诗题明是杨而非王;说之盖因前诗有白头王建之语而误记。建,新、旧《唐书》无传,事迹见辛文房《唐才子传》卷四。

老身

平剧中年老妇女自称老身,士大夫自称老夫,平民黎庶则自称小老儿,男子未有称老身者。白居易《闲居春尽诗》云:"闲泊池舟静掩扉,老身慵出客来稀。愁应暮雨留教住,春被残莺唤遣归。揭瓮偷尝新熟酒,开箱试着旧生衣。冬裘夏葛相催逐,垂老光阴速似飞。"自然深婉,予甚喜读之,惟颇嫌老身二字似老旦口吻。近读张籍诗,亦有"老身不计人间事"句。又检《杜诗引得》,老身凡四见:"老身须付托"、"无家任老身"、"余波及老身"、"老身古寺风冷冷"。其他诗人集中当亦不乏其例,乃知是唐人常用语。陈与义诗亦云:"兵火无归日,江湖送老身。"简斋学杜,自不免袭用杜语。

东坡松诗稼轩松词

东坡《佛日山荣长老方丈诗》:"陶令思归久未成,远公不出但闻名。山中只有苍髯叟,数里萧萧管送迎。"予甚喜读之。此诗与渊明之"顾影独游,欣慨交心"、柳州之"来往不逢人,长歌楚天碧"意境相同。皆元遗山《论诗绝句》所谓"朱弦一拂遗音在,却是当年寂寞心"也。东坡谪岭南,以陶柳集自随,称为"南迁二友",此诗作于中年官杭州时,不俟南迁,已得陶柳之趣矣。稼轩词"门外苍官三百辈,尽堂堂八尺须髯古"同是写松,较之坡诗,别是一番气象。苏辛并称,而两人之不同,即可于此等处参之。

诗词中之互体

《鹤林玉露》卷七:"杜少陵诗云:'风含翠筱娟娟净,雨裛红蕖冉冉香。'上句风中有雨,下句雨中有风,谓之互体。杨诚斋诗云:'绿光风动麦,白碎日翻池。'亦然,上句风中有日,下句日中有风。"杜句"翠筱娟娟净"由于雨洗,"红蕖冉冉"而动清香四溢由于风吹。杨句光字从日来,碎字从风来,池水静止,无风则无波,无波则不碎。此其所以为"互"。苏东坡〔浣溪沙〕《徐州谢雨》词云:"软草平莎过雨新,轻沙走马路无尘。何时收拾耦耕身?日暖桑麻光似泼,风来蒿艾气如薰。使君元是此中人。"桑麻之叶经日射而发光,经风吹而叶面转动,其光有如泼水;蒿艾之薰气,吹送之者为风,雨后蒸发之者则为日。上下两句,风日交融,尤胜于杨作。

阿对泉 补正旧编《续词选》

吴融有《阌乡寓居诗》十首,其第一首题为"阿对泉"。诗云:"六载抽毫侍禁闱,不堪衰病决然归。五陵年少如相问,阿对泉头一布衣。"自注云:"阿对是杨伯起家僮,尝引泉灌蔬,泉至今在。"文廷式〔西江月〕词云:"布衣来往秀江桥,休问五陵年少。"自注:吴融诗云云。文以翰林侍读学士,被劾革职南归,故引吴诗自喻。予编《续词选》,选录此词,但引文自注,而未引吴作全首及其自注,致词意不明,应补正。汉杨震字伯起。

永嘉新札之余

王君九与吴瞿安

王君九名季烈,即《明史考证捃逸》著者王颂蔚之子,与吴瞿安梅。俱苏州人,俱治南北曲,年略长于吴。吴体貌清癯;王则魁梧,昆曲唱"阔口",即净角。实大声宏。王所著《螾庐曲谈》,周详切实,胜于吴著《顾曲麈谈》;其文学欣赏眼光与写作技巧则在吴下,声名亦远逊之。近来学者震于吴之大名,多读《顾曲麈谈》,实则此书颇不适于初学,有时"越读越糊涂",不如先读王书。吴先生才高艺精,独步一时,而性情疏略,好为臆断,其议论考据均未可轻信。所著《南北词简谱》甚精,惟北谱殊不及南谱。予所谓艺,包括填词、制谱、度曲、吹笛等事。忆民国八九年间,予曾在北京青年会听吴先生清唱《游园惊梦》,时吴先生任教北大;又常侍先祖往天乐及同乐戏园观吴先生弟子韩世昌及老伶工郝振基、陶显庭等演昆弋戏。是为予知有昆腔、弋腔之始;十余龄童子,甫入中学,尚不解何为南北曲也。至今五十余年,恍如昨日。吴先生殁于民国二十八年,王先生胜利后尚在。

生挽顾羡季联语

湘人欧阳某,忘其名,集唐诗为联挽曾文正公云:

平生风义兼师友
万古云霄一羽毛

上联李义山,下联杜子美。工稳自然而气象雄阔,挽者与被挽者之身份与关系,尽在其中,且俱为第一流诗人之名句,洵所谓"文章本天成,妙手偶得之"。予曾用其语撰联生挽友人顾羡季云:

东坡长山谷九龄,平生风义兼师友;
诸葛胜子桓十倍,万古云霄一羽毛。

羡季丁酉生,长予九岁。东坡生于宋仁宗景祐丙子,山谷生于仁宗庆历乙酉,亦相差九年。刘备谓诸葛曰:"君才十倍曹丕。"见《三国志》亮传。羡季颇讳言生死,联成,未敢相示,亦未敢示他人。此联只可附于文字游戏之列;以予比子桓、山谷,令人失笑,羡季又焉能望诸葛东坡耶。羡季体弱多病,年甫五十,已呈衰象,今年七十九、音讯隔绝二十余年,不知无恙否?

顾羡季诗词

予来台湾时,失书一箧,羡季诗词集在焉;台湾公私藏家竟无

一有其书者,容再访之。集中佳作,予昔年多能成诵,今已大半遗忘,偶忆数首,录出于下:

扑面轻风不起尘,河冰微泮乍宜春。拟沽薄酒消长夜,还惜中年抱病身。一事成名长短句,只君待我弟兄亲。故乡故国俱无着,剩把愁心托故人。

——赠卢伯屏

梦回忽失江南人,漫把天涯当比邻。醉后争言千古事,尊前谁是百年身。青山红树不知晚,霜鬓黄花相与新。万里途中远行客,大家各自老风尘。

——无题

知是留春是送行?一栏芍药忒鲜明。剧怜万木阴阴合,又听新蝉嘒嘒鸣。长记得,玉溪生,诗中解道碧无情。杜鹃啼得余春在,送尽春归是此声。

——〔鹧鸪天〕

短烛摇摇灺,初雪沉沉下。眇眇微躯,茫茫去路,漫漫长夜。问何时突兀眼前来,有万间广厦。说甚真和假?说甚冬和夏?花落花开,年华有尽,人生无价。待明晨早起上高楼,看江山如画。

——〔小桃红〕

梦回忽失之"江南人",实有所指。卢伯屏名宗藩,羡季挚友,热诚人也,亦以教国文为业者;抗日初期,客川陕间,醉后服解醒药逾量,引发心脏病,一夕卒。玉溪生《咏蝉诗》:"五更疏欲断,一树碧无情。"此两诗两词,皆三十余岁时作,四十四五以后作品,似转不逮此,不惟才老,亦由境狭。羡季是奇才,惜平生踪迹不出河北、山东两省,无江山之助,未能尽其才也。

咏蝉诗词

玉溪生之"五更疏欲断,一树碧无情。"与玉田生〔长亭怨〕之"恨西风、不庇寒蝉,便扫尽、一林残叶。"一初夏,一深秋,一诗一词,俱为佳句。然皆以凄怨胜。杨诚斋诗云:"老眼偏明远岫孤,夕阳故遣树阴疏。蝉鸣叶底无寻处,随意闲行偶见渠。"则另是一种意境。秋明师诗云:"天机活泼自清佳,不是诚斋定简斋。"即谓此等。北方之蝉,形体较大,皆黑褐色;台湾有一种小蝉,其色翠绿可爱。台北发展为"近代化都市"以来,此物无地容身,与夕阳牛背上之白鸟,水田之青蛙,皆已久违不见。予少时居哈尔滨,曾有诗云:"早知陋室堪容我,不道闲愁更付谁。天窄那知新月上,楼高不见暮云垂。"前两句殊不成熟,后两句大可为今日高楼林立之台北写照。

程垓〔小桃红〕词

南宋人程垓书舟词有〔小桃红〕云:"不恨残花鲜,不恨残春破;只恨流光,一年一度,又催新火。纵青天白日系长绳,也留春得么。花院从教锁,春事从教过,烧笋园林,尝梅台榭,有何不可。已安排珍簟小胡床,待日长闲坐。"此词予甚爱之。前记顾羡季〔小桃红〕

"短烛摇摇地"云云,即受此词之启发影响而深得其神理韵味者,羡季尝自言之。——受其启发影响是羡季之言,深得其神理韵味则是予之言,但非予一人之私言也。

〔小桃红〕为南宋时后起之调,极轻快流畅,乃由词入曲之渐。此调不善填者甚易流于冯煦《蒿庵论词》所谓"俳薄",要紧在能收勒得住,程、顾两词皆能收勒得住者。南北曲皆有〔小桃红〕,作法与词不同。

行唐

予幼时,先祖说话常用行唐二字,行字读音如行伍行列之行而改为第一声,阴平。唐字读轻声。其意义则为因循、延宕、迟缓。例如,晨起催予上学,则云:"别行唐啦!都七点半啦。"责人作事缓慢,则云:"你老是这样行唐。"或云:"照这样行唐下去,一年也完不了。"予当时习闻此语,知其音,解其义,而不知此二字如何写法。二三十岁后读元明散曲杂剧,始知元代已有此语。张相《诗词曲语辞典》原名《诗词曲语辞汇释》。举例解释甚详,全部照录如下。

> 行唐:迟慢之义。《风月紫云庭》剧:"休得行唐,火速疾忙。"言休得迟缓也。《生金阁》剧二:"小丫鬟忙来呼唤,道衙内共我商量。岂敢行唐,大走向庭前去问当。"言岂敢迟缓也。《三十种》本《魔合罗》剧:"官人委付将六案掌,有公事岂敢行唐。"此言公事岂敢怠慢也。乐府《阳春白雪》后三,刘时中〔端正好〕套上高监司:"江乡前、有义仓,积年系、税户掌,借贷数、

补搭得十分停当,都侵用过、将官府行唐。"言将公事怠慢也。《霍光鬼谏》剧:"应昂,行唐,走奔龙床,扯位衣裳。"此犹云旁皇。应昂为答应之义,言答应之后,旁皇一下,乃走近御前也,《诚斋乐府·庆朔堂》剧:"我见他困朦腾心意徊徨,放乜斜语话行唐。"此意云欲言不言殊为旁皇也。《雍熙乐府》四,〔点绛唇〕套妓者嗟怨:"你心儿自想,口儿休强,似这等好前程争忍厮行唐。"此为蹉跎义。言好前程怎忍蹉跎自误也。

附注:六案,原作文案,今改正。六案之义详见另条。

据右引"将官府行唐""语话行唐"诸例,盖又有支吾搪塞之意。自元代至清末民初,历时六百余年,其流行不可谓不久。先祖逝后,予渐已不闻此语,今距先祖之逝又五十余年,世事翻覆,一切变动甚剧,此语已近绝迹矣。《古名家》本《魔合罗》,"有公事岂敢行唐"句作"有公事怎敢荒唐",《元曲选》本作"有公事岂敢仓皇"。荒唐、仓皇,皆违本意。盖此为北方方言,明代南方人不能解,故加窜改。《诗词曲语辞典》编者张相亦南方人,恐亦只解其义而不知其音。

六案

张孔目《智勘魔合罗》杂剧第三折〔商调·集贤宾〕曲"奉官人委付将六案掌"句,《古名家》、《元曲选》两本相同,《元刊三十种》本六案作文案,乃字形相近之误。此曲前宾白,张孔目自云:"在这河南府作着个六案都孔目,掌管六房事务。"是六案而非文案也。

府州县衙之书吏,亦称书办,职位虽甚低微,仍仿朝中六部之制分吏户礼兵刑工,通称六房,不称六案,但各房书吏之首,俗称"掌案的",其副称"帮案的",则是仍有六案之名。此制至清末民初尚然,予幼时在先君衙署中所亲曾见闻者。往日尝见一诗句云"六房如水吏钞书",谓政简刑轻,衙署闲静,书吏无公可办,乃以钞书为事。全诗未见,不知是何代何人作。予所藏明钞本《碧山乐府》,卷末有题款一行云"书办任文奎写",是为"吏钞书"之实例。孔目、都孔目,唐宋时已有之,掌收贮图书、勾稽簿籍等事。六案都孔目之称,似出作杂剧者杜撰,容检《元史·百官志》及《元典章》,再为详考。

牛皋长岳飞十六岁

《宋史·牛皋传》言其骁勇善战,屡破金兵;在《精忠说岳》中则为喜剧型人物。其为福将,似《隋唐演义》之程咬金;其憨猛诙谐,粗中有细,似《三国演义》之张飞,平剧中皋之脸谱亦与张飞者有几分相似。皋卒于绍兴十七年,年六十一,见本传,据此推算,生于元祐二年丁卯,岳飞则生于崇宁二年癸未,牛长于岳十六岁。而小说及平剧,牛呼岳为大哥,岳呼牛为贤弟,八大锤之王佐亦称飞为岳大哥。此大哥乃首领之意,以表示其身份地位,与年龄并无绝对关系。周瑜长于诸葛亮六岁,而平剧《群英会》以小生扮周,老生扮诸葛,则为调配角色,适应剧情,并象征两人之性格、气量、识见等。小说戏剧是文学、艺术,不必讲考据,且不应讲考据。撰写历史剧固无须要求其处处合于史实。钱大昕最恶小说戏剧,谓其乱真失实,则是个人观念问题。

永嘉五札

全清词钞

近人所编《全清词钞》,共四十卷,收词人三千一百余家,可谓洋洋大观。然所钞多平庸熟滥之作,王湘绮讥朱竹垞《词综》所谓"黄茅白苇,弥望皆是"。清初大家如陈其年、朱竹垞、纳兰容若,中叶如项莲生、蒋鹿潭,晚清如文芸阁、郑叔问、朱古微:诸人作品超越唐宋之外而卓然可与并立者,十九皆未入选,选者多其集中下驷。真元遗山所谓"少陵自有连城璧,争奈微之识珷玞"。幸诸人全集具在,后人尚有机会可辨认其真面目。选家所以买椟还珠,去菁存芜,其故在于仅求之于牝牡骊黄,而不求之于牝牡骊黄之外,仅能了解其章法辞藻之似古人者,而不能领略其神彩韵味之不似古人者。

龙渊里日钞

晏小山死靖康之难?

《四库总目提要》卷二百《词林万选提要》云:

> 晏几道〔生查子〕云:"看遍颍州花,不似师师好。"注曰:"此李师师也。"虽与颍州不合,然几道死靖康之难,得见李师师,犹可言也。此下言张子野不及见李师师事,与本题无关。颍州,小山词作颍川。

此说"闻所未闻",殊为新异。按:叔原生于仁宗庆历八年(西元1048)前后,徽宗崇宁大观时尚在,详见予旧作晏叔原系年新考。收入《景午丛编》下册。其卒年及大观政和以后事迹,则文献不足,无从考定。至靖康丙午(西元1126),年约八十左右,遭遇金人之难,非绝对不可能。然从未见于他书,不知提要何所依据,《提要》卷一九八《小山词》下亦未言其事。异说晚出,且无佐证,恐不足信。

宋之许州,古颍川郡地,升格为颍昌府。叔原曾监颍昌许田镇,故有"看遍颍川花"之句;宋时歌女名师师者甚多,不止开封之李师师。颍州则另是一地。诸本《小山词》均作颍川;《提要》作颍州,乃所据《词林万选》刊本之误,盖浅人所改。

辛稼轩女婿陈成父事

予少作《辛稼轩年谱》,于绍熙三年记稼轩以女妻宁德陈成父事,所引资料为《万姓统谱》。邓广铭撰《辛谱》亦同。顷有宁德人黄君来函,钞示乾隆《宁德县志》成父小传一则,较《万姓统谱》所记为详,录之以补充旧作:

> 宋陈骏,字敏仲,乾道五年进士,师朱子,著《论孟毛诗笔意》,脱稿而卒。学者称仁斋先生,祀乡贤祠。子成父,字玉汝,克承家学,以诸科荐。辛弃疾知福州安抚使,闻其才,以女妻之。学本诚正,诵《近思录》不辍,行己有度,安贫守道,澹如也。两预上庠解选;著有《律历志解》、《和稼轩词》、《默斋集》。

成父之字,《统谱》作汝玉,县志作玉汝。按:此用张横渠西铭"庸玉汝于成也",依文义,作玉汝为是。稼轩绍熙三年春出任闽宪,提点刑狱。至四年秋改任闽帅,知福州兼安抚使。《统谱》云稼轩招玉汝为幕僚,旋妻以女,在任闽宪时,《县志》云在任安抚使时,相差年余,未详孰是。玉汝之父为朱子门人,稼轩赴任闽宪时曾便道访朱子于武夷山,玉汝入辛幕,可能为朱氏所荐举,似以在绍熙三年之可能为多。

顷检《宋人传记资料索引》,知《闽南道学源流》卷十三、《宋元学案》卷六十九皆有陈氏父子传,《闽中理学渊源考》卷二十四、《宋元学案补遗》卷七十皆有成父传,志之以俟详考。诸书以《闽南道学源流》为最早,有嘉靖四十三年刊本,诸书所记,可能均从此出。

江月晃重山

《江月晃重山》为集调词。首两句为〔西江月〕之首两句,四五两句为〔小重山〕之五六两句,第三句既为〔西江月〕之第三句又为〔小重山〕删之第四句,盖两调此句句法及平仄相同也,故名〔江月"晃"重山〕,晃字甚巧。其命名方式,为南曲集调之先河。在词调则为后起,宋人无作之者,始见于元人刘秉忠之《藏春乐府》。万红友《词律》卷六收此调,举"芳草洲前道路"一首为例,题陆游作,所据为《词林万选》。考各本放翁词均无此首,而明见于《藏春乐府》为四首中之第一首,万选误题而《词律》因袭之也。藏春之生,晚于放翁九十一年,此一误题与此种命名方式兴起之早晚有关,不可不辨。

朱古微挽王半塘词 补旧注《续词选》

朱古微《挽王半塘》〔木兰花慢〕词云:"才近要离冢侧,故人真个骑鲸。"自注云:"昔年和翁生圹词有云:'傍要离穿冢尔何心,长

安市。'翁笑曰:'息壤在兹。'岂谶耶?"半塘生圹词原作见《半塘定稿》卷一,其中亦有要离冢侧之语,即古微所本。词云:

　　　　满江红

　　厢儿为予卜生圹于谯君墓次,赋此以志。他日当遍征同人和作,刻之山中,为半塘增一故实。似视螭背丰碑,风味差胜也。

　　笑揖青山,便从此、云归也得。试认取、半塘东畔,峰峦阛辟。陶令未开三益径,扈君早办千秋宅。更无烦、记莂告山灵,应相识。　　碑漫拟,征西勒;冢未近,要离侧。只随宜呼取,酒人词伯。地下竟偿偕隐愿,区中何日劳生息。和长吟、神往白杨风,秋萧瑟。

词殊不佳,录之以备故实而已。据此词,和生圹在临桂故乡。半塘卒于苏州,曾否归葬,待考。古微词又云:"泪眼尘笺未理,礼堂谁分平生。"礼堂写定,用郑康成事,见《后汉书》卷三十五《康成传》,予旧编《续词选》注文失注此事,应补。

《拜月亭》杂剧之卧麻与乱麻

　　《元刊杂剧三十种》本《拜月亭》剧楔子〔赏花时〕曲云:"白骨中原如卧麻。"近人卢冀野编《元人杂剧全集》改卧麻为乱麻,隋育楠编《元曲选外编》仍作卧麻。予旧著《校订元刊杂剧三十种》此剧校勘记云:"卧麻谓白骨纵横散卧地上如麻,用字确切,不应改。"其后读元遗山诗《癸巳五月三日北渡》云:"白骨纵横似乱麻,几年桑梓变龙沙。只知河朔生灵尽,破屋疏烟却数家。"始疑为《拜月亭》此句所自出,而卢本非妄改,盖此剧作者关汉卿之时代晚于遗山,诗与剧皆写金末事也。顷者涉猎古天文学,读《史记·天官书》,中有"其后秦遂以兵灭六王,并中国,外攘四夷,死人如乱麻"之语,始知乱麻二字确有所本,且甚古。乱字之简体与卧字有几分相似,因此致误。予所云云,则是望文生义,强为解释。卢编《元人杂剧全集》,约四十年前上海图书杂志公司出版,仅出数册,名为全集,实不全。

读剧漫语十七则

《独乐园》:第一折感喟苍凉,尚不失为佳制,二折以下平铺直叙,未免呆滞。古典派杂剧实不易作。第四折直是上万言书,尤为惹厌。

《僧尼共犯》:海浮素不喜佛教,故有是作,可反映其思想态度,未可仅以寻常游戏笔墨视之。

《临潼斗宝》:排场热闹,曲文妥帖,诚如王君九所论,乃场上剧之佳作。

《伐晋兴齐》:笔墨平庸,排场亦简单乏味,尚不及《临潼斗宝》;王君九乃推为上乘文字,此翁每喜称许庸滥之作,可见其欣赏能力为如何矣。

《石榴园》:伶工剧本如此流利稳妥,亦自难得。

《庞掠四郡》:稳妥而已;然在明代三国故事剧中,已可称为上选。

《怒斩关平》:曲文妥溜,伶工剧本中佳作也。此等剧佳处要在不腐不俗。

《东篱赏菊》:此题大可不作。渊明自家珠玉在前,后人如何著笔?作者于陶公胸襟气象全无理解,撷拾陈言,乱说一气,适足令识者齿冷。结尾檀道济传旨封渊明为本处府尹,令其跪听圣旨,望阙谢恩。何处伧夫,唐突渊明!应令门生儿子执梃而挞之。

《破风诗》:庚青真文乱押一气,元人决无此作法。

《认金梳》:略有元人风范,然置之臧选百种中,仍属下驷。

《东平府》:虽不及病刘千之莽苍雄肆,亦颇饶野趣,是明人《水浒》剧中上乘。

《九宫八卦阵》:此剧写草莽英雄受招安后之侘傺无聊,颇能得其神理。王君九乃云:"曲文惟第二折之〔端正好〕语颇俊,通体未能尽顺适。"此老眼中但识"青山白云红叶黄花"耳。

《村乐堂》:此亦寻常笔墨,仅胜于伶工所编诸故事剧。王老极口称之云"断非明人所能为";予谓元人断不为此。

《雷泽遇仙》:堆砌纤弱,庸俗之气扑人,清常斥为学究之笔,洵定论也。王君九"别具只眼",乃以"清丽芊绵可诵可歌"许之。

《渭塘奇遇》:能识此等为村学究笔,赵清常大胜于王君九。

《误失金环》:此亦清常所谓村学究笔。

《锁白猿》:王评云:"曲文尚通顺,然亦无胜处。"予以为明人有此笔墨,亦自难得。

右评语十七则,乃予三十余年前初读《孤本元明杂剧》时信手写于剧后余纸上者。其中多少年狂妄语,于王君九季烈尤为不敬。此亦所谓"今之少年,喜谤前辈"。平心而论,王氏曲学曲艺,不在吴瞿安梅之下,切实处似尤过之,观所著《螾庐曲谈》可知;至其才气眼光,则绝不能与吴先生比。丁巳新正,汇录之以消永夕,为保存昔年见解及语气,字句悉仍其旧,未加修改。

读诗偶记

数诗

鲍明远有《数诗》一首,共二十句,以数目字从一至十冠于每两句之首,其诗云:

一身仕关西,家族满山东。二年从车驾,斋祭甘泉宫。三朝国庆毕,休沐还旧邦。四牡曜长路,轻盖若飞鸿。五侯相饯送,高会集新丰。六乐陈广坐,组帐扬春风。七盘起长袖,庭下列歌钟。八珍盈凋俎,绮肴纷错重。九族共瞻迟,宾友仰徽客。十载学无就,善宦一朝通。

此与八音建除诸体,皆古人之文字游戏;然亦须有情景、有章法,若一味空洞杂凑,则但见其数,不成其为诗矣。方回撰《文选颜鲍谢诗评》评此诗云:

此游戏翰墨,如金石丝竹八音、建除满平十二辰、角亢氐房二十八宿,皆以作难得巧为功,非诗之自然者也。数者,自

下 编

一至十。始云"一身仕关西,家族满山东",末至"十载学无就,善宦一朝通",紧要意全在此,谓寒士之学,十载不成,巧宦之人,一朝通显,如前九韵所云耳。

方评颜鲍谢诗,多精到语,此首其一例也。此书《四库全书》本之外,有康熙时刻本;予所藏钞本,乃自《四库全书》录出者。

元曲中亦有此作法,如吴昌龄《张天师断风花雪月杂剧》第一折云:

（〔醉扶归〕）俺和他、一去蕊珠宫,同戏百花丛,报与你个、二月春雪鱼化龙。饮了那、三杯御酒珍珠瓮。四下里,旌旄簇拥。准备着、五花骢,缓向天街控。

（〔醉中天〕）六印掌元戎,七纵显英雄。向八座里、气昂昂列上公,稳请受着、九重天雨露恩和宠。也不枉了、十年间苦功,到今朝享用。是必休忘了我这、报前程仙女淳风。

（〔赚煞尾〕）你若有、十分的至诚心,我怕没、九转丹相送。到来年又怕你、八月中秋事冗。那七夕会牛女佳期、你可也休卖弄;我则怕、六丁神,告与天蓬。更怕的是、五更钟,催别匆匆,只落的、四眼相看泪珠涌。兀的不、三星在东,正照着俺、二人情重,一般潇洒月明中。

右〔醉扶归〕、〔醉中天〕两曲从一至十顺数,〔赚煞尾〕曲从十至一倒数,曲文流利自然,颇见巧思。将各句衬字除去,只存本格正字,仍是"冠顶",而非分嵌句中。

跋黄嘉惠本董西厢

黄嘉惠刻本《董西厢》二卷，极为难得；历来藏书家，多仅闻其名，未见其书。予最喜读董词，常思得一明刻本，久而未获。丁丑春日，偶见此本于北平隆福寺街文奎堂，为之惊喜；几经往返议值，始归插架。旋逢世难，奄忽六载，旧藏善本戏曲小说数十种，散去大半；予于此道亦兴致阑珊，不复措意。惟此书及嘉靖制崇祯补修本《海浮山堂词稿》、明末钞本《碧山乐府》、清雍正乙卯王发傅钞本《赵南星散曲》，素所珍惜，无论何时亦不忍舍弃也。甲申立冬后书于清画堂。

此书有"鲤洋文库"及"森我氏"藏印，是曾流入东瀛者。重归故国，甚可喜悦。初见时，原装一厚册，形制古朴；议价过程中，书肆改为金镶玉装，分订四册，失其本来面目。甚悔当时未告肆中人以不可改装之理。壬子立秋后书，时在台湾，距前题二十八年。

此本，前有黄嘉惠引云："迩得苕上善本单行，庶几佳人独立，一朵千金。又无奈朱蓝满楮，正如孙恪夫人颊上著丹猵瘢痕，虽别成致，视虢国淡扫蛾眉为何如也。因求旧本，手校付梓。"所谓苕上本即闵齐伋本；闵氏乌程县人，今浙江吴兴，地滨苕溪，故称苕上；其本有朱、蓝二色批语，故云"朱蓝满楮"。闵刻套色印本书甚多，皆在万历末叶及天启时，黄本刊于其后，当在天启、崇祯之间。

今台湾世界书局影印《六幻西厢》本，前有"简介"叙董词版本云:"黄嘉惠刻本,二卷,万历间。"恐不如是之早。简介又云:"黄嘉惠本未见。"正因未见原书,故不能定其刊印年代。《董西厢》传诵不及王实甫《西厢记》之广,故王剧版本多至八十余种,董词版本甚少。予旧所知见者,明代黄本之外,有:万历间屠赤水校本二卷,天启崇祯间刻汤玉茗评本四卷,闵齐伋刻三色套印本四卷,闵寓五刻《六幻西厢》本二卷;清代及民国初年,有刘世珩暖红室前后二刻,前者四卷单行,后者不分卷,由吴梅校订,分析正衬,收入汇刻传剧五十种内。近年又发现:嘉靖时燕山松溪风逸人校正本,及稍后之海阳风逸散人适适子重校本,俱八卷。合计之,共得九种,约当王剧版本十分之一耳。予所有者:黄本及暖红室初刻皆原本,汤评、六幻、风逸人、适适子皆影印。缺者:屠赤水闵齐伋、暖红室后刻本。

亡友凌景埏所撰《董西厢》注释,予亦有其书,与其他排印本,俱不在上述诸旧本之列。丁巳立春后记,黄本在寒斋整四十年矣。

予外似沉静,内实轻躁,读书治学无恒心;喜收藏善本书籍,而旋买旋卖,不能坚守。世德堂本《赵氏孤儿记》为明刻戏曲之佳品,曾在予处数年,后竟售与已故某戏剧家;某氏藏书又售与美国哈佛大学远东图书馆,《赵氏孤儿》遂亦远渡重洋,永沦异域。是所谓:"我虽不杀伯仁,伯仁由我而死。"今《董西厢》归自日本,予保持之近半世纪,或可"略赎前愆"耶?

附注:丁丑为1937年,甲申1944年,壬子1972年,丁巳1977年。丙辰腊月十七日丁巳立春。夏历以立春日为岁首,不以元旦也。

跋刘龙田本西厢记

《西厢记》为我国古典戏剧名作之一,盛行于明清两代;版本之多,合现存及亡佚者计之,不下七八十种。亡佚者无论矣;现存之若干种,约可分为三大系统:其一为万历中叶以前之旧本,其二为万历中叶以后至清初诸本,其三为清代之《第六才子书》。

万历帝在位四十八年,此半世纪中,戏剧之撰写刊印,其风格、形式,逐渐演变,故予以万历中叶即其二十年左右为一界限;《六才子》本之行世,则在清顺治时。此本流传,久而且广,各种明代及清初刊本俱为所掩,若存若亡,稀如星凤,而一般读者遂仅知有《六才子》矣。然此本乃经过金圣叹改订者,窜易字句,分析章节;而圣叹实不甚谙习北曲格律及北地俗语方音,又忽视元杂剧体制,妄改妄分,均所难免。万历中叶以后,圣叹《六才子》以前诸本,及较《六才子》稍后之毛西河本,亦每经文人改订;虽不似金本之妄,究失本真。元代及明初刊本既不可复见,欲求可能接近原剧本来面目者,惟有万历中叶以前之旧本耳。

上文所述三大系统,在各种版本中所占比例,《六才子》最多,万历中叶以后至清初诸本次之,万历中叶以前诸本最少,仅有三种。其一为弘治十一年戊午(西元1498)金台今北平市。岳家刊本;现存《西厢》刊本,此为最古。其二为嘉靖四十五年丙寅(西元1566)刊《雍熙乐府》本;此本仅录曲文而无宾白,且曲文二十一套散在各宫调中,至民国二十二年始有人辑录成帙,不得谓为全书。其三为上饶余泸东校正本;此本经两次刊行:一为万历二十年壬辰(西元1592)忠正堂熊龙峰刊,日本内阁文库藏,予未获见,仅据日人传田章撰《西厢记版本考》,知有其书;另一种为书林刘龙田绣梓,标题《重刻元本题评音释西厢记》。予四五年前旅美,获得其全部照片。

此本无刊印年月,依字体、版式、行款、插图等项观之,其刊印时期应更早于万历二十年,可能早至嘉靖隆庆之间,即西元1567前后。刊印地点则为福建建安一带,宋代以来所谓"建本"书籍之刊印地。与弘治本恰为一南一北,后先相距约七十余年。

弘治本不在本文范围之内,《雍熙乐府》本非全书,熊龙峰本未见,此三者俱可置而不论。刘龙田本则有六项特点及佳胜处,今略述之。

其一,卷上开端有末角所念"引首"一大段,其体制及文词全同于明代传奇之"副末开场"。此引首足以显示明中叶以后《西厢记》杂剧之形式渐与传奇混淆之过程,而予所见各种刊本皆无之。近人刘世珩撰《西厢记题识》收入《暖红室汇刻传剧》。云:徐士范本有此引首;所谓徐本,予未之见。弘治本有引首,但仅为散曲一套,即刘龙田本附录之〔般涉调·哨遍〕,其性质与刘本者完全不同。

其二,曲文、宾白与后出而在明代诸本中最为通行易得之王伯良香雪居、凌濛初即空观两本颇有异同。

其三,每出折。之后,均有"释义"及"字音"。释义,弘治本亦有之,而刘本较详。字音,则与《元曲选》每折之后所附字音,同为研究明代语音之资料,不仅限于诵读《西厢》之用;弘治本未附字音。

其四,书眉所附评语,非仅空论,有时亦考订俗典方言,可供参考。

其五,插图共二十九幅,仍存明代版画早期风格,堪称古朴,并可藉以窥见版画风格形式递嬗之迹。

其六,书后附录,计有八种:《莺红对弈》短剧一折、《园林午梦》短剧一折、《西厢别调散曲》〔般涉·哨遍〕及〔仙吕·八声甘州〕各一套、《打破西厢八嘲》〔满庭芳〕词九首、《闺怨蟾宫》〔双调·折桂令〕四首、《秋波一转论》、《松金钏减玉肌论》各一篇、蒲东《崔张珠玉诗集》七律一百四十首、《西厢八咏》七绝八首及《钱塘梦话本》,为历来所见明本《西厢》中附录最多者。至于此八种之文学价值究竟如何,则是另一事。此即刘龙田本之大略情形也。

弘治本,台湾已有世界书局影印。刘本,知者较少;予所获影片,归国后置于箧中,因治学兴趣转移,几已淡忘,恐日久遂致亡失。顷者检出,请李善馨先生主持之学海出版社影印,以广流传,并先简介其内容,他日或将另撰一文详为叙述。原本偶有破损缺字,初拟依弘治或其他明本补足;但参校之后,发现各本行款文字未能与刘本符合无间,遂尔中辍。与其强补失真,不如存疑俟考,影印古书固不可不明斯义也。惟全书最后一页,据弘治本补钞两行半,乃照片中原有者,故仍存之。

1977年新春,郑骞识于台北寓庐之永嘉室。

跋陆贻典钞本琵琶记

现存明代刻本《琵琶记》，约近十种，以斯干轩本为最早，亦最接近原书本来面目；其余各种均经后人增删窜改，清代之七才子本更无论矣。黄丕烈尧圃。旧藏此本凡两部，其一为明刻巾箱本，其一为清初陆贻典敕先。手钞本。巾箱本现藏"国立中央图书馆"，民国二十年左右，武进董氏据以影印行世。陆钞本现在大陆，予旧闻其名而未见；壬子旅美，获此书影印全部，携返台湾。持与巾箱本互校，始知二者虽同题为"斯干轩"，而并非一本，其异同之点，约如下述：

一、巾箱本题《新刊巾箱蔡伯喈琵琶记》；陆钞本题《新刊元本蔡伯喈琵琶记》。"元"通"原"，非谓元朝。

二、巾箱本题"南溪斯干轩校正"；陆钞本题"南溪斯干轩订正"。

三、巾箱本半页十行，行十八字，宾白及落场诗小字双行；陆钞本半页十四行，行三十字，宾白及落场诗小字单行。

四、巾箱本上下二卷，上卷二十出，下卷二十三出，共四十三出，每出之首冠以出次，如第一出、第二出等；陆钞本亦分上下二卷，亦四十三出，但每出之首不冠出次，仅于每出之末注"并下"二字，或"下"字，以表示此出终结。

上列四项，以第四项为最重要，盖有关于传奇刊印形式之演变。

万历以后各种刊本《琵琶记》，不仅有出次，且有出目，如"第一出高堂称寿"、"第二出牛氏规奴"之类；其他刊本传奇莫不如此。而巾箱本有出次，无出目；陆钞则二者俱无。此种情形，与杂剧刊印形式之演变相同。杂剧早期刊本，如《元刊杂剧三十种》、明初周宪王朱有燉《诚斋杂剧》原刊本，皆四折一连直下，不题折次；直至嘉靖三十七年戊午，1558。刊本杂剧《十段锦》，仍系此式。万历以后刊本杂剧，如《息机子杂剧选》等，始分列四折，各题折次，此后遂成定式。以彼例此，陆钞不题出次，当早于巾箱本；巾箱本有出次而无出目，则又早于万历以后诸本之出次出目二者俱全。然则陆钞本当是刊印传奇之最早形式，明初刊本传奇已无存者，赖此一钞，得窥真相，弥足珍矣。

陆钞本自跋云：所据底本为嘉靖二十七年戊申，1548。苏州刊本，行款悉依原书。此本较杂剧《十段锦》仅早十年，彼为杂剧，不题折次，此为传奇，不题出次，盖时代相同，风气亦相同也。巾箱本既在其后，刊印年代最早在嘉靖末，予旧作斯干轩本《琵琶记》收入《景午丛编》。曾疑其本或刊于明初，其说不能成立矣。巾箱本卷后黄丕烈跋云"词句亦多与陆钞本间异"，予以两本互校十余页，只见其同，未见其异；如遍校全书，可能发现荛圃所谓"间异"之词句，或有更大发现，亦未可知。衰年病目，且可作之事尚多，已无意从事于此，漫识数言，存其梗概，以俟后之贤者。至于此本之最大价值，尤在其内容文词之胜于后来诸本，予所谓"接近原书真面目"，固非仅刊印形式之一端也。

丙辰秋日颍白题于永嘉室。

郑骞先生学术年表*

1906 年(清光绪三十年)

6 月 2 日(阴历闰四月二十九日)生于四川灌县。

1926 年

就读北京私立燕京大学中文系。

1929 年

秋,自燕大请假一年,任天津河北省立女子师范学院中文系教授兼主任,讲授文学史及诗词选读。

自印《永阴集》(词集)。

1930 年

回燕大销假,续修课业。同时在北平汇文中学兼课。

1931 年

夏,燕大毕业。

秋,正式任汇文中学教员,讲授高三国文、文学史。

1938 年

秋,任燕京大学中文系讲师,讲授大一国文、历代文选、诗选、词选。

---

* 本年表由何泽恒先生撰。原载何泽恒《"国立"台湾大学中国文学系系史稿(1929—2001)·郑骞先生传》,台湾大学中国文学系 2002 年版。

出版《辛稼轩年谱》。

1939 年

由燕京大学油印《稼轩长短句校注》。

1940 年

发表《冯惟敏及其著述》于《燕京学报》,为返燕大后第一篇学术论文。

1945 年

冬,任北平教育部所设大学先修班中文系副教授。

1946 年

冬,任沈阳国立东北大学中文系副教授,讲授大一国文、曲选、小说史。

1947 年

秋,任上海国立暨南大学中文系副教授,讲授楚辞、曲选、小说史、近代文学。

1948 年

秋,任台湾大学中文系教授,讲授词选、曲选、戏剧概论、小说史等课。

1952 年

出版《词选》。

1953 年

出版《曲选》。

1955 年

出版《续词选》。

1956 年

应美国国务院约请访问哈佛大学及华盛顿大学等大学。

1957 年

任"教育部"学术审议委员会委员。

1961 年

秋,任美国华盛顿州立大学东方语文系客座教授。

出版《从诗到曲》。

1962 年

秋,任香港新亚书院中文系主任。

出版《校订元刊杂剧三十种》。

1963 年

秋,复任台湾大学中文系教授。

1965 年

任美国耶鲁大学东方语文系客座教授。

1970 年

出版《宋刊施顾注苏东坡诗提要》。

1971 年

出版《校点南词韵选》(与《红蕖记传奇》、《吴江三沈年谱》合刊)。

1972 年

任美国印第安纳州立大学东方语文系客座教授。

出版《景午丛编》(增编旧著《从诗到曲》,与《燕台述学》合编)。

1973 年

出版《北曲新谱》、《北曲套式汇录详解》。

1974 年

8月,自台湾大学中文系退休,年六十九。改以兼任教授名义继续指导博士论文。

转任东吴大学及辅仁大学研究讲座教授。

1975 年

出版《桐阴清昼堂诗存》(线装本,收诗 322 首)、《陈简斋诗集合校汇注》(附《陈简斋年谱》)。

1977 年

出版补订本《辛稼轩年谱》、《宋人生卒考示例》。

1981 年

7 月,辞去台湾大学中文系兼任教授。

出版修订本《曲选》。

1982 年

出版《唐伯虎诗辑逸笺注》、修订本《词选》、修订本《续词选》。

1984 年

出版《陈后山年谱》。

1985 年

2 月,"国家文艺基金会"授予"国家文艺贡献奖"。

1986 年

膺选为台湾大学名誉教授。

1988 年

出版《清昼堂诗集》(收诗 1117 首)。

1989 年

受聘为"中央研究院"中国文哲研究所咨询委员。

1990 年

12 月,"行政院"授予"文化奖"。

1991 年

夏,辞东吴大学、辅仁大学讲席。

7月28日(阴历六月十七日),病逝于台北"三军总医院",享寿86岁。

(附:1992年自编小品随笔合集《永嘉室杂文》、学术论文汇编《龙渊述学》先后由门人整理出版。)

郑师因百的曲学及其对我的启迪*

曾永义

郑师因百(骞)学识广博,著为专书者三十余种①;治学则以诗词散曲戏曲为主,虽是属于韵文学范围,但根柢经史考据。散曲戏曲的研究,即所谓"曲学"。老师有一篇文章《论词曲的特质》②,把词比作"翩翩佳公子",曲则多少有点"恶少"气味。我袭缘老师之意,也在一篇文章里,把诗比作"彬彬君子",把曲比作"五陵少年",词仍比作"翩翩公子"。杜甫说:"同学少年多不贱,五陵裘马自轻肥。"③裘马轻肥的五陵少年,总有点公子哥儿的气味吧!老师的著述很宏富、评价很高,尤其在曲学方面的成就更为海内外所公认所推崇,对学界的影响甚大。如此说来,老师堪称"五陵少年的导师"了。由于老师之"导引",使曲"改邪归正",在学术的苑围里开花结果;由于老师之"不倦",使曲的欣赏和研究有了正确的门径。

---

* 本文原载《郑因百先生百岁冥诞国际学术研讨会论文集》,台湾大学中国文学系2005年。

① 郑师生平见何泽恒:《郑骞先生传》,载"国立"台湾大学中国文学系系史稿(1929—2001)》,台湾大学中国文学系2002年版,第229—235页。郑师所著专书见文后所附著述目录。

② 收入氏著《景午丛编》上册,台湾中华书局1972年版,第59页。

③ [唐]杜甫:《秋兴八首》,收入《全唐诗》卷二三〇,中华书局1960年版,第7册,第2510页。

一、曲学津梁

老师的曲学著作,篇幅比较短的零篇论文大部分收在《景午丛编》①,少部分收在《龙渊述学》②;其内容比较浅近而启迪性较多可以为初学津梁的有二十几篇③。

前面说到的《词曲的特质》,老师开头就说:"词曲是同类别的文学作品而同中有异。同在形式规律,异在内容风格。正和许多同胞兄弟一样,面貌神态尽管相似,而性情行为并不相同。"*把词曲比喻作形象鲜明的同胞兄弟,给人的感受是既精确而又亲切。于是老师就分别说明这同胞兄弟同在形式规律的面貌神态而异在内容风格的性情行为。

老师在说明词曲"性行"时,也有巧妙的比喻:

> 这弟兄两个的性行都是偏于潇洒、轻俊、美秀、疏放,而缺少庄严、厚重、雄峻,他们都只能作少爷而不能作老爷。所不同者:词是翩翩佳公子,曲则多少有点恶少气味。词所表现的是中国文化的阴柔美,曲所表现的则是中国文化衰落时期一般文人对于现实的反应。(本版第4页)

---

① 郑骞:《景午丛编》(前揭书),上下二册,各565、462页。
② 郑骞:《龙渊述学》,大安出版社1992年版,共687页。
③ 其篇目俱在二书之中,容易辨识,不烦举出。
* 本版第3页。以下凡征引本版文字,仅随文括注页码。——编者注

老师再从作词所用语汇及表现方法来看,认为"词中字面都是轻灵曼妙的,古朴典重的字面简直不用。表现方法则华饰多于素描,优美多于壮美,很少痛快淋漓奔放显豁之作,多是隐约含蓄,托兴深微,一唱三叹。"(本版第5页)老师又说若将词称之为"精金美玉",却是颇为恰当。于是以光和水来比喻:"比之于光:词中的景物情调都是在月光之下的,无论怎样皎洁如昼,也是月光,并非日光;即使是日光,也只是无限好的夕阳。比之于水:词是一道清溪,是一片澄湖,只能泛起些涟漪,至大是烟波浩渺;有时却会波涛汹涌起来,那就是苏东坡的'大江东去',辛稼轩的'千古江山'。"(本版第6页)

老师更说,文体不同,所能表现的内容自有差别。诗看似没有不能表达的事物,但由于语言形式较为刻板,所以长于抒情写景,短于记事说理;抒情亦宜于悲而不宜于喜。词托体最为短小,更止于抒情写景,而几不能记事说理。曲之好处则在写景之美,状物之精,描写人生动态、社会情事,能尽态极妍,形容毕肖。也就是说,曲是惟一能自由自在地表现各色各样内容的韵文学。但是曲毕竟是衰世文学,受到时代极其不良的影响;所以曲中作家,能表现出纯正思想、真挚性情、雄阔襟抱,也就是说能真正表现出作者人格学问有如马致远、张养浩之散曲作品的,极为少见。曲之所以被认为"不登大雅之堂",曲之所以始终只能望诗词之项背,质其缘故,乃在于"颓废、鄙陋、荒唐、纤佻"之四弊。老师说曲之有此"四弊",乃因为曲是元明两朝产物,这两朝在上者的施为是凶暴昏虐,在下者的风气是颓废淫靡。有心之士,对于现实生出一种厌恶恐怖与悲悯交织而成的苦闷,化不开苦闷,于是颓废下去,其结果便是淫靡。同时另有一般人,很热衷而又不得志,于是或者假撇清,满心功名富贵,满口山林泉石;或者怨天尤人,大发牢骚。而荒唐是由颓废生出来的,人一颓废了,就把是非真伪都不当回事,胡天胡帝,信口雌黄。这种情形,在散曲里较少,在剧曲里颇多。纤佻则是淫靡风气的反映,是从抒写男女之情上生出来的毛病;因为写得太露太尽而失去正当的优美,便流于纤佻轻薄。

老师像这样深入浅出、就近取譬地在论说"词曲的特质",使我在初入曲学之门时感受特别的深。后来我在一篇《曲学浅说》①里,有这样的话语:

> 郑因百师曾以翩翩佳公子喻词、恶少喻曲,又以光、水为譬。笔者亦准此以说明诗词曲风格之异同。大抵说来,诗的风格较庄严、厚重而雄峻。譬之于男,则为彬彬君子;可以为雅士,飘逸而脱俗;可以为豪杰,气吞其山河;譬之于女,则为大家闺秀,可以母仪天下,可以相夫教子。譬之于光,则或烈日当空,或阳春布泽;譬之于水,则或沧海波涛,或一碧万顷。又或如崇山峻岭,崖谷之荦确;又或如峰峦起伏,苍翠之蜿蜒。
>
> 词的风格较潇洒而韶秀。譬之于男则为翩翩佳公子,可以乘时而超妙空灵,亦可以失意而委顿沈郁;譬之于女,则为小家碧玉,虽风姿可人,终无闺范气象。譬之于光,则或夕阳晚照,或流光徘徊;譬之于水,则或澄湖涟漪,或碧潭写影。又或如精金琅玕,绿畴平野。
>
> 曲的风格较轻俊而疏放。譬之于男则为五陵少年,裘马轻肥、意气纵横;可以豪辣灏烂以致飞黄腾达,亦可以颓废荒唐终于鄙陋纤佻。譬之于女,则为薛涛、李师师者流,虽然高

---

① 此篇收入拙著《说俗文学》,联经出版事业公司1984年版,第206—207页。

雅俊赏,到底风尘中人。譬之于光,则繁星万点,虽然闪闪灼灼,终觉荧荧寒微;而间或烈火熊熊,刺眼飞舞,亦可以致人焦头烂额矣。譬之于水,则或长江波浪,或春水东流;或清溪潺潺,或飞瀑淙淙。又或如白璧而有瑕,平林而烟织、广漠而风沙。

此外,就其表现方式来说,诗词大抵采叙述口吻,主词往往不明,故既质直而又委曲,深厚酝藉而有致。曲则或现身说法采用代言体,或旁观唱叹采用批评体,而无不满心而发、肆口而成,虽欲已言而不得者。所以曲的表现有如汩汩然不竭的泉流。

这样的诗词曲风格之异同,我不敢说得诸老师论学的菁华,更有进一步的发挥;但受到老师《词曲的特质》之启迪,从而模拟开展,则是很明显的。

此外,老师在《论元杂剧散场》中,先举出《元刊杂剧三十种》本的《单刀会》、《贬夜郎》、《东窗事犯》和《元曲选》本的《气英布》、《倩女离魂》五剧,在第四折之后,都有与本折套曲同宫调而换韵,或者宫调及韵全不相同的曲子两三支。对于这莫名所以的现象,老师要设法判明它们究竟是什么。乃先用排除法,说明它们既不是"插曲",也不是"楔子";然后从《北词广正谱》中得到启示,证明那就是所谓"散场"。① 于此使得元杂剧的体制更为完备。在《吉

---

① 参见[清]李玉《北词广正谱》(学海出版社1998年版)第一帙目录第三页黄钟宫套数分题,李玉引郑德辉《倩女离魂》套式:〔醉花阴〕、〔喜迁莺〕、〔出队子〕、〔刮地风〕、〔四门子〕、〔古水仙子〕、〔寨儿令〕、〔神仗儿〕、〔幺篇〕、〔挂金索〕、〔尾〕借双调、〔水仙子〕,并注云:"时本有双调〔金山玉〕、〔竹枝歌〕,在〔水仙子〕前,三调俱别韵,作散场。"第24页。

川著元杂剧研究中译本序》中,对日本学者吉川幸次郎《元杂剧研究》(郑清茂译),除了举出该书"嘉惠后学"和"对于元杂剧性质最详明的解说,最正确的评判"(本版第159页)外,也提出三点异议和吉川商榷。使我们了解写作书评应如何入手行文才能"平正通达"。在《关汉卿的杂剧》中,从关汉卿在元杂剧作家中,时代最早、作品最多、题材最为广泛而且描写各极其致三种特点,来论说关汉卿成为元杂剧第一大家的缘故。在《孤本元明杂剧读后记》中,论述王季烈编辑刊行此书之意义与价值,并对王氏提要的得失作公允的评断;在《从元曲选说到元刊杂剧三十种》与《臧懋循改订元杂剧平议》中,以实例指出治学当从善本,对于臧懋循的功过,也有切实而深入的说明;在《董西厢与词及南北曲的关系》中,从宫调、曲调、尾声格式、套数组织、音乐用韵及方言俗语等方面考察出《董西厢》实为词与曲过渡之韵文学,而与北曲关系尤为密切,因此被称为"北曲之祖"。①

像这些久已被学者所称述的见解,教人读来就好像坐在课堂上听老师娓娓而谈,不疾不徐的、清清楚楚的,很复杂的问题、很难解释的观念,而老师用很简单的话语、很切当的比喻,便使人恍然大悟、豁然贯通;更难得的是往往趣味横生,使人忘了那其实是非常知性的学术论文。

二、论文典范

而老师偏于考据的曲学论文,在《景午丛编》和《龙渊述学》中

---

① 以上诸文,俱收入郑师因百:《景午丛编》。

也有二十几篇。这些论文,可以使我们了解如何发现问题和解决问题。老师将每一个学术问题的周延和层面都说明和剖析得很清楚,然后有条不紊地、细密谨严地建立自己的理论和证明自己的说法。

1.《论北曲之衬字与增字》[①]

譬如在《论北曲之衬字与增字》中,老师首先界定曲牌之格式,包括句数、字数、句式、调律、协韵、对偶等六项要目。其次说明北曲格式可以伸缩变化之故,乃因为其间有增句、衬字、增字。

老师又说北曲曲牌共约四百,其中可以增句者仅十八调,问题较为简单。而衬字与增字为写作时视文义或文气之需要而添加者。向来治曲学者,皆以增衬二者并为一谈,统名之曰"衬字",实则增之与衬甚有区别;认清此种区别,为读曲之要务。所谓"衬字",是在不妨碍腔调节拍情形下,可于本格正字之外添出若干字,以作转折、联续、形容、辅佐之用。此添出之若干字,即所谓"衬字",盖取"陪衬"、"衬托"之意。

老师又论"句式":句式之大别,可分为二,曰单与双。单式句,其声"健捷激裊";双式句,其声"平稳舒徐"。何谓单式?四字句如作1、3,五字句如作2、3,六字句如作3、3,七字句如作4、3之音节形式,皆称单式句。何谓双式?四字句如作2、2,五字句如作3、2,六字句如作2、2、2,七字句如作3、4之音节形式,皆称双式句。也就是句式是取决于句末音节之或单或双。认清句式,确守单双,

---

[①] 收入郑师因百:《龙渊述学》(前揭书),第119—144页。

不使之因加衬而有所改变。衬字须尽量用仄声,无论诵读、歌唱,衬字皆要轻快带过。衬字一般加于句首和句中音节顿处。每处加衬以三字为度,如《西厢记》〔叨叨令〕:"见安排着车儿马儿不由人熬熬煎煎的气",衬字至十字之多,然集中一处者,仅"不由人"三字,其上之"儿"字,为附属于"马"之词尾。加衬不仅须保持原句句式,且须保持全调句数。

老师由衬字又进一步谈到"增字",增字虽同衬字一样,"依照句子弹性之幅度而增加",但其意义分量可与正字分庭抗礼,同占句中主要地位,不似纯粹衬字之仅居次要,如〔朝天子〕首二句本格止二字,而张可久散曲作"(瓜田)邵平,(草堂)杜陵。"〔寄生草〕首二句本格为三字句,而白朴《墙头马上》作"(榆散)青钱乱,(梅攒)翠叶肥。"〔沉醉东风〕首二句本格为六字双式句,而张养浩散曲作"(郭)子仪、功威吐蕃,(李)太白、书骇南蛮。"以上括弧中之字,本是衬字,但意义分量实与正字铢两悉称,因之当视作"增字"。要特别注意的是:字可增而音节句式绝不可变异,也就是单式句增字后仍是单式句,双式句亦然。老师对于"句式单双"和衬字提升为"增字"的见解,对韵文学的语言旋律堪称得其关键,影响词曲格律的变化也很大。

而在老师《论北曲之衬字与增字》的启迪之下,我后来写了两篇文章,其一为《北曲格式变化的因素》[1];其二为《中国诗歌中的语言旋律》[2]。

在《北曲格式变化的因素》中,有这样的话语:

---

[1] 收入拙著《说俗文学》(前揭书),第325—346页。
[2] 收入拙著《诗歌与戏曲》,联经出版事业公司1988年版,第1—48页。

笔者从因百师治曲有年，偶有心得，即趋请教。窃以为北曲格式变化之诸因素，有其连锁展延的关系，因百师亦以为然，嘱将此意写出。

所谓"连锁展延的关系"是曲中原来只有本格的"正字"，其后加"衬字"使曲意流利活泼，"衬字"原为虚字，浸假而易为实字，于是意义分量与"正字"相敌，其地位乃提升而为"增字"；"增字"起初不超出三字，后来也有逐渐累积的情形，因而成句，即所谓"增句"。"夹白"是夹于曲中的宾白，有些与普通宾白不殊，一望即知；有些地位和衬字相近，只是衬字和正字的关系更为密切，用作正字的形容和辅佐，而这一类夹白则用作下文的提端和呼唤，其附有语气辞的，即所谓"带白"。也因为这一类夹白的地位和衬字相近，所以往往被误作衬字，认为是衬字的累增。至于"减字"和"减句"，都是就本格正字和句数加损易，虽然也是促成北曲格式变化的因素，但其例不多，影响甚少。

以下且先举关汉卿〔南吕·一支花〕《不伏老》散套为例，然后逐次说明促成北曲格式变化的因素。（第326页）

所以举《不伏老》散套的曲文为例，是因为其中包括正字、增字、衬字、带白、增句五种不同成分。在"增字"方面，我引述老师的说法后，略作修补：

可见"增字"就是指本格正字之外所添加出来的字，它在地位上其实是衬字，但由于其意义分量与正字"势均力敌、铢

两悉称",后人又在其上加上板眼,所以在全句中便有与正字浑然一体的关系。(第331页)

又说因此笔者有一个大胆的假设,那就是:增字加多就会成句,曲中所谓的"增句"有一部分就是这样来的。"增句"如果不协韵,单句者则有如"夹白",循环重复者则例须快念,有如"滚白";"增句"如果协韵,其在全曲句中之地位则有如"增字"之于"正字",大多点上板眼,而其循环重复者,当系"滚唱"性质。(第334页)

又说所谓"滚白"或"滚唱",其实是弋阳腔的专有名词,"滚白"之例如《昭代箫韶》第二本卷上第九出〔驻云飞〕……又如《忠义璇图》第一本卷下第二十一出〔东瓯令〕……而如《玉谷调簧》所录《题红记》〔二犯朝天子〕则但云"滚"……弋阳腔的"滚白"和"滚唱"有类似的关系。由所举的弋阳腔"滚白"二例看来,句子都是同一句式的循环重复,第一例协韵,第二例不协,可见弋阳腔的"滚白"和是否协韵无关。而笔者释北曲之增句,所以以不协韵者为"滚白",以协韵者为"滚唱"的缘故,乃是因为所谓"滚白"与"滚唱"其实很难分别,它们都是属于"数唱"或"带唱"的性质,介于宾白与歌唱之间,如果将其偏于宾白来说就是"滚白",如果将其偏于歌唱来说就是"滚唱"。而笔者认为不协韵之句比较接近口白,协韵之句比较接近唱词;故将"滚白"与"滚唱"区分,以利说明。再从所举〔二犯朝天子〕的全文看来,加"滚"的位置与方式,与北曲的"增句"实在很相近。也因此笔者以"滚白"与"滚唱"来释北曲的增句。(第339页)

又说:夹白是夹于曲中的宾白,它有三种类型:一种与普通宾白不殊,一看即知,不至于教人和曲文相混。另两种则皆附著于曲文,其一往往带有语气辞,亦容易与曲文分办,谓之"带白";其一虽作用有如带白而缺少语气辞,则每每使人误以为是衬字。(第340页)

影响北曲格式变化的主要因素为衬字、增字、增句、夹白四种之外,尚有减字、减句、曲调之入套与否与犯调等四种次要因素;可见促成北曲格式变化之因素相当多,也因此其变化情形便也错综复杂,由《不伏老》套已可见一斑。

在《中国诗歌的语言旋律》开首,笔者就说:

> 本文中的所谓"诗歌",是指广义的"诗歌",也就是在中国文学史上居于主流地位的"韵文学"——唐诗宋词元曲以至于剧曲而言。
>
> 音乐有音乐的旋律,语言也有语言的旋律。音乐旋律可以用乐器传达出来,语言旋律则非体现在发音的器官不可。当我们说哼着曲子,那只是用人声来传达音乐旋律;当我们说唱着歌,则已是语言与音乐的结合。唐诗讲平仄,宋词分上去,元曲别阴阳,而昆曲一字三声字头字腹字尾。这是什么缘故呢?原来其间的演进与发展,就是语言与音乐逐次配合乃至融合的历程。中国语言本身,含有很丰富的旋律感,韵文学的体制规律更予以美化,这种美化了的语言旋律和音乐旋律结合得越密切、融合得越无间,其声情词情也就越达到相得益彰的境地。所以无论研究、欣赏或创作中国韵文学,尤其作曲家的旧词新谱,都应当对其语言旋律的构成有精确而深切的认识,然后韵文学所蕴涵的情趣才能够充分的发挥出来。
>
> 任何一种语言,只要发出最简单的一个字音,就包含了音

长、音高、音强、音色等四个构成因素。音色取决于发音器官的特质,因人而异,可以不论。音长起于音波震动时间的久暂,久生长音,暂生短音;音高起于音波震动的快慢,快则音高,慢则音低;音强起于音波震幅的大小,大就强,小就弱。另外,就中国的语言来说,还有所谓"声调",这是中国语言独有的特质,它是起于音波运行时路线的或曲折或平直或可展延或被阻塞。所以就中国语言而言,每发一字音,就含有长短、高低、强弱、平仄等四个因素。

然而单字不能构成文学,文学必须累字成词,累词成句,累句成章,累章成篇,然后才能表达丰富的内容思想和情趣;而由于字词章句的累增,其间的语言旋律,也就变化多端、腾挪有致起来。那么就中国韵文学来观察,构成"语言旋律"的因素,究竟包含哪些呢?(第1—2页)

决定韵文学语言旋律的因素就应当有:声调的组合、韵协的布置、语言的长度、音节的形式、词汇的结构、意象情趣的感染等六项。这六项决定诗歌语言旋律的因素中,受老师启迪而对老师见解又有所发挥和补充的主要是"句式"。拙文说:

> 韵文学的句子中同时含有两种形式,一种是意义形式,一种是音节形式。意义形式是句中意象语和情趣语的组合方式,意象语为名词及其修饰语,此外为情趣语。对于意象情趣语的组合方式必须认识清楚,然后对其所要表达的思想情感,才能有正确的体悟;这是欣赏韵文学的意境美首先要弄清楚的。音节形式则是句中音步停顿的方式,停顿的时间尚有久暂之别,必须掌

握分明,然后韵文学的旋律感才能正确的传达;这是欣赏韵文学音乐美第一要弄清楚的。意义形式和音节形式,有时是两相叠合的;但有时则是颇为分歧的。如果彼此纠缠不清,则不止或伤意境美或伤音乐美,甚至于产生极大的误解而不自知。为此,请先辨明意义形式与音节形式。先以诗为例:

五言:

2、3:清新庾开府,俊逸鲍参军。(杜甫《春日怀李白》)

2、2、1:明月松间照,清泉石上流。(王维《山居秋暝》)

2、1、2:春风对青冢,白日落梁州。(张乔《书边事》)

3、2:渚云低暗度,关月冷相随。(崔涂《孤雁》)

1、4:地犹邹氏邑,宅即鲁王宫。(唐玄宗《经鲁祭孔子而叹之》)

4、1:云霞出海曙,梅柳渡江春。(杜审言《和晋陵陆丞早春游望》)

七言:

4、3:巫峡啼猿数行泪,衡阳归雁几封书。(高适《送李少府贬峡中王少府贬长沙》)

4、1、2:万里寒山生积雪,三边曙色动危旌。(祖咏《望蓟门》)

2、5:非关宋玉有微辞,却是襄王梦觉迟。(李商隐《有感》)

5、2:永夜角声悲自语,中天月色好谁看。(杜甫《宿府》)

1、3、3:家住层城邻汉苑,心随明月到胡天。(皇甫冉《春思》)

3、1、3:岭树重遮千里目,江流曲似九回肠。(柳宗元《登柳州城楼》)

6、1:河山北枕秦关险,驿路西连汉畤平。(崔颢《行经华阴》)

1、6:身无彩凤双飞翼,心有灵犀一点通。(李商隐《无题》)

以上所举的都是五七言律诗的对偶句,以其对偶,更加可以看出句中意象语和情趣语的组合方式。五七言诗的音节形式只有一种顿法,即粗分时是4、3,细分时是2、2、1;但其意象形式即有多种不同的结构法。其中的第一式固然与音节形式相合,但其余显然有差别。足见音节形式和意义形式虽同在句中,然而却要分辨清楚。

　　意义形式的组合,有时也有见仁见智、难分是非的情形发生,譬如李白《渡荆门送别》中的颔联"山随平野尽,江入大荒流。"如果分作"1、4",则重在山和江形貌的描写;如果分作"4、1",则重在山和江气势的生发。又如杜甫《登高》中的三四句"无边落木萧萧下,不尽长江滚滚来。"如果作"2、5",则重在原野的空旷和长江的绵延;如果作"4、3",则重在落木的凄切和长江的浩荡;如果作"6、1",则重在落木飘零与长江流动的迫人之感。它们在感受上虽有轻重之别,但基本的意义是没有差讹的。可是如果被音节形式所牵带,而忽略意义形式的存在,那么便要产生很大的误解。譬如杜甫《戏为六绝句》①之一:"纵使卢王操翰墨,劣于汉魏近风骚。龙文虎脊皆君驭,历块过都见尔曹。"这首诗是在评论初唐四杰,其中第二句如果按照音节形式解作"4、3",那么意思就成了:"初唐四杰的诗比汉魏诗拙劣,但格调却接近《国风》、《离骚》。"这种解法表面看来好像没什么不对,其实文理不通;因为格调接近《国风》、《离骚》的诗,绝不会比汉魏诗来得拙劣,所以它自然不是

---

① [唐]杜甫著,[清]杨伦笺注:《杜诗镜铨》卷九,华正书局1993年版,第398页。

杜甫的意思。杜甫的意思在意义形式上应当解作"2、5",亦即:"初唐四杰的诗比起那接近风骚格调的汉魏诗要来得差些。"如此与首句才能条贯,与下文也自然呼应。

音节形式有时会混淆意义形式,同样的,意义形式有时也会泯没音节形式。譬如:〔越调·秃厮儿〕末三句,周德清"不辨珉玒"套作:

不负我,赠新诗,新词。

《西厢记》第四本第二折作:

何须你,一一问,缘由。

再如〔越调·调笑令〕首二句,王子一散套作:

得宽,且盘桓。①

《西厢记》第四本第二折作:

你绣帏里,效绸缪。

以上诸例,如果就意义形式而言,都可以合并为一句,那么在节奏上必然丧失原有的特质。而容易导人误入歧途的,莫过于《尧山堂曲纪》题为马致远所作的一支〔天净沙〕《秋思》:

枯藤老树昏鸦,小桥流水人家,古道西风瘦马。夕阳西下,断肠人在天涯。

这支曲子的前面四句,音节形式和意义形式正好相合,都是两字一顿,没什么问题;而末句若就意义形式来观察,则有2、4和3、3两种析法,其基本意义无甚分别,但偏于3、3的人较多,于是此句在有些选本甚至于教科书里,便被分作两句,成为

---

① 见〔清〕王奕清等奉敕撰:《御定曲谱》卷四,收入《影印文渊阁四库全书》,台湾商务印书馆1986年版,第1496册,第459页。

"断肠人,在天涯"的断句法。然而这是绝对错误的。其致误的缘由便是因意义形式而泯没音节形式。我曾经就《全元散曲》加以考察,作〔天净沙〕的含无名氏计有五家八十五曲,其末句除了四曲可以疑似为3、3句式外,其余八十一曲毫无疑问,皆为2、2、2句式,如白朴一支近似马氏的曲子①:

孤村落日残霞,轻烟老树寒鸦,一点飞鸿影下。青山绿水,白草红叶黄花。

此曲的"白草红叶黄花",一看即知非读作"白草、红叶、黄花"不可;乔吉同调之曲,作"停停当当人人",更是明显的2、2、2句式;再观察疑似为3、3句式的四曲:吴西逸作有四支,其中三支皆作2、2、2句式,只有一支作"断肠人倚西楼";张可久作十四支,只有二支作"紫箫人倚瑶台"、"探梅人过溪桥";其句法皆与"断肠人在天涯"相似,就音节形式而言,自然都应当读作"断肠、人倚、西楼"、"紫箫、人倚、瑶台"、"探梅、人过、溪桥"。其非读作3、3不可的,只有周德清的一支"女儿港、到如今";周氏共作两支,另一支作"小舟来贩茶荈",虽可读作2、2、2,但亦容易教人误作3、3;看来周氏是误用了音节形式。

"断肠人在天涯",为什么不可读作"断肠人、在天涯"而非读作"断肠、人在、天涯"不可呢?因为这关系到音节单双形式的问题,单式双式不可通融假借,否则一句既乖,全篇皆乱。试问将"断肠人在天涯"读作"断肠人、在天涯"和读作"断肠、人在、天涯",其间的声情和旋律感是否有很大的差别?(第

---

① 见《全元散曲》,白朴小令〔越调·天净沙〕"秋"条,台湾中华书局1971年版,上册,第197页。

21—25页)

又说:

> 韵文学的句子形式含有意义形式和音节形式两种。意义形式为意象情趣的组合,在诗中由于音节形式单纯不变,故意义形式要求变化,结构才灵动活泼,才不致于犯上"合掌"刻板的毛病。而就音节来说,则有单、双二式。单式健捷激袅,双式平稳舒徐;以人的行走来比喻:单式犹如独足,故动作跳跃;双式犹如双足,故动作平稳。句式单双的配合,是词曲以音步停顿之长短快慢见旋律之抑扬顿挫的要素。一调如纯用单式句,则节奏显得流利快速;如纯用双式句,则节奏显得平稳缓慢;单双式配合均匀,则节奏屈伸变化,韵致谐美。两调字数如果相近,则单式句多者节奏较快;双式句多者,节奏较缓。(第29—30页)

像笔者这样的见解,如果尚可被接受的话;则论其根源,完全是得自老师的教诲,从而有所启迪,勇于进一步发挥而已。

2.《西厢记作者新考》

其次再举老师《西厢记作者新考》[①]为例。

---

① 收入郑师因百:《龙渊述学》(前揭书),第145—206页。原载《幼狮学志》第11卷第4期,1973年12月,第1—10页。

元杂剧的名著《西厢记》，其作者历来有四种说法，即王实甫作、关汉卿作、王作关续、关作王续。对此问题，老师有新的看法，乃撰写《西厢记作者新考》。

老师首先胪列有关《西厢记》作者的各种旧说，共四项二十条，据此归纳下列四点：

> 第一，《西厢》为王实甫作之说，见于最早记录，即元代的《录鬼簿》及明初的《太和正音谱》。第二，明代前期，有关汉卿作《西厢》之说，且似驾王作之说而上之。第三，王作前四本关续第五本之说，在明代流行最广且久，其主要论据是第五本与前四本笔墨不同。前四本藻丽，后一本质朴。有人认为后一本远逊于前四本（见前徐复祚说），有人认为各有千秋（见前凌濛初说）。第四，关汉卿作王实甫续之说最不通行，持此说者只有都穆《南濠诗话》和那四首语意并不太明确的〔满庭芳〕。〔满庭芳〕《西厢十咏》见于《雍熙乐府》之外又见于弘治本《西厢记》，都穆卒于嘉靖四年，见《国朝献征录》等书，此说之起至晚当在成化年间。我以为此说只是王作关续的颠倒讹传，最不足信。
>
> 在这二十条文字资料之外，还要看一看实际刊本的题名。现在所见到的明刻本《西厢记》，或者根本没有题署作者姓名，或题王实甫撰，或题王实甫撰关汉卿续，没有一本题关汉卿撰或关撰王续。这种情形容易解释。因为现存明刻诸本，除弘治本未题作者姓名外，其余都是万历以后刊行；在此时期，关汉卿撰《西厢记》之说已成过去，此说只流行于嘉靖以前，已见上文；关作王续之说始终未能正式成立；盛行于世者只有王作

及王作关续两说，刊本题名也就不出此二者。到现代，有些人虽然承认王作关续，而毕竟王作部分多关续部分少，为了简单省事，无论写文章或谈话，提起此书来就说"王实甫西厢"，而把关汉卿省略掉了，所以表面似乎是王作之说占优势，其实此两说乃是势均力敌。（本版第884—885页）

老师对于《西厢记》作者的新假设是：《录鬼簿》王实甫名下著录的《西厢记》，亦即王作原本，久已失传；从明朝到现代的《西厢记》，其作者既非王实甫更非关汉卿，而是元末明初的一个失名作家，其中可能有若干部分因袭实甫原作。（本版第885页）老师对这个假设的论据是：

一、题目正名与《录鬼簿》不同

我们取《录鬼簿》所载题目正名与各种刊本的《西厢》相较：《录鬼簿》只有两句，也就是一本的，各本《西厢》则有二十句，也就是五本的。而且，《录鬼簿》的两句，其文字与各本《西厢》的二十句无一相同。如果明朝以来的《西厢》是王实甫原作，何以《录鬼簿》只载一本的题目正名而不全载其五？何以文字无一句相同？这是我怀疑《西厢》非王实甫作的第一项理由。

二、折数特别多而《录鬼簿》未注明

元杂剧照例是每本四折，例外之作没有比四折少的，比四折多的则有八种：《赵氏孤儿》、《东墙记》、《五侯宴》、《降桑椹》各有五折，《赛花月秋千记》六折，《西厢记》共五本二十一折，《西游记》共六本二十四折，《娇红记》共两本八折。……真正元人杂剧只有《秋千记》超过四折。《秋千记》是张时起所作，原剧不存，只根据《录鬼簿》的附注知其为六折。……《录鬼簿》既因《秋千记》折数突出而加以注明，何以对于折数更多情形更突出的《西厢记》反而一字未注？换言之，《赵氏孤儿》等六剧或有后人添改，或者根本是后人作品，当然《录鬼簿》无注，因为钟嗣成并未见过这些添改本或后人作品。如果二十一折的《西厢记》是王实甫所作而钟嗣成也曾见过，何以不与同为元人作品的《秋千记》一样注明折数？这是我怀疑《西厢》非王实甫作的第二项理由，与上述第一项理由都是根据《录鬼簿》而生出来的疑问。

三、多用长套

无论用于散曲或杂剧，北曲套式的发展有一种趋势：初期每套用曲较少，也就是说套式较短，中期以后用曲渐多套式较长，到了后期则流行长套。……据我统计的结果，元杂剧初期及中期作品，每折少者不过五六曲，多者十二三曲，甚少超过十五曲的长套，后期杂剧每折用曲才多起来，但也很少到达十五六曲以上。这是元杂剧各折用曲数量多少亦即套式长短的一般情形。

《西厢》各折用曲，……二十一折之中，十一曲者一、十二十三曲者各四、十四十五十六曲者各二、十七曲者一、十九曲者三、二十曲者二。最少者也有十一曲，最多者达二十曲，绝无十曲以下的短套，而十五曲以上者有十折。全剧二十一折共三百一十五曲，平均每折也恰为十五曲。以上统计可以肯定说明《西厢》各折是普遍使用长套的。这是元杂剧后期的现象，而王实甫是早期作家，那时使用长套的风气还未兴起，如此多的折数,如此长的套式,恐非当时歌者及听众所习惯接受。王实甫是"书会才人",他不会不随着环境风气写作剧本。这是我怀疑《西厢》非王实甫作的第三项理由。

四、不守元杂剧一人独唱的成规

元杂剧的规矩,照例是全剧由同一个角色独唱到底,其余角色只能说白不能唱曲。换言之,一本之中,末角唱就始终由这一个末角唱,旦角唱就始终由这一个旦角唱,所以有末本与旦本之分;一折之中更不能有两人唱曲。元人守此规矩极为严格。但我们综观《西厢》全剧,其破坏这种成规却很厉害。……有一本之中旦末各唱全折者(如第二本第五折旦唱,第六折末唱;第四本第十九折末唱,第二十折旦唱)。有一折之中旦末俱唱者(如第七折张生(末)唱〔快活三〕,红娘(旦)唱其余诸曲;第十三折张生(末)唱〔调笑令〕,红娘(旦)唱其余诸曲;第十七折莺莺(旦)唱〔乔木查〕等五曲,张生(末)唱其余诸曲)。有一折之中两个旦角俱唱的(如第十八折红娘唱〔挂金索〕,莺莺唱其余诸曲)。有一折之中末与两个旦角俱唱者(如第四折莺莺唱〔锦上花〕,红娘唱〔幺篇〕,张生唱其余诸曲;第八折张生唱〔庆宣和〕等三曲,红娘唱〔江儿水〕,莺莺唱其余诸曲)。更有一折之中末与两旦及其他角色俱唱者(如第二十一折红娘唱〔乔木查〕等三曲,莺莺唱〔沉醉东风〕等三曲;"群唱"〔沽美酒〕、〔太平令〕两曲,使臣唱〔锦上花〕,不知何人唱〔清江引〕、〔随尾〕两曲,张生唱其余诸曲)。

由此可知《西厢记》是如何大量破坏了一人独唱的成规。这种多人唱曲的情形显然是受了南戏的影响。南戏萌芽虽在南宋之世,其正式发展流行则在元末明初,元朝前期及中叶则全是北杂剧的天下,这是治中国戏剧史者所公认的事实。王实甫的时代,最晚是元中期,因为中后期之间的钟嗣成作《录鬼簿》,已把他归入"前辈已死名公才人"之列。写作剧本是供给优伶表演观众视听的,不能脱离环境及风气的限制。在实甫当时,南戏尚未流行,北剧正处于全盛,他不会违反习惯而凭空想出这种多人俱唱的新法来破坏大家正在严格遵守的成规。这是我怀疑《西厢》非王实甫作的第四项理由。

五、体制篇幅极像《西游记》及《娇红记》

我怀疑《西厢记》非王实甫作的第五项理由是:《西厢》体制篇幅极像杨景贤的《西游记》及刘兑的《娇红记》,而杨、刘都是元末明初人;这三种杂剧可能是同时相先后的作品。……《西厢》之像《西游》及《娇红》,可分四项。

(一)《西游》二十四折分为六本,《西厢》二十一折分为五本,同为元代未有的长篇杂剧。《娇红》八折两本,篇幅虽不及《西游》、《西厢》,却也比正规元杂剧长一倍。

(二)《西游》六本、《娇红》两本,每本各有题目正名,《西厢》五本也是如此。

(三)《西游》、《娇红》俱不守一人独唱的成规。

(四)三剧曲文风格相类。

上列第一、第三两项是这三种剧本的最大特点,因其全非元杂剧科范而纯为南戏规模。南戏发展流行在元末明初,而《西游》与《娇红》乃元末明初作品又为确定事实,《西厢》体制篇幅既异于正规元杂剧而与此二剧极相类似,自可推定其为同时期作品,王实甫则是远在这个时期以前的作家……王实甫之不能写出长至五本二十一折而且严重破坏独唱成规的

《西厢记》,正如同清咸同年间人写不出民国以来各种形式的小说。

六、曲文属元剧末期风格

末期元杂剧,其曲文风格与早期有所不同。简单地说,末期作品比较藻丽、精致、流畅、工稳,而缺乏早期所特有的质朴面目与雄浑苍莽的气势。这是一切文体由发展而趋成熟的共同现象。我们读过《西厢记》之后,会感觉到这个剧本的曲文风格有如下几点。

(一)辞藻雅丽,对仗工巧,而缺少朴拙之致。

(二)流畅稳妥,无生硬不顺之处。

(三)细腻风光,沙明水净。

(四)全属细笔,缺少粗线条的描写。

这几项是《西厢记》曲文的特点,却正是元末以至明初杂剧所以异于早期作品之处。尤其是《惠明下书》折那一套〔正宫·端正好〕,极力想表现"莽和尚"的雄劲之气,也就是所谓"粗线条",却显得非常吃力而不自然,这正是时代不同勉强摹拟的现象。试取《西厢记》与早期的关汉卿、白仁甫、马致远之作及末期的乔梦符、郑德辉、贾仲名之作个别比较,便可看出《西厢记》之成熟细致的风格同于后者。而王实甫的时代即使比关、白、马稍晚,也远在乔、郑、贾之前。《西厢》曲文风格既与乔、郑、贾诸人作品类似,当然有理由怀疑其不出于王实甫。再进一步看,王实甫自己作的《丽春堂》,与《西厢记》也不似同一人的笔墨。

老师根据这六项论据来支持他的假设,他最后还很客气地说:

"王实甫作《西厢记》之说,毕竟流传已久,根深柢固,不容轻易推翻。我的假设虽然持之有故言之成理,却因文献不足,不能像孙楷第考证《西游记》作者那样确凿分明。我撰写这篇论文,只是把胸中所疑写出来,供治曲学者参考,无意强人信我。"但无论如何老师是扎扎实实地将"六项论据"作最平正通达的论述,他的结论其实也是最为"平正通达"而确然可信的。

记得七十年代的某一天我将阅读《西厢记》的疑点到老师的永嘉室请教。老师要我坐一会儿,然后不慌不忙的从书架上取下《西厢记》,书中夹着好些已经泛黄的纸条,原来那是老师多年前阅读所谓《王西厢》时所记下的疑点;我们师生一边讨论一边核对,老师发现的疑点自然比我多出许多,而我也有两条是老师忽略的。我当时便请老师赶紧把这些疑点写出来,于是老师不久便写出了这篇《西厢记作者新考》,在《幼狮学志》第十一卷第四期发表。

此外,像《白仁甫年谱》、《新校梨园按试乐府新声补正》、《仙吕混江龙的本格及其变化》等等都是如此,其中虽然有看似刻板而无须灵气的,但却是要有敏锐的眼力、厚实的根柢和锲而不舍的功夫才能底于成;这自然也是我们写作论文的另一种典范。

三、曲律经典

在老师的曲学专著中,用力最深、费时最长,最为学界推崇的要算《北曲新谱》。老师因为研究曲律之书,自明代以来,皆详于南而略于北;前代北曲谱专著,如《太和正音》、《北词广正》、《九宫大成》,及近人吴梅《北词简谱》,则或欠详明,或多误漏,或伤芜杂,均未能作诵读之津梁,示写作之法则,以致一般学者欲治北曲,每因格律不明而发生种种困难。所以老师乃于1945、1946年间开始纂辑此谱,至1968年方才最后完成。二十三年之间再三审核,数易其稿,可以想见其不殚烦琐、精益求精的辛勤。

老师编撰此书的方法是:遍读现存元代及明初北曲,包括小令、散套与杂剧三者,取每一牌调之全部作品,加以比较归纳,自创体例,用以明句式、辨四声、定韵协、析正衬,以确立准绳、分别正变,庶几使诵读无棘喉涩舌之苦,写作不致贻失格舛律之讥,于是乎治曲学和习曲艺的人就有了足资信赖的圭臬。

老师在《凡例》中说:

> 六、北曲共有:黄钟、正宫、仙吕、南吕、中吕、道宫等六宫,大石、小石、般涉、商角、高平、揭指、宫调、商调、角调、越调、双调等十一调,合称十七宫调。其中揭指、宫调、角调三者,只有名目而无作品,旧谱谓之"有目无词",自来存而不论。道宫、高平二者则仅诸宫调中有之,俱收入诸宫调订律。故本谱仅收黄钟等十二宫调,各为一卷,全书共十二卷,宫调先后次序则从《北词广正》。诸旧谱所收牌调,共四百有零,今归并各宫互见,并删去仅见于诸宫调或应属南曲或与词全同者,下余三百八十二调。所有删并之调,均附列其名目于各卷目录之后。
>
> 十四、有若干牌调,可于固定句数之外增加若干句,是即所谓"增句",乃北曲之一特点。《太和正音》于此全未提及;《广正谱》则于可以增句之牌调概云:"此章句字不拘,可以增损。"其说大谬。增句自有一定法则,且各调所守法则不同,并非随意增加,岂可如此笼统言之。本谱于各调增句之数量、句

式、平仄、韵协等项,均比较众作,详为注明,例如〔仙吕·混江龙〕是也。

十五、北曲所用为《中原音韵》,故本谱一切字之读音皆以周德清之《中原音韵》为标准,与古来一般韵书及现代国语读音不尽相同。

十六、本谱所用符号共十八种,另列于后,并附说明。

。。	协韵之句	平	平声
。	不协韵之句	上	上声
·在句下	协否均可	去	去声
△	句中藏韵	十①	平仄不拘
⌒	藏否均可	仄	上去不拘
,	逗号		平上不拘
*	增句处		宜上可平
" "	增出之句	卜	宜上可去
·在字旁	衬字夹白同	厶	宜去可上

(第1—2页)

兹举《北曲新谱》卷一开首二调,以见一斑。

黄钟宫简谱注云:用六字调,或正宫调。
〔醉花阴〕散套、杂剧。首曲(有古近二体,见下〔喜迁莺〕注。)散套侯正卿撰。

---

① 如遇有连用三个"十"符号时,此三字须以平仄二声酌为分配。必不得已,宁可全仄,不可全平。连用四个此种符号之例甚少,作法同上。

凉夜厌厌露华冷。。天淡淡银河耿耿。。秋月浸闲亭。。雨过新凉·梧叶凋金井。。对景谩伤情。。鬓鬟鸾钗不欲整。。(雍熙本据《乐府新声》校订。)

十仄平平去平上。。十仄仄平平仄(上平)。。十仄仄平平。。十仄平平·十仄平平卜。。十仄仄平平。。十仄平平(去、去平)上。。

七句：··七。。六。。五。。四·五。。五。。七。。

《乐府新声》本《凉夜厌厌》套第六句减为三字，不宜从。末句应协上声韵，偶有协平韵者，甚不美听。

〔喜迁莺〕又名《烘春桃李》散套、杂剧。有古近二体。与南曲不同。散套侯正卿撰《凉夜厌厌》。

更阑人静。。强披衣，出户闲行。。伤情。。故人别后·黯黯的愁云锁凤城。。心绪哽。。新愁易积·旧约难凭。。(《广正》本。)

平平(平上)去。。仄十平，十仄平平。平平。。(仄平平仄·十仄平平仄仄平)或(平平仄平·十仄平平仄仄平)。。(平上)ㄥ(平上)。。(平平仄仄·仄仄平平)或(平平仄平·仄仄平平)。。

八句：四。。七乙。。二。。四·七。。三。。四·四。。

第二句有作"仄平平，仄仄平。。"六乙者，如陈铎《杨柳横塘》套。第三句有作"仄仄平平。。"四字者，如无名氏《鸳鸯塚》剧。有作"平平仄。。"三字者，如《乐府新声》本侯正卿《凉夜厌厌》套。第四句有作"十仄平。。"三字者，如刘兑《世间配偶》剧。第六句有作"平平去上。。"四字者，如谷子敬《瘸酒簪花》套。

《简谱》云："首末二句可叠,且已成惯例;此盖就度曲家之便,而不知乖律也。第三句仅两字,其间可加'也么''也不'等字,盖因板密腔多,遂用衬语以流转气韵耳。"按:此二格皆起于明中叶以后,元人无此作法。

〔醉花阴〕、〔喜迁莺〕两章例须连用,右列格式,大成谓之近体。有时将〔醉花阴〕末两句移冠〔喜迁莺〕之首,成为〔醉花阴〕五句,〔喜迁莺〕十句。此种作法,《大成》谓为古体。例如《正音》所引丹丘先生即《正音》作者宁献王朱权散套:

〔醉花阴〕无始之先道何祖。。太极初分上古。。两仪判混元舒。。四象方居・一气为天地母。。

〔喜迁莺〕日月转璇枢。。清浊肇三才自鼎扶。。节候有温凉寒暑。。黄钟子建阳初。。巍乎。。仰太虚。。万物群生布八区。。至有虞。。始生后稷・播种耕锄。。

元明作品用近体者居绝大多数,古近之分亦只在此两句之谁属,句法平仄并无差别。故本谱只列近体。作者遵之为是,不惟从众,音节亦较停匀。如欲试为古体,自无不可,但两章必须一致,不可一古一近以致句数参差。但诸宫调及南北合套,单用醉花阴而不连喜迁莺者,可用古体。

《大成》古近之说,原不能完全成立,今为称引方便,姑采用之。(第1—2页)

由此二例,可以想见《北曲新谱》一书是如何的精密谨严,而老师耗时几达四分之一世纪,其用心用力又是如何的黾勉辛勤;也因此称之为北曲格律的经典之作,较诸前辈时贤,自可当之无愧。

此外,老师尚有《北曲套式汇录详解》用以明北曲联套的法则和变化增损的形式:《校订元刊杂剧三十种》使最古老的元剧刊本得能明其字句,成为可读之书;《曲选》则选取名家代表作而为大学用书。凡此对学界也有相当大的贡献。

余言

曲因为是衰世文学,风格也显得驳杂低陋,又兼以谱律艰难,所以每教人望之却步;但是由于老师数十年的精心研究,使其潜德幽光大为彰显:其写景之美、状物之情,描写人生物态、社会情事尽善极妍、形容毕肖,超出诗词许多。如此一来,这位带有恶少气味的"五陵少年",其所以能"改邪归正、奋发有为",岂不是经由老师长年苦心孤诣的"启迪与诱导"?因此,我说老师是"五陵少年的导师",谁曰不宜?而老师之曲学诸作,或为初学津梁,或为论文典范,或为曲律经典,则其启迪后学、嘉惠学术,又岂可限量哉!

行文至此,忽然想起许多年以前,老师对我说过的一段话。那是在老师温州街宿舍的客厅上,老师说:"做学问应当越往后的人做得越好才是,因为后人可以汲取前人的经验成果作为基础,如此再加上自家努力所得,成就便容易在前人之上了。在学术的路途上,我喜欢学生踩着我的肩膀前进,只要他们有好成绩,我就会高兴。"我说:"那也得学生有能力踩上老师的肩膀才行啊!"老师听了,不觉莞尔。

老师这一段话,对我的影响非常大。我一方面担心自己没能力"踩上老师的肩膀",一方面也担心自己没有厚实的肩膀好让学生踩上。然而我纵使追随老师二十七年,尽管勤勉地向老师学习,可惜总未能望及夫子的门墙。所幸有时尚能从老师那里获取一些启迪,算能弘扬些许老师的教诲,不至于完全愧对师门而已。

2005 年 5 月 24 日

附郑师因百所著专书如下:

《永阴集》(天津:作者自印,1929 年)、《辛稼轩年谱》(北平:协和书局,1938 年)、《稼轩词集校注》(北平:燕京大学中文系讲义,1940 年)、《词选》(编入《现代国民基本知识丛书》,台北:中华文化出版事业委员会,1952 年;台北:中国文化大学出版部,1988 年新三版)、《曲选》(编入《现代国民基本知识丛书》,台北:中华文化出版事业委员会,1953 年;台北:华冈,1967 年;台北:中国文化大学出版部,1986 年新二版)、《续词选》(编入《现代国民基本知识丛书》,台北:中华文化出版事业委员会,1955 年;台北:中国文化大学出版部,1982 年新一版)、《从诗到曲》(台北:科学出版社,1961 年初版;台北:顺先出版社,1976 再版)、《校订元刊杂剧三十种》(台北:世界书局,1962 年)、《宋人生卒考示例撰》(台北:华世出版社,1977 年;1967 年《幼狮学志》第六卷第一期)、《宋刊施顾注苏东坡诗提要》(台北:艺文印书馆,1970 年)、《景午丛编》(台北:台湾中华书局,1972 年)、《谈文学》(台北:三民书局,1973 年)、《北曲套式汇录详解》(台北:艺文印书馆,1973 年)、《北曲新谱》(台北:艺文印书馆,1973 年)、[宋]陈与义撰,郑骞校笺:《陈简斋诗集合校汇注》(台北:联经出版事业公司,1975 年)、《桐阴清昼堂诗存》(台北:艺文印书馆,1975 年)、《辛稼轩年谱》(台北:华世出版社,1977 年补订一版)、《唐伯虎诗辑逸笺注》(台北:联经出版事业公司,1982 年)、《陈后山年谱》(台北:联经出版事业公司,1984 年初版)、《宋南渡词人研究》(台北:著者,1984)、《清昼堂诗集》(台北:大安出版社,1988 年)、《龙渊述学》(台北:大安出版社,1992 年初版)、《永嘉室杂文》(台北:洪范书店,1992)以及[宋]苏轼撰、[宋]施元之、[宋]顾景蕃注,郑骞、严一萍编校:《增补足本施顾注苏诗》(台北:艺文印书馆,1980年)、[清]吴历撰,方豪、郑骞同校:《天乐正音谱》(台北:郭若石刊行,1950年)、郑骞校点:《南词韵选》(附入沈璟《红蕖记传奇》,并与凌景埏撰《吴江三沈年谱》合刊,台北:北海出版社,1971年)、郑骞校订、张梦机、颜昆阳、周凤五、叶国良、吕正惠、何寄澎、洪宏亮选注:《中国古典文学赏析精选1——江南江北:唐诗》(台北:时报文化,1985年)、郑骞校订、颜昆阳选注:《中国古典文学赏析精选2——平林新月:唐诗》(台北:时报文化,1985年)、郑骞校订、朱昆槐选注:《中国古典文学赏析精选4——春梦秋云:词选》(台北:时报文化,1985年)、郑骞校订、刘翔飞、陈芳英选注:《中国古典文学赏析精选5——小桥流水:元曲》(台北:时报文化,1985年)、郑骞校订、范庆雯选注:《中国古典文学赏析精选9——寒山秋水:王维诗文选》(台北:时报文化,1985年)、郑骞校订、林玫仪选注:《中国古典文学赏析精选10——南山佳气:陶渊明诗文选》(台北:时报文化,1985年)。

郑因百师的词学*

林玫仪

在本所第二期《通讯》中,我曾写了一篇《我所认识的郑因百老师》,介绍因百师的道德文章,该文以介绍郑师已出版的著作为主,故有关词学方面涉及较少。当时就曾想到,老师是著名的诗、词、曲学家,其中诗学与戏曲方面的造诣与贡献,由于著作甚丰,可以有目共睹,但是老师在词学方面的成就,却是以另一种面目出现的,日后当必再撰一文,予以介绍。讵知第三期《通讯》尚未编排,老师已归道山,而这篇介绍老师词学的文字,竟以纪念专文的方式出现,实非始料所及。犹记得前文送交排印,我去探望老师,说起此事,老师当时虽已坐轮椅,精神却很好,还笑着说:"别把我写得太好了。"音容笑貌,分明历历在眼,如何却已人天永隔!一念及此,那笔头竟变成千斤重了。

因百师是当代的文史耆宿,著作等身,但是在老师已出版的三十多种重要作品之中,词学方面,除《辛稼轩先生年谱》、《辛稼轩词编年校注》两部专著以及《景午丛编》中二十余篇论文以外,就只有《词选》、《续词选》两部选集。这些作品,数量虽不算少,而且都是经典之作,但若从老师全部著作的分量上说,则远不如诗学与曲

---

* 本文原载《中国文哲研究通讯》第 1 卷第 3 期,1991 年 9 月。

学;然而老师近二十年所讲授的课程,却大部分与词学有关,像"苏辛词"、"柳周词"、"东坡词"、"清词选"以及"词曲专题讨论"、"词史与词律"等,由此不难看出老师在课堂上是由点及面,由作品而理论,把他一生涵泳词学的心得传授学生。因此要了解因百师在词学上的贡献,必须结合著述与授课两方面来看。

根据个人的体会,因百师研治词学,最大的特色有三点:

第一,是理论与作品并重。由上列课程以及《景午丛编》中所收词学论文中,均可明显地看出这种作风。非但研究历代词家、词作、词论时如此,在创作方面亦然。老师的词作,收在《清昼堂诗集》中的就有六十四首,此外又有《读词绝句三十首》,换句话说,他不但研究词家的作品,评鉴古人的词论,同时也是词人及词论家,是以深知个中三昧。因此,他论词及评词时,便能有高超脱俗的见解。

第二,他十分注重结合周边资料来作研究。一般人往往将词视为怡情适性的小品,读词多半偏重于吟咏赏析,即使作较为专门的研究,也往往只针对个别词人或某类作品,大抵不免褊狭。因百师却一再强调,词作的赏析像花朵,周边的学识却是根茎泥土,不能舍根茎泥土而求花朵的盛开,因此在作品之外,作家的生平、思想,时代的背景,乃至作品的版本等,都应在探讨之列。因百师熟知史实,更能将职官、年代、制度等方面的资料,灵活运用,自能有其不同的着眼点。例如他研究辛稼轩,除了为全集作校注、为稼轩作年谱属于全面性的研究外,《辛稼轩与韩侂胄》一文,是藉着二人关系的探讨,以了解稼轩的政治背景,《辛稼轩与陶渊明》是透过辛词中引用陶诗之处,以进一步探讨稼轩的心境,《辛稼轩的一首菩萨蛮》则是藉助史料以破除旧说之非;而《苏东坡的先世及其亲属》、《东坡的乳母与苏子由的保母》二文,则是透过探讨东坡的家庭生活以作为研究其生平的基础。能以如此踏实严谨、巨细靡遗的态度来研治词学,自然可以超越前人窠臼。

第三,他能结合史学的观点来研究词。由于老师认为文学之嬗递有其承续的关系,因此极重视词的发展历史。他曾说过,一般文学史的缺失,大抵在详于介绍"文学"而略于"史"。因此他讲授清词,是由金元明词讲起。在老师的《词选》中,北宋初年的五大家是依晏殊、欧阳修、晏几道、张先、柳永之顺序排列,其实张先生于太宗淳化元年(990),晏殊生于淳化二年(991),晏几道应与张先之子同辈,而《词选》置晏几道于张先之前,乃因小晏词风与大晏及欧公相近,且同以小令为主之故。同理,欧阳修生于真宗景德四年(1007),在张先之后,但张先与柳永同以大量长调引入词中,故以二人并列,凡此,表面看来,似乎是年代有误,实则皆从词史着眼。《词选》、《续词选》二书,正是老师以深入的眼光就词史上重要的作家作品选择而得的菁华,其中的特点有二:一在于将"成家"与"不成家"的作品分列,以避免遗珠之憾,另一则同时提供了老师对词史的观点,向后学提示门径。此外,我们从老师晚年所开的课程"词史与词律"的名称,也可看出他对"词史"的重视。

因百师既是以如此谨严周全的态度治词,自然就能通观全面,不会失之褊狭;对于很多极具争议性的问题,也能以宏观的角度,提出令人耳目一新的看法。例如词的起源问题,向来众说纷纭,老师却认为其产生的因素是多元的,就声音上说,固然与音乐有密切关系,但就文字来说,则与七言诗的盛行有关。因为词在形式上的特质是句式活泼,以七字句来说,可以有"4、3"、"2、2、3"与"3、4"、"3、2、2"等变化,这些活泼而富变化的句式当然不是四言、五言所能比拟。上述的句式中,前二者称为单式句,后二者称为双式句,而句式的单双影响了节奏的快慢,再加上四声的变化,就构成了词的音乐性。因此,他认为词之产生必然在七言诗盛行以后。基于这个体认,他主张将词的发展历史分为五期:一、萌芽期(中晚唐),二、发展期(五代、北宋前期及中期),三、成熟期(北宋后期、南宋),四、衰落期(元、明),五、返照期(清)。至于中晚唐以前属于胚胎时期,词的生命尚未成形,只能算是由诗到词的过渡。他认为温庭筠、韦庄、柳永、苏轼、周邦彦、辛弃疾、吴文英、张炎八家是词史上关键性的人物。因为词至温、韦,才在形式、数量、内容上有了自己的生命,二家的风格迥异,也开启后来婉约、豪放之端,因此功在于创始。柳、苏则是词由发展到成熟的过渡。柳永大量创造长调,开展了词的形式,苏轼则以其逸怀浩气提升了词的境界,皆有功于词的发展。至于周、辛二家,则分别为婉约、豪放派的集大成者,在词史上代表词的完成。再至吴、张二氏,前者浓厚茂密,后者清空流丽,已将词体发展到极致,自后作家,很难再有重大的突破,是为词之结束。所以,因百师曾拟定题目,要撰写《温庭筠韦庄与词的创始》、《柳永苏轼与词的发展》、《周邦彦辛弃疾与词的完成》、《吴文英张炎与词的结束》四文,以代表他整个词学史观,前二文在来台以前即已撰成,后收入《景午丛编》,后二篇则因播迁来台而中辍,此后一直未曾完成,殊为可惜。

再如五代时何以西蜀、南唐词风独盛,老师也透过史学的观点而有独特的见解。他认为唐末大乱,中原人士大举逃亡,长江上游的人大多逃往四川,下游的人则进入江、浙,以今南京、杭州为中心。此二地区原本就环境安定,物产丰富,印刷业十分发达,再加上大量人才徙入,因缘际会,自然形成两大文化中心。此种看法,也是前人所未发。

又如词的定位问题,向来说法趋于两极,鄙视者以之为小道,尊体者却比附风骚,因百师则认为词所代表的是中国文化阴柔之美,此种特质,一方面来自词的本身结构:词的音乐以舒徐和缓者为多,句法是双式多于单式,语汇多半温软轻妙,表现手法委婉有致,情感则优美多于壮美,故已形成阴柔为主的要件;另一方面,词大盛于两宋,而宋代文化的特色,则是表达出中国文化精致、阴柔的一面。所以大致来说,词只适用于抒情、写景、咏物,而难用以说理、叙事,毕竟只是小道而已。但从另一方面来说,"虽小道,必有可观者焉",盖因文各有体,境界虽有大小,却不可以此定其高下。所以老师认为:前人称词为"诗余",虽颇有贬斥之意,但是若从"诗所不表达的"或"诗所不能表达的"角度来看,"诗余"二字,正足以代表词的特质所在。

对于各别词家方面,老师也能摆落旧说,有自己的见解。例如柳永,一般多以浪漫文人视之,对其词作,也多只注意其风花雪月的一面。因百师却能透过柳永的身世、心境,看出柳词的内容其实有四类:除了写儿女柔情外,还有羁旅行役之苦辛、都会繁华之描写及登山临水之感慨等。尤其登山临水一类,气格高健,更是柳词中的极品。所以,他认为不应透过写情之作来看柳永,而应从写景之作来看,因为儿女柔情一类,多是柳永为生活所逼,写给歌楼酒馆应歌用的,是故情感凡俗,方可得到世俗的共鸣;而登临咏叹一类描写秋景的作品,却高华寂寥,这才是柳永读书人真正的情调。再者,一般人在谈到词的发展历史时,多将开拓之功归予苏东坡,因百师却能注意到:若无柳永大量创作长调,在词之形式上先行开拓,纵有苏氏的逸怀浩气,亦将无从施展;而除了形式之外,柳词中如登高望远一类、描写都会生活一类,其实在内容上已较过去拓展了一大步。能有这样的体认,对柳永在词史上的地位,自然就能予以更持平的评价。再就苏辛来说,一般多以其为豪放派不重音律,此说陈陈相因,几已深入人心。因百师却发现真正音律精微的曲调,二人根本就不用,他们所惯用的,大抵是音乐性不甚高的调子,所谓的"不守律",其实只是破法不同而已,而且多半是东坡,因为他以余事为词,对此自然不甚措意;至于稼轩,却是本色当行,不但该守之律不逾越,有时甚且很讲究音律。他举出稼轩有十三首〔水龙吟〕,第一字均用仄声("听兮清珮琼瑶些"句"听"字可平仄两读),其末句除"乐簟瓢些"外均作"仄平平仄";又有四首〔太常引〕,其末句全作"平平去平"俱可证明稼轩非不守律。凡此,都是由于因百师踏实的治学态度,故能别出手眼。

此外,因百师也非常重视词的音乐性,他认为词是一种音乐文学,虽然现在音乐亡佚,早已不能再唱了,但是先天的组合,仍然使它极具音乐性。因此老师讲词,从来不像一般人只是解释字面或赏析内在意境就了事,还要分析破法,辨别句式,说明领字和主腔,讨论平仄四声的优劣,还要我们学习把握朗诵的要领,从各个角度引领我们认识词的音乐性。他说前人论词,常常只注意词的文学性而忽略它独特的音乐特质,因此产生很多谬说,要我们引为殷鉴。词为声学,前人固已论及,但像因百师心中常悬此观念,全面去看待词者,则不多见。

以上所论,不过是因百师论词的点滴而已,实在不能见其全面。可惜老师未及将他的词学著作完成,这是我们的损失。老师曾有诗云:"将沉晓月伤心白,欲尽斜阳努力红。"这两句诗,可说是老师晚年心境的写照。我想老师最感无奈的,就是时不我予吧!

在近几年中,虽然体力已大不如前,老师却不断在修订整理存稿,完成了许多重要的著作;在教学方面,也是竭精尽善,诲人不倦,甚至在恶劣的健康情况下,还参加了博士班研究生的论文口试。但很遗憾的,老师有关词学方面,不但很多观念来不及写,连《辛稼轩词编年校注》、《辛稼轩先生年谱》等旧稿,都来不及重新补订出版。然而这并无损于老师在词学方面的成就与影响。事实上多少年来,台湾许多大学的中文系,都在使用老师的《词选》、《续词选》、《曲选》作为词学、曲学课程的教本,所以虽然天不假年,因百师已归道山,但是我们深信老师的词学仍将影响深远,并在他数十年来辛勤培育的无数种子上发扬光大!

诗人论曲
——郑因百先生的散曲学*

游宗蓉

一、前言

郑骞先生,字因百,自 1948 年应台静农先生之邀来台,即任教于台湾大学中文系,前后达三十三年。郑先生一生潜心研究与教学,并曾五度赴国外讲学或访问,其为人为学之风范,素来深受海内外学人之敬重。1972 年,郑因百先生六十七岁,结束了最后一次的海外讲学,自美国印第安纳州立大学返回台湾,作有《壬子自美回台》一诗:

> 此身难再远行役,且续平生未了书。见说文章千古事,从今作计莫迁疏。①

---

* 本文原载《东华汉学》第 8 期,2008 年 12 月,第 193—230 页。
① 郑因百先生:《壬子自美回台》二首之一,收录于郑先生《清昼堂诗集》卷四,大安出版社 1988 年版,第 86 页。本文所征引郑先生诗作,俱收于《清昼堂诗集》,下文不再一一注明出处,仅于引诗时标示卷次及页码。

早在二十六岁的诗作中,"文章千古事"(《早春》卷一,第14页)即已成为郑先生自我期许的人生事业。诚如林文月先生阐释郑先生《壬子自美回台》一诗所言:

> 郑先生自有一种心灵的高尚寄托。这份寄托,从年轻时代以来未尝松懈过,实已成为他生命的坚强支柱。①

郑先生毕生致力的文章事业包括了文学创作与学术研究两方面。他是一位钟情不移的诗人,亦是一位黾勉不息的学者。郑先生"我从弱龄诗作祟,吟边青鬓成白头"(《诗与诗人》,卷六,第171页)的创作成果,辑为《清昼堂诗集》一书,所收诗作始于二十一岁(1926),终于八十二岁(1987),首尾计六十二年,留下了古近体诗1117首,词64首。林文月先生曾于《温州街到温州街》一文记叙了《清昼堂诗集》出版时,郑先生溢于言表的喜悦珍惜之情,这本诗集实为郑先生有意以此传世的心血蕴积。② 在学术研究方面,郑先生的研究领域虽以诗词曲为主,然以其"深究群经,博通诸史"的学养,莫不以经史考据为根柢。③ 据郑先生于学术论著篇末所注记发表时间,目前可查考最早之作为《珠玉词版本考》,先生时年二十

---

① 林文月先生:《写我的书》,《清昼堂诗集》,联合文学出版社2006年版,第273页。
② 林文月先生:《温州街到温州街》,《作品》,九歌出版社1993年版,第140—141页。
③ 何泽恒先生:《郑骞先生传》,《"国立"台湾大学中国文学系系史稿》,台湾大学中国文学系,第230页。

九、三十岁(1934、1935)。至八十三岁高龄(1988)犹于东吴大学《文史学报》发表《唐诗"长句"考》一文。所著专书达三十余种①。其治学之勤、论述之宏富,正如其毕生为诗之专注执著,同为不愧己志的生命实践。

郑先生一生与诗结缘,写诗、读诗、论诗,研究领域由诗延伸至词、曲。他虽自称笔路不合,"写词更不够轻灵"②,"写曲简直不对路"③,但仍尝试创作了《网春词》六十四首,以及一折杂剧《李师师流落湖湘道》。林文月先生与曾师永义皆曾记叙郑先生在课堂上以细腻的感触引领学生进入诗歌的世界④,讲解作品时,"不特精细说明内容情思意境,又同时分析其匠心技巧"⑤,更"每好举出他所写的诗词以为讲解之际的补充佐证"⑥。郑先生对诗歌的敏锐感受既源于诗人特有的禀质,亦在长年读诗、论诗的经验中不断琢炼深化。在"从诗到曲"的路上,郑先生的创作与研究是相互体证、滋养的。

1948年郑先生渡海来台,也为台湾学界的散曲研究揭开序幕。本文即尝试梳理郑先生散曲学之内涵,略探先生如何启示后学散

---

① 关于郑先生所著专书目录,曾师永义已于《郑师因百(骞)的曲学及其对我的启迪》一文详列,此不赘引。(《郑因百先生百岁冥诞国际学术研讨会论文集》,台湾大学中国文学系2005年,第435—436页。)
② 郑因百先生:《清昼堂诗集·自序》,第10页。
③ 郑因百先生:《李师师流落湖湘道杂剧·引言》,《景午丛编》上册,台湾中华书局1972年版,第447页。
④ 参见林文月先生《因百师侧记》,《交谈》,九歌出版社2000年版,曾师永义《清风·明月·春阳——我所知道的郑因百老师》,《清风·明月·春阳》,书泉出版社1996年版。
⑤ 林文月先生:《写我的书》,《清昼堂诗集》,第283页。
⑥ 林文月先生:《坦荡宽厚的心》,《作品》,第152页。

曲学之门径。本文首先概述郑先生散曲学著作所涉及的层面,继之以其曲体论与曲律论为讨论重点,并由郑先生对曲家曲作之批评、编选,观照其曲体、曲律论的具体实践,从而考察郑先生散曲学之特点及其意义。

二、郑因百先生散曲学著作概述

郑因百先生的散曲学著作主要收录于《景午丛编》[①],《龙渊述学》收有《论北曲的衬字与增字》,格律方面的专著则有《北曲新谱》、《北曲套式汇录详解》,另编有《曲选》。这些著作有的虽非独论散曲,以其仍关涉"散曲"之探讨,亦列入本文讨论范围。总观郑先生的散曲学著作,所涉及的层面可分为下列数端。

(一) 概说

郑因百先生是台湾学界第一位就散曲加以概要说明介绍的学

---

① 郑因百先生之散曲学著作收入《景午丛编》者包括:《词曲的特质》、《词曲概说示例》、《论词衰于明曲衰于清》、《从元曲四弊说到张养浩的云庄乐府》、《冯惟敏与散曲的将来》、《王九思碧山乐府守律举例》、《跋碧山乐府》、《跋雍正钞本赵南星散曲》、《吴梅的羽调四季花》、《评陈铎辑元人小令集》、《红蕖记南词韵选及三沈年谱合印本跋》(上册);《白仁甫交游生卒考》、《白仁甫年谱》、《冯惟敏及其著述》、《陈铎(大声)及其词曲》、《新校梨园按试乐府新声补正》、《仙吕混江龙的本格及其变化》、《仙吕混江龙篇后记》、《董西厢与词及南北曲的关系》、《记明刊本朝野新声太平乐府》(下册)。

者。虽然早在1931年,任中敏先生即著有《散曲概论》①,不过此书在台湾直到1963年才由复华书局重新出版,郑先生所撰《词曲的特质》《词曲概说示例》二文发表于1954年,可说是台湾最早的散曲入门之作。

郑先生于《词曲概说示例》一文文末注记曰:"1954年,中华文艺函授学校讲义"②,这两篇文章以深入浅出的方式说明散曲的基本知识③,引领初学,确实颇为适合,或许郑先生正是基于教学需要而撰写。郑先生曾为文提及对"概论"性质著作的看法:

> 我决不轻看大纲概论一类的东西,他们至少与年谱评传有同样价值,在启蒙的效用上只有更为重要。但是,写大纲概要在简明正确之外,还要具有引人入胜的风致趣味。……很希望我的几位专家朋友连我也在其内,分工合作,为文学的各部门写出几部合于上述条件的启蒙书籍。④

郑先生所撰写的这两篇散曲概论文章,针对散曲的形式规律、内容风格、体制类别等方面说明其性质与律则,除了简明扼要的提

---

① 《散曲概论》原以《散曲之研究》为题,于1926—1927年间在《东方杂志》连载发表。1931年修订为《散曲概论》,收入任先生编著《散曲丛刊》,由中华书局出版。
② 郑因百先生:《词曲概说示例》,《景午丛编》上册,第94页。
③ 郑先生于《词曲的特质》所论述的"曲"兼含散曲与戏曲,于《词曲概说示例》则云:"我们所要讲的以属于诗歌的词和散曲为限,戏剧不在本讲义范围之内。"已清楚揭示该文"概说散曲"的性质。郑先生之曲学著述,所论或属戏曲与散曲的共同性质,本文不再一一附注说明。
④ 郑因百先生:《这种书瘟一点》,《永嘉室杂文》,洪范书店1992年版,第10页。此文原发表于1943年。

供初学者正确的知识之外,更做到了"风致引人"的自我要求。如《词曲的特质》运用了许多生动的比喻突显词、曲各自的特点,把词、曲比喻为"同胞兄弟","面貌神态尽管相似,而性情行为并不相同"①。面貌神态相似之处主要在于配合牌调、长短句法、细分声调等形式规律,至于性情行为之异则表现在内容风格之别。于此,郑先生仍然设譬说解:

> 这弟兄两个的性行都是偏于潇洒轻俊美秀疏放,而缺少庄严厚重雄峻,他们都只能作少爷而不能作老爷。所不同者:词是翩翩佳公子,曲则多少有点恶少气味。
> ……
> 词的气质既是如此纯良,所以我说他是翩翩佳公子。曲则也有好处,也有毛病,虽与词同是善良人家的子弟,气质却有点驳杂,所以我说他多少有点恶少气味。②

这种形象生动鲜明而又精确贴切的比喻,足使初学者具体掌握词、曲同中有异的各自面貌。有时论及一些较为专精的知识,郑先生以平易的文字、清晰的条理加以陈述,也就不再令人望而生畏。如《词曲概说示例》中说明散曲的套数:

> 至于套数,则是把同一宫调的若干曲牌联在一起,同协一韵,前面有固定的首曲,后面有个尾声,这样就算一套。……

---

① 郑因百先生:《词曲的特质》,《景午丛编》上册,第58页。
② 同上书,第59、61页。

各套所用牌调,孰先孰后,次序都有一定,不只作首曲用的必在第一,尾声必在第末。这是因为各牌调的唱腔高低快慢不同之故,如把牌调的次序弄错,唱起来就忽高忽低,忽快忽慢,而变成乱七八糟的噪音了。①

这一段文字不仅把散曲套数的基本形式和构成律则等规律说明清楚,更把规律中所蕴含的音乐意义揭示出来,使人"知其然",亦"知其所以然",所获得的知识也更为完整。

除《词曲的特质》、《词曲概说示例》之外,郑先生也在一些文章中表达了对散曲发展的总体观察。"曲有四弊"是郑先生一再言及的观点,此说最早见于其所撰《论词衰于明曲衰于清》一文。他认为曲受到元明两代政治社会黑暗的浓厚影响,以致在本质上具有"颓废、鄙陋、荒唐、纤佻"四项弊病:

> 因为政治社会的黑暗情形,社会的畸形状态,暴君之昏虐,权臣猾吏之贪纵不法,使有心之士,对于政治社会生出一种厌恶、恐怖与悲悯交织而成的苦闷。他们受不了这种苦闷而又打不开他,于是颓废下去,颓废的结果便是淫靡。同时又有一般人,很希望进取功名富贵,而功名富贵又轮不到他头上。于是或者假撇清,满心升官发财,满口山林泉石。或者怨天尤人,大发牢骚,旁人看去,只见其鄙陋无聊而已。元明曲里边,这种空气颇为浓厚,这就是所谓黑暗时代的色彩。……荒唐是由颓废生出来的,因为人一颓废了,就拿真伪是非都不

---

① 郑因百先生:《词曲概说示例》,《景午丛编》上册,第72页。

当回事,胡天胡帝,信口雌黄,纤佻则是淫靡风气的反映。①

正因曲在本质上有这四项弊病,这个"少爷"纵使因为格律的弹性与语言的自由,在表现力上有"抒情纪事,写景状物,都能酣畅淋漓,尽态极妍"②的优点,却终究摆脱不了"恶少"习气,难以展现更为开阔向上的新局。郑先生由"曲有四弊"的观点,进一步分析了元明清三代曲(特别是散曲)的发展。

曲为元代文学之代表,自不待言,然就散曲而论,郑先生认为"朱明一代,别擅胜场,绝非元人所能笼罩"③。就体制而言,元人小令大佳,而套数犹未完备;就内容而言,元人几乎千篇一律,仍有待开拓。散曲之发扬,不能不有待于明。被郑先生视为使散曲"境界始宽,堂庑始大,内容体制乃臻完备"④的康海、王九思、冯惟敏,正因其超脱"四弊",故能把散曲带上光明之路。可惜自冯惟敏之后,散曲随着社会风气的堕落,又自困于"四弊",转向淫靡纤艳一途⑤。"元曲四弊"是元明黑暗时代的产物,因此当散曲发展至政治社会比较清明健全的清代,与彼时之时代精神相抵牾,文人于曲不免轻鄙憎恶,少数从事散曲创作者,更没有一个及得上元明曲家,可谓衰微已极⑥。尽管学界对"曲有四弊"之论尚有不同见

---

① 郑因百先生:《论词衰于明曲衰于清》,《景午丛编》上册,第167页。
② 郑因百先生:《词曲的特质》,《景午丛编》上册,第62页。
③ 郑因百先生:《冯惟敏及其著述》,《景午丛编》下册,第216页。
④ 同上书,第217页。
⑤ 同上书,第216—217页;《冯惟敏与散曲的将来》,《景午丛编》上册,第210—211页。
⑥ 郑因百先生:《论词衰于明曲衰于清》,《景午丛编》上册,第166—168页。

解①,不过郑先生已为曲之得失梳理出大要,也为散曲之兴衰变迁勾画出清楚的轮廓。

(二) 考据

辑佚、校勘、考订等考据之学,是郑因百先生学术上最费心力的部分,也是先生颇自珍视的部分。1980年,先生七十五岁完成《陈后山年谱》与《唐伯虎诗辑逸笺注》待印之时,写下了"创作虽无成,考据或能补。驽骀附骥驰,鸦雀随凤舞。二公应不朽,我亦垂寰宇"(《陈后山年谱唐伯虎诗辑逸稿成待印诗以纪之》,卷六,第160页)的诗句。谦逊之中不难看出先生以考据传世的心意。

郑先生在散曲方面的考据工夫可谓"巨细靡遗",其小者,如《永嘉室札记》中"粉昆"、"闻早"、"謽"、"收园结果"、"北曲中之'不剌'二字"、"某字作厶",《永嘉新札之余》中"行唐"诸语汇之

---

① 如张清徽师有"曲之六奇"之说,认为曲之为曲,自有其不同之面貌、骨干、风格、气味,归纳其表现特点有六:一、成语及经史诗词的引用;二、叠字的繁富;三、状词的奇绝;四、衬字之生动活泼;五、对仗及俳句之丰盛精巧;六、俳优体之量多面广。清徽师并说明"六奇"之论与郑因百先生"四弊"之说并不抵触,郑先生所言重在曲之内容,与"六奇"之着眼处不同。见清徽师《曲词中俳优体例之探索》,《清徽学术论文集》,台北:华正书局1993年版,页663—664。又近人李昌集先生认为郑先生所言"四弊"固然切中了元曲的缺失,但不能视为对元曲的总评,不足以代表元曲之全貌。元曲的根本精神是一种批判、否定之意识,其价值正在于打破雅文学的范式,而成就了一种新文学。一种文学新潮及其蕴涵的精神底蕴,每每呈正、负两面之反映,正面得之,则成妙趣,反面现之,则生恶态,"四弊"亦然。以尚雅之眼观之,则见其弊,以任真之心会之,则见其烂漫。不宜执一面而笼统论之。见氏著《中国古代散曲史》,华东师范大学出版社1991年版,第637—638页。

考释①；其大者，如曲律考订专著《北曲新谱》、《北曲套式汇录详解》之撰述。诚如先生自言："不论大体细节，都要追根究底。"②

郑先生的散曲考据之作可概分为三部分。其一为曲家之考述。包括《白仁甫年谱》、《白仁甫交游生卒考》、《冯惟敏及其著述》、《陈铎（大声）及其词曲》等篇。于曲家其人，搜采群籍，谨严辨择，订正旧说疑误之处。于曲家之作，则广稽文献，编定著述目录，并参校诸本，评定得失。使后学对曲家之生平、性行、作品有更深入的了解和更周全的掌握。于冯惟敏、陈大声更辑录文献中的诸家评论，提供参照。

其二为曲籍之辑补校勘。其中《新校梨园按试乐府新声补正》是就隋育楠（按：即隋树森）所校订元无名氏编散曲集《梨园按试乐府新声》加以补阙、决疑、正误，共得二百二十条。《乐府新声》是元代散曲要籍，郑先生补正此书，为散曲研究提供了重要的文本材料。其他包括《跋碧山乐府》、《跋雍正钞本赵南星散曲》、《评陈辑元人小令集》、《红蕖记南词韵选及三沈年谱合印本跋》、《记明刊本朝野新声太平乐府》等篇，比较曲籍版本异同，评其得失，考其讹误，并纪录曲籍珍稀版本，亦深具学术价值。

其三为曲律考订，其中所用工夫最深者自属《北曲新谱》与《北曲套式汇录详解》两本专著。《北曲新谱》之作，始于1945、1946年间，历时二十三年，方于1968年完成。其间再三审核，数易其稿。③其用力之勤、志意之坚定、工夫之细密精严，实为治学之典范。郑

---

① 《永嘉室札记》、《永嘉新札之余》俱收入先生所著《龙渊述学》，大安出版社1992年版。
② 郑因百先生：《治学漫谈》，《永嘉室杂文》，第152页。
③ 郑因百先生：《北曲新谱序》，《北曲新谱》，艺文印书馆1973年版。

先生考订北曲曲律的方法为"遍读现存元代及明初北曲,包括小令、散套与杂剧三者,取每一牌调之全部作品,比较之,归纳之……旧说得失,悉加考订。明句式,辨三声,定韵协,析正衬,确立准绳,分别正变"①,郑先生并设计十八种符号,用以标示韵协、声调、断句、增衬,使研究者视而可辨。其体例方法皆为独创,深具科学实证之精神。

《北曲新谱》所考订之对象为个别曲牌,北曲曲律更有套数一体,郑先生乃继《北曲新谱》之后,完成《北曲套式汇录详解》。依宫调为次,说明各宫调中联套所用首曲、尾声,以及各牌调之先后位置与相互关系,北曲之联套法则遂得以明晰。各宫调分列剧套与散套,先之以基本形式,次及各种变化,北曲套式之面貌可概见于此。②

郑先生不仅以扎实缜密的治学态度与方法完成这两本专著,更在梳理庞杂资料的过程中以敏锐的眼光探求北曲格式变化的原理,撰写《仙吕混江龙的本格及其变化》、《论北曲之衬字与增字》。前者为北曲格式中最具神龙夭矫变化之势的〔混江龙〕找出本格与变格,寻其变化之轨迹。后者则是在掌握个别曲牌变化轨迹的基础上,进一步归纳北曲曲牌格式的构成元素、影响北曲曲牌格式变化的关键因素——衬字、增字、增句,以及关键因素的变化原则。

---

① 郑因百先生:《北曲新谱序》,《北曲新谱》,艺文印书馆1973年版,第1页。
② 郑因百先生:《北曲套式汇录详解序例》,《北曲套式汇录详解》,艺文印书馆1973年版。

（三）评选

除"考据"之学外，郑因百先生透过对历代散曲家的评论与散曲作品的编选，表现了他对散曲文学的批评鉴赏。在曲评方面，郑先生撰有《从元曲四弊说到张养浩的云庄乐府》、《冯惟敏与散曲的将来》、《王九思碧山乐府守律举例》、《吴梅的羽调四季花》诸文，《跋雍正钞本赵南星散曲》、《冯惟敏及其著述》、《陈铎（大声）及其词曲》等篇虽是考据性质的文章，文中也对其人其作有所评析。在曲选方面，郑先生以其精研曲学的独到眼光，编有《曲选》一书，为台湾学界第一本散曲选本，选录元明两代的散曲作品，并加以注解。

郑先生尝自言："我喜欢文学，也喜欢考据，数十年来，始终致力于此。"①基于对考据的一份喜爱，郑先生耐得住烦琐，下得了苦工。他戏称自己"往往为了一件无关重要的小考据而遍稽群书，为了一个统计数字而数了又数，算了又算，（我的书桌上常摆着一个算盘，不是为了家庭经济而是为了学术上的统计）。"②散曲的考据之学也就在这样找了又找、算了又算的过程中完成了上述傲人的学术成果。这些成果，固然使后学获益匪浅，而郑先生"既欲求真实，宁复计辛苦。辛苦终有成，云开红日吐，出门步晨风，爽气扑眉宇"（《自题古今谇韩考辨文后》，卷五，第131页）那种"乐在其中"的问学襟怀，相信更具有深刻的启发意义。郑先生学术事业中的

---

① 郑因百先生：《景午丛编自序》。
② 郑因百先生：《治学漫谈》，《永嘉室杂文》，第151—152页。

另一份喜欢——文学,则借由散曲评选而展现。郑先生作为台湾首开散曲研究之风的学者,以深厚扎实的考据功力与敏锐细腻的文学体察为根柢,为文概述散曲之形式、内容、风格,评介得失,论其发展,诚如永义师所言:"教人读来就好像坐在课堂上听老师娓娓而谈,不疾不徐、清清楚楚的,很复杂的问题、很难解释的观念,而老师用很简单的话语、很切当的比喻,便使人恍然大悟、豁然贯通;更难得的是往往趣味横生,使人忘了那其实是非常知性的学术论文。"①亲切而有滋味的发挥了概论性质文章启蒙的效用。

总观郑先生散曲学的成果,笔者认为其对散曲文学的批评实是最为特出的部分,其特出之处则在于诗人意识的彰显,这也正是本文拟定"诗人论曲"为论题的原因。在概述郑先生的散曲学著作之后,下文将以郑先生散曲学中的诗人意识为论述核心,就"曲体"与"曲律"两方面分析其散曲批评观点,进而观察其批评观点如何透过曲评与曲选具体实践。

三、郑因百先生的曲体论

"体"指"文学体式",其意为某一类文学作品因其"体制"之性质、功能,而应具有的标准艺术形象②。郑因百先生于《词曲的特质》一文说明"曲"的特质时,首先指出的便在于"曲"是配合音乐

---

① 曾永义先生:《郑师因百(骞)的曲学及其对我的启迪》,第 973 页。
② 参见颜昆阳《论文心雕龙"辩证性的文体观念架构"》、《中国古典文学批评术语·体势》,《六朝文学观念论丛》,正中书局 1993 年版,第 121—149、360—367 页。

而能够歌唱的,此一性质决定了曲在体制上的形式规律。因为配乐,所以曲有格式固定的"曲牌","曲牌"即代表"乐谱"。为了配合乐谱,曲的句法为长短句,每一曲牌中各字的声调也要细分,甚至若干字的声调是固定的,不能移易,分配组织相当严格。曲的体制有其严格规范的一面,亦有较为运用自如的一面。曲(特别是北曲)允许添加衬字,形式的伸缩变化具有较大的弹性。其次曲之用韵与近代口语相近,又可四声通押、入派三声,在用韵和调律上也增加不少方便。再者,曲有套数一体,联用不同曲牌,长短快慢,抑扬顿挫,更可有不少变化。虽然与"词"相较,曲的体制已更富于弹性变化,但二者同样必须受音律的节制,而与"诗"相异。① 除体制之外,郑先生亦论及曲和诗词的表现风格有所不同,"诗词以凝炼含蓄为贵,曲则不然,务须明白显豁,曲折详尽,以求其生动活泼。"②

由曲配乐歌唱的性质,郑因百先生分析了曲体在形制上与诗相异的特点,又自表现风格区分曲与诗的差异,具有"辨体"的意味。所谓"辨体"即是从作品的体式,分殊不同的文学类别,以见其差异。③ 然而,郑先生的曲体观中又另有一层"诗曲不二"的意思。他曾多次提及"曲是诗之支流"的看法:

> 词曲只能算是诗的新生支流。(《论读诗》)④

---

① 郑因百先生:《词曲的特质》,《景午丛编》上册,第58—59、61—62页。
② 郑因百先生:《论北曲之衬字与增字》,《龙渊述学》,第123页。
③ 参见颜昆阳《论宋代"以诗为词"现象及其在中国文学史论上的意义》,《东华人文学报》第二期,2000年7月,第54—55页。
④ 郑因百先生:《论读诗》,《景午丛编》上册,第2页。

> 词曲虽只是诗之一体,而能与诗鼎立,附庸蔚为大国。(《词曲的特质》)①
>
> 词曲都是配合音乐能够歌唱的诗。(《词曲概说示例》)②
>
> 散曲本身,是诗的一种别体。(《论词衰于明曲衰于清》)③

散曲只能算是诗的支流、别体,是因为散曲的创作必须受音乐谱律的支配,这影响了散曲与诗外在形制的差异。但在外在体制明显可辨的殊异之外,仍应存在着某种足以使二者联系相通之成分,否则诗与散曲之间"主脉/支流"、"正体/别体"的关系便无以建构。由郑先生的论述观之,此一使诗与散曲得以联系相通的成分,即是二者内在的本质。

郑先生屡言"曲有四弊",技巧高明,内容却欠正当、欠充实。④尽管郑先生感慨散曲一体未能充分发展利用,书写更为丰富的题材意境,但认为曲"虽有四弊,恶根并不深,不中四弊之毒的作品,也颇有些个",只要治曲者能够认清曲的本质,抉择洗伐,隐恶扬善,仍能从那些"譬如日月,光景常新"的作品中得到美好的收获。⑤然则散曲美善的本质为何?自然是内容的正当充实,依郑先生之说,即是"以作者自己为中心,表现出纯正的思想,真挚的性

---

① 郑因百先生:《词曲的特质》,《景午丛编》上册,第59页。
② 郑因百先生:《词曲概说示例》,《景午丛编》上册,第66页。
③ 郑因百先生:《论词衰于明曲衰于清》,《景午丛编》上册,第166页。
④ 同上书,第169页。
⑤ 郑因百先生:《词曲的特质》,《景午丛编》上册,第63—64页。

情,雄阔的胸襟怀抱"①。此一"出乎情志之正"的创作内涵正是使散曲与诗超越外在体制的殊异,而得以联系相通的内在根本性质,郑因百先生曲体观中的诗人意识也于此显现。

"诗以情志为本"一语大抵可以概括古人对诗之本质的共同认识,亦是郑先生数十年为诗始终执守的信念。在为《清昼堂诗集》所写的序文中,先生言道:

> 这些诗只是我六十年情感生活的纪录,春鸟秋虫,自鸣其哀乐,丝毫无关于国计民生,反映不出我所经历的现实。真是大时代的小人物,大园子里的野草闲花。聊可自慰的是:所写的都是自己的性情襟抱,说自己的话,记自己的事,没有寻常应酬之作,不曾写过仿冒的假古董。表现不出我这个时代,却还可以表现出我这个人,以及我对古典文学演进的理念。

真实自我的展现是郑先生作诗、论诗最为重视的精神气格。颜昆阳先生曾由文学理论的观点,归纳中国知识阶层的诗歌创作,是由情性、道德、学识三项因素构成创作主体,诗之所以为诗,便是此一"主体"的表现。② 郑先生论散曲最重视的也是此一创作主体的呈显。"人格与学问的结晶"是郑先生对诗人与诗的最高评价,论诗如此,论词中苏轼开拓词境,为词指出向上一路如此,论散曲中张养浩、冯惟敏尽洗四弊之陋,将散曲带上光明之路,亦复如此。

---

① 郑因百先生:《词曲的特质》,《景午丛编》上册,第64页。
② 颜昆阳:《论宋代"以诗为词"现象及其在中国文学史论上的意义》,第60页。

郑先生对散曲本质意义的体察，实根源于中国知识阶层诗教文化意识所濡染的诗人心灵。

除了主张散曲创作一如诗歌，当以情志人格为本之外，郑先生对散曲的语言风格亦别有见解，一反学界高度称扬散曲以本色尖新独异于诗词的普遍主张，而以"典雅"为尚。郑先生认为元人杂剧固以白描本色为其佳处，但散曲则实以工丽取胜，偶有白描之作，非谑即俗。① 郑先生对散曲"典雅"语言的要求，并非虚华藻丽的表相，而是一种根源于深厚文化涵养的文采修饰，亦是创作主体内在学识的展现。郑先生对自己的诗作要求"气格吐属贵安雅，纤冶叫嚣吾所仇"（《诗与诗人》，卷六，页172），"典册开胸襟，哀乐见情性"（《自勉得敬韵出句平仄递用》，卷六，第180页），与其论散曲语言是一致的。这亦足以说明郑先生以"典雅"论曲的主张，同样具有与诗相通的本质意义。

郑先生的曲体论既辨析外在体制之殊异性，亦观照内在本质之普遍性。后者在历代散曲学中尤为特出。古代曲家论散曲，多自"曲与诗原是两肠"②着眼，不论音律、用字、作法、内容、风格，里里外外各层面，循"辨体"之思维，务求为散曲辟一独立天地。即或不满于散曲之街市性格，倡议"辞壮而丽，不伤不淫"③、"格力雄浑正大"④，亦鲜少涉及散曲本质意义之探求。元末曾有昙花一现的

---

① 郑因百先生：《词曲概说示例》，《景午丛编》上册，第86页。
② ［明］王骥德：《曲律·杂论第三十九下》，《中国古典戏曲论著集成》第四集，中国戏剧出版社1982年版，第162页。
③ ［元］邓子晋：《朝野新声太平乐府序》，蔡毅编著：《中国古典戏曲序跋汇编》，齐鲁书社1989年版，第四册，第2775页。
④ ［元］杨维桢：《沈氏今乐府序》，吴毓华编著：《中国古代戏曲序跋集》，中国戏剧出版社1990年版，第22页。

"诗曲一体"之见,但也只是"乐府本乎诗"的泛泛之谈①。至于以情、志论散曲者,或执"文章巨擘,游戏为此"②之见,以文章之士为此游戏笔墨,就中益反显其卓荦不群之志;或持"情真"③之论,认为"散曲中亦有悲欢离合",可使人"愀然欲泪"④。前者既视散曲为游戏笔墨,可供曲家隐托其志,则曲体无由、亦无须开拓其"向上一路"。后者之"情",则强调"人同此情"的普遍情感,而非创作主体的个人情志。两者皆与郑先生对曲体本质的看法有所不同。

迨晚近于散曲研究有开创之功的任中敏先生,所著《散曲概论》论散曲亦特重体式之分判,于词、曲之别辨析尤为细密。除了在调律、叶韵、句法、用字、风格等方面详析词、曲相异之处外,值得注意的是,任先生至为肯定散曲"古今上下,文质雅俗,恢恢乎从不知其所限"⑤的内容,特别着意标举散曲题材上"放得极宽,取得极俗,写得极粗"⑥的一面。虽昔人薄其驳杂,而任先生则尚其广阔,甚至撰有《曲谐》四卷,盖以"体格愈所谓卑者,每每愈得自然之趣",因此专录体格"降之又降"的俳体之作,俾读者赏其隽永奇妙

---

① 有关元代后期对曲体与诗之关系的论辩,参见李昌集《中国古代曲学史》第二章《元代关于"曲"的观念》第二节《曲体品性论·一·士大夫的曲体品性论》,第70—74页。

② [明]徐复祚《曲论》:"彼皆海岳英灵,文章巨擘,羽翼大雅,黼黻王猷,正业之外,游戏为此。"《中国古典戏曲论著集成》第四集,第241页。

③ 参见李昌集《中国古代曲学史》第六章《明代的曲体文学论》第一节《曲体文学本性论·二·曲体文学尊卑观与"游戏"说和"真情论"》,第375页。

④ [明]张琦:《衡曲麈谈·填词训》,《中国古典戏曲论著集成》第四集,第268页。

⑤ 任中敏先生:《散曲概论》卷二《内容》,《散曲丛刊》卷二,台湾中华书局1984年版,第14页。

⑥ 任中敏先生:《散曲概论》卷二《内容》,《散曲丛刊》卷二,第17页。

之趣①。任先生对散曲曲体"宽广容俗"的正面评价影响深远②,此一进路显然与郑先生以"诗本质"论曲体迥然相异。

"辨体"对于确立散曲研究之独立性有不可忽视的学术意义,这也是郑先生掌握曲体特质的主要面向之一,亦是历代曲家学者最为关注的部分。至于郑先生曲体观中超越"辨体"思维而追索曲体本质的论述,则在学界表述散曲独特面貌的群声汇聚之中,似乎显得有些寂寞。郑先生谈到自己的治学态度时曾举出"评文论史,要有自己思考体会出来的见解,不随便人云亦云"③的准则,先生对于散曲本质的观照,正是此一准则的具体实践。

四、郑因百先生的曲律论

"曲律"意指散曲体制的格式规律,为散曲体式的重要构成因素,本不应独立于曲体论之外。但由于郑先生对曲律的考订下了相当深的工夫,论述宏富,因此本文将先生之曲律论另立一节,以便进行较为详细的讨论。

郑先生之所以如此重视曲律,是因为曲的"音乐性"。曲是配合音乐而能歌唱的,所以要有固定的格式。尽管时至今日,曲不一

---

① 任中敏先生:《曲谐》,《散曲丛刊》,第四册,第1页。
② 赵义山:《20世纪元散曲研究综论》第四章第四节《曲体风格论》曾就任中敏先生曲体风格论对学界的影响加以说明,并认为其说"为向学界昭示出散曲独特的文学风貌作出了巨大的贡献,并为曲体风格的研究奠定了坚实的基础。"(上海古籍出版社2002年版),第104页。
③ 郑因百先生:《治学漫谈》,《永嘉室杂文》,第152页。

定被之管弦,也不一定发为歌唱,但"音乐性"是构成曲的根柢,无法与曲辞分割。读曲之时,仍能感受其铿锵曼妙的韵律,仍能获得怡情悦耳的美感,这正是曲的音乐性所致。①

曲律之学是历代曲学至为关切的论题,古今曲家也在此项论题的探讨上提出许多精微深入的见解。曲既是配乐而作,对曲律的掌握似乎不能不自音律入手。然而音律之学实非一般人所能通晓,对初学者而言,曲律有如荆天棘地,无路可循。郑先生曾以多位曲家对衬字的论说为例,明言"前人论此,皆偏重音律而不从文字着手,是以愈论愈深,愈说愈远,而使人不得要领,无所适从"②。有见于此,郑先生解说曲律时便"撇开音律上之唱法不谈,而专从字句之读法分析说明,订立条款"③,即便不懂音律,亦可明了,实为后学开辟了一条简而有法的路径。

"订立条款"是郑先生考订分析曲律时极为重视的步骤。他不仅清楚辨析个别曲牌的正确格式,订定谱例,更强调从掌握个别曲牌格式进而厘清构成格式的方法及变化的原理,归纳其规律。明其规律,才能通体观照曲辞格律所蕴含的音乐意义,并提示后学可操作的范式。

郑先生将曲牌格式的构成要素归纳为句数、字数、句式、调律、协韵、对偶等六项。④ 其中论析最为详细者为句式、字数、调律三项,分别说明于下。

---

① 此段有关曲之音乐性的说明,见郑因百先生《词曲概说示例》,《景午丛编》上册,第66页。
② 郑因百先生:《论北曲之衬字与增字》,《龙渊述学》,第127页。
③ 同上书,第127页。
④ 同上书,第119页。

(一) 句式

郑先生所谓"句式",意指一句之中音节分段的形式。如"同为七字句而上四下三者为一式,上三下四者又为一式;同为六字句而上四下二者为一式,平分两段每段三字者又为一式。"①音节的分段,是用来调节语气的轻重舒徐。郑先生将句式归纳为"单式句"与"双式句"两类,单、双式之区分系以每一句下段音节(如七字句上四下三的"下三"、六字句上四下二的"下二")的音节数为依据,其为单数者为单式句,为双数者为双式句。句式的差异将影响曲的音节韵味,单式句健捷激袅,双式句平稳舒徐。一曲之中,句式或单或双,必须辨认清楚。如果只照一句字数填写,而句式单双互误,则通篇音节紊乱,诵读之际,便觉滞碍不顺。②

(二) 字数

同一曲牌在不同作品中字数可能差异甚大,尤以北曲为然,此为读曲者所习见而难明其理的问题。元人周德清于所著《中原音韵·作词十法》中提及曲中有"衬瓮字",即陪衬之字,明代以来多称之为"衬字"。衬字是曲牌字数变化的因素,历代曲家虽对衬字有所说解,但偏重从音律之理立论,使初学者难窥堂奥。再加上有时作品虽有增添之字,但难以从语气或文法上辨识何者为陪衬性

---

① 郑因百先生:《论北曲之衬字与增字》,《龙渊述学》,第128页。
② 参见郑因百先生《论北曲之衬字与增字》,《龙渊述学》,第128—132页。

质,因而论者甚至提出北曲"衬字无定法"①、"衬字毫无限制"②等令人茫然无从的说法。郑因百先生乃舍音律而就字句读法分析,以全部元人杂剧、散曲作品为基础材料,依牌调逐一比对归纳,提出正字、衬字、增字的概念,使曲中字数变化的因素得以明晰。

郑先生指出每一曲牌中各句皆有一定字数,此为正字。在本格正字之外,又可加入若干字,作为转折、联续、形容、辅佐之用,谓之"衬字"。衬字用以陪衬,故多为虚字,即形容词、副词、助词、连接词之类。"增字"则是在正字之外所加入与正字在意义分量上分庭抗礼,同居主要地位的字③。郑先生并在归纳所有元人作品中各曲牌的字数变化之后,得到衬字、增字的使用原则各十二条,反驳了"无定法"、"无限制"的旧说。由此,曲之形式固然变化多端,其体格仍然清晰可辨。

总观郑先生所提曲中增衬的原则,最为重要者在于确守句式。郑先生指出"音节是词曲的生命"④,句式既与音节具有密切关系,则句式实为曲牌音乐性的稳定基础。曲牌格式即使可加入衬字、增字而使字数改变,但必须确守句式之单双,以维持曲调之声情。

---

① 吴梅:《顾曲麈谈》第一章《原曲》第四节《论北曲作法》,王卫民编:《吴梅戏曲论文集》,中国戏剧出版社1983年版,第30页。
② 王季烈:《螾庐曲谈》卷二《论作曲》,第五章《论词藻四声及衬字》,商务印书馆1927年版。
③ 参见郑因百先生《论北曲之衬字与增字》,《龙渊述学》,第123、135—136页。
④ 郑因百先生:《论北曲之衬字与增字》,《龙渊述学》,第132页。

(三) 调律

所谓"调律"意指曲牌中每句里平仄声的分配。郑先生指出曲中的平声有阴阳之分,仄声分为上去入三者。曲牌中某字须平、某字须仄、某字平仄不拘,皆有一定规范。特别是必须严格区分声调的部分,不仅平仄不能通融,平声尚且要别阴阳,仄声上去入亦不得混用。如〔齐天乐〕末句三字必用"平去上",〔黄钟·醉花阴〕首句末三字必用"去平上",〔琵琶仙〕第二句第五字必用入声。作曲时,声调若有所出入,则为"落腔",不仅不能唱,就是读起来也会失去抑扬抗坠、铿锵曼妙的音乐美。①

郑先生对曲律的分析既由文字句读入手,则对曲之音乐性的掌握自非就管弦工尺而论,而是曾师永义所言之"语言旋律"。所谓"语言旋律"是当人们运用语言以表情达意之时,语言音节所具备之音长、音高、音强、音色等因素于音节联缀叠累中构成变化而形成的旋律性。中国语言本富于旋律感,而韵文学更透过体制之规律强化语言旋律的美感。② 换言之,语言旋律并非散曲所独具,而实是中国诗歌所共有的音乐生命,郑先生在其诗作中也同样表现出对音节之美的追求。

郑先生诗作中屡屡自言对诗律的重视,如:

---

① 郑因百先生:《论北曲之衬字与增字》,《龙渊述学》,第119页;《词曲概说示例》,《景午丛编》上册,第68页。
② 曾师永义:《中国诗歌的语言旋律》,《诗歌与戏曲》,联经出版事业有限公司1988年版,第1—2页。

浮声列前茅,切响为后劲。低昂变宫羽,音律自醇正。惭无八斗才,勉依三尺令。(《自勉得敬韵出句平仄递用》卷六,第180页)

律严细推敲,韵窄绝通借。(《诗人与农夫得祸韵》卷六,第187页)

调律谐宫商,选色俪丹素。(《手录年余以来所为诗怀戴静山》,卷六,第182页)

有时郑先生更在诗作的自注中进一步对声调、用韵的经营,以及在语言旋律上的效果,作了较为详细的说明,如:

无韵诗者,谓韵部通假甚宽,兼以古今南北语音歧异,虽有韵而读之似无韵也。此种情形,入声韵最为显著;亦惟有入声之涩咽峭拙,方能读之似无韵而仍保持音律之美。平上去三音绝不宜大量通假。右诗云云,意甚明晰,读者当不致以为予主张作诗不须协韵。且韵字限制,有时可收因文生情之效,所谓"从一字得全句"。古人和韵诗,无论和人或自和,往往胜于原作,即是此理,是亦不可不知。(《无韵诗二十韵》,卷五,第139—140页)

此诗出句依唐人平仄递用法。合用屋沃二韵。不押韵之字亦皆用入声,使每句句尾非平即入,不杂上去,似可增加悠扬涩咽之致。(《代棺中人语并序》,卷六,第170页)

郑先生于七十岁以后,作诗尤勤,八十一岁时有诗云:"少壮曾学诗,中道延期程,七旬再发轫,十年粗有成。"(《结诗》,卷八,第283

页）这十年中，不仅诗作数量惊人，更在诗律技法上琢磨出新。如《四时九转歌分咏四时凡九转韵二十四句》、《拈韵习作得二十八俭》、《自勉得敬韵出句平仄递用》、《诗人与农夫得祷韵》、《诗思吟限用支韵》、《读卢仝诗观梵谷画得卦韵出句平仄递用》、《散步得情调古诗人头衔名教授一联检宥韵字足成之依唐人五古黏对法》、《夜深放歌试为转韵新体时重读李长吉诗》、《为诸生说三言讫试作一章咏古》、《前诗一韵到底复成转韵一章即事咏怀》、《比兴二章分用药纸两韵》、《午晴独酌效唐人三韵五七言小律》、《丙寅霜降日试拟竞病韵诗四首》诸诗，由诗题即可见出郑先生"晚年渐于诗律细"的写作态度。或限韵转韵，以挑战选韵与诗情的配搭；或限定声调体式，以竞试诗体束缚下所能展现的音节之美。

郑先生一再强调曲的创作必须受音乐谱律的限制，其论曲律亦根基于曲的音乐性。郑先生一则"就曲论曲"，分析曲律在句式单双、字数增衬、调律严审等方面与诗相异的特点，因此其曲律论也就具有"辨体"的意义。再则就郑先生论曲之音乐性时所指涉的语言旋律而言，规范体制以强化文字音节美感的表现亦是中国古典诗歌一致的本质，郑先生的创作态度与成果也体现此一诗歌审美之本质。因而其论曲律亦如曲体之论，不仅呈现"辨体"的思维，亦涵摄了"本质"的探求。

五、郑因百先生曲体曲律论的实践

郑先生对曲体、曲律的看法，已见上述。这些见解并非空悬之议，而能具体落实于郑先生对曲家曲作的批评鉴赏。本节分从曲家评论与作品编选两方面加以说明。

(一) 曲家评论

郑先生论曲之体式,不仅辨析其与诗、词相异之处,亦直探其与诗内在相通的本质。持此观点,"作者学问与人格的结晶"是郑先生对散曲创作的最高评价,历代曲家当得此誉者仅有元代张养浩与明代冯惟敏两人。[①] 郑先生认为元曲固然技巧精湛,内容风格却相当狭窄低陋。张养浩与冯惟敏的散曲则超越了元代狭陋的格局,成为高尚雅正的文艺作品。推究其因,首先在于两人皆以创作者的真实自我为中心,其情感、思想、生活,皆可由所作散曲中求之。

郑先生运用"知人论世"之法则,详细考察张养浩与冯惟敏的生平事迹,以与其散曲相参证。《云庄乐府》多写于张养浩五十二岁至六十岁间归隐云庄别墅之时,云庄归隐是历经官场忧患,不苟合取容的抉择,因此其散曲写闲适是饱尝甘苦后的真闲适,不是夸谈逍遥的颓废之语。而当其以散曲描写荣华空虚、艰险潜伏的仕宦之味时,也都是过来人的现身说法,有着一般落魄文人或失职不平之士同类题材作品所道不出的真切生动与雍容气度。再就冯惟敏而论,郑先生广采群籍,为其立传,并多处征引其散曲所署年岁事迹为证,由此可见其创作"以自我为中心"之一斑。并归纳其人

[①] 下文有关郑先生对张养浩、冯惟敏之评论,引述自先生所撰《从元曲四弊说到张养浩的云庄乐府》(《景午丛编》上册,第173—182页)、《冯惟敏与散曲的将来》(《景午丛编》上册,第209—212页)、《冯惟敏及其著述》(《景午丛编》下册,第216—247页)。

其作云：

> 出为令倅，则守正爱民，不畏强御。退处山林，则诗酒啸歌，亦有以自乐其乐。守正爱民而遭恶势力之摧抑，故悲愤；诗酒啸歌而故乡擅林壑之美，故恬适。蕴蓄既厚，内容充实，此其所以能卓然特立，自成一家。①

一如张养浩，冯惟敏散曲不论抒写仕宦的旷达愤激，抑或山林的安闲恬适，均出自亲身经历的真实心境与感悟。

张养浩与冯惟敏将一己之生活、思想与情感化入散曲创作之中，而尤为郑先生所赞赏者，更在于两人散曲中所表现的崇高人格。张养浩在隐居八年之后，于天历二年关中大旱之际，受召再起，赴陕西救灾。到官四月，鞠躬尽瘁，最后病逝于任上。关中救灾济民时的种种心情也在其散曲中留下了纪录，如〔喜春来〕、〔南吕·一枝花〕《咏喜雨》诸作中对生民的关怀悲悯，不但为元散曲中所仅见，曲中所展现仁人志士之胸襟气度，更为一般文人才士所难以企及。冯惟敏成长于重视文采学行的家学环境，其学术思想、立身治行，完全以儒家为准则，散曲中如〔双调·新水令〕《忆弟时在秦州》、〔正宫·端正好〕《邑斋初度自述》、〔仙吕·点绛唇〕《改官谢恩》诸套曲，便表现出持身守正的儒者胸怀，一改散曲道家气息浓厚的风调，提高了散曲的风格内容。

郑先生评论曲家，格外重视其创作是否表现内在的真实自我。即使未必达致张养浩、冯惟敏之境地，只要能够于作品中得见作者

---

① 郑因百先生：《冯惟敏及其著述》，《景午丛编》下册，第217—218页。

纯正之思想与真挚之性情襟抱，郑先生亦予以正面评价。如康海、王九思，虽然其散曲所表露的大体只是失职不平的感慨，与山林泉石的爱好，摆脱不了元人警悟厌世、散诞逍遥的陈套，于题材之扩大与气象之开阔上不及张、冯二人，但其感慨与爱好毕竟为己身遭遇的真实反映，足以见其性情与怀抱，郑先生仍称许其超越元人，为散曲别开新境的成就。① 又如明末赵南星，其散曲颇有以市井小曲谐谑之语而成者，格调虽非郑先生所推重之高尚雅正，但作者之意正借此骂世以泄其肮脏不平之气，慷慨激烈，适与其骨鲠清亮、严正而近于操切的人格性情相应，郑先生亦肯定其"言为心声"，在明代散曲中自成风格。② 凡此皆可看出郑先生论曲特重作者主体展现的观点。而此一创作主体的情志内涵，则如郑先生评冯惟敏所云："其思想、学术，则纯粹儒家者流也。其性情、生活，则诗人之性情生活也。"③ 乃以诗人之文化传统为其根柢。

除了强调散曲创作的主体展现之外，由于对曲体音乐性的重视，散曲家是否能充分掌握曲的音律，亦是郑先生散曲批评的要点。其于《王九思碧山乐府守律举例》、《吴梅的羽调四季花》二文，④ 针对王九思、吴梅散曲如何运用曲律以充分发挥散曲的音节之美，做了十分仔细的分析说明。郑先生以王九思两套〔正宫·端正好〕的煞曲各五支为例，比勘十支曲子各句末字之声调，以此例

---

① 郑先生对康海、王九思的评论，参见所撰《冯惟敏与散曲的将来》，《景午丛编》上册，第209—210页，《冯惟敏及其著述》，《景午丛编》下册，第216页。
② 郑先生对赵南星的评论，参见所撰《跋雍正钞本赵南星散曲》，《景午丛编》上册，第280—282页。
③ 郑因百先生：《冯惟敏及其著述》，《景午丛编》下册，第217页。
④ 郑因百先生：《王九思碧山乐府守律举例》，《景午丛编》上册，第213—216页。《吴梅的羽调四季花》，《景午丛编》上册，第283—288页。

说明王九思散曲音律精细,故读来特别铿锵谐婉。而此十曲用同一曲牌,音律全无出入,更可见出王九思作曲的才气与功力。

吴梅的〔羽调·四季花〕则是郑先生推崇为"良工心独苦"的绝妙之作。郑先生将吴梅此曲与《南词新谱》所收旧曲〔四季花〕相比较,说明吴梅此曲遵照旧谱,一丝不苟,可见其精于曲牌之音乐性格。郑先生透过细腻的分析,把吴梅此曲如何构成音节上谐婉与峭折相得益彰的美感清晰地勾画出来。更指出吴梅作曲不仅审音极细,守律极严,尤为难得的是虽在法度的束缚下,仍显得从容闲雅,以高华之词藻与清真之意境,达到音律与文字并美的境界。

郑先生曾谈起"以前听前辈讲词曲,说要严别四声,常笑其迂拘,今日乃自笑当时之幼稚"[1],之所以自笑,是因为郑先生治曲愈深,愈发了解曲律之严格精细固是一种束缚,但这种束缚正是曲的生命所在,明其格律,方得以品赏其音节之美。郑先生以王九思、吴梅为例,示范了分析散曲格律的方法,以及此一方法在探索散曲美感上的效用与价值。

再就曲家的语言风格而言,郑先生特别重视"典雅"。他除了肯定张养浩《云庄乐府》所表现的作者人格情志之外,也推许其词藻典雅[2]。对王九思散曲,则评其"清词丽句,中规合度",足为散曲正宗[3]。郑先生论散曲语言的典雅,是一种"文质彬彬"的文化涵养,其根柢仍在创作者的情志胸襟。如冯惟敏,虽然其词藻"有

---

[1] 郑因百先生:《王九思〈碧山乐府〉守律举例》,《景午丛编》上册,第216页。
[2] 郑因百先生:《从元曲四弊说到张养浩的〈云庄乐府〉》,《景午丛编》上册,第175页。
[3] 郑因百先生:《王九思〈碧山乐府〉守律举例》,《景午丛编》上册,第215页。

时沙泥俱下"①出以本色谐谑,但"谑不伤雅,质不近俚"②,郑先生亦予以肯定。至若张可久,其散曲富丽精工,固不失为第一流曲家,但对其"真气不足",郑先生颇致叹惋之意。③ 由此可见,"典雅"虽是郑先生眼中散曲语言的理想标准,但在文质之间,"情志之正"仍是评价散曲的首要标准。

(二)作品编选

自1928年卢前《元曲别裁集》出版以来,至今学者所编著的散曲选本不下一百多种④。郑因百先生于1953年出版的《曲选》为台湾学界第一本散曲选本,所选录的作家与作品,正如郑先生所自称:"选录古人作品,要以自己的眼光旨趣为标准,不因袭任何前人选本。"⑤不仅与前人选本有别,即与之后的诸多选本相较,仍呈现颇为突出的个人特色。其特色可由以下几点来观察。

1. 就所选作品的时代而言

目前所见的散曲选本绝大多数专为元散曲而编著⑥,郑因百先生所撰《曲选》选录元明两代作品,除了表现较为广阔的观照面向

---

① 郑因百先生:《王九思〈碧山乐府〉守律举例》,《景午丛编》上册,第216页。
② 郑因百先生:《词曲概说示例》,《景午丛编》上册,第86页。
③ 同上书,第85页。
④ 据赵义山《20世纪元散曲研究综论》所附"20世纪元散曲研究书目·二·作品选注评析"之书目资料,大陆地区散曲选本即有134种。(上海:上海古籍出版社2002年版,第298—305页)。
⑤ 郑因百先生:《治学漫谈》,《永嘉室杂文》,第152页。
⑥ 据赵义山于《20世纪元散曲研究综论》所附书目资料,在大陆地区散曲选本134种之中,元散曲选本即有97种。(第298—305页)。

之外,即与其他同样选录历代作品的散曲选本相较,亦有其独特的选曲观点。以下先表列一些重要选本所选元明两代曲家曲作的数量统计,再据以分析说明。

表 一

书　名	编著者	作家人数	作品数量		出版年
			小令	散套	
元明清曲选	钱南扬	元 20 明 11	元 181 明 42	元 5 明 8	1936
曲选	郑因百	元 28 明 31	元 119 明 97	元 35 明 76	1953
元明清散曲选	洪柏昭 谢伯阳	元 45 明 39	元 129 明 112	元 18 明 19	1988
历代曲选注	朱自力 吕　凯 李崇远	元 12 明 3	元 32 明 6	元 10 明 1	1994
元明清散曲精选	黄天骥 康保成	元 36 明 17	元 51 明 43	元 6 明 0	2002

首先就所收曲家人数观之,郑先生《曲选》是唯一一本所收明代曲家多于元代的选本。其余除《元明清散曲选》元代曲家稍多,但与明代相差不远之外,各选本元代曲家人数为明代的二至四倍。① 再

---

① 部分曲家的时代归属,各选本有所出入。汪元亨、杨维桢二人,郑先生《曲选》归入明代,钱南扬《元明清曲选》与黄天骥、康保成《元明清散曲精选》将汪元亨归入元代,洪柏昭、谢伯阳《元明清散曲选》中两人亦归入元代。今依郑先生《曲选》之说,以使分析基准一致。

就作品数量观之,小令部分,《曲选》与《元明清散曲选》、《元明清散曲精选》相近,所收元人作品较多,但与明代差距不大。《元明清曲选》与《历代曲选注》则元人作品远多于明人。散套部分,《曲选》所收明人作品多达76套,超出元人甚多,与各选本大不相同。由以上数据,可见即使学者所编著之散曲选本不再局限于元散曲的范围,但仍明显呈现偏重元曲的趋向,郑先生的《曲选》则独异于此一趋向。其所以持论"独异",实根源于郑先生对曲体的见解,以及从而发展出的散曲史观。

如本文第一节所述,郑先生虽然肯定元代散曲在艺术技巧上的成就,但认为元代曲体的发展尚未完备。元人之作一方面受到"四弊"的束缚,一方面散套的创作仍有所不足,不论内容、体制,皆待明人始得发扬。持此观点,郑先生编著《曲选》,元明两代在曲家人数与小令数量上分庭抗礼,散套数量则明代远高于元代。至于《曲选》未收清代散曲,则如本文第一节所述,郑先生认为散曲受黑暗时代的严重影响而有"四弊"之失,以致无法充分发挥曲体的美善本质。至清代又因精神文化较为清明,对深中"四弊"之害的散曲抱持鄙视的态度,文人甚少涉足,即或偶有创作,亦远不及元明曲家,也就没有收录的价值。由此看来,《曲选》实是郑先生散曲发展史观的具体展现。

2. 就所选作品的体制而言

除于所收元明两代曲家人数与作品数量上,表现出有别于其他选本偏重元曲的趋向之外,郑先生《曲选》所收各体作品的分量亦与其他选本不同。相关统计数字表列于下。

表 二

书　名	编著者	作品体制		出版年
		小令 北/南	散套 北/南/南北合	
元明清曲选	钱南扬	元 181/0 明 26/16	元 5/0/0 明 5/3/0	1936
曲选	郑因百	元 119/0 明 24/73	元 33/0/2 明 27/43/6	1953
元明清散曲选	洪柏昭 谢伯阳	元 129/0 明 65/47	元 18/0/0 明 10/8/1	1988
历代曲选注	朱自力 吕　凯 李崇远	元 32/0 明 4/2	元 10/0/0 明 1/0/0	1994
元明清散曲精选	黄天骥 康保成	元 51/0 明 31/12	元 6/0/0 明 0/0/0	2002

首先就小令与散套数量观之，可以看出郑先生对散套的重视。目前所见散曲选本明显以小令为重，为数众多的《元曲三百首》一类选本即反映了此一现象。上表所列各家历代散曲选本也同样偏重小令，所录散套极为有限。而郑先生《曲选》所收散套，元代有35套，明代更多达76套，在各种选本中可谓独树一格。衡诸元明两代散曲创作的情况，隋树森所编《全元散曲》收录散套457套，谢伯阳所编《全明散曲》收录散套2064套，诸家散曲选本所收散套数量实不过聊为点缀而已，郑先生《曲选》对散套的重视，则较适切地反映了元明散曲创作的概况。《曲选》在散套数量上远高于其他选本，除了提供后学对于散套体制较为充分的认识之外，亦当与郑先生对散曲特质的见解有关。先生在分析曲体形式规律时曾云：

词只是一首一首的单位。最长不过二百余字,而且这样长的调子占极少数,普通所谓长调总是在百字左右,小令更不必说。篇幅既小,自然施展不开。曲则小令之外又有套数;更可以扩大起来,与另一种文体,即作为宾白的散文,合起来,写成剧本,波澜气势当然比词大得多。①

散套是运用不同曲牌联缀而成,篇幅也就随之扩大,不论抒情纪事,写景状物,都可以表现得酣畅淋漓。虽然词也有合若干首以咏一事之例,如欧阳修的〔采桑子〕咏颍州西湖;或合若干首分咏若干事,如秦观的〔调笑转踏〕,但皆重复使用同一词牌,远不及曲之套数可以联用不同曲牌,在音节长短快慢、抑扬顿挫上具有灵活变化的效果。② 这是曲体的便利之处,也是曲较诗、词更为进步,得以尽情发挥其表现力的重要体制特点。有见于此,郑先生选录散曲便极为重视散套一体。

再就南、北曲之别观之,元人专擅北曲,自不待言。至明代中叶,散曲创作已呈现"北词"、"南调"各擅胜场的景况。至晚明,南曲极盛,北曲几成绝响。相较于南、北曲在元明散曲发展上的消长,各家选本于明代散曲所选录的作品却仍以北曲为多,小令、散套皆然。独有郑先生《曲选》所选明人作品南曲远多于北曲,如实反映了散曲发展的历史面貌。

3. 就作品取舍的标准而言

---

① 郑因百先生:《词曲的特质》,《景午丛编》上册,第62页。
② 同上。

散曲选本的编撰,本为后学提供对散曲的初步认识。选录了哪些曲家、哪些作品,通常即反映了编著者所欲勾勒的散曲概貌。以几则编著者所言为例:

> 本书选录的标准,是思想与艺术并重,题材、体裁、各种风格流派兼顾,同时还选录了少数与散曲极为相近的民间小曲,以显示散曲绚烂多姿的面目。(洪柏昭、谢伯阳《元明清散曲选·前言》)

> 由于不同时代的作者,具有不同的经历和不同创作个性,因此,曲坛上也出现珠宝纷呈、繁花似锦的局面。……本书仅向读者提供散曲的一些精品。(黄天骥、康保成《元明清散曲精选·前言》)

> 曲是元代的新兴文学,有浓厚的民歌韵味,在写作的方法上与诗词有所不同。诗词讲究含蓄蕴藉,多采用比兴的写法;曲则讲究尖新倩意,多采用赋的写法,也就是白描的写法,直书其事,不含蓄,不修饰,写得淋漓尽致,不留余韵。(赖桥本,林玫仪《新译元曲三百首·导读》)

> 它的艺术特点是多用口语俚语,通俗易懂。其意境尤为广阔,内容无所不包,举凡写景、抒情、咏物、吊古、叙事、赠答、议论、说理,无施而不可。散曲的情趣,比诗词更接近于民众。如果说诗词宜含蓄清雅,而散曲则宜浅显豪辣、奔放恣肆,特别适于表现戏谑嘲弄、调侃讥议的内容,甚至嘻笑怒骂、揶揄挖苦,笔锋所至,均能穷形尽相,入木三分。(吴新雷、杨栋《元散曲经典·前言》)

编选散曲选本既为后学勾勒散曲概括面貌,则"诸格皆备"就成为编著者选录曲家曲作的重要考量标准。散曲面貌的勾画又往往透过和其他文体的比较而突显,因此标举散曲的特点也成为选录的参考依据,这在元散曲选本中尤其是强调的重点。

与上述散曲选本相较,郑先生《曲选》的编选旨趣显得格外独特。此书例言第二条即揭示"概以醇雅为主"的选曲标准,一则与一般选本标举散曲通俗质朴、显豁奔放、题材广阔等形式内容特点的编选旨趣大异其道。二则与各选本"诸格皆备"以示散曲概括面貌的用意亦颇不合。究其根由,仍须自郑先生对曲体的见解加以考察。

郑先生所谓"醇雅",可从《曲选》与其他选本所收曲家曲作之差异,推知其意涵。就所收曲家而言,如元代王和卿、刘庭信、睢景臣、杜仁杰,均为大多数选本所收录,而未见于郑先生之《曲选》。王和卿是元代曲家中游戏嘲谑之风的代表性人物,于题材之选择尤其不避俗恶。为任中敏先生所肯定"散曲内容因能容俗而阔"的《王大姐浴房中吃打》、《长毛小狗》等曲,即出自其手。[①] 刘庭信擅写男女风情,以"街市俚近之谈,变用新奇"[②],有小曲俚俗率切之情调,又极重视形式之尖巧。杜仁杰、睢景臣分别以《庄家不识勾栏》、《高祖还乡》散套闻名,也是各选本普遍选入的作品。这两套散曲都是以乡下人的口吻写作,因其识见短浅,故眼中所见勾栏演剧的热闹、高祖还乡的盛况,都充满漫画式夸张变形的滑稽之趣。《庄家不识勾栏》虽然有戏曲史料的价值,《高祖还乡》虽然具备嘲

---

① 任中敏先生:《散曲概论》卷二《内容》,《散曲丛刊》第四册,第17页。
② [元]夏庭芝:《青楼集·般般丑》,《中国古典戏剧论著集成》第二集,第37页。

戏帝王的叛逆精神,但毕竟充满浓厚滑稽为戏的色彩,以供笑谈,既以乡下人口吻写成,语言也就俚俗如话。其次,某些曲家则为其他选本罕见,而为郑先生《曲选》选入者。如元代朱庭玉,《曲选》选其四套散曲,郑先生评其所作北套"清丽芊绵,篇篇可诵",因惋惜其名不著,特意表而出之。① 又如明人何瑭,明弘治十五年进士,因迕刘瑾而自请辞官。为人清正,具儒者气度,对当世士风颇有影响。②《曲选》选其两套散曲,皆抒发仕路风波之感怀,归于闲居自适之乐,为自身性情遭际之写照。

再以《曲选》与其他选本同一曲家所选作品的差异来看,如元代关汉卿的《不伏老》散套,不仅在语言上以大量增衬突出酣畅放恣的格调,内容上更直写"向烟花路上走",至死不改的人生宣言,彻底颠覆传统文人价值,表现豪辣的气魄,素来为散曲选本所青睐,但《曲选》并未选录。明代王磐《失鸡》、《瓶杏为鼠所啮》诸曲,俳谐戏谑,屡为各选本所采录,《曲选》亦未选入。再如元代徐再思散曲,《曲选》舍其〔折桂令〕《春情》、〔沉醉东风〕《春情》、〔清江引〕《相思》等以造语俊巧、俚俗情态见长的风情之作,而选录了〔梧叶儿〕《即景》:"鸳鸯浦,鹦鹉洲,竹叶小渔舟。烟中树,山外楼,水边鸥。扇面儿潇湘暮秋。"郑先生评此曲"通篇不写情感,情感即在其中。是为文学中最超脱之境;但惟词曲小令及绝句能之"③,看重其含蕴不尽之美感。又于明代王九思之作,收录了各选

---

① 郑先生于《词曲概说示例》一文自《曲选》中选录南北小令各十首、南套北套合套各一套,以作为范例。评朱庭玉语见此文。《景午丛编》上册,第91页。
② 〔清〕张廷玉:《明史》卷二八二《儒林一・何瑭传》,洪氏出版社1975年版,第7256—7257页。
③ 郑因百先生:《词曲概说示例》,《景午丛编》上册,第84—85页。

本少见的〔清江引〕"紫阁山人王敬夫,盛世闲人物。懒修山海经,怕奏长杨赋,病起花间删乐府"一曲,郑先生评此曲"情致之洒落,声调之谐婉,堪称独步。此曲声调抑扬处,全在几个去声与上声字。(自注:阁字入作上,物字乐字入作去)敬字若改上声字便不起调,而作者适字敬夫,所谓文章本天成,妙手偶得之"①,于本曲音律之美倍加赞赏。

根据上述《曲选》所录曲家曲作与其他选本的差异,郑先生所揭示的"醇雅"当可从三方面来理解:一是内容上的"情志之正",二是语言上的"典雅",三是音律上的"谐美"。第一项尤为根本要义。前文曾一再言及郑先生论散曲创作时格外强调创作主体情志人格的展现,并重视散曲音节和谐、语言典雅的美感。这些论曲观点都具有直指散曲与诗相通的本质意义。颜昆阳先生曾由论析宋代"以诗为词"现象,提出中国知识阶层具有"诗文化母体意识"的看法。其说大体谓"诗"是一切以音律形式抒情言志的韵文"母体",此"母体"的意义有三:一是一切韵文形式体制的"正典基型",各体韵文虽然体制各异,但必合乎正典基型"音必低昂互节,韵必先后应和"的规范。二是一切韵文语言的"正典体式",以典雅为宗。三是一切韵文内容情志的"正典价值",吟咏情志。② 郑先生的"醇雅"观正为此一诗文化母体意识的发显,《曲选》与各选本颇有差异的根本因素也在于此。

郑先生以"醇雅"选曲,独宗一格,与其他选本"诸格皆备"的取

---

① 郑因百先生:《词曲概说示例》,《景午丛编》上册,第85—86页。
② 颜昆阳先生:《论宋代"以诗为词"现象及其在中国文学史论上的意义》,第61—62页。

向不同，郑先生也自承此选"取舍或偏"①。郑先生并不否定选本应当具有概要示范的性质，其编《词选》时即采取"于各种风格，兼收并录，不立宗派"②的编选立场。正因如此，先生编《曲选》"概以醇雅为主"的用意也就格外值得探究。《曲选·例言》第二条云："近人论曲选曲，多承明末陋习，以鄙俚浅露为本色，以轻佻纤靡为清新：曲学虽兴，曲体仍卑。"则《曲选》之宗醇雅，实意在矫正过去选曲论曲识见偏浅，贻误后学之弊，从而为曲体提示正大之途。郑先生认为就形式而言，曲颇有汇聚各种文体优点的意味，抒情纪事，写景状物，皆可入于曲中，具有表现文化优良美质的条件。然而在曲的发展过程中，既已因为黑暗时代的不良影响致有"四弊"之病根，过去的选本又陈陈相因，"以冶艳为飘逸清新，以鄙俚为本色自然。须知一涉纤俗，无药可医：而误认纤俗为曲的本质又从而欣赏之者，则大有人在"③。因此郑先生编《曲选》，就是要"拿准眼光，寻找庄重醇雅之作"④，以使治曲者能掌握曲真正美好的本质。后学循此正途入门，再累积较多的阅读经验，自能分判何为真正的本色清新。《曲选》专主醇雅，虽不免无法彰示散曲的完整面貌，但先生为破除对曲体积习已深的错误认知，盖不得已而为之。

郑先生评论曲家、编选散曲作品，有其一贯而清晰的批评标准，此一标准根源于郑先生兼涵本质之探求与辨体之思维的曲体、曲律论。郑先生选曲论曲，首重创作者性情胸襟、道德学问的主体展现，此一以"诗本质"为核心的批评观点，为郑先生散曲学中最为

---

① 郑因百先生：《曲选·例言》第二条。
② 郑因百先生：《词选·例言》第二条，中国文化大学出版社1988年版。
③ 郑因百先生：《词曲的特质》，《景午丛编》上册，第62—64页。
④ 郑因百先生：《词曲的特质》，《景午丛编》上册，第62—64页。

突显之特点。音节谐美、语言典雅固亦为散曲与诗相通之处,但若脱离情志而空务音节、语言之追求,至多亦不过第二流人物。① 郑先生以根柢于文化传统的诗人意识与诗人心眼研治散曲,但并未走上视曲为诗、泯灭曲之独立性的褊狭之路。在揭示散曲本质与诗相通的同时,郑先生仍然十分重视散曲自身的特点。散曲具有异于诗词的体制规律与表现风格,郑先生评曲重视音节的精细分析,选曲着意提高散套的分量,并申言作曲务求明白显豁以达生动活泼之趣,在在显示其对曲体特殊性的掌握。《曲选》一编虽主醇雅,实则郑先生何尝不能欣赏如张养浩"那的是为官荣贵,止不过吃些筵席,更不呵,安插些旧相知。家庭中添些盖作,囊箧里偿些东西;教好人每看作甚的"(〔朱履曲〕),冯惟敏"人世难逢笑口开。笑得我东倒西歪。平生不欠亏心债。呀! 每日笑胎嗨。坦荡放襟怀。笑傲乾坤好快哉"(〔河西六娘子〕)这类质朴自然之作? 甚至即使不喜雍正钞本赵南星散曲中近似小曲的俚俗市井文字,郑先生仍嘉许其发愤而作,批评吴梅疑其为伪托乃"固哉"之论。② 郑先生品曲论曲实基于兼容各体,更不以一己所好自限的通达立场。"平正通达"正是林玫仪先生回忆受业于郑先生门下时深受启发的"四字金言"——"因百师说,无论做人或做学问,都要务求平正通达"③。郑先生的散曲学为此四字提供了又一注脚。

---

① 郑因百先生于《陈铎(大声)及其词曲》一文评陈大声散曲只是稳协流丽,没有新词藻、新意境,更看不出什么性情襟抱,只能算第二流。《景午丛编》上册,第259页。
② 郑因百先生:《跋雍正钞本赵南星散曲》,《景午丛编》上册,第280页。
③ 林玫仪先生:《我所认识的郑因百老师》,《中国文哲研究通讯》第一卷第二期,1991年6月,第79页。

六、结语

一如郑先生其他方面的学术事业,先生的散曲学以"考据"与"文学"为两大支柱。于考据精深谨严,于文学细腻敏锐。不论版本字句、形式格律、曲家生平著作等基础知识的提示说明,或是作品情思意境、语言音节等艺术表现的分析启发,都为后学开启了研读散曲的门径与视野。总观郑先生的散曲学,笔者以为诗人意识的突显是其中最为特出之处。此一诗人意识在郑先生长年写作、阅读与研究中体察践履而深刻内化于心,承继了中国知识阶层长远深厚的诗教文化传统。因此郑先生对于散曲文学的探求,不仅辨析其体式的轨范,更超越了体式的分殊,直指散曲内在与诗相通的本质,对散曲的内容境界抱持着更高的要求与期许。

自1920年代散曲研究初兴迄今,努力为散曲找出其特殊而独立于诗、词之外的文学价值,一直是学界共同的趋向。而在学界努力为散曲挣得一片独立天地之时,倘若这"独立"只能凭借"无所不包、宽容能俗"支撑起一片天地;倘若这片独立天地所高举与诗分庭抗礼的旗纛,只能以"玩世避世"①为精神图像,这独立天地的存在是否缺少了某种作为文学更为深刻丰广的意义与价值?郑先生"诗人论曲"之进路在散曲研究的众声相应中益显特殊,也益显寂寞。但这特殊而寂寞的声调,适可为散曲文学的探求激荡出不同的思索,因而也益显珍贵。

---

① 李昌集先生于《中国古代散曲史》(华东师范大学出版社1991年版)提出散曲文学以避世思想为精神基调,以玩世哲学为主导风范。

编后记

郑师因百(骞)著作等身,其散篇论文成集者有台湾中华书局之《景午丛编》与台北大安出版社之《龙渊述学》。"景午"即"丙午",郑师生于清光绪三十二年岁次丙午(1906),故云。"龙渊"为台北市大安区里名,郑师曾赁屋居此。"永嘉室"指台北市大安区温州街居所,为郑师晚岁所居。

《景午丛编》由于台湾中华书局歇业,早已绝版,学子难觅其书,因将其中较为浅近之论文抽出仍其原名,题作《从诗到曲》,交由商务印书馆出版。其余篇则合《龙渊述学》中有关戏曲者编为一书,题作《郑骞戏曲论集》,交由台北"国家出版社"印行。读者鉴之。

2012 年 5 月 2 日晨曾永义谨记